Friedrich Loofs in Halle

Arbeiten zur Kirchengeschichte

Begründet von
Karl Holl† und Hans Lietzmann†

herausgegeben von
Christian Albrecht und Christoph Markschies

Band 114

De Gruyter

Friedrich Loofs in Halle

Herausgegeben von
Jörg Ulrich

De Gruyter

ISBN 978-3-11-024634-6
e-ISBN 978-3-11-024635-3
ISSN 1861-5996

Library of Congress Cataloging-in-Publication Data

A CIP catalogue record for this book is available from the Library of Congress.

Bibliografische Information der Deutschen Nationalbibliothek

Die Deutsche Nationalbibliothek verzeichnet diese Publikation in der Deutschen Nationalbibliografie; detaillierte bibliografische Daten sind im Internet über http://dnb.d-nb.de abrufbar.

© 2010 Walter de Gruyter GmbH & Co. KG, Berlin/New York

Druck: Hubert & Co. GmbH und Co. KG, Göttingen
∞ Gedruckt auf säurefreiem Papier
Printed in Germany
www.degruyter.com

Vorwort

Aus Anlass des einhundertundfünfzigsten Geburtstags von Friedrich Loofs fand im Juni 2008 an der Martin-Luther-Universität Halle-Wittenberg ein wissenschaftliches Symposion statt. Ausgewählte Vorträge dieser Tagung sind in vorliegendem Band zum Druck befördert und um einige weitere Studien über Friedrich Loofs ergänzt worden. Nachdem Loofs' wichtigste Aufsätze zur Geschichte der Alten Kirche im Jahre 1999 unter dem Titel »Patristica« in AKG neu publiziert worden sind, kann nun in derselben Reihe ein Strauß von Studien zu Werk und Wirken des großen Hallenser Dogmengeschichtlers erscheinen.

Ziel der Tagung war und Intention des vorliegenden Bandes ist es, das Wirken von Loofs in der Stadt Halle und an ihrer Universität und Theologischen Fakultät in den Blick zu nehmen, an der er neununddreißig Jahre lang als Professor gewirkt hat. So erscheinen in diesem Band neben den Beiträgen über Loofs' Tätigkeit als Kirchen- und Dogmenhistoriker vor allem Arbeiten, die sich mit seinem reichen universitären, pastoralen, sozialen und politischen Wirken in Halle befassen. Dass diese Aktivitäten ihm selbst nicht minder wichtig gewesen sind als seine Arbeit in der altkirchlichen Forschung und Lehre, hat Friedrich Loofs in seiner 1926 verfassten Selbstdarstellung ausdrücklich betont. Die hier versammelten Aufsätze tragen dieser Loofs'schen Selbsteinschätzung Rechnung, indem sie diese Bereiche seines Wirkens besonders beleuchten.

Mit Loofs' dogmengeschichtlichem œuvre im engeren Sinne befassen sich die Beiträge von Hanns Christof Brennecke und Ekkehard Mühlenberg. Während Brennecke auf eine Gesamtwürdigung abzielt, die die Bedeutung von Friedrich Loofs als protestantischer Dogmengeschichtler zu profilieren sucht, befasst sich Mühlenberg vergleichend mit den verschiedenen Auflagen der Dogmengeschichten von Harnack und Loofs und arbeitet so die Gemeinsamkeiten und Unterschiede zwischen beiden großen Gelehrten hinsichtlich ihrer dogmengeschichtlichen Konzeptionen heraus. Der Aufsatz von Uta Heil konzentriert sich auf Loofs' Artikel für die RE³. Die Analyse dieser viel benutzten, aber bisher noch zu wenig als Teil des dogmengeschichtlichen Werkes von Friedrich Loofs gewürdigten Texte rundet den Reigen der primär auf

Loofs als Kirchen- und Theologiegeschichtler bezogenen Studien innerhalb dieses Bandes ab.

Der Aufsatz von Claus-Dieter Osthövener würdigt die Gelehrtenfreundschaft zwischen Friedrich Loofs und Adolf von Harnack und schließt unter diesem Aspekt an die Untersuchung von Mühlenberg an. Zusätzlich zur Erarbeitung der biographischen Befunde und theologischen Profile dieser Freundschaft bietet Osthövener die Edition ausgewählter, bisher nicht publizierter Dokumente aus dem Briefwechsel zwischen Harnack und Loofs, durch die das Verhältnis beider Gelehrter klare Kontur gewinnt.

Die Aufsätze von Wolfgang Flügel und Christian Muth befassen sich mit Loofs als Jubiläumsforscher und Träger protestantischer Erinnerungskultur. Flügel geht von Loofs' Abhandlung über die an den Universitäten Wittenberg und Halle inszenierten Jahrhundertfeiern der Reformation aus und stellt sie sowohl in den Kontext der Jubiläumsschriften des Jahres 1917 als auch in den Zusammenhang mit aktuellen Ergebnissen der Jubiläumsforschung, um so Stärken und Grenzen der Loofs'schen Konzeption zu ermitteln. Darauf aufbauend greift Muth die von Loofs selbst formulierte Grundfrage auf, wie der Geist der Zeiten sich in Jubelfeiern spiegele, und profiliert von hier ausgehend Loofs' Reformationsdeutung auch anhand anderer, nicht im Zusammenhang des Jubiläums von 1917 entstandener Texte.

Die Aufsätze von Hermann Goltz und Hacik Rafi Gazer dokumentieren und analysieren das bislang noch wenig gewürdigte Engagement von Friedrich Loofs für Armenien. Goltz arbeitet Loofs' Beteiligung am diplomatischen Widerstand gegen die Vernichtung des armenischen Volkes heraus und stellt sie in den Zusammenhang beachtlicher einschlägiger Bemühungen protestantischer Kreise zu Anfang des 20. Jahrhunderts. Gazer konzentriert sich ganz auf das »Notwendige Liebeswerk« und nimmt so die Frage nach der Förderung der Ausbildung armenischer Theologen und Loofs' Beteiligung hieran in den Blick.

Der Beitrag von Jörg Ulrich würdigt Loofs' langjähriges Wirken als Universitätsprediger in Halle. Der Dienst als Prediger, der ihm eigener Aussage zufolge als »liebe Ergänzung meiner Lehrtätigkeit« wichtig gewesen ist, hat durch die Veröffentlichung zahlreicher Predigtbände und -reihen einen bemerkenswerten publizistischen Niederschlag gefunden, der in diesem Aufsatz erstmals ausgewertet wird, um das besondere Profil des Predigers Friedrich Loofs zu ermitteln.

Matthias Bartels' weit vorangeschrittenes Dissertationsprojekt über Loofs' Wirken als Armenpfleger in Halle ist durch den Tod des Verfassers nicht zum Abschluss gelangt. Wenn im vorliegenden Band eine redaktionell zusammengefügte Fassung verschiedener Ausschnitte aus jener unvollendeten Arbeit erscheint, soll dies der Bedeutung von Loofs' langjähriger ehrenamtlicher Mitarbeit in der städtischen Armenpflege in Halle Rechnung tragen und zugleich auch den ansehnlichen akademischen Leistungen eines zu früh verstorbenen Wissenschaftlers einen angemessenen publizistischen Niederschlag verleihen.

So dokumentieren die in diesem Band versammelten Aufsätze in einem bunten Reigen die vielfältigen Tätigkeiten, die Friedrich Loofs in fast vier Jahrzehnten in Halle und an seiner Halleschen Universität entfaltet hat. Zugleich illustrieren sie am Beispiel einer prominenten Professorenpersönlichkeit die Bedeutung einer Universität und ihrer Mitglieder nicht nur für die jeweiligen Fächerkulturen, sondern für das Gedeihen einer Stadt und einer Region insgesamt.

Dem Verlag Walter de Gruyter in Berlin und seinem theologischen Fachleiter Dr. Albrecht Döhnert danke ich für die Bereitschaft, gut zehn Jahre nach den »Patristica« abermals einen Band über Friedrich Loofs zu publizieren. Den Herausgebern von AKG, den Professoren Christian Albrecht und Christoph Markschies, danke ich für die Aufnahme des Bandes in ihre Reihe und für manche konzeptionelle Anregung. Die studentischen Hilfskräfte an meinem Hallenser Lehrstuhl, Sara Hönsch, Georg Rosentreter und Beate Thier, haben mit fröhlichem Engagement und großer Sorgfalt die gesamte Drucklegung übernommen und alle Aufgaben von der formalen Vereinheitlichung der Aufsätze gemäß den Reihenrichtlinien bis hin zur computertechnischen Erstellung des druckfertigen Manuskripts aufs Beste erledigt. Ich danke ihnen herzlich für ihre kompetente und jederzeit zuverlässige Arbeit.

Halle, zu Ostern 2010

Jörg Ulrich

Inhaltsverzeichnis

Vorwort V

Friedrich Loofs. Ein protestantischer Dogmengeschichtler 1
Hanns Christof Brennecke

Friedrich Loofs und die Dogmengeschichte 21
Ekkehard Mühlenberg

Friedrich Loofs und die Realencyklopädie für protestantische
Theologie und Kirche 39
Uta Heil

Historismus und Tradition. Zur Gelehrtenfreundschaft
zwischen Friedrich Loofs und Adolf von Harnack 63
Claus-Dieter Osthövener

Friedrich Loofs. Jubilar, Jubiläum und Jubiläumsforscher 121
Wolfgang Flügel

Der Geist der Zeiten und das Evangelium der Reformation.
Friedrich Loofs' Beitrag zur protestantischen Erinnerungskultur 145
Christian Muth

Der Ararat kam zu Loofs. Dokumente und Reflexionen 185
Hermann Goltz

Friedrich Loofs und das Notwendige Liebeswerk 235
Hacik Rafi Gazer

Friedrich Loofs als Prediger 249
Jörg Ulrich

Soziale Sorge von Mensch zu Mensch. Friedrich Loofs und die
Armenpflege in Halle in wilhelminischer Zeit 295
Matthias Bartels †

Autorenverzeichnis 345

Zeitgenossen von Friedrich Loofs 347

Friedrich Loofs.
Ein protestantischer Dogmengeschichtler

HANNS CHRISTOF BRENNECKE

Als Jörg Ulrich und ich vor gut zehn Jahren einen Sammelband mit den wichtigsten patristischen Aufsätzen von Loofs herausgaben,[1] die noch immer wichtig aber eben inzwischen teilweise schwer zugänglich waren, hatten wir schon die Idee zu einem Kolloquium über Friedrich Loofs als Dogmenhistoriker, konnten aber damals natürlich nicht ahnen, dass wir es hier in Halle als Ort seiner Wirksamkeit an seinem 150. Geburtstag würden durchführen können.[2]

Der 150. Geburtstag von Friedrich Loofs am 19. Juni 2008 ist Anlass zu diesem Kolloquium, aber auch zu einer Rückbesinnung der Fakultät, an der er von 1887–1926 fast vierzig Jahre lang in einer theologiegeschichtlich überaus spannenden Zeit gewirkt hat.

Es ist die Epoche, die üblicherweise etwas unscharf und nicht ganz glücklich mit dem Namen Wilhelms II. als »wilhelminische« bezeichnet wird, dessen Unterschrift unter Loofs' Berufung in das kirchengeschichtliche Ordinariat der Friedrichs-Universität Halle-Wittenberg[3] wenige Tage nach seiner Thronbesteigung wohl die erste Professorenernennung durch den mit Loofs nahezu gleichaltrigen jungen Monarchen gewesen ist.[4] Dass und wie in dieser Epoche bis zum Ersten

---

1 Friedrich Loofs, Patristica. Ausgewählte Aufsätze zur Alten Kirche (AKG 71), hg. v. Hanns Christof Brennecke/Jörg Ulrich, Berlin/New York 1999.
2 Zur Biographie vgl. vor allem Friedrich Loofs, Selbstdarstellung (RWGS 2), Leipzig 1926, 1–42 (wiederabgedruckt in: Loofs, Patristica [s.o. Anm. 1], 393–431.). Von den verschiedenen biographischen Artikeln in den einschlägigen Nachschlagewerken ist besonders hervorzuheben: Stephan Bitter, Art. »Loofs, Friedrich (1858–1928)«, in: TRE 21, Berlin/New York 1991, 464–466, der die ältere Literatur zu Loofs nennt und verarbeitet hat.
3 Am 10. November 1933 erfolgte auf Antrag der Theologischen Fakultät die Umbenennung der seit 1930 namenlosen Universität in »Martin-Luther-Universität Halle-Wittenberg«; vgl. dazu Ernst Kähler, Art. »Halle«, in: TRE 14, Berlin/New York 1985, 388–392.
4 Loofs, Selbstdarstellung (s.o. Anm. 2), 16; Loofs, Patristica (s.o. Anm. 1), 407.

Weltkrieg Geschichtswissenschaft zur Leitwissenschaft auch in der Theologie wurde, ist in den letzten Jahren intensiv diskutiert worden.[5]

Als inzwischen auch international hoch geachteter Wissenschaftler und Vertreter dieser Leitwissenschaft, der mehrfach Dekan seiner Fakultät und 1907/1908 auch Rektor der Hallenser Universität war, hat er den gerade von vielen protestantischen Theologen als Zusammenbruch und eigentlich als das Ende empfundenen Umbruch und den Beginn der Weimarer Republik erlebt, ohne dass von ihm wie von anderen apokalyptische Deutungen der neuen Zeit bekannt sind. Nur kurz nach seiner Emeritierung ist er am 13.1.1928 sehr plötzlich verstorben.[6]

Abgesehen von den Patristikern, die sich weiter mit seiner stupenden Gelehrsamkeit und natürlich auch mit manchen seiner Hypothesen auseinanderzusetzen haben, kennen ihn vermutlich heute auch nur noch wenige Theologen.

Vor fünfzig Jahren sind anlässlich seines 100. Geburtstages noch Erinnerungen einiger seiner Studenten und sogar einer ehemaligen Studentin erschienen.[7] Die Schwelle einer biographischen Erinnerung, die Grenze einer »oral history« ist inzwischen überschritten; vermutlich lebt niemand mehr, der ihn als Student noch gehört hat.

Hatte sich Friedrich Loofs in den Jahren nach dem Krieg in der neuen Weimarer Republik nicht im Grunde selbst überlebt? In seiner überaus interessanten knappen autobiographischen Skizze, die ausgerechnet in einer Reihe mit dem Titel »Die Religionswissenschaft der Gegenwart in Selbstdarstellungen« erschien,[8] was Loofs, der sich ausschließlich als Theologe verstand, eigentlich sehr fremd gewesen sein muss, hat er selbst seine Ferne, wenn auch nicht grundsätzliche Ab-

---

5   Friedrich Wilhelm Graf, Art. »Kulturprotestantismus«, in: TRE 20, Berlin/New York 1990, 230–243; ders., Protestantische Theologie in der Gesellschaft des Kaiserreiches, in: ders. (Hg.), Bd. II/1. Profile des neuzeitlichen Protestantismus. Kaiserreich, Gütersloh 1992, 12–117; Volker Drehsen, Art. »Neuprotestantismus«, in: TRE 24, Berlin/New York 1994, 363–383; Gangolf Hübinger, Kulturprotestantismus und Politik. Zum Verhältnis von Liberalismus und Protestantismus im Wilhelminischen Deutschland, Tübingen 1994.
6   Bei Bitter (s.o. Anm. 2), 464 ist irrtümlich der 31.1.1928 als Todestag angegeben. Es kann sich hier nur um ein Versehen handeln.
7   Rudolf Stöwesand, Bekenntnis zu Friedrich Loofs, in: ZdZ 12 (1958), 208–214; Johanna Konrad, Friedrich Loofs Beitrag zur Christologie, in: EvTh 18 (1958), 324–333; Ernst Barnikol, Theologisches und Kirchliches aus dem Briefwechsel Loofs-Harnack, in: ThLZ 85 (1960), 217–222 (Es handelt sich ursprünglich um einen Gedenkvortrag an Loofs auf dem Theologentag 1958.).
8   Vgl. Anm. 2.

lehnung gegenüber den theologischen Neuaufbrüchen der zwanziger Jahre noch kurz vor seinem Tod betont.[9]

Nach den gattungsspezifischen kollegialen Nachrufen, unter denen der seines Studienfreundes und langjährigen Weggefährten Martin Rade, von dem er sich dann aus theologischen Gründen meinte trennen zu müssen, besonders beeindruckt,[10] ist es um seinen Namen still geworden; seit 1933 stand die Theologie auch in Halle vor völlig neuen Herausforderungen.

In der dreibändigen Festschrift zum 450. Jubiläum der Universität Halle-Wittenberg von 1952[11] finden sich zwar Bilder von Josef Stalin, Wilhelm Pieck und Walter Ulbricht mit der entsprechenden Panegyrik, ohne dass der Bezug zu dieser Universität dem heute doch verwunderten Leser deutlich wird; dafür findet die Theologische Fakultät, die besonders in der zweiten Hälfte des 19. Jahrhunderts zu den führenden nicht nur Deutschlands sondern des internationalen Protestantismus gehörte, in den Darstellungen zu dieser Epoche überhaupt keine Erwähnung. Auch in den Publikationen des Jahres 1994 anlässlich des 300. Jubiläums der Hallenser Universität wird Loofs weder in den Darstellungen noch in der Auflistung bedeutender Gelehrter dieser Universität genannt;[12] in der vom damaligen Dekan Udo Schnelle herausgegebenen Festschrift der Theologischen Fakultät, die allerdings nur an einigen Stellen historische Rückblicke gibt, taucht der Name von Loofs nur als der des Dekans zur Zeit der Errichtung einer Professur für Missionswissenschaft auf.[13]

---

9 Loofs, Selbstdarstellung (s.o. Anm. 2), 35f.; Loofs, Patristica (s.o. Anm. 1), 426f.
10 Martin Rade, in: ChW 42 (1928), 114–116; ders., Von Beck zu Ritschl. Aus Friedrich Loofs' Studentenzeit 1877ff., in: ThStKr 106 (1934/1935), 469–483; ders., Unkonfessionalistisches Luthertum. Erinnerung an die Lutherfreunde in der Ritschlschen Theologie, in: ZThK 18 (1937), 131–215. Zu der spannungsreichen Freundschaft zwischen Loofs und Rade vgl. Johannes Rathje, Die Welt des freien Protestantismus, Stuttgart 1952. Vgl. die Nachrufe der Fakultätskollegen Ferdinand Kattenbusch, Zu Friedrich Loofs' Gedächtnis, in: ThStKr 100 (1927), 354–361; Johannes Ficker, Art.»Loofs, Friedrich«, in: DBJ 10, Stuttgart 1928, 161–167; Leonhard Fendt, D. Friedrich Loofs zum Gedächtnis, in: DtPfrBl 32 (1928), 209–211. Fendt hatte in der Zeit seiner Konversion vom Katholizismus zum Protestantismus 1918 im Hause von Loofs in Halle gelebt, seither war er Loofs auch persönlich eng verbunden; vgl. Bernhard Klaus, Art.»Fendt, Leonhard (1888–1957)«, in: TRE 11, Berlin/New York 1983, 78–81. Im Nachlass von Loofs in der ULB Halle sind aus den Jahren 1918–1926 elf Briefe und drei Karten von Fendt an Loofs erhalten (Yi 19 IX F 901–914).
11 450 Jahre Martin-Luther-Universität Halle-Wittenberg, Halle 1952.
12 Hans-Hermann Hartwich/Gunnar Berg, Martin-Luther-Universität, Halle 1994; dies., Bedeutende Gelehrte der Universität Halle seit ihrer Gründung im Jahre 1694, Halle 1995.
13 Das Personenregister in: Udo Schnelle (Hg.), Reformation und Neuzeit. 300 Jahre Theologie in Halle, Berlin/New York 1994.

Lohnt also eine Erinnerung an diesen Friedrich Loofs überhaupt? Sicher war er kein Wissenschaftler und Hochschullehrer nach dem Geschmack heutiger Hochschulleitungen. Kein einziges Drittmittelprojekt ist überliefert, abgesehen von seiner Mitarbeit in der Kirchenväter-Commission der Preußischen Akademie der Wissenschaften, deren Mitglied[14] er später auch wurde, überhaupt keine Verbundforschung. Der krasse Fall eines vor sich hin forschenden Einzelwissenschaftlers, was heute bekanntlich ein ganz schlimmer Vorwurf ist.

Dieser junge Mann, der bei seiner Berufung noch nicht dreißig Jahre alt war, außer Dissertation und Lizenziatenschrift von zusammen gerade 170 Seiten nur ein schmales Œuvre von 3 Aufsätzen vorzuweisen hatte[15] (wobei dann allerdings noch im Jahr der Berufung die große Monographie über Leontius von Byzanz[16] erschien), der weder einen Preis noch Millionen an Drittmittel mitbrachte und noch keine internationalen Tagungen organisiert hatte, wäre heute wohl kaum berufbar. Gelegentlich berief man damals eben im Vertrauen auf das wissenschaftliche Potential, weder auf Pläne über zukünftige geplante Projekte hin, noch im Rückblick auf eine Art Lebenswerk – und das dann, gar nicht so selten, durchaus erfolgreich!

Die andere, in letzter Zeit immer wieder gestellte Frage ist: Dürfen wir überhaupt seiner als eines in vieler Hinsicht auch sehr typischen Vertreters der deutschen Universität im Zeitalter Wilhelms II. gedenken?

Die Kontroversen um die Abschaffung des Gerhard-Ritter-Preises in Freiburg zeigen eine geradezu beängstigende Sicherheit im moralischen Zensieren der Vergangenheit.

War Friedrich Loofs ein Demokrat im Verständnis des 60. Jahres der Bundesrepublik Deutschland? Vermutlich nicht, auch wenn das Fehlen nationalistischer Züge gerade auch im Krieg, den er grundsätzlich übrigens keineswegs abgelehnt hatte,[17] angesichts anderer Äußerungen akademischer Theologen positiv berührt. Kriegsbegeisterung findet

---

14 Loofs wurde 1893 in die seit 1891 bestehenden Kirchenväter-Commission gewählt; Korrespondierendes Mitglied der preußischen Akademie der Wissenschaften war er seit 1904.
15 Friedrich Loofs, Zur Chronologie der auf die fränkischen Synoden des heiligen Bonifatius bezüglichen Briefe der bonifazischen Briefsammlung, Leipzig 1881; ders., Antiquae Britonum Scotorumque ecclesiae quales fuerint mores, quae ratio credendi et vivendi, quae controversiae cum Romana ecclesia causa atque vis, Leipzig 1882. Eine (nicht ganz vollständige) chronologisch geordnete Gesamtbibliographie von Friedrich Loofs bei Loofs, Patristica (s.o. Anm. 1), XIII–XIX.
16 Friedrich Loofs, Leontius von Byzanz und die gleichnamigen Schriftsteller der griechischen Kirche, Bd. I (TU 3), Leipzig 1887 (Ein zweiter Band ist nicht erschienen.).
17 Loofs, Selbstdarstellung (s.o. Anm. 2), 24; Loofs, Patristica (s.o. Anm. 1), 416f. Über seine kriegsbedingten sozialen Tätigkeiten s. besonders Anm. 24.

man bei ihm jedenfalls nicht, übrigens auch keine der weit verbreiteten Kriegspredigten, die er offenbar ganz bewusst vermieden hat.[18]

Erinnern heißt nun aber doch nicht Identifikation mit dem zu Erinnernden! Das wäre ein geradezu groteskes Missverständnis. Erinnerung, memoria, dient nicht dem Lobpreis einer vielleicht längst vergangenen Vergangenheit, sondern uns. Indem wir uns erinnern, vergewissern wir uns unserer selbst. Wir leben geradezu von einer Kultur des Erinnerns.[19] Der Glaube Israels ist Erinnerung der Heilstaten Gottes an seinem auserwählten Volk; auch christlicher Glaube lebt vom Erinnern, wie der christliche Festkalender deutlich macht. Indem wir erinnern und uns unserer Geschichte gewiss machen, definieren wir uns selbst. Und so hat es sein Recht, wenn nun gerade die Martin-Luther-Universität Halle-Wittenberg, den 31. Oktober 2017 als sicher ganz wichtiges, wenn auch gelegentlich in seiner Bedeutung umstrittenes Datum unserer protestantischen Erinnerungskultur fest im Blick hat. Vielleicht wird das ein Anlass, zu bedenken, was das Erbe der Reformation heute sein kann und muss. Und das Erinnern ist – in einigen Fällen zumindest – für die Gesellschaft so wichtig, dass es da sogar Drittmittel gibt.[20] Das ist sicher ein angenehmer Nebeneffekt, zeigt aber, dass es zumindest die Gefahr eines vornehmlich kommerziellen Erinnerns auch gibt – das Karajanjahr 2008 hat dies mehr als deutlich zum Bewusstsein gebracht. Viel problematischer als die kommerzielle Nutzung des Erinnerns ist wohl die ideologische nicht zur Selbstvergewisserung, sondern zur Selbstlegitimation, vor der auch Theologie und Kirche niemals sicher sein konnten und können.

Friedrich Loofs stammt aus Niedersachsen;[21] am 19.6.1858 ist er als ältestes von insgesamt elf Kindern in einem hannoverschen Pfarrhaus in Hildesheim geboren. Ob die Annexion Hannovers durch Preußen 1866 und dann wenig später die Reichsgründung in seinem oder seiner Familie Bewusstsein eine große Rolle gespielt haben, konnte ich nicht feststellen. Viel wichtiger ist seine völlige Einbindung in das Milieu des aus der Erweckungsbewegung kommenden Neuluthertums,[22] wie es die Hannoversche Kirche,[23] aber auch die sächsische und die bayerische zum

---

18 Ebd. vgl. auch die Erinnerungen von Stöwesand (s.o. Anm. 7). Vgl. hierzu den Beitrag von Jörg Ulrich in diesem Band auf den Seiten 249–294, besonders 274–286.
19 Vgl. Jan Assmann, Das kulturelle Gedächtnis, München (1992) ⁵2005; Clemens Wischermann, Die Legitimität der Erinnerung und die Geschichtswissenschaft, Stuttgart 1996.
20 Zur Vorbereitung der Martin-Luther-Universität auf das Reformationsjubiläum 2017 vgl. ›http://www.theologie.uni-halle.de/2017‹.
21 Zu den biographischen Informationen vgl. Anm. 2.
22 Friedrich Wilhelm Kantzenbach/Joachim Mehlhausen, Art. »Neuluthertum«, in: TRE 24, Berlin/New York 1994, 327–341.
23 Inge Mager, Art. »Hannover«, in: TRE 14, Berlin/New York 1985, 428–438 (433f.); Hans-Walter Krumwiede, Kirchengeschichte Niedersachsens, Göttingen 1996.

Beispiel prägte und zumindest teilweise noch heute prägt. Der erste literarische oder besser publizistische Versuch des Siebzehnjährigen, über den er später distanziert und ironisch reden konnte, ist ein temperamentvoller Angriff auf einen Redner des Protestantenvereins ganz im Bewusstsein, die wahre Orthodoxie zu vertreten.[24] Völlig konsequent begann er sein Theologiestudium nicht in Göttingen, sondern in Leipzig, neben Erlangen damals die akademische Hochburg des orthodoxen Neuluthertums.[25] Der Effekt war nun aber gerade entgegengesetzt: Die Leipziger Häupter des Luthertums sprachen den Studenten intellektuell überhaupt nicht an, angezogen wurde er durch den jungen Adolf Harnack, der, kaum älter als die Studenten, hier einen äußerst interessierten und intellektuell geradezu hungrigen Kreis um sich zu scharen und für die Entstehung des altkirchlichen Dogmas zu interessieren wusste.[26] Fast sechzig Jahre später, nach Loofs' Tod, hat Martin Rade, der Älteste in diesem kleinen Freundeskreis, verschiedentlich davon berichtet und auch einiges aus den endlos langen Briefen, die sich diese gerade Zwanzigjährigen damals geschrieben haben, mitgeteilt.[27] Gerade bei Loofs wird aus diesen Briefen, viel mehr noch als aus seinen eigenen, sehr nüchternen Aussagen ein halbes Jahrhundert später, die intellektuelle Auseinandersetzung mit seinem bisher für unerschütterlichen Besitz gehaltenen Luthertum als ein heftiges inneres Ringen um die Wahrheit deutlich. Ein Semester in Tübingen, von Rade fast als Flucht aus der intellektuellen Auseinandersetzung gedeutet,[28] bringt auch keine wirkliche Klarheit bei aller menschlichen Bewunderung für Tobias Beck,[29] dessen Biblizismus ihn aber theologisch auch nicht befriedigt. Der damals verbindliche Abschluss des Studiums nach drei Jahren im heimatlichen Göttingen bringt eine deutliche Annäherung an Ritschl, wie sie seit der Leipziger Zeit sich angedeutet hatte. Aber eine gewisse Distanz zu Ritschls so modern erscheinender Aktualisierung des christlichen Glaubens bleibt. Er war ein »konservativer Ritschlianer« geworden, ganz und gar geprägt von Harnacks Fragen nach der Entstehung des frühchristlichen Dogmas.[30]

---

24 Loofs, Selbstdarstellung (s.o. Anm. 2), 1; Loofs, Patristica (s.o. Anm. 1), 393.
25 Loofs, Selbstdarstellung (s.o. Anm. 2), 5f.; Loofs, Patristica (s.o. Anm. 1), 396–398. Zur Leipziger Theologischen Fakultät im letzten Viertel des 19. Jahrhunderts vgl. Günther Wartenberg, Art.»Leipzig«, in: TRE 20, Berlin/New York 1990, 721–729 (727).
26 Loofs, Selbstdarstellung (s.o. Anm. 2), 6–9; Loofs, Patristica (s.o. Anm. 1), 397–401; vgl. Rade und Rathje (s.o. Anm. 10).
27 Rade, Von Beck zu Ritschl (s.o. Anm. 10); Rathje (s.o. Anm. 10).
28 Loofs, Selbstdarstellung (s.o. Anm. 2), 9f.; Loofs, Patristica (s.o. Anm. 1), 400f.; Rade, Von Beck zu Ritschl (s.o. Anm. 10), 469.
29 Loofs, Selbstdarstellung (s.o. Anm. 2), 9f.; Loofs, Patristica (s.o. Anm. 1), 400f. Zu Tobias Beck vgl. Sabine Raeder, Art.»Beck, Tobias«, in: RGG⁴ 1, Tübingen 1998, 1198f.
30 Loofs, Selbstdarstellung (s.o. Anm. 2), 11f.; Loofs, Patristica (s.o. Anm. 1), 402f.

Zunächst aber im Jahre 1880, zweiundzwanzigjährig, das Erste Theologische Examen in seiner Hannoverschen Heimatkirche. Als sich dann eine günstige Hauslehrerstelle und ein Stipendium in Leipzig boten, hat er diese Möglichkeit zu weiterer wissenschaftlicher Arbeit genutzt – in das eigentlich erstrebte Pfarramt ist er dann nie mehr gekommen.

1881 erfolgte die damals für Theologen übliche Promotion zum Dr. phil. mit einer ursprünglich von Harnack angeregten Untersuchung zur Chronologie der Bonifatiusbriefe, die für die Interpretation der fränkischen Synoden des 8. Jahrhunderts ziemlich wichtig ist.[31] Harnack hielt die Arbeit für zu umfangreich. Den Teil über die britische Kirche als Voraussetzung des Reformwerkes des Bonifatius gliederte Loofs auf Harnacks Rat aus und reichte diesen Teil als lateinische Lizenziatenschrift ein, die dann die Grundlage seiner Habilitation 1882 bildete.[32] Die Dissertation hat 54, die Lizenziatenschrift 120 Seiten. Um eine sichere Basis zur Gründung einer Familie bei den Unsicherheiten einer akademischen Karriere zu haben – seit 1883 war Loofs verlobt, 1884 erfolgte die Hochzeit – legte er 1883 in Hannover das Zweite Theologische Examen ab. In den nächsten Jahren sollten dann in rascher Folge eine große Anzahl von Untersuchungen meist zum altkirchlichen Dogma und seiner Entstehung veröffentlicht werden. 1886 wurde er zum unbesoldeten Extraordinarius in Leipzig ernannt, im folgenden Jahr erhielt er das etatmäßige Extraordinariat für Kirchengeschichte im benachbarten, aber preußischen Halle, wo er nach dem Tod des Amtsinhabers wiederum nur ein Jahr später, nun ziemlich genau zu seinem dreißigsten Geburtstag ordentlicher Professor für Kirchengeschichte wurde.[33] Harnack, der ihm übrigens damals das »Du« angeboten hatte, hätte ihn gerne als seinen Nachfolger in Marburg gehabt.[34] Auch Rufe nach Leipzig zurück und später an seine eigentliche Heimatuniversität Göttingen hat er abgelehnt, ebenso Harnacks Bitte im Jahre 1905 an ihn, auf das zweite kirchengeschichtliche Ordinariat in Berlin zu kommen,[35] das dann Karl Holl, der übrigens Loofs nicht sonderlich mochte,[36] bekam.

---

31 Vgl. Anm. 14.
32 Vgl. Anm. 14. Zu seinem Weg in das akademische Lehramt vgl. Loofs, Selbstdarstellung (s.o. Anm. 2), 12–14; Loofs, Patristica (s.o. Anm. 1), 403–405.
33 Loofs, Selbstdarstellung (s.o. Anm. 2) 15f.; Loofs, Patristica (s.o. Anm. 1), 405–407.
34 Barnikol (s.o. Anm. 7), 221.
35 Loofs, Selbstdarstellung (s.o. Anm. 2), 16f.; Loofs, Patristica (s.o. Anm. 1), 406–408.
36 Vgl. die Briefe Karl Holls an Hans Lietzmann vom 23.10.1918 und 14.5.1920 in: Kurt Aland, Glanz und Niedergang der deutschen Universität. 50 Jahre deutscher Wissenschaftsgeschichte in Briefen an und von Hans Lietzmann, Berlin/New York 1979, 406. 428. Loofs und Holl waren in den neunziger Jahren bei ihren Untersuchungen zu den Johannes von Damaskus zugeschriebenen sog. Sacra paralle-

Das ist der äußere Rahmen seines Lebens; über Persönliches erfährt man kaum etwas (hier bietet sicher der weit über 3000 Briefe umfassende Briefwechsel in seinem Nachlass in der Universitäts- und Landesbibliothek Halle[37] und seine Briefe in etlichen Nachlässen seiner Briefpartner einiges); seit Mitte der achtziger Jahre war er verheiratet und hatte fünf Kinder; einer seiner Söhne ist später auch als Schriftsteller hervorgetreten.[38] In seiner Autobiographie spielt Persönliches gar keine Rolle, aber auch Ehrungen, die er im Alter bekam, sowie die Mitgliedschaften in der Erfurter Akademie gemeinnütziger Wissenschaften[39] und der Preußischen Akademie der Wissenschaften[40] hat er dort nicht einmal erwähnt; eine ganz und gar uneitle Autobiographie.

Wie aus vielen Briefen hervorgeht, verstand Friedrich Loofs sich in erster Hinsicht als akademischer Lehrer, den bei seiner Ernennung zum Professor die Sorge drückte, ob er in diesem Amt noch je zu wissenschaftlicher Arbeit kommen würde, wie er immer wieder in Briefen besonders an den einstigen Lehrer und Freund Harnack zum Ausdruck bringt.[41]

Dass und wie er sich in erster Linie als Lehrer verstand, kommt sehr schön in den Hilfen für die Studenten (damals zunächst noch nur Männer) zum Ausdruck. Er hat seinen Vorlesungen, um sie von reiner Stoffvermittlung zu befreien und den Hörern eine sinnvolle Übersicht über das Gebotene zu vermitteln, Leitfaden oder Grundrisse mitgegeben, die er extra für die Vorlesungen als Bögen drucken ließ. Sein Schüler Rudolf Stöwesand hat anlässlich Friedrich Loofs' 100. Geburtstag berichtet, dass Loofs die »papers« oder »hand outs«, wie man das heute wohl nen-

---

la zu durchaus unterschiedlichen Ergebnissen gekommen; vgl. Friedrich Loofs, Studien über die dem Johannes von Damaskus zugeschriebenen Parallelen, Halle 1892/1893; Karl Holl, Die sacra parallela des Johannes Damascenus (TU 16/1), Leipzig 1897. Vgl. dazu die Rezension von Friedrich Loofs, in: ThStKr 71 (1898), 366–372. Loofs hat durchaus den Fortschritt der Arbeit Holls gegenüber seiner eigenen Untersuchung anerkannt; vgl. Loofs, Selbstdarstellung (s.o. Anm. 2), 29; Loofs, Patristica (s.o. Anm. 1), 419f. Zu Differenzen mit Holl in der Interpretation Luthers vgl. Loofs, Selbstdarstellung (s.o. Anm. 2), 34; Loofs, Patristica (s.o. Anm. 1), 424f.

37 Unter der Signatur: YI 19. Die von Jürgen Hönscheid angekündigte Edition des Briefwechsels von Loofs (vgl. auch Bitter [s.o. Anm. 2], 466) ist nicht erschienen.

38 Der Neurologe, Psychoanalytiker und Schriftsteller Friedrich Loofs jun. (1886–1930). Zur Bitte von Loofs an Harnack, vielleicht bei Wilhelm II. Interesse an der schriftstellerischen Tätigkeit seines Sohnes zu wecken, vgl. Stefan Rebenich, Theodor Mommsen und Adolf von Harnack. Wissenschaft und Politik im Berlin des ausgehenden 19. Jahrhunderts, Berlin/New York 1997, 547f., der dort Harnacks Antwort an Loofs im vollen Wortlaut zitiert.

39 Das genaue Datum der Berufung war nicht zu ermitteln.

40 Vgl. Anm. 14.

41 Barnikol (s.o. Anm. 7).

nen würde, den Studenten umsonst zur Verfügung gestellt hatte.[42] Die 1. Auflage seiner Dogmengeschichte von 1889 ist noch betitelt: »Leitfaden für seine Vorlesungen über Dogmengeschichte«.[43] In meinem privaten Exemplar haben Hallenser Studenten verschiedener Generationen diesen Leitfaden offenbar wirklich in seinen Vorlesungen benutzt. Als daraus in der 4. Auflage 1906 eine etwa tausendseitige Dogmengeschichte[44] geworden war, hat er für die Vorlesungen wieder einen knappen Leitfaden zur Verfügung gestellt.[45] Auch für die kirchengeschichtlichen Vorlesungen hat er einen solchen Leitfaden in mehreren Auflagen herausgegeben, der übrigens die Zeitgeschichte bis 1900 als eigenes kirchengeschichtliches Kapitel bereits einschloss.[46] Solche hochschuldidaktischen Hilfsmittel, von denen wir immer annehmen, sie als erste erfunden zu haben, sind im späten 19. Jahrhundert und an der Wende zum 20. Jahrhundert übrigens gar nicht so selten.

Wichtiger ist sicher Loofs als Wissenschaftler, der ganz Wissenschaftler und dabei ganz Theologe sein wollte.

Wie seine Bibliographie zeigt, sollten seine Befürchtungen bei Antritt der Professur sich nicht erfüllen, ganz im Gegenteil, vor allem seine Untersuchungen zur frühchristlichen Lehrbildung gehören bis heute bei allen inzwischen natürlich notwendigen Korrekturen zum Grundbestand unseres dogmengeschichtlichen Wissens, sei es in zahlreichen, oft sehr umfangreichen Aufsätzen, sei es in seinen großen Monographien über Paul von Samosata[47], Nestorius[48] oder der bei seinem Tod noch unvollendeten über Theophil von Antiochien[49], sei es in seinen vielen bis heute unverzichtbaren und sehr umfangreichen

---

42 Stöwesand (s.o. Anm. 7).
43 Friedrich Loofs, Leitfaden für seine Vorlesungen über Dogmengeschichte, Halle 1889.
44 Friedrich Loofs, Leitfaden zum Studium der Dogmengeschichte, Halle (1889) ⁴1906.
45 Friedrich Loofs, Grundriß der Dogmengeschichte. Für seine Vorlesungen nach der vierten Auflage seines Leitfadens bearbeitet von F. Loofs. Als Manuskript gedruckt, Halle 1907. (Fehlt in der Bibliographie von Loofs, Patristica, vgl. Loofs, Selbstdarstellung [s.o. Anm. 2], 23; Loofs, Patristica [s.o. Anm. 1], 414).
46 Friedrich Loofs, Grundlinien der Kirchengeschichte, Halle 1901 (²1910). Derartige gedruckte Hilfsmittel hatte er seinen Hörern schon fast seit Beginn seiner Lehrtätigkeit gegeben; vgl. Loofs, Selbstdarstellung (s.o. Anm. 2), 23; Loofs, Patristica (s.o. Anm. 1), 413f.; vgl. Stöwesand (s.o. Anm. 7).
47 Friedrich Loofs, Paulus von Samosata. Eine Untersuchung zur altkirchlichen Literatur- und Dogmengeschichte (TU 44/5), Leipzig 1924.
48 Friedrich Loofs, Nestoriana. Die Fragmente des Nestorius gesammelt, untersucht und herausgegeben, Halle 1905.
49 Friedrich Loofs, Theophilus von Antiochien versus Marcionem und die anderen theologischen Quellen bei Irenaeus (TU 46/2), Leipzig 1930. Nach dem Tode von Loofs hatte sein Freund und Hallenser Kollege Johannes Ficker in Zusammenarbeit mit Hermann Doerries, Loofs' Nachfolger in Halle, das weithin abgeschlossene Manuskript zum Druck vorbereitet; vgl. das Vorwort von Johannes Ficker.

Artikeln in der dritten Auflage der von Karl Hauck herausgegebenen Realencyklopädie.[50]

Bewundernswert ist übrigens, wie völlig unbefangen Loofs in seinen Arbeiten sich selbst korrigieren konnte und früher vertretene Auffassungen als Irrtum oder gar als etwas oberflächlich gearbeitet revidieren konnte.[51]

Wenn ich richtig sehe, dann sind es vor allem zwei Themen, die nicht nur sein wissenschaftliches Werk, sondern überhaupt seine theologische Existenz bestimmt haben:

1. Die bleibende Bedeutung der Rechtfertigungslehre mit ihren existentiellen Folgen für einen evangelischen Christen. Hierzu gehört seine praktische Tätigkeit über 35 Jahre als Armenpfleger in Halle.[52] Seine Untersuchungen zur Rechtfertigungslehre[53] – er kam vom Beginn seiner Laufbahn bis zu seinem Tod immer wieder auf dieses Thema zurück – sind durch die Arbeiten von Karl Holl dann etwas in den Hintergrund gedrängt worden.
2. Das Verhältnis von Jesus von Nazareth zum christologischem Dogma der alten Kirche.

Zusammengehalten werden beide Fragen bei ihm von der Frage nach der Kirche, die man vielleicht als das übergeordnete Lebensthema bei Loofs ansehen kann.

Im Jahre 1886, also noch in seiner Leipziger Privatdozentenzeit, hatte Friedrich Loofs mit den Freunden aus der Studienzeit Martin

---

50 Vgl. hierzu den Beitrag von Uta Heil in diesem Band.
51 Z.B. Loofs, Selbstdarstellung (s.o. Anm. 2), 29; Loofs, Patristica (s.o. Anm. 1), 419f.
52 Vgl. hierzu den Beitrag von Matthias Bartels in diesem Band.
53 Friedrich Loofs, Die Bedeutung der Rechtfertigungslehre der Apologie für die Symbolik der lutherischen Kirchen, in: ThStKr 57 (1884), 613–688; ders., Luthers Stellung zum Mittelalter und zur Neuzeit. Rede, gehalten beim Antritt des Rektorats am 12.7.1907, in: DEBl 32 (1907), 513–538; ders., Das Evangelium der Reformation und die Gegenwart, in: ThStKr 81 (1908), 203–244; ders., Zum Gedächtnis Calvins, in: ThStKr 83 (1910), 110–137; ders., »Iustitia dei passiva« in Luthers Anfängen, in: ThStKr 83 (1911), 461–473; ders., Der articulus stantis et cadentis ecclesiae. Universitätsschrift, in: ThStKr 90 (1917), 323–420; ders., Zur Frage nach dem Zeitpunkt des Durchbruchs evangelischer Erkenntnis bei Luther, in: ThStKr 92 (1920), 370f.; ders., Aus der Dresdener Handschrift der ältesten Psalmenvorlesung Luthers, in: ThStKr 92 (1920), 371f.; ders., Die Rechtfertigung nach den lutherischen Gedanken in den Bekenntnisschriften des Konkordienbuches, in: ThStKr 94 (1922), 307–382. Zur existentiellen Bedeutung dieses sein gesamtes wissenschaftliches Leben beherrschenden Themas vgl. seine Autobiographie bei Loofs, Selbstdarstellung (s.o. Anm. 2), 33f. und Loofs, Patristica (s.o. Anm. 1), 424f.

Rade, Wilhelm Bornemann[54] und Paul Drews[55] die »Christliche Welt«[56] gegründet als »Evangelisch-Lutherisches Gemeindeblatt für die gebildeten Glieder der evangelischen Kirche«, wie der Untertitel ziemlich umständlich lautete, der später verändert wurde und dann ganz wegfiel. Das Lutherjahr 1883 hatte den Anstoß gegeben für eine Besinnung auf die Reformation und das reformatorische Erbe.[57] Lutherisch wollte man sein, aber eben nicht ›luthérisch‹ im Sinne des orthodoxen Neuluthertums, wie Loofs in der ersten Nummer die Ausrichtung des neuen Blattes begründete.[58] Es geht den Gründern der neuen Zeitschrift um die Kirche und eben nicht um eine der damaligen kirchenpolitischen oder theologischen Parteien. Als die Zeitschrift sich unter Rades temperamentvoller und allem Neuen manchmal zu unkritisch aufgeschlossenen Leitung in eine andere Richtung entwickelte, hat Loofs sich von der gemeinsamen Gründung getrennt.[59]

Sowohl die philosophische Dissertation als auch die Lizenziatenarbeit[60] hatten die Kirche zum Thema. Und es erscheint mir von dieser Konzentration auf die Kirche auch nicht als Zufall, dass gerade Irenäus, dieser geradezu prototypische Vertreter einer ecclesiastica theologia, zum Thema verschiedener Arbeiten wird,[61] im Grunde bis zur nicht mehr vollendeten und dann postum von seinem Freund und Kollegen

---

54 Wilhelm Bornemann (1858–1946), Kirchenhistoriker und Praktischer Theologe in Leipzig, Schüler Adolf Harnacks, 1884 Privatdozent in Göttingen, 1886 Professor und geistlicher Inspektor am Kloster Unserer Lieben Frauen in Magdeburg, 1898 ordentlicher Professor für Kirchengeschichte und Praktische Theologie in Basel, 1902 Pfarrer an der St. Nikolaikirche in Frankfurt am Main, 1906 Senior des dortigen evangelisch-lutherischen Predigerministeriums, 1920 Präsident der evangelischen Landeskirchenversammlung und 1922 Professor für Praktische Theologie in Frankfurt am Main.
55 Gerhard Krause, Art. »Drews, Paul Gottfried (1858 1912)«, in: TRE 9, Berlin/New York 1982, 188–190.
56 Loofs, Selbstdarstellung (s.o. Anm. 2), 39f.; Loofs, Patristica (s.o. Anm. 1), 430. Vgl. Rade und Rathje (s.o. Anm. 10); Reinhard Schmidt-Rost, Die Christliche Welt, in: Hans Martin Müller (Hg.), Kulturprotestantismus. Beiträge zur Gestalt eines modernen Christentums, Gütersloh 1992, 245–257; Hübinger, (s.o. Anm. 5).
57 Loofs, Selbstdarstellung (s.o. Anm. 2), 39f.; Loofs, Patristica (s.o. Anm. 1), 430.
58 Ebd.
59 Ebd. Zu seiner langsamen theologischen Distanzierung vom Kurs der »Christlichen Welt« vgl. den am 7.10.1898 auf der Versammlung der »Freunde der Christlichen Welt« gehaltenen Vortrag: Friedrich Loofs, Das Evangelium der Reformation und die Gegenwart, in: ThStKr 81 (1908), 203–244; Rathje (s.o. Anm. 10), passim.
60 Vgl. Anm. 15.
61 Z.B. Friedrich Loofs, Die Handschriften der lateinischen Übersetzung des Irenaeus und ihre Kapiteleinteilung, in: Theodor Brieger (Hg.), Kirchengeschichtliche Studien Hermann Reuter zum 70. Geburtstag gewidmet, Leipzig 1888, 1–93. In allen Untersuchungen Loofs' zur kleinasiatischen theologischen Tradition spielt Irenäus eine wichtige Rolle.

Johannes Ficker 1930 herausgegebenen Untersuchung zu Theophil von Antiochien.[62]

Im Rahmen der »Griechisch-Christlichen Schriftsteller der ersten drei Jahrhunderte« hatte Loofs die Edition des Irenäus übernommen, dann aber an Ficker abgegeben, der sie – man möchte beinahe sagen »selbstverständlich« – nicht fertiggestellt hat.[63] Eine kritische Edition des für Kirche so grundlegenden Werkes des Irenäus ist auf Grund der Überlieferung vorerst wohl nicht möglich und bis heute ein Desiderat der Forschung.[64] Und so klafft im Programm der GCS bis heute eine betrübliche Lücke, an deren Schließung wohl vorerst nicht zu denken ist.

Kirchen- und Dogmengeschichte als theologische Disziplin sind für Loofs von der Kirche und auf sie hin definiert.

In einem interdisziplinären Sammelwerk über die Deutschen Universitäten als deutschem Beitrag für die Universitätsausstellung im Rahmen der Weltausstellung im Jahre 1893 in Chicago hat Friedrich Loofs das Fach Kirchengeschichte als akademische Disziplin vorgestellt:[65] Kirchengeschichte definiert er als theologische und historische Disziplin, die zwar mit allen Mitteln historisch-kritischer Forschung arbeitet, aber auf die Tätigkeit des späteren Pfarrers hin orientiert ist. Sie ist so theologische Wissenschaft im Blick auf kirchliches Handeln in der Gegenwart, soll letztlich theologische Kritikfähigkeit bewirken.

Vermutlich ist Loofs hier von Schleiermacher abhängig, auch wenn er ihn im Zusammenhang dieser Publikation nicht ausdrücklich nennt.

Dasselbe gilt vermutlich auch für sein wichtigstes Forschungsgebiet, die Dogmengeschichte.[66] Über die Möglichkeiten und überhaupt

---

62 Vgl. Loofs, Theophilus (s.o. Anm. 49).
63 Vgl. Adolf von Harnack, Protokollbuch der Kirchenväter-Commission 1897–1928, hg. v. Christoph Markschies/Stefan Rebenich, Berlin/New York 2000, 124 (Sitzung vom 12.4.1902). Zur Übergabe des Projektes an Johannes Ficker vgl. das Protokoll der Sitzung vom 28.4.1906 (ebd., 132). Die Protokolle der Sitzungen der Jahre 1910, 1921, 1923 zeigen, dass die Arbeit an der Edition des Irenäus offenbar zum Erliegen gekommen war.
64 Die durchaus sehr verdienstvollen Ausgabe von Adelin Rousseau, Louis Doutreleau, Bertrand Hemmerdinger und Charles Mercier in den Sources chrétiennes sowie die auf deren Text gestützte Ausgabe von Norbert Brox in den Fontes christiani (8, 1–5), die 1993–2001 erschien, können und wollen keine kritischen Ausgaben sein, machen aber die Probleme der Irenäus-Überlieferung deutlich.
65 Friedrich Loofs, Kirchengeschichte, in: Wilhelm Lexis (Hg.), Die deutschen Universitäten. Für die Universitätsausstellung in Chicago 1893, Bd. I/2, Berlin 1893, 197ff. Vgl dazu auch Peter Meinhold, Geschichte der kirchlichen Historiographie, Bd. II, München 1967, 331–339.
66 Zu Loofs' Konzept einer dezidiert protestantischen Dogmengeschichtsschreibung in Abhängigkeit von und kritischer Auseinandersetzung mit dem Lehrer und Freund Adolf von Harnack vgl. den Beitrag von Ekkehard Mühlenberg in diesem Band.

den Sinn einer theologischen Disziplin Dogmengeschichte ist in den letzten Jahren viel diskutiert worden; Wolfram Kinzig hat der Dogmengeschichte den Charakter einer eigenen theologischen Disziplin abgesprochen und sie als Hilfswissenschaft der Kirchengeschichte bezeichnet.[67] Das erinnert natürlich an Karl Barths Ablehnung der Kirchengeschichte als eigener theologischer Disziplin, die er – natürlich ganz anders als Kinzig – zur Hilfsdisziplin der Dogmatik erklärt hatte.[68] Karl Barths Diktum von 1932, das er am Ende seines Lebens etwas revidiert hat,[69] führte bekanntlich vor allem nach dem Zweiten Weltkrieg zu einer intensiven Diskussion über die Kirchengeschichte als theologische Disziplin.

Für Friedrich Loofs – und hier nicht nur als Schüler und Freund Adolf von Harnacks, sondern vor allem in der Konzentration seiner theologischen Existenz und wissenschaftlichen Arbeit auf die Kirche als die Sozialgestalt christlichen Glaubens, ist die Dogmengeschichte faktisch eine gleichberechtigte theologische Disziplin neben der Kirchengeschichte bei natürlich sehr großen gemeinsamen Schnittmengen. Auch die für jeden Theologen absolut notwendige Auseinandersetzung mit der Geschichte des Dogmas hat die Kirche und verantwortliches Handeln in ihr zum Ziel. Dogma sind für ihn »diejenigen Glaubenssätze, deren Anerkennung eine kirchliche Gemeinschaft von ihren Gliedern oder wenigstens von ihren Lehrern ausdrücklich fordert«[70]. Er selbst nennt diese schlichte Definition »vulgär«[71], aber sie erschien ihm pragmatisch anwendbar. Vom praktischen Interesse der Kirche her – und dazu gehört für ihn auch die Tatsache, dass Geistliche auf die Lehre der Kirche verpflichtet werden und verpflichtet werden müssen – ist die Dogmengeschichte eine genuin theologische Disziplin bei allen natürlich nicht zu leugnenden Überschneidungen, aber dennoch in deutlichem Unterschied zur Theologiegeschichte. Anders als bei Harnack ist für Loofs von daher das Dogma auch nicht ein letztlich

---

67 Wolfram Kinzig, Brauchen wir eine Dogmengeschichte als theologische Disziplin?, in: Wolfram Kinzig/Volker Leppin/Günther Wartenberg (Hg.), Historiographie und Theologie. Kirchen- und Theologiegeschichte im Spannungsfeld von geschichtswissenschaftlicher Methode und theologischem Anspruch. Konzeption von Kurt Nowak (Arbeiten zur Kirchen- und Theologiegeschichte 15), Leipzig 2004, 181–202.
68 Karl Barth, Kirchliche Dogmatik. Bd. I/1. Die Lehre vom Wort Gottes. Prolegomena zur Kirchlichen Dogmatik, Zürich 1932, 3.
69 Karl Barth, Einführung in die Evangelische Theologie, Zürich (1962) ³1985. Es handelt sich um seine Abschiedsvorlesung im Wintersemester 1961/1962.
70 Friedrich Loofs, Art. »Dogmengeschichte«, in: RE³ 4, Leipzig 1898, 752–764 (761).
71 Ebd. Vgl. auch Loofs, Leitfaden (s.o. Anm. 44), 4.

zu überwindender Zustand sondern setzt sich notwendigerweise im Prinzip bis in die Gegenwart fort.

Wenn sein »Leitfaden der Dogmengeschichte« auch mit dem vorläufigen Abschluss der Lehrbildung in den drei großen abendländischen christlichen Konfessionskirchen im 16./17. Jahrhundert endet, ist die Dogmengeschichte doch für die Zukunft prinzipiell offen. Der 1902 erschienene 1. Band seiner »Symbolik«[72] – dass er diesen damals eigentlich nicht mehr üblichen Titel benutzt, erscheint mir symptomatisch – kann fast als Fortsetzung der Dogmengeschichte gelten. Der Schwerpunkt liegt auch hier auf der verbindlichen kirchlichen Lehrbildung. Leider ist ein 2. Band, der den Protestantismus in all seinen verschiedenen Kirchenbildungen umfassen sollte, nie erschienen, aber eine große Zahl von Einzelstudien zu den neuzeitlichen Kirchenbildungen aus der reformatorischen Tradition bis hin zu den »Zeugen Jehovas« scheinen diesen Schluss doch zu erlauben.[73] Von daher ist verständlich, dass Friedrich Loofs' Begriff von Dogma und Dogmengeschichte in der »Bekennenden Kirche« und der Rezeption von »Barmen« durchaus plausibel war. So konnte Loofs' Dogmengeschichte in einer Bearbeitung von Kurt Aland auch nach dem Zweiten Weltkrieg, also fast ein halbes Jahrhundert nach der letzten von Loofs noch selbst bearbeiteten 4. Auflage von 1906, wieder herausgegeben und zu einer Art Standardlehrbuch bis in die siebziger Jahre des vergangenen Jahrhunderts werden.[74]

Hinsichtlich des christologischen und trinitarischen altkirchlichen Dogmas hat Loofs im Widerspruch zu Harnacks berühmter Hellenisierungsthesethese[75] einen engeren Zusammenhang zwischen neutestamentlichem Christus-Kerygma und der späteren Dogmenbildung aufgrund einer von ihm »kleinasiatisch« genannten Traditionslinie sehen wollen, die vor allem von den johanneischen Schriften über Irenäus,

---

72 Friedrich Loofs, Symbolik oder christliche Konfessionskunde, Bd. I (GThW 4), Tübingen 1902.
73 Vgl. z.B. Friedrich Loofs, Art. »Kongregationalismus«, in: RE³ 10, Leipzig 1901, 680–693; ders., Art. »Methodismus«, in: RE³ 12, Leipzig 1903, 747–801; ders., Die Internationale Vereinigung Ernster Bibelforscher, Leipzig (1918) ²1920; ders., Unsere grundsätzliche Einstellung gegenüber den Sekten, in: PBl (1920), 209–218.
74 Friedrich Loofs, Leitfaden zum Studium der Dogmengeschichte, hg. v. Kurt Aland, Tübingen (1889) ⁵1953 ⁷1968.
75 Adolf von Harnack, Lehrbuch der Dogmengeschichte. Die Entstehung des kirchlichen Dogmas, Bd. I, Tübingen (1885) ⁴1909 (Darmstadt 1964), 19f. Auf Harnacks viel diskutierte Hellenisierungsthese ist in diesem Zusammenhang nicht weiter einzugehen. Vgl. aber Friedrich Loofs, Der Grundgedanke von Harnacks Dogmengeschichte, in: ChW 13 (1899), 998–1001; Loofs, Dogmengeschichte (s.o. Anm. 70), 759f.; Loofs, Leitfaden (s.o. Anm. 44), 5–7. Harnack zu Loofs: Harnack, Lehrbuch (s.o. in dieser Anm.), 43.

Paul von Samosata, Markell von Ankyra bis hin zu Nestorius und darüber hinaus im Widerspruch zur Hellenisierung durch die apologetische Logostheologie am urchristlichen Christus-Kerygma festgehalten habe.[76] Der Versuch diese »kleinasiatische« Tradition deutlich herauszuarbeiten, ist eine Art cantus firmus seiner dogmengeschichtlichen Arbeiten, angefangen vom ersten brieflichen Austausch mit Harnack über dessen Dogmengeschichte, über die christologischen und trinitarischen Arbeiten bis zu den großen Monographien am Lebensende einschließlich der unvollendeten Arbeit über Theophil von Antiochien.

Das Unbehagen an Harnacks durchaus missverständlicher These vom Dogma als dem Produkt der Hellenisierung des Christentums, hat Loofs' Konstrukt lange ziemlich plausibel erscheinen lassen.[77]

Allerdings wird man fragen müssen, ob die bearbeiteten und ergänzten Neuausgaben der Dogmengeschichte durch Kurt Aland wirklich sinnvoll und angemessen waren. Ein sehr pointiertes und auch eigenwilliges Konzept kann man eigentlich nicht aktualisieren, schon gar nicht durch Literaturnachträge. Der Versuch, ein solches Konzept gleichsam zu enthistorisieren, kann nicht befriedigen.

Wenn es letztlich bei Friedrich Loofs in seiner wissenschaftlichen Arbeit immer um die Kirche geht, dann muss auch seine praktisch-kirchliche Tätigkeit mit seiner wissenschaftlichen Existenz zusammen gesehen werden.

Über viele Jahre war er – wie sein heutiger Nachfolger Jörg Ulrich – Universitätsprediger.[78] Schon 1892 erschien der erste Predigtband des Mittdreißigers,[79] dem noch eine ganze Reihe von Predigtbänden,[80] sowie zahllose Predigten in Einzeldrucken folgen sollten. Im Nachlass in der Universitätsbibliothek in Halle befindet sich außerdem eine große Zahl ungedruckter Predigten. In einem 1908 erschienen Band mit akademischen Predigten hat Loofs, der auch viele Semester das homiletische Proseminar übernommen hatte,[81] auf Bitte des Herausgebers auf wenigen Seiten Ideen über die »Aufgabe der Predigt in der Gegenwart« geäußert.[82] Abgesehen von pointierten Aussagen über gängige

---

76 Loofs, Selbstdarstellung (s.o. Anm. 2), 30–32; Loofs, Patristica (s.o. Anm. 1), 420–422.
77 Konrad (s.o. Anm. 7).
78 Loofs, Selbstdarstellung (s.o. Anm. 2), 17f.; Loofs, Patristica (s.o. Anm. 1), 408f. Über Friedrich Loofs als Prediger vgl. den Beitrag von Jörg Ulrich in diesem Band.
79 Friedrich Loofs, Predigten, Bd. I, Halle 1892.
80 Friedrich Loofs, Predigten, Bd. II, Halle 1901; ders., Akademische Predigten, Dresden 1908. Vgl. auch Loofs, Selbstdarstellung (s.o. Anm. 2), 17; Loofs, Patristica (s.o. Anm. 1), 408.
81 Loofs, Selbstdarstellung (s.o. Anm. 2), 21; Loofs, Patristica (s.o. Anm. 1), 412.
82 Loofs, Akademische Predigten (s.o. Anm. 80), Vorrede. Über die Aufgaben der Predigt in der Gegenwart, VII–XXIII.

Predigttheorien und Homiletiken fällt auf, wie stark bei Loofs – und hier ist er nun in völliger Übereinstimmung mit liberalen Predigtauffassungen – der Predigthörer absolut im Vordergrund steht. Es geht nicht um orthodoxe Korrektheit, sondern um lebendige Bezeugung des Glaubens. Der Prediger muss das soziale und intellektuelle Umfeld seiner Predigthörer kennen und eben den intellektuellen Diskurs auf ganz verschienen Ebenen auch beherrschen (gerade auch in einer sozialdemokratisch geprägten Arbeitergemeinde). Was Loofs hier übrigens über die Notwendigkeit von Bildung der Prediger sagt, erinnert in vielem an Augustins Schrift »De doctrina christiana«, auch wenn Augustin hier nicht genannt wird. Von daher kann Loofs, was einen zunächst ziemlich erstaunt, die Predigten der Aufklärung in ihrem Ansatz zumindest durchaus anerkennen.

Neben seiner Predigttätigkeit in erster Linie als Universitätsprediger hat er sich in seiner Gemeinde, der Laurentiusgemeinde in Halle, im Gemeindekirchenrat engagiert, war Mitglied der Kreis-, der Provinzial- und sogar der Generalsynode und von 1910 bis 1925, also bis ganz kurz vor seiner Emeritierung, Mitglied des Konsistoriums in Magdeburg mit erstaunlich vielen Aufgaben, die über die akademischen Prüfungen weit hinausgingen.[83]

Außerordentlich temperamentvoll (was man ihm nach der Lektüre nur der wissenschaftlichen Arbeit eigentlich nicht zutraut) hat sich Loofs an der die deutsche Gesellschaft außerordentlich bewegenden und zum Teil polarisierenden Debatte um die 1899 erschienenen »Welträthsel« von Ernst Haeckel[84] beteiligt – zunächst in einem offenen Brief in der »Christlichen Welt«,[85] dann in einer ausführlicheren Schrift, die 1900 in 4 Auflagen erschien und 1906 noch eine 5. Auflage erlebte.[86] Die separate Schrift veröffentlichte er erst, nachdem Haeckel und sein Herausgeber sich nicht nur grundsätzlich über die nicht ernst zu nehmende Wissenschaftlichkeit eines Theologieprofessors ziemlich arrogant und abschätzig geäußert hatten, sondern auch die »Christliche Welt« als »Familienblatt« für eine wissenschaftliche Auseinandersetzung als ungeeignet ansahen,[87] was eine peinliche Ahnungslosigkeit hinsicht-

---

83 Loofs, Selbstdarstellung (s.o. Anm. 2), 18f.; Loofs, Patristica (s.o. Anm. 1), 409f.
84 Ernst Haeckel, Die Welträthsel, Bonn 1899.
85 Friedrich Loofs, Offener Brief an Haeckel, in: ChW 13 (1899), 1067–1072.
86 Friedrich Loofs, Anti-Haeckel. Eine Replik nebst Beilagen, Halle (1900) ⁵1906. Abdruck des offenen Briefes an Haeckel aus der ChW dort auf den Seiten 61–470. Eine Selbstanzeige in: ChW 14 (1900), 282f.
87 Haeckels Erwiderung, die nur als Diskussionsverweigerung angesehen werden kann, in: Zeitschrift für wissenschaftliche Kritik und Antikritik 1 (1900), 49. Auch abgedruckt bei Loofs, Anti-Haeckel (s.o. Anm. 86), 71f. Zu den Äußerungen über die ChW als »Familienblatt« vgl. das Nachwort des Herausgebers der »Zeitschrift für

lich der Rolle der »Christlichen Welt« im deutschen Protestantismus und weit darüber hinaus offenbart.

Auf Bitte eines naturwissenschaftlichen Kollegen[88] hat Loofs sich ausschließlich mit dem Kapitel über die Entwicklung des Christentums der überaus polemischen Schrift Haeckels befasst, über Haeckels monistische Weltanschauung sagt er kein Wort. Ausgesprochen süffisant widerlegt Loofs Schritt für Schritt anhand der allgemein anerkannten Ergebnisse der historisch-kritischen Forschung, die natürlich Haeckel sämtlich unbekannt waren, dessen in der Tat zum Teil ahnungslose Auffassungen über die Anfänge des Christentums und macht deutlich, was von der Seriosität der von Haeckel benutzten Gewährsmänner zu halten sei. Viel später hat Loofs bekannt, dass der zum Teil an der Grenze zur Beleidigung sich bewegende Ton seiner Schrift Haeckel zu einer Klage provozieren sollte, was aber nicht gelang.[89] Loofs' Schüler Rudolf Stöwesand berichtet, dass Loofs später anlässlich irgendeines akademischen Anlasses in Leipzig als Vertreter der Universität Halle neben Haeckel als dem Vertreter der Universität Jena zu sitzen kam; mit Hilfe des damals verbindlichen Höflichkeitskanons war aber auch diese Situation zu bewältigen.[90]

Die Hauptschuld an dem für ihn erschreckenden Erfolg von Haeckels Schrift hat Loofs dem Versagen der Kirche in den vergangenen Jahrzehnten angelastet,[91] wie er überhaupt außerordentlich kritisch über die Kirche als Institution – in seinem Falle des preußischen Staates – reden konnte und sich mehrfach jede kirchliche Einmischung in die Theologie verbeten hat.[92] Das Beharren der Kirche auf sowohl gesellschaftlich als auch theologisch völlig überholten Positionen hat Loofs zum Beispiel in den Auseinandersetzungen der neunziger Jahre um das Apostolicum immer wieder heftig kritisiert. Im Fall des Spruchkammerverfahrens gegen den Kölner Pfarrer Carl Wilhelm Jatho, das 1910 den deutschen

---

wissenschaftliche Kritik und Antikritik« Erich Bischoff, ebd. Über die Auseinandersetzung mit Haeckel auch Loofs in seiner Autobiographie: Loofs, Selbstdarstellung (s.o. Anm. 2), 25f.; Loofs, Patristica (s.o. Anm. 1), 416. Loofs erwähnt hier, dass im Zusammenhang der Auseinandersetzung mit Haeckel von einem Hermann Freiberg die Schrift, Anti-Loofs. Eine deutliche Antwort auf den Anti-Haeckel des Hallischen Professors der Gottesgelehrtheit Dr. Friedrich Loofs, Bd. I, Neu-Dölau 1903 erschien. Die erhaltene Korrespondenz Loofs' im Zusammenhang mit und um Haeckel ist systematisch erschlossen (ULB Halle: Yi 19 VII).

88 Loofs, Selbstdarstellung (s.o. Anm. 2), 25; Loofs, Patristica (s.o. Anm. 1), 416.
89 Ebd.
90 Stöwesand (s.o. Anm. 7).
91 Loofs, Selbstdarstellung (s.o. Anm. 2), 38f.; Loofs, Patristica (s.o. Anm. 1), 428f.; Barnikol (s.o. Anm. 7), 222.
92 Friedrich Loofs, Die Auferstehungsberichte und ihr Wert, in: HCW 33 (1898) ³1908, 4.

Protestantismus und die Publizistik ziemlich bewegte,⁹³ hat er, obwohl er theologisch Jathos Auffassungen für grundfalsch hielt, gemeinsam mit dem Juristen Kahl gegen die Amtsenthebung gestimmt und ausführlich mehrmals zum Problem der theologischen Freiheit von kirchlichen Amtsträgern innerhalb der von ihm grundsätzlich anerkannten Grenzen der Bekenntnisbindung Stellung bezogen.⁹⁴ Die Grenzen der Lehrfreiheit, so Loofs in der Preußischen Kirchenzeitung, sind nicht formal zu bestimmen am Buchstaben der Bekenntnisse zum Beispiel, sondern je im Einzelfall. Die entscheidende Frage muss sein, so Loofs, ob der Betreffende in der Kirche aufbauend wirken kann oder nicht.⁹⁵

Kann man den theologischen Standort von Friedrich Loofs im theologischen, kirchenpolitischen und wissenschaftlichen Spektrum protestantischer Theologie der sogenannten wilhelminischen Epoche beschreiben? Gerade für die Theologie des 19. Jahrhunderts meinen wir, ein paar Schubladen zu besitzen, in denen wir alle gleichsam examenstauglich und -abrufbar unterbringen können. Das will mit Friedrich Loofs irgendwie nicht so recht gelingen.

In einem ziemlich komplizierten Prozess, über den er selbst kaum, sein Freund Martin Rade sich dann nach Loofs' Tod ausführlich geäußert hat, hat sich Loofs vom Neuluthertum speziell Hannoverscher Prägung gelöst und ist, beeinflusst von dem jungen und offenbar auf die Studenten regelrecht charismatisch wirkenden Adolf Harnack, zu einem skeptischen Ritschlianer geworden. Im Grunde ging es Loofs um eine Wiederentdeckung des reformatorischen Erbes, natürlich vor allem des Erbes Luthers in der Gegenwart. Das Neuluthertum war dazu eben nicht in der Lage. Die jungen Studenten im Bannkreis des kaum älteren Harnack hatten dabei gelernt, das Christentum in erster Linie geschichtlich zu verstehen. In einem wissenschaftlichen Diskurs, in dem die historischen Disziplinen als Leitwissenschaften galten, hatte die Theologie so wieder einen wichtigen Platz. Und die »Christliche Welt« war für einige Jahre der gemeinsame Ort. Als Gründungsmitglieder des »Evangelischen Bundes«⁹⁶ waren die jungen Gründer der »Christlichen Welt« auch betont antirömisch, durchaus in Übereinstimmung mit dem intellektuellen Bewusstsein im neuen Deutschen Reich; auch nach Beendigung des Kulturkampfes.⁹⁷

---

93 Manfred Jacobs, Art. »Jatho, Carl Wilhelm (1851–1913)«, in: TRE 16, Berlin/New York 1987, 545–548.
94 Loofs, Selbstdarstellung (s.o. Anm. 2), 38; Loofs, Patristica (s.o. Anm. 1), 429; vgl. Rathje (s.o. Anm. 10), 179–193.
95 Loofs, Selbstdarstellung (s.o. Anm. 2), 38; Loofs, Patristica (s.o. Anm. 1), 429.
96 Walter Fleischmann-Bisten, Art. »Evangelischer Bund«, in: RGG⁴ 2, Tübingen 1999, 1728–1731.
97 Rathje (s.o. Anm. 10), 39–57.

Die zweite Hälfte der neunziger Jahre brachte die zunehmende Entfremdung Loofs' von der »Christlichen Welt« (worunter die persönliche Freundschaft zu Rade aber nicht litt). Seiner Meinung nach, so in seinem Eisenacher Vortrag vor den »Freunden der Christlichen Welt« im Jahre 1898,[98] hatte die »Christliche Welt« unter neuen Einflüssen der »Jungen« ihren alten Kurs verlassen[99] (Die Kontroverse, die über den Kurs der »Christlichen Welt« tatsächlich unter der Überschrift »Alte« gegen »Junge« geführt wurde, mutet uns heute etwas eigenartig an, die »Alten« waren hier nämlich die knapp Vierzigjährigen!). Loofs konnte die Öffnung der »Christlichen Welt« für die Vertreter der neuen religionsgeschichtlichen Schule aus mancherlei Gründen nicht akzeptieren, seiner Meinung nach, hier übrigens in Übereinstimmung mit Harnack, führte die religionsgeschichtliche Erklärung der Bibel in die Irre.[100] Er hat an seinem Lebensende da etwas milder geurteilt.[101] Vor allem wunderliche Auswüchse wie die Forderung nach einer »Germanisierung« des Christentums, wie sie vor allem durch Artur Bonus in der »Christlichen Welt« gestellt wurden, wovon der für alles Neue übermäßig aufgeschlossene Rade geradezu schwärmte, hat Loofs erbittert bekämpft. Wie Recht er damit haben sollte, hat er dann allerdings nicht mehr erlebt.[102]

Der für Loofs und Rade außerordentlich schmerzhafte Prozess der Entfremdung aus theologischen Gründen ist meines Wissens bisher nicht intensiv untersucht, wäre es aber sicher wert. Konsequent bei seiner Reserviertheit und teilweise Ablehnung dieser religionsgeschicht-

---

98 Friedrich Loofs, Das Evangelium der Reformation und die Gegenwart, in: ThStKr 81 (1908), 203–244 (zur Begründung, warum der Vortrag erst nach einem Jahrzehnt im Druck erschien, siehe ebd., 203 Anm. 1). Vgl. Loofs, Auferstehungsberichte (s.o. Anm. 92).
99 Rathje (s.o. Anm. 10), 84–123. Die Kontroverse zwischen »Jungen« und »Alten« ist nahezu ein Hauptthema in den Jahren der langsamen Distanzierung Loofs von der »Christlichen Welt«.
100 Rathje (s.o. Anm. 10), 84–86.
101 Loofs, Selbstdarstellung (s.o. Anm. 2), 35; Loofs, Patristica (s.o. Anm. 1), 426.
102 Im Jahr 1895 waren in der ChW einige Aufsätze von Artur Bonus über ein »germanisches« Christentum als Forderung der Gegenwart erschienen. Vgl. vor allem Artur Bonus (anonym), Von Stöcker zu Naumann. Ein Wort zur Germanisierung des Christentums, Heilbronn 1896. Zur Diskussion in der ChW, die unkritische Begeisterung Rades und die kritische und ablehnende Haltung von Loofs vgl. Rathje (s.o. Anm. 10), 88–90. Zu Bonus' Forderung nach einer »Germanisierung des Christentums« vgl. Knut Schäferdiek, Art. »Germanisierung des Christentums«, in: TRE 12, Berlin/New York 1984, 521–524; Hanns Christof Brennecke, Der sogenannte germanische Arianismus als »arteigenes« Christentum. Die völkische Deutung der Christianisierung der Germanen im Nationalsozialismus, in: Thomas Kaufmann/Harry Oelke (Hg.), Evangelische Kirchenhistoriker im »Dritten Reich«, Gütersloh 2002, 310–329.

liche Interpretation des Christentums war dann sicher, dass er nicht als Autor bei der 1. Auflage der RGG begegnet.[103]

Loofs passt in keine kirchenpolitische oder theologische Schublade. Alle Versuche, ihn als konservativen Liberalen oder liberalen Konservativen zu beschreiben, sind natürlich nicht ganz falsch, aber nicht sehr hilfreich. Seine Stellung zwischen den Fronten und manchmal auch Stühlen scheint ihn nicht sonderlich beschäftigt zu haben.[104]

Schon im Kirchenkampf der dreißiger Jahre, den er selbst nicht mehr erlebt hat, war wichtig, wie er Theologie und Kirche aufeinander bezogen ansah. In den Veränderungen der theologischen Landschaft an den Universitäten, die uns in den nächsten Jahren vermutlich bevorsteht, können wir uns gerade von ihm als Kirchen- und vor allem Dogmenhistoriker daran erinnern lassen. Theologie kann nicht einfach in Religions- oder Kulturwissenschaft aufgehen, wie etliche Vertreter der religionsgeschichtlichen Schule schon vor hundert Jahren gefordert haben.

Als Historiker der christlichen Lehrentwicklung war er erstaunlich wenig anfällig für sowohl wissenschaftliche als auch theologische Moden – ganz im Gegensatz zu seinem vermutlich in vielem origineleren Freund Martin Rade, der dabei aber gelegentlich auch tüchtig daneben gegriffen hat, wie an seiner Begeisterung für die abenteuerlichen Thesen von Artur Bonus besonders deutlich wird. Und Friedrich Loofs war nach allem, was erkennbar ist, auch gegen Ideologien erstaunlich immun, was man von längst nicht allen Theologen dieser Epoche sagen kann.

In diesem Sinn hat Friedrich Loofs in seiner manchmal sicher etwas umständlichen Bedenklichkeit, die man ihm gelegentlich vorgeworfen hat, die Theologische Fakultät der Universität Halle geprägt.

Wenn diese Theologische Fakultät im Verhältnis zu anderen erstaunlich integer durch alle machtpolitischen und ideologischen Verlokkungen zweier ganz unterschiedlicher Diktaturen des 20. Jahrhunderts hindurch gekommen ist, verdankt sie das sicher nicht nur, aber ganz gewiss auch der jahrzehntelangen Prägung durch Friedrich Loofs.

---

103 Auch an der seit 1927 erscheinenden zweiten Auflage der RGG hat Loofs nicht mitgearbeitet, ist hier aber zum Gegenstand eines Personenartikels geworden: Karl Bauer, Art. »Loofs, Friedrich«, in: RGG² 3, Tübingen 1929, 1722, der versuchte, Loofs kirchenpolitisch zwar in der »Evangelischen Vereinigung«, aber theologisch nicht wirklich zu verorten.

104 Dazu seine eigenen Überlegungen am Ende seines Lebens in seiner Autobiographie vgl. Loofs, Selbstdarstellung (s.o. Anm. 2), 38–40; Loofs, Patristica (s.o. Anm. 1), 429–431.

Friedrich Loofs und die Dogmengeschichte

EKKEHARD MÜHLENBERG

Ist das Thema: »Loofs und die Dogmengeschichte« nicht längst erledigt? Denn, so hat Loofs es selber unüberhörbar gesagt, die altkirchlichen Dogmen von der Trinität, von der Menschwerdung des Gottessohnes und von den beiden Naturen Christi sind für den evangelischen Glauben peripher;[1] sie sind veraltet, sie sind sogar unbiblisch.[2] Darin sei er sich mit Harnack einig. Loofs weist darauf hin, dass er »von den Anregungen« Harnacks »ausgegangen« sei, ja, dass seine ersten Fassungen der Dogmengeschichte »ganz abhängig« von Harnack gewesen seien. Erst die vierte Auflage[3] zeige, dass er »die Anschauungen Harnacks selbständig verarbeitet« habe.[4] Immerhin kannte Loofs Harnacks Grundkonzeption der Dogmengeschichte aus einer sorgfältigen Nachschrift von Martin Rade schon als Student (1877); er hatte auch einen direkten Einblick in Harnacks erstes Kollegheft im Jahre 1882/1883.[5] Dann begann Loofs als Privatdozent 1883 in Leipzig seine Vorlesung über die Dogmengeschichte. Harnacks Lehrbuch der Dogmengeschichte erschien 1886 und 1887; auch diese beiden Bände ohne Augustin (Band III 1889) kannte Loofs, als er 1889 und 1890 seinen »Leitfaden zum Studium der Dogmengeschichte zunächst für seine Vorlesungen« der Öffentlichkeit vorlegte.

Loofs hat angemerkt, dass er Harnack in zwei Punkten nicht folge: Erstens in der Definition des Begriffs Dogma und zweitens in der Ein-

---

1 Vgl. Friedrich Loofs, Der Grundgedanke von Harnacks Dogmengeschichte, in: ChW 13 (1899), 999 (= ders., Patristica. Ausgewählte Aufsätze zur Alten Kirche [AKG 71], hg. v. Hanns Christof Brennecke/Jörg Ulrich, Berlin/New York 1999, 389).
2 Friedrich Loofs, Die Bedeutung der kirchlichen Dogmen für das evangelische Christentum, in: DEBl 1 (1910), 78–99 (81).
3 Friedrich Loofs, Leitfaden zum Studium der Dogmengeschichte, Halle (1889) ⁴1906.
4 Friedrich Loofs, Leitfaden zum Studium der Dogmengeschichte zunächst für seine Vorlesungen, Halle (1889) ²1890, Vorrede VIII/IX; ders., Selbstdarstellung (RWGS 2), Leipzig 1926, 23 (= Loofs, Patristica [s.o. Anm. 1], 414).
5 Zu Martin Rade: Loofs, Selbstdarstellung (s.o. Anm. 4), 8 (= Loofs, Patristica [s.o. Anm. 1], 399); zum Kollegheft: Loofs, Leitfaden, ²1890 (s.o. Anm. 4), VIII.

schätzung des Irenäus. Aus dem zweiten Punkt folge – so formulierte Loofs –, dass das Fundament auf dem die Griechen das Dogma bauten, urchristliche Tradition sei;[6] Harnack hatte dieses Fundament bei Irenäus und den ihm vorausgehenden Apologeten schon als hellenisch durchtränkt gesehen. Loofs hat die von ihm behauptete urchristliche Tradition als die antiochenisch-kleinasiatische Tradition identifiziert; sie transportierte noch Urchristliches, während Harnack darüber urteilte: Irenäus habe sich auf die Betrachtungsweise seiner Gegner, der Gnostiker, eingelassen, wenn auch zögernd.[7]

Nachdem ich rekapituliert habe, was wohl bekannt ist, will ich genauer nachzeichnen. Meine Vorarbeit bestand im wiederholten Durchsehen aller Dogmengeschichten, die vor Harnack und Loofs erschienen waren, sowie modernerer Literatur zum Thema Dogmengeschichte. Des Weiteren habe ich die verschiedenen Auflagen von Harnack und Loofs kollationiert; denn wie sich bei Editionen antiker Schriftsteller der endgültige Text erst aus den Kollationen ergibt, so hoffte ich, ein Gefühl dafür entwickeln zu können, was die vorliegende Sprachgestalt hervorgetrieben hat. Im übrigen sind meine Überlegungen ganz auf die eine Frage konzentriert, wie sich Dogmengeschichte nach Loofs zu Harnacks Dogmengeschichte verhält. Ich unterteile in drei Fragen: 1. Was hat Loofs von Harnack verstanden? 2. Wie hat er ihn verstanden? 3. Was hat Loofs bei Harnack abgelehnt?

---

6   Loofs, Der Grundgedanke (s.o. Anm. 1), 1000 (= Loofs, Patristica [s.o. Anm. 1], 391): »Es wird freilich, wenn Harnack mit seiner Beurteilung des Irenäus im Unrecht ist, das Verhältnis zwischen dem urchristlichen Fundament des griechischen Dogmenbaues und dem, was die Griechen auf ihm bauten, verschoben; und für die persönliche Stellung zu einer ganzen Reihe wichtigster Fragen (z.B. des Johannesevangeliums) ist dies von größter Wichtigkeit. Allein daran wird damit Nichts geändert, daß der Bau nicht das Fundament ist. Und nur auf dem Fundament (vgl. 1 Kor. 3,11) ruht die evangelische Kirche.«

7   Vgl. Adolf von Harnack, Lehrbuch der Dogmengeschichte, Bd. I, Freiburg i.Br. 1886, 437 (= Adolf von Harnack, Lehrbuch der Dogmengeschichte, Bd. I, Tübingen (1886) [4]1909 und [5]1931, 566f.): »Die acute Hellenisierung des Evangeliums, welche in den gnostischen Systemen vollzogen war, ist von Irenäus und den jüngeren Kirchenlehrern abgewehrt worden, indem sie einen grossen Theil der altchristlichen Ueberlieferung theils dem Buchstaben, theils dem Geiste nach bewahrt und so für die Zukunft gerettet haben. Aber der Preis dieser Rettung war die Adoption einer Reihe von ›gnostischen‹ Schemata: man ging zögernd auf die Betrachtungsweise der Gegner ein und musste auf sie eingehen, weil man, von den urchristlichen Stimmungen und Gedanken immer weiter entfernt, eine andere Betrachtungsweise selbst mehr und mehr eingebüsst hatte.« – Harnacks Kritik an einer kleinasiatischen Theologie steht in Harnack, Lehrbuch, 1886 (s.o. in dieser Anm.), 429 Anm. 1 (= Harnack, Lehrbuch, 1909 u. 1914 [s.o. in dieser Anm.], 558 Anm.2).

1. Was hat Loofs von Harnack verstanden?

Loofs hat ziemlich viel verstanden. Im Leitfaden, dessen 2. Auflage ich benutze, scheint er nicht wenige Sätze aus Harnack abgeschrieben zu haben. Aber ausschlaggebend ist sein Verständnis für die Neuartigkeit von Harnacks Entwurf. Er nennt drei Punkte, für die Harnack »maßgebend« sei, »methodisch epochemachend«: Erstens habe er die schematische Stoffanordnung verworfen, zweitens habe er die Dogmen in die Entstehung und Abwandlungen der Gesamtanschauungen vom Christentum gestellt und drittens habe er geschichtlich zufällige Faktoren wie auch die »Tenazität« des Dogmas berücksichtigt.[8] Die Kompaktformulierungen sollen in Erzählung umgesetzt werden, damit ihre Tragweite sichtbar wird.

Am Ende der Aufklärungszeit erschienen die ersten Lehrbücher der Dogmengeschichte. Dogmengeschichte war eine eigene Disziplin geworden. Ihnen war bis auf Kliefoth (1839)[9] und Thomasius (1874)[10] eigentümlich, dass sich das Dogma in die einzelnen Lehrpunkte der Dogmatik aufteilte. Und von jedem Lehrpunkt (Gotteslehre, Trinitätslehre, Christologie et cetera) zeigten sie, dass solche Lehrstücke sich im Laufe der Geschichte änderten. Meist zeigten sie Änderungen daran, dass einzelne Theologen jeweils anderes darüber lehrten. Da die Veränderungen natürlich wissenschaftlich nachgewiesen werden mussten, war die Methode pragmatisch, das heißt zeitgeschichtliche und vor allem allgemein menschliche Ursachen führten zu verschiedenen Lehrarten.[11] Das Fazit war die Erkenntnis, dass Dogmen nicht

---

8 Diese Einschätzung findet sich schon in Loofs, Leitfaden, ²1890 (s.o. Anm. 4), § 1,7; in drei Punkte aufgefächert in Friedrich Loofs, Art. »Dogmengeschichte«, in: RE³ 4, Leipzig 1898, 759.

9 Theodor Friedrich Kliefoth, Einleitung in die Dogmengeschichte, Parchim/Ludwigslust 1839.

10 Gottfried Thomasius, Die Christliche Dogmengeschichte als Entwicklungs-Geschichte des kirchlichen Lehrbegriffs, Erlangen 1874–1876.

11 Christian Wilhelm Franz Walch, Gedanken von den Geschichten der Glaubenslehre, Göttingen 1756 (77 Seiten) unterscheidet zwischen Materie und Form; für die Veränderungen der Form sucht er nach den vielfältigen Ursachen. Ders., Gedanken von der Geschichte der Glaubenslehre. Zweite verbesserte und vermehrte Ausgabe, Göttingen 1764 (182 Seiten). Hier ist der »pragmatische« Teil sehr umfangreich (ebd., 28–125) und benennt bei den Ursachen auch immer den Nutzen, der aus ihnen folgte. – Wilhelm Münscher, Handbuch der christlichen Dogmengeschichte, Bd. I, Marburg 1797, klassifiziert die Ursachen für Veränderungen, z.B. Beschaffenheit des menschlichen Geistes vom Hang zu Spekulation bis hin zu Leidenschaften (Ehrgeiz, Herrschsucht, Hass, Kampfseifer usw.) und äußere Umstände, zu denen auch gehört: »Schon das Klima, unter welchem der Mensch lebt, ist nicht ohne Einfluß auf seine theologischen Meinungen« (ebd., 17).

die ›unveränderliche Wahrheit‹ aussagten, eben auch nicht nur in der Form veränderlich, sondern auch nach dem materialen Inhalt.[12] Gegen diese Erkenntnis half auch die These von F.C. Baur von der inneren Entwicklung der Dogmen zu größerer Klarheit gar nichts.[13] Die Stoffanordnung nach dem Schema der Dogmatik sollte verschwinden. Kliefoth hatte – nicht ohne Baurs These – den Begriff »Centraldogmen« vorgebracht, dass sich nämlich in verschiedenen Perioden ganz bestimmte Dogmen ausbildeten.[14] Harnack war den Schritt ganz gegangen und ordnete das Dogma mit seinem Inhalt jeweils einer Periode zu. Darin folgte ihm Loofs ohne Einschränkung.

Der zweite Punkt baut darauf auf und führt in überlegener Weise weiter. Denn nach Harnack, wie es Loofs richtig versteht, gehört das Dogma jeweils in die Gesamtanschauung des Christentums ei-

---

12 Münscher formuliert den Ertrag und Nutzen der pragmatischen Methode: »Ein wirksames Mittel, um sich vor jenem schädlichen Partheygeist zu verwahren, ist das Studium der Dogmengeschichte. Wer in ihr den Wechsel der Vorstellungen, die oft so schnell als die Moden der Frauenzimmer auf einander folgten, beobachtet, wer in ihr gesehen hat, wie einmal das als unumstößliche Wahrheit behauptet wurde, was ein folgendes Zeitalter als Irrthum verwarf, der wird anfangen ein bescheidenes Mistrauen in menschliche Meinungen, und folglich auch in seine eigne zu setzen« (Münscher [s.o. Anm 11], 42).

13 In Ferdinand Christian Baur, Lehrbuch der christlichen Dogmengeschichte, Leipzig (1847) ³1867, lässt sich sein Programm zur Dogmengeschichte z.B. folgender Formulierung entnehmen: »allein was factisch war, sollte dogmatisch nicht sein, es galt selbst als Dogma, dass das Dogma keine Geschichte habe, daß es, in seiner steten Identität mit sich selbst, ohne alle geschichtliche Veränderung sei. Konnte man auch das factische Vorhandensein einer das Dogma betreffenden Reihe von Veränderungen nicht läugnen, so sollte sie doch das Dogma nicht aus sich selbst erzeugt haben; die am Dogma geschehene Bewegung ging das Dogma selbst nichts an, sie hatte in ihm selbst keinen Grund und keine Beziehung auf dasselbe, war nicht einmal an ihm, sondern nur ausser ihm geschehen. So wenig hatte man noch eine Vorstellung von einer dem Dogma selbst immanenten Nothwendigkeit der Bewegung und Entwicklung.« so Baur (s.o. in dieser Anm.), 22.

14 Kliefoth (s.o. Anm. 9) setzt – etwas grobschlächtig formuliert – Schleiermacher in Hegel hinein. Das fromme Selbstbewusstsein wolle auch Erkenntnis dessen, was als Selbstbewusstsein geglaubt werde. Solche Erkenntnis vollziehe sich in Geschichte, und da die menschliche Geschichte der Kirche den Bedürfnissen des zeitgeprägten Selbstbewusstseins folge und da Gott als Herr der Geschichte ein sinnvolles Nacheinander ordnete, ergäben sich Dogmenkreise, das heißt »Centraldogmen«, an die jeweils das Ganze angehängt werde. Kliefoth stellt sich das so vor: zuerst das Heilsgut – in der Begegnung mit den Griechen (Philosophie), das ist die Gotteslehre; dann das Heilssubjekt – in der Begegnung mit den Römern (Ich des Römers), das ist die Anthropologie (Augustin); dann die Heilsvermittlung in der Begegnung mit den Germanen (Innerlichkeit der Aneignung), das ist die Soteriologie (Protestantismus). Loofs sah darin das Programm der konfessionelllutherischen Auffassung der Dogmengeschichte vorbereitet; bei Gottfried Thomasius sei es vollendet ausgeführt. Vgl. Loofs, »Dogmengeschichte« (s.o. Anm. 8), 758.

ner geschichtlichen Periode. »Entstehung und Abwandlungen der Gesamtanschauung des Christenthums« (Formulierung von Loofs) meint aber mehr und anderes als die »Centraldogmen« Kliefoths. Denn erst soll die Gesamtanschauung in ihrem Entstehen und in ihren Abwandlungen dargestellt werden, danach erst das aus ihr sich ergebene Dogma. Konkret kommt also erst die Theologiegeschichte und die Institutionsgeschichte (Kirche), dann das Dogma. Die Institution ist ein notwendiges Kondensat von theologischen Überlegungen,[15] die einzelnen Theologen schaffen Thesen oder gar einen systematischen Gesamtentwurf. Für das Dogma gibt es also Voraussetzungen. Auch darin folgt Loofs dem Harnack ohne Einschränkung.

Drittens hat Harnack die zeitgeschichtlichen Faktoren durchaus berücksichtigt, also die Kirchengeschichte, aber darauf geachtet, dass ein Dogma nicht mit einer Zeitperiode verschwand, sondern durchaus gültig blieb wie zum Beispiel das Trinitätsdogma und das Dogma der Zwei-Naturen-Christologie. Auch diesen Punkt übernahm Loofs.

2. Wie hat Loofs Harnack verstanden?

Loofs hat verstanden, dass Harnack die Hellenisierung des Christentums zur dogmengeschichtlichen Grundkategorie gemacht hat und mit Hilfe dieser Kategorie eine Geschichte schreiben kann, die einen Anfang, Entwicklungen, Abwandlungen, Klärungen und Höhepunkte hat. Harnack hatte ja definiert, dass das Dogma ein Werk des griechischen Geistes auf dem Boden des Evangeliums sei.[16] Hellenisierung hat bei Harnack zwei Hauptelemente: Es ist der Drang nach Erkenntnis,

---

15 Dieser Gedanke ist der Ansatz von Friedrich Nitzsch, Grundriss der Christlichen Dogmengeschichte, Berlin 1870. Modifiziert und weitergeführt wurde dieser Gedanke von Albrecht Ritschl in seiner ausführlichen Besprechung von Nitzsch: Albrecht Ritschl, Ueber die Methode der älteren Dogmengeschichte, in: JDTh 16 (1871), 191–214 (= ders., Gesammelte Aufsätze, Freiburg i.Br./Leipzig 1893, 147–169).

16 Vgl. von Harnack, Lehrbuch, Bd. I, 1886 (s.o. Anm. 7), 16 (= Harnack, Lehrbuch, Bd. I, ⁴1909 u. ⁵1931 [s.o. Anm. 7], 20 mit Zusatz auf 24f.). – Für eine Diskussion über die »Hellenisierung des Christentums« kommt es darauf an, die entscheidenden Merkmale des »Hellenismus« zu benennen. Harnack unterscheidet sich an diesem Punkt wohl grundsätzlich von seinen Vorgängern. Der griechische Geist ist das philosophische Denken der Griechen, bei Harnack auch natürliche Theologie genannt. »Erkenntnis« formuliert sich als kosmologische Erkenntnis durch die Vernunft (Gott, Welt, Mensch und Moral). »Vergänglichkeit« ist – wie bei A. Ritschl – der Bereich des Natürlichen, der in Eigengesetzlichkeit abläuft; Freiheit ist dagegen der Bereich der »Sittlichkeit« (Gott der Vater, Willensbestimmtheit, Gemeinsinn). – Eginhard Peter Meijering, Die Hellenisierung des Christentums im Urteil Adolf von Harnacks (VNAW.L 128), Amsterdam 1985 ist

und es ist die Erlösung von der Vergänglichkeit. Diese beiden Elemente hat Loofs verstanden und in seine Konzeption der Dogmengeschichte eingebaut. Es wird also vom Heidenchristentum berichtet, das sind die apostolischen Väter. Es wird dabei hervorgehoben, wo Erkenntnis statt Glaube, wo Unvergänglichkeit statt Sündenvergebung vorherrscht.[17] Das sind die beiden griechischen Hauptelemente. Es wird der Gnostizismus dogmengeschichtlich wie bei Harnack als die »akute Hellenisierung« charakterisiert.[18] Es werden die Apologeten verurteilt, insofern sie die Philosophie vor ihrer Bekehrung dann nach ihrer Bekehrung als geoffenbarte Lehre ausgeben, so dass nur das Faktum der Offenbarung eingetragen ist. Es wird der Moralismus der Apologeten getadelt, insofern das sittliche Verhalten aus Vernunftforderungen abgeleitet wird.[19] Und bei Origenes ist das System eine Erkenntnis, die hellenisch sei. Es ist das System des Origenes die »Verschmelzung hellenischer Bildung und christlicher Tradition«.[20] Den Ausdruck »Religionsphilosophie«, den Harnack benutzt, verwendet Loofs nicht. Bei Ari-

---

eine scharfsinnige Studie, zieht aber gelegentlich etwas voreilig die Kategorie »Ritschl« herein.

17 Loofs, Leitfaden, ²1890 (s.o. Anm. 4), § 14,2 nennt die genannten Elemente, drängt sie aber fast ganz zurück, z.B. heißt es: »Die ›Lehre‹ tritt daher gegenüber den religiösen und sittlichen Gedanken ernsten praktischen Christentums oft ganz zurück, z.B. in der Apostellehre« (= Loofs, Leitfaden, ⁴1906 [s.o. Anm. 3]). Loofs übernimmt an dieser Stelle Harnacks Charakterisierung des Heidenchristentums (nachapostolische Zeit, in der Literatur der Apostolischen Väter) als »urchristlicher Enthusiasmus«. Zu dessen Beschreibung vgl. von Harnack, Lehrbuch, Bd. I, 1886 (s.o. Anm. 7), 97 mit Anm. 2 (= Harnack, Lehrbuch, Bd. I, ⁴1909 u. ⁵1931 [s.o. Anm. 7], 159 Anm. 3).

18 Loofs, Leitfaden, ²1890 (s.o. Anm. 4), § 16, 2 (Loofs, Leitfaden, ⁴1906 [s.o. Anm. 3], § 18,1a) entspricht der Einordnung Harnacks von Gnostizismus und Katholisch. Die geschichtliche Betrachtung erkenne »in dem Gnosticismus eine Reihe von Unternehmungen, denen in gewisser Weise die katholische Ausprägung des Christenthums in Lehre, Sitte und Cultus analog ist. Der grosse Unterschied hier besteht aber wesentlich darin, daß sich in den gnostischen Bildungen die acute Verweltlichung, resp. Hellenisierung des Christenthums darstellt, in dem katholischen System dagegen eine allmählich gewordene.« (von Harnack, Lehrbuch, Bd. I, 1886 [s.o. Anm. 7], 162f. = Harnack, Lehrbuch, Bd. I, ⁴1909 u. ⁵1931 [s.o. Anm. 7], 249f. mit dem qualifizierenden Zusatz: »Gnosticismus – sofern er ein dogmengeschichtlicher Faktor geworden ist«). Harnack teilt mit, dass er diese Auffassung des Gnostizismus Franz Camillo Overbeck, Studien zur Geschichte der alten Kirche, Chemnitz 1875, 184 verdanke.

19 Loofs, Leitfaden, ²1890 (s.o. Anm. 4), § 18 u. in Loofs, Leitfaden, ⁴1906 (s.o. Anm. 3) sind § 18,1a und 3a sowie 3d übereinstimmend mit Harnack präziser formuliert.

20 »Religionsphilosophie«: von Harnack, Lehrbuch, Bd. I, 1886 (s.o. Anm. 7), 554f. (= Harnack, Lehrbuch, Bd. I, ⁴1909 u. ⁵1931 [s.o. Anm. 7], 695f.).

us klingt an, dass seine Lehre »rationalistisch« sei.[21] Das ist für Loofs die natürliche Theologie und somit ein heidnisches Gedankensystem. Zu solchem Denken gehört ein abstrakter Gottesbegriff.

Loofs attestiert Athanasius im Leitfaden eine realistische und physische Erlösungslehre, also eine die Vergänglichkeit aufhebende Erlösungslehre. Und nach dem Leitfaden kommt Athanasius sehr schlecht weg: die Erlösungslehre ist, wie gesagt, physisch, was Harnack noch viel drastischer auszudrücken pflegte (siehe unten). Ihm habe ein Gott genügt, der Unvergänglichkeit besaß, das ist die Gottheit Christi, und deswegen habe er so sicher gegen die Arianer auftreten können.[22] Aber dann biegt Loofs ab und folgt Harnack nicht weiter. Loofs sammelt Athanasius' Ausdrücke für die Einheit Gottes und stellt fest, dass sie sehr unterschiedlich, ja fast widersprüchlich bei Athanasius vorgestellt werde. Aber gemäß Loofs seien diese Widersprüche, ja, solche »irrationale Lehre« von »religiöser Energie« getrieben. Denn einen Bibelspruch wie Johannes 14,9: »Wer mich sieht, der sieht den Vater« zu retten, sei eben besser als die trinitarisch ausgefeilte Logos-Lehre.[23] Gegenüber Harnack wird eine Bresche in die Hellenisierungsthese geschlagen, obwohl auch für Loofs die Hellenisierung der Bau ist, der hier errichtet wurde.

Was die Christologie als solche angeht, so folgt Loofs dem Lob Harnacks für Apollinaris von Laodicea (die eine Natur des Gottmenschen), akzentuiert aber anders. Apollinaris habe folgerichtig und überzeugend die Christologie nach dem Nicänum und auf den Grundlagen, die Athanasius geschaffen habe, durchdacht. In der 4. Auflage des Leitfadens formuliert er:

---

21 Loofs, Leitfaden, ²1890 (s.o. Anm. 4), § 32,1b. Harnack setzt nicht das Wort »Rationalismus« über seine Darstellung des Arius, aber er denkt unter diesem Begriff; vgl. Adolf von Harnack, Lehrbuch der Dogmengeschichte, Bd. II, Tübingen 1887, 144 (= Adolf von Harnack, Lehrbuch der Dogmengeschichte, Bd. II, Tübingen [1887] ⁴1909 u. ⁵1931, 145): »Rationalismus (das Christenthum als das moralische Gesetz, welches frei erfüllt wird)« Dazu wird auch die Methode der Arianer gerechnet, nämlich die »dialektische Philosophie des Aristoteles« (von Harnack, Lehrbuch, Bd. II, 1887 [s.o. in dieser Anm.], 186 = Harnack, Lehrbuch, Bd. II, ⁴1909 u. ⁵1931 [s.o. in dieser Anm.], 189). Die knappe Formulierung bei Loofs entspricht dem Urteil Harnacks: »Die arianische Doctrin hätte, wenn sie zum Siege auf griechischem Boden gelangt wäre, das Christenthum höchst wahrscheinlich völlig ruiniert, d.h. es in Kosmologie und Moral aufgelöst und die Religion in der Religion vernichtet« (von Harnack, Lehrbuch, Bd. II, 1887 [s.o. in dieser Anm.], 220 = Harnack, Lehrbuch, Bd. II, ⁴1909 u. ⁵1931 [s.o. in dieser Anm.], 223).

22 Vgl. Loofs, Leitfaden, ²1890 (s.o. Anm. 4), § 31,3 u. 4. Zum »abstrakten Gottesbegriff« vgl. auch § 5,4b: Der Gedanke des ersten Bewegers in der aristotelischen Metaphysik hat »so gut wie nichts Religiöses – weder zwecksetzender Wille, noch schöpferische Tätigkeit, noch ein Eingreifen in die Welt kommt diesem ›Gott‹ zu.«

23 Loofs, Leitfaden, ⁴1906 (s.o. Anm. 3), § 32,3b und c.

»So ist eine Vergöttlichung der sarx Christi erklärt; die physische Erlösungslehre hat ein sicheres Fundament.«[24]

Harnack war deutlicher: Die Lehre des Apollinaris ist,

»gemessen an den Voraussetzungen und Zielen der griechischen Auffassung vom Christentum als Religion, vollkommen.«[25]

Nun kommen die Antiochener. Was die älteren Antiochener wie Diodor von Tarsus und Theodor von Mopsuestia (zwei Naturen Christi) angeht, so wird ihnen wie bei Harnack positiv attestiert, dass sie von der Menschlichkeit des geschichtlichen Christus überzeugt gewesen seien, aber nicht zur Einheit der Person Christi gefunden hätten. Denn der Christus, der Logos Gottes, habe dem Menschen Jesus nur eingewohnt, quantitativ und nicht qualitativ unterschieden von Propheten und Heiligen.[26] Nestorius ist gegenüber Harnack etwas aufgewertet. Jedoch urteilt Loofs, dass die Zwei-Naturen-Lehre, die von einer Menschwerdung des Logos Gottes nicht sprechen konnte, die religiöse Beurteilung des historischen Christus verhinderte.[27] Harnack insistierte darauf, dass, da Christus als Lehrer und Vorbild betrachtet sei, Moralismus (als Rationalismus) die Konsequenz sei.[28] Den Moralismus zu brandmarken hat Loofs in der 4. Auflage seines Leitfaden unterlassen.[29] Darin deutet sich ein Unterschied an, der im dritten Teil ausgezogen werden wird.

Meine anfängliche Frage lautete: Wie hat Loofs Harnack verstanden? Dazu will ich kurz beschreiben, wie Loofs Harnack zu unterlaufen sucht. Damit ist gemeint, dass Loofs zwar grundsätzlich mit Harnack übereinstimmt, aber dessen These von der Hellenisierung in seinem Leitfaden ausweicht. Sachlich handelt es sich um die antiochenisch-kleinasiatische Tradition. Bis zur letzten Gestalt des Leitfadens hat sich diese Tradition verstärkt und die Querverweise sind ausformuliert. Von den Themen her gesehen sind es zwei Sachbereiche: der eine betrifft die trinitarische Gotteslehre, der andere die Christologie.

---

24 Loofs, Leitfaden, ⁴1906 (s.o. Anm. 3), § 35,4b. Verdeckt in der formelhaften Kürze ist das »theologische« Lob; denn Loofs stellt fest, dass Apollinaris fast den Gedanken der Kenosis erreicht habe.
25 Harnack, Lehrbuch, Bd. II, 1887 (s.o. Anm. 21), 317 (= Harnack, Lehrbuch, Bd. II, ⁴1909 u. ⁵1931 [s.o. Anm. 21], 330).
26 Loofs, Leitfaden, ²1890 (s.o. Anm. 4), § 36,2 (= Loofs, Leitfaden, ⁴1906 [s.o. Anm. 3], § 36,3).
27 Vgl. Friedrich Loofs, Art. »Nestorius«, in: RE³ 13, Leipzig 1903, 741. Die gleichzeitig erarbeitete Quellensammlung: Nestoriana, Die Fragmente des Nestorius gesammelt, untersucht und herausgegeben von Friedrich Loofs, Halle 1905, ist ohne theologischen Kommentar; dazu verweist Loofs auf sein Sachregister, vgl. vor allem »Christologie«.
28 Harnack, Lehrbuch, Bd. II, 1887 (s.o. Anm. 21), 331 (= Harnack, Lehrbuch, Bd. II, ⁴1909 u. ⁵1931 [s.o. Anm. 21], 347).
29 Loofs, Leitfaden, ²1890 (s.o. Anm. 4), § 36,1.

Die trinitarische Gotteslehre hat für Loofs eine alte, eigentlich an Johannes (Evangelium und Apokalypse) anknüpfende Tradition. Die Linie geht über Irenäus, in dessen Licht sich die Ignatiusbriefe mit der Presbyterüberlieferung vereinen. Der Grundzug dieser trinitarischen Gotteslehre sei modalistisch und deswegen ohne Tendenz zu einer scharfen Unterscheidung von Hypostasen oder Personen in Gott. Sie sei echter Monotheismus, aber modifiziert durch das Offenbarungshandeln Gottes. Infolgedessen bevorzugt Loofs den Ausdruck »ökonomisch-trinitarischer Monotheismus«. Paulus von Samosata und Markell von Ankyra werden zu bedeutenden Säulen in der Tradition dieser Verknüpfung mit dem biblischen Johannes.[30] Monotheismus war auch für Harnack ein Grundelement dessen, was es für die Geschichte des Dogmas heißt, dass sie »auf dem Boden des Evangeliums« verlief. Harnack sah in der Logoslehre den Einbruch – so auch Loofs –, aber bei Harnack bestand der folgenreichste Anstoß nicht in der Aufweichung des Monotheismus mit Implikaten des heidnischen Polytheismus, sondern darin, dass durch den Logos Gottes die Welterkenntnis sich vor den Glauben, ja, an die Stelle des Glaubens setzte. Dem stimmt Loofs natürlich zu und wiederholt es, aber die Aufspaltung des einen Gottes war ihm viel anstößiger. Zur dogmatischen Trinitätslehre von dem einen Wesen und den drei Hypostasen schrieb er im Leitfaden:

»Begriffliche Ausführungen περὶ διαφορᾶς οὐσίας καὶ ὑποστάσεως waren eine Voraussetzung der Lösung«.

Eine Glaubensaussage kann diese Lehre also kaum sein. Das Ergebnis sei ein »pluralistischer Monotheismus« gewesen, und der wiederum sei Lehre der griechischen Philosophie.[31] Andernorts ist Loofs deut-

---

30 Ein paar Nachweise für Loofs mögen genügen; ich beziehe mich auf die Ausarbeitung in Loofs, Leitfaden, ⁴1906 (s.o. Anm. 3). Zu Ignatius § 15,4: »der naive religiöse Modalismus, der bei ihm wie bei Johannes an die Offenbarungsidentität Gottes und Jesu Christi anknüpft [...] so kann man den Monotheismus des Ignatius auch als einen ökonomisch-trinitarischen auffassen.« – § 15,5: »johannäische Kreise Kleinasiens.« – § 15,6: Presbyter bei Irenäus. – In Loofs, Leitfaden, ⁴1906 (s.o. Anm. 3) ist die »kleinasiatische Tradition« vorgestellt bei Irenäus (§ 21), bei Tertullian (§ 22,4c. 5), genannt bei Paulus von Samosata (§ 30,2b), Markell von Ankyra (§ 33,2 u. 3), Eustathius von Antiochien (§ 35,2). Dazu treten die Studien wie die über Markell (1902 = Loofs, Patristica [s.o. Anm. 1], 123–141), die über das Glaubensbekenntnis der Homousianer von Serdika (1909 = Loofs, Patristica [s.o. Anm. 1], 189–223, insbesondere 221–223) und die Monographie über die Quellen und die dogmengeschichtliche Einordnung des Paulus von Samosata (Friedrich Loofs, Paulus von Samosata. Eine Untersuchung zur altkirchlichen Literatur- und Dogmengeschichte (TU 44/5), Leipzig 1924, insbesondere Kapitel 7, 293–322).
31 Loofs, Leitfaden, ²1890 (s.o. Anm. 4), § 34,5.

licher und stellt rundheraus fest, dass der Neuplatonismus und nicht christliche Urtradition dieses Dogma ermöglicht habe.[32]

Loofs versucht Harnacks Hellenisierungsthese durch das Aufzeigen einer Tradition, die einen ökonomisch-trinitarischen Monotheismus vertrat, zu unterlaufen. Harnack diagnostizierte in der Tradition, die Loofs als urapostolisch benannte, eine vom Evangelium kommende Opposition gegen die Hellenisierung durch die Logoschristologie (»auf dem Boden des Evangeliums«), Loofs sah in erster Linie das Festhalten am christlich-religiösen Monotheismus. Heidenchristlich ist diese Lehre von einem »ökonomisch-trinitarischen Monotheismus« auch bei Loofs.[33]

Der zweite Sachbereich der antiochenisch-kleinasiatischen Tradition ist die Rekapitulationslehre. Für Loofs bedeutet diese Lehre, dass in Christus der »neue Mensch« offenbart ist. Spuren von dieser Lehre entdeckt Loofs überall, wo das Menschsein des geschichtlichen Christus ausgesprochen wurde. Aber Loofs muss zugeben, dass diese Rekapitulationslehre von vornherein heidenchristlich verzerrt gewesen sei; Loofs formuliert: »verkürzt«, nämlich als physische Erlösungslehre auftrat, wo immer sie auftrat.[34] Nur eine Ausnahme kennt Loofs: das ist Eustathius von Antiochien. Es sei nämlich unverkennbar, dass sich bei ihm »die von der physischen Erlösungslehre beiseitegelassene Seite der alten kleinasiatischen Traditionen« geltend mache.[35] Hier scheine die Lehre vom »neuen Menschen« durch. Die physische Erlösungslehre ist nach Loofs, dass die Vergänglichkeit »in der Menschheit durch die in Christo vollzogene Vereinigung der Menschheit mit der Gottheit« beseitigt sei.[36] Die Gegensätze benennend heißt das: nicht die

---

32 Loofs, Kirchliche Dogmen (s.o. Anm. 2), 81.
33 Vgl. Loofs, Leitfaden, ⁴1906 (s.o. Anm. 3), § 12,2 zur Einordnung der Ignatiusbriefe (§ 15): »neben denjenigen Heidenchristen, die [...] durch eine von der hellenistischen Kultur verhältnismäßig wenig abhängige theologische Reflexion eine umfassendere christliche Grundanschauung sich bildeten, welche in der Linie neutestamentlicher Tradition blieb.« (§ 15).
34 Loofs, Leitfaden, ²1890 (s.o. Anm. 4), § 15 (Ignatius): »die neue Menschheit«, »der neue Mensch«, aber eben auch »Erkenntnis« und »Unvergänglichkeit«. Bei Irenäus ist es entsprechend herausgestellt (Loofs, Leitfaden, ⁴1906 [s.o. Anm. 3], § 21,2a. 3. 4a.b). In Loofs, Leitfaden, ²1890 (s.o. Anm. 4), § 21,3 liest man: »Christus als der menschgewordene Gott[essohn], eine klare Antwort auf das ›cur deus homo?‹ steht im Centrum der Gedanken des Irenäus. Es liegt in der Consequenz derselben, daß in Christo die menschliche Natur als mit der göttlichen vereint, als vergottet geschaut wird.« Ohne überzeugenden Grund umgeht die 4. Auflage diese Formulierung (vgl. § 21,4b bei Anm. 6 und ff.).
35 Loofs, Leitfaden, ⁴1906 (s.o. Anm. 3), § 35,2a.
36 Loofs, Leitfaden, ⁴1906 (s.o. Anm. 3), § 28,12 Anm. 2. Vernichtend formuliert er sein Urteil über die physische Erlösungslehre in: Friedrich Loofs, Die »Ketzerei« Justinians, in: Harnack-Ehrung. Beiträge zur Kirchengeschichte. Ihrem Lehrer Adolf von

Sündenschuld ist aufgehoben, sondern das Todesverhängnis. Harnack hatte genauso die Hellenisierung charakterisiert, aber diesen menschlichen Wunsch nach Unvergänglichkeit rundweg als natürliche Religion und somit als heidnisch verworfen; als bei dem Streit um die rechte Christologie der Erlösungsgedanke zum alleinigen Argument wurde, da habe die physische Erlösungslehre ihr säkulares Gesicht gezeigt und sich als ein »physisch-pharmakologischer Prozess« zu erkennen gegeben.[37] Loofs unterläuft Harnacks kategorisches Nein, indem er die physische Erlösungslehre als eine »Verkürzung« des ihm urchristlich Erscheinenden einstuft.

Was ich »unterlaufen« genannt habe, hat Folgen für die dogmengeschichtliche Darstellung. Loofs kann sozusagen materiell aufweisen, dass, wie er es nennt, urchristliche Überlieferung nicht vollkommen verloren geht, sondern hier und dort an die Oberfläche tritt und greifbar wird. Er belastet seine Darstellung mit dem Nachweis von Traditionsverbindungen, die kaum gelungen sind. Harnack dagegen kann

---

Harnack zu seinem 70. Geburtstage (7. Mai 1921). Dargebracht von einer Reihe seiner Schüler, Leipzig 1921: »Wäre die Lehre des A-Edikts zur Anerkennung gekommen, so würden auch blöde Augen sehen, daß *die* Christologie, die folgerichtig zu diesem Edikt hinführte, von Anfang an ein Irrweg war.« (= Loofs, Patristica [s.o. Anm. 1], 385). Verwiesen wird auf Ath., inc. 9,1.

37 Harnack, Lehrbuch, Bd. II, 1887 (s.o. Anm. 21), 165 (= Harnack, Lehrbuch, Bd. II, ⁴1909 u. ⁵1931 [s.o. Anm. 21], 166): Die Menschheit Christi bei Gregor von Nyssa sei ein platonischer Gedanke. »Christus hat nicht eine einzelne menschliche Natur angenommen, sondern *die* menschliche Natur. Demgemäß ist ihm das *ganze* Menschliche mit der Gottheit zusammengewachsen; die *ganze* Menschnatur ist durch die Beimischung des Göttlichen göttlich geworden. Gregor denkt das als einen streng *physischen* Prozess: der Sauerteig der Gottheit hat den ganzen Teig der Menschheit durchdrungen durch und in Christus; denn Christus hat die *ganze* menschliche Natur in allen Eigenthümlichkeiten mit sich vereiniget.« In der dazugehörenden Anmerkung wird auf Wilhelm Herrmann verwiesen und formuliert, »dass die Menschwerdung ein actus medicinalis ist, der streng physisch zu denken ist.« In der Dogmengeschichte (alle Auflagen) steht: »er hat das Ganze streng als einen physisch-pharmakologischen Prozess gedacht.« Zu vergleichen ist Harnack, Lehrbuch, Bd. II (s.o. Anm. 21), 45, die thetische Formulierung über die Erlösungslehre, über »das Wesen der christlichen Religion« bei den griechischen Christen. Wilhelm Herrmann, Gregorii Nysseni sententiae de salute adipiscenda, Halle 1875 ist der Erfinder der »physischen« Deutung. Er schickte seine Dissertation mit Datum vom 22. Januar 1875 an Albrecht Ritschl; der Brief ist abgedruckt bei Peter Fischer-Appelt, Albrecht Ritschl und Wilhelm Herrmann. Eine Auswahl aus dem Briefwechsel (1875–1889), in: ZKG 79 (1968), 209–211. Ritschl verbesserte daraufhin seine Ausführung in: Albrecht Ritschl, Die christliche Lehre von der Rechtfertigung und Versöhnung, Bd. I, Bonn (1978) ²1882, 12–14. – Vgl. Reinhard M. Hübner, Die Einheit des Leibes Christi bei Gregor von Nyssa. Untersuchungen zum Ursprung der »physischen« Erlösungslehre, Leiden 1974, 4–8. – Friedrich Loofs, Art. »Gregor von Nyssa«, in: RE³ 7, Leipzig 1899, hält Ritschls und Harnacks Folgerungen für überzogen (152).

in der Darstellung selbst auf das Christsein seiner heidenchristlichen Akteure hinweisen. Beispielhaft lässt sich der Unterschied zu Loofs an Harnacks Darstellung der christologischen Streitigkeiten illustrieren. Den Apollinaris von Laodicea, der von dem Gottmenschen die »eine fleischgewordene Natur« lehrte, trug »die Souveränität des Glaubens«, wie sie auch den Athanasius erfüllte.

> »Sie haben beide ihrem Glauben das höchste Opfer gebracht, indem sie der complicirten und widerspruchsvollen Tradition über Christus lediglich die Elemente entnahmen, welche dem Glauben entsprachen, dass er der Erlöser von Tod und Sünde sei.«[38]

So scheint also im Kontext ihres griechischen Denkens echter christlicher Glaube auf. Über die Antiochener urteilt Harnack, dass sie der Kirche das Bild des geschichtlichen Christus vorgehalten haben und insofern »auf dem Boden des Evangeliums« standen.[39] Negativ heißt es über sie:

> »Sie wussten von einem Vollender der Menschheit, der sie durch Erkenntnis und Askese in eine neue Katastase führt, nicht von einem Restitutor und Transformator.«[40]

3. Was hat Loofs bei Harnack abgelehnt?

Zwei Gedankengänge beziehungsweise Thesen sind zu nennen. Die eine These ist offen ausgesprochen, die andere verdeckt.

Die offene These lautet: Der Begriff von Dogma sei bei Harnack zu eng gefasst und sei nicht allgemein gültig, sondern Harnacks individuelle Ansicht. Loofs zitiert dazu den langen gesperrt gedruckten Satz:

> »[Dogmen seien] Lehrsätze, welche begrifflich ausgeprägt sind, unter einander eine Einheit bilden und den Inhalt der christlichen Religion als eine

---

38 Harnack, Lehrbuch, Bd. II, 1887 (s.o. Anm. 21), 323 (= Harnack, Lehrbuch, Bd. II, ⁴1909 u. ⁵1931 [s.o. Anm. 21], 337f.).
39 Harnack, Lehrbuch, Bd. II, 1887 (s.o. Anm. 21), 330 (= Harnack, Lehrbuch, Bd. II, ⁴1909 u. ⁵1931 [s.o. Anm. 21], 346): »Aber man mag auch die Christologie noch schärfer kritisieren, so ist ihnen nicht zu vergessen, daß sie das Bild des geschichtlichen Christus der Kirche in einer Zeit vorgehalten haben, in welcher diese sich in ihren Glaubensformeln immer weiter von demselben entfernte.«
40 Adolf von Harnack, Dogmengeschichte, Tübingen (1889) ⁶1922, § 41 (ebd., ²1893 ohne die Erweiterung: »und Transformator«). – Harnack, Lehrbuch, Bd. II, 1887 (s.o. Anm. 21), 329 (= Harnack, Lehrbuch, Bd. II, ⁴1909 u. ⁵1931 [s.o. Anm. 21], 345): »Von der Erlösungs- und Vollendungslehre aus haben die Antiochener, wie es scheint, selten argumentiert, oder wo sie das thaten, haben sie dieselbe so gefasst, das es sich nicht um eine Restitution, sondern um die fehlende Vollendung des Menschengeschlechts, um eine zweite Katastase, handle.« Es fehle »die Einsicht, dass Alles auf eine Umschaffung der Gesinnung und des Willens ankommt.«

Erkenntnis Gottes, der Welt und der hl. Geschichte unter dem Gesichtspunkt des Wahrheitsbeweises darstellen.«[41]

Dazu kommt noch Harnacks allenthalben bekannte Ausführung: der Inhalt sei die Offenbarung selbst:

»Das Dogma ist in seiner Conception und in seinem Ausbau ein Werk des griechischen Geistes auf dem Boden des Evangeliums.«[42]

Loofs urteilt, das sei richtig für das 4. Jahrhundert, er müsse es zugeben. Aber dadurch erweise sich Harnacks Lehrbuch der Dogmengeschichte als

»eine mit Genialität in einen größeren Zusammenhang gestellte Monographie über die Entstehung und Entwicklung des Dogmas des 4. Jahrhunderts.«[43]

Erläuternd muss man noch hinzufügen, was aus der Zustimmung folgt. Denn Loofs übernimmt willentlich und faktisch den Aufbau der Darstellung, insofern das Heidenchristentum die Basis bildet, es folgt die Entstehung der Kirche als Institution »katholische Kirche«, dann die Ausbildung einer systematischen Einheit von Theologie im Sinne eines philosophischen Systems – und dann erst sei das Dogma entstanden. Somit gibt es Voraussetzungen für das Dogma.

Loofs definiert bekanntlich den Gegenstand von Dogmengeschichte anders und schreibt:

»Die christliche Dogmengeschichte ist […] die Geschichte des kirchlichen Lehrbegriffs in der Christenheit bzw. in ihren verschiedenen Teilkirchen.«[44]

Insofern Loofs für die Alte Kirche Harnack anerkennt, fragt man sich, was anders ist. An dem Ausdruck »kirchlicher Lehrbegriff« zeigt sich das andere nicht ausreichend, da in ihm nur das Normative, auf die Lehrenden und Prediger eingegrenzt, steckt. Trotzdem sind »kirchlicher Lehrbegriff« und »Dogma« die Feldzeichen verschiedener theologischer und kirchlicher Lager. Der Unterschied zwischen beidem wird aus Loofs' Vorerläuterung darüber, was eine Aussage zu einem Lehrsatz in einem Lehrbegriff macht, klar. Loofs meint, dass der Glaubende qua Glaubender auch sein Denken vom Glauben bestimmen lassen wolle. Deswegen seien mit dem Glauben als Zuversicht und Gottvertrauen notwendig Glaubensaussagen verbunden. Und Glaubensaussagen könnten

---

41 Harnack, Lehrbuch, Bd. I, 1886 (s.o. Anm. 7), 14 (= Harnack, Lehrbuch, Bd. I, [4]1909 u. [5]1931 [s.o. Anm. 7], 17 leicht verändert). Man beachte das apologetische Moment!
42 Harnack, Lehrbuch, Bd. I, 1886 (s.o. Anm. 7), 16 (= Harnack, Lehrbuch, Bd. I, [4]1909 u. [5]1931 [s.o. Anm. 7], 20).
43 Loofs, Leitfaden, [2]1890 (s.o. Anm. 4), § 2,1.
44 Loofs, Leitfaden, [2]1890 (s.o. Anm. 4), § 2,2.

und werden gereinigt, gefiltert, vertieft und gebündelt durch theologische Arbeit. Daraus ergeben sich Lehrsätze, zusammengebunden ein Lehrbegriff. Der Lehrbegriff sei deswegen in der Erkenntnis vertiefte Glaubensaussage. Kirchliche Lehrsätze, deren Anerkennung von den Kirchendienern einer bestimmten Kirche gefordert werde, seien damit auf die Ebene theologischer Reflexion erhobene Glaubensaussagen; die theologische Reflexion ermöglicht die Allgemeinheit für die Kirche über die Individualität Einzelner hinaus, also so etwas wie Glaubensaussagen der Gesamtgemeinde der Christenheit. Für die altkirchlichen Dogmen wird das bei Loofs gelegentlich erkennbar, wenn er den Ausdruck »vulgäres Heidenchristentum« benutzt.[45]

Harnack war überzeugt, dass sich das Phänomen Dogma erst durch den griechischen Geist gebildet habe, ja, eine Erfindung des griechischen Geistes sei, welcher Erkenntnis erstrebt und diese als Erkenntnis Gottes und der Welt, was die griechische Philosophie immer getrieben habe, damit der Mensch seinen Platz und seine Aufgabe in der Welt finden könne. Es habe sich die Sache aber eigentümlich entwickelt, da beim Evangelium eine bestimmte Erkenntnis nicht als Weltorientierung mitgegeben war. Die eigentümliche Entwicklung war unausweichlich, wie Harnack urteilt. Denn die Wahrheit des Christentums musste, wie in jeder Zeitepoche, so auch in der hellenischen Welt dargetan werden; denn das Christentum sei die absolute Religion. Nun unterscheidet Harnack zwei Phasen. Erst habe sich ereignet die durchgehende Umwandlung dessen, was den Charakter einer Botschaft hatte, in eine Lehre von Erkenntnischarakter; dann habe die Ausbildung des Dogmas den Erkenntnisprozess, der ihm zugrundelag, verdeckt, so dass die im Dogma geronnene Erkenntnis für die Gläubigen zum Mysterium geworden sei. Die zweite Phase konnte Harnack durch den Fall Origenes, dessen Theologie ausgeschaltet und verurteilt wurde, konkretisieren; er konnte ebenfalls auf die Trennung der dogmatischen Lehrformel vom einfachen Glauben hinweisen. Trotzdem blieben, gemäß der Beobachtung Harnacks, den hellenischen Christen entgegen der natürlichen Theologie mit ihrem Rationalismus (Moralismus) zwei Stücke vom Evangelium: erstens der Schöpfungsglaube und zweitens der geschichtliche Gottmensch.[46]

---

45 Meine Darstellung beruht auf den Ausführungen von Loofs, Kirchliche Dogmen (s.o. Anm. 2); Friedrich Loofs, Art. »Dogmengeschichte«, in: RE³ 4, Leipzig 1898, Absatz 3b; Friedrich Loofs, Wer war Jesus Christus? Für Theologen und den weiteren Kreis gebildeter Christen, Halle 1916, insbesondere 222–227.

46 Eine der Formulierungen steht in von Harnack, Lehrbuch, Bd. II, 1887 (s.o. Anm. 21), 60 (= Harnack, Lehrbuch, Bd. II, ⁴1909 u. ⁵1931 [s.o. Anm. 21], 59): »Immerhin bildete neben dem Schöpfungsgedanken der Glaube an die Menschwerdung Gottes die Scheidewand zwischen griechischer Philosophie und kirchlicher Dogmatik.« Vgl.

Die »Tenazität« des Dogmas macht diese Geschichte für Harnack so abwegig, das heißt mit diesem Dogma seine griechischen Voraussetzungen über die Zeitperioden hinweg festzuhalten. Aber gleichzeitig ist es für Harnack eine spannende Geschichte, weil das Evangelium immer zu finden sein müsse und der thetische Satz: »auf dem Boden des Evangeliums« niemals unwahr werden dürfe. Loofs stimmt der Abwegigkeit im Grunde zu, wenn er die alten Dogmen mit dem veralteten vorkopernikanischen Weltbild vergleicht. In seiner Darstellung macht Loofs diese Zeitgebundenheit allerdings selten genug kenntlich, sodass sein pädagogisch hervorragender Leitfaden von repristinierenden Dogmatikern bestens ausgebeutet werden konnte. Loofs behauptet aber, dass die in kirchliche Lehrsätze gefassten Glaubensaussagen dem Glauben helfen, insofern dem denkenden Verstehen der Wahrheit eine Vertiefung des Glaubens selbst entspreche. Harnack sagt: die Botschaft allein, weil nur die Evangeliumsbotschaft Glauben schafft.

Der verdeckte Widerspruch von Loofs gegen Harnack kann kurz geklärt werden. Es betrifft die Christologie. Nach dem Verständnis von Loofs ist Jesus der Gott, der sich offenbart hat, und zugleich der neue Mensch. Illustrieren lässt sich diese Überzeugung von Loofs in der Dogmengeschichte an den Stellen, wo er von dem Titel »Sohn Gottes« spricht. Die rechten Theologen wie etwa Paul von Samosata und Markell von Ankyra haben den Sohnestitel nicht präexistent denken wollen, sondern auf den geschichtlichen Christus beschränkt: hier ist das Herablassen, die Kenosis Gottes fast erreicht, insofern Gott selbst in die Niedrigkeit des Dienens kommt und erleidet, was der Mensch erleidet, um das als der neue Mensch zu werden, was die Glaubenden sein werden.[47] Deswegen hebt Loofs den ökonomisch-trinitarischen

---

auch von Harnack, Lehrbuch, Bd. I, 1886 (s.o. Anm. 7), 678 (= Harnack, Lehrbuch, Bd. I, ⁴1909 u. ⁵1931 [s.o. Anm. 7], 824). – Zum Thema »Erkenntnis« ist der Satz aus der Antwort an Sabatier zu vergleichen: »gehört das verstandesmäßige Element innerhalb der christlichen Religion zum Wesen der Sache selbst, sofern diese nicht nur Gefühle erweckt, sondern einen ganz bestimmten Inhalt hat, der die Gefühle bestimmt und bestimmen soll. In diesem Sinne ist Christenthum ohne ›Dogma‹, d.h. ohne einen klaren Ausdruck seines Inhalts, undenkbar; aber damit ist nicht die unveränderliche, bleibende Bedeutung jenes Dogmas gerechtfertigt, welches sich unter bestimmten geschichtlichen Bedingungen einst gebildet hat« (Harnack, Lehrbuch, Bd. I, ⁴1909 u. ⁵1931 [s.o. Anm. 7], 25).

47 Vgl. Loofs, Wer war Jesus Christus? (s.o. Anm. 45), 223, über die zum Glauben gehörenden Glaubensgedanken: »Nur diejenigen Glaubenserfahrungen und nur diejenigen Glaubensgedanken können hier in Betracht kommen, die den gereiften Christen aller Zeiten gemeinsam sind. – Wie lassen diese sich aufweisen? Man wird in ihrer Abgrenzung nicht fehlgehen, wenn man das hervorhebt, was der Glaube an Christus, so wie er heute sich darstellt, wie er uns sich darstellt,

Monotheismus und die Rekapitulationslehre in der frühen Geschichte der christlichen Glaubensaussagen hervor. Harnack hat sich von dem Erkennen, das Loofs in die Glaubensaussage hineinwickelte, nicht anfechten lassen: Botschaft vom gnädigen Vater und der Vergebung der Sünden und die Befreiung zum Liebeswillen (Erweckung des Liebeswillens).

Nachbemerkung: Weder Harnack noch Loofs haben eine klare Vorstellung davon, was Erkennen in der griechischen Philosophie heißt und insofern auch von den altkirchlichen Theologen aufgenommen worden ist. Beide übergehen unkommentiert, dass aus der Anschauung des geschichtlichen Christus Erkenntnis entsteht, die den Menschen verwandelt und mit Gott verbindet. Harnack gibt einmal zu, dass die Mystik des Mönchtums zur Gottesliebe führen könne. Und gelegentlich (zum Beispiel in der Darstellung Philos von Alexandrien) blitzt bei Harnack auf, dass Erkennen die Kraft besitze, den Menschen umzuwandeln.[48] Ansonsten ist »Wissen« bei Harnack wie die »Aufklärung«, wo Falsches und Dunkles und Böses durch Wissensmitteilung weggefegt werde und der nun erleuchtete Intellekt dem Handeln seine Forderungen diktiere; Intellektualismus und Rationalismus sind also Moralismus. Außerdem muss der Horror vor der hegelschen Metaphysik und ihrer angeblichen Vergewaltigung der Geschichte genannt werden. Loofs teilt Harnacks Auffassung weitestgehend. Aber da Loofs dazu tendiert, in Glaubensaussagen und in Glaubenssätzen sowie in kirchlichen Lehrsätzen ein vertieftes Verstehen der Wahrheit des Glaubens zu sehen, geißelt er die Umkehrung von Heilsglaube in Heilslehre, die zur Seligkeit notwendig sei, vornehmlich als ein unevangelisches Gesetz, das Zustimmung wie ein selbstgemachtes Werk fordere von denen, deren Glaube noch nicht ausreichend gewachsen sei. An-

---

gemeinsam hat mit dem Glauben der apostolischen Zeit, der sich im Neuen Testament bezeugt. Dieser Glaube schließt, meine ich, ein Zweifaches ein. Zuerst, daß Jesus Christus uns zu einer Offenbarung Gottes wird, und zweitens, daß er uns zeigt, und zwar in seiner Person, was wir werden sollen.« Es folgen Erläuterungen der beiden Gedanken. – In der wiederholt erörterten Kenosislehre hat Loofs seine »Christologie« dargelegt; vgl. Friedrich Loofs, Art. »Kenosis«, in: RE³ 10, Leipzig 1901, 246–263 und vgl. ders., Das altkirchliche Zeugnis gegen die herrschende Auffassung der Kenosis-Stelle, in: ThStKr 100 (1927), 1–102 (= Loofs, Patristica [s.o. Anm. 1], 1–91).

48 Über Harnacks (auch Loofs') Verständnis von »Erkenntnis« und »Erkennen« in der griechischen Philosophie wäre gesondert zu handeln. Keiner von beiden kann erläutern, wie Gotteserkenntnis die Unvergänglichkeit vermitteln sollte. Vgl. meinen eigenen Versuch: Ekkehard Mühlenberg, Apollinaris von Laodicea (FKDG 23), Göttingen 1969.

sonsten verlässt sich Loofs für das denkende Verstehen des Glaubens auf die »Illusionen« von Wilhelm Herrmann.⁴⁹

---

49 Loofs, Wer war Jesus Christus? (s.o. Anm. 45), 245, über »Glaubenserkenntnis«: sie, »die Erkenntnis von dem, was Christus für uns ist, vertieft sich in dem Maße, in dem der Glaube erstarkt.« Er nennt diese Erkenntnis eine »wertvollere Erkenntnis« und zitiert dazu aus der Apologie zum Augsburger Bekenntnis (BSLK, 190, 26–191, 3 deutscher Text). Dann heißt es: »Man hält dem gelegentlich entgegen, solche Gedanken brächten die ›objektive Realität‹ des Glaubens nicht zu ihrem Recht, erweckten den Schein, als handle es sich bei der Glaubenserkenntnis nur um subjektive Vorstellungen, um Illusionen.« Vgl. Wilhelm Herrmann, Art. »Religion«, in: RE³ 16, Leipzig 1905, 589–597.»Haben wir aber die Vorstellung von der Religion, die wir allein für richtig halten können, nur in der Form einer aus der eigenen religiösen Lebendigkeit erwachsenen Anschauung, die wir so, wie wir sie haben, niemandem mitteilen können, so versteht sich von selbst, daß es eine Wissenschaft von der Religion nicht geben kann. Denn Wissenschaft ist die Erkenntnis des objektiv oder nachweisbar Wirklichen. Aber weder das, was die Religion für sich selbst zu sein meint, noch die Wirklichkeit, die sich ihr erschließt, ist so beschaffen, daß andere durch Beweise gezwungen werden können, etwas anderes darin zu sehen, als Einbildungen. Es giebt nun wohl eine Wissenschaft, die sich auch mit Einbildungen beschäftigt; aber die in diesen Einbildungen vermeintlich gewonnene Erkenntnis kann nicht zur Wissenschaft entwickelt werden.« – Harnack äußert sich in seinen späten Bonner Vorlesungen (Adolf von Harnack, Die Entstehung der christlichen Theologie und des kirchlichen Dogmas, Gotha 1927) im Widerspruch zu Karl Barth sehr anders. Barth ist gewiss gemeint, wenn den gnostischen Theologen (Basilides und Valentin) ein aktueller Bezug zugesprochen wird: »Letztlich war das Unerträglichste an dieser Theologie, daß Gott das völlig Unerkennbare, der ›Abgrund‹ sein soll. [...] Dort kamen sie zu erkenntnistheoretischen und metaphysischen Absurditäten – wir erleben sie heute wieder –, zu einer Erkenntnis, die nicht erkannt werden kann« Dazu die Anmerkung: »Das Stärkste in Bezug auf die These, daß Gott ›das ganz Andere‹ sei, findet sich in dem späteren basilidianischen System.« Zitiert wird dazu aus Hipp., Ref. 7.21,1 (ebd., 61). Und positiv stellt er fest, dass die christliche Theologie sich auf die idealistische Philosophie beziehen muss. »Genau betrachtet ist jede ›Theologie von Innen‹ überhaupt keine wissenschaftliche Theologie, sondern etwas Anderes, Höheres – Bekenntnis. Gemeinschaft bildend ist die ›Theologie von Außen‹. Man mag das beklagen, weil das Unzureichende einer solchen Theologie offenbar ist; aber Niemand vermag das zu ändern, und wer es versucht, der scheitert und verwirrt die Theologie. An der Predigt hat er seine Aufgabe« (ebd., 88).

Friedrich Loofs und die Realencyklopädie für protestantische Theologie und Kirche

Uta Heil

1. Die Beiträge von Friedrich Loofs für die RE³ im Rahmen seiner Forschungen

Die Realencyklopädie für protestantische Theologie und Kirche oder kurz RE ist bekanntlich ein sehr erfolgreiches Lexikon gewesen. Besonders die 24 Bände der dritten Auflage, die zwischen 1896 und 1913 in Leipzig erschienen, füllen nach wie vor die Regale der Bibliotheken, auch wenn natürlich heute der auf die stattliche Anzahl von 36 Bänden angewachsene Nachfolger, die Theologische Realenzyklopädie[1], bevorzugt wird, die nach fast 30 Jahren 2004 abgeschlossen werden konnte.

Im Unterschied zur TRE war die RE ein rein protestantisches Unternehmen, was sich schon am Titel zeigt. Herausgegeben wurde die dritte Auflage von Albert Hauck, der zunächst Professor für Kirchengeschichte und christliche Archäologie in Erlangen war, dann Professor für Kirchengeschichte in Leipzig wurde. Im Jahr 1913 waren alle 24 Bände für damals 236 Mark erhältlich, wie es aus einem Verlagsprospekt der Hinrichs'schen Buchhandlung in Leipzig hervorgeht. Die letzten zwei Bände waren Ergänzungsbände, die vom Verlag in dem Prospekt folgendermaßen angepriesen werden:

> »Dank der nahezu ausnahmslosen Beteiligung der bisherigen Herren Mitarbeiter [es gab offenbar keine weibliche Autoren] an der entsagungsvollen Nachtragsarbeit können etwa 1500 Nachtragsartikel geboten werden. Dadurch ist der Inhalt des Hauptwerkes in kaum erhofftem Grade auf den heutigen Stand der Forschung gebracht. Dazu sind auf etwa 800 Seiten rund 160 ganz neue Artikel gekommen, durch die der Gesamtstoff der RE³ vielseitigst ergänzt wird. Eine Reihe derselben werden sich als bahnbrechende Monographien erweisen.«

---

1 TRE 1–36, Berlin/New York 1977–2004.

In seinem Kollegen aus Halle, Friedrich Loofs, fand Hauck einen zuverlässigen Artikelschreiber, der mit mehr als 50 Einträgen im großen Ausmaß zur RE³ beitrug.[2] Vor seiner Arbeit an diesen Lexikonartikeln war Loofs, der 1888 Professor in Halle wurde, neben seinen Qualifikationsarbeiten vornehmlich durch seinen Leitfaden zum Studium der Dogmengeschichte bekannt geworden. Doch dann trat für gut zehn Jahre lang die entsagungsvolle Arbeit an den Beiträgen für die RE³ in den Mittelpunkt seines wissenschaftlichen Schaffens.

Aus dem sich in Halle befindlichen Nachlass von Friedrich Loofs sind über 3800 Briefe erhalten, darunter auch zehn von dem Herausgeber der RE,³ Albert Hauck, an Loofs, die für diesen Vortrag eingesehen wurden[3]. Es gibt anscheinend leider keine Briefe mehr von Loofs an Hauck[4]. In einem Brief vom 11. August 1896[5] schreibt Hauck an Loofs:

»Sehr geehrter Herr Kollege!

Erlauben Sie mir zu Beginn der Ferien meine Bitten für die Buchstaben E bis F auszusprechen. Hier kommt zunächst der früher schon besprochene Art. ›Evangelische Gemeinschaft‹ [...] in Betracht. [...] Sodann eine Anzahl kleinerer Artikel über Personen des arianischen Streits; ich halte folgendes für wünschenswert: Eudoxius von Germanicia, Eunomius, Eusebius von Samosata, Eusebius von Vercelli, Eustathius von Sebaste, Flavian von Antiochia. Bei Eusebius von Nikomedien scheint mir ein Hinweis auf den Art. Arianismus zu genügen; Eustathius von Antiochia wird wohl am besten mit Meletius verbunden. Sodann bitte ich Sie um Bearbeitung des Eutychianismus, und damit zusammenhängend den A. Flavian von Konstantinopel. Eutychianismus 6–8 Seiten, die kleinen A. durchschnittlich 1 S. Voraussichtlicher Einsendungstermin Juni–Aug. 1897. [...]«

Dieser Brief enthält knapp und bündig eine sehr lange Auftragsliste für Loofs. Er hat offenbar nicht sogleich verbindlich zugesagt, da Hauck ihn in einem späteren Brief vom 30. November 1896[6] auffordert:

---

2   Vgl. die Bibliographie in: Friedrich Loofs, Patristica. Ausgewählte Aufsätze zur Alten Kirche (AKG 71), hg. v. Hanns Christof Brennecke/Jörg Ulrich, Berlin/New York 1999, XIII–XIX. Der Band enthält auch seinen autobiographischen Aufsatz »Friedrich Loofs« (ebd., 393–431).
3   Eine Abschrift wurde diesem Beitrag angefügt.
4   Weder im Archiv der Evangelisch-Lutherischen Landeskirche in Bayern in Nürnberg (nach Auskunft von Archivrat Dr. Jürgen König) noch in der Universitätsbibliothek Leipzig (nach Auskunft der Diplombibliothekarin Cornelia Bathke) ist unter den Nachlässen von Hauck Korrespondenz mit Friedrich Loofs erhalten. Und das Verlagsarchiv von Hinrichs' in Leipzig ist wohl im Krieg zerstört worden. Ich danke an dieser Stelle Jörg Ulrich und seinen Mitarbeitern, die mir die in Halle vorliegenden Briefe von Hauck an Loofs zugänglich gemacht haben.
5   Nr. Yi 19 IX 1681.
6   Nr. Yi 19 IX 1682.

»Mit Bezug auf Ihre Briefe vom 18. August bitte ich Sie um bestimmten Bescheid über die E und F Art. (Eudoxius …). Die Termine werden sich gegenüber meinen früheren Angaben um 4–8 Wochen hinausschieben.«

Während dieser Zeit saß Loofs offenbar über seinem Artikel »Dogmengeschichte«, den er noch fertig zu stellen hatte, woran ihn Hauck in diesem Brief ebenfalls erinnert.

Den Schwerpunkt bilden eindeutig Artikel zu Personen und Themen des trinitarischen und christologischen Streits, obwohl Loofs später auch zum Beispiel einen über fünfzigseitigen Beitrag zum Stichwort »Methodismus« schreiben wird[7]. Zu dem Zeitpunkt dieses Briefes hatte Loofs bereits einen langen Überblick zum »Arianismus«[8] verfasst und wird dann auch das Thema weiterführen mit dem Beitrag zu »Christologie. Kirchenlehre«[9]. Von den Personen, die Loofs in der RE³ dargestellt hat, nenne ich nur die aus dem sogenannten »arianischen Streit«: Acacius von Cäsarea, Athanasius von Alexandrien, Eudoxius von Germanicia, Eunomius, Euseb von Nikomedien, Euseb von Samosata, Euseb von Vercelli, Eustathius von Antiochien, Eustathius von Sebaste, Flavian von Antiochien, Georg von Laodicea, Gregor von Nazianz, Gregor von Nyssa, Hilarius von Poitiers, Ossius von Cordoba, Macedonius, Markell von Ankyra, Meletius von Antiochien und Photin von Sirmium.[10] Zusätzlich ist aber in Erinnerung zu rufen, dass Loofs für die RE³ auch die Beiträge zu Augustinus (25 Seiten), zu Pelagius und dem pelagianischen Streit (30 Seiten) und zum Semipelagianismus (10 Seiten) geschrieben hat.[11] Nach einem Brief vom Januar 1903 hätte Loofs auch noch den Beitrag zum Stichwort »Sakrament« schrieben sollen, was er aber offenbar ablehnen musste. Hauck bedauert dies und schreibt ihm zurück: «Ich hätte ihn [den Artikel] von niemand lieber bearbeitet gesehen als von Ihnen.« (Brief vom 10. Januar 1903[12]).

Im Rückblick auf seine Laufbahn schreibt Loofs selbst über seine Tätigkeit für die RE³:

»Meine Mitarbeit begann im Sommer 1895 und endete, da ich 1907/08 das Rektorat unserer Universität zu führen hatte, im Frühjahr 1907. Die Bände 23 und 24 (1913) brachten ›Ergänzungen und Nachträge‹, natürlich auch von mir.«[13]

---

7   Friedrich Loofs, Art. »Methodismus«, in: RE³ 12, Leipzig 1903, 747–801.
8   Friedrich Loofs, Art. »Arianismus«, in: RE³ 2, Leipzig 1897, 7–45.
9   Friedrich Loofs, Art. »Christologie. Kirchenlehre«, in: RE³ 4, Leipzig 1898, 16–56.
10 Vgl. Bibliographie in Loofs, Patristica (s.o. Anm. 2), XIII–XIX.
11 Friedrich Loofs, Art. »Augustinus«, in: RE³ 2, Leipzig 1897, 257–284; ders., Art. »Pelagius und der pelagianische Streit«, in: RE³ 15, Leipzig 1904, 747–774; ders., Art. »Semipelagianismus«, in: RE³ 18, Leipzig 1906, 192–203.
12 Nr. Yi IX 1686.
13 Loofs, Patristica (s.o. Anm. 2), 418 Anm. 33.

Schaut man sich die RE³-Artikel von Loofs näher an, springt natürlich zunächst die hohe Anzahl von Personenartikeln ins Auge. Das entspricht dem Grundkonzept der RE und ist auch ein persönliches Anliegen von Hauck gewesen. In einem Brief von 30. November 1896 schreibt Hauck darüber an Loofs:

> »Denn ich lege Wert darauf, daß die RE ein biograph. Nachschlagebuch bleibt. Ich glaube – nach eigener Erfahrung, daß die Leser öfter nach den biogr. Artikeln als nach den allg. suchen.«[14]

So ist Hauck auch bereit, einem entsprechenden Vorschlag von Loofs zuzustimmen, nämlich einen gesonderten Artikel über Eustathius von Antiochien zu verfassen (Brief vom 3. Dezember 1896)[15], was er zuvor noch unter dem Eintrag »Meletius« abgedeckt sehen wollte.[16]

Mit diesen Artikeln hat Loofs die kirchen- und dogmengeschichtliche Forschung gewiss gleichermaßen geprägt wie mit seinem berühmten »Leitfaden zum Studium der Dogmengeschichte«[17]. Chronologisch liegen die Beiträge zwischen der dritten Auflage dieses Leitfadens aus dem Jahr 1893 und der dann völlig umgearbeiteten vierten Auflage dieses Werkes, in Halle 1906 erschienen. Neben einzelnen Rezensionen, Festvorträgen und Predigten war Loofs in den Jahren 1895 bis 1907 also hauptsächlich mit seiner Arbeit an diesen RE³-Artikeln beschäftigt, wie sich schon durch einen Blick auf seine Bibliographie erkennen lässt. Diese Arbeit an den RE³-Artikeln war es, die seine Forschung vorangetrieben hat. Er selbst schreibt darüber:

> »Daß die Inangriffnahme einer Forschungsaufgabe zu neuen hinführt, an die man zunächst gar nicht gedacht hat, erfuhr ich bei vielen der Enzyklopädie-Artikel.«[18]

So berichtet er, dass die Studie zu »Eustathius von Sebaste und die Chronologie der Basiliusbriefe«[19] aus den Vorarbeiten zum Artikel

---

14 Nr. Yi IX 1682.
15 Nr. Yi IX 1683.
16 Da leider die Briefe von Loofs an Hauck nicht mehr vorliegen und auch diese Briefe von Hauck an Loofs lückenhaft sind, ist nicht mehr ersichtlich, inwieweit Loofs an der Konzeption der Artikel beteiligt gewesen ist. Öfter scheint er Loofs um Rat gefragt zu haben wie z.B. in dem Brief von 11.8.1896: »Endlich noch die Bitte um einen guten Rath. Wer könnte den Artikel Eucharistie d.h. Abendmahlsfeier in der alten Kirche bearbeiten? Rietschel hat die Abendmahlsfeier der evangel. Kirchen bearbeitet, aber ich bezweifle, ob er für die alte Kirche selbständige Studien gemacht hat. Seine Arbeiten haben überhaupt etwas dilettantenhaftes. Wissen Sie jemand?«
17 Friedrich Loofs, Leitfaden zur Dogmengeschichte, Halle (1889) ²1890 ³1893.
18 Loofs, Patristica (s.o. Anm. 2), 418.
19 Friedrich Loofs, Eustathius von Sebaste und die Chronologie der Basiliusbriefe. Eine patristische Studie, Halle 1898.

über »Eustathius« erwuchs. Das gilt auch für den Aufsatz »Die chronologischen Angaben des sog. Vorberichts zu den Festbriefen des Athanasius«[20], der mit dem Artikel »Athanasius« zusammenhängt, und für den Aufsatz »Zur Synode von Serdica«[21], der dem RE³-Beitrag »Arianischer Streit« diente. Das gleiche lässt sich auch von seinen Arbeiten zu Markell, den Makedonianern oder auch Nestorius sagen. So bieten die Artikel mehr als eine Zusammenfassung des Standes der damaligen Forschung, da sie auf eigenen Studien von Loofs beruhen.

2. Quellenstudium als Grundlage

Alle diese Artikel zeichnen sich durch ihre enge Anlehnung an den Quellen aus. Alles wird genau belegt, und zwar mit Hinweis auf relevante Quellentexte und nur selten auf Sekundärliteratur. Das erwähnt Loofs auch selbst über seine Artikel:

> »Sie alle gehen (natürlich mit Hilfe der Literatur) auf die Quellen zurück und lassen es sich angelegen sein, bis ins einzelnste hin die Quellennachweise zu geben.«[22]

Nahezu der einzige zeitgenössische Autor, der Erwähnung findet, und dann oft kritische, ist Adolf von Harnack.[23] Ohne Zweifel ist es eben dieses gründliche Studium der Quellentexte, das Loofs zu den Ergebnissen und auch neuen Fragestellungen und Forschungsaufgaben führte. Gelegentlich benennt er sogar innerhalb der RE³-Artikel Bereiche, die noch zu erforschen seien. Ein paar davon möchte ich hier erwähnen. So regt er zum Beispiel an,[24] dass es lohnend wäre, die Fragmente des Eustathius von Antiochien gründlich zu studieren, der eine wichtige Rolle im arianischen Streit in den 20er und 30er Jahren des vierten Jahrhunderts gespielt hat und neben Markell der theologische Gegner des Eusebius von Cäsarea gewesen ist, aber auch als Exeget bedeutend gewesen sein muss. Das kann man als Desiderat heute noch so wiederholen, insbesondere da es jetzt die neue Ausgabe der Fragmente in der Reihe Corpus Christianorum gibt.[25]

---

20 Friedrich Loofs, Die chronologischen Angaben des sog. Vorberichts zu den Festbriefen des Athanasius (SPAW 41), Berlin 1908, 1013–1022.
21 Friedrich Loofs, Zur Synode von Serdica, in: ThStKr 82 (1909), 279–297.
22 Loofs, Patristica (s.o. Anm. 2), 418.
23 Vgl. zum Verhältnis von Harnack zu Loofs in diesem Band die Beiträge von Ekkehard Mühlenberg und Claus-Dieter Osthövener.
24 Friedrich Loofs, Art. »Eustathius von Antiochien«, in: RE³ 5, Leipzig 1898, 627: »Eine eingehende dogmengeschichtliche Untersuchung der Fragmente würde nicht unzweckmäßig sein.«
25 Eustathii Antiocheni, Opera omnia quae supersunt, in: José H. Declerck (Hg.), CChr.SG 51, Turnhout 2002. Vgl. den ausführlichen Aufsatz: Karl-Heinz Uthe-

Auch empfiehlt Loofs eine monographische Behandlung des Themas »Makedonius und die Makedonianer«, was eigentlich trotz aller Forschung zu den Homöusianern und zum Neunizänismus noch immer gültig ist. Loofs leistet in seinem diesbezüglichen Artikel selbst hervorragende Forschungsarbeit und beschreibt nicht nur die komplizierten biographischen und überlieferungsgeschichtlichen Probleme bei Makedonius, sondern des gesamten Umfelds der Pneumatomachen, die auch nach Makedonius »Makedonianer« genannt wurden. Er resümiert:

> »Macedonius hat für diese ganze Entwicklung seit 360 nichts gethan. [...] Selten ist ein Mann so unschuldigerweise zum ›Häretiker‹ geworden!«[26]

Ein weiteres Forschungsdesiderat sieht Loofs besonders in Bezug auf Hilarius von Poitiers, den gallischen Theologen, der so bedeutsam war bei der Vermittlung der trinitätstheologischen Diskussion des Ostens in den Westen:

> »Es würde von nicht geringem Interesse sein, festzustellen, welche griechischen Theologen bei Hilarius diesen Fortschritt der Erkenntnis herbeigeführt haben [zw. Matthäuskommentar und De trinitate]; doch bin ich außer stande, auf diese Frage eine Antwort zu geben. Harnack (DG II³ 243 Anm. 2) nimmt starke ›Abhängigkeit von Athanasius‹ an. Aber der Beweis dafür [...] dürfte [...] doch schwer zu führen sein.«[27]

Loofs selbst vermutet eher Origenes-Studien bei Hilarius. Inzwischen ist durch die Edition und Studien von Pieter Smulders[28] der homöusianische Einfluß auf Hilarius in dieser Schrift beschrieben worden. Auch zu der Schrift des Hilarius *De synodis* erklärt er, dass dieser Text »eine der interessantesten Urkunden des arianischen Streites« sei, der erst neuere Forschungen gerecht werden müssen.[29] Bekanntlich fehlt noch immer eine kritische Edition dieses Textes, der nach wie vor nur als Steinbruch für die darin zitierten Dokumente herangezogen wird.[30]

---

mann, Eustathios von Antiochien wider den seelenlosen Christus der Arianer. Zu neu entdeckten Fragmenten eines Traktats des Eustathios, in: Zeitschrift für antikes Christentum 10 (2006), 472–521.

26 Friedrich Loofs, Art. »Macedonius und die Macedonianer«, in: RE³ 12, Leipzig 1903, 47.
27 Friedrich Loofs, Art. »Hilarius von Poitiers«, in: RE³ 8, Leipzig 1900, 61.
28 Hilary of Poitiers, De Trinitate, in: Pieter Smulders (Hg.), CChr.SL 62/62A, Turnhout 1979/1980. Loofs selbst konnte homöusianischen Einfluss noch nicht erkennen: Loofs, Hilarius (s.o. Anm. 27), 60.
29 Loofs, Hilarius (s.o. Anm. 27), 62.
30 Im Hilarius-Artikel diskutiert Loofs auch die Fragmente »ex opere historico« (Loofs, Hilarius [s.o. Anm. 27], 65f.) und empfiehlt die These, dass diese aus dem (aus Hier. bekannten Werk) *Liber adversum Valentem et Ursacium* stammen, wie es heute allgemein akzeptiert wird, nachdem es inzwischen eine Edition dieser Fragmente gibt (Alfred Leonhard Feder [Hg.], CSEL 65) sowie die gründliche Studie von Hanns Christof Brennecke, Hilarius von Poitiers und die Bischofsopposition gegen Konstantius II. Untersuchungen zur Dritten Phase des arianischen Streites

Besonders durch die Studien von Hanns Christof Brennecke konnte einiges über Leben und Werk des Hilarius inzwischen geklärt werden; konsequenterweise hat er auch den Nachfolgeartikel Hilarius von Poitiers in der TRE verfasst.[31]

In seinem Athanasius-Artikel plädiert Loofs ferner dafür, dessen Verhältnis zum Mönchtum nicht aus dem Blick zu verlieren, da er der »erste bischöfliche Förderer des Mönchtums gewesen« ist.[32] Dabei denkt er weniger an die Vita Antonii, sondern an Athanasius' Beziehungen zum Klosterverband des Pachomius. Dieses Plädoyer ist auch heute noch gültig. Es fehlt eine gründliche Studie über Athanasius und das Mönchtum, insbesondere da jetzt natürlich auch die neueren Forschungen zu den Anfängen des Mönchtums in Ägypten heranzuziehen wären.[33]

3. Schwerpunkt auf chronologische Zusammenhänge

Dennoch, trotz dieser Gründlichkeit, fallen die Artikel durchaus unterschiedlich aus. So gesteht Loofs selbstkritisch ein:

> »›Gregor von Nazianz‹, ›Gregor von Nyssa‹ und ›Theodor von Mopsueste‹ haben mir nie genügt, andere konnten die Forschung fördern.«[34]

Zwei Schwerpunkte lassen sich an seinen Artikeln erkennen, von denen der erste auf ein Qualitätsmerkmal seiner Artikel hinweist, der zweite aus heutiger Sicht eher eine Problemanzeige ist: Loofs ist stets interessiert an der Aufarbeitung chronologischer Zusammenhänge, wie man schon am Thema seiner Qualifikationsarbeit über die Chronologie der Bonifa-

---

(337–361) (PTS 26), Berlin/New York 1984; vgl. die Zusammenstellung und Übersetzung von Lionel R. Wickham, Hilary of Poitiers. Conflict of Conscience and Law in the Fourth-century Church (Translated Texts for Historians 25), Liverpool 1997.

31 Hanns Christof Brennecke, Art. »Hilarius von Poitiers«, in: TRE 15, Berlin/New York 1986, 315–322.
32 Friedrich Loofs, Art: »Athanasius«, in: RE³ 2, Leipzig 1897, 197.
33 Es sei hier schon einmal auf die entsprechenden Artikel im 2011 erscheinenden Athanasius-Handbuch verwiesen: Peter Gemeinhardt (Hg.), Athanasius Handbuch, Tübingen 2011; vgl. ferner z.B. Ludwig Koenen, Manichäische Mission und Klöster in Ägypten, in: Das römisch-byzantinische Ägypten (Aegyptia Treverensia 2), Mainz 1984, 93–108; James E. Goehring, Recent Research in Coptic Monasticism (1992–1996), in: Stephen Emmel (Hg.), Ägypten und Nubien in spätantiker und christlicher Zeit. Bd. I, Wiesbaden 1999, 65–78; Samuel N.C. Lieu, Precept and Practice in Manichaean Monasticism (JThS 32), Oxford 1981, 153–159; Samuel Rubenson, Arabic Sources for the Theology of the Early Monastic Movement, in: Samir Khalil (Hg.), Actes du 3e congrès international des études arabes chrétiennes (Parole de l'Orient XVII), Kaslik 1991, 33–47.
34 Loofs, Patristica (s.o. Anm. 2), 418.

tiusbriefe ersehen kann.[35] Besonders hervorzuheben sind in dieser Hinsicht die beiden Artikel zu Pelagius und dem pelagianischen Streit und zum Semipelagianismus, so dass der erstgenannte Artikel von Loofs in dem Beitrag von Winrich Löhr zum pelagianischen Streit in dem neuen Augustin-Handbuch aus dem Jahr 2007 noch immer einer von den fünf relevanten Literaturangaben darstellt.[36] Sehr detailliert stellt Loofs die Abläufe dar und ordnet die Briefe und auch manche Predigten ein. Er betritt hier in gewissen Maßen Neuland und schreibt selbst:

»Es ist unmöglich, hier diese m.E. noch nicht in ausreichend helles Licht gerückten Verhältnisse so ausführlich zu behandeln, wie es mit Hilfe der Predigten und Briefe Augustins geschehen kann. Ich beschränke mich auf die Hauptsachen.«[37]

Loofs war es auch, der die Bezeichnung »Semipelagianismus« für diesen Streit um Gnade und Prädestination aus dem molinistischen Streit herleiten konnte.[38]

Interessant in dieser Hinsicht ist ferner der Beitrag zu Athanasius von Alexandrien. Loofs beginnt seine Präsentation der Werke mit den Worten:

»Auch als Schriftsteller ist Ath. von der Nachwelt aufs Höchste geschätzt. Doch würde er diesen Ruhm ohne die Kämpfe seines Lebens sich schwerlich erworben haben. Gelehrtes Interesse hat ihm gefehlt oder ist bei ihm absorbiert worden durch die Zeitinteressen. Ath.s bedeutendste Werke sind Gelegenheitsschriften. Daher hat die beste Ausgabe seiner Werke die Zeitfolge derselben zum Fundament ihrer Anordnung zu machen.«[39]

Daran hält sich auch Loofs selbst in der Auflistung der Werke des Athanasius in dem entsprechenden RE³-Artikel, denn, so Loofs, eine »sachliche Trennung der historischen und polemischen oder dogmatischen Schriften ist unmöglich.« Das sind Einschätzungen etwa dreißig Jahre vor den Arbeiten an der kritischen Edition der Werke des Athanasius, 1929 angeregt von Kirsopp Lake und Robert Casey, begonnen von Hans Lietzmann mit Hans Georg Opitz bei der Preußischen Akademie der Wissenschaften. Wir von der Arbeitsstelle »Athanasius Werke« in Erlangen würden dazu heute sagen: Hätten sich damals doch

---

35 Friedrich Loofs, Zur Chronologie der auf die fränkischen Synoden des hl. Bonifatius bezüglichen Briefe der bonifazischen Briefsammlung, Leipzig 1881.
36 Winrich Löhr, Das Verhältnis zwischen Augustin und Pelagius und das theologische Anliegen des Pelagius, in: Volker Henning Drecoll (Hg.), Augustin Handbuch, Tübingen 2007, 190.
37 Loofs, Pelagius (s.o. Anm. 11), 760.
38 Friedrich Loofs, Art. »Semipelagianismus«, in: RE³ 18, Leipzig 1906, 193. Genau darauf geht er auch in seinem Nachtrag zum Artikel im RE-Ergänzungsband 24, Leipzig 1913, 501f. ein.
39 Loofs, Athanasius (s.o. Anm. 32), 198.

Lietzmann und Opitz an das Votum von Loofs gehalten, denn die tatsächlich erfolgte Aufteilung der Werke in die Rubriken »Dogmatische Schriften« und »Apologien« ist nicht besonders glücklich und orientiert sich zu allem Überfluss an einer von Opitz erst rekonstruierten byzantinischen Sammlung.[40]

Bei der chronologischen Beschreibung der Werke des Athanasius gelingen Loofs manche gute Einschätzungen, so die Einordnung der großen Arianerreden während der Zeit seines zweiten Exils Ende der 30er Jahre und nicht 358, wie sonst meist angenommen. In dem Ergänzungsband 23 bemerkt er dazu:

> »Mein Ansatz für die Orationes v. Arianos [...], dem Stülcken[41] [...] und zurückhaltender Gummerus[42] [...] in Bezug auf Buch I–III zugestimmt haben, scheint für diese drei ersten Bücher trotz des Widerspruchs von Hoss[43] [...] sich durchgesetzt zu haben; doch muß ich nachträglich [...] hinzufügen, daß Bardenhewer (Geschichte der altkirchlichen Literatur [...]) die Datierung der Mauriner nach wie vor für die ›nächstliegende‹ hält.«[44]

Durch Arbeiten von Luise Abramowski wurde diese von Loofs vertretene Chronologie später im Großen und Ganzen bestätigt.[45]

Chronologische Probleme bei der Darstellung kirchen- und dogmengeschichtlicher Entwicklungen ergeben sich dadurch, dass schon die Historiker der Spätantike wie Sokrates und Sozomenus Irrtümer und falsche Zusammenhänge bieten. In seinem Artikel zu Makedonius, dessen Biographie besonders schwierig zu rekonstruieren ist, bemerkt Loofs dazu:

> »Lediglich mit den Berichten des Sokrates und Sozomenus ist nichts zu machen, und die von ihnen berichteten Ereignisse, wie es bisher zumeist geschehen ist, mehr oder weniger sämtlich irgendwie in den nach sicheren Quellen berichtigten historischen Rahmen einzufügen, ist unmethodisch. Nur das kann verwendet werden, was sich, ungezwungen, als ausführlichere Tradition über sonst sicher feststehende Ereignisse auffassen läßt.«[46]

---

40 Vgl. die Praefatio in: Hanns Christof Brennecke/Uta Heil/Annette von Stockhausen (Hg.), Athanasius Werke II, Berlin/New York 2006.
41 Alfred Stülcken, Athanasiana (TU 19), Leipzig 1899.
42 Jaakko Gummerus, Die homöusianische Partei bis zum Tode des Konstantius. Ein Beitrag zur Geschichte des arianischen Streites in den Jahren 356–361, Leipzig 1900.
43 Karl Hoss, Studien über das Schrifttum und die Theologie des Athanasius, Freiburg 1899.
44 Friedrich Loofs, Art. »Athanasius«, in: RE³ 23, Leipzig 1913, 126f. Loofs akzeptiert hier auch, dass die vierte Arianerrede nicht von Athanasius stammt.
45 Luise Abramowski, Die dritte Arianerrede des Athanasius. Eusebianer und Arianer und das westliche Serdicense, in: ZKG 102 (1991), 389–413.
46 Loofs, Macedonius (s.o. Anm. 26), 43; wiederholt im Nachtrag: Friedrich Loofs, Art. »Arianismus«, in: RE³ 23, Leipzig 1913, 114 und Friedrich Loofs, Art. »Acacius«, in: RE³ 23, Leipzig 1913, 6.

Genau dieses methodische Prinzip wendet Loofs zum Beispiel in seinem Arianismus-Artikel an bei der Beschreibung der Ereignisse auf der Synode von Serdica 343 und streicht hier das angebliche Sonderkonzil der Orientalen in Philippopel,

> »da weder der Synodalbrief der Majorität, noch Athanasius, noch Hilarius [...] Sonderberatungen in Philippopel erwähnen, Sokrates über das Symbol, das in Philippopel beschlossen sei, zweifellos Irriges berichtet.«[47]

4. Schwerpunkt auf trinitätstheologische und christologische Frage

Doch nun zu dem anderen, problematischeren Schwerpunkt, und der betrifft die Auswahl der Artikel, die er verfassen wollte. Loofs selbst schreibt dazu in seinem Rückblick:

> »Ungleich war auch das persönliche Interesse, mit dem ich sie ausarbeitete: das Dogmengeschichtliche fesselte mich am meisten, und die langen Artikel ›Christologie‹ und ›Kenosis‹ sowie Abschnitte in dem Artikel ›Hilarius von Poitiers‹ galten Fragen, die mich innerlich vor anderen beschäftigten.«[48]

Innerhalb der Dogmengeschichte konzentrierte sich Loofs vor allem auf das trinitarisch-christologische Problem. Sein leitendes Interesse war es, neben der apologetischen Tradition der Gotteslehre, die Gott pluralistisch denke mit Hilfe des philonisch-philosophischen Logos als zweitem, untergeordneten Gott, eine vorapologetische, ökonomisch-trinitarische Traditionslinie herauszuarbeiten, die er besonders bei Markell erkennt, aber einerseits über Novatian, Tertullian und den Ignatianen bis in die Schriften des NT zurückreiche und andererseits später bei den »Antiochenern« bis hin zu Nestorius eine Fortsetzung finde. Loofs wollte zeigen, dass es neben der »chronischen Hellenisierung des Christentums«[49] doch nie zu einem Versiegen der genuin biblischen Überlieferung in der Alten Kirche gekommen sei.[50] Neuere Forschungen zu den einzelnen Autoren haben deren unterschiedliches Profil inzwischen deutlicher herausgearbeitet, so dass diese Traditionslinien heute nicht mehr so pauschal unterschieden werden können.

---

47 Loofs, Arianismus (s.o. Anm. 8), 27.
48 Loofs, Patristica (s.o. Anm. 2), 418.
49 So in dem Aufsatz: Friedrich Loofs, Paul von Samosata. Eine Untersuchung zur altkirchlichen Literatur- und Dogmengeschichte (TU 44/5), Leipzig 1924, 314.
50 Vgl. die Zusammenfassung des Ansatzes von Loofs bei Klaus Seibt, Die Theologie des Markell von Ankyra (AKG 59), Berlin/New York 1994, 43–54.

Auch wird natürlich inzwischen die Frage der »Hellenisierung« des Christentums anders beurteilt.

Besonders an Loofs Studien zu Markell von Ankyra konzentriert sich dieses dogmengeschichtliche Interesse,[51] da dieser Autor des vierten Jahrhunderts, bekannt aus dem arianischen Streit als massiver Kritiker der so genannten »Eusebianer« Euseb von Cäsarea und Euseb von Nikomedien und ihrer Hypostasentheologie, an einer Schnittstelle zwischen der früheren kleinasiatischen Tradition und der späteren so genannten antiochenischen Schule stehe. Loofs bezieht sich in seinem RE³-Artikel von 1903 noch auf die alte Ausgabe der Markell-Fragmente von Rettberg aus dem Jahr 1794.[52] Erst 1906 erschien die Edition von Klostermann in der Reihe GCS.[53] Inzwischen gibt es natürlich neuere Studien zu Markell und auch eine weitere Neuausgabe der Fragmente von Markus Vinzent, die sich an der ausführlichen Studie von Klaus Seibt aus dem Jahr 1994 orientiert.[54] Geradezu vernichtend fällt das Urteil über Loofs durch Klaus Seibt in dem forschungsgeschichtlichen Teil seiner Monographie zu Markell von Ankyra aus: Loofs arbeite zu hypothesenfreudig, nehme immer wieder Umordnungen und Umbenennungen des Stoffes vor, und oft habe man den Eindruck, die Textbelege dienen »nur der Beleuchtung eines schon vorgefertigten Gedankenkomplexes, der sich zusätzlich laufend selbst wandelt.«[55] Hauptkritikpunkt von Seibt ist, dass Loofs zu Beginn seiner Forschungen zu Markell diesen zunächst als Hauptvertreter der kleinasiatischen Traditionslinie betrachtet, dann aber in späteren Studien (Paul von Samosata; Kenosis) Markell teilweise wieder aus dieser Traditionslinie ausgliedert. Seibt resümiert:

> »An Markell wird exemplarisch deutlich, wie diese Traditionen eher vor dem geistigen Auge des Hallenser Dogmenhistorikers als in den Quellen stehen.«[56]

---

51 Loofs schrieb schon 1902, ein Jahr vor seinem RE³-Artikel über Markell, die Studie: Friedrich Loofs, Die Trinitätslehre Marcells von Ancyra und ihr Verhältnis zu älteren Traditionen (SPAW 33), Berlin 1902, 764–781.
52 Christian Heinrich Georg Rettberg, Marcelliana ed. et animadversionibus instruxit, Göttingen 1794.
53 Erich Klostermann (Hg.), Eusebius Werke IV. Gegen Marcell. Über die kirchliche Theologie. Die Fragmente Marcells (GCS), Leipzig 1906; vgl. Günther Christian Hansen/Erich Klostermann (Hg.), Eusebius Werke IV. Gegen Marcell. Über die kirchliche Theologie. Die Fragmente Marcells (GCS), Berlin (1906) ²1972.
54 Markus Vinzent (Hg.), Markell von Ankyra. Die Fragmente. Der Brief an Julius von Rom (SVigChr 39), Leiden 1997.
55 Seibt, Markell (s.o. Anm. 50), 47.
56 Ebd.

Diese Kritik ist zwar insofern berechtigt, als Loofs von ihm gewünschte Traditionslinien in den Texten sucht, so dass die theologische Interpretation einzelner altkirchlicher Autoren daher ihre Schwächen hat. Mit dem dogmengeschichtlichen Entwurf von Loofs an sich haben sich schon die Beiträge Hanns Christof Brennecke und Ekkehard Mühlenberg befasst, und um das nicht zu wiederholen, möchte ich mich auf ein paar Randbemerkungen beschränken. Entgegen Seibts Kritik an Loofs muss man zum Beispiel in Bezug auf Markell schon zugestehen, dass er einer bestimmten theologischen Tradition entstammt, die neben und getrennt von Origenes einzuordnen ist, wie auch immer man diese benennt. Das ist gewiss gegen Seibt zu betonen, der überhaupt die »Unterscheidung von theologischen Traditionslinien« für fragwürdig hält.[57] Nicht gerechtfertigt ist ferner die Kritik, dass Loofs seine Thesen an sich abändere. Ich halte dies eher für ein Qualitätsmerkmal, dass weitere Quellenstudien und Auseinandersetzungen mit anderen Forschungsmeinungen bisherige Ansichten verändern und dazu führen, früher Gesagtes zu revidieren. Auch innerhalb der RE[3]-Artikel kann Loofs auf frühere Irrtümer hinweisen und sich korrigieren. So schreibt er, um nur ein kleines Beispiel zu erwähnen, zu Euseb von Nikomedien:

»[...] doch bitte ich hier ein Versehen berichtigen zu dürfen, das mir [...] [im Artikel ›Arianismus‹] passiert ist: die alexandrinische Synode von 338 oder Anfang 339 weiß bereits von der Übersiedlung Eusebs nach Konstantinopel; die von mir angeführte Stelle ihres Synodalschreibens (Athan. apol. c. Arian. 6 MSG 25 p. 260 B) beweist das Gegenteil von dem, wofür ich sie angeführt habe.«[58]

Trotz dieser zum Teil berechtigten Kritik an Loofs muss man bei den Artikeln also genauer hinschauen und entdeckt trotz der dogmengeschichtlichen Forschungstendenz Wertvolles und bis heute Rezipierbares. So bleibt es, um noch bei Markell zu bleiben, ein inzwischen mehrfach bestätigtes Ergebnis von Loofs, dass die theologische Erklärung von Serdica, das heißt der westlichen Teilsynode von Serdica, auf Markell zurückzuführen ist. Auch Seibt stimmt hierin Loofs zu und sagt sogar noch pointierter, dass es von Markell selbst verfasst worden sei.[59]

---

57 Seibt, Markell (s.o. Anm. 50), 50.
58 Friedrich Loofs, Art. »Eusebius von Nikomedien und Konstantinopel«, in: RE[3] 5, Leipzig 1898, 620.
59 Seibt, Markell (s.o. Anm. 50), 53.

5. Athanasianum

Auf einen bemerkenswerten Artikel möchte ich noch besonders hinweisen, und zwar den Beitrag zum so genannten *Athanasianum*, der im zweiten RE³-Band im Jahr 1897 auf den Seiten 177–194 erschien. Es ist also ein sehr ausführlicher Artikel und fällt insofern aus dem Rahmen, als Loofs hier Ausflüge in die Forschungsgeschichte unternimmt und sogar auf Positionen einzelner Autoren gezielt eingeht. Er beginnt den Artikel mit einem Überblick über die kirchliche Bedeutung dieses Textes, schließt einen Forschungsüberblick an, der bis zur damals gerade erschienenen Monographie von Andrew Ewbank Burn[60] reicht. Loofs kritisiert die auch von Harnack vertretene Meinung einer Zwei-Quellen-Theorie für diesen Text, das heißt die im *Athanasianum* enthaltenen zwei Teile (Trinitätstheologie und Christologie) seien separat entstanden und erst dann zusammengefügt worden – das ist eine Ansicht, die auch heute niemand mehr vertritt. Anschließend gibt Loofs einen ausführlichen Überblick über die damals zur Verfügung stehenden Handschriften und bietet dann das Material, das Burn in seiner Monographie präsentierte, in einem knappen Überblick, nämlich die alten Kommentare zu dem *Athanasianum*. Loofs kommt aber zu einem anderen Ergebnis als Burn. Während dieser das *Athanasianum* um 420 im Umfeld der Lériner Mönche entstanden sehen wollte, beurteilt Loofs die einzelnen Gedanken- und Wortparallelen zum *Athanasianum* in den Werken vor allem gallischer Autoren, besonders in den sogenannten *Sermones de symbolo*, andersherum. Ein oder mehrere unbekannte Kompilatoren haben demzufolge nach 450 bis ungefähr 600 aufgrund der Bedürfnisse der Zeit aus den immer wieder verlesenen Sermones einen glatten, standardisierten Text geformt. So erübrige sich die Suche nach einem bestimmten Autor, auch wenn man natürlich das Milieu dieses Textes aufgrund diverser Parallelen bestimmen könne.[61] Dies ist im Grunde die von John Norman Davidson Kelly in der 1964 erschienenen und bis heute einzigen Monographie zu diesem Bekenntnis[62] vertretene Ansicht und außerdem die höchst aktuelle Forschungsmeinung, wenn man sich zum Beispiel den jüngst erschienenen Aufsatz von Volker Henning Drecoll zum *Athanasianum* anschaut, der in seiner Tabelle das Material, aus dem das *Athanasianum* entstand, auflistet und

---

60 Andrew Ewbank Burn, The Athanasian Creed and Its Early Commentaries (TS 4/1), Cambridge 1896.
61 Das betont Loofs noch einmal ausdrücklich in seinem Nachtragsartikel RE³ 24, Leipzig 1913, 125f.
62 John Norman Davidson Kelly, The Athanasian Creed (The Paddock lectures), London 1964.

einen ähnlichen Entstehungszeitraum (540–630) annimmt.[63] Loofs hatte also bei diesem Artikel, so kann man sagen, »den richtigen Riecher«.

5. Schluss

Loofs' Artikel sind inzwischen über hundert Jahre alt, und die Forschungsarbeit ist weitergegangen. So soll es ja auch sein; es wäre sonst eine Anfrage an die Nachfolger und Nachfolgerinnen von Loofs, wenn seine Artikel noch immer den Forschungsstand wiedergeben würden. Deswegen stellt man sich natürlich unwillkürlich die Frage: Welchen Wert haben sie heute noch neben rein forschungsgeschichtlichen Interessen? Die Antwort ist eigentlich ganz einfach und wurde auch schon erwähnt: Es ist die Durchdringung des Stoffes anhand der zur Verfügung stehenden Quellen.

Dabei hat man nicht den Eindruck, als leide Loofs unter Platzmangel oder unterliege einer Zeilenbeschränkung. Natürlich gibt Hauck auch eine Umfangsbeschreibung vor, wie oben aus dem Brief hervorging, aber die fällt mit der Angabe »6–8 Seiten« nicht so knapp aus; außerdem hatte Loofs offenbar die Gabe, gut zusammenfassend das Material bieten zu können. Entsprechend fällt auch in einem Brief[64] ein Lob von Hauck an Loofs aus: »so wollte ich, daß alle Mitarbeiter der Zt. so zurückhaltend in Bezug auf Raumverbrauch wären wie Sie.« Andere Artikel habe er um ein Drittel kürzen müssen und sie seien immer noch zu lang.

Diese Gründlichkeit unterscheidet die Artikel gewiss von heutigen Lexika und Handbüchern, die gerade in der gegenwärtigen Zeit überhand zu nehmen scheinen und die Autoren oft zu einer großen Knappheit verpflichten. Was können solche Artikel noch leisten außer einem sehr groben Überblick, der gerade aufgrund der erzwungenen Kürze nur noch schemenhaft die Vielfalt der Texte und Themen altkirchlicher Autoren wiedergeben vermag. Insofern kann es immer noch nützlich sein, zu diesen alten RE-Beiträgen zu greifen, wenn man einen Überblick über das Quellenmaterial bekommen möchte, und gerade hierin lagen die Stärken von Friedrich Loofs.

Auf einen Aufsatz von Loofs, der drei Jahre nach Erscheinen des letzten Nachtragsbandes der RE, also 1916 erschien, ist noch gesondert hinzuweisen. Es ist der Aufsatz »Die Christologie der Macedonianer«, den er in der Festschrift für Albert Hauck zu dessen 70.

---

63 Volker Henning Drecoll, Das Symbolum Quicumque als Kompilation augustinischer Tradition, in: ZAC 11 (2007), 30–56.
64 Brief vom 10.1.1901 (?), Nr. Yi IX 1684.

Geburtstag veröffentlichte.[65] In diesem Aufsatz nimmt Loofs auf seinen RE³-Artikel »Macedonius« Bezug und korrigiert seine frühere Einschätzung, dass die Makedonianer in ihrer Lehre über die zweite trinitarische Person, also den Sohn Gottes, selbstverständlich, wie später dann auch andere Homöusianer, nizänisch dachten. Angeregt haben ihn dazu neue eigene Studien zu den macedonianischen Dialogen,[66] die durch die Arbeit an einem entsprechenden Beitrag für das englische Lexikon »Hastings Encyclopaedia of Religion and Ethics« entstanden.[67] Wieder waren es also eigene neue Quellenstudien im Zusammenhang mit einem Lexikonartikel, die Loofs frühere Ansichten korrigieren ließen.

In dem letzten Brief von Hauck an Loofs, der in dem Nachlass vorliegt, bedankt sich Hauck für dessen Beitrag in seiner Festschrift zum 70. Geburtstag, und da aus ihm die gegenseitige Zuneigung und Hochachtung trotz (oder besser wegen?) dieser langen Jahre der Zusammenarbeit spricht, möchte ich ihn zum Schluss zitieren. Hauck schreibt am 16. Dezember 1915 an Loofs:

> »Sehr verehrter Herr Kollege!
>
> Für Ihren freundlichen Brief anläßlich meines 70. Geburtstags danke ich Ihnen herzlich. Es spricht aus ihm dieselbe freundliche Gesinnung, die ich bei Ihnen, seitdem wir zum ersten mal brieflich in Verkehr traten, zu finden gewohnt bin und für die dankbar zu sein ich niemals aufhören werde.
> Ich weiß nicht, ob ich wirklich der älteste der deutschen Kirchenhistoriker bin, aber alt bin ich jedenfalls: ich habe die vollständige Erneuerung der Korporation der Kirchenhistoriker – wenn dieser Ausdruck erlaubt ist – sich vollziehen sehen. In meine Anfangszeit reichte die Schule Neanders noch stark hinein, K. Hase stand damals auf dem Gipfel seines Ruhmes und seiner Leistungen, Baur war ein paar Jahre, ehe ich die Universität bezog, gestorben;[68] jetzt gehört das alles ganz und gar der Geschichte an. Auch auf dem Gebiet des geistigen Lebens eilen die Weltentage in fast unheimlicher Schnelligkeit vorüber.
> Besonders danke ich Ihnen auch für Ihren Beitrag zu der mir übergebenen Gedenkschrift [Die Christologie der Macedonianer]. Ich habe diese Selbstkorrektur mit großem Interesse gelesen. Aber ich gestehe: fast möchte ich bedauern, daß Ihr früheres Urteil sich nicht festhalten läßt;

---

65 Friedrich Loofs, Die Christologie der Macedonianer, in: Geschichtliche Studien. Albert Hauck zum 70. Geburtstag dargebracht, Leipzig 1916, 64–76; wieder in: Loofs, Patristica (s.o. Anm. 2), 351–367.

66 Friedrich Loofs, Zwei macedonianische Dialoge (SPAW 19), Berlin 1914, 526–551. Wieder in: Loofs, Patristica (s.o. Anm. 2), 321–349.

67 Friedrich Loofs, Art. »Macedonianism«, in: ERE 8, Edinburgh 1915, 225–230.

68 August Neander (1789–1850): Kirchenhistoriker in Berlin. Karl Hase (1800–1890): Kirchenhistoriker in Jena. Ferdinand Christian Baur (1792–1860): Kirchenhistoriker in Tübingen.

das Bild war so einheitlich. Freilich muß man sagen: jetzt ist es lebendiger. Und das ist ein Gewinn.

Darf ich mit Bezug auf Ihre ungemein freundliche Karte zum Geburtstag auch etwas persönliches [berichten], so kann ich mitteilen, daß am 10. ganz unerwartet mein einer Sohn aus Serbien hier eintraf und im frühesten Morgengrauen des 12. der zweite direkt aus einem lothringischen Schützengraben hier anlangte. Ich wünsche Ihnen ähnliche erfreuliche Überraschungen.

In aufrichtiger Verehrung Ihr ganz ergebener Hauck.«[69]

---

69 Nr. YI 19 IX 1690.

Anhang: Die zehn erhaltenen Briefe von Albert Hauck an Friedrich Loofs

Realencyklopaedie für Protestantische Theologie und Kirche[70]
Leipzig-Gohlis, Sedanstrasse 25,
den 11. August 96

Sehr geehrter Herr Kollege!
Erlauben Sie mir zu Beginn der Ferien meine Bitten für die Buchstaben E bis F auszusprechen. Hier kommt zunächst der früher schon besprochene Art. »Evangelische Gemeinschaft (Albrechtsleute)«[71] in Betracht. Plitt[72] hat ihn auf 1 ¼ Seite bearbeitet. Das ist offenbar zu wenig; ich schlage 3–4 Seiten vor.

Sodann eine Anzahl kleinerer Artikel über Personen des arianischen Streits; ich halte folgendes für wünschenswert: Eudoxius von Germanicia, Eunomius, Eusebius von ~~Nikomedien~~ Samosata, Eusebius von Vercelli, Eustathius von Sebaste, Flavian von Antiochia. Bei Eusebius von Nikomedien scheint mir ein Hinweis auf den Art. Arianismus zu genügen; Eustathius von Antiochia wird wohl am besten mit Meletius verbunden.

Sodann bitte ich Sie um Bearbeitung des Eutychianismus, und damit zusammenhängend den A. Flavian von Konstantinopel. Eutychianismus 6–8 Seiten, die kleinen A. durchschnittlich 1 S. Voraussichtlicher Einsendungstermin Juni–Aug. 1897.

Endlich noch die Bitte um einen guten Rath. Wer könnte den Art. Eucharistie d.h. Abendmahlsfeier in der alten Kirche bearbeiten? Rietschel hat die Abendmahlsfeier der evangel. Kirchen bearbeitet,[73] aber ich bezweifele, ob er für die alte Kirche selbständige Studien gemacht hat. Seine Arbeiten haben überhaupt etwas dilettantenhaftes. Wissen Sie jemand?

Ich werde bis Ende der nächsten Woche hier sein. Den Art. Augustin darf ich wohl vorher noch erwarten?
Mit freundlichen Wünschen für die Ferien, Ihr ergebenster Hauck

---

70 Auf Briefpapier der RE verfasst.
71 Friedrich Loofs, Art. »Evangelische Gemeinschaft (Albrechtsleute)«, in: RE³ 5, Leipzig 1898, 667–672.
72 Gustav Leopold Plitt, tätig am Lehrstuhl für Kirchengeschichte und theologische Enzyklopädie in Erlangen und beteiligt an der Redaktion zur Herausgabe der 2. Auflage der RE. Gemeint ist der alte Artikel in der RE².
73 Georg Rietschel, Art. »Abendmahlsfeier in den Kirchen der Reformation«, in: RE³ 1, Leipzig 1896, 68–76. Rietschel war Liturgiehistoriker in Leipzig.

Verehrter Herr Kollege!
Vielen Dank für d. A. Biddle[74]. Ich kann mich trotz Ihrer Erlaubnis nicht entschließen ihn wegzulassen, obgleich ich einen A. Unitarier zu geben beabsichtige. Denn ich lege Wert darauf, daß die RE ein biograph. Nachschlagebuch bleibt. Ich glaube – nach eigener Erfahrung, daß die Leser öfter nach den biogr. Artikeln als nach den allg. suchen. bez. der Freimaurer freut es mich, Ihren Wünschen zuvorgekommen zu sein. Der A. ist bereits bestellt.

Mit Bezug auf Ihre Briefe v. 18. August bitte ich Sie nun um bestimmten Bescheid über die E. u. F. Art. (Eudoxius, Eunomius, Eusebius von Samosata u.v. Vercelli, Eustathius von Sebaste, Eutychianismus, evang. Gemeinschaft – wenn Sie nicht vorziehen den Art. Darby[75] zu nennen – Flavian von Antiochia u. von Konstant.). Die Termine werden sich gegenüber meinen früheren Angaben um 4–8 Wochen hinausschieben.

Bei »Dogmengeschichte«[76] bleibt es doch bei unserer Verabredung v. 21. März d.J.?

Mit ergebenstem Gruße,
Hauck

Gohlis, 30.11.96

Leipzig, 3. Dez. 96

Verehrter Herr Kollege!
Der Beantwortung Ihrer Frage über Seeberg[77] will ich mich nicht entziehen, muß dabei aber vor allem bemerken, daß Sie meine Kenntnis zu überschätzen scheinen: Seeberg ist in Erlangen mein Nachfolger, ich habe also nie neben ihm an demselben Orte gewirkt, und ihn nur gelegentlich – wenn mich mein Gedächtnis nicht täuscht nur 4 oder 5 mal – gesehen und gesprochen. Mein Urtheil beruht also nur zum Theil auf eigener Beobachtung, zum größten Theil auf den Urteilen anderer. Ich rede ~~also~~ deshalb mit doppeltem Vorbehalt des Irrtums.

Sie fragen 1. nach seiner Persönlichkeit. Hier dünkt mich nun untrüglich, daß Seeberg mit einer hohen Meinung von sich selbst gestraft ist. Ich begreife deshalb, daß man ihn einen Streber nennt, aber ich möchte doch annehmen, daß dies Wort ihn zu streng richtet. Denn krumme Wege, um zu Ansehen oder zu Einfluß zu gelangen, sind ihm meines Wissens nicht nachgewiesen. Er hat nur das Bedürfnis beachtet zu werden, die Aufmerksamkeit auf sich zu ziehen, womöglich zu glänzen. Mir ist diese Geistesart wenig sympathisch; ~~denn~~ sie läßt mich zu

---

74 Friedrich Loofs, Art. »Biddle, John«, in: RE³ 3, Leipzig 1897, 201–203.
75 Friedrich Loofs, Art. »Darby, John Nelson«, in: RE³ 4, Leipzig 1898, 483–493.
76 Friedrich Loofs, Art. »Dogmengeschichte«, in: RE³ 4, Leipzig 1898, 752–765.
77 Reinhold Seeberg, wurde 1889 Professor in Erlangen, wechselte 1898 nach Berlin.

keinem rechten Zutrauen kommen, denn sie ist für ihren Träger die stete Versuchung, nicht nach sachlichen, sondern nach persönlichen Motiven Stellung zu nehmen. Andererseits aber läßt sich nicht leugnen, daß sie Talent und geistige Begabung nicht ausschließt.

Das führt zu Ihrer zweiten Frage: Seeberg, dem Dogmatiker. Ich habe ihn stets für nicht unbedeutend gehalten. Diese Ansicht ist zum Theil bedingt durch Zahns Urtheil, der ihn bereits kannte, als er noch Student war, der nicht gerade mild zu urtheilen pflegt, der aber seine Begabung hoch anschlug. In der That ist die leichte Produktivität Seebergs, seine Gabe wenn nicht schöner, so doch glatter Darstellung unleugbar. Gleichwohl muß ich gestehen, daß ich in der letzten Zeit anfange in meinem Urtheil unsicher zu werden. Er schreibt zu viel und das, was er schreibt, ist meistens mehr geschickt gemacht als wirklich probehaltig. Ich fürchte, daß S. zu den begabten Männern gehört, die denen die Leichtigkeit zu Schaffen zum Fallstrick wird.

Ihr freundliches Urtheil über den 3. Bd. meiner KG hat mich gefreut. Denn ich kann nicht leugnen, daß ich, als das Buch endlich fertig war, recht wenig befriedigt davon gewesen bin. Ich ärgerte mich, daß es so dick wurde, und ich hatte den Eindruck, daß ich da und dort zu breit geworden war, auch manche Versehen in Einzelheiten bemerkte ich, nachdem sie gedruckt waren. Über diese Selbstkritik helfen Sie mir hinweg.

Mit einem besonderen Art. Eustathius von Antiochia bin ich einverstanden. Die Darbysten bitte ich unter diesem Stichwort zu bringen, da Bd. I S. 191,36 auf sie diesen Art. verwiesen ist.[78] Ich schicke Ihnen gleichzeitig die Ausschnitte des früheren Art. für den Fall, daß sie Ihnen erwünscht sein sollten.

Freundlich Grüßend, Hauck

Leipzig, Gohlis 10.1.01
Verehrter Herr Kollege!
Vielen Dank, erstens für Ihren Artikel Kenosis[79] und zweitens für die freundliche Zusendung Ihrer Grundlinien[80]. Der erstere wird demnächst zum Druck kommen, es war schon Ende 1900 bis Kabbala gesetzt, nun fehlt aber der Kanaaniten-Artikel und ich weiß nicht, wie lange ich auf ihn warten muß. Das hält natürlich auf. Übrigens die Länge anlangend, so wollte ich, daß alle Mitarbeiter der Zt. so zurückhaltend

---

78   In Friedrich Loofs, Art. »Adventisten«, in: RE³ 1, Leipzig 1896, 191–198 heißt es dort: »Seit den zwanziger Jahren entstand in Süd-Irland die Darbysten-Bewegung (vgl. den A. Darby)«.
79   Friedrich Loofs, Art. »Kenosis«, in: RE³ 10, Loofs 1901, 246–263.
80   Friedrich Loofs, Grundlinien der Kirchengeschichte, Halle (1901) ²1910.

in Bezug auf Raumverbrauch wären wie Sie: ich habe eben von dem Art. Kahnis[81] ein gutes Drittel und von Kliefoth[82] die Hälfte weggestrichen, u. beide Art. sind doch noch länger als Sie meines Erachtens sein sollten.

In den Grundlinien habe ich schon sehr viel gelesen und ich halte das Buch für sehr nützlich: es wird manchem Studenten, der in der Geschichte nur Thatsachenfolgen sieht, die Augen dafür öffnen, daß es sich um Entwicklungsreisen handelt. Ob es freilich von dem Durchschnittsstudenden nicht etwas viel fordert, das ist eine Frage, die ich nicht zu bejahen wage, so sehr ich wünsche, sie bejahen zu können. Über einzelnes wird sich streiten lassen: ich möchte z.B. die Schismen § 45 lieber unter dem Gesichtspunkt betrachten, daß sie sich aus dem Erschlaffen des Urchristlichen erklären als aus den Wirkungen der Verfolgung; denn dort scheint mir die Ursache, hier nur der Anlaß zu liegen. Doch will ich Sie nicht mit solchen Erwägungen langweilen u. wiederhole also nur meinen Dank.

Mit ergebenstem Gruß
Hauck

Leipzig Gohlis 1.7.01
Verehrter Herr Kollege!
In der Frage, vor die mich Ihr Brief stellt, kann ich natürlich nur dahin antworten, daß ich so lange auf Ihren Artikel warten werde, als ich es irgend verantworten kann. Den Weingart'schen Artikel[83] wieder zu bringen hielte ich für gewissenlos; diese Lösung ist erst einmal diskutabel. Sehr ungern würde ich mich dazu entschließen, Ihren Artikel[84] ans Ende zu stellen. Der Anfang mit diesem Ausweg ist ja freilich durch N. Müller[85] schon gemacht u. die Fortsetzung wird alsbald folgen, da mich C. Schmidt mit der koptischen Kirche in unverantwortlicher Weise im Stich gelassen hat.[86] Aber es liegt mir daran, daß die Hast der Nachzügler möglichst klein bleibt.

---

81 Johannes Kunze, Art. »Kahnis, Karl Friedrich August († 1888)«, in: RE³ 9, Leipzig 1901, 692–698.
82 Ernst Haack, Art. »Kliefoth, Theodor Friedrich Dethlof († 1895)«, in: RE³ 10, Leipzig 1901, 566–575.
83 Hermann Weingarten.
84 Friedrich Loofs, Art. »Kongregationalisten«, in: RE³ 10, Leipzig 1901, 680–693.
85 Nikolaus Müller, Art. »Koimeterien«, in: RE³ 10, Leipzig 1901, 794–877.
86 Carl Schmidt (»Koptenschmidt« genannt) war Ordinarius für Kirchengeschichte und koptische Sprache und Literatur in Berlin, Mitglied der Kirchenväterkommission der Berliner Akademie der Wissenschaften. Er war durch seine vielen Reisen ein Kenner Ägyptens, erwarb und entzifferte griechische und koptische Papyri und Manuskripte besonders aus dem Bereich der Gnosis und Manichäismus. Der Artikel koptische Kirche für die RE³ von Walter Ewing Crum kommt erst an den

Mit dem Warten steht es so: Nach dem Stand vom letzten Samstag waren bis zum Art. Kongregationalisten noch 8, vielleicht auch 9 Lagen zu setzen (= Arbeit auf 4 Wochen), 14 Tage lang wird die Druckerei weiter arbeiten können, ohne daß Mangel an Schrift für den Kongregat. zu besorgen ist; schlimmsten Falls muß sie ein paar Tage mit der Arbeit aussetzen. Aber das hat natürlich seine Grenze. Mitte August ist also erreichbar. Ich bitte dann nur um eines, daß Sie mich sofort in Kenntnis setzen, wenn Sie zu der Ansicht kommen sollten, daß der Artikel auch bis zum 15. Aug. nicht vollendet werden kann. Denn sonst könnte es geschehen, daß ich den Druck vergeblich anhalte. Viel gewonnen ist nicht, wenn es an den Schluß kommt, denn der Band wird im Lauf des Septembers fertig werden, oder sollte es wenigstens.

Daß man nicht soweit kommen kann, wie man will, das ist übrigens eine Sache, die ich sehr gut verstehe. Ich lerne sie Tag für Tag von mir selber. Ich hoffte sicher mit dem Druck des 4. Bands meiner KG in den Herbstferien anfangen zu können, nun bin ich noch so im Rückstand, daß ich froh sein darf, wenn ich nach den Ferien beginnen kann.
Mit kollegialem Gruß,
Ihr ergebener Hauck.

Realencyklopplädie für protestantische Theologie und Kirche
Hochverehrter Herr und College![87]
Lassen Sie mich zuerst meine Gedanken darüber aussprechen, daß Sie den Art. Sakram. nicht übernehmen können. Ich hätte ihn von niemand lieber bearbeitet gesehen als von Ihnen. Was Pelagius[88] anlangt, so kann ich mit ziemlicher Sicherheit sagen, daß er nicht nach den Osterferien, sondern zu Beginn derselben nothwendig sein wird, jedenfalls noch im März. Zu Ihren amerikanischen Reiseplänen wünsche ich Ihnen alles Gute. Ich bin nicht eingebunden; ich möchte fast sagen, Gott sei Dank! Denn zu den vielen Talenten, die mir fehlen, gehört auch das Talent Feste zu feiern.
Hochachtungsvoll ergeben grüßt Ihr Hauck
Leipzig, den 10. Januar 1903

Schluss des zwölften Bandes der RE³ (801–815) nach dem Artikel »Methodismus« (auch von Friedrich Loofs!).
87 So nicht handschriftlich, sondern im Briefpapier der RE gedruckt.
88 Loofs, Pelagius (s.o. Anm. 11), 747–774.

Leipzig 10.6.03

Verehrter Herr Kollege!
Ihre Frage ist schwer zu beantworten. An sich liebe ich das Nachhinken von Art. sehr wenig; in diesem Falle wäre es aber sachlich zu rechtfertigen. Der Übelstand ist nur, daß wenig damit gewonnen wird. Der Art. Nestorius[89] wird voraussichtlich auf den 45. oder 46. Bogen kommen, wir gewinnen also mit der Verweisung an den Schluß des Bandes 14 Tage. Bei dieser Sachlage scheint es mir rätlicher von einer Verlegung abzusehen. Ist Ihnen damit gedient, so werde ich den Druck in den nächsten Wochen so zurückhalten, daß Sie bis Mitte Juli Zeit haben. Läuft das Manuskript weiter, als ich annehme, so würde sich diese Frist vielleicht noch um 8–14 Tage verlängern lassen. Sie würden dadurch noch die Möglichkeit gewinnen, auf die Berliner Abhandlung zu verweisen.[90] Sind Sie mit diesem Vorschlag einverstanden, so bitte ich um ein paar Zeilen.
Mit ergebenstem Gruße, Hauck

Leipzig, 12. Juni 1910

Sehr verehrter Herr Kollege!
Ich danke Ihnen vielmals für die freundliche Zusendung Ihrer »Grundlinien«[91], auch nachträglich für Ihre Abhandlung über Lessings Stellung zum Christentum[92]. Die starke Betonung des Esoterischen in der letzteren war mir neu, aber dünkt mich sehr überzeugend. Wirklich gefreut hat mich, daß Ihre Grundlinien so rasch eine neue Auflage fanden. Denn sie sind, im Unterschied von den neumodischen Kompendien, ein Buch, aus dem die Studenten Geschichte lernen können, wenn man unter Geschichte nicht aufgehäufte Notizen über einzelne Personen u. Ereignisse versteht.
Mit freundlichem Gruße,
Ihr ganz ergebener Hauck

Leipzig, Gohlis 1. Aug. 1912
Sehr verehrter Herr Kollege!
Unsere Fakultät hat keinen, dem Ihren analogen Beschluß gefaßt. Ich glaube auch nicht, daß es dazu kommen wird. Die Anregung müßte der Natur der Sache nach vom Bringer ausgehen; bis jetzt hat er nichts

---

89 Friedrich Loofs, Art. »Nestorius«, in: RE³ 13, Leipzig 1903, 736–749.
90 Der Artikel »Nestorius« enthält keinen Verweis auf eine Berliner Abhandlung.
91 2. Auflage 1910 v. Loofs, Grundlinien (s.o. Anm. 80).
92 Als Universitätsschrift erst: Friedrich Loofs, Lessings Stellung zum Christentum, in: ThStKr 86 (1913), 173–223.

getan, nach der Rückkehr der Fakultätsmitglieder aus den Ferien wird's zu spät sein. Sollte doch noch etwas geschehen, so würde ich dafür Sorge tragen, daß Ihr Prioritätsrecht bez. Clemens geachtet wird. Daß er den wohlverdienten Dr. th. erhält, freut mich sehr.[93]
In aufrichtiger Verehrung,
Ihr ganz ergebener Hauck

Sehr verehrter Herr Kollege!
für Ihren freundlichen Brief anläßlich meines 70. Geburtstags danke ich Ihnen herzlich. Es spricht aus ihm dieselbe freundliche Gesinnung, die ich bei Ihnen, seitdem wir zum ersten mal brieflich in Verkehr traten, zu finden gewohnt bin und für die dankbar zu sein ich niemals aufhören werde.

Ich weiß nicht, ob ich wirklich der älteste der deutschen Kirchenhistoriker bin, aber alt bin ich jedenfalls: ich habe die vollständige Erneuerung der Korporation der Kirchenhistoriker – wenn dieser Ausdruck erlaubt ist – sich vollziehen sehen. In meine Anfangszeit reichte die Schule Neanders noch stark hinein, K. Hase stand damals auf dem Gipfel seines Ruhmes und seiner Leistungen, Baur war ein paar Jahre, ehe ich die Universität bezog, gestorben;[94] jetzt gehört das alles ganz und gar der Geschichte an. Auch auf dem Gebiet des geistigen Lebens eilen die Weltentage in fast unheimlicher Schnelligkeit vorüber.

Besonders danke ich Ihnen auch für Ihren Beitrag zu der mir übergebenen Gedenkschrift.[95] Ich habe diese Selbstkorrektur mit großem Interesse gelesen. Aber ich gestehe: fast möchte ich bedauern, daß Ihr früheres Urteil sich nicht festhalten läßt; das Bild war so einheitlich. Freilich muß man sagen: jetzt ist es lebendiger. Und das ist ein Gewinn.

Darf ich mit Bezug auf Ihre ungemein freundliche Karte zum Geburtstag auch etwas persönliches [berichten], so kann ich mitteilen, daß am 10. ganz unerwartet mein einer Sohn aus Serbien hier eintraf und im frühesten Morgengrauen des 12. der zweite direkt aus einem lothringischen Schützengraben hier anlangte. Ich wünsche Ihnen ähnliche erfreuliche Überraschungen.
In aufrichtiger Verehrung Ihr ganz ergebener Hauck

---

93 Otto Clemen wurde 1928 Honorarprofessor für Kirchengeschichte an der Universität Leipzig.
94 August Neander (1789–1850): Kirchenhistoriker in Berlin. Karl Hase (1800–1890): Kirchenhistoriker in Jena. Ferdinand Christian Baur (1792–1860): Kirchenhistoriker in Tübingen.
95 Loofs, Christologie der Macedonianer (s.o. Anm. 65).

Historismus und Tradition

Zur Gelehrtenfreundschaft zwischen Friedrich Loofs und Adolf von Harnack

Claus-Dieter Osthövener

In den folgenden Ausführungen möchte ich die bislang kaum gewürdigte Gelehrtenfreundschaft zwischen Friedrich Loofs und Adolf von Harnack skizzieren, vor allem auf der Grundlage ihres Briefwechsels, und daraus zugleich einige charakteristische Merkmale des theologischen Historismus heraus präparieren.

Die Korrespondenz Adolf von Harnacks mit Friedrich Loofs[1] umspannt nahezu ein halbes Jahrhundert (1880–1927), das wird nur noch von seinem Briefwechsel mit Martin Rade übertroffen (1879–1930). Auch gehört dieser Briefwechsel zu den umfangreichsten der zahlreichen Korrespondenzen Harnacks und ist nach seinem theologischen Gewicht gewiss der bedeutendste. Verglichen mit den ebenfalls außerordentlich interessanten Korrespondenzen Harnacks mit der Generation seiner Lehrer (vor allem Albrecht Ritschl[2] und Franz Overbeck[3] sind hier zu nennen) ist die Korrespondenz mit dem nur wenig jüngeren Loofs wesentlich offener, auch im Dissens beweglicher. Gegenüber den umfangreichen Briefwechseln mit Martin

---

1   Die Briefe von Friedrich Loofs liegen im Nachlass Adolf von Harnacks in der Staatsbibliothek Berlin – Preußischer Kulturbesitz. Harnacks Briefe (nebst einigen Entwürfen und Abschriften von Briefen an Harnack) befinden sich in Friedrich Loofs' Nachlass in der Universitäts- und Landesbibliothek Sachsen-Anhalt in Halle. Im Folgenden werden diese Briefe der Einfachheit halber nur mit Datum und Angabe des Adressaten zitiert.
2   Die Edition des Briefwechsels mit Albrecht Ritschl ist im Erscheinen begriffen (Joachim Weinhardt [Hg.], Albrecht Ritschels Briefwechsel mit Adolf von Harnack 1875–1889, Tübingen 2010).
3   Einige Briefe Overbecks an Harnack sind jüngst im Rahmen der Werkausgabe erschienen; vgl. Franz Overbeck, Briefe, in: Werke und Nachlaß, hg. v. Niklaus Peter/ Frank Bestebreurtje, Bd. VIII, Stuttgart/Weimar 2008, 138–141. 152–156. 175–178. 230–234. 311–313. 358–360.

Rade,⁴ Gustav Krüger, Heinrich Weinel⁵ und Paul Wernle wiederum ist Loofs der einzige, mit dem eine fachspezifische Diskussion »auf Augenhöhe« geführt wurde.

Es ist sehr bedauerlich, dass diese Korrespondenz bislang noch nicht vollständig ediert wurde.⁶ Agnes von Zahn-Harnack hat in ihrer einschlägigen Biographie eine Reihe von Briefen auszugsweise abgedruckt.⁷ Ernst Barnikol hat zum 100. Geburtstag Friedrich Loofs' einige neue Auszüge aus dessen Briefen veröffentlicht.⁸ Stefan Rebenich hat in seiner Monographie über Theodor Mommsen und Adolf von Harnack den Briefwechsel mit Loofs systematisch ausgewertet und bringt eine Vielzahl von Zitaten.⁹ Um die Darstellung zu entlasten, aber auch zu Dokumentationszwecken, werden im Anhang dieses Aufsatzes einige exemplarische Briefe Harnacks und Loofs' vollständig ediert.

---

4   Vgl. Johanna Jantsch (Hg.), Der Briefwechsel zwischen Adolf von Harnack und Martin Rade. Theologie auf dem öffentlichen Markt, Berlin/New York 1996.
5   Vgl. Friedrich Wilhelm Graf, Adolf Harnack zum »Fall Althoff«. Zwei unbekannte Harnack-Briefe aus dem Dezember 1901, in: JbUG 1 (1998), 177–204; vgl. auch Friedrich Wilhelm Graf, Der Nachlaß Heinrich Weinels, in: ZKG 107 (1996), 201–231.
6   Jürgen Hönscheid hatte 1993 darauf hingewiesen, dass er »die Edition der Briefwechsel Harnacks mit Friedrich Althoff und Friedrich Schmidt-Ott sowie […] mit Friedrich Loofs« bearbeite. Weiter heißt es dort: »Im Textteil fertig und auch in der Kommentierung weit fortgeschritten ist die Arbeit an der Edition des Briefwechsels Harnacks mit dem Kirchenhistoriker Friedrich Loofs« (Jürgen Hönscheid, Adolf von Harnack [1851–1930] als Wissenschaftsorganisator und Bibliothekar im Rahmen seiner fachlichen Tätigkeit. Edition seiner Briefe, in: Bibliothek 17 [1993], 225–228 [226f.]). Angesichts des Umstands, dass seither keiner dieser Briefwechsel, auch nicht auszugsweise, publiziert wurde, ist wohl davon auszugehen, daß dieses Projekt nicht mehr fortbesteht.
7   Vgl. Agnes von Zahn-Harnack, Adolf von Harnack, Berlin-Tempelhof 1936, 137–141. 228–230. 244. 247f. 258. 275f. 307. 346–348. 513–515.
8   Vgl. Ernst Barnikol, Theologisches und Kirchliches aus dem Briefwechsel Loofs – Harnack, in: ThLZ 85 (1960), 217–222. – Dass Barnikol »nur bereits bei A. v. Zahn-Harnack Veröffentlichtes« biete, ist unzutreffend (vgl. das kurzgefasste Verzeichnis der Korrespondenz Adolf von Harnacks, zusammengestellt von Jürgen Hönscheid und Michael Schwalbe in: Friedrich Smend, Adolf von Harnack. Verzeichnis seiner Schriften bis 1930. Mit einem Geleitwort und bibliographischen Nachträgen bis 1985 von Jürgen Dummer, München u.a. 1990, 261–301 [269]).
9   Stefan Rebenich, Theodor Mommsen und Adolf Harnack. Wissenschaft und Politik im Berlin des ausgehenden 19. Jahrhunderts, Berlin/New York 1997.

Biographische Skizze einer Gelehrtenfreundschaft

Friedrich Loofs hat bei Harnack studiert und wesentliche Anregungen empfangen.[10] Doch war sein Studium nicht auf eine theologische Richtung fixiert, sondern mit mancherlei Suchbewegungen verbunden. Eine feste Konstante blieb jedoch für lange Zeit die Freundschaft mit Martin Rade und anderen, die sich später in der Gründung der »Christlichen Welt« niederschlagen sollte.[11] Erst mit der recht späten Entscheidung, eine akademische Laufbahn ins Auge zu fassen,[12] knüpfen sich festere Verbindungen zu Harnack, dessen erster überlieferter Brief (vom 18.5.1880) dem frisch Examinierten einen bunten Strauß guter Ratschläge nebst drei Themen für die Dissertation überreicht (vergleiche Anhang). Nachdrücklich riet er ihm, seine philosophischen und systematischen Interessen hintanzustellen und sich zunächst auf ein historisches Thema zu konzentrieren:

> »So wie die Sachen bei uns stehen, giebt man auf eine philosophische Arbeit eines Anfängers – u. wäre er ein zweiter Kant – nicht viel, während jede historische Arbeit, die gelungen ist, geschätzt wird.« (18.5.1880 an Loofs).

Und so begleitete er ihn über die verschiedenen Qualifikationsarbeiten bis hin zur Habilitation samt »der Disputation mit all' dem gravitätischen Schnick-Schnack« (9.7.1882, vergleiche Anhang).[13] Die Thesen, die Loofs ihm zuschickte, kommentierte er sogleich in seiner unnachahmlichen Art und schoss sich vor allem auf die christologische These ein, damit ein Thema eröffnend, das bis in die späten Jahre immer wieder lebhaft diskutiert wurde.

---

10 Zur Biographie Harnacks vgl. von Zahn-Harnack (s.o. Anm. 7) sowie Christian Nottmeier, Adolf von Harnack und die deutsche Politik 1890–1930. Eine biographische Studie zum Verhältnis von Protestantismus, Wissenschaft und Politik, Tübingen 2004. Zu Loofs vgl. seine Autobiographie, Friedrich Loofs, Patristica. Ausgewählte Aufsätze zur Alten Kirche (AKG 71), hg. v. Hanns Christof Brennecke/Jörg Ulrich, Berlin/New York 1999, 393–415 sowie Günter Schenk/Regina Meÿer, Biographische Studien über die Mitglieder des Professorenzirkels »Spirituskreis«, Halle 2007, 96–110.
11 Vgl. nach wie vor Johannes Rathje, Die Welt des freien Protestantismus. Ein Beitrag zur deutsch-evangelischen Geistesgeschichte dargestellt an Leben und Werk von Martin Rade, Stuttgart 1952.
12 »Denn wider meine anfängliche Absicht und entgegen den ursprünglichen Wünschen meines Vaters hat mich mein Lebensweg ins akademische Lehramt geführt.« (Friedrich Loofs, Predigten, Halle 1892, VI).
13 Seine ungemeine Hochschätzung dokumentierte Harnack auch anderen gegenüber: »Loofs war in den Osterferien in England für Studien über die Geschichte des Irenäustextes. Er ist ein heller Kopf u. sehr fleißig.« (17.5.1884 an Overbeck; Nachlass Franz Overbeck, Öffentliche Bibliothek der Universität Basel, Nachlass 53, Nr. 142, Blatt 44).

Später spielte Harnack auch mit dem Gedanken, dass Loofs sich in Gießen habilitieren könnte, vermochte aber nicht, ihm direkt zuzuraten, denn »die Stadt bietet einem Junggesellen Weniges – nur gute Luft u. Möglichkeit fleißig zu arbeiten« (17.5.1881). So freute er sich um so mehr, als Loofs zunächst in Leipzig und danach in Halle festen Tritt fasste und nahm auch lebhaften Anteil an dessen Familiengründung. Die Ehepaare Loofs und Harnack waren einander bis zum Schluss in freundschaftlicher Weise verbunden.[14] Harnack hatte zunächst alle Mühe, dem jungen Gelehrten die formvollendeten Umgangsformen auszureden:

> »Allem zuvor bitte ich sehr, daß Sie das ›Herr Professor‹ in Ihren Briefen fortlassen. Es ist wirklich unerträglich geworden: nostri saeculi non est, möchte ich mit Trajan sagen.« (28.3.1889 an Loofs).

Und schon im nächsten Brief:

> »Ich muß doch sehr bitten, daß Sie auch den steifleinenen ›Lehrer‹ fortlassen, der mir noch anstößiger als der ›Professor‹ ist, weil er mir Ihnen gegenüber eine Art von character indelebilis giebt, den ich gar nicht besitze.« (31.3.1889).

Seit dem Spätsommer 1894 wird das freundschaftliche »Du« verwendet. Allerdings ist es sehr bezeichnend, dass Loofs dies sogleich mit einigen distanzwahrenden Bemerkungen versah:

> »Du weißt ein Dreifaches: a) daß ich überzeugt bin, daß wir beide ernstlich einem Herrn dienen wollen u. ihm allein stehen und fallen b) daß ich ein gut Teil konservativer gestimmt bin gegenüber der Tradition als Du c) daß ich sehr tief durchdrungen bin von dem großen Unterschied der Gaben, die wir erhalten haben. Soll mich dann Dir gegenüber Nr. 3 nicht niederdrücken und es mir schwer machen, gelegentlich einmal Dir gegenüber Nr. 2 geltend zu machen, so muß ich durch die Bitte, die ich aussprach, das durch Nr. 3 stets tötlich gefährdete Gleichgewicht herstellen, das – wenigstens für den Notfall – dasein muß, wenn Deine Freundlichkeit mir die Stellung zuweist, für die ich Dir danke.« (28.9.1894 an Harnack).

Harnack schrieb sogleich zurück:

> »Es soll so sein, wie Du schreibst – nur der Punkt 3) existirt für mich nicht. Du wirst, das glaube ich versprechen zu können, auch bei mir nie ›Empfindlichkeit‹ finden. Dazu ist das, was zwischen uns schweben könn-

---

14 Sehr bewegend schildert Helen Loofs nach dem Tode ihres Mannes diese frühen Zeiten: »Sie haben ihn gekannt und erkannt, als er noch ganz jung war. Sie haben es auch verstanden, daß er sich das schlichte, unscheinbare Mädchen als Lebensgefährtin erwählt hatte. Ich erinnere mich noch so deutlich – war es in einer Gesellschaft bei Thiersch oder bei Bauer? wie Sie mit Ihrer jungen Frau vor uns standen und beim Anblick unseres Brautstands-Glückes, das uns wohl aus den Augen gestrahlt hat, halb humoristisch zu Ihrer Frau sagten: Tempi passati.« (am 17.2.1928 an Harnack).

te, zu ernst u. unsere beiderseitige Überzeugung, daß es nur auf die Sache ankommt so daß wir die Person stets lieb haben werden, zu fest.« (1.10.1894 an Loofs).

Es zeigte sich, dass gerade dieses respektvolle Miteinander die allmählich wachsende Gelehrtenfreundschaft durch alle bewegten Zeiten hindurch tragen sollte. Dazu trug vor allem auch eine stets sachbezogene Offenheit bei, sowie die Bereitschaft, sachliche Differenzen ohne weitere Umschweife zur Sprache zu bringen, im Vertrauen darauf, dass das Gemeinsame stets überwiegen würde. Bereits zu einem recht frühen Zeitpunkt (im Juni 1886, also kurz nach den sehr aufschlussreichen Diskussionen zum ersten Band von Harnacks ›Dogmengeschichte‹) kam es zu einem persönlichen Treffen von Harnack, Loofs und Rade in Eisenach, wo einmal grundsätzlich über solche unterschiedlichen Auffassungen gesprochen wurde.

»Nun wäre also die Basis zu einer Discussion gegeben, die fruchtbar wäre. Aber die Briefbogen würden sich häufen, wenn ich damit begönne. Und doch muß die Sache einmal gründlich zwischen uns zur Sprache kommen: mir ist das ein dringendes u. herzliches Bedürfnis. Ließe sich denn nicht – dies ist ein sehr ernst gemeinter Vorschlag, in diesen Ferien oder in den Pfingstferien ein Rendezvous, etwa noch mit Rade, in einem Örtchen der Mitte, also etwa in Eisenach oder Gotha erreichen? Das wäre sehr schön.« (18.3.1886 an Loofs).[15]

Loofs kam noch häufiger auf dieses Treffen und die dort geführten Gespräche zurück.[16] Sie scheinen insgesamt ein dauerhaftes und nicht mehr erschüttertes Fundament der fachlichen und persönlichen Zusammenarbeit und Freundschaft gelegt zu haben.[17]

---

15 Vgl. auch Rades Brief an Harnack vom 28.3.1886 (Jantsch [s.o. Anm. 4], 177. 179).
16 »Ich habe unsere Gespräche in Eisenach Sommer 1886 noch nicht vergessen; auch Sie schwerlich« (25.12.1892 an Harnack). – »Du meintest einmal in Eisenach, ich hätte Dich verkannt, weil ich Dich complicirt nannte – Du seiest einfach.« (5.7.1900 an Harnack).
17 »Unsere beiden Leitfäden treten sich keineswegs in den Weg, sondern zur Seite; sie ergänzen – soviel ich nach den mir vorliegenden Bogen urtheilen kann – sich wirklich, so daß hier im besten Sinn das Sprichwort gilt: Doppelt reißt nicht. Nach Ihrem Leitfaden könnte ich gleich lesen u. Sie vielleicht noch nach dem meinigen. Wie schön, wenn wir uns einmal austauschen und jeder Seine Melodie zum Texte des Anderen singt! Das ist meinerseits kein Scherz.« (28.3.1889 an Loofs). – »Ich bin auch überzeugt, daß wir uns viel näher stehen, als es öfters aussieht. Im Oberhaus wohnen wir zusammen; im Unterhaus ist manches anders.« (11.2.1899 an Loofs). – »Aber – über Wahr und Falsch kann man sich einigen, ob aber das Wahrscheinliche wirklich wahrscheinlich ist, darüber vermögen sich nur die zu einigen, welche in derselben Etage wohnen.« (20.8.1914 an Loofs).

Am schönsten hat Harnack das gegenseitige Verhältnis zum Ausdruck gebracht in seinem Dank für die vierte Auflage von Loofs' Dogmengeschichte:

> »Lieber Freund, Gestern empfing ich Deinen Leitfaden (nein – Lehrbuch) der Dogmengeschichte. Ich bin stolz auf diese Widmung u. nicht nur dankbar; denn es ist diese Dogmengeschichte das gründlichste Werk in suo genere [...] Aber nicht stolz, sondern beschämt macht mich die Freundlichkeit und herzliche Gesinnung, in welcher Du meiner gedenkst. Doch – was wir beide einander schuldig sind, läßt sich in keine Rechnung setzen, fast ist's, wie in einer guten Ehe.« (27.9.1906).

Diese »Ehe« hatte Bestand bis zum Tode von Friedrich Loofs im Jahre 1928. Es verband die beiden Gelehrten ein Verhältnis von Respekt, Interesse, gemeinsamen Zielen und unterschiedlichen Perspektiven. Gerade diese Verbindung von Gemeinsamkeit und anregend-förderlichen Unterschieden machte diese Freundschaft wohl für beide so wertvoll.[18] Um persönliche Dinge geht es in den Briefen nur selten, man sah sich schließlich auch hin und wieder.[19] So war das Ehepaar Harnack zur Silberhochzeit nach Halle eingeladen und kam gern. Auch am Schicksal von Loofs' Sohn, Friedrich Armin Otto Loofs, nahm Harnack lebhaften Anteil. Nach einer Begegnung mit dem 23jährigen schrieb er:

> »Herzlichen Dank! Gratulire Dir zu deinem talentvollen Sohn; er ist sehr nett; aber in der Frauenfrage ist mir der junge Mann zu altmodisch.« (8.7.1909).

Im Kriege nahm man selbstverständlich ebenfalls Anteil am Ergehen der Söhne im Felde, der Familien. Einmal bat Loofs Harnack um Unterstützung für seinen Sohn, der einen Roman verfasst hat-

---

18 Loofs hat Harnacks Überlegenheit stets unumwunden anerkannt: »Sie wissen, daß Schmeicheln nicht meine starke Seite ist; um so eher dürfen Sie es gestatten, daß ich bei diesem kleinen Anlaß aufrichtig sage, daß dieser Reichtum an Geist, den ich immer wieder bewundere, es ist, der mich und viele andre ›Collegen‹ in sehr uncollegialische Fernen von Ihnen weg verweist. Wir freuen uns, daß einem ›unter uns‹ soviel gegeben ist, und schieben derweil gewissenhaft unsern Karren.« (15.3.1890 an Harnack). – Es hat allerdings noch viele Jahre gedauert, bis Loofs wirklich frei mit dieser Überlegenheit umzugehen lernte. Im Rückblick schreibt er: »Die Distanz werde ich dabei nie vergessen, wenn ich auch die ›Harnacksche Krankheit‹ (wie meine Frau sagte), die mich niederdrückte, wenn ich mein Können mit dem Deinen verglich, längst überwunden habe.« (26.9.1916 an Harnack). Dieser Satz aus dem Briefentwurf lautete im verschickten Brief: »Die Distanz werde ich dabei nie vergessen, wenn ich auch den Druck unter dem ich lange Jahre stand, wenn ich mein Können mit dem Deinen verglich, längst überwunden habe.«
19 So schrieb Harnack nach seinem Umzug nach Berlin-Wilmersdorf: »Nun müssen wir unsere Häuser gegenseitig in Augenschein nehmen: ich komme gewiß zu Ihnen nach Halle, wenn ich Leipzig wieder besuche, u. Ihr Besuch wird mich u. meine Frau sehr erfreuen.« (24.8.1891 an Loofs).

te.²⁰ Offenkundig dachte Loofs dabei an Harnacks Beziehungen zum Kaiser. Daraufhin verfasste Harnack einen langen Brief, in dem er auch grundsätzlich Auskunft über seine Stellung zum Monarchen und seinen Einfluss gab.²¹ Den Roman selbst fand Harnack übrigens »vortrefflich«.²² Auch später, in den zwanziger Jahren, als offenkundig eine gewisse Entfremdung des Sohnes zu seinen Eltern eingetreten war, traf sich Harnack mit diesem und berichtete an Loofs.

Der siebzigste Geburtstag Harnacks bot reichliche Gelegenheit für Erinnerung und Dank. Dass aus dem akademischen Wirkungskreis Harnacks gleich zwei Festschriften entstanden sind, spricht für sich. Friedrich Loofs war maßgeblich an der »Harnack-Ehrung«, die von den Schülern verantwortet wurde, beteiligt. Er selbst überreichte sie begleitet von einer kleinen Ansprache.²³ Die andere Festschrift wurde von Karl Holl überreicht, der sich zu wenig als Harnacks Schüler ansah, als dass er sich an der von Loofs initiierten Ehrung hätte beteiligen wollen.²⁴

---

20 Es handelt sich um das unter dem Pseudonym Armin Steinart erschienene Buch Friedrich Loofs, Der Hauptmann. Eine Erzählung aus dem Weltkriege, Stuttgart/Berlin 1916, das bis 1918 immerhin 25 Auflagen erlebte.

21 Vgl. den Brief vom 29.5.1917. Zahn-Harnack (s.o. Anm. 7), 346–348 druckte große Teile des Briefes ab, ohne allerdings den Namen des Adressaten zu nennen.

22 Er schrieb: »Du kannst Dich stolz dieses Sohns erfreuen, der sowohl in dem, was er sagt, als was er unausgesprochen erscheinen läßt, den Grund seines Wesens als freudigen Ernst hervortreten läßt und so zuversichtlich ist, weil er mit Gott und der Ewigkeit im Bunde ist.« (26.4.1916).

23 Vgl. von Zahn-Harnack (s.o. Anm. 7), 523f.; sowie Loofs' Karte an Martin Rade: »Die Überreichung der Festschrift […] soll um 11 sein. Die Ansprache dabei darf ich wohl als Vollendung der Bemühungen um die Festschrift mir zugefallen ansehen.« (19.4.1921; Nachlass Rade, Marburg Ms. 1080).

24 Holl schrieb auf eine entsprechende Anfrage von Loofs: »Ich habe nun in der Zwischenzeit über den Plan zu einer Harnackfestschrift, den Sie mir entwickelten, näher nachgedacht. […] Ich selbst vermag mich ihm allerdings nicht anzuschließen. Wie ich Ihnen bereits aussprach, fühle ich mich nicht in dem Sinn als Schüler Harnacks, wie das für den von Ihnen in Aussicht genommenen Kreis zutrifft, bin auch von dieser Seite niemals als einer der ihrigen behandelt worden. Den Dank, den auch ich Harnack schulde, hoffe ich in anderer Weise zum Ausdruck bringen zu können.« (19.10.1918). Er beteiligte sich maßgeblich an der Festgabe von Fachgenossen und Freunden A. von Harnack zum siebzigsten Geburtstag dargebracht, Tübingen 1921. Neben einem Beitrag (Die iustitia dei in der vorlutherischen Bibelauslegung, aaO., 73–92) verfasste er auch das Vorwort. – Holl hatte auch sonst gegen Loofs eine eigenartige Aversion, wie Harnack nach Holls Tod an Loofs schrieb: »Das Verhältniß zu Dir bildet ein besonderes Kapitel. Er hat in den 20 Jahren nur einmal über Dich mit mir gesprochen, wobei seinem ungerechten Urtheile angebliche Erfahrungen zu Grunde gelegt wurden, die 30 Jahre zurückliegen. Zu machen war da nichts; denn – das gehört auch zu dem schweren seiner Natur – er war nachtragend u. korrigierte einmal gefaßte Urtheile niemals.« (16.7.1926). Die 30 Jahre weisen in die Zeit um 1886, als Holl seine Edition der Sacra Parallela des Johannes Damascenus veröffentlichte, zu denen Loofs einige Jahre

Die letzten Briefe Harnacks betreffen wie beinahe immer rein sachliche Fragen, die voller Enthusiasmus erörtert werden. So heißt es in seinem vorletzten Brief:

»Lieber Freund, Um 12 Uhr nahm ich Deine Philipp.-Abhandlung in die Hand, um 7 Uhr war, nur von einer kurzen Mittagspause unterbrochen, die Lektüre beendigt – der erste volle Feriennachmittag (morgen Abend reise ich an den Züricher See u. Elmau; mit Hals, Lunge u. Nase habe ich zu schaffen). Ich habe die Abhandlung fast wie einen Roman voll Spannung gelesen – das bringt die jüngere Generation nicht mehr fertig –; endlich einmal wieder eine Arbeit mit ›corpus‹ u. nicht mit Fusel und Dialektik.« (30.7.1927 an Loofs).

In seinem letzten Brief nimmt er das noch einmal auf, wenn er schreibt:

»Abgesehen von ihrem Ergebniß ist sie deßhalb so erfreulich, weil sie das Muster einer kritisch historischen Studie ist, wie sie leider jetzt nicht mehr bei uns (bei den Katholiken ist es anders) geschrieben werden, weil die jüngeren Fachgenossen zu wenig studirt haben.« (11.9.1927 an Loofs).

Man merkt deutlich, dass die zwanziger Jahre einen Umbruch markieren, nicht nur wegen der theologischen Gestimmtheit im protestantischen Milieu, das für historische Untersuchungen wenig günstig war, sondern eben auch in der nunmehr zurückgehenden Bedeutung der deutschen protestantischen Patristik. Am Ende wird man hier Friedrich Loofs ganz einfach würdigen müssen als einen der streng methodisch und unermüdlich arbeitenden Vertreter des theologischen Historismus, der auf seine Weise dieser ehrwürdigen Formation sich zugehörig wusste, ohne davon viel Aufhebens zu machen und vor allen Dingen ohne sich an irgendwelchen weltanschaulichen Deutungen dieses »Historismus« zu beteiligen, darin durchaus vergleichbar seinen historisch-theologischen Fachgenossen Albert Hauck, Karl Müller und Hans Lietzmann. Der Brief, den Harnack nach Loofs' Tod am 13. Januar 1928 an dessen Witwe schrieb, ist nicht erhalten. Doch geht aus ihrem Dank hervor, wie sehr ihm das Ableben seines jüngeren Freundes nahe ging.[25]

Am Schluss dieser biographischen Skizze mag noch ein Blick auf die Art der fachlichen Zusammenarbeit gerichtet sein. Sie gestaltete

---

zuvor ebenfalls gearbeitet hatte. Damals kam es offenbar zu brieflichen Auseinandersetzungen, die nur noch zum Teil aufgehellt werden können.

25 »Ihr Brief, einer der ersten der kam, steht seit dem 15. Januar auf meinem Schreibtisch, weil mir seine Beantwortung so ganz besonders am Herzen lag. In den ersten Tagen, als meine Seele noch ganz darniederlag und ich mich noch nicht in das plötzliche Scheiden von meinem Geliebtesten finden konnte, war mir Ihr Brief so unendlich wohltuend und ein Trost und eine Erhebung. Sie wissen es und ich weiß es am besten, welche innige Verehrung und ergebene Liebe er für Sie gehabt hat.« (Helen Loofs am 17.2.1928 an Harnack).

sich äußerst vielfältig. Selbstverständlich wurden stets die neuesten Bücher und Aufsätze zugeschickt. Darauf antwortete man gegenseitig zumindest mit einem kurzen Dank, mitunter aber auch mit einem längeren Kommentar. Da beide Forscher zu »ihren« Themen immer wieder zurückfanden, lassen sich so durch die Korrespondenz verschiedene thematische Längsschnitte legen, an deren Verlauf auch die Forschungsgeschichte dieser Zeit ablesbar ist. – Harnack nahm Loofs auch für die »Theologische Literaturzeitung« in Anspruch, zu der dieser eine Fülle von Rezensionen beitrug.[26] Doch nicht erst nach Drucklegung, sondern oft genug bereits während des Schreibens fanden Debatten zu einzelnen Projekten und Schriften statt. Und stets haben beide in ihren Werken die Forschungsbeiträge des jeweils anderen berücksichtigt, eingearbeitet und gewürdigt.[27] Sehr genau wurden natürlich auch die jeweils neuesten Debatten verfolgt und kommentiert, oftmals auch mit einem wachen Blick auf die je eigene Position in diesen Feldern. So schreibt Loofs:

> »Vielleicht führen die Sprünge der modernsten geschichtlichen Methode (Wrede etc.) uns auch für künftig noch näher zusammen.« (15.8.1901 an Harnack).

In der Tat gehörten für die jüngeren Theologen Harnack und Loofs einem Lager zu.[28] Doch vor einer großräumigen Würdigung solcher »Schulen« oder »Lager« wären zunächst einmal die insgesamt gar nicht leicht zu klassifizierenden Beziehungen zwischen einzelnen Forschern aufzuklären.[29] Für Harnack und Loofs sollen im Folgenden einige exemplarische Themenfelder skizziert werden.

---

26 Auch hier ergaben sich zwanglose Gelegenheiten zu Grundsatzdiskussionen, etwa wenn Harnack auf eine kritische Nebenbemerkung von Loofs zu seiner Dogmengeschichte reagiert, die dieser in seiner Rezension des Methodius-Buches von Nathanael Bonwetsch unterbrachte (27.10.1905). Eine gründliche Würdigung dieser Phase des theologischen Historismus müsste vor allem diese oftmals an entlegener Stelle oder in Korrespondenzen niedergelegten Debattenstränge aufsuchen und zusammenfügen.

27 Vgl. nur Harnacks Kommentare zu Werken von Loofs in Adolf von Harnack, Lehrbuch der Dogmengeschichte, Bd. II, Tübingen (1887) ⁴1909, 340. 405f.; ebd., Bd. III, Tübingen (1889) ⁴1910, 60. 808. 822.

28 »Von Seeberg über Kaftan, Loofs, zu Ihnen bis in die Haltung von Leuten wie Bassermann erstreckt sich die große Gruppe derer, zu denen sich die Jüngsten in relativem Gegensatz wissen.« (Gustav Krüger am 10.9.1896 an Harnack; Nachlass Adolf von Harnack, Kasten 35).

29 Vgl. etwa zu Harnack und Gunkel meinen Versuch: Claus-Dieter Osthövener, »Eine neue Flutwelle historischen Geistes«. Hermann Gunkel und Adolf von Harnack, in: Kontexte. Biografische und forschungsgeschichtliche Schnittpunkte der alttestamentlichen Wissenschaft. Festschrift für Hans Jochen Boecker zum 80. Geburtstag, hg. v. Thomas Wagner/Dieter Vieweger/Kurt Erlemann, Neukirchen-Vluyn 2008, 131–156. – An diesem Punkt ist noch viel Forschungsarbeit zu leisten.

Theologische Profile

Aus der Vielzahl der Themen, deren unterschiedliche Erörterung dem Verhältnis von Harnack und Loofs Profil verleihen könnten, greife ich nur einige wenige heraus.[30] Am Anfang soll diejenige Disziplin stehen zu der beide ein klassisches Lehrbuch verfassten, die Dogmengeschichte. Als weitere Disziplin möchte ich die moderne Konfessionskunde vorstellig machen, die von beiden Theologen behandelt wurde. Ein methodischer Gesichtspunkt soll dann an dritter Stelle stehen: das Verhältnis von methodischer Hypothesenbildung und historischer Tatsachenfeststellung. Von hier führt auch eine Linie zum Begriff der Tradition, der im abschließenden Fazit als eine zentrale Kategorie für beide Forscher erwiesen werden soll.

Dogmengeschichtliche Fragestellungen standen am Beginn der sich kreuzenden Wege von Harnack und Loofs. Und sie begleiteten auch ihre gemeinsamen Pfade bis hin zum Ende. Loofs erinnert sich:

> »Mehrere meiner Freunde hörten in meinem ersten Semester die Dogmengeschichte, die Harnack damals zum ersten Male las, und erzählten mir von dem, was sie angeregt hatte. Daher habe ich in den langen Herbstferien (1877) die vortreffliche Nachschrift, die Rade mir zur Verfügung stellte, durchstudiert, abgeschrieben, bzw. ausgearbeitet. Keine meiner akademischen Vorlesungen ist für mich von solcher Bedeutung gewesen, wie diese, die ich nicht gehört habe. Die Frage nach dem Verhältnis der kirchlichen Trinitätslehre zum urchristlichen Glauben hat mich seit der Zeit nicht losgelassen.«[31]

Hier zeigt sich bereits ein Interesse, das sich auch im folgenden immer wieder bemerkbar machen wird: Loofs' Frage nach der Kontinuität zwischen der urchristlichen Zeit und der kirchlichen Dogmenbildung. Doch zunächst hat Harnack den werdenden Akademiker auf Einzelstudien verwiesen (vergleiche den ersten Brief vom 18.5.1880 an Loofs). Doch bald schon war Loofs seinerseits mit Vorlesungen zur Dogmengeschichte befasst und da traf es sich gut, dass Harnack gerade eine umfassende Revision seiner dogmengeschichtlichen Hefte plante, nicht zuletzt einer künftigen Veröffentlichung wegen:

> »Ich habe ein von einem Freunde in Harnacks erster Vorlesung über Dogmengeschichte nachgeschriebenes Heft schon seit 1878 gebraucht, und als ich 1883 selbst zum ersten Male Dogmengeschichte las, bot sich mir bei ei-

---

30 Insbesondere die Auseinandersetzung um Jesus Christus und die Christologie kann hier auf kurzem Raum nicht zureichend bearbeitet werden, gerade weil sie seit der Frühzeit (vgl. Harnacks Brief vom 9.7.1882) immer wieder von Neuem aufgegriffen wird, bis hin zur Diskussion von Loofs' Buch über Jesus (vgl. die Briefe vom September 1916). Ich werde diese Debatte an anderem Ort ausführlich darstellen.

31 Loofs, Patristica (s.o. Anm. 10), 399f.

nem Besuche die Gelegenheit, die erste Hälfte von Harnacks eigenem Hefte durchzuarbeiten.«[32]

Im Zuge dieser Durcharbeitung kam es dann auch zu ersten aufschlussreichen Diskussionen über die Anlage einer Dogmengeschichte (vergleiche den Brief vom 9.7.1883 im Anhang). Man merkt auch sehr deutlich, dass Harnack noch weit entfernt von seiner späteren Konzeption des dritten Bandes, mit den drei Ausgängen der Dogmengeschichte, gewesen ist. Noch war alles vor allem auf die Entstehung und Entwicklung des altkirchlichen Dogmas abgestellt.

Kleinere Unstimmigkeiten ergaben sich dabei nicht nur aus sachlichen Gründen, sondern auch im Blick auf Loofs' publizistische Ambitionen. Man bemerkt Harnacks Zurückhaltung, wenn er schreibt: »Es ist immer ein gewagtes Ding, mit Compendien zu *beginnen*« (ebenda). Wichtiger ist ihm aber ein anderer Punkt:

»Es dürfte Ihnen vielleicht doch nicht ganz leicht werden, zu scheiden, was Ihr geistiges Eigenthum ist. Wenn ich mir etwas zum Verdienst anrechnen darf in der Bearbeitung der Dogmengeschichte, so ist es die Ausscheidung des wirklich wichtigen Stoffes aus der Fülle des Stofflichen. [...] Die Arbeit, welche ich gehabt habe, bis ich das einfache Schema eingesehen habe, das jetzt in wenig Dutzenden §§ vorliegt, möchte ich Niemandem mehr wünschen.«

Von irgendeinem monopolistischen Anspruch will Harnack aber auch nichts wissen. »Geben Sie nur ungescheut das von sich, was Sie als geistiges Eigenthum empfinden.« Angesichts von Loofs' eigener Sicht auf sein Verhältnis zu seinem Lehrer und Förderer war dies freilich ein ziemlich ambivalenter Ratschlag, der denn auch bei der Veröffentlichung von Loofs' »Leitfaden« zu einer derartigen Betonung von Harnacks Verdiensten führte, die diesem einigermaßen peinlich war. In der Vorrede zur zweiten Auflage erschien der Name Harnacks nicht weniger als fünfzehnmal (im Sperrdruck). Kein Wunder das der so Geehrte schrieb:

»Sonst habe ich Ihnen noch zu danken für die freundliche, zu freundliche Weise, mit der Sie meiner Arbeit in Ihrem Buche gedenken. Die ›Harnack‹ in der Vorrede sind mir fast Spießruthen; aber die treue Gesinnung nehme ich als ein Geschenk aus Gottes Hand.« (27.10.1890 an Loofs).

Überhaupt hat Harnack die Leistungen Loofs' auch in ihrer Eigenständigkeit immer gern anerkannt. Zur ersten Auflage des Leitfadens schreibt er:

---

32 Friedrich Loofs, Leitfaden zum Studium der Dogmengeschichte, Halle (1889) ²1890, VIII. – Harnack wiederum berichtet voller Freude an seinem jungen Kollegen an Ritschl: »Mit Loofs war ich öfters zusammen; er entwickelt sich m. E. immer besser, u. ich verspreche mir viel von ihm. Er ist doch von den Jüngeren weitaus der Gescheiteste u. Originellste, den ich kenne.« (7.5.1883 an Ritschl; Nachlass Adolf von Harnack, Kasten 40).

»In vieler Hinsicht ist er unübertrefflich zweckmäßig; zugleich ist er originell u. bekundet auf jedem Blatt Ihre Studien. Wie müssen Sie gearbeitet haben, daß Sie so etwas zu Stande bringen konnten! Als ich so alt war wie Sie, wußte ich nicht die Hälfte davon.« (23.10.1889 an Loofs).

Vor allem die Kürze der Ausführungen hat Harnack ausdrücklich gelobt.[33] Allerdings setzte ihn Loofs' Bitte, das Buch zu rezensieren, in eine gewisse Verlegenheit.[34]

Ein wichtiges Problem war stets auch die genaue Abgrenzung der Dogmengeschichte zu ihren Nachbardisziplinen:

»Ein Desideratum, welches ich in Bezug auf meine eigene Dogmengeschichte fast schon so stark empfinde, wie in Bezug auf Ihre, ist eine größere Ausführlichkeit in Bezug auf die Geschichte der Herausbildung der grundlegenden Glaubenssätze und Begriffe. Ich meine, da müssen wir noch mehr thun, obgleich man damit freilich ganz in die Litt. Geschichte und Theologie hineinkommt u. eine Abgrenzung sehr schwirig ist.« (27.10.1890 an Loofs).

In vielen Nebenbemerkungen von Harnacks Lehrbuch sieht man ihn immer wieder mit dieser Problematik ringen. Eine glatte Lösung kann es vermutlich nicht geben. Während Harnack vor allem in dem institutionellen Charakter des Dogmas (seinem Status als Rechtssatz) eine klare Linie durch die verwickelten Diskussionen zog, war Loofs grundsätzlich mehr an der begrifflich lehrhaften Form des Dogmas interessiert. Anders als Harnack versuchte er daher auch, diese lehrhafte Form sowohl in die Anfänge des Christentums zurückzuverfolgen als auch stärker in die neuzeitliche Geschichte des Protestantismus einzuflechten. An diesem Punkt wird dann auch die jeweilige Stellung zum konfessionellen Charakter des neuzeitlichen Christentums interessant und damit die Beiträge beider Theologen zur modernen Symbolik.

Die vergleichsweise neue Disziplin der *Konfessionskunde*,[35] die gegenüber der älteren Symbolik die Konfessionen als historisch gewor-

---

33 »Ich glaube nicht, daß wir ein 2. theol. Werk besitzen, in welchem mit wenigen Worten so viel gesagt ist, wie in Ihrer Dogmengeschichte.« (27.10.1890).

34 »Ihre Anfrage setzt mich in Verlegenheit: ich habe einerseits die Gründe, die dafür sprechen, daß ich Ihr Buch anzeige, wohl erwogen u. Ihr Brief hat sie wesentlich verstärkt. Andererseits fürchte ich allerdings, daß Ihr Buch durch eine Anzeige von mir in der ThLZ vor dem Publikum nicht in das gehörige Licht treten wird, weil man sagen wird, die beiden Herrn gehen Hand i. Hand. Doch scheint es mir fast, als seien die Gründe, die dafür sprechen, daß ich Ihr Buch anzeige, überwiegend.« (26.10.1889 an Loofs). Harnacks Besprechung erschien in ThLZ 14 (1889), 647f.

35 Bereits 1858 stellte Albrecht Ritschl fest: »Keine theologische Disziplin ist in den letzten Jahren reichlicher angebaut worden als die sogenannte Symbolik. Wir können aber gerade nicht behaupten, daß das eigentliche Verständniß der Gegensätze der verschiedenen Kirchen erheblich dadurch gefördert worden sei.« (Rezension von Wilhelm Böhmer, Die Lehrunterschiede der katholischen und evangelischen Kirchen. Darstellung und Beurtheilung, Bd. I, in: Literarisches Centralblatt Nr. 8

dene und auf je ihre Weise auch *ganze* Gebilde begriff, wurde nach dem Vorgang von Planck, Schneckenburger und Hundeshagen vor allem von Albrecht Ritschl, Ferdinand Kattenbusch, Adolf von Harnack und Friedrich Loofs entwickelt. Auf dieser Grundlage bauten dann später Max Weber und Ernst Troeltsch ihre stärker soziologisch orientierten Untersuchungen der konfessionsspezifischen Charakteristika aus.[36] Für seine Vorlesungen über Symbolik tauschte sich Harnack vor allem mit Ritschl aus:

> »Die Symbolik macht mir viele Freude; ich lese sie der Kürze des Semesters wegen 5 stündig und habe 50 Zuhörer, die aufmerksam u. gespannt sind. In der That giebt es aber auch kaum ein so bildendes Colleg wie Symbolik, das erkenne ich immer mehr; so sehr ich fühle, wie viel meiner Darstellung noch fehlt. [...] Mit den gedruckten Handbüchern zur Symbolik vermag auch ich wenig anzufangen u. habe sie eigentlich ganz bei Seite gelassen.« (14.6.1878 an Albrecht Ritschl).

Eine Ausnahme bildet die Abhandlung von Ferdinand Kattenbusch,[37] die Harnack sogleich zustimmend zu Kenntnis nahm,[38] und den er als

---

vom 20.2.1858, 114f.). Als Ziel dieser Disziplin bezeichnete Ritschl »eine Anschauung von der Individualität der Kirchen und ihrer Lehrbegriffe«, wobei er methodisch anmerkte, dass »eine Darstellung der symbolischen Lehrbegriffe ohne jede dogmengeschichtliche Erklärung und dogmatische Kritik vollkommen unfruchtbar« sei (Rezension von Rudolph Hofmann, Symbolik oder systematische Darstellung des symbolischen Lehrbegriffs der verschiedenen christlichen Kirchen und namhaften Sekten, Leipzig 1857, in: Literarisches Centralblatt Nr. 50 vom 13.12.1856, 793f.).

36 Gottlieb Jakob Planck (1751–1833), der fast ein halbes Jahrhundert in Göttingen lehrte, kann als eigentlicher Begründer einer komparativen Symbolik gelten (vgl. RE³ 15, Leipzig 1904, 473 und Friedrich Loofs, Symbolik oder christliche Konfessionskunde Bd I, Tübingen/Leipzig 1902, 68). Matthias Schneckenburger (1804–1848), Lutheraner aus Württemberg, war in Bern für den Vortrag der »kirchlichen Dogmatik« der reformierten Tradition zuständig. Durch sein Kollegium über die Symbolik hatte er »die Überzeugung gewonnen, daß fast noch mehr als aus den Symbolen und Kompendien der Geist des reformierten Bekenntnisses aus Katechismen, katechetischen Erläuterungen, Predigt-, Gebets- und sonstigen Erbauungsbüchern zu erheben sei.« (Carl Bernhard Hundeshagen, Art. »Schneckenburger«, in: RE³ 17, Leipzig 1906, 666–670 [669]). Sein Schüler Karl Bernhard Hundeshagen hat in der Sicht Thomas Nipperdeys die Fragestellungen etwa von Troeltsch »in vielem vorweg genommen« (Thomas Nipperdey, Carl Bernhard Hundeshagen. Ein Beitrag zum Verhältnis von Geschichtsschreibung, Theologie und Politik im Vormärz, in: Festschrift für Hermann Heimpel zum 70. Geburtstag am 19. September 1971, Bd. I, Göttingen 1971, 368–409 [379]).

37 Ferdinand Kattenbusch, Kritische Studien zur Symbolik im Anschluß an einige neuere Werke, in: ThStKr 51 (1878), 94–121. 179–253.

38 »Kattenbusch's Aufsatz zur Symbolik habe ich mit Vergnügen u. Nutzen gelesen u. mich der Übereinstimmung in allen Hauptpunkten – oft bis zur Formulirung – gefreut.« (18.12.1877 an Ritschl).

den eigentlichen Beginn der modernen Konfessionskunde ansah.[39] Als viele Jahre später Loofs ihm den ersten Band seiner Symbolik[40] schickt, ist dieser des Lobes voll:

>»Ich habe mich sehr über Dein Buch gefreut, welches ich gestern erhielt. Vielen Dank! Die Auswahl scheint mir vortrefflich, und da die Zuverlässigkeit extra quaestionem ist, so ist Alles gut. Ich werde meine Symbolik nun nach dieser einrichten.« (8.6.1902 an Loofs).

Doch stießen die ersten Pläne Loofs' zur Konzeption dieser Disziplin noch auf starke Vorbehalte Harnacks. Zugleich wird durch diese Diskussion deutlich, wie Harnack selbst eine Konfessionskunde durchgeführt hätte, wenn ihm Zeit und Lust zu einem solchen Unternehmen geschenkt worden wäre.[41] In einem nicht erhaltenen Brief aus dem Jahr 1883 hatte Loofs offensichtlich Überlegungen zum Verhältnis von Symbolik und Dogmengeschichte angestellt, im Zusammenhang mit der bereits oben diskutierten Überarbeitung von Harnacks Dogmengeschichtsvorlesungen. Daraufhin erfolgt Harnacks ausführliche Replik (vergleiche im Anhang den Brief vom 9.7.1883). Er stimmt zwar Loofs darin zu, dass man die »Symbolik als innere Geschichte der Theologie der Kirchensymbole« auffassen könne und das sie als solche mit der Dogmengeschichte identisch sei. Doch wäre sie nichts anderes, wäre sie eben auch als eigene Disziplin ganz überflüssig. Vielmehr schwebt Harnack eine gegenüber der Dogmengeschichte als einer vor allem auf die Entstehung und Entwicklung des Dogmas gerichtete Bemühung

---

39 »Symbolik heisst Wissenschaft von den Bekenntnisschriften oder ungenauer von den Bekenntnissen. Das ist nur ein Ausschnitt von der Wissenschaft von Confessionen. Man stellt nur den Lehrinhalt der Bekenntnisse dar. Die Aufgabe ist gut und nötig, aber nur partikular. Das Christentum prägt sich in den Kirchen in sehr verschiedener Weise aus, jedenfalls nicht nur in den Bekenntnissen. Es kann Kirchen geben ohne Bekenntnisse. Die römische Kirche kann durch den Papst täglich ein neues Bekenntnis produzieren. Andere Kirchen haben ihre Bekenntnisse zurückgenommen. Die lutherische Kirche hat am meisten sich im Bekenntnis ausgeprägt. Zuerst hat diesen Gedanken Kattenbusch in Studien zur Symbolik (St. u. Kr. 1878) ausgesprochen; er beginnt eine vergleichende Confessionswissenschaft.« (Symbolik WS 1890/91; Nachschrift v. Ernst von Dobschütz; Theologische Fakultät, Halle-Wittenberg).

40 Loofs, Symbolik (s.o. Anm. 36).

41 Der zweite Teil des Wesens des Christentums ist gewissermaßen ein Abriss dieses nie geschriebenen Buches. Vgl. dazu mein Nachwort (Adolf von Harnack, Wesen des Christentums. Sechzehn Vorlesungen vor Studierenden aller Fakultäten im Wintersemester 1899/1900 an der Universität Berlin gehalten von Adolf von Harnack, Tübingen [2005] ²2007, 283–287). In gewisser Weise ist Harnacks großes Werk über »Die Mission und Ausbreitung des Christentums in den ersten drei Jahrhunderten«, Leipzig (1902) ⁴1924 der Versuch, einige der von ihm genannten »Functionen« in der Ursprungsgeschichte des Christentums in ihrem beginnenden Zusammenspiel aufzusuchen.

noch einmal grundlegend unterschiedene Perspektive vor, »welche über die heutigen Kirchen nach allen Seiten ihrer Functionen orientirt«. Dies allerdings nicht in der Weise der älteren Statistik (»nicht in statistischer u. mikrologischer Weise«), sondern im Sinne einer konfessionellen Wesensbestimmung, nämlich

> »unter dem Grundgedanken, die eigenthümliche confessionelle Ausprägung des Christenthums kennen zu lernen, wie dieselbe im Leben des Einzelnen u. der Particularkirche wirksam ist.«

Diese Frage nach dem »Eigenthümlichen« schließt an die Frage der Aufklärung nach dem Wesen des Christentums an und macht sie für die konfessionskundliche Debatte fruchtbar. Sie soll sowohl institutionelle Gesichtspunkte berücksichtigen, wie auch frömmigkeitstheoretische, hat also sowohl soziologische wie auch psychologische Implikationen. Die von Harnack angesprochenen »Functionen« werden ebenfalls umfassend verstanden:

> »practisches Lebensideal, Geltung und practische Ausbeutung des Lehrbegriffs, Cultus, Stellung zum Staat, Verfassung etc.«

Man sieht, wie hier ein Tableau entworfen wird, wie es vollständiger gar nicht mehr gedacht werden kann. Vor allem wird von hier aus auch begreiflich, warum Harnack nie ein solches Unternehmen in Angriff nahm. Es ist in dieser Vollständigkeit gar nicht zu leisten, sondern allenfalls als ein virtuelles Ideal denkbar, dem sich verschiedene theologische (und nicht-theologische) Disziplinen mithilfe einer Fülle methodischer Instrumentarien widmen. Daran hat sich bis zum heutigen Tag nichts geändert.

Symbolik in diesem Sinne und die von Harnack integrativ konzipierte Dogmengeschichte decken damit Geschichte und Gegenwart des Christentums in einer denkbar großen Weite ab. Man sieht deutlich, wie in diesen beiden Disziplinen sich der Nukleus einer theologischen Enzyklopädie verbirgt, die natürlich noch um die kirchengeschichtliche Dimension im engeren Sinne zu ergänzen wäre. Harnack selbst zeichnet den Grundriss einer solchen Enzyklopädie auf, nimmt dabei aber vermutlich mehr Rücksicht auf die traditionelle Fächereinteilung, als es seiner eigenen Konzeption entsprechen würde. Es wäre höchst reizvoll, aus seinem Werk eine solche implizite Enzyklopädie zu erheben und mit Schleiermachers Konzeption zu vergleichen.

Kurz, Harnack hat eine künftige Symbolik vor Augen, in der

> »die christlichen Confessionen, wie sie heute sind – nur der zufälligen Lappen entkleidet – nach allen Seiten ihrer Erscheinung dargestellt u. wirklich *durchschaut sind*.«

In diesem kurzen Satz befinden sich drei systematisch hochstufige Merkmale einer solchen Disziplin: 1) eine hermeneutische Wesensbestimmung (Ausscheidung des Zufälligen), auf deren Grundlage 2) eine phänomenologische Vollständigkeit (»nach allen Seiten ihrer Erscheinung«), die eben nicht nur die Lehrbegriffe umfasst, sondern sämtliche von Harnack angesprochenen Funktionen, sowie 3) die Verbindung beider Momente in einer methodisch transparenten Aufklärung der spezifischen Konstellation einer jeden Konfession.[42]

Er selbst hat, wie gesagt, nur in der »Wesensschrift« den Versuch gemacht, dem Ideal nahe zu kommen. Seine eigenen Vorlesungen zur Symbolik sind demgegenüber wesentlich traditioneller gehalten. Es ist immerhin bezeichnend, dass auch die beiden avanciertesten Lehrbücher zur Konfessionskunde, von Ferdinand Kattenbusch und Friedrich Loofs, nicht vollendet wurden und insofern augenfällig die Schwierigkeiten dokumentieren, denen sich eine solche »Ganzheit« ausgesetzt sieht.[43] Loofs hat im Rückblick als Grund für die nie erschienene Protestantismusdarstellung (den zweiten Band seiner Symbolik) angegeben, dass einerseits die angemessene Darstellung der Rechtfertigungslehre ihm noch nicht gelingen wollte, dass andererseits dieser zweite Band »wesentlich anders eingerichtet werden [müsse], als der erste«.[44] Während das erste Problem auf die sich allmählich ausbildende Luther-Renaissance verweist, auf die Forschungen Karl Holls vermutlich an erster Stelle, ist das zweite Problem tiefreichender, da es die Schwierigkeiten mit einer Wesensbestimmung des Protestantismus im Ganzen (und eben nicht nur der Reformation) vor Augen führt. Harnack hatte sich in seiner Dogmengeschichte durch die Konzeption der drei Ausgänge aus der Affäre gezogen. Doch gerade wer, wie Loofs, viele Forschungen zu der inneren Vielfalt des neuzeitlichen

---

42 Dieses »Durchschauen« lässt sich ohne weiteres mit der von Schleiermacher in der fünften Rede entwickelten Zentralanschauung in Verbindung bringen, wie ja auch die vorangegangene Verküpfung von Wesensbestimmung und Phänomenologie an dessen kritisch-vergleichendes Verfahren in der »Glaubenslehre« erinnert.

43 In den Grundgedanken seiner Symbolik ist eine deutliche Übereinstimmung mit Harnack festzustellen: Loofs bezeichnet als deren Aufgabe, »die konfessionelle Eigentümlichkeit der gegenwärtigen christlichen Denominationen so zum Verständnis zu bringen, dass der unterschiedliche Konfessionscharakter der einzelnen hervortritt.« Zur Bewältigung dieser Aufgabe »muss sie aus dem Stoff der Kirchen- und Dogmengeschichte alles das verwerten, was die gegenwärtige konfessionelle Eigentümlichkeit der verschiedenen Kirchen direkt bedingt.« Jede dieser Kirchen »muss als Ganzes verstanden werden, und neben ihrem ›Lehrbegriff‹ kommen Angaben über ihren Kultus, über die Sittlichkeit, die sie vorschreibt und erreicht, über ihre Verfassung und Ausbreitung mit in betracht.« Da insbesondere die jeweilige »Eigenart [...] anschaulich werden soll«, ist jede schematische Betrachtung abzulehnen. (Loofs, Symbolik [s.o. Anm. 36], 75).

44 Loofs, Patristica (s.o. Anm. 10), 418.

Protestantismus vorgelegt hatte,[45] musste die Unmöglichkeit einer in sich geschlossenen konfessionskundlichen Darstellung besonders stark empfinden. Auch dieses Problem ist ja virulent bis zum heutigen Tage.[46] Vermutlich müsste man zur Entwicklung eines angemessenen Instrumentariums die integrative Flexibilität von Harnacks Dogmengeschichtskonzeption mit der kenntnisreichen Detailfreude von Loofs' konfessionskundlichen Artikeln zu einem neuen Ganzen verbinden. Ein Projekt, das wohl kaum weniger utopisch ist, als Harnacks ursprüngliche »Vision« einer Symbolik.

Um die angedeutete Flexibilität zu erreichen, griff Harnack gern auf mitunter recht wagemutige Hypothesenbildungen zurück. Doch wusste er sich dabei insofern im Recht, als die schmale Überlieferung gerade der ersten Jahrhunderte kaum etwas anderes zuließ. Daher reagierte er ein wenig gereizt auf Loofs' Kritik an seiner Dogmengeschichte, die nicht zuletzt auch deren Hypothesenfreudigkeit ins Auge fasste:

»Das kann man nicht zugeben, daß Harnacks Ansicht über die Entstehung derselben sc. der Vorstellung der Präexistenz, weiter seine Ansicht vom nicht-johanneischen Ursprung des vierten Evangeliums unter anderen Behauptungen auf Seite 48–94 das sind, als was die Widmung des Buches sie könnte erscheinen lassen: sichere Resultate exacter Forschung. Bis jetzt sind es lediglich Hypothesen. Hypothesen, deren Geltungsbereich seine Grenzen hat an den Grenzen der theologischen Schulen.«[47]

Harnack schrieb daraufhin:

»Mit Ihnen fühle ich ganz die Stimmung, wie schön es wäre, wenn viele Dinge im 1. Jahrh. anders gewesen wären als sie sind, u. wie ernst es ist, sich in eine etwas andere als die geliebte Situation finden – aber, es mag Sache des Naturells sein: die gleiche Erfahrung hat nicht die gleiche Haltung zur Folge. Nun, wollen wir uns beide bemühen, einander verständlich zu bleiben und nicht aus den Differenzen, die klein sind im Verhältniß zur gemeinsamen Sache, Capital wider einander schlagen.« (16.3.1886 an Loofs).

Worauf Loofs hier insistiert (»sichere Resultate exacter Forschung«) hielt Harnack für eine von vornherein unerfüllbare Forderung. Schon in der Debatte um die Dogmengeschichte hatte er das in aller Deutlichkeit markiert:

»Die Theologen sollen sich daran gewöhnen, daß sie das Herzstück nur dort suchen, wo es zu finden ist, und den Anspruch aufzugeben, bei der Erörterung scharf begrenzter Themata immer de causa suprema etwas vernehmen zu wollen. Daß auf den SS 48–94 nicht meine Totalauffassung von

---

45 Vor allem in seinen Beiträgen zu Haucks »Realenzyklopädie«.
46 Vgl. Martin Ohst, »Reformation« versus »Protestantismus«? – Theologiegeschichtliche Fallstudien, in: ZThK 99 (2002), 441–479.
47 Friedrich Loofs, Christlicher Glaube und kirchliche Dogmen, in: DEBl 11 (1886), 177–198 (196).

Christus u. dem Urchristenthum zu finden ist, glaube ich an mehreren Stellen deutlich gesagt zu haben [...] Aber mir liegt Alles daran, daß eingesehen wird, daß hinter der Dogmengeschichte nur ein rudimentärer Christus u. ein rudimentäres Urchristenthum liegt.« (30.12.1885 an Loofs).

Auch hier also erweist sich Harnack als ein Historiker, der insbesondere die Diskontinuitäten betont und – erträgt.

Wichtig war Harnack stets, dass man die Hypothesen dazu nutzt, die jeweiligen Probleme »im großen Stil« behandeln zu können. Und da hatte er in Loofs einen allerdings insofern kongenialen Mitstreiter, als dieser zwar stets auf den exakten historischen Nachweis drängte, ohne dabei aber in Kleinkrämerei zu verfallen. Das attestierte ihm Harnack denn auch unumwunden:

»Aber Sie haben mir auch manche Fragen aufgegeben, auf die eine Antwort bei meiner Hypothese schwer ist. Das leugne ich keinen Augenblick. Sehr gefreut hat es mich aber, daß Sie nicht kleine Daumschrauben wider die Hypothese ins Feld geführt, sondern stets die entscheidenden Fragen im großen Stil behandelt haben. Im Grunde ist die Verschiedenheit zwischen uns nicht so groß, da Sie die wesentlichen Gesichtspunkte für die Behandlung der Frage, die mir nöthig erscheinen, anerkennen.« (29.6.1890 an Loofs).

Hier ist einer der Gründe für den nachhaltigen und eindringlichen theologischen Gedankenaustausch der beiden Forscher zu erkennen: eine nahezu perfekte komplementäre Ergänzung bei ähnlichen großräumigen Fragestellungen. In diesem Punkt konnte Harnack kein anderer seiner vielen Korrespondenten (auch Gustav Krüger nicht) vergleichbar hilfreich sein.

Eine der präzisesten Stellungnahmen Harnacks zum methodischen Status der Hypothesenbildung findet sich in einem Brief aus dem Jahr 1890:

»Was die ›Bischofsfrage‹ betrifft, so läßt sich dieses Kaleidoskop mit seinen bunten Fragmenten ja in verschiedener Weise schütteln u. um ein Bild zu bekommen, muß man eben ins Kaleidoskop blicken, welches bekanntlich amplificirt.[48] Es fragt sich lediglich, welche Auffassung die fruchtbarste ist. Daß sich auch meine nicht streng u. allgemein durchführen läßt, weiß ich selbst am besten. Allein so lange Sie oder irgend Jemand nicht eine frucht-

---

48 Vgl. auch am 21.1.1889 an Loofs: »Ich glaube es gern, daß die Dinge im 5. u. 6. Jahrh. durch meine Beurtheilung nicht überall richtig getroffen sind. Wie im Kaleidoskop giebt es ein anderes Bild, je nachdem man das Instrument einstellt, u. die wirklich richtige Stellung zu treffen, ist sehr schwierig.« Wie alle Metaphern ist natürlich auch die des Kaleidoskops ambivalent: »Daß Sie mit Al. von Oettingen correspondirt haben, ist mir sehr interessant. Wäre mein verehrter Onkel nur präciser in seinen Ansichten, aber es ist bei ihm alles kaleidoscop-artig.« (29.11.1886 an Martin Rade; diese Postkarte liegt, wie zwei weitere an Rade, im Nachlass von Loofs [Yi 19 IX 1457] und fehlt in der Edition von Jantsch. Eine Transkription dieser Karten findet sich im Harnack-Forum ›www.harnack-forum.de‹ unter der Rubrik »Quellen«).

barere Betrachtung aufbringt, die noch mehr Einzelheiten, die bisher todt waren, betrachtet u. verwerthet, so lange bleibe ich bei dieser Hypothese. Die negative Kritik ist hier äußerst leicht; man kann so Manches dawider aufbringen. Aber ich finde, daß alle die, welche gegen die Hypothese in der letzten Zeit geschrieben haben, mit dem Reichthum an Gesichtspunkten rechnen, den sie entbunden hat. Vergleichen Sie doch einmal, wie man noch vor 10 Jahren über die Verfass. Gesch. geschrieben hat, sofern man überhaupt schrieb! Vergebens aber sehe ich die Abhandlungen meiner verehrten Gegner darauf durch, ob sie mir neue Gesichtspunkte lehren – ich habe bisher über die von Hatch u. mir erschlossenen keine gefunden. Das ist überhaupt das Leidwesen unserer kirchenhist. Schriftstellerei: circa rem schreiben 100 Federn, wenn eine res aufgetischt ist; aber wie Wenige geben uns eine solche!« (14.3.1890 an Loofs).

Hypothesen sind also nicht nur an dem ihnen eigenen Gehalt an Wahrheit oder Wahrscheinlichkeit zu messen, sondern vor allem auch an ihrer forschungspraktischen Fruchtbarkeit. In dieser Hinsicht hat Harnack stets so pragmatisch wie möglich gedacht, anders als der in diesen Dingen immer sehr viel korrektere und genauere Loofs. Dieser hat die Grunddifferenz bei Gelegenheit folgendermaßen auf den Begriff gebracht:

> »Vielleicht ist es nur der Reflex meiner Gedanken, wenn ich denke, daß Sie an mir einem Zuviel von Traditionalismus mistrauen, gleichwie ich bei Ihnen einem Zuviel von Historizismus.« (25.12.1892 an Harnack).

Historizismus war ein Vorwurf, der vor allem von Hermann Cremer gegen Harnack erhoben wurde, der diesen Vorwurf allerdings eher sportlich nahm.[49] Im Falle von Loofs zeigt sich hier allerdings tatsächlich ein interessanter Punkt: der Umgang mit der Tradition. Ich denke, dass man hier ansetzen muss, um die sachliche Differenz zwischen Harnack und Loofs zu entfalten und zugleich auch Loofs' Profil innerhalb des theologischen Historismus zu schärfen. Für Loofs ist der Zusammenhang des Glaubens mit Glaubensaussagen und weiter mit Lehrbegriffen sehr viel enger, beziehungsweise homogener als für Harnack, der viel stärker die Ablösbarkeit objektivierter Glaubenssätze von der Religion, beziehungsweise der Religiosität betont. Das zeigt sich nun auch im Blick auf Verlaufsgestalten der Christentumsgeschichte, beziehungsweise im Blick auf die Rolle der Überlieferung. Bereits 1890 bemerkte Harnack:

> »Wie es mit der Organisation in den ersten beiden Generationen ausgesehen hat, davon werden wir nie eine sichere Vorstellung erhalten, weil Alles weich, flüssig u. heroisch-verworren war. Eben deßhalb ist es auch ziemlich

---

49 Vgl. hierzu Claus-Dieter Osthövener, Bekenntniskritik im Namen des Evangeliums – am Beispiel des Apostolikumstreits, in: Peter Gemeinhardt/Bernd Oberdorfer (Hg.), Gebundene Freiheit? Bekenntnisbildung und theologische Lehre im Luthertum, Gütersloh 2008, 184–204 (190f.).

Wurscht, wie man sich das denkt. Das eigentliche Interesse haftet an der Frage, aus dieser Milchstraße von 100en sich kreuzender Lichtstrahlen die etwas helleren Linien herauszufinden, die zum monarchischen Episkopat convergiren.« (29.6.1890).

Man sieht, dass Harnack ein einigermaßen entspanntes Verhältnis zum konstruktiven Charakter der Geschichtsschreibung hatte. Das macht sich ja auch in der höchst komplexen und flexiblen Anlage seiner Dogmengeschichte und seiner Wesensschrift bemerkbar, mit der er vor allem einen variantenreichen Umgang mit historischen Diskontinuitäten erzielt. Loofs ist demgegenüber stärker an einer auch dem inneren Gehalt nach ausweisbaren Kontinuität interessiert. Daher scheut er sich, zwischen der urchristlichen Überlieferung und der Dogmenbildung einen solchen Bruch anzunehmen, wie Harnack es tut (die Hellenisierungsthese ist auf ihre Weise nur ein besonders prominenter Fall einer Diskontinuitätsoption). Das Gleiche gilt im Übrigen für die frühe Neuzeit, in der Harnack das Dogma in dreifacher Weise enden lässt. Auch hier neigt Loofs zur Fortschreibung der Lehrbildung. In diesem Sinne soll im Fazit dieser Untersuchung noch einmal der Begriff der Tradition näher beleuchtet werden.

Die Rolle der Tradition im theologischen Historismus. Ein Fazit

»›Tradition‹ ist immer das, was die Gegenwart nötig hat, unter die Autorität der Vergangenheit gestellt.«[50] Mit dieser schlichten Nominaldefinition zeigt Harnack, dass er Nietzsche nicht ohne Gewinn gelesen hat. Sie stellt in komprimiertester Form denjenigen ideologiekritischen Umgang mit »der Tradition« vor, der vor allem seit der Aufklärung sich markant herausbildete und auch im theologischen Historismus einen festen Platz im kritischen Repertoire des Historikers hatte, nicht nur bei Harnack. Und daher konnte er allerdings einigermaßen spitz werden, wenn die von ihm so genannten »Traditionstheologen« ihr Wesen trieben,[51] denn er wusste: »Nichts bildet sich schneller als eine Tradition«.[52] Doch gibt es eben auch eine »wahre Tradition«, wie das

---

50 Adolf von Harnack, Die Entstehung des Neuen Testaments und die wichtigsten Folgen der neuen Schöpfung. Bd. VI (Beiträge zur Einleitung in das Neue Testament), Leipzig 1914, 34.
51 »Die Traditionstheologen sind bekanntlich dann am fanatischsten, wenn dem Schlendrian, den sie Tradition nennen, oder ihren Einfällen, denen sie um ihres Unverstandes willen den Schimmer des Ehrwürdigen verleihen, die Wahrheit unter dem Schutze der wahren Tradition entgegengestellt wird.« (Harnack, Lehrbuch der Dogmengeschichte, Bd. III [s.o. Anm. 27], 381).
52 Harnack, Lehrbuch der Dogmengeschichte, Bd. II (s.o. Anm. 27), 282.

eben angeführte Zitat gegen die Traditionstheologen zeigt. Diese ist deswegen wahr, weil sie die Tatsachen korrekt überliefert, und gegenüber den Tatsachen findet die bekanntlich auch von Harnack gern und einfallsreich geübte Kunst der Hypothesenbildung ihre Grenze:

»Die historische Methode ist konservativ; denn sie sichert die Ehrfurcht – nicht vor der Überlieferung, sondern vor den Tatsachen.«[53]

Nicht die Überlieferung als solche, sondern die (selbstredend mithilfe von klug ausgewählten Hypothesen) nach den Regeln der historischen Kunst festgestellten Tatsachen sind der feste Grund, auf dem die Geschichtsschreibung fußt, mag sie ansonsten auch allerlei Persönliches und sonstige Akzentuierungen enthalten.[54] An diesem Punkt war übrigens Harnack auch Nietzsches radikalem Konstruktivismus gegenüber skeptisch, da er ihm »ungeschichtlich« schien.[55] Es ist eben diese Kontroverse um die »wahre« Tradition, die auch seine Differenzen mit Friedrich Loofs bestimmen, den er gewiss nicht unter die von ihm kritisierten Traditionstheologen gerechnet hätte. Denn die konservative Haltung gegenüber der Tradition, die schon Harnacks Zutrauen zur urchristlichen Überlieferung bestimmt hatte,[56] lässt sich mit der freimütigen Kritik eben dieser Tradition, wie sie den theologischen Liberalismus seit dem 18. Jahrhundert auszeichnet, sehr gut verbinden.[57]

Dass am Ende auch Friedrich Loofs der liberalen Theologie zugerechnet werden müsse, war Harnacks feste Überzeugung,[58] die mit einigen Kautelen auch von Loofs selbst geteilt wurde.[59] Man tut daher

---

53 Adolf von Harnack, Reden und Aufsätze, Bd. II, Gießen 1904, 166.
54 Vgl. hierzu auch Reinhard Staats, Der theologiegeschichtliche Hintergrund des Begriffs »Tatsache«, in: ZThK 70 (1973), 316–345.
55 Er schreibt am 17.7.1880 an Franz Overbeck: »Auch zu Ihrem Collegen Nietzsche bin ich ab und zu zurückgekehrt: immer denke ich gerne nach über das, was er sagt, kann mich aber doch mit den Resultaten seiner Weltbetrachtung und Ethik nicht befreunden: sie ist mir bei aller Ablehnung der Metaphysik doch zu absolut und bei aller Werthschätzung der Geschichte doch zu ungeschichtlich und zu eng.« (Nachlass Franz Overbeck, Öffentliche Bibliothek der Universität Basel, Nachlass 53, Nr. 142).
56 Vgl. Adolf von Harnack, Geschichte der altchristlichen Literatur Bd. II/1, Leipzig (1893) ²1958, Xf. und dazu Christoph Markschies, Adolf von Harnack als Neutestamentler, in: Kurt Nowak/Otto Gerhard Oexle (Hg.), Adolf von Harnack. Theologe, Historiker, Wissenschaftspolitiker, Göttingen 2001, 365–395 (382–388).
57 »Den Unterschied von liberal und konservativ machen hauptsächlich die, die beides nicht sind« (Johannes Herz [Hg.], Adolf von Harnack und der Evangelisch-Soziale Kongreß, Göttingen 1930, 24).
58 »Ob Dein Jesus-Bild nicht doch auch zu den liberalen gerechnet werden wird? Man kann im Regenbogen die Farben sehr verschieden abgrenzen.« (3.5.1913 an Loofs).
59 »Mir ist's gleich, wie man meine Stellung bezeichnet, und daß ich auch hier wie sonst vielen als liberal erscheinen werde, ist mir nicht zweifelhaft. Manchen Kreisen ist nur die bare Mythologie nicht liberal. Daß eine Spektralanalyse mich von manchen ›liberalen‹ Freunden nicht zu trennen braucht, ist mir nur lieb, ich selbst habe keine sol-

gut, die komplexe Balance des Umgangs mit der Tradition ohne den Rückgriff auf theologiepolitische Lagerbildungen zu untersuchen. Am Ende ist »die Ritschl-Schule« ein recht vielfältiges Gebilde und damit den keineswegs spannungsfreien Tendenzen im Werk von Ritschl selbst angemessen.[60] Harnack und Loofs gehören beide in diesen Wirkungsbereich hinein, wie ja auch Ernst Troeltsch und Karl Holl, die sich freilich beide nur ungern dort eingeordnet sahen. Daher können auch umfangslogische Betrachtungen nur einen ersten Zugang bilden. Denn die Frage danach, in welchem Umfang man die urchristlichen Überlieferungen in den Kreis der anerkennenswerten Tatsachen aufzunehmen bereit ist (wie sie von Loofs in Bezug auf die Auferstehungsberichte diskutiert wurde), klärt noch nicht den spezifischen Umgang mit den Traditionsbeständen.[61] Und eben hier wäre einzusetzen, wenn man Loofs' und Harnacks Haltung gegenüber der theologischen Tradition würdigen wollte. Denn um eine Haltung, eine stabilisierte, wenngleich korrekturbedürftige und korrekturfähige, Einstellung gegenüber der historischen Überlieferung handelt es sich in erster Linie. Diese Haltung ist durchaus verknüpfbar mit verschiedenen methodischen und theoretischen Instrumentarien sowie auch mit unterschiedlichen theologiepolitischen Akzentuierungen. Das lässt sich an der Korrespondenz Harnacks nicht nur mit Loofs, sondern auch mit Martin Rade, Gustav Krüger und anderen, leicht ablesen. Ich möchte abschließend einen Charakterzug herausgreifen, der mir für das Verhältnis von Loofs und Harnack besonders aufschlussreich erscheint: die Verknüpfung dieser historisch-theologischen Haltung mit der Perspektive auf die religiösen Bedürfnisse der Gegenwart. Beide Theologen haben ihre Theologie immer auch als einen Beitrag zu solchen gegenwartsorientierten Optionen verstanden, sei es als Prediger oder als Zeitdiagnostiker oder auch als Inhaber institutioneller Positionen.[62] Und hier macht sich eine Grunddifferenz bemerklich, die sich vor allem an der jeweils für notwendig gehaltenen Bestimmtheit

---

chen Striche gezogen, liebe sie überhaupt nicht. Doch weiß ich zu dem, was nun andre Gruppen von Liberalen sagen, mich allerdings in einem Gegensatz, der theologisch (nicht kirchenpolitisch) ausgetragen werden muß.« (4.5.1913 an Harnack).

60 Vgl. Ulrich Barth, Das gebrochene Verhältnis zur Reformation. Bemerkungen zur Luther-Deutung Albrecht Ritschls, in: Aufgeklärter Protestantismus, Tübingen 2004, 125–146; Martin Ohst, Die Lutherdeutungen Karl Holls und seiner Schüler Emanuel Hirsch und Erich Vogelsang vor dem Hintergrund der Lutherdeutung Albrecht Ritschls, in: Rainer Vinke (Hg.), Lutherforschung im 20. Jahrhundert, Mainz 2004, 19–50.

61 Zu Harnacks komplexem Umgang mit der Auferstehung Jesu vgl. Osthövener, Bekenntniskritik (s.o. Anm. 49), 196–200.

62 Vgl. nur die Auseinandersetzungen um die Teilnahme Harnacks und Loofs' am kirchlichen Spruchkollegium im »Fall Jatho« (Rathje [s.o. Anm. 11], 179–194). Aber ebenso wäre Loofs' Wirken als Konsistorialrath und Harnacks wissenschaftsorganisatorisches Engagement hinzuzuziehen.

religiöser, theologischer und kirchlicher Gestaltungen auftut. Auf die Zusendung von einigen Predigten bemerkt Harnack gegenüber Loofs:

»Es war kühn, in Predigten so sehr in die Doctrin zu gehen; aber ich meine, es ist Dir gelungen. Klar, einfach und von innerer Überzeugung getragen sind sie, u. ich hoffe, daß sie bei denen – intra et extra – Frucht bringen werden, für die sie bestimmt sind. Du vermagst Dich mit voller Theilnahme u. Freiheit in dem überlieferten Gute der lutherischen Kirche zu bewegen und hast selbst einen Zug zu ihrem Doctrinären. Mir ist jede Doctrin, auch die, deren gutes Recht ich theoretisch einsehe, gewissermassen ein Fremdes, u. ich muß mir die Formen, in denen ich mich mit Freude bewege, aus verschiedenen Orten zusammensuchen, bei sehr verschiedenen Leuten Anleihen machen u. manches suchen, was ich nur unvollkommen finde. Aber in Deinen Predigten sind an nicht wenigen hervorragend wichtigen Stellen eben die Töne angeschlagen, die auch mich bewegen, u. in eben der Klangfarbe, wie sie mit meiner Farbe verwandt sind.« (26.7.1895 an Loofs).

Zuerst ist hier die Beweglichkeit zu beachten, die als eine Grundvoraussetzung authentischer Religiosität namhaft gemacht wird. Man muss sich in der eigenen religiösen Landschaft frei bewegen können, als selbstständiges religiöses Subjekt, unbedrängt durch fremdes, das heißt nicht angeeignetes Überlieferungsgut. Und diese von Harnack genannte Voraussetzung erfüllen Loofs' Predigten ganz zweifelsohne, allerdings eben auf eine ganz andere Art, als sie Harnack selbst zu Gebote steht. Man wird hier gewiss Luthers Erörterungen über den aneignenden Glauben im Hintergrund beider Theologen vermuten dürfen. Und noch ein zweites ist hier zu sehen. Harnack wünscht den Predigten eine fruchtbare Wirkung sowohl »intra« als auch »extra«. Damit verweist er auf einen Disput, der auch die Auseinandersetzung um den ersten Band der »Dogmengeschichte« geprägt hat, nämlich den Umgang mit denen, die ἔξω stehen.

»Die οἱ ἔξω, von denen Sie sprechen – wir selbst stehen mitten unter ihnen. Bitte, mißverstehen Sie mich nicht. Ich weiß, was es heißt an Jesus Christus glauben u. an ihn nicht glauben. Aber handelt es sich darum, uns Rechenschaft zu geben, was er gewesen ist, so treffen wir uns mit ihnen an einem Punkte: sie müssen lernen – mindestens als Historiker lernen –, was es um eine Religion ist, um die Kraft des Bewußtseins einer lebendigen Verbindung mit Gott. Und wir müssen den Muth lernen, uns unseren Glauben zu einem reinen Object zu machen. Für die Erkenntniß menschlicher Dinge giebt es nur zwei Barrieren, die Dunkelheit der Überlieferung und die Eigenart jedes persönlichen Geistes in dem großen Geisterreiche Gottes. In dem Übrigen müssen wir uns allesamt verständigen können, wenn wir genug gelernt u. gelebt haben.« (30.12.1885 an Loofs; vergleiche Anhang).

Für Harnack stellt die Selbstobjektivierung des religiösen Subjekts eine wesentliche Voraussetzung dar, in einer weltanschaulich und religiös plural verfassten Gesellschaft Verständigungsprozesse anstoßen zu können; ein Thema, das ja bis zum heutigen Tage aktuell ist und noch keineswegs als abschließend geklärt gelten kann. Hier macht sich also auch eine unterschiedliche Option bemerklich, inwieweit man die religiöse und theologische Sprache für solche Verständigungsprozesse offen halten müsse (Harnack kann da auch von der nötigen Elastizität[63] sprechen) und inwieweit man sich auf mehr oder minder geschlossene Bezirke des Verstehens und Austauschens zurückziehen darf. Zweifellos ist das ein Problem, das die Christentumsgeschichte in wechselnden Konstellationen immer begleitet hat, das aber für die Moderne, in der Harnack und Loofs wirken, noch einmal eine neue Gestalt angenommen hat.[64]

Dass die christliche Religion einer fasslichen Bestimmtheit bedürfe, darüber waren sich Harnack und Loofs vollkommen einig. Bei aller Liberalität hatten doch beide als Historiker einen wachen Sinn für die Komplexität von Überlieferungsprozessen und für die langen Bögen religiöser Transformation.[65] Insofern gibt der von Loofs betonte Gegensatz von ›Traditionalismus‹ und ›Historizismus‹ (siehe oben) die Lage nur holzschnittartig wieder. Denn auch der Historismus ist seinem Wesen nach auf ein produktives Verhältnis zur Tradition angewiesen. Er behält sich allerdings vor, sämtliche autoritativen Ansprüche, die im Namen der Tradition vorgetragen werden, mit seinem methodischen Instrumentarium zu prüfen. Dass in den Kriterien dieser Prüfung auch religiöse Überzeugungen und die jeweilige Einschätzung der gegenwärtigen geistigen Lage ihren Ort haben, war weder Harnack noch Loofs zweifelhaft.[66] Dass innerhalb dieses Rahmens allerdings ein weites Feld möglicher Haltungen mit Gründen eingenommen werden kann, dafür ist die hier in wenigen Strichen skizzierte Gelehrtenfreundschaft ein nach wie vor lehrreiches Beispiel.

---

63 Vgl. nur Adolf von Harnack, Reden und Aufsätze, Bd. I, Gießen 1904, 93. 138. 148. 209; ebd., Bd. II, Gießen 1904, 148f. 155f. 223. 335; ebd., Bd. III, Gießen 1911, 55. 75; ebd., Bd. IV, Gießen 1911, 54; ebd., Bd. VI, Gießen 1923, 144. 239. 242. Harnack kennt sogar eine »Elastizität der Thatsachen« (Adolf von Harnack, Lehrbuch der Dogmengeschichte, Bd. I, Tübingen [1886] ⁴1909, 243).

64 Es wäre reizvoll, die beiden Theologen anhand ihrer Predigten zu vergleichen. Von Friedrich Loofs liegen zahlreiche Predigten im Druck vor, von Harnack dagegen harren noch viele (insbesondere aus der Leipziger Zeit) ihrer Edition. Zu Harnack vgl. jetzt Johann Hinrich Claussen, Religion ohne Gewissheit. Eine zeitdiagnostisch-systematische Problemanzeige, in: PTh 94 (2005) 439–454 (447–451).

65 Zu Harnacks komplexem Verständnis von Transformationsprozessen vgl. Claus-Dieter Osthövener, Erlösung. Transformationen einer Idee im 19. Jahrhundert (BHTh128), Tübingen 2004, 267–279.

66 Vgl. Harnacks diesbezügliche Äußerung in einem Brief an Gustav Krüger vom 11.9.1896 (abgedruckt in Harnack, Wesen des Christentums [s.o. Anm. 41], 288).

Anhang: Aus dem Briefwechsel Harnack – Loofs

1. Loofs' akademische Anfänge

Harnack an Loofs (18.5.1880)

Mein lieber Herr Loofs,
Ihren Brief habe ich soeben erhalten: daß ich es Ihnen gleich ausspreche – er hat mich sehr erfreut. Nicht nur, weil ich von Ihnen so ein directes Zeichen Ihrer Thätigkeit und Ihrer freundschaftlichen Gesinnung in Händen hatte, sondern vor allem auch deßhalb, weil aus Ihrem Briefe die ernsthafte Absicht mir entgegentrat, Ihre Gedanken auf die akadem. Laufbahn fortan zu lenken. Daß dies für Sie wünschenswerth sei, hat mir Ritschl wiederholt gesagt,[67] haben Ihre Freunde sämtlich oftmals ausgesprochen, ist endlich durch den Ausfall Ihres Examens[68] mehr als nahe gelegt. Ich selbst, um in einer so wichtigen Sache Alles zu sagen, bin freilich direct nicht in der Lage, Sie in diesem Beschlusse zu bestärken, da unser Zusammensein auf eine Zeit zurückführt, in der Sie noch kein deutliches Bild von den Aufgaben der Theologie haben konnten und ich deßhalb auch noch nicht Ihre Leistungen zu beurtheilen vermochte – die Gabe der Prophetie besitze ich nun einmal nicht. Indessen glaube ich doch nicht etwas Ungerechtfertigtes zu thun, wenn ich Sie auch meinerseits in dem Beschlusse, sich der akad. Laufbahn zuzuwenden, bestärke. Ich bin nach allem, was ich über Sie weiß, überzeugt, daß Sie damit den Ihnen gewiesenen Weg gehen und Ihre specielle Neigung, der Kirche Christi direct u. practisch zu nützen, gerade hier die beste Befriedigung finden wird. Also in Gottes Namen: richten Sie Ihre Gedanken darauf! Die Alternative »Professor oder Consist.-Rath« möge Ihnen stets vor Augen stehen![69]

Zunächst steht Ihnen der Dr. phil. also bevor. Es ist sehr zu billigen, daß Sie diese Stufe nicht umgehen wollen; denn in allen Fällen ist es gut, diese Würde zu besitzen, wenn sie auch nicht mehr geradezu die conditio sine qua non für die theologisch-akadem. Laufbahn ist. Mein College Kattenbusch[70] hat es, bis er neulich Dr. theol. wurde, schmerzlich vermißt, nicht wenigstens den andern Dr. zu besitzen.

Was nun das Thema betrifft, so glaube ich *nicht*, daß das von Ihnen bezeichnete von der philos. Facultät würde acceptirt werden. Die

---

67 Vgl. 22.2.1880 an Rade; Jantsch (s.o. Anm. 4) 146.
68 15.3.1880 in Göttingen; vgl. Friedrich Loofs, Selbstdarstellung (RWGS 2), Leipzig 1926, 12; auch in: Loofs, Patristica (s.o. Anm. 10), 403.
69 Loofs war später auch Konsistorialrat in Magdeburg.
70 Ferdinand Kattenbusch (1852–1935) kam 1878 als systematischer Theologie nach Gießen, nachdem er sich in Göttingen für Historische Theologie habilitiert hatte. Vgl. Ferdinand Kattenbusch, Selbstdarstellung (RWGS 5), Leipzig 1929, 85–121 (10f.).

Herrn haben nun einmal vor allem, was mit den Symbolen zus.hängt, eine Abneigung. Dagegen scheint mir dieses Thema für die zukünftige Licent. (resp. Habilit.) Schrift sehr geeignet u. zu diesem Zwecke könnten Sie es jetzt schon langsam zu bearbeiten anfangen, resp. bei Ihrer Lectüre im Auge behalten.

Für die Dr. Schrift würde ich – u. ich glaube Ihnen bestimmt sagen zu können, daß dieser Rath bei mir nicht aus dem speciellen Interesse an meinem Fache entspringt – Ihnen eine *rein-historische* Arbeit empfehlen. Gehen Ihre Interessen auch primär auf das Systematische, so ist es doch jedem Theologen, der sich für d. akadem. Laufbahn vorbereitet anzurathen, mit einer exeget. oder historischen Arbeit zu beginnen.

So wie die Sachen bei uns stehen, giebt man auf eine philosophische Arbeit eines Anfängers – u. wäre er ein zweiter Kant – nicht viel, während jede historische Arbeit, die gelungen ist, geschätzt wird. Dazu kommt aber, daß gerade ein zukünftiger Systematiker in der Theologie mit Recht darauf angesehen wird, ob er in historicis zuverlässig ist und sich ausgewiesen hat. Ich glaube z. B., daß mein Freund Kaftan[71] schon bisher eine andere Laufbahn erhalten hätte, wenn eine kirchen- oder dogmenhistor. Untersuchung von ihm vorläge.

Aus diesen Gründen rathe ich also ein kirchengeschichtl. Thema. Sie werden die Zeit, die Sie darauf verwenden, später gewiß nicht bereuen, wenn Sie sich auch in Untersuchungen hineinbegeben müssen, die mit Ihren zukünftigen Arbeiten nichts zu thun haben.

Ich schlage Ihnen nun drei Themata vor zur Überlegung:
1. Die kirchliche Thätigkeit Karl's des Großen.[72]
2. Die Entstehung des sog. constantinopolitan. Symbols.
3. Die Geschichtsbetrachtung des Eusebius.

Das erste Thema harrt schon lange einer Bearbeitung. Bekanntlich besitzen wir überhaupt noch keine Monographie über Carl den Großen (auch keine profangeschichtliche), während das ganze Material in vorzüglichen Ausgaben bereits gedruckt vorliegt. Speciell kirchenhistorisch ist seit Rettberg[73] nichts mehr von Belang über Karl d. Gr. geschrieben worden, außer

---

71 Julius Kaftan (1848–1926) war seit 1874 in Basel außerordentlicher (ab 1881 dann ordentlicher) Professor für Dogmatik und Ethik.
72 »Harnack [...] wies mich hin auf Karls d.G. kirchliche Tätigkeit. Aber ich fand sehr bald, daß ich zuvor über Bonifatius ein sicheres Urteil haben müsse, Und als ich bei dem einsetzte, sah ich mich abermals zu Vorarbeiten genötigt« (Loofs, Selbstdarstellung [s.o. Anm. 68], 13; Loofs, Patristica [s.o. Anm. 10], 404).
73 Friedrich Wilhelm Rettberg, Kirchengeschichte Deutschlands Bd. II. Die Geschichte der Kirche bey den Alamannen, Bayern, Thüringern, Sachsen, Friesen und Slaven, so wie Allgemeines bis zum Tode Karls des Großen enthaltend, Göttingen 1848.

den kurzen Ausführungen in *Reuter's*, Gesch. d. Aufklärung Bd. I.[74] Es wäre also *sehr verdienstvoll*, sehr nothwendig, u. gar nicht sehr mühsam, einmal Karl's d. Gr. Bedeutung f. d. KGeschichte im Detail vorzuführen.

Das 2. Thema anlangend, so ist es dringend nothwendig, daß endlich einmal die Frage nach der Entstehung des Konst. Symbols gelöst wird. Der Engländer Hort,[75] der Katholik Vincenzi,[76] Caspari[77] haben sehr Bedeutendes geschrieben; aber weder sind sie unter sich einig, noch ist überhaupt bisher die Unechtheit des Symbols zur Anerkennung gekommen. Da das Symbol v. C/pel das wichtigste der altchristl. ist u. auch in der Rechtsgeschichte eine solche Rolle spielt, ist es eine Ehrenpflicht, seinen Ursprung endlich einmal festzustellen.

Das 3. Thema ist mein altes Steckenpferd; aber ich würde mich freuen, wenn ein anderer es besteigen wollte. Bei dieser Arbeit würden sie *dogmengeschichtliches* sehr erhebliches lernen u. viele neue Aufschlüsse bringen. Wahrscheinlich würden Sie über die 3 ersten Bücher [?] mit der Arbeit nicht hinauskommen. Aber schon dies würde ausreichend sein.

Ich breche ab u. bitte Sie, falls Ihnen eines dieser Themata recht ist oder Sie auf ein anderes fallen, mir davon zu erzählen. Daß es mir eine Freude sein würde, Ihnen behilflich zu sein, wissen Sie.

Sub sigillo silentii Bornemann jun. hat das von uns gestellte PreisThema *sehr*, ja überraschend tüchtig bearbeitet.[78]

Bitte grüßen Sie alle Freunde! Unsere Arbeit geht hier gut u. gedeihlich von Statten.

Gott befohlen!
Ihr ergebener
A.Harnack.

Harnack an Loofs (9.7.1882)

Lieber Freund,
Eine herzliche Freude empfand ich, als heute morgen Ihre Habilit.-Schrift[79] bei mir eintraf. Das wäre nun auch überwunden, und nur die Spiegelfechterei der Disputation mit all' dem gravitätischen Schnick-

---

74   Hermann Reuter, Geschichte der religiösen Aufklärung im Mittelalter. Vom Ende des achten Jahrhunderts bis zum Anfange des vierzehnten, Bd. I u. II, Berlin 1875/1877.
75   Fenton John Anthony Hort, Two Dissertations. Volume 1 On ΜΟΝΟΓΕΝΗΣ ΘΕΟΣ in Scripture and Tradition, Cambridge 1876, 73ff.
76   Luigi Vincenzi, De processione Spiritus Sancti ex patre filioque adversus Graecos. Thesis dogmatica in duas partes divisa, Rom 1878, 72–255; vgl. ThLZ 5 (1880), 585–588.
77   Carl Paul Caspari, Zur Geschichte des Taufbekenntnisses in der orientalischen Kirche in den beiden ersten Jahrhunderten nach der Abfassung des Nicäno-Constantinopolitanischen Symbols, in: Zeitschrift für lutherische Theologie (1857), 634ff.
78   Vgl. am 1.7.1880 an Rade; Jantsch (s.o. Anm. 4), 150f.
79   Friedrich Loofs, De antiqua Britonum Scotorumque Ecclesia, Leipzig 1882.

Schnack steht Ihnen noch bevor.[80] Es sind jetzt gerade 8 Jahre her, seit ich diese Dinge absolvirt.[81] Ich habe bereits ein sehr lebhaftes Gefühl, daß seitdem nicht alle Knospen gereift sind! Aber wenn ich zurückdenke, so kann ich doch nur dankbar sein für die Auslegung der 4. Bitte, wie sie mir in diesen 8 Jahren beschert worden ist.»Was mir gelingt, ist Gottes Gunst – was mir mißlingt, ist meine Schuld«: an diesem Satze wollen wir festhalten![82]

Daß Ihr »Canisius« Ihnen so gelungen ist, war mir eine große Freude. Sie haben ganz Recht: dèn Mann müßte man ausschlachten zu Nutz und Frommen der Reformationsgeschichte. Nicht gewundert habe ich mich, daß der »Windhund«, Herr Lic. V. Schultze,[83] es weniger gut mit Ihnen meint. Ich glaube diesen Herren, der auch mich stetig zu schädigen bestrebt ist, wo er kann, hinreichend zu kennen.[84] Seine Liebenswürdigkeiten entspringen aus einem hochgradigen akademischen Selbsterhaltungstrieb. Sie werden ohne Zweifel die Ausgeburten desselben noch zu kosten bekommen. Ich ärgere mich nicht über ihn, obgleich ich dazu Grund hätte. Thuen Sie das Gleiche. –

Ihre Thesen[85] habe ich mit großem Interesse gelesen. Ich erlaube mir dieselben nach meinem Dafürhalten zu classificiren: These 2, 3, 5, 7, 8, 10 finde ich sachlich richtig u. zugleich als Thesen vortrefflich;[86]

---

80 »Nachdem meine Dissertation gedruckt war, hatte ich sie und die ihr angehängten 10 Thesen am 26. Juli in mehr als dreistündiger lateinischer Disputation gegen vier der ordentlichen Professoren der theologischen Fakultät und wenige andere Opponenten, die dann noch auftraten, zu verteidigen, um so die Habilitationsleistungen zum Abschluß zu bringen.« (Loofs, Selbstdarstellung [s.o. Anm. 68]; Loofs, Patristica [s.o. Anm. 10], 405).

81 Harnack verteidigte seine Thesen am 9. Juli 1874 in Leipzig; vgl. die ›Erinnerungen an Wolf Grafen von Baudissin‹ (1926):»Die Habilitation, mit der eine vierstündige lateinische Disputation mit sämtlichen Mitgliedern der theologischen Fakultät verbunden war, verlief glücklich.« (Adolf von Harnack, Reden und Aufsätze, Bd. VII, Gießen 1930, 21–24 [22]).

82 Nathanael Bonwetsch berichtet über Harnacks Dorpater Lehrer Moritz von Engelhardt:»sein Wahlspruch war: Was mir mißlingt, ist meine Schuld, was mir gelingt, ist Gottes Huld« (Nathanael Bonwetsch, Art. »Engelhardt, Gustav Moritz Konstantin«, in: RE³ 5, Leipzig 1898, 374–379 [376]).

83 Victor Schultze (1851–1937), seit 1879 Privatdozent in Leipzig.

84 Vgl. Jantsch (s.o. Anm. 4), 139f., 153f., 163f.

85 Die Thesen sind in Friedrich Loofs, De antiqua (s.o. Anm. 79) nach Seite 120 abgedruckt.

86 »2. Formula concordiae bona opera ad salutem necessaria esse negans, nisi salutem intelligi voluit certitudinem salutis, cum sacris litteris dissentit.« – »3. Nil poenae vicariae inest in veteris testamenti sacrificiis, attamen iis subest ratio quaedam vicaria.« – »5. Optimo jure Melanchthon in apologia easdem esse voluit regenerationem, justificationem, renovationem; perperam igitur posteri ratione temporis disjunxerunt hasce res, quae nisi ratione cognoscentis omnino disjungi non possunt.« – »7. Gregorius VII cum clericos in caelibatu vivere jussit, non novis rebus studuit.« – »8. Jesuitae Ignatii temporibus curialem de auctoritate papae doctrinam non jam

These 9 scheint mir richtig, aber überflüssig;[87] These 6 liegt außerhalb des Kreises meiner Kenntnisse;[88] These 1 ist διαλεκτικῶς sehr wohl zu vertheidigen, aber, wie ich meine, doch nicht zu halten.[89] These 4 endlich[90] würde ich zuerst angreifen, wenn ich das Vergnügen hätte, am 26. Juli in *deutscher* Sprache in Leipzig mich mit Ihnen auseinandersetzen zu können. Ich würde da vor allem fragen: Wer ist *Subject* in credimus? Ist es die Kirche oder die Kirchen im historischen Sinne des Wortes, so ist die These falsch; denn der Glaube an die Präexistenz Christi ist niemals *exitus* persuasionis gewesen. Man kann wohl nachweisen, daß sie *auch* so motivirt worden ist, aber das ist, *historisch* betrachtet, stets eine Unterströmung gewesen. Soll aber das Subject in »*credimus*« ein ideales sein – die ecclesia sancta –, so halte ich die These auch für falsch. Denn der Glaube, der auf Jesum Christum seine Zuversicht setzt als den von Gott bereiteten »Gnadenstuhl« gelangt nur durch eine μετάβασις εἰς ἄλλο γένος zu einem hinter der Person J. Chr. ruhenden, mit ihr identischen und doch wieder nicht identischen zweiten Mittlersubject. Diese μετάβασις ist aber auch nicht *unbedenklich* für den Glauben der Gläubigen, weil der »Präexistente« stets den concreten und historischen Christus, auf den allein alles ankommt, überstrahlen und verdrängen wird. Vestigia terrent![91] Blättern Sie die Dogmengeschichte, wo Sie wollen! Sie wollen die Barrière für das theologische Denken unmittelbar *hinter* der Präexistenz ziehen, diese noch einschließend. Das wird Ihnen nicht gelingen. Dieser Zaun ist vielmehr *vor* derselben aufzurichten. Wer ihn dahinter zieht, kommt doch zum stoisch-platonischen Gottesbegriff oder zur widerspruchsseligen Mystik oder zum nominalistischen Autoritätschristenthum. Die Theologen haben ganz Recht, welche sagen: ist Christus präexistent, ist das eine sichere »Thatsache« des Glaubens, so kann keine Macht verbieten, dies

---

amplexi erant.« – »10. Ecclesiae nostrae symbola hac nostra aetate nos non impediunt uniendis Lutheranis et Calvinianis favere.«

87 »9. Historiae ecclesiasticae, nisi ecclesiam more Romanorum intellegit numerum episcoporum, magis, quam plerumque fit, vitae ac religionis laicorum ratio est habenda.«

88 »6. Nemo nisi Gregorius II anno 719 Winfrido nomen indidit Bonifatio; fortasse, ut nomen ostenderet Winfridum eum esse, qui *bonum* de Christo nuntium Germanis *profaretur*.«

89 »1. Et evangelium et apokalypsis, quae dicuntur Joannis, a Joanne apostolo conscripta sunt.«

90 »*Credimus* Christum fuisse praeexistentem, hoc est ad talem persuasionis *exitum* pervenit nostra in Christum *fiducia*.«

91 Horatius, Epistulae 1.1,74f.: »quia me vestigia terrent omnia te adversum spectantia, nulla retrorsum« (»die Spuren schrecken mich, die alle einwärts in deine Höhle gehen, keine wieder heraus«; Hans Radspieler [Hg.], Horazens Satiren. Aus dem Lateinischen übersetzt und mit Einleitungen und erläuternden Anmerkungen versehen von Christoph Martin Wieland, Nördlingen 1985, 51).

zum Ausgangspunkte einer neuen Denkweise über Gott u. die Welt zu machen. Also meine ich, entweder–oder. Mindestens müßte gesagt werden, daß in der *Theologie* dieser exitus persuasionis keine Stelle hat, so wenig wie der populäre Glaube an Engel usw.

Mögen Sie aus diesen Andeutungen erfahren, daß ich im Geiste bereits mit Ihnen disputire. Ich weiß mich doch im Wesentlichen der gleichen Überzeugungen mit Ihnen. Die Auswahl Ihrer Vorlesungen hat mir sehr wohl gefallen. Für die Anzeige besten Dank.
Stets von Herzen Ihr
AHarnack

2. Harnacks Dogmengeschichte

9.7.1883 (Harnack an Loofs)
Lieber Freund,
Besten Dank für Ihren Brief, mit welchem Sie mich erfreut haben.

Um gleich auf die Modificationen einzugehen, so habe ich die Nothwendigkeit, die griech. Kirchenlehre-Entwicklung uno tenore zu geben, selbst eingesehen u. demgemäß bereits die nöthigen Umstellungen vorgenommen. Die §§ 25–29 [Sie schreiben 25–34, was doch wohl Versehen ist] möchte ich doch nicht ganz missen, denn sie enthalten gleichsam eine Schilderung der Luft, in der sich das Dogma gebildet hat, der geistigen Atmosphäre[92] u. in diesem Sinne will ich sie theils verlängern, theils verkürzen. Dorthin möchte ich auch eine Übersicht über den Neuplatonismus setzen, den ich eben monographisch für die Encyclopädia Brittanica behandle. Da ausdrücklich gewünscht ist, die *kirchengeschichtliche* Entwicklung des Neuplatonismus darzulegen, so ist mir die Aufgabe überaus willkommen. Bei Clemens Alex. halte ich die Berücksichtigung des Neuplatonismus zwar auch für statthaft, aber nicht für zweckmäßig, da Clemens meines Erachtens mehr stoisch beeinflußt ist. Ich habe die Stromata jetzt wirklich im Zusammenhang durchgelesen u. damit eine längst zu stopfende Lücke meiner Kenntnisse ausgefüllt.

Was die älteste Christologie der Heidenkirche betrifft, so liegt das πρῶτον ψεῦδος doch wohl in dem mangelnden Verständniß für den jüdischen Begriff des »Messias«. Die verschiedenen Versuche ohne denselben das Außerordentliche der Person Christi zu fixiren, mögen wohl ziemlich gleich alt sein. Ich zweifle nicht, daß die Vorstel-

---

92 Der »hellenische Geist […] steckte im ältesten Heidenchristenthum selbst schon: es war die Luft, die man athmete.« Harnack, Lehrbuch der Dogmengeschichte, Bd. I (s.o. Anm. 63), 239.

lung »Mahadö, der Gott der Erde stieg herab zum zweiten Mal, daß er unser Bruder werde usw.« – so ungefähr heißt es im Goetheschen Liede[93] – uralt ist, u. daß der reine Doketismus sich mit dem Adoptianismus an Alter messen kann. Deßhalb ist aber doch theoretisch die bessere Form für die ursprünglichere zu erachten, da sie dem urchristlichen näher steht. »Ursprünglicher« ist hier freilich zugleich ein Werthurtheil = »legitimer«.

Daß hie u. da in meinem Hefte Sätze aus Nitzsch[94] stehen, weiß ich sehr wohl. Sie sind sämtlich angemerkt. Auch davon bin ich ganz durchdrungen, daß ich noch viel Zeit brauche, um an un[ge]zählten Stellen zu verbessern, aufzuarbeiten u. zu verändern. Meine Liste zählt bereits über *100* Punkte. Sie dürfen aber nicht vergessen, daß ich vieles besser weiß als in meinem Hefte steht. Man kann oft das Richtige, was einem vorschwebt, nicht in 3 Sätzen sagen. Ist man nun gezwungen, für einen gewissen Gedanken nicht mehr als 3 Sätze zu verausgaben, so kommt nicht selten etwas ganz Schiefes heraus. Ich durfte aber in meinem Dictat nicht noch ausführlicher sein als ich es gewesen bin. In vielen Fällen steht in meinem ausführlichen Heft – ich benutzte meine Ausarbeitung vom J. 1877 als Kladde bei der neuen Bearbeitung – das Richtige, wie ich es für die Veröffentlichung durch den Druck wünsche, bereits formulirt. Eine – allerdings nicht große – Anzahl von Verbesserungen hat mir auch Herrmann in Marburg[95] geliefert, der seit dem Anfang des Semesters mein Heft durchgearbeitet u. nur noch das letzte Stück (Mittelalter) zu lesen hat. Da ich mich auf den Protestantismus u. seine Dogmengeschichte z. Z. nicht einzulassen vermag, so ist es allerdings das Zweckmäßigste die Arbeit als Dogmengeschichte des Katholicismus zu etikettiren. Dies ist auch die Meinung Kattenbusch's u. Herrmann's. Man kann dabei freilich auch immer schwanken, ob man bis zum Tridentinum (exclus.) oder bis zum Vatican. (inclus.) gehen soll. Trotzdem der heutige Katholicismus unzweifelhaft als dogmatisches System Mittelalter ist, trägt er die Nägelmale der Neuzeit (des Protestantismus u. aller Factoren der Neuzeit) so unverkennbar an seinem Leibe, daß eine bloße Darstellung der officiellen dogmatischen Entwicklung des Romanismus etwas sehr Dürftiges werden muß.

Hiermit komme ich auf Ihre Ideen über Symbolik und Dogmengeschichte, die ich mir nicht anzueignen vermag. Ich vermuthe, daß

---

93 Der Gott und die Bajadere: »Mahadöh, der Herr der Erde / Kommt herab zum sechsten Mal, / Daß er unsersgleichen werde, / Mit zu fühlen Freud und Qual.«
94 Friedrich Nitzsch, Grundriss der Christlichen Dogmengeschiche. Erster Theil. Die patristische Periode, Berlin 1870.
95 Wilhelm Herrmann (1846–1922), seit 1879 als ordentlicher Professor für systematische Theologie in Marburg.

Jedem, der über Symbolik oder über Dogmengeschichte Colleg gelesen hat, mehr als einmal der Gedanke aufgeblitzt ist, ob sich nicht diese beiden Fächer vereinigen ließen. Namentlich bei der alten Auffassung der Symbolik war dieser Gedanke eigentlich indicirt, so bald man nicht aus Symbolik »Dogmatik« machte. Denn, wie Sie richtig sagen, Symbolik als innere Geschichte der Theologie der Kirchensymbole ist natürlich Dogmengeschichte u. nichts anderes. Aber – wir brauchen doch eine Disciplin, mag man sie nun Symbolik nennen oder sonst wie, welche über die heutigen Kirchen *nach allen Seiten ihrer Functionen* (practisches Lebensideal, Geltung und practische Ausbeutung des Lehrbegriffs, Cultus, Stellung zum Staat, Verfassung etc.) orientirt, natürlich nicht in statistischer u. mikrologischer Weise, sondern durchweg unter dem Grundgedanken, die eigenthümliche confessionelle Ausprägung des Christenthums kennen zu lernen, wie dieselbe im Leben des Einzelnen u. der Particularkirche wirksam ist. Diese Aufgabe ist doch noch eine andere, als den Lehrbegriff beschreiben. Ich lese in diesem Semester Symbolik zum dritten Mal,[96] fühle mich aber der Dogmengeschichte gegenüber gar nicht beschränkt oder zu größeren Wiederholungen veranlaßt. Natürlich habe ich öfters an die Ergebnisse der Dogmengeschichte zu erinnern, sie auch kurz hier u. da einmal zu wiederholen, aber in der Hauptsache habe ich mit einem anderen Materiale es zu thun.

Meine Meinung ist also die: die Dogmengeschichte soll die Symbolik *entlasten*, d. h. es soll aus der Symbolik der entwicklungsgeschichtliche Theil möglichst entfernt werden, und das *Ende* des Processes mit den nöthigsten geschichtlichen Winken zur Darstellung kommen. Dafür aber soll die Symbolik mehr Stoff aus dem gegenwärtigen Leben und der lebendigen Selbstdarstellung der Particularkirchen aufnehmen. Wo wäre z. B. in der Dogmengeschichte der Ort, ausreichend über das Mönchthum u. seine Spielarten, über das Verhältnis der Kirchen zum Staat u. den weltlichen Ordnungen, über die Bedeutung des Cultus für die einzelne Kirche, über Ablaßwesen, kirchliche Erziehung usw. zu sprechen? Meiner Meinung nach läuft die gesamte Theologie letztlich in 3 Arme aus, u. ich will das hier drastisch zur Übersicht bringen:

Geschichte
1) Symbolik. 2) Dogmatik + Ethik. 3) K leitung.
(was man pract. Theologie nennt)

Jedes dieser drei Stücke ist ein wirkliches *Ende*. Wir besitzen freilich eine solche Symbolik noch nicht. Aber das ist eben ein Schade. Denn

---

96 Harnack las über die Symbolik erstmals im Sommersemester 1878, danach im Sommersemester 1880.

unsere dürftigen »Symboliken« sind allerdings nur ein dürftiger Ausschnitt aus der Dogmengeschichte – u. dies im besten Fall. Mir schwebt ein Werk vor, welches ich freilich selbst schwerlich leisten werde – aber in schönen Stunden sehe ich es vor mir –, in welchem die christlichen Confessionen, wie sie heute sind – nur der zufälligen Lappen entkleidet – nach allen Seiten ihrer Erscheinung dargestellt u. wirklich *durchschaut* sind. »Ein Schauspiel – aber ach! ein Schauspiel nur!«[97]

Und nun noch das letzte – Ihre litterarischen Pläne. Ich befinde mich mit der Antwort in einiger Verlegenheit. Wenn Sie sich stark genug fühlen, um das Unternehmen, wie Sie es in Kürze schildern (Dogmengesch. u. Symbolik in compendiöser Form), auszuführen, so will ich der Letzte sein, der Ihnen in den Weg tritt. Aber rathen kann ich freilich auch nicht dazu. Es ist immer ein gewagtes Ding, mit Compendien zu *beginnen*. Sie schreiben freilich, daß Sie in der Dogmengeschichte alles Einzelne controlirt haben. Ich kenne Ihre Arbeitskraft u. unterschätze sie nicht. Aber Controle u. Controle sind noch immer verschiedene Dinge. Ich habe Schriften wie die der Apologeten u. sämtliche Schriften Tertullian's u. Cyprian's wohl 6 mal durchgelesen, bis ich sie mit den Augen angesehen habe, mit welchen ich sie jetzt sehe. Ich mache noch wöchentlich Entdeckungen in Schriftgruppen, die ich doch besser zu kennen glaube als irgend welche neuere Litteraturstücke. Dazu kommt noch ein Anderes. Es dürfte Ihnen vielleicht doch nicht ganz leicht werden, zu scheiden, was Ihr geistiges Eigenthum ist. Wenn ich mir etwas zum Verdienst anrechnen darf in der Bearbeitung der Dogmengeschichte, so ist es die Ausscheidung des wirklich wichtigen Stoffes aus der Fülle des Stofflichen. Meine Vorgänger sind sämtlich mehr oder weniger rathlos gewesen vor der Fülle des Einzelnen u. haben deßwegen inventarisirt wie Hagenbach[98] oder auf kunstlose Weise sich den Stoff vom Halse geschafft[99] wie Baur.[100] Ich hoffe, daß wenn ich dazu komme, meine gewiß noch recht mangelhaften Entwürfe zu veröffentlichen, eine reinlichere Scheidung des literarhistorischen und des dogmengeschichtlichen Stoffs Gemeingut werden wird, u. die künftigen Dogmenhistoriker es leichter haben werden. Die Arbeit, welche ich gehabt habe, bis ich das einfache Schema eingesehen habe, das jetzt in wenig Dutzenden §§ vorliegt, möchte ich Niemandem mehr wünschen. Hat Ihnen nun dies Schema im Ganzen eingeleuchtet, so ist Ihnen eben deßhalb schon viel-

---

97 Vgl. Johann Wolfgang Goethe, Faust. Der Tragödie erster Teil, Vers 454.
98 Carl Rudolph Hagenbach, Lehrbuch der Dogmengeschichte, Leipzig 1840/1841, 1867.
99 »Geschichte schreiben ist eine Art sich das Vergangene vom Halse zu schaffen.« (Johann Wolfgang Goethe, Sprüche in Prosa. Sämtliche Maximen und Reflexionen, hg. v. Harald Fricke, Frankfurt am Main 1993, 13).
100 Ferdinand Christian Baur, Lehrbuch der christlichen Dogmengeschichte, Stuttgart 1847.

leicht 3/4 der Arbeit erspart geblieben. Es ist dies nur ein Beispiel dafür, wie schwer es hält in diesem Falle zu scheiden. Vielleicht hätten wir beide mehr von einander gelernt, wenn wir zusammen conferirt hätten, *nachdem* Sie Ihre erste Ausarbeitung für das Colleg hinter sich gehabt hätten. Aber das ist nun nicht mehr ungeschehen zu machen, u. schließlich ist das Geschehene auch kein Schade. Nur das würde mir leid thun, wenn Sie schließlich die Empfindung hätten, als seien Sie mit Ihrer eigenen Arbeit in eine mißliche Lage gerathen, indem Sie in vielen Fällen selbständig u. spontan *die* Übersicht über die Dinge gefunden hätten, die Ihnen nun zur Unzeit von einem Anderen mitgetheilt worden ist. Bei ein paar Kleinigkeiten habe ich selbst das Mißliche eines solchen Zustandes früher erfahren. Ich kann Sie nur bitten, stets darauf zu rechnen, daß ich von dem Gedanken eines »Monopols« sehr weit entfernt bin. Geben Sie nur ungescheut das von sich, was Sie als geistiges Eigenthum empfinden, u. glauben Sie nicht, daß irgend ein Hintergedanke mir bei dieser Aufforderung im Kopfe sitzt. *Verzichten* auf den Plan, ein Compendium für einen Theil der Dogmengeschichte herauszugeben, vermag ich nicht, wenn ich auch nicht in Abrede stellen will, daß es Ihnen besser gelingen kann, da in mancher Hinsicht Sie nun eben dort mit Ihrer Arbeit einsetzen können, wo ich aufgehört habe u. wo weiterzuarbeiten mir um anderer Aufgaben willen unmöglich oder unerfreulich ist. *Wann* ich fertig werden werde, kann ich allerdings nicht sagen, u. ebensowenig wo ich *schließen* werde.[101] Aber einer Arbeit über die Theologie der w. Symbole in ihrer geschichtlichen Entwicklung werde ich wohl in Jahren nicht in's Gehege kommen. Ich finde noch immer, daß dies ein ausgezeichnetes Thema für Sie u. für Ihre Leser ist. Indessen würde ich es in Ihrem Interesse für noch zweckmäßiger halten, wenn Sie einen ordentlichen Block aus der alten Geschichte behauen würden. Was meinen Sie zu den Apost. Constitut. u. Allem, was damit zusammenhängt, u. zwar sowohl im literarhist., als dogmenhist., als cultus- u. rechtsgeschichtlichen Sinn. Das wäre eine würdige Arbeit, die uns ein großes Stück vorwärts schieben würde! Ich würde sie auch freudiger begrüßen als eine Arbeit über die ψclementinische Litteratur, die mit ihren Dependenzen freilich auch in allen eben angegebenen Gesichtspunkten einer Untersuchung dringend bedarf. Die Untersuchung über die Constitut. hat jetzt ein ausreichendes u. zuverlässiges Quellenmaterial zur Verfügung u. gewährt den großen Vortheil, daß sie in den *klassischen* Katholicismus des Alterthums versetzt. Haben Sie nicht Lust?

---

101 Vgl. Loofs in der Vorrede zur zweiten Auflage des ›Leitfadens‹, Loofs, Leitfaden (s.o. Anm. 32), IX (datiert auf den 10.10.1890): »Harnacks dritter Band hat mich überrascht und zunächst geblendet namentlich durch die Art, wie der Abschluss gewonnen ist.«

Nun höre ich aber auf – haec hactenus. Ich hoffe Sie doch auch auf irgend eine Weise in diesem Jahre zu sehen. Wie freue ich mich, Näheres noch über Ihre Auffassung der DG. zu hören.

NB: Wollen Sie sich nicht an eine »kritische Geschichte der Askese« machen? Overbeck hat neulich sehr mit Recht auf dies Thema hingewiesen.[102] Jedenfalls ist eine größere monographische Arbeit für Sie das fruchtbringendste. Hand-Compendien brauchen wir nothwendig, um weiter zu kommen; aber Sie werden zu Ihrem gewiß auch noch Zeit u. Kraft finden.

Herzliche Grüße von Ihrem ergebenen
A. Harnack.

Loofs an Harnack (10.7.1883)
Hochverehrter Herr Professor!
Vielen Dank für Ihren Brief, er hat mich um so mehr erfreut, so mehr mir der meinige erst in Folge desselben im rechten Lichte erschienen ist. Ich muß es Ihnen sehr danken, daß Sie meinen Brief recht verstanden haben, obwohl doch, wie ich nun sehe, ein Mißverständnis leicht war. Er sollte nichts weiter sein als ein Auskramen von unfertigen Plänen. Und gewiß, Sie haben nicht im Ernst an die bekannte Geschichte von der Königswahl unter den Vögeln gedacht? Ganz etwas, das sehe ich deutlich, bin ich Ihnen als solch ein verwegener Zaunkönig erschienen. Das sind meine Worte gewesen, verehrtester Herr Professor, mir selbst liegen solche Gedanken sehr fern. Wenn Sie mein »alles controlieren« auf der Goldwaage wägen, dann wird mein unbesonnenes Wort mir ja zur Demütigung. Doch nicht mehr Worte davon; Sie werden es selbst ja wissen, daß mir der Gedanke, ob meine Kraft ausreiche, viel näher liegt als der, »Eignes« zu wahren, und Ihr Brief zeigt mir ja noch dazu, daß die eigenen Gedanken, die ich gehabt, jeder einmal gehabt hat, der wie ich ein symbolisches und dogmengeschichtliches Colleg hinter sich hat. Ich habe wirklich an mich bei den Plänen blitzwenig gedacht, habe sie verfolgt, weil ich meinte, so nützen zu können. Und seien Sie überzeugt, die Einsicht, daß die Pläne hinfällig werden, thut mir nicht im Geringsten leid, nur dann würde sie mir schmerzlich sein, wenn ich mir sagen müßte, ich habe sie gewonnen, indem ich mich einem Mißverständnisse ausgesetzt habe. Doch ich hoffe, wie gesagt, daß im Ganzen doch mein Brief Ihnen nicht in falschem Lichte erschienen ist. Meine Arbeitskraft überschätzen Sie wieder, vielleicht werde ich noch oft Ihnen da schlechter erscheinen, aber wenn Sie mir zutrauen, daß ich stets nur an meiner Stelle bescheiden mithelfen will, so wird dies persönliche Zutrauen Sie

---
102 Vermutlich in: Franz Overbeck, Über die Anfänge der patristischen Literatur, in: HZ 48 (1882), 417ff.

nie täuschen. Den Gedanken, daß ich vielleicht selbst gefunden hätte, was ich nun von Ihnen weiß, habe ich noch nicht gehabt, sondern bin Ihnen nur von Herzen dankbar gewesen für die Hilfe, die mir Ihr Heft von 77 und meine Noten aus dem neusten Heft mir geleistet haben.

Daß mir eine monographische Arbeit dienlicher ist als die andre, bei der ich meine Arbeit nur als Vorarbeit ansehen müßte, ist mir selbst durchaus gewiß. Eben deshalb habe ich auch zu den Symbolen jetzt keine Lust, ich lerne nicht genug dabei. In der alten Geschichte arbeite ich gern erst etwas, der Block gefällt mir auch, obwohl ich mir über seinen Umfang u. über die Schwierigkeit, ihn zu spalten, keine Illusionen mache. Einen andern Block habe ich selbst schon in meinem Holzstalle, – eine Geschichte des Arianismus nach 381. Doch ist es mir lieb, in die klassische Zeit des Katholizismus erst einmal genauer hineinzusehen. Ich werde den Block mir ansehen, habe aber etwas Angst vor dem liturgischen Kleinkram, der mir widerlich ist. Und es fehlen ja noch fast alle andern festen Punkte. Ich werde sehen, und schreibe Ihnen in den Ferien noch einmal darüber.

Zum Schluß noch einmal die Bitte, wenn Ihnen, verehrtester Herr Professor, etwas unangenehm gewesen sein sollte in meinem Briefe, verdenken Sie es mir nicht. Es ist möglich, daß die Worte Ihnen ganz anders erschienen sind, wie es hätte sein müßen, wenn sie vollständig meine Gedanken gespiegelt hätten.
Ihr stets dankbar ergebener
F. Loofs.

Harnack an Loofs (30.12.1885)

Lieber Freund,
vielen Dank für Ihren Brief, in dem Sie mir nur zuviel Gutes gesagt haben. Doch – »was mir gelingt, ist Gottes Gunst«. In diesem Sinn kann ich mich unbefangen der Freude über jeden Wiederhall überlassen, den meine Arbeit findet. Daß ich von Ranke gelernt habe ist mir deutlich nicht bewußt. Aber es wäre schön, wenn dem wirklich so ist. Speziell seine Weltgeschichte kenne ich nur partienweise u. habe mich leider noch nie gründlich in sie vertieft. Ranke's auch von mir bewunderter Stil u. Darstellungsweise sind mir übrigens nicht in jeder Hinsicht sympathisch. Doch es würde zu weit führen, darüber zu schreiben.

Sehr dankbar bin ich Ihnen, daß Sie mir Ihr Bedenken nicht verhehlt haben. Ich möchte darauf folgendes erwiedern: Hätte ich das zu schreiben gehabt, was sich ungefähr mit der sog. »biblischen Theologie« deckt, so hätte ich auf die Christologie des Paulus, Johannes etc. näher eingehen und diese Christologie mit dèn Selbstaussagen Jesu vergleichen müssen, für welche das Trilemma zu Recht zu bestehen scheint: »entweder *unecht* oder ein *Schwärmer* oder uns *von Gott zum Gott gemacht*.« Allein davon durfte und mußte ich absehen; denn erstlich wäre hier nur eine *untersuchende* Darstellung möglich gewesen; jede einschlägige Stelle will für sich betrachtet sein, distinguendum est, usw. Zweitens aber läßt sich nicht nachweisen, daß die Christologie der Kirchen, wie sie sich von den apost. Vätern ab entwickelt hat, auf jenem Selbstzeugniß Jesu und auf jenen wundervollen Christologien ruht, deren genaue Darstellung Sie vermissen.

Die Prämissen für die Entwickelung der kirchlichen Christologie in den 3 ersten Jahrh. sind, glaube ich, in dèm gegeben, was ich an- und ausgeführt habe. Wäre das nicht der Fall resp. könnten Sie mir nachweisen, das dèm nicht so ist, so streiche ich die Segel. Aber nur dann – denn ich habe in den »Voraussetzungen der DGeschichte« eben wirklich streng nur die »Voraussetzungen« mittheilen, nicht aber einen Überblick über Jesus Christus u. das Urchristenthum, unabhängig von der späteren Entwicklung, geben wollen. Wird mein Buch nicht in diesem Sinne verstanden, so sollte es mir leid sein, aber ich durfte um meiner Reputation willen nicht die natürliche Disposition u. Stoffauswahl alteriren. Die Theologen sollen sich daran gewöhnen, daß sie das Herzstück nur dort suchen, wo es zu finden ist, und den Anspruch aufzugeben, bei der Erörterung scharf begrenzter Themata immer de causa suprema etwas vernehmen zu wollen. Daß auf den SS. 48–94[103] nicht meine Totalauffassung von Christus u. dem Urchristenthum zu finden ist, glaube ich an mehreren Stellen deutlich gesagt zu haben, vgl. S. 50 Z. 7f.,[104] S. 54 Z. 12–20 *und namentlich S. 92 Z. 23–30*.[105] Aber mir liegt Alles daran, daß eingesehen wird, daß hinter der Dogmengeschichte nur ein rudimentärer Christus u. ein rudimentäres Urchristenthum liegt. Nun ist freilich im Laufe der Dogmengeschichte bis zum 16. Jahrh. u. weiter manches bisher unbeachtete Stück der ältesten Überlieferung, Anschauung und Empfindung aufgetaucht – nämlich durch das Medium des neuen Testaments. Dies nachzuweisen, wird Aufgabe des 2. Theiles der Dogmengeschichte sein. Wenn ich aber das Alles hätte an die Spitze stellen wollen, so hätte ich z. B. den ganzen Paulinismus aufs genaueste darstellen müssen usw., und demgemäß wäre der ganze Eindruck des Verhältnisses zum Urchristenthum u. werdenden kathol. Christentum wiederum aufs stärkste gefährdet. *Meinen* Glauben aber an Jesus Christus zu bekennen, dazu ist eine Dogmengeschichte nicht der Ort. Ich habe kein Recht mich in die erlauchte Schaar einzudrängen, von der ich berichte, und zu zeigen, wie viel besser oder schlechter ich gesinnt bin.

---

103 Harnack, Lehrbuch der Dogmengeschichte, Bd. I, 1886 (s.o. Anm. 63), §§ 4–8.
104 Entspricht Harnack, Lehrbuch der Dogmengeschichte, Bd. I, ²1888 (s.o. Anm. 63), 58 Zeile 10f., nicht mehr in ebd., ⁴1909, 73f.
105 Entspricht Harnack, Lehrbuch der Dogmengeschichte, Bd. I, ⁴1909 (s.o. Anm. 63), 153 Zeile 4–10, die Zeilen 11–24 wurden in der zweiten Auflage hinzugefügt.

Aber nun von diesem speziellen Fall abgesehen – die Ausführungen in Ihrem Briefe über die Nothwendigkeit einer religiösen Bedingtheit unseres geschichtlichen Berichtes über Christus sind für mich nicht ohne Bedenken. Fast möchte ich mit Mephisto ausrufen: »Es steckt darin soviel verborgenes Gift, und von der Arzenei ist's kaum zu unterscheiden«. Wenn ich oben von dem Trilemma gesprochen habe, unechte Überlieferung, Schwärmer, von Gott uns zum Gott gemacht, so glaube ich daß die pünktliche Untersuchung der einzelnen Stellen die schroffe Exclusivität dieser drei Positionen aufhebt. Wenn dem wirklich so wäre, daß »eine nichtchristliche Geschichtsforschung in Jesus einen Schwärmer erkennen – und verurtheilen muß, während für den Christen die geschichtliche Betrachtung hier in die religiöse übergeht, so daß wir mit Johannes bei dem θεὸς φανερωθείς ἐν σαρκί enden« – das wäre eine verzweifelte Apologetik und um den Glauben u. die Geschichtsschreibung wäre mir bange, die ihre Feigen von den Dornen u. ihre Trauben von den Disteln ernten müßte.[106] Ich verstehe Sie, lieber Freund, sehr gut; denn, ich darf es Ihnen gestehen, ich habe selbst Jahre lang mich mit dieser Betrachtung der Dinge getragen. Aber sie reicht nicht aus; sie ist wirklich hieratisch-romantisch; sie entfernt uns letztlich von heller Einsicht ebensosehr wie von freudiger Zuversicht.

Die οἱ ἔξω,[107] von denen Sie sprechen – wir selbst stehen mitten unter ihnen. Bitte, mißverstehen Sie mich nicht. Ich weiß, was es heißt an Jesus Christus glauben u. an ihn nicht glauben. Aber handelt es sich darum, uns Rechenschaft zu geben, was er gewesen ist, so treffen wir uns mit ihnen an einem Punkte: sie *müssen* lernen – mindestens als Historiker lernen –, was es um eine Religion ist, um die Kraft des Bewußtseins einer *lebendigen* Verbindung mit Gott. Und wir müssen den Muth lernen, uns unseren Glauben zu einem reinen Object zu machen. Für die Erkenntniß menschlicher Dinge giebt es nur zwei Barrièren, die Dunkelheit der Überlieferung und die Eigenart jedes persönlichen Geistes in dem großen Geisterreiche Gottes. In dem Übrigen müssen wir uns allesamt verständigen können, wenn wir genug *gelernt* u. gelebt haben. Sie heben in Ihrem Briefe beispielsweise solche Stellen heraus, in denen Jesus ein Selbstbewußtsein verräth, welches nur als Bewußtsein des

---

106 Vgl. Mt 7,16 sowie Friedrich Loofs, Wer war Jesus Christus? Für Theologen und den weiteren Kreis gebildeter Christen, Halle 1916, 128: »Vor langen Jahren, als ich einmal in freundschaftlichem Gespräch mit Adolf von Harnack Gedanken ausgesprochen hatte, die den am Schluß des vorigen Abschnitts entwickelten ähnlich waren, und in diesem Zusammenhange dahin geführt war, die Unmöglichkeit rein geschichtlicher Erkenntnis Jesu stark zu betonen, sagte mir Harnack in seiner geistreichen Weise: ›Das heißt, apologetische Feigen lesen von skeptischen Disteln‹.«
107 Vgl. 1 Kor 5,12; Kol 4,5; 1 Tim 3,7; 1 Thess 4,12.

Schwärmers oder des Gottes beurtheilt werden kann. Aber I Cor. 2,14:[108]
ὁ πνευματικὸς ἀνακρίνει πάντα, αὐτὸς δὲ ὑπ' οὐδενὸς ἀνακρίνεται?
kann man mehr sagen? Das ist die *Schwärmerei*, die wir, Gott sei's geklagt, nicht mehr oder nur in Momenten haben, weil wir viel mehr an den Glauben glauben als glauben. Aber sollte es unmöglich sein, den ἔξω deutlich zu machen, daß es eine »Schwärmerei« gibt, die so köstlich ist, daß man Alles verkaufen darf, um sie zu erlangen, u. sollte es unmöglich sein, den ἔξω zu zeigen, daß Jesus Christus für sich selbst schon von dem Rechte Gebrauch gemacht hat, welches er Allen bringen will – von dem Recht des freien Gottes-Sohns und Herrn, den der Vater schützt wie seinen Augapfel? Und was über die Analogie zwischen uns und ihm hinausliegt – warum soll das nur den μεμουμένοι verständlich sein? Um so viel mehr als er Allen dient, um so viel größer als sie wollte er sein! Verdampfen nicht auf diesem Feuer von Liebe alle Züge, die wir nur halb oder gar nicht mehr verstehen? Es giebt drei Worte, die man niemals ohne Coefficienten brauchen sollte, Selbstbewußtsein, Schwärmerei und Eudämonismus. Darin liegt es, daß ich das Dilemma Schwärmer oder ein anderes Wesen wie wir nicht gelten lasse. Würden wir I Cor. 2,14 besser verstehen, so würden wir auch viele Selbstzeugnisse Christi besser – ich sage nicht *gut* – verstehen.

Warum nun die Einen Christen sein *wollen* und die Anderen nicht? Sie kennen das Evangelium nicht – die Kirche ist auch daran schuld –; aber davon abgesehen: hier tritt das »Ihr habt nicht gewollt« ein und an dieses Wollen und Nicht-wollen rührt kein menschlicher Vorwitz.

Wenn Sie noch einmal Zeit finden, auf dieses Thema einzugehen, werden Sie mich sehr erfreuen. Es ist werth, daß man immer wieder darüber nachdenkt; denn auch die Methode unserer theol.-pädagogischen Arbeit hängt von seiner Beantwortung ab.

Gleichzeitig mit Ihrem Brief erhielt ich einen von Luthardt. Er war, wie ich es vorausgesehen, außerordentlich schroff, absprechend und ohne jede Spur eines Verständnisses für das, was ich gewollt habe. »Sie haben Ritschl'schen Rationalismus mit Holtzmann'scher Kritik verbunden«. Auf diese simple Höhe wird also nach dem Princip des kleinsten Kraftmaßes[109] in der Beurtheilung meine Darstellung gehoben. Am Schluß Betrübniß, Trauer, gewiß ernsthaft gemeint – aber das Tischtuch, das wird ausdrücklich erklärt, ist nun zerrissen. Er weiß es nicht besser u. kann es nicht anders.
Herzliche Grüße von Ihrem
AHarnack.

---
108 Gemeint ist 1 Kor 2,15.
109 Richard Avenarius, Philosophie als Denken der Welt gemäss dem Princip des kleinsten Kraftmasses. Prolegomena zu einer Kritik der reinen Erfahrung, Leipzig 1876.

Harnack an Loofs (18.3.1886)

Lieber Freund,

Lassen Sie mich – allem zuvor – diesmal mit dem Ende Ihres Briefes anfangen. Ich habe mich in meinem Leben vielfach u. stark von Solchen entfernen müssen, nicht im Gemüth, sondern im Denken, denen ich unendlich viel Dank schulde. Ich habe ihnen damit Schmerz bereitet. Also, selbst wenn ein ähnliches Verhältniß zwischen uns bestünde, wäre ich ein Schalk, wenn ich hier mit anderem Maße messen wollte. Aber in diesem Falle weiß ich, trotz Ihrer freundlichen Versicherungen, sehr wohl, wie unangemessen es ist, von einem Schülerverhältniß zu sprechen. Seien Sie also versichert, daß ich stets jeden von der Sache bestimmten Widerspruch, der mir öffentlich oder privatim von Ihnen kommt, hinnehmen werde als einen solchen, der von einem durch seinen Beruf dazu verpflichteten, befreundeten Fachgenossen kommt. Das sei ein für alle Male gesagt.

Ihr Brief hat mir wirklich »Nebel« gelichtet. Sie haben dies Mal so klar und deutlich geschrieben, daß ich nun wirklich zu wissen glaube, wie Sie es meinen. Ich konnte das aus Ihrem Aufsatze[110] nicht sicher erkennen. Nun wäre also die Basis zu einer Discussion gegeben, die fruchtbar wäre. Aber die Briefbogen würden sich häufen, wenn ich damit begönne. Und doch muß die Sache einmal gründlich zwischen uns zur Sprache kommen: mir ist das ein dringendes u. herzliches Bedürfnis. Ließe sich denn nicht – dies ist ein sehr ernst gemeinter Vorschlag, in diesen Ferien oder in den Pfingstferien[111] ein Rendezvous, etwa noch mit Rade, in einem Örtchen der Mitte, also etwa in Eisenach oder Gotha erreichen?[112] Das wäre sehr schön. Zur Zeit sind Sie freilich bereits auf der Wartburg u. können nicht fort, aber wenn Alles glücklich vorbei ist, wäre es doch vielleicht möglich. Bitte, überlegen Sie es.

Ich halte das Evangelium nicht für die »Religion Jesu«, sondern für die Religion Jesu, die uns nur geschenkt wird, wenn wir zuvor das κύριος Ἰησοῦς bekennen. In diesem κύριος Ἰησοῦς liegt zugleich der Trost gegenüber unserer Schwäche, unserer Lauheit und Sünde. Soweit, glaube ich, bestehen zwischen uns keine Glaubens- u. Meinungsverschiedenheiten. Aber in der rein geschichtlichen Frage kann ich mir ihre Betrachtungsweise nicht aneignen, z. B. daß die adoptianische Christologie ebenso Metaphysik sei wie die pneumatische, scheint mir eine wunderliche Behauptung, und daß der Geschichtsforscher zwischen ihnen stehe wie Buridan's Esel, will mir nicht in den Kopf. Bei der pneumatischen Christologie sage ich doch etwas über den Naturbestand Christi aus und fälle das Urtheil, daß eine geschichtliche Person eine Doppelperson oder was dem

---
110 Loofs, Christlicher Glaube (s.o. Anm. 47), 177–198.
111 Pfingstsonntag fiel 1886 auf den 13. Juni.
112 Vgl. Rades Brief vom 28.3.1886 (Jantsch [s.o. Anm. 4], 177. 179).

ähnliches sei,[113] bei der adoptianischen Christologie, wenn man von der Jungfrauengeburt absieht, sage ich über das *Wesen* gar nichts aus und halte mich an Beobachtungen der concreten Bestimmtheit dieser Persönlichkeit, die zwar einzigartig aber nicht ohne Analogie sind. Ist *geschichtliche* Wissenschaft vom Christenthum möglich und nicht an und für sich ein titanisches Unterfangen – u. man kann unserem Geiste nicht ausreden, daß sie möglich sei, und unsere Quellen sind nicht so stumm –, so kann man die Person Christi nicht der abstracten Betrachtung überlassen, die nothwendig den Verdacht erregt, sie wolle nicht den geschichtlichen, sondern *ihren* Christus. Ich muß es auch angesichts der synoptischen Evangelien, an die wir doch zunächst gewiesen sind, für bedenklich halten, die Formel »ὅ θεὸς ἡμῶν« als den zutreffendsten Ausdruck dessen, was Christus uns Menschenkindern sein wollte, hinzustellen. Andererseits – ich weiß es, wie spröde u. unedel der Mantel ist, in welchem der Glockenguß des edlen Metalls, wie es scheint, allein zu Stande kommt. Ich habe über dieses Phänomen aller Religionsgeschichte viel nachgedacht u. meine eigenen Gedanken darüber. Auch können Sie mir nicht vorwerfen, daß ich die Adoptianer zu günstig behandelt habe:[114] ich meine mich doch über die Aloger u. Theodotianer unmißverständlich deutlich ausgesprochen zu haben. Aber wenn man Geschichte schreibt und nicht Seelsorge treibt, darf man keinen Augenblick davon absehen, wie sich, sei es auch der wärmste Glaube zu dem Wirklichen verhält.

Daß eine adoptianische Christologie auch auf den relig. Glauben rechnet u. nur dem Glauben möglich ist, versteht sich von selbst. Aber sie läßt zugleich die Möglichkeit, die geschichtliche Person im Rahmen geschichtlicher Erscheinungen zu belassen. Es ist der alte Streit: Ratramnus wider Paschasius.[115] Der Glaube nimmt an raum-zeitlichen Erscheinungen himmlische Güter wahr; aber – ich gerathe wieder zu weit. Haben Sie Dank, daß Sie mir nochmals geschrieben, und nehmen Sie mir nichts übel. Noch zum Schluß einen guten Spruch:[116]

»Klar u. scharf in den Gedanken,
Die Gefühle stark u. warm,
Zwischen beiden feste Schranken
sonst bist krank du oder arm.«

---

113 Vgl. 1883 an Marie von Oettingen: »›Christus wahrhaftiger Gott und wahrhaftiger Mensch‹ – dieses Dogma antwortet auf die Frage: Wie muß Christus seiner Naturausstattung nach beschaffen gewesen sein, damit er die Offenbarung Gottes und mein Heiland sein kann? Ist das eine Frage des Glaubens?« (Zahn-Harnack [s.o. Anm. 7], 102).
114 Vgl. Loofs, Christlicher Glaube (s.o. Anm. 47), 196.
115 Vgl. Adolf von Harnack, Lehrbuch der Dogmengeschichte, Bd. III, [1.2]1890 (s.o. Anm. 27), 276.
116 Vgl. auch Harnack, Reden (s.o. Anm. 63), Bd. IV, 17 und Bd. VI, 328f.

Man kann ihn zwar nicht ganz unterschreiben, aber er ist doch herzstärkend. – Ich war in Dorpat[117] u. habe aus Dorpat zahlreiche Briefe: Sie werden daraus schließen können, in welchen Tonarten das Echo meines Buches zu mir gekommen ist. Aber wenn ich weiß, daß ich etwas sehr simples, nämlich meine Pflicht, gethan habe, kann ich zwar Schmerz empfinden über Manches, was reißt, aber der freudige Muth bleibt.
Immer von Herzen
Ihr AHarnack.

3. Loofs' Christusdeutung

Harnack an Loofs (15.9.1916)
Sehr lieber Freund!
Von Berchtesgaden zurückgekehrt fand ich Dein neues Buch[118] – denn ein neues ist es – auf meinem Tisch u. habe sofort die ersten 50 SS. gelesen samt der Vorrede. Ich freue mich, daß Du dazu gekommen bist, Deine Auffassung der größten geschichtlichen Erscheinung darzulegen und Dich mit den wichtigsten Gegnern auseinanderzusetzen. Da ich im Winter wieder (d. h. zum 2. Male) »Wesen des Christentums« lese, so werde ich das Buch aufmerksam lesen u. mit der vollen Bereitschaft zu lernen, die ich den »Religionsgeschichtlichen« gegenüber nur noch gebrochen aufzubringen vermag; denn ihre Methodenlosigkeit – das ist sie – ist mir zuwider. Von Deinen Untersuchungen trennt mich nicht nur kein Graben, sondern sie ziehen mich direkt an, da sie niemals das Helle aus dem Dunkeln erklären wollen, auch nicht das Besondere vernichten. Nur meine kritische Skepsis liegt an anderen Punkten, u. von hier aus empfinde ich manchmal Befremdliches an Deinen Untersuchungen. Doch, wie gesagt, ich habe erst bis zur 50. Seite gelesen.

Nicht glücklich, ja nicht einmal für »orthodox« kann ich die Polemik unter der Form des Widerspruchs gegen »ein rein menschliches Leben« halten, obwohl gewiß in der Darlegung dieser negative Titel das Bedenklichste verlieren wird! Wir sind doch schon durch die chalcedonensische Feststellung gebunden, den Terminus »rein menschlich« nicht aufzugeben, u. pädagogisch für viele Deiner Leser ist es auch nicht, ihnen diesen Terminus zu entziehen bez. zu verbieten. Wenn es nicht möglich ist, aus den rein menschlichen Zügen das Göttliche

---
117 Vgl. am 4.3.1886 an Luthardt: »Eine schwere Erkrankung meines Vaters hat mich hierher gerufen.« (Moderne Theologie. Der Briefwechsel Adolf von Harnack - Christoph Ernst Luthardt, hg. und eingeleitet v. Uwe Rieske-Braun, Neukirchen-Vluyn 1996, 97).
118 Loofs, Wer war Jesus Christus? (s.o. Anm. 106).

herauszulesen, so hat der Glaube an dem Lebensbilde keinen Anteil; denn er ist ebenso durch einen monophysitischen Christus verwundet wie durch einen rationalistischen. Doch wirst Du dafür gesorgt haben, daß tatsächlich nicht jener an die Stelle des Knechtes Gottes tritt, in welchem der Glaube den Sohn erkennt.
Herzlich u. treulich
Dein Harnack.

Loofs an Harnack (16.9.1916)

Verehrter und lieber Freund!
Verzeihe, wenn ich Dich in Erwiderung Deiner freundlichen Karte mit einem Briefe über mein Büchlein aufhalte. Mir liegt aber an Deinem Urteil zu viel, als daß ich Mißverständnisse aufkommen lassen möchte.

Fast hätte ich das Buch gleich mit einem Briefe begleitet und Dich namentlich über S. 57–62,[119] 233f, bzw. 229–234[120] (229–233 suche ich der »Spezialität« der Antiochener, wie Du sagst, zu ihrem Traditionsrecht zu verhelfen) und 128 Anm, sowie S. 106 u. 107 (3 u. 4 Möglichkeit der Auslegung von Joh. 21,24) um Deine Meinung gefragt. Doch schien mir das anspruchsvoll. Nach Deiner Karte fürchte ich *diese* Kritik diesem Briefe gegenüber nicht. In den ersteren Stellen handelt es sich um einen Grundgedanken.

Mit diesem Grundgedanken hängt auch die Formulierung zusammen, welche die »rein-menschliche« Auffassung Jesu abweist. Daher wäre es nicht richtig, wenn ich sie lediglich aus der Antithese zu WBsmith[121] verständlich machte. Daß sie das ἀληθῶς ἄνθρωπος nicht einschränken soll, ist S. 136 mit einem Zitat aus Deinem Wesen (das mir von der Gegenseite kritisiert ist) festgelegt[122] und in dem Schlußresul-

---

119 »Die Geschichtswissenschaft ist an die Analogie der sonstigen Erfahrung gebunden (57); wer Jesu Leben ›rein geschichtlich‹ zu erfassen versucht, muß daher voraussetzen, Jesu Leben sei ein rein menschliches gewesen (59). Die Versuche derart sind aber zunächst [...] historisch-wissenschaftlich sehr angreifbar.« (Loofs, Wer war Jesus Christus? [s.o. Anm. 106], XI).

120 »Der Glaube schließt nach dem Zusammenklang des N.T. und moderner gereifter Glaubenserkenntnis zweierlei ein: daß Jesus uns eine *Offenbarung Gottes* ist (223) und, daß er uns in seiner Person zeigt, was *wir werden* sollen (229). Das erstere entspricht dem Übermenschlichen, das zweite dem Menschlichen an Jesus, das die Geschichtsforschung feststellen kann (23). Der Glaube kann beides als *Wirkung Gottes* zusammenfassen und unterscheidet das in Jesu von Gott Gewirkte von dem in andern Gewirkten so, das er ihm *absolute* Bedeutung zumißt (234)« (Loofs, Wer war Jesus Christus? [s.o. Anm. 106], XII).

121 William Benjamin Smith (1850–1934).

122 »›Ein Mensch sein‹, sagt A.v. Harnack auch in bezug auf Jesum mit Recht, ›heißt erstlich, eine so und so *bestimmte* und damit begrenzte und beschränkte geistige Anlage besitzen, und zweitens mit dieser Anlage in einem wiederum begrenzten

tat S. 236 (letzter Absatz) ausdrücklich gesagt.¹²³ Doch aber liegt mir an dem »nicht rein menschlich« οὐ ψιλὸς ἄνθρωπος. Es ist mir das Korrelat der Abweisung der »rein geschichtlichen« Wahrnehmung und zugleich eine Bezeugung meines entschiedensten Supranaturalismus, der das Χριστὸς μυστήριον θεοῦ schlechterdings nicht genetischer Begreiflichkeit preisgeben will. Du wirst auf die Tatsache hinweisen, daß jede große Persönlichkeit inkommensurabel sei, Ich verstehe das (vgl. S. 215),¹²⁴ meine aber, daß auch die größten außer Jesus dem Unglauben keine Beweise für das Wirken des lebendigen Gottes werden können. Man kann meinen, sie genetisch (nicht von Eltern und Großeltern aus, aber aus den addierten geistigen Voraussetzungen der Menschheitsgeschichte) erklären zu können. Mein Versuch zielt darauf ab, zu zeigen, daß das bei Jesus nicht geht. Der *Glaube* hat m. E. – dies »m. E.« betone ich stark, ich will niemandes Glauben an irgend einer regula fidei messen – noch ein anderes Argument, das ich hätte darlegen können. Die »Sündlosigkeit« Jesu ist kein geschichtlicher Begriff; die rein geschichtliche Betrachtung muß dem ψιλὸς ἄνθρωπος gegenüber damit rechnen, daß er der Menschheit auch *den* Tribut gezahlt hat. Wo aber der Glaube die Gedanken von 2 Kor 5,19ff versteht, die m. E. an Jesu Weltbewußtsein anknüpfen (Abendmahl, S. 143–145), da muß er Jesum herausnehmen aus der sündigen Menschheit. Jesus bleibt auch darin der πρῶτος καινὸς ἄνθρωπος, also der erste derer, die »Gott gleich werden« sollen (I Joh. 3,2; vgl. S. 232, Anm. 7), ist kein ψιλὸς ἄνθρωπος. Überdies scheint mir die Kritik von (d. h. an) Schleiermacher und Ritschl (S. 235)¹²⁵ berechtigt: das θεὸς φανερωθείς steht logisch dem Glauben *vor* dem καινὸς ἄνθρωπος, auch wo sein (des Glaubens) Werden an letzteres angeknüpft

---

und beschränkten geschichtlichen Zusammenhange stehen‹.« (Loofs, Wer war Jesus Christus? [s.o. Anm. 106], 136; vgl. WdC 8).

123 »Somit hätte sich uns auf die Frage, wer Jesus Christus war, *die* Antwort ergeben: Jesus war ein wahrhaftiger Mensch, aber der Mensch, in dem Gott in denkbar vollkommenster Weise den Menschen sich geoffenbart, und in dessen menschlicher Person er ihnen ihr sittlich-religiöses und ihr ewiges Ziel vor die Augen gestellt hat.« (Loofs, Wer war Jesus Christus? [s.o. Anm. 106], 236).

124 »Und da, wo diese spekulativen Voraussetzungen [sc. Hegels und Schellings] gelten, wird bei jeder genialen Persönlichkeit schon die erste Setzung der Daseinsanfänge auf ein über das Normale hinausgehendes Wirken des Unendlichen im Endlichen zurückgeführt werden müssen.« (Loofs, Wer war Jesus Christus? [s.o. Anm. 106], 215).

125 »Die Offenbarung Gottes in Jesu Christo war ihm [sc. Schleiermacher] also gleichsam eine indirekte: in Jesu Unsündlichkeit, Vollkommenheit und Seligkeit, in die er auch uns, uns erlösend, hineinzieht, *reflektiert* sich das Sein Gottes in ihm. – Ähnliches läßt sich m. E. von dem einflußreichen Göttinger Theologen sagen, zu dessen Schülern auch ich mich rechne, von Albrecht Ritschl [...] Aber diese richtigen Gedanken sind nicht das Ganze.« (Loofs, Wer war Jesus Christus? [s.o. Anm. 106], 236).

hat. – Mein Büchlein ist ein Versuch, meine dogmengeschichtlichen Erkenntnisse für das Verständnis des NT und des Glaubens zu verwenden. Denn daß meine dogmengeschichtlichen Konstruktionen von Ignatius an bis zu Nestorius das Primäre bei mir sind, nicht bedingt durch voraufgehende dogmatische Überzeugungen, dafür ist meine eigene Entwicklung mir Zeuge. Noch bei dieser Neubearbeitung habe ich im NT Neues gefunden (so z. B. die Beziehungen zwischen Joh 17,22 u. 23a zu dem Irenaeus-Schlusse u. 1 Kor. 15,28, vgl. S. 231 Anm. 12). – Meine Formulierungen mögen oft recht unvollkommen sein; aber die Bemerkung der Vorrede, daß ich meine, die Grundgedanken meines Büchleins seien nicht mit ihnen gerichtet, ist sehr ernst gemeint.

Doch das ist schon mehr, als ich Deiner Zeit gegenüber vielleicht hätte schreiben dürfen.

Deine politische Tätigkeit, soweit sie der Öffentlichkeit bekannt wurde, habe ich mit lebhaftem Interesse verfolgt, wenn auch noch ohne den Wortlaut des Vortrages vom 1. VIII.[126] Ich kann nicht mit politisieren, stehe aber längst in Opposition zu den Alldeutschen u. habe Deine Position oft verteidigt. Entscheidend ist mir, daß mein sittliches Vertrauen da ist, wo keine Interessen im Spiele sein können (wie es bei den Konservativen der Fall ist). Überdies haben wir *den* Sieg, den die Alldeutschen gebrauchen, bis heute *nicht*.

In herzlicher Verehrung
Dein dankbarer
Loofs.

Harnack an Loofs (25.9.1916)

Mein lieber Freund!

Nachts um 4 1/2 Uhr wache ich ziemlich regelmäßig auf, lese 1–1 1/2 Stunden u. schlafe dann noch bis 7 Uhr. In diesen Stunden, die für meinen Geist fast die frischesten sind, habe ich Dein Buch[127] gelesen, heute früh das Letzte in ihm. Nichts habe ich überschlagen, vielmehr auch solche Partieen genau gelesen, die Unsereiner als Partitur lesen könnte; aber ich habe bald gemerkt, daß in der Regel auch in ihnen Eigentümliches steckte. Nun muß ich Dir schreiben:

Zunächst der Generaleindruck, der aber auch für die meisten Einzelpartieen gilt: es ist ein vortreffliches Buch, u. ich kann mich sowohl mit seinem wissenschaftlichen Inhalt als mit seiner Glaubensstellung so sehr identifiziren, wie das nur irgend bei dem Buche eines Anderen möglich ist. Stärker würde ich noch die *Redequelle* akzentuiren und ih-

---

126 Adolf von Harnack, An der Schwelle des dritten Kriegsjahrs. Rede gehalten am 1. August 1916 in der Philharmonie zu Berlin, Berlin 1916.
127 Loofs, Wer war Jesus Christus? (s.o. Anm. 106).

ren zuverlässigen Charakter entschiedener dem so viele Fragezeichen fordernden Markus-Gemenge entgegensetzen. Da hättest Du mehr tun können, um den Granitboden, der in der synoptischen Überlieferung steckt, herauszuarbeiten. *Faktisch,* aber *nicht formell* hast Du es für den, der näher zusieht, getan; *denn Dein ganzes Christusbild ist in Wahrheit das Bild der Redequelle.* Was den »Johannes« betrifft, so schlage ich unsre Differenzen sehr gering an. Wie Du über die Erscheinung urteilst[128] u. wie Du tatsächlich das Johannesev. benutzt kommt dem, was ich für erreichbar u. richtig halte, so nahe, daß die Frage, ob eine Presbyter-Fiktion stattgefunden hat, untergeordnet ist,[129] zumal nach Deiner sehr beachtenswerten Auslegung von c. 21,24.[130] An die Tempelreinigung am Anfang[131] glaube ich freilich nicht; aber die joh. Christologie sehe ich wesentlich in dem Lichte wie Du, u. das ist die Hauptsache. Ganz vortrefflich ist Dein Abschnitt über Paulus u. Jesus u. den Glauben der Urgemeinde, wie man ihn aus Paulus entwickeln kann (nimm' noch II Cor. 10,1 hinzu: »πραότης καὶ ἐπιεικεία τοῦ Χριστοῦ«). Das muß auf die Fachgenossen Eindruck machen. Vortrefflich sind die Ausführungen, daß man den Pulsschlag des *Erlebten,* das sich in Prädikaten u. Aussagen über Jesus kundtut, nicht mit dem Leichentuch der nachgesprochenen fertigen »Christus« Lehre, das man doch in der Hauptsache selbst erst spinnen muß, bedecken darf, so gewiß dieser u. jener Terminus nicht eigens erst geprägt wurde. Endlich und vor allem – Deine Glaubenschristologie ist *einfach, tief* und sowohl *schriftgemäß* begründet *(im rechten historischen Sinn)* als ungesucht die *Kontinuität* mit dem consensus Christianus in Kraft erhaltend. Den drei Sätzen: »Christus, der Offenbarer Gottes«, »Christus, das Ziel der Menschheit« (daß Du dabei *Deine* aufgegrabene Linie kräftig benutzt, geschieht mit Recht; ich überzeuge mich auch von ihrer großen Bedeutung; nur über Ignatius glaube ich anders urteilen zu sollen), »Christus, das Geheimniß Gottes«, stimme ich mit Überordnung der ersten mit vollem Herzen bei, u. daß Du über diese 3 Aussagen nicht hinausgehen willst, ist vom geschichtlichen, vom religiösen und vom philosophischen Standpunkt gleich gerechtfertigt. Ich hätte – was ja lediglich in der Konsequenz Deiner Ausführungen liegt – das Ganze mit der alten Formel »Χριστὸς Κύριος« geschlossen, die ja auch Luther an hervorragender Stelle (»[...] sei mein Gott«) aufgenommen hat. – – –

So, das wäre das dankbare Lob, wenn Du es annehmen willst, u. die Bezeugung einer ungemeinen Freude in Bezug auf wissenschaftliche

---

128 Vgl. Loofs, Wer war Jesus Christus? (s.o. Anm. 106), 119f., 121f.
129 Vgl. Loofs, Wer war Jesus Christus? (s.o. Anm. 106), 94–105 (103–105), 113.
130 Vgl. Loofs, Wer war Jesus Christus? (s.o. Anm. 106), 105–108.
131 Vgl. Loofs, Wer war Jesus Christus? (s.o. Anm. 106), 120.

u. christliche Gesinnungsgemeinschaft. Es ist doch erhebend u. tief beglückend, Zeugnisse zu lesen, die Einem in die Seele greifen, aber nur um überall verwandte Saiten zu treffen! Herzlichen Dank!

Und laß mich nun zurückdenken an unsre Arbeitsgemeinschaft vor 40 Jahren! Wir haben beide seitdem viel durchlebt, geändert, gelernt; aber der wissenschaftliche u. christliche Geist, der aus Deinem Buch spricht, war derselbe Geist, Grundlage u. Ziel, die uns sicher standen, belebten u. bestimmten. Wir durften ihm Treue halten, weil er sich uns erprobt hat. Da muß ich *Ritschl's* gedenken; er hat uns doch geklärt u. gestärkt, u. ich freue mich daß Du ihm ein Zeugniß der Anhänglichkeit u. Dankbarkeit ausgestellt hast NB: Die Zusammenstellung mit Schleiermacher an der betreff. Stelle[132] halte ich nicht für ganz richtig. Ritschl steht Deiner Auffassung da näher, als Du meinst. In einer Zeit, da ein – wie soll ich sagen – leichtsinniges oder leichtfertiges Geschlecht, das noch immer das Beste von ihm hat, einiger spärlicher Fleischtöpfe wegen nach Ägypten nicht nur zurückschielte, sondern zurückging, der ersten u. eigentlichen Grundlagen u. Ziele vernachlässigte und eine – ich will nicht ungerecht sein – in ihren Grenzen erfreuliche Beute mit dem Kleinod vertauschte. Sie werden selbst oder ihre Schüler das noch einsehen; denn die evangelische Theologie hat ihre eigene Logik; aber so resignirt man frühere Pendelbewegungen als geschichtlich notwendig begreift, so sehr geht Einem eine selbst erlebte Peripetie dieser Art ans Herz. Aber es wird wieder ins Geleis kommen!

Nun laß' Dir aber auch meinen rückhaltlosen Dissensus gefallen! Er betrifft »Formalia«, die aber doch eine große Bedeutung haben, u. die *leider* der Wirksamkeit Deines Buchs schädlich sein werden, was ich sehr beklage. Ich habe sie schon im 1. Brief angedeutet, und sie haben sich nach der Lektüre des Ganzen nicht in besserem Lichte dargestellt. Es handelt sich um 2 zusammenhängende Dinge: (1) Du kommst *zu früh* mit dem Eintritt des Glaubens u. (2) Du brauchst eine Terminologie, die weder die Schrift (die Historie) noch Dein eigner Glaube verlangt. Durch Beides kommt eine logisch-historische Unklarheit und ein berechtigte wissenschaftliche Interessen verletzender Zug in Deine Darstellung. Da ich fürchte, hier weitläufig zu werden, wenn ich mich nicht zu knappster Kürze zwinge, will ich versuchen, in *Thesen* meinen Dissensus zusammenzufassen. Da Du in der Sache lebst, wirst Du alles Nötige leicht ergänzen; die Schroffheit, die eine Thesenformulirung in sich trägt, wird Dich nicht verletzen. Du weißt nach dem, was oben gesagt ist, wie ich in der Sache mit dir übereinstimmend denke.

(1) Die Gegenüberstellung des Smith'schen Standpunkts und des Standpunktes der liberalen Theologie, um dann auf etwas *Drittes* he-

---

132 Vgl. Loofs, Wer war Jesus Christus? (s.o. Anm. 106), 235f.

rauszukommen, ist höchstens in einem Vortrage ad homines gestattet; in einer wissenschaftlichen Darstellung ist er irreführend u. daher unerlaubt, teils weil die beiden angeblichen Gegensätze nur scheinbar solche sind, teils weil der konsequente Smith'sche Standpunkt nur in abstracto, nicht aber in concreto dem andern ebenbürtig ist, endlich weil in Wahrheit *jeder dritte* Standpunkt der eigentliche Gegensatz zu den beiden andern ist.

(2) Die These, das Leben Jesu war kein rein menschliches, darf nur so lauten »das Leben Jesu bietet Züge, für die wir in der Geschichte Analogieen nicht besitzen«; eine andere Formulirung kann und darf ein wissenschaftlicher Mann nicht brauchen.

(3) Auch diese These darf nicht aufgestellt werden ohne Hinweis (a) auf die israelitische Geschichte die die Ideen eines neuen Bundes, eines Messias als ἄνθρωπος ἐκ ἀνθρώπων usw. usw. (Jesaj. 53) enthält, so daß sich hier in Menschen sehr eigentümliche Gottesbewußtseinsformen ausbilden konnten, (b) auf die griechische Religionsgeschichte mit dem vollkommenen Gerechten Platos, usw., (c) auf die allgemeine Geschichtstatsache, daß jeder Einzelne, große Kreise, ganze Völker, die Menschheit den Kontakt u. die Begabung mit dem Gottesgeiste und Kraft und Ziel immer nur durch »Heilande« erhält. Dann bleibt immer noch ein gewaltiger Schritt bis zum Selbstbewußtsein Jesu, das ich, wie Du, in seiner ganzen Paradoxie von göttlichem Bewußtsein u. Demut stehen lasse; aber es ist doch *nicht nur* ein Geheimniß aufgerichtet, sondern die Geschichte lehrt uns, *wo* das Geheimniß steht, *in welchem Schema* es sich auswirkt und *warum* es dies Schema sein muß u. kein anderes (also nicht »der Weltkaiser«, auch nicht »der Sokrates«, auch nicht »der Prophet«, sondern der »Heiland«).

(4) Dein »Leben Jesu« gehört durchaus in die moderne Leben-Jesu-Forschung hinein; denn wie Du Markus, die Redequelle, Johannes usw. kritisirst, das ist genau (formell) wie bei den Anderen, nur sachlich in der Regel viel besser, u. dazu steht auf S. 221–233 (ich kann die Stellen gar nicht alle ausschreiben) eine Reihe von wissenschaftlichen Richtlinien als Unterlagen für Deine Glaubenserkenntniß von Christus, die schon früher beim Wissenschaftlichen hätten stehen müssen u. beweisen, *daß Du dort viel zu früh die Forschung und die Aussagen abgebrochen hast.* Du gehst in der »Wissenschaft« von Jesus letztlich viel weiter als die Absätze vor dem letzten vermuten lassen, u. Du fühlst Dich mit Recht verpflichtet, Deinen Glauben auf diese Erkenntnisse zu stellen bz. nicht in Widerspruch zu ihnen zu treten.

(5) Aber auch schriftmäßig u. bekenntnismäßig ist der Terminus verfehlt, das Leben Jesu sei kein rein menschliches gewesen, wie ich Dir nicht erst nachzuweisen brauche: es war ein rein menschliches und doch entnimmt der Glaube aus ihm göttliche Kraft u. göttliche Weisheit. Das ist die

allein mögliche Formulirung. Man verfällt rettungslos in den Doketismus oder in die Zwei-Naturen-Lehre, wenn man sich anders ausdrückt. Hat Jesus das Bewußtsein gehabt, wie kein anderer (u. kein anderer sollte u. konnte es nach (nicht post, sondern κατὰ) ihm so haben), *der* Sohn Gottes zu sein, so hat er das *innerhalb* eines rein menschlichen Bewußtseins gehabt. So lehrt die Geschichte, um nicht zu sagen, die Selbstverständlichkeit, so lehrt der Glaube! Behauptest Du, das Leben Jesu sei kein rein menschliches, so entziehst Du auch dem Glauben sein Eigentümliches; denn Du machst, wenn auch nur negativ, eine Aussage, die auch der Ungläubige anerkennen soll, u. Du mutest der Geschichte u. dem Geschichtsforscher in dieser negativen Tatsache, die er anerkennen soll, ein horrendum zu.

(6) Du bist selbst kein »Supranaturalist«, denn Du schließt – u. so ist's gut – in dem Buch mit dem *Geheimniß*;[133] aber Du reservierst Dir doch etwas, u. hier mag der eigentliche Punkt der Unklarheiten liegen: *das Wunder*. Im Buch tritt das nicht mit wünschenswerter – oder soll ich sagen: mit nicht wünschenswerter? – Klarheit hervor. Wahrscheinlich ist es Dir um das Auferstehungswunder zu tun u. mit ihm nicht um ein einzelnes Wunder, sondern um den wirklich Wunder tuenden Gott. An diesen glaube ich auch, aber nur an innere Wunder, verstehe aber den Willen nach dem Gott, der den Himmel zerreißt. Aber ich bin gewiß oder ich glaube gewiß zu sein, daß wir ihm entsagen müssen; denn wir werden in ein Meer von Unsicherheiten in Bezug auf die ganze Weltleitung geworfen, wenn wir annehmen müssen, daß er sò seine Weltleitung eingerichtet hat – völlig unverständlich, wenn er es *einmal* getan hat u. eigentlich auch nur von einigen Protestanten als möglich u. befriedigend hingestellt.
Herzlich Dein
AHarnack

Loofs an Harnack (26.9.1916)
Verehrter und lieber Freund!
Für Deinen langen Brief bin ich Dir sehr dankbar. Ich weiß es zu werten, daß Du mir soviel Zeit geopfert hast. Daß ich dies kostbare Gut mit meiner Antwort abermals in Anspruch nehme, glaube ich verantworten zu können, wenn ich mich möglichst beschränke. Dem Wissenschaftlichen aber möchte ich vorausschicken, daß die persönlichen Töne in diesem Briefe ein dankbares Echo bei mir finden, – wenn man das Echo versteht, wie die Kinder es verstehen: daß da hinten einer antwortet, der schon vorher da fast nur sein eigenes, dem Schall vorausgehendes Empfinden hat und ausspreche. Die Distanz werde ich dabei nie vergessen, wenn ich auch den Druck unter dem ich lange

---
133 Vgl. Loofs, Wer war Jesus Christus? (s.o. Anm. 106), 245.

Jahre stand, wenn ich mein Können mit dem Deinen verglich, längst überwunden habe. Nicht, weil ich höher von mir dächte, als damals. Aber ich weiß: nur ein »Schelm« will mehr geben, als er hat; und im Hintergrunde solchen Druckes steckt die Eitelkeit, bezw. das törichte »Sorgen«, seiner Elle eine Länge zuzusetzen.[134] Doch his praemissis darf ich der Gemeinsamkeit mich freuen. Ich habe sie auch im Glauben immer mehr empfunden, während früher die naturgemäß nie identische Strahlenbrechung mich nicht so deutlich das *eine* Licht erkennen ließ, das in den Strahlen leuchtet. Das Älterwerden macht manche enger; aber, wo man vom Leben (auch dem in der Geschichte) zu lernen gelernt hat, da macht es geschickter, hindurchzusehen durch alle signa auf die res, auf die es ankommt. Und da habe ich's immer mehr erfahren, daß Du (je höher Du gestiegen bist, desto offenbarer) das schöne Wort »dass uns werde klein das Kleine, nur das Grosse gross erscheine« im Arbeiten und im Leben in *dem* Maße ähnlich anwendest, wie ich es tun möchte, daß ich so herzliche Geistesgemeinschaft empfinde, wie nicht vielen gegenüber. Dafür bin ich im Rückblick auf die lange Zeit, seit ich zuerst – bei einer Ignatius(!)-Sozietät, Sommer 1877 – öfter in Deiner Stube war, innerlich dankbar.

Doch nun zu dem Buche! Dein Lob hat mich erfreut und wird mir nicht schaden. Darüber bedarf es keiner Ausführungen. Nur will ich Dir erzählen, daß mein seit Jahren mir etwas näher stehender Kollege Loening[135] mich aufrichtig erfreute, als er seinen – einige teils laienhafte, teils beachtenswerte Bedenken nicht ausschließenden – Dank in langem persönlichen Besuche mir aussprach und begründete. Die *Sache* hatte ihn gefaßt. – Deiner Kritik kann ich in vielem Recht geben, und wenn ich trotz der großen Auflage (2000; – die hohen Druckpreise empfahlen dies Wagnis) einen Neudruck erleben sollte, will ich mit *allem* mich innerlich auseinandersetzen. Ich nehme zunächst Deine Thesen 1, 4 u. 5 zusammen. Die Antithese Smith – liberale Leben-Jesu-Forschung bot sich den amerikanischen Vorlesungen in dem Jahre, da Smith's »Ecce deus« erschien,[136] ungesucht. Aber ich gebe zu, daß ich

---

134 Ursprüngliche Fassung (nach dem Entwurf): »Die Distanz werde ich dabei nie vergessen, wenn ich auch die ›Harnacksche Krankheit‹ (wie meine Frau sagte), die mich niederdrückte, wenn ich mein Können mit dem Deinen verglich, längst überwunden habe. Denn nur ›ein Schelm‹ will mehr geben, als er hat; und im Hintergrunde solcher ›Krankheit‹ steckt die Eitelkeit, bezw. das törichte ›Sorgen‹, seiner Länge eine Elle zuzusetzen.«

135 Edgar Loening (1843–1919), seit 1886 Professor für Staats-, Verwaltungs-, Völker- und Kirchenrecht an der Universität Halle, Mitglied des Spirituskreises. Loofs hielt ihm am 22.2.1919 die Grabrede. Zu dieser Grabrede siehe den Aufsatz von Jörg Ulrich in diesem Band, besonders 286–292.

136 William Benjamin Smith, Ecce Deus. Die urchristliche Lehre des reingöttlichen Jesus (Originaltitel: Ecce Deus. Studies of Primitive Christianity [1912]), Jena 1911.

sie nicht behutsam genug benutzt habe. Z. T. liegts am Ausdruck. Denn ich denke nicht daran, der Geschichte das »horrendum« zuzumuten, daß sie diese »negative Tatsache« zugebe, Jesu Leben sei nicht ein rein menschliches gewesen. Sie ist an die gegenteilige Voraussetzung gebunden. Ich möchte sie nur zu der Anerkennung bringen, daß die Tatsachen, die sie konstatieren muß, wenn sie sie nicht zurechtstutzt, der *Forschung* kein Endurteil erlauben, daß vielmehr bei diesem entweder eine Ablehnung der Ansprüche Jesu, oder der Glaube an ihn beteiligt ist. Ich muß noch reinlichere Scheidung von Forschung und Glauben mir angelegen sein lassen. Und Du hast recht darin, daß ich das Gebiet der ersteren weiter abgrenzen kann. Meinem Glauben liegt an dem dezidierten »nicht von unten her«. Aber ich kann manche Anstöße vermeiden, die Du genommen hast, wenn ich das nicht mit *den* Formeln ausdrücke, die jene Antithese mir bot. Wie weit ich sie (diese Formeln) ganz vermeiden kann, vermag ich noch nicht zu sagen. Ich kann das »rein-menschlich« als Ausgangspunkt auch für den Glauben zugeben –, obwohl der Glaube vieler (auch der von uns beiden) anders *geworden* ist und vielleicht noch heute davon zehrt, während da, wo die Negation alles dessen, was zu Menschenmaß nicht paßt, *Dogma* war, der Glaube mühsameres Wachstum hat. Ich will auch beim Weiterschreiten von diesem Ausgangspunkte keine modernisierte θεία φύσις einführen. Aber ich möchte das μυστήριον in ganzer Größe stehen lassen, sodaß supranaturalste Möglichkeiten offen bleiben. Deine Bemerkung, daß »*jeder dritte* Standpunkt der eigentliche Gegensatz zu den beiden andern ist«, verstehe ich noch nicht. Soweit ich sie verstehe, würde ich sagen: »Was schadets, daß das tertium eine Menge von Anschauungsformen einschließt, zu denen u. a. auch die meine gehört?« – Der Umwandlung der These, daß Jesu Leben kein rein menschliches gewesen sei, in die andre, daß »es Züge bietet, für die wir in der Geschichte Analogien nicht besitzen«, habe ich nichts Prinzipielles entgegenzusetzen (Deine These 2). Ja, die Formulierung ist in vieler Hinsicht besser, läßt Forschung und Glauben noch länger *einen* Weg gehen. Solange von Forschung die Rede war, habe ich nichts andres gemeint. Auch Deiner Ergänzung in These 3 kann ich zustimmen. Doch, wenn vermieden werden soll, daß das Schema, dessen Anwendbarkeit, ja Anwendungs-Notwendigkeit für die Geschichte ich zugebe und gegen das der Glaube nichts einwenden kann, auch wenn er darüber hinausgeführt wird, – wenn, sage ich vermieden werden soll, daß das Schema die Sache verkürzt; wenn deutlich werden soll, daß kein andres (also nicht »der Weltkaiser«, auch nicht »der Sokrates«, auch nicht »der Prophet«, sondern der »Heiland«) zutrifft; wenn klar heraustreten soll, wie dieser Heiland zu den mancherlei »Heilanden«, von denen die Geschichte weiß, sich verhält: so erfordert solche Ausführung ein so großes Maß von Wissen, Geist und Formulierungskraft, daß ich unsicher bin, ob mein Können ausreicht, das zu sagen, was ich sagen möchte. Von Deiner These 4 u. 5 ist schon gesprochen. An der letzten (Supranaturalismus, Auferstehung, Wunder) werde ich immer wieder zu denken haben, wie ich schon viel an ihr herumgedacht habe. Ich verstehe Deine Stellung, und Du kannst und wirst Dir sagen, daß mir *die* Verwechslung von Schale und Kern sehr fern liegt, die an der Stellung zum Wunder den lapis Lydius gefunden zu haben meint, der die Echtheit des Glaubens feststellen könnte. Oft kann man mit ihm feststellen, daß Glauben und Aberglauben durcheinander gehen! Aber was sind wir? und was unser Erkenntnisvermögen? Die Forschung kann nicht mit Wundern rechnen. Doch sie kennt auch keine sittliche Freiheit und keine Ewigkeit. Du hast recht: letztlich ists bei mir der Osterglaube, der mich hier bestimmt und anderes nach sich zieht. Wie ein großer irrationaler Block stellt er – meinem Glauben zur Freude – meinem Auge sich dar, wenn es aus dem Gefängnis herauszuschauen versucht, in der die Erkenntnistheorie uns einsperrt. Ich habe aber auch da immer »konkludenter« (statt exklusiv) denken gelernt, wenn nur irgendwie anerkannt wird, daß der Glaube hier in Gottes Ewigkeit hineinsieht. Auch verhehle ich mir nicht, daß die *Gewöhnung* des Denkens und die feste Verankerung der *Stimmung* in früheren Lebenserfahrungen bei mir noch heute von Einfluß sein kann; – ich kann *noch* allen Jubel empfinden, mit dem ich als Kind am Ostermorgen das »Frühmorgens, da die Sonn' aufgeht« gesungen habe. Ja, eine Reihe auch *theologischer* Fragen und Bedenken belasten mich selbst: Wie steht der πρωτότοκος ἐκ νεκρῶν zu dem Abraham der Lazarus-Parabel? Welchen Einfluß hat die Hadesvorstellung und das ἐγερεῖν ἐκ νεκρῶν, von dem die Hadesfahrt inbezug auf die Patriarchen weiß, gehabt? Ist's nicht nur die *Gewißheit* der Ewigkeit (die schon für die Patriarchen und andre Tote da war), die uns dem Tode Jesu gegenüber aufgeht? usw. Aber ich bin doch, mit Luther zu reden, »gefangen und kann nicht heraus«. Auch was ich an manchen Särgen und Gruben als minister verbi erfahren habe, hält mich. Alle »materialistischen« Auffassungen der ἀνάστασις lehne ich freilich ab.

In voriger Woche las ich Heims Buch »Glaubensgewißheit«,[137] eine Art Prolegomena zur Religionswissenschaft. Es hat mich den ganzen Tag zu nichts anderem kommen lassen. Manches mag drin anfechtbar sein; und die Schlußausführungen und manches im Eingange würde ich *so* nicht formulieren. Aber es ist ein gedankenrei-

---

137 Karl Heim, Glaubensgewissheit. Eine Untersuchung über die Lebensfrage der Religion, Leipzig 1916.

ches Buch, das über seinen nächsten Inhalt hinaus anregt. So läßt es z. B. über Ewigkeit, Allgegenwart, Allwissenheit, Wiedersehen in der Ewigkeit usw. dem Nachdenken ein Lichtlein aufleuchten, von dem man meinen kann, man vermöchte in seinem Schein zu sehen, wenn man *da* wäre, wo es ist. Es ist aber weit, weit von uns. Lies das Buch wenigstens einmal an.

In herzlicher Verehrung
Dein dankbarer
Loofs

4. Späte Briefe

Harnack an Loofs (17.6.1918)
Lieber und teurer Freund!
Es war meine feste Absicht und freudiger Wunsch und Verlangen an Deinem 60. Geburtstage zu kommen und Dir meine Glückwünsche persönlich zu sagen; aber unüberwindliche Hindernisse haben sich in den Weg gestellt. So muß ich schweren Herzens auf die Ausführung der Absicht verzichten und kann nur »occulta via tacitarum litterarum« bei Dir erscheinen.[138] »Tacitarum« – gewiß hätte ich Dir in Worten weniger gesagt, als mit der Feder, und doch wäre es mehr gewesen; denn schweigsam ist selbst die geläufige Feder gegenüber dem Händedruck und dem Auge!

Glückwunsch – nun allem zuvor beglückwünsche ich Dich in Bezug auf Dein Lebenswerk in Beruf und Haus. Dort bist Du in vollem Sinne ein Kirchenvater, »der Kirchenvater«, geworden für Halle und die Provinz Sachsen in dem doppelten Sinn des Theologen und des Bischofs. Ich weiß keinen andern aus unserer Zunft, von dem das in diesem Maße gilt – vielleicht noch von Ihmels in Leipzig. Aber Deinem Wirken sehe ich mit uneingeschränkter Freude zu, was ich von dem Ihmels nicht sagen kann. Wie Du es als Theologe verstanden hast, die Gebundenheit an die probehaltige Überlieferung mit wissenschaftlicher Freiheit zu verbinden – einer Verbindung, die so einfach ist und doch von so Wenigen rein vollzogen wird –, so hast Du es als evangelischer Bischof verstanden (denn das bist Du), das kirchliche Erbe der Reformation in vorbildlicher Weise praktisch geltend zu machen und den neuen Bedürfnissen der Gegenwart zugleich gerecht zu werden. Daneben hat Deine wissenschaftlich gelehrte Arbeit nicht eine Nebenstellung, sondern wie Du, wo Du eingesetzt hast, stets auf den Grund gegangen bist u. keine Kärrnerarbeit gescheut hast, so ist Dir eben aus

---

138 »auf dem verborgenen Wege schweigender Schriften« (Tert.apol. 1,1).

dieser Arbeit Klarheit, Sicherheit und das freudige Gewissen erwachsen. Ich habe nie ein Buch oder einen Aufsatz oder einen Artikel bei Hauck von Dir gelesen, ohne gefördert zu sein, und so werden alle Fachgenossen urteilen.

In Deinem Hause aber ist Dir auch ein Lebenswerk geworden, für das Du tiefen Dank sagen wirst und zu dem wir Dich beglückwünschen dürfen. Es möge in Kraft und Frische Generation auf Generation zu Deiner Freude fortblühen.

Persönlich aber habe ich Dir für eine mehr als 40jährige treue Freundschaft innig zu danken. Es war für mich eine Lust zu leben, als der kleine Leipziger Kreis von Studirenden sich um mich sammelte, und aus Stein und Stahl die Funken hervorblitzten. Nie werde ich das vergessen: denn so gut habe ich es nie wieder gehabt! Wie es Wunden giebt, die nicht vernarben, so giebt es auch freudige Erlebnisse, die niemals verblassen, ja die noch nach Jahrzehnten blässeren Farben Licht und Stärke geben. Aus diesem Kreise bist Du nicht nur der theologisch Gelehrteste, sondern auch – ohne Partei und Kirchenzeitung – der Einflußreichste geworden; ob einer oder der andere der früheren Schüler mir theologisch näher steht, weiß ich nicht. Ich habe niemals viel danach gefragt, sondern nur nach den Hauptrichtlinien und der Kraft des Könnens, und das weiß ich außerdem, daß ich an Gesinnungsgemeinschaft u. Treue keinen bessern Freund unter allen Fachgenossen habe. Wie lebendig u. dankbar gehen daher meine Gedanken zu Dir herüber! Wie schließen sich die 42 Jahre in ein einziges gutes Jahr zusammen, wie verschwindet hier Raum u. Zeit, als stünden wir Hand in Hand nebeneinander! Und wenn ich Dir manchmal zu kühn vorkomme u. Du mir zu altmodisch, so wissen wir beide, daß das gar nichts ausmacht.

In multos annos unter Gottes Gnade und ein fröhliches Herz trotz aller Kriegsnot! Treulich und mit herzlichen Grüßen an alle die Deinigen
Dein
AdolfHarnack

Loofs an Harnack (8.7.1924)
Verehrter und lieber Freund!
Morgen sind es 50 Jahre, seit Du in Leipzig die venia legendi Dir erstrittest.»Erstrittest«, denn die Disputation war damals kein Kinderspiel; und, obwohl sie Hora X begann wird sie nicht vor 1 Uhr ihr Ende gefunden haben. – Von einem Allgemeinen, das zu diesem Deinen Dozentenjubiläum unternommen wäre, weiß ich nichts. Es fällt ja in böse Zeit. Ich selbst aber möchte wenigstens das nicht unterlassen, meinerseits dankbar und mit herzlichen Glück- und Segenswünschen des

9. Juli 1874 zu gedenken. Dankbar gedenke ich jenes Tages nicht nur deshalb, weil die lange, glänzende und ertragreiche Dozententätigkeit, zu der man Dich heute, zurückschauend, beglückwünschen kann, für mich selbst von größter Bedeutung gewesen ist, oder weil ich der *vielen* gedenke, die das, wenngleich zumeist in geringerem Maße, gleichfalls von sich sagen können; auch nicht nur, weil die Wissenschaft, was kein kirchenpolitischer Gegner leugnen kann, Dir reichste Förderung verdankt; – vielmehr, all Deinen traditionalistischen Kritikern zum Trotz, auch deshalb, weil Dein Wirken der Kirche zum Segen gewesen ist und sein wird. Denn *die* Kirche, die perpetuo mansura est,[139] hat nur Segen davon wenn die *Wahrheit* gesucht und gefunden wird – oder besser: immer mehr gefunden wird. Und Du hast viel tun dürfen, die Wahrheit in helleres Licht zu rücken. Dir selbst mag solche Beurteilung der 50 Jahre sich einschränken durch das Bewußtsein manches unvollkommenen Findens oder des Irrens, das unser menschliches Suchen begleitet. Vor der Geschichte gilt solche Einschränkung bei dem einzelnen nicht, weil sie von allen gilt, und weil sie stillschweigend das Irrige ausscheidet. De futuro begrüße ich Dich mit herzlichen Segenswünschen – in der Hoffnung, daß die außergewöhnliche Frische, mit der Du dies Jubiläum begehen kannst, in dem Maße, das unter Menschen möglich ist, dir erhalten bleibe, solange Dein Tag dauert.

Dessen, was am 9. Juli 1874 in Leipzig geschah, kann ich mich freilich nicht erinnern. Ich war noch Gymnasiast. Aber keine 3 Jahre später haben wir, die wir von den »großen Propheten« des damaligen Leipzig zu den damals als »die kleinen« geschätzten uns wandten, wenigstens in bezug auf *Dich* eine Ahnung von der Zukunft gehabt, die nun Vergangenheit ist; und in der corona hat wohl schon am 9. Juli 1874 selbst mancher ähnlich gedacht.

Ein 1874 in Leipzig schon studierender Theologe, der »Paulus«, auf den ich mich hingewiesen sah, als ich vor 3 1/2 Jahren mit Antonius meinte, es sei kein Älterer mehr da, und den ich dann brieflich aufsuchte, D. Dr. Behm in Schwerin, ist jetzt Landesbischof von Mecklenburg. Er wird wohl etwas von der Farbe des Bodens beeinflußt sein, auf dem er lange schon lebt; aber als er vor wenigen Wochen während des Kirchentags bei einer schlichten Feier am Grabe von F. v. Bodelschwingh die Ansprache hielt, eindrucksvoll würdig und angemessen, dachte ich: »Dir hat's auch genützt, daß Du Harnacks Schüler gewesen bist!« In Schweden, Finland und bei den Anglikanern und Methodisten werden noch manche andre »Bischöfe« sein, die auch persönlich von Dir gelernt haben, wie der große Lehrmeister aus dem Anfang des Mittelalters, Beda, viele Schüler hatte, die Bischöfe waren,

---

139 Vgl. CA VII.

während er in seinen alten Bahnen blieb. Er schrieb damals am Ende seiner historia eccl. gentis Anglorum: semper aut discere aut docere aut scribere dulce habui. Bei einem so wenig abwechslungsreichen Leben, wie dem Bedas, besagt das nicht viel; – daß Du bei Deinem reichen, vielseitigen Leben ebenso sagen kannst, bedeutet mehr. Möge das Dulce Dir bleiben, auch wenn Dein Leben, wie die Jahre es mit sich bringen, sich mehr einengt!

Deiner verehrten Frau Gemahlin erlaube ich mir zu *Deinem* Jubiläum gleichfalls einen Glückwunsch zu senden. Es sind nur noch 5 Jahre, bis sie mit Dir auf 50 Jahre gemeinsamen Lebens zurücksieht. Den Tag wird niemand schneller herbeiwünschen, als dem Schreiten der Zeit entspricht; aber daß er seiner Zeit den Abendfrieden Deines Hauses vergolden möge, – *der* Wunsch liegt bei dem Rückblick auf den 9. Juli 1874, der Dich für die nächsten Jahre in Leipzig hielt, sehr nahe.

In herzlicher Verehrung und Dankbarkeit
Dein dankbarer
Loofs[140]

Harnack an Loofs (11.7.1924)

Sehr lieber Freund,
Für Deinen herzlichen Brief sage ich Dir vielmals Dank. Er hat mich bewegt u. sehr erfreut: »Ihr bringt mit Euch die Bilder froher Tage, u. manche liebe Schatten steigen auf«.[141] Unvergangen sind die Tage in meinem Gedächtniß, jene Zeiten, in denen ich eigentlich soviel Nachsicht nötig hatte u. soviel Vertrauen genoß, u. in denen ich mit Euch soviel mehr gelernt habe als Ihr. Fünfzig Jahre sind vergangen; aber die Problemstellungen von damals sind auch heute noch die meinigen, u. wenn ich jetzt eben die 2. Aufl. des »Marcion« korrigire, kommt's mir manchmal vor, als säße ich noch in der Turnerstraße,[142] u. um mich sind Loofs, Bornemann u. Rade. Auch Michelsen-Klanxbüll[143] hat sich vor einiger Zeit freundlichst verlauten lassen, u. mancher mir

---

140 Eine Nachschrift wurde fortgelassen.
141 Goethe (s.o. Anm. 97), Vers 9f.
142 »Turnerstraße 5, im vierten Stock« (Wilhelm Bornemann, Erinnerungen aus der Studienzeit, in: Die Gemeinde 10 [1911], 190).
143 Vgl. Harnack, Reden (s.o. Anm. 63), Bd. VII, 14: »mein guter Freund Michelsen, der mir noch eben den dritten Band seiner Schleswig-Holsteinischen Kirchengeschichte geschickt hat, und der seit 30 Jahren der Historiograph der Kirchengeschichte von Holstein ist.« – In der Gratulantenliste aus der Reihe der Schüler zu Harnacks siebzigstem Geburtstag (Harnack-Ehrung. Beiträge zur Kirchengeschichte ihrem Lehrer Adolf von Harnack zu seinem 70. Geburtstage 7. Mai 1921, Leipzig 1921, VIII–XVIII) ist Ernst Michelsen als »Pastor in Klanxbüll (Kr. Südtondern)« verzeichnet (aaO., XIV). Er studierte von 1876 bis 1878 bei Harnack.

fast Entschwundene hat sich gemeldet. Immer aber bilden in meiner Erinnerung die »Leipziger« eine besondere Gruppe, u. ich danke Dir u. Euch allen für Eure Liebe u. Treue, die das Fundament meiner wissenschaftlichen Existenz gesichert u. mir die akademische Arbeit zu Freude u. zum Stolz gemacht hat, eben weil ich Euch von Anfang an nicht als Schüler, sondern als Freunde empfunden habe.
    Treulich u. herzlich, mit Grüßen auch v. meiner Frau
Dein v.Harnack

Friedrich Loofs. Jubilar, Jubiläum und Jubiläumsforscher

WOLFGANG FLÜGEL

Am 19. Juni 2008 jährte sich der Geburtstag des Hallenser Kirchenhistorikers und Theologieprofessors Friedrich Loofs zum 150. Mal. Es verwundert nicht, dass die Theologische Fakultät der Martin-Luther-Universität aus diesem Grund ein Festkolloquium veranstaltet hat. Schließlich löst der ›Zwang der runden Zahl‹ bei den unterschiedlichsten Institutionen – bei universitären Einrichtungen ebenso wie bei religiösen Gemeinschaften, politischen Körperschaften oder Wirtschaftsunternehmen – den Reflex aus, an reale oder fiktive[1] Schlüsselereignisse beziehungsweise wichtige Personen der eigenen Vergangenheit zu erinnern, also ein historisches Jubiläum zu begehen.

Dabei entbehrt es nicht einer gewissen Ironie, dass der Jubilar mit dieser für die öffentliche Erinnerungs- und Festkultur unverzichtbaren kulturellen Praxis in einer besonderen Weise vertraut war. Zunächst trat er, wie andere Akademiker auch, anlässlich verschiedener Jahrhundertfeiern als Festredner in Erscheinung, der, wie bei solchen Gelegenheiten üblich, die Bedeutung des vergegenwärtigten Ereignisses für seine eigene Gegenwart ausdeutete.[2] Außerdem publizierte er eine

---

1   Auch der Anschlag der 95 Thesen wider den Ablass durch Martin Luther am 31. Oktober 1517, der den Anlass für die Reformationsjubiläen bildet, stellt wohl ein fiktives Ereignis dar. Zumindest verwies Erwin Iserloh dieses Geschehen bereits im Jahr 1961 in das Reich der Legende. Einen knappen Überblick über die seitdem andauernde Diskussion gibt Volkmar Joestel, 1517. Luthers 95 Thesen. Der Beginn der Reformation. Das Tagebuch Europas, Berlin 1995, 24f. Hier auch die wichtigste Literatur. Ein Dokumentenfund im Jahr 2007, der den Thesenanschlag angeblich bestätigen soll, hat die Diskussion erneut entfacht; vgl. ›http://www.spiegel.de/kultur/gesellschaft/0,1518,463770,00.html‹ (letzter Zugriff am 22.3.2010).

2   Etwa bei den Feiern zum 400. Geburtstag von Philipp Melanchthon (1897) oder Johannes Calvin (1909) sowie beim Reformationsjubiläum 1917; vgl. Friedrich Loofs, Melanchthon als Humanist und Reformator. Festrede zum Melanchthon-Jubiläum, gehalten in der Aula der Universität Halle-Wittenberg am 16. Februar 1897, in: ThStKr 70 (1897), 641–667; ders., Zum Gedächtnis Calvins. Rede in der Aula der Uni-

Abhandlung über die an den Universitäten Wittenberg und Halle inszenierten Jahrhundertfeiern der Reformation.³ Dieser Aufsatz, der im Vorfeld des Reformationsjubiläums 1917 erschienen war, sollte die weitere Forschung prägen: Einerseits diente er späteren Untersuchungen als unmittelbares Vorbild, wie Alfred Galley in seiner 1930 veröffentlichten Studie über die Säkularfeiern der Übergabe der Confessio Augustana explizit anmerkt.⁴ Andererseits wird er seit der Monographie, die Hans-Jürgen Schönstädt im Jahr 1978 zum Reformationsjubiläum 1617 vorgelegt hat, regelmäßig von der modernen Jubiläumsforschung rezipiert.⁵ In der Gegenwart bildet er sogar einen der Basistexte für das an der Martin-Luther-Universität Halle-Wittenberg angesiedelte DFG-Projekt »Der Geist der Zeiten in reformatorischen Jubelfeiern«.⁶

Offenkundig besitzt der Loofs-Aufsatz eine Bedeutung, die es im Folgenden aufzuspüren gilt. Dazu ist es zunächst notwendig, diesen in den Kontext der Jubiläumsschriften des Jahres 1917 zu stellen und in diesem Zusammenhang das Wissenschaftsverständnis des Hallenser Kirchen-

---

versität Halle-Wittenberg, in: ThStKr 83 (1910), 110–137. Ein Abdruck der Rede vom 31.10.1917: ders., Luthers Glaubensleben als Erbteil des späteren Wittenberg, in: Georg Doden (Hg.), Die Reformationsfeier in Wittenberg 1917, Wittenberg 1918, 113–122. Für 1917 ist außerdem die von Loofs verfasste Programmschrift der Theologischen Fakultät der Universität Halle-Wittenberg zum 31. Oktober 1917 zu nennen: ders., Der articulus stantis et cadentis ecclesiae, in: ThStKr 90 (1917), 323–420. Einen Hinweis auf eine ›runde Zahl‹ gibt Loofs in seiner Rektoratsrede von 1907, indem er darauf verwies, dass Martin Luther 400 Jahre zuvor Professor in Wittenberg geworden war; vgl. ders., Luthers Stellung zum Mittelalter und zur Neuzeit. Rede, gehalten beim Antritt des Rektors der Vereinigten Friedrichs-Universität Halle-Wittenberg am 12. Juli 1907, in: DEBl 32 (1907), 513–538.

3   Friedrich Loofs, Die Jahrhundertfeiern der Reformation an den Universitäten Wittenberg und Halle, 1617, 1717 und 1817, in: ZVKGS 14 (1917), 1–68.
4   Alfred Galley, Die Jahrhundertfeiern der Augsburgischen Konfession von 1630, 1730 und 1830. Ein Gedenkblatt zur 400jährigen Augustana-Feier von 1930, Leipzig 1930, 4.
5   Vgl. Hans-Jürgen Schönstädt, Antichrist, Weltheilsgeschehen und Gottes Werkzeug. Römische Kirche, Reformation und Luther im Spiegel des Reformationsjubiläums 1617, Wiesbaden 1978, 16–19; ders., Das Reformationsjubiläum 1617. Geschichtliche Herkunft und geistige Prägung, in: ZKG 93 (1982), 5–57; Ruth Kastner, Geistlicher Rauffhandel. Form und Funktion der illustrierten Flugblätter zum Reformationsjubiläum 1617 in ihrem historischen und publizistischen Kontext (Beiträge zur Literaturwissenschaft und Bedeutungsforschung 11), Frankfurt a.M./Bern 1982, 27–29; sowie jüngst Wolfgang Flügel, Konfession und Jubiläum. Zur Institutionalisierung der lutherischen Gedenkkultur in Sachsen 1617–1830 (Schriften zur sächsischen Geschichte und Volkskunde 14), Leipzig 2005, 15f. 29. 33. 41–50; Harm Cordes, Hilaria evangelica academica. Das Reformationsjubiläum von 1717 an den deutschen lutherischen Universitäten (FKDG 90), Göttingen 2006, 13f.
6   Auf der Homepage des Projektes »Geist der Zeiten« ist der Aufsatz von Loofs einsehbar; vgl. ›http://www.theologie.uni-halle.de/2017/geist_der_zeiten/texte/‹ (letzter Zugriff am 22.3.2010).

historikers zu hinterfragen. Im Anschluss daran gilt es, die Aussagen von Loofs mit dem aktuellen Kenntnisstand über die Erinnerungs- und Jubiläumskultur[7] abzugleichen, um so Wegweisendes aber auch Grenzen eines vor mehr als 90 Jahren entstandenen Textes aufzuzeigen. Dieser Abgleich erfolgt erstens auf einer theoretischen und zweitens auf einer historisch-verlaufsorientierten Ebene: Dabei interessiert erstens, ob und wie Loofs die Leistung antizipierte, die der Jubiläumsmechanismus im Kontext der Erinnerungskultur zu erbringen vermag. Zweitens werden die Untersuchungen von Loofs mit den Aussagen der jüngeren Forschung kontrastiert. Dies erfolgt aus zwei Gründen am Beispiel der Säkularfeier von 1617: Einerseits markiert sie den Ausgangspunkt der reformatorischen Jubiläumskultur und verweist andererseits in besonderer Weise auf die Universität Wittenberg.

Darauf aufbauend unternimmt Christian Muth im folgenden Aufsatz den zweiten Schritt: Er greift die Leitfrage des Loofs-Textes, »wie der Geist der Zeiten sich in den Jubelfeiern spiegelt«[8], auf, indem er das Forschungskonzept des genannten DFG-Projekts vorstellt und es auf die Reformationsdeutung des Jubilars anwendet. Dabei nimmt er auch Aufsätze und Reden des Jubilars in den Blick, die nicht im Zusammenhang mit der Jahrhundertfeier von 1917 entstanden sind.

1. Das Reformationsjubiläum 1917, die Publizistik und Loofs

Das Jubiläumsschriftgut des Jahres 1917 ergoss sich wie eine Springflut über das Deutsche Reich. Die fast inflationär zu bezeichnende Masse der Publikationen stand jedoch in auffälligem Kontrast zur bescheidenen Inszenierung des Jubiläums.

Zwar hatten im Frühsommer 1914, unmittelbar vor Ausbruch des Ersten Weltkrieges, die Planungen für eine internationale Reformationsfeier am 31. Oktober 1917 begonnen, an der Protestanten unter anderem aus den USA, Kanada, Großbritannien, Frankreich, Schweiz, Österreich, Australien, Russland, Skandinavien und den Niederlanden in Witten-

---

7   Maßgeblich hierfür sind die Arbeitsergebnisse des Teilprojekts R »Das historische Jubiläum. Genese, Ordnungsleistung und Inszenierungsgeschichte eines institutionellen Mechanismus« des an der TU Dresden angesiedelten und nach Erreichen der Förderhöchstdauer im Dezember 2008 seine Arbeit beendenden Sonderforschungsbereich 537 »Institutionalität und Geschichtlichkeit«. Einen Forschungsüberblick gibt Winfried Müller, Das historische Jubiläum. Zur Geschichtlichkeit einer Zeitkonstruktion, in: ders. (Hg.), Das historische Jubiläum. Genese, Ordnungsleistung und Inszenierungsgeschichte eines institutionellen Mechanismus (Geschichte, Forschung und Wissenschaft 3), Münster 2004, 1–75.
8   Loofs, Jahrhundertfeiern (s.o. Anm. 3), 3.

berg teilnehmen sollten.⁹ Doch von dieser großen Selbstdarstellung des Protestantismus blieb nur Katzenjammer übrig: Je länger der Weltkrieg andauerte und umso größer der Druck der Kriegsereignisse – die spätestens seit dem sogenannten Steckrübenwinter 1916/17 auch für die Zivilbevölkerung immer schwerwiegendere Folgen besaßen – auf dem Reich lastete, desto größer wurden die Einschnitte bei der Säkularfeier. Außer der ursprünglich angedachten Weltfeier fiel auch die als Ersatz geplante zentrale Feier aller deutschen Protestanten aus, so dass lediglich kleine Jubiläumsfeiern auf lokaler Ebene stattfanden. Deren Inszenierungen verzichteten im Regelfall sogar auf alle aufwändigen Elemente und beschränkten sich lediglich auf Festgottesdienste sowie flankierende Gemeindeversammlungen.¹⁰ Kurzum, das Reformationsjubiläum widerspiegelte die protestantische Stimmung, die angesichts des Krieges und seiner innenpolitischen Folgen¹¹ im Jubiläumsjahr auf einem Tiefpunkt angelangt war. Die zeitgenössischen Jubiläumsberichte kommentierten denn auch resigniert, die Reformationsfeiern des Jahres 1917 seien in ihrer äußeren Gestalt weit hinter dem prunkvoll inszenierten Lutherjubiläum des Jahres 1883, der Demonstration selbstgewisser Bürgerlichkeit des deutschen Protestantismus, zurückgeblieben.

An die Stelle aufwändiger Jubiläumsfeierlichkeiten trat die literarische »Materialschlacht«¹². Die zahlreichen Publikationen, egal ob es sich um Darstellungen zu Luthers Leben, lokalhistorischen Untersuchungen zur Reformationsgeschichte oder Abhandlungen zu vergangenen Reformationsjubiläen handelte, sollten die Einschränkungen der Jubiläumsinszenierungen kompensieren. Sie stellten einerseits dem Verzicht bei den Inszenierungen eine Verinnerlichung der Feier als positiven Gegeneffekt beschwörend gegenüber und versuchten andererseits, das protestantische Selbstbewusstsein durch die Art und Weise der Refor-

---

9 Vgl. im Aktenkonvolut Reformationsjubiläum 1917: Vorbereitungen Mai 1912–Juni 1916. Evangelisches Zentralarchiv Berlin 1 A2, 431, Blatt 59 vom 17. Juni 1914.
10 Vgl. Berichte aus der Provinz Sachsen, Berichte der Feier aus den einzelnen Kirchen, Evangelisches Zentralarchiv Berlin 1 A2, 434. Dementsprechend merkte Loofs in seiner Wittenberger Festrede an, dass anders als bei früheren Säkularfeiern kaum Gäste nach Wittenberg gekommen seien; vgl. Loofs, Glaubensleben (s.o. Anm. 2), 113f.
11 Erinnert sei pars pro toto an den Rücktritt des evangelischen Reichskanzlers und preußischen Ministerpräsidenten Georg Michaelis ausgerechnet am 31. Oktober 1917, dem am Folgetag der Zentrumspolitiker Georg Graf Hertling in beiden Ämtern nachfolgte, was aus lutherischem Blickwinkel ein Ende der alten protestantischen Reichsherrlichkeit bedeuten mochte.
12 Gottfried Maron, Luther 1917. Beobachtungen zur Literatur des 400. Reformationsjubiläums, in: Gerhard Müller/Gottfried Seebaß (Hg.), Die ganze Christenheit auf Erden. Martin Luther und seine ökumenische Bedeutung. Zum 65. Geburtstag des Verfassers, Göttingen 1993, 209–257 (211).

mationsdeutung wieder zu heben.[13] Dazu nutzten die allermeisten Redner und Festschriftautoren das bereits 1883 verbreitete Lutherbild vom Reformator als Wegbereiter der deutschen Freiheit.[14] Auf dieser Grundlage stilisierten sie Luther in unzähligen Varianten als Heros der Deutschen und beschworen ihn als letzten Retter in höchster Not.

Allerdings gab es zu dieser national eingefärbten Lutherdeutung eine Alternative. Einige Theologen wiesen die Nationalisierung des Reformators und die damit einhergehende Gleichsetzung von protestantisch und deutsch als Verfälschung des lutherischen Anliegens zurück. Stattdessen führten sie, die Luther-Renaissance antizipierend, den Reformator beziehungsweise die Reformation auf die theologische Bedeutung zurück.[15] Ein Vertreter dieser Haltung war Friedrich Loofs, wie sich in besonderer Prägnanz an dessen Wittenberger Festvortrag vom 31. Oktober 1917 zeigen lässt. In ihm artikulierte der Redner Vorstellungen, die für das Verständnis des Jubiläumsaufsatzes wichtig sind und deshalb im Folgenden skizziert werden.

Loofs benannte in seinem Vortrag den Reformator zwar en passant als ein »Beispiel deutscher Vaterlandsliebe, deutscher Zähigkeit, deutschen Mutes«, auch zeigte er Verständnis dafür, dass die Soldaten bei den aus dem Luther-Lied ›Eine feste Burg‹ entnommenen Worten »das Reich muss uns doch bleiben« an das Vaterland dachten.[16] Die eigentliche Bedeutung Luthers lag für Loofs jedoch in etwas anderem. Ausdrücklich betonte er: »Das Beste, das Größte an Luther war sein Glaubensleben«, seine Frage nach einem gnädigen Gott.[17] Diese Suche führte letztendlich zu der evangelischen Grunderkenntnis, dass der »Glaube an Gottes Gnade die ganze Summe des Christentums ist«.[18]

Diese Vorstellung bediente Loofs in seinem Jubiläumsaufsatz. Er forderte, dass die Festpredigten und die Publizistik der 1917 anstehenden Säkularfeier die »*positiven* Grundgedanken der Reformation«, die »evangelische […] Erkenntnis«[19] vom Glauben an die Gnade Gottes be-

---

13 Vgl. Maron, Luther 1917 (s.o. Anm. 12), 211.
14 Vgl. Gottfried Maron, 1883 – 1917 – 1933 – 1983. Jubiläen eines Jahrhunderts, in: Gerhard Müller/Gottfried Seebaß (Hg.), Die ganze Christenheit auf Erden. Martin Luther und seine ökumenische Bedeutung. Zum 65. Geburtstag des Verfassers, Göttingen 1993, 188–208 (190f.). Allgemein zur Nationalisierung der evangelischen Kirchen im Ersten Weltkrieg vgl. Peter Wolkenhorst, Nationalismus als ›politische‹ Religion? Zur religiösen Dimension nationalistischer Ideologie im Kaiserreich, in: Olaf Blaschke/Frank-Michael Kuhlemann (Hg.), Religion im Kaiserreich. Milieus – Mentalitäten – Krisen (Religiöse Kulturen der Moderne 2), Göttingen 1996, 503–529 (516–520).
15 Vgl. Maron, Luther 1917 (s.o. Anm. 12), 235.
16 Vgl. Loofs, Glaubensleben (s.o. Anm. 2), 121f. (122).
17 Vgl. Loofs, Glaubensleben (s.o. Anm. 2), 114–118 (114).
18 Loofs, Glaubensleben (s.o. Anm. 2), 118.
19 Loofs, Jahrhundertfeiern (s.o. Anm. 3), 68; Hervorhebungen im Original.

tonen sollen. Die Dringlichkeit, mit der Loofs dieses Anliegen vertrat, erklärt sich aus seinem Negativbefund:

> »Die nichttheologische Wissenschaft der Gegenwart [ist] den kirchlichen Traditionen [...] nur ferner gerückt. Frommer und christlicher ist Deutschland in den 100 Jahren, die nun abermals [seit dem Reformationsjubiläum 1817] vergangen sind, ganz gewiß nicht geworden.«[20]

Angesichts dieser Situation entspräche die von Loofs geforderte inhaltliche Ausrichtung zwar nicht dem »*Geschmacke* unserer Zeit, aber dem *Bedürfnis* unserer Zeit und den tiefsten, wertvollsten und fruchtbarsten Gedanken Luthers«[21].

Auffallend ist, dass diese theologischen Vorstellungen expressis verbis erst am Ende des Aufsatzes anstelle einer Zusammenfassung und damit allerdings an prominenter Stelle erscheinen. Damit stellt sich die Frage, welche Bedeutung dieses theologische Reformationsbild für Loofs' Leitfrage nach der Widerspiegelung des Zeitgeistes in den Jahrhundertfeiern besaß.

2. Loofs, sein Aufsatz und der Zeitgeist

Seit dem 17. Jahrhundert bis in unsere Gegenwart hinein erscheinen im zeitlichen Umfeld der Reformationsjubiläen Abhandlungen, die diese Säkularfeiern unter verschiedenen Aspekten fokussieren.[22] Noch im 20. Jahrhundert thematisierten die meisten dieser Publikationen nur eine einzige Jahrhundertfeier, diachrone Überblicke über die Kette der vorangegangenen Jubiläen bildeten noch 1917 die Ausnahme.[23]

---

20   Loofs, Jahrhundertfeiern (s.o. Anm. 3), 67.
21   Loofs, Jahrhundertfeiern (s.o. Anm. 3), 68. Das Zitat verdeutlicht zugleich, dass sich Loofs seiner Minderheitenposition durchaus bewusst war; Hervorhebungen im Original.
22   Entsprechende Literaturangaben hierzu bei Loofs, Jahrhundertfeiern (s.o. Anm. 3), 1–3. Eine ausführlichere Bibliographie vgl. Flügel, Konfession und Jubiläum (s.o. Anm. 5), 280–295. Die inhaltlichen Schwerpunkte konnten verschieden sein. So galt im 17. Jahrhundert das Interesse der Festschriftautoren vor allem den Festpredigten, während im 18. und 19. Jahrhundert Beschreibungen des Vorbereitungsprozesses und des Ablaufs der Jahrhundertfeier hinzutraten. Aus einem unmittelbaren praktischen Bedürfnis heraus entstanden im 18. Jahrhundert zudem historische Darstellungen der Säkularfeiern des 17. Jahrhundert: Sie kompensierten das Fehlen zeitgenössischer Chroniken und dienten den Organisatoren der anstehenden Jahrhundertfeiern als Leitfaden bei der Vorbereitung; vgl. Loofs, Jahrhundertfeiern (s.o. Anm. 3), 1–3. Belege aus der zeitgenössischen Literatur vgl. Flügel, Konfession und Jubiläum (s.o. Anm. 5), 148–151.
23   Etwa Horst Stephan, Das evangelische Jubelfest in der Vergangenheit, in: DEBl 8 (1917), 2–12. Dieser Aufsatz findet Erwähnung bei Loofs, Jahrhundertfeiern (s.o. Anm.

Innerhalb dieser Veröffentlichungen nimmt der Loofs-Text aufgrund seiner Struktur einen herausragenden Platz ein: Im Gegensatz zu anderen zeitgenössischen Gelehrten, die das Reformationsjubiläum 1617 mit Hinweis auf die formale Gleichheit mit der besser dokumentierten Jahrhundertfeier 1717 recht stiefmütterlich behandelten,[24] widmete der Hallenser Kirchengeschichtler allen drei an den Universitäten Halle und Wittenberg zelebrierten Säkularfeiern die gleiche Aufmerksamkeit.[25] Dabei untersuchte er nicht nur die jeweiligen Vorbereitungsprozesse und Abläufe der Jubiläen, sondern im Kontext der verschiedenen theologischen Strömungen im Luthertum auch die Inhalte der verschiedenen Festpredigten und -reden.

Bei einer Durchsicht des Loofs-Aufsatzes fällt allerdings auf, dass sein Verfasser den in der Leitfrage genannten zentralen Begriff des Zeitgeistes nicht als Kategorie definiert, sondern wohl ausgehend von dessen breiter Verankerung im zeitgenössischen Sprachgebrauch lediglich Zustandsbeschreibungen vorgenommen hat.[26] Zunächst konstatierte er, dass sich der Zeitgeist von Jahrhundertfeier zu Jahrhundertfeier gewandelt habe, etwa: »Der Geist der Zeit, der Geist auch der Wittenberger von 1717 war nicht mehr derselbe wie 1617.«[27] Als Resümee seiner Untersuchung fügte er ergänzende Charakterisierungen an: Die Reformationsjubiläen im Jahr 1617 seien im »Zeichen der Orthodoxie« gefeiert worden, verrieten im Jahr 1717 hingegen den »Geist des Pietismus« und stünden schließlich 1817 unter dem »Einfluss des Rationalismus«. In jedem Falle sei der Zeitgeist, der sich in diesen Jahr-

---

3), 2f. Weiterhin erschienen sind z.B. Friedrich Rode, Hamburg und die frühen Reformationsjubiläen 1617, 1717, 1817, Hamburg 1917; Wilhelm Petrus Angerstein, Die Reformationsjubeljahre 1617, 1717 und 1817. Eine Studie für das Reformationsjubeljahr 1917, Lodz 1917; Georg Arndt, Das Reformationsjubelfest in vergangenen Jahrhunderten. Gedenkblätter aus der Geschichte der evangelischen Kirche Deutschlands, Berlin 1917; Walter Wendland, Die Reformationsjubelfeiern in Berlin und Brandenburg, in: JBrKG 15 (1917), 66–109; Heinrich Danneil, Die Magdeburger Reformationsjubelfeiern 1617, 1717, 1817 und 1917, in: GBSLM 53/54 (1918/1919), 77–104.

24 Über die Säkularfeier 1717 schreibt Stephan: »es steht auf der Grenzscheide zweier Zeiten. Es ist noch ganz in den Formen des Altprotestantismus gefeiert worden, erspart uns also auch das von 1617 gesondert zu betrachten.« Stephan (s.o. Anm. 23), 2.

25 Vgl. Loofs, Jahrhundertfeiern (s.o. Anm. 3), 1–19 (Wittenberg 1617); ebd., 19–39 (Wittenberg 1717); ebd., 40–54 (Halle 1717); ebd., 54–68 (Halle 1817).

26 Der Begriff Zeitgeist wurde durch die »Kritischen Wälder« und die »Humanitätsbriefe« Herders in die deutsche Gelehrtensprache eingeführt und meint die »herrschenden Meinungen, Sitten und Gewohnheiten« eines Zeitalters; vgl. Johann Gottfried Herder, Sämtliche Werke. Bd. XVII, hg. v. Bernhard Suphan, Hildesheim (1881) ³1994, 95–97.

27 Loofs, Jahrhundertfeiern (s.o. Anm. 3), 27. Ähnlich: ebd., 39: »Der Geist der Zeit war ein anderer geworden.« Ebd., 40: »Sehr viel deutlicher als, in Wittenberg, zeigt sich der gegen 1617 merklich veränderte Zeitgeist bei der Hallischen Jubelfeier von 1717.«

hundertfeiern widerspiegelt, jeweils »einheitlich« gewesen und unterscheide sich damit von dem des Jahres 1917.[28]

Diese – allerdings problematische – Auffassung verweist auf zwei Sachverhalte: Erstens sah Loofs unter Ausblendung sonstiger möglicher Einflussfaktoren den Zeitgeist nur durch Strömungen der lutherischen Theologie geprägt. Diese theologiezentrierte Sichtweise korreliert zwar mit dem Lutherbild des Jubilars und wirft zugleich ein Schlaglicht auf dessen Erkenntnisinteresse, engte jedoch den Blickwinkel ein, aus dem er die Reformationsjubiläen analysierte. Zweitens wird deutlich, dass der Hallenser Theologe den diachronen Vergleich der Reformationsjubiläen weniger nutzte, um übergreifende Entwicklungslinien aufzuzeigen. Vielmehr ordnete er jede Säkularfeier einer bestimmten Epoche zu, die eine eigene Wertigkeit besitze, das heißt sich in ihrer historischen Erscheinung durch eigene Individualität auszeichne und damit von den vorangegangenen beziehungsweise nachfolgenden deutlich unterscheide. Ein solches Epochendenken ist charakteristisch für den Historismus, dem Loofs unberührt von der zeitgenössischen Kritik und der virulenten Methodendiskussion, die freilich vor allem von Philosophen und universalhistorisch gebildeten Nichthistorikern geführt wurde, anhing.[29]

Zu diesem Wissenschaftsverständnis passt die Auffassung von Loofs, die Reformationsdeutung sei in jeder der drei untersuchten Säkularfeiern zeittypisch »einseitig und ungeschichtlich«[30] gewesen, wohingegen ihm 1917 ein »rechtes geschichtliches Verständnis der Reformation« möglich erschien – immerhin gehöre ein »geschichtliches Verständnis«, zum facettenreich gewordenen »Geiste unserer Zeit«.[31] Eine solche Beschwörung des Geschichtlichen fand ihren Niederschlag auch in der zeitgenössischen deutschen Theologie[32] und manifestierte sich darüber hinaus in dem dominanten kulturellen Stellenwert, den die historische Bildung in den Jahren um 1900 errungen hatte.

---

28 Loofs, Jahrhundertfeiern (s.o. Anm. 3), 66–68.
29 Zum Historismus vgl. etwa Friedrich Jaeger/Jörn Rüsen, Geschichte des Historismus. Eine Einführung, München 1992, 6; Thomas E. Fischer, Geschichte der Geschichtskultur. Über den öffentlichen Gebrauch der Vergangenheit von den antiken Hochkulturen bis zur Gegenwart (Bibliothek Wissenschaft und Politik 57), Köln 2000, 88; Wolfgang Hardtwig, Geschichtsstudium, Geschichtswissenschaft und Geschichtstheorie in Deutschland von der Aufklärung bis zur Gegenwart, in: ders. (Hg.), Geschichtskultur und Wissenschaft, München 1990, 13–57 (34–40).
30 Loofs, Jahrhundertfeiern (s.o. Anm. 3), 67. Aber, ebd.: »in diesen Einseitigkeiten spiegelte sich 1617, wie 1717 und 1817 der Geist der Zeit.«
31 Loofs, Jahrhundertfeiern (s.o. Anm. 3), 68.
32 Vgl. Maron, Luther 1917 (s.o. Anm. 12), 232.

Mit dieser Wertschätzung des Historischen korrespondiert die charakteristische Vorstellung, die Vergangenheit liefere Vorbilder für die Lösung wichtiger Gegenwartsprobleme. In diesem Sinne fragte Loofs immer wieder danach, wie in den verschiedenen Reformationsjubiläen sowohl Martin Luther und die Reformation ausgedeutet und das Verhältnis zu anderen Konfessionen, insbesondere zur katholischen Kirche, beschrieben wurde.[33] Dabei ist folgender Umstand auffallend: Loofs merkte zwar an, dass in diesen Punkten die Jubiläumsreden und -predigten oftmals Aussagen enthielten, die sich nicht mit seiner eigenen deckten,[34] aber aus der Vielzahl der aufgezählten Meinungsäußerungen analysierte er nur jene ausführlicher, die seine Haltung antizipierten. Zu nennen sind vor allem die Rede des Juristen Johann Peter Ludewig (1717 Prorektor der Universität Halle) sowie die Predigten von Gottlieb Wernsdorf (1717 Subsenior der Theologischen Fakultät Wittenberg und Propst der Schlosskirche) und von August Hermann Niemeyer (1817 Direktor der Franckeschen Stiftungen und Kanzler der Universität Halle).[35] Ludewig erblickte, ähnlich wie Loofs, in Luther einen »Wahrheitszeugen«, der dafür Sorge getragen hatte, dass »unverfälscht das Wort Gottes herrscht«[36]. Niemeyer verwies darauf, dass die Reformation für die Kraft der Religion und des Glaubens stehe.[37] Loofs Forderung, die Jubiläumspublizistik des Jahres 1917 solle auf antikatholische Polemik verzichten, da die Reformation nicht im Antikatholizismus wurzele,[38] fand hingegen eine Vorwegnahme bei Gottlieb Wernsdorf. Der hatte 1717 zwar die vom sächsischen Kurhaus vollzogene Konversion vom lutherischen zum katholischen Bekenntnis beklagt, in seiner Predigt aber auf jegliche Polemik verzichtet. Stattdessen mahnte er einen Verhaltensmodus an, der sich am biblischen Wort ›Gebt dem Kaiser was des Kaisers und Gott was Gottes ist‹ orientierte.[39]

---

33 Wohl vor dem Hintergrund, dass Loofs als Festredner beim Philipp-Melanchthon-Jubiläum 1897 aufgetreten war, fragte er ergänzend nach der – jedoch nur am Rande erfolgten – Darstellung dieses Reformators in den Reformationsjubiläen.
34 Etwa die starke antikatholische Ausrichtung des Jubiläums 1617; vgl. pars pro toto Loofs, Jahrhundertfeiern (s.o. Anm. 3), 19.
35 Vgl. Loofs, Jahrhundertfeiern (s.o. Anm. 3), 31–37 (Gottlieb Wernsdorf); ebd., 45–47 (Johann Peter Ludewig); ebd., 64 (August Hermann Niemeyer). Hinzuzufügen ist außerdem Joachim Justus Breithaupt, Predigt, Halle 1717; vgl. ebd., 52f.
36 Loofs, Jahrhundertfeiern (s.o. Anm. 3), 46f.
37 Vgl. Loofs, Jahrhundertfeiern (s.o. Anm. 3), 64.
38 Vgl. Loofs, Jahrhundertfeiern (s.o. Anm. 3), 68: Als zweiten Grund führte Loofs an, dass Protestanten und Katholiken gemeinsam die Lasten des Weltkrieges trugen.
39 Vgl. Loofs, Jahrhundertfeiern (s.o. Anm. 3), 34f. Zu den politischen und religiösen Hintergründen der landesherrlichen Konversion und deren Folgen auch für die Jubiläumsfeier 1717 vgl. Flügel, Konfession und Jubiläum (s.o. Anm. 5), 125–167. Überhaupt betonte Loofs, 1717 habe in Kursachsen antikatholische Polemik nicht

Während Loofs eine seinem theologischen Interesse entsprechende Predigt- beziehungsweise Redenauswahl aus dem Gesamtbestand dieser Publikationen traf, so nahm er von einer solchen Selektion ansonsten Abstand. Stattdessen frönte er einem im Historismus nicht seltenen Objektivitätsanspruch Rankescher Prägung.[40] Dieser deutet sich nicht nur in der Scheu an, das theologische Interesse an den Säkularfeiern in der Fragestellung explizit auszudrücken, sondern zeigt sich vielmehr in einer ausführlichen, fast ausschließlich auf zeitgenössischen Quellen basierenden Rekonstruktion der einzelnen Jahrhundertfeiern. Der Quellenfixiertheit gegenüber steht der doppelte Verzicht, erstens die 1917 vorliegende Sekundärliteratur zur Kenntnis zu nehmen und zweitens die einzelnen Jahrhundertfeiern auch in ihren historischen Kontext zu setzen. Die Folge ist eine in weiten Passagen ebenso faktenorientierte wie positivistische Darstellung, die aufgrund ihres Detailreichtums und ihrer zahlreichen Teilabdrucke der benutzten Archivalien und Druckschriften einen eigenen Wert besitzt.

Dennoch – die eigentliche Leistung von Loofs, die seine Arbeit hervorhebt, begründet sich in der diachronen und paritätischen Darstellung aller Jahrhundertfeiern. Doch worin liegt die Bedeutung einer solchen Vorgehensweise?

3. Loofs bedient den Jubiläumsmechanismus

Indem Loofs auf die Abfolge der verschiedenen Säkularfeiern einging, erfasste er das Hauptcharakteristikum des Jubiläumsmechanismus', nämlich die Wiederholung der Erinnerung im exakten Rhythmus eines festen, von biologischen oder astronomischen Gegebenheiten unabhängigen Zeitintervalls. Diese ›Wiederkehr des stets Gleichen‹ besitzt fundamentale Bedeutung, da aus ihr die wesenstypische Stabilisierungsfunktion des historischen Jubiläums erwächst: Die Rhythmisierung des Gedenkens betont retrospektiv das Alter der gedenkenden Institution, das seinerseits zum Ausweis von Leistungsvermögen und stabiler Regelhaftigkeit stilisiert wird. Zugleich wird aus dem Blick auf die Vergangenheit ein Geltungsanspruch für die Zukunft abgelei-

---

zuletzt aufgrund entsprechender landesherrlicher Anordnungen und aufgrund der Tatsache, dass der Kurprinz Rektor der Universität Wittenberg gewesen war, nicht stattgefunden. Dem ist jedoch entgegenzuhalten, dass zahlreiche antikatholisch eingefärbte Festpredigten, die anlässlich des ersten Reformationsjubiläums gehalten worden waren, im Jahr 1717 eine Neuauflage erfuhren; vgl. ebd., 146–155. Auch an anderen Stellen hob Loofs das Fehlen antikatholischer Polemik hervor; z.B. 1817: vgl. Loofs, Jahrhundertfeiern (s.o. Anm. 3), 54.
40 Vgl. Jaeger/Rüsen (s.o. Anm. 29), 92–95.

tet: Da sich die Moderne die Zeit als linear gerichtet und damit als unendlich andauernd vorstellt,[41] impliziert die Rhythmisierung des Gedenkens eine optimistische Spiegelung in Richtung Zukunft: Das Stattfinden des nächsten Jubiläums und damit die weitere Existenz der feiernden Institution erscheint als gewiss.

Genau dieses Argumentationsmusters bediente sich Loofs mit besonderer Prägnanz in seiner Wittenberger Festrede: Zu deren Beginn und in ähnlicher Form auch zu deren Ende verwies er sowohl auf vorangegangene als auch auf künftige Säkularfeiern: Der mit der Erinnerung an die Reformation beschworene Glaube

> »wird auch alle die vereinen, die vor 100 und vor 200 und vor 300 Jahren [...] die Jahrhundertfeier der Reformation begingen [...]. Daran wollen wir denken, wenn wir heute zurückschauen auf die Jahrhunderte hinter uns und hinausschauen auf die Feier, die man, wenn wir alle dahingegangen sind, in 100 Jahren veranstalten wird.«[42]

Und im Zusammenhang damit gab er, wie viele andere Redner auch, seiner Hoffnung Ausdruck:

> »Das Reich [und im Gegensatz zu anderen meinte Loofs hier nicht das Kaiserreich, sondern explizit das Reich Gottes[43]] muß uns doch bleiben!«[44]

Diese Ausführungen verweisen zugleich auf eine zweite Stabilitätsfunktion, welche die historischen Jubiläen allerdings mit Anniversarien oder anderen Formen historischer Erinnerung teilen: Bei den vergegenwärtigten Ereignissen handelt es sich prinzipiell um allbekannte Momente der Eigengeschichte. Verfestigt zu »Erinnerungsorten«[45] sind sie fester Bestandteil des kulturellen Gedächtnisses und symbolisieren als solche grundlegende Werte und Leitideen der gedenkenden Institution. Damit dient die Inszenierung der eigenen Vergangenheit dem Ziel, die Feiergemeinde auf die Leitideen der das Jubiläum adaptieren-

---

41 Allgemein zum Zeitverständnis vgl. Rudolf Wendorff, Zeit und Kultur. Geschichte des Zeitbewußtseins in Europa, Opladen (1980) ³1985, 230–238. 253–337; speziell zu den Zeithorizonten im historischen Jubiläum vgl. Wolfgang Flügel, Zeitkonstrukte im Reformationsjubiläum, in: Müller (Hg.), Jubiläum (s.o. Anm. 7), 77–99 (93–98).
42 Loofs, Glaubensleben (s.o. Anm. 2), 113. 122.
43 Vgl. Loofs, Glaubensleben (s.o. Anm. 2), 121f.
44 Loofs, Glaubensleben (s.o. Anm. 2), 122.
45 Zum Begriff »Erinnerungsort« vgl. Pierre Nora, Zwischen Geschichte und Gedächtnis, Berlin 1990; Constanze Carcenac-Lecomte, Pierre Nora und ein deutsches Pilotprojekt, in: dies./Katja Zarnowski/Sybille Frank (Hg.), Steinbruch. Deutsche Erinnerungsorte. Annäherung an eine deutsche Gedächtnisgeschichte, Frankfurt a.M. 2000, 13–26; Etienne François/Hagen Schulze (Hg.), Deutsche Erinnerungsorte, München 2001/2002. Zum Thesenanschlag vom 31. Oktober 1517 als Erinnerungsort vgl. Gérald Chaix, Die Reformation, in: Etienne François/Hagen Schulze (Hg.), Deutsche Erinnerungsorte, Bd. II, München 2002, 9–27.

den Institution einzuschwören und dabei ein ›Wir-Gefühl‹, also Identität, zu generieren.⁴⁶

Damit der Jubiläumsmechanismus diese Funktionen überhaupt leisten kann, bedarf es zweier Grundvoraussetzungen. Erstens müssen die beschworenen Leitideen mit den aktuellen Gegebenheiten und den Bedürfnissen sowohl der das Jubiläum adaptierenden Institution als auch der anvisierten Festgemeinde in Übereinklang gebracht werden und zweitens müssen diese Deutungen durch die Feier in die konkrete Lebenswelt transferiert werden, damit sie auf die Festgemeinde einwirken können.⁴⁷

---

46 Grundlegend zur identitätsstiftenden Funktion der Geschichtserinnerung etwa Jan Assmann, Kollektives Gedächtnis und kulturelle Identität, in: ders./Tonio Hölscher (Hg.), Kultur und Gedächtnis, Frankfurt a.M. 1988, 9–19; ders., Das kulturelle Gedächtnis. Schrift, Erinnerung und politische Identität in frühen Hochkulturen, München 1997, 38–42; ders., Erinnern um dazuzugehören. Kulturelles Gedächtnis, Zugehörigkeitsstruktur und normative Vergangenheit, in: Kristin Platt/Mihran Dabag (Hg.), Generation und Gedächtnis. Erinnerung und kollektive Identitäten, Opladen 1995, 51–75; darauf aufbauend und auf das Jubiläum bezogen Emil Brix, Kontinuität und Wandel im öffentlichen Gedenken in den Staaten Mitteleuropas, in: ders./Hannes Stekl (Hg.), Der Kampf um das Gedächtnis. Öffentliche Gedenktage in Mitteleuropa, Wien/Köln/Weimar 1997, 13–21; sowie Hannes Stekl, Öffentliche Gedenktage und gesellschaftliche Identitäten, in: Emil Brix/Hannes Stekl (Hg.), Der Kampf um das Gedächtnis. Öffentliche Gedenktage in Mitteleuropa, Wien/Köln/Weimar 1997, 91–116 (91f.). Zur identitätsstiftenden Funktion von Religion vgl. Heinz Schilling, Nationale Identität und Konfession in der europäischen Neuzeit, in: Bernhard Giesen (Hg.), Nationale und kulturelle Identität. Studien zur Entwicklung des kollektiven Bewußtseins in der Neuzeit, Frankfurt a.M. 1991, 192–252.

47 Feiern bilden einen zentralen Ort der kulturellen Erinnerung; vgl. Jan Assmann, Der zweidimensionale Mensch. Das Fest als Medium des kollektiven Gedächtnisses, in: ders. (Hg.), Das Fest und das Heilige. Religiöse Kontrapunkte zur Alltagswelt, Göttingen 1991, 13–30. Darauf aufbauend Michael Maurer, Feste zwischen Memoria und Exzess. Kulturwissenschaftliche und psychoanalytische Ansätze einer Theorie des Festes, in: ders. (Hg.), Das Fest. Beiträge zu seiner Theorie und Systematik, Köln/Weimar/Wien 2004, 115–134 (119–124); vgl. weiterhin Winfried Gebhardt, Fest, Feier, Alltag. Über die gesellschaftliche Wirklichkeit des Menschen und ihre Deutung (EHS 22, 143), Frankfurt a.M./Bern/New York/Paris 1987, 42–64 (63); Michael Maurer, Feste und Feiern als historischer Forschungsgegenstand, in: HZ 253 (1991), 101–130; sowie die Aufsätze in den Sammelbänden Dieter Düding/Paul Friedemann/Paul Münch (Hg.), Öffentliche Feste in Deutschland von der Aufklärung bis zum Ersten Weltkrieg, Reinbek 1988; Walter Haug/Rainer Warning (Hg.), Das Fest (Poetik und Hermeneutik. Arbeitsergebnisse einer Forschungsgruppe 16), München 1989; Manfred Hettling/Paul Nolte (Hg.), Bürgerliche Feste. Symbolische Formen politischen Handelns im 19. Jahrhundert, Göttingen 1993; Karl-Siegbert Rehberg, Institutionen als symbolische Ordnungen. Leitfragen zur Theorie und Analyse institutioneller Mechanismen, in: Gerhard Göhler (Hg.), Die Eigenart der Institutionen. Zum Profil politischer Institutionentheorie, Baden-Baden 1994, 47–84 (57): »Die einzelnen Inszenierungsformen der Feiern wirken als ›Vermittlungsinstanzen kultureller Sinnproduktion‹.«

Zur Illustration dessen kann auf die divergierenden Lutherausdeutungen des Jubiläumsjahres 1917 und deren Rezeption verwiesen werden. In der breiten protestantischen Öffentlichkeit, deren Selbstwahrnehmung durch die Symptome einer dezidiert nationalen Krise geprägt war, stieß weniger Luther als Theologe, sondern vielmehr Luther, der als deutscher Heros auch nationale Rettung verhieß, auf breite Resonanz. Daraus resultiert auch, dass angesichts des Zusammenbruchs 1918 und der notvollen Situation der Nachkriegszeit umso leichter auf diesen im Reformationsjubiläum 1917 aktualisierten deutschen Luther zurückgegriffen werden konnte, die vom theologischen Luther ausgehenden Entwicklungslinien jedoch erst ab 1921 wieder aufgegriffen wurden.[48]

Dieses Beispiel verweist auf einen allgemeinen Fragekomplex, der die Analyse historischer Jubiläen für die gegenwärtige Forschung interessant macht: Wie wird in den verschiedenen Jahrhundertfeiern ein und dasselbe Geschehen beziehungsweise ein und dieselbe Gründungsfigur verschieden interpretiert, welche Facetten werden in den Erinnerungskanon neu aufgenommen beziehungsweise verschwinden aus dem Blickfeld? Die Antwort darauf erlaubt differenzierte Aussagen nicht nur über das Selbstverständnis der den Jubiläumsmechanismus adaptierenden Institution, sondern auch darüber, wie Geschichtsbilder geformt werden.[49] Indem Loofs die Frage nach der Wiederspiegelung des Zeitgeistes in den Jubelfeiern stellte, tangierte er zumindest diese Sachverhalte. Dies zeigt Christian Muth in seinem Aufsatz ebenso, wie er im Umkehrschluss einen Sachverhalt verdeutlicht, der bereits angeklungen ist: Die Ausdeutung der Reformationserinnerung durch Loofs erlaubt auch Rückschlüsse auf dessen theologisches Selbstverständnis.

4. Von Loofs aufgespürt – die Genese des historischen Jubiläums

Reformationsjubiläen stellen, wie nicht zuletzt der Blick auf die anlaufenden Vorbereitungen für das Reformationsjubiläum 2017 belegt, ein populäres Erfolgsmodell protestantischer Erinnerungskultur dar. Demgegenüber war für die Zeitgenossen des Jahres 1617 die Vorstellung, am 31. Oktober als 100. Jahrestag des sogenannten Thesenanschlags eine Jahrhundertfeier zu begehen, alles andere als selbstver-

---

48 Vgl. Maron, Jubiläen (s.o. Anm. 14), 192; ders., Luther 1917 (s.o. Anm. 12), 223–232.
49 Vgl. Technische Universität Dresden (Hg.), Sonderforschungsbereich 537. Institutionalität und Geschichtlichkeit. Arbeits- und Ergebnisbericht 2000-2001-2002, Dresden 2002, 420–422 (Teilprojekt R: Das historische Jubiläum).

ständlich. Loofs wies völlig zu Recht auf die Voraussetzungslosigkeit des Reformationsjubiläums hin:

> »Ein *jährliches* Reformationsfest wurde damals auch in Kursachsen noch nicht gefeiert, weder am 31. Oktober noch an einem anderen Tag. [Der sächsische] Kurfürst Johann Georg [...] hat das Reformationsjubiläum also ohne Anknüpfung an eine schon übliche Feier angeordnet.«[50]

Diese Voraussetzungslosigkeit führte Loofs zu der Frage nach der Genese der reformatorischen Jubiläumskultur.

Die Entscheidung des Hallenser Professors, das Augenmerk auf jene Reformationsjubiläen zu legen, die an den Universitäten Wittenberg und Halle inszeniert worden waren, mag dem Wunsch geschuldet sein, die eigene Wirkungsstätte zu würdigen. Aber sie bildete zugleich die Voraussetzung dafür, dass er auf die Frage nach den Ursprüngen der Reformationsjubiläen einige noch immer gültige Antworten zu geben vermochte: »In *Wittenberg* ist der Plan einer Säkularfeier am 31. Oktober 1617 geboren.«[51]

Um die Frage, wie es dazu kam, schlüssig beantworten zu können, hat die moderne Jubiläumsforschung allerdings den Bogen weiter gespannt als Loofs. Dabei konnte sie zeigen, dass protestantische Universitäten wie Wittenberg einen noch größeren Beitrag zur Entstehung der modernen Jubiläumskultur geleistet haben, als der Loofs-Aufsatz vermuten lässt. In welchem Spannungsfeld diese Genese zu verorten ist, indiziert bereits der Umstand, dass bis in das 16. Jahrhundert hinein der Jubiläumsbegriff noch keine Form des historischen Gedenkens meinte. Stattdessen bezeichnete er jene vollständigen Ablässe, mit denen der Papst Sündenstrafen erlassen konnte[52] und damit eine Einrich-

---

50 Loofs, Jahrhundertfeier (s.o. Anm. 3), 4f., Hervorhebung im Original. Damit nimmt er zugleich die These vorweg, wonach das Anniversarium entwicklungsgeschichtlich älter als das historische Jubiläum ist; vgl. Michael Mitterauer, Anniversarium und Jubiläum. Zur Entstehung und Entwicklung öffentlicher Gedenktage, in: Brix/Stekl (Hg.) (s.o. Anm. 46), 53f. Tatsächlich geben weder die kursächsischen Kirchenordnungen noch die gedruckte Predigtliteratur Hinweise auf eine jährliche Reformationserinnerung in Kursachsen. Zur (sporadischen) Reformationserinnerung vor 1617, die sich zumeist am Geburts- oder Todestag Luthers orientierte vgl. Schönstädt, Antichrist (s.o. Anm. 5), 10–13.
51 Loofs, Jahrhundertfeiern (s.o. Anm. 3), 5, Hervorhebung im Original.
52 Allgemein zur Genese des historischen Jubiläums vgl. Müller, Jubiläum (s.o. Anm. 7), 9–15; Winfried Müller, Vom ›papistischen Jubeljahr‹ zum historischen Jubiläum, in: Paul Münch (Hg.), Jubiläum, Jubiläum. Zur Geschichte öffentlicher und privater Erinnerung, Essen 2005, 29–44. Zum Wesen des katholischen Jubiläums als Ablassfeier vgl. Iris Loosen, Die »universalen Jubiläen« unter Papst Paul V., in: Müller (Hg.), Jubiläum (s.o. Anm. 7), 117–138; Arndt Brendecke, Die Jahrhundertwenden. Eine Geschichte ihrer Wahrnehmung und Wirkung, Frankfurt/New York 1999, 46–49. 65; Mitterauer (s.o. Anm. 50), 23–91 (42–53); Nikolaus Paulus, Geschich-

tung, an der sich die Reformation entzündet hatte. Auch waren diese Jubiläen ursprünglich nicht an ein Zeitintervall gekoppelt. Die zeitliche Bindung erfolgte erst, indem Papst Bonifaz VIII. das Heilige Jahr 1300 ausrief und zugleich dessen Erneuerung für 1400 festlegte. Betrug der Jubiläumszyklus demnach 100 Jahre, so reduzierten ihn spätere Päpste schrittweise, bis schließlich 1475 der noch in der Gegenwart für Heilige Jahre gültige 25-Jahresrhythmus erreicht worden war.

Für die historische Erinnerung stand diese Intervallkonstruktion erst zur Verfügung, nachdem sie ihrer religiösen Aufladung entkleidet, das heißt vom Strafablass gelöst worden war. Diesen Prozess betrieben die Universitäten:[53] Einen frühen Hinweis darauf, dass die 100. Wiederkehr des Gründungsjahres als etwas Besonderes galt, enthält das Matrikelbuch der Universität Erfurt. Dessen Anfangsseite zum Sommersemester 1492 ist im Gegensatz zu anderen Seiten auffallend bildlich gestaltet und trägt zudem die Überschrift »In secundo centenario primus monarcha.«[54] Indizien für vergleichbare »subkutane Adaptionen des Jubiläumsgedankens« gibt es an verschiedenen Universitäten, ohne dass sich bereits Jubiläumsfeiern nachweisen ließen.[55]

Die endgültige Ablösung des Jubiläums vom Heiligen Jahr bedeutete einen gravierenden Eingriff in die päpstliche Deutungsautorität, weshalb sie sich zwangsläufig außerhalb des katholischen Geltungsbereiches vollziehen musste. Tatsächlich waren es die protestantischen Universitäten Tübingen 1578[56], Heidelberg 1587, Wittenberg 1602, Frankfurt/Oder 1606 und Leipzig 1609, welche als erste ihre Grün-

---

te des Ablasses am Ausgang des Mittelalters, Darmstadt 22000, 154–165. Allgemein vgl. Maurizio Calvesi (Hg.), Rejoice! 700 Years of Art for the Papal Jubilee, New York 1999; Desmond O'Grady, Alle Jubeljahre. Die »Heiligen Jahre« in Rom von 1300 bis 2000, Freiburg/Basel/Wien 1999.

53 Grundlegend dazu Winfried Müller, Erinnern an die Gründung. Universitätsjubiläen, Universitätsgeschichte und die Entstehung der Jubiläumskultur in der frühen Neuzeit, in: Berichte zur Wissenschaftsgeschichte 21 (1998), 79–102. Vgl. auch Brendecke, Jahrhundertwenden (s.o. Anm. 52), 92–96.

54 Vgl. Müller, Erinnern (s.o. Anm. 53), 82.

55 So trägt ein Glasfenster im Regenszimmer der Hochschule Basel die Jahreszahl 1560 und der Hochaltar der Ingolstädter Liebfrauenkirche die Jahreszahl 1572. Beide Zahlen entsprechen dem jeweiligen Entstehungsdatum des Kunstwerks und verweisen zugleich auf die 100. Wiederkehr der jeweiligen Universitätsgründung; vgl. Müller, Erinnern (s.o. Anm. 53), 82–84 (84).

56 Loofs gibt hier fälschlich 1577 an; vgl. Loofs, Jahrhundertfeiern (s.o. Anm. 3), 5. Der 100. Gründungstag fällt tatsächlich in das Jahr 1577, allerdings beging die Universität ihre Säkularfeier erst im Folgejahr; vgl. Müller, Erinnern (s.o. Anm. 53), 84. Ebenfalls mit einem Jahr Verspätung beging die Universität Heidelberg 1587 ihr Jubiläum. Speziell zum Tübinger Universitätsjubiläum vgl. Arndt Brendecke, Reden über Geschichte. Zur Rhetorik des Rückblicks in Jubiläumsreden der Frühen Neuzeit, in: Münch (Hg.), Jubiläum (s.o. Anm. 52), 61–83 (66–70).

dungsjubiläen inszenierten.[57] An diesem Punkt setzte Loofs mit seinen Überlegungen ein. Er benannte diese Jahrhundertfeiern als Vorbild für das Reformationsjubiläum. Dabei merkte er nicht ohne Stolz an, dass der Anstoß, den Jubiläumsmechanismus auf die Reformation zu übertragen, von den Wittenberger Theologieprofessoren ausgegangen war. Tatsächlich startete diese Personengruppe die reichsweit erste nachweisbare Initiative für das Reformationsjubiläum 1617.[58] Wie ein neuer Quellenfund belegt, baten sie bereits am 27. März 1617 und damit rund vier Wochen früher als Loofs bekannt, die oberste sächsische Kirchenbehörde, das Dresdner Oberkonsistorium, und am 24. April 1617 noch einmal den sächsischen Kurfürsten Johann Georg I. um die Erlaubnis, am 31. Oktober 1617 ein »primus Jubilaeus Lutheranus« an der Universität abhalten zu dürfen.[59]

---

57 Zum Wittenberger Universitätsjubiläum vgl. Volker Gummelt, Die Theologische Fakultät und das Jubiläum der Universität Wittenberg im Jahre 1602, in: Irene Dingel/Günther Wartenberg (Hg.), Die Theologische Fakultät Wittenberg 1502 bis 1602. Beiträge zur 500. Wiederkehr des Gründungsjahres der Leucorea (Leucorea-Studien zur Geschichte der Reformation und der lutherischen Orthodoxie 5), Leipzig 2002, 223–235 (223–225). Einen Überblick über die Jubiläumskultur der Wittenberger Universität gibt Hermann-Josef Rupieper, Jubiläen der Martin-Luther-Universität Halle-Wittenberg 1502–2002, in: Jens Blecher/Gerald Wiemers (Hg.), Universitäten und Jubiläen. Vom Nutzen historischer Archive. Frühjahrstagung der Fachgruppe 8. Archivare an Hochschularchiven und Archiven wissenschaftlicher Institutionen im Verband deutscher Archivarinnen und Archivare vom 18.3. bis 20.3.2003 in Leipzig (Veröffentlichung des Universitätsarchivs Leipzig 4), Leipzig 2004, 71–82. Zum Leipziger Universitätsjubiläum vgl. Sebastian Kusche, Die Zweihundertjahrfeier der Universität Leipzig 1609, in: Neues Archiv für Sächsische Geschichte 74/75 (2003/2004), 99–131. Weitere Universitätsjubiläen wären zu nennen vgl. Wilhelm Ermann/Ewald Horn, Bibliographie der deutschen Universitäten. Systematisch geordnetes Verzeichnis der bis Ende 1899 gedruckten Bücher und Aufsätze über das deutsche Universitätswesen, Bd. II, Leipzig/Berlin 1904, 495f. (Jena 1618); ebd., 879 (Rostock 1619); ebd., 957f. (Straßburg 1638). Zu den Jubiläen katholischer Universitäten bis 1800 vgl. ebd., 1160–1162 (Würzburg 1682); ebd., 943f. (Salzburg); ebd., 791 (Ingolstadt 1772). Allgemein zur universitären Festkultur vgl. Marian Füssel, Gelehrtenkultur als symbolische Praxis. Rang, Ritual und Konflikt an der Universität der Frühen Neuzeit. Symbolische Kommunikation in der Vormoderne, Darmstadt 2006, 127–134.
58 Vgl. Loofs, Jahrhundertfeiern (s.o. Anm. 3), 5. Grundlegend zum Reformationsjubiläum neben ebd. vgl. Schönstädt, Antichrist (s.o. Anm. 5); ders., Das Reformationsjubiläum 1617. Geschichtliche Herkunft und geistige Prägung, in: ZKG 93 (1982), 5–57; Kastner (s.o. Anm. 5), 23–29. 103–114, sowie Flügel, Konfession und Jubiläum (s.o. Anm. 5), 25–84.
59 Theologische Fakultät Wittenberg an Oberkonsistorium, 27.3.1617, Sächsisches Hauptstaatsarchiv Dresden (folgend HStA), Loc. 1891, Blatt 1. Eine Zusammenfassung in Extract aus den Akten des Oberkonsistoriums, 9.2.1717, HStA, 7436/19, Blatt 1. Bekannt war bisher lediglich: Theologische Fakultät der Universität Wittenberg an Johann Georg I., 24.4.1617, HStA, 7423/2, Blatt 78, hier auch das Zitat. Im Ge-

Friedrich Loofs. Jubilar, Jubiläum und Jubiläumsforscher 137

Warum die Initiative für ein Reformationsjubiläum ausgerechnet von den Wittenberger Universitätstheologen ausging, verwundert wenig. Erfahrung mit Säkularfeiern besaßen zwar auch andere protestantische Universitäten. Ebenso war dort das akademische Bewusstsein durch die auf dem Prinzip der Jahrhunderteinteilung fußende protestantische Geschichtsschreibung[60] und durch die Feier der Jahrhundertwende von 1600[61] für die Jahrhundertspanne als besondere Größe sensibilisiert worden. Doch nur die Wittenberger Professoren besaßen das offenkundig entscheidende Movens: Der Stolz, dass einer der ihren, der Theologieprofessor Martin Luther, die Ablassthesen in ihrer Stadt publiziert hatte. Prestigeträchtig avancierte die eigene Universität hierdurch zum Entstehungsort des Protestantismus und im lutherischen Verständnis zu einem Ort von geradezu heilsgeschichtlicher Bedeutung. Diesen Umstand hielt die Wittenberger Professorenschaft als eine besondere identitäts- und prestigestiftende Größe ständig präsent, wobei sie die Reformation zum zweiten Gründungsereignis der Universität stilisierten.[62] Diese Verschränkung von Universität und Reformation betonten die Professoren in ihren beiden Gesuchen an das Oberkonsistorium und den Landesherrn: Danach habe die Kirchenverbesserung ihren An-

---

gensatz zu Walter Friedensburg, Urkundenbuch der Universität Wittenberg. Bd. II. 1611–1813 (Geschichtsquellen der Provinz Sachsen und des Freistaates Anhalt, Neue Reihe 4), Merseburg 1924, 600, der mit dem 24.4.1617 das korrekte Datum nennt, erscheint fälschlich der 22.4.1617 bei Loofs, Jahrhundertfeier (s.o. Anm. 3), 5 und in der Folge bei Schönstädt, Antichrist (s.o. Anm. 5), 16 und Kastner (s.o. Anm. 5), 103. Das Gesuch war notwendig, da die Universität eine landesherrliche war. Ein solches musste auch für das Universitätsjubiläum 1602 eingeholt werden; vgl. Friedensburg (s.o. in dieser Anm.), 516f. Dasselbe gilt für das Leipziger Universitätsjubiläum 1609; vgl. Kusche (s.o. Anm. 57), 103.

60 Bereits um 1520 hatte der Benediktinerhumanist Hermann Piscator eine Chronik von Mainz verfasst, wobei er die Jahrhunderte nummerierte. Diese Jahrhundertgliederung griff zwischen 1552 und 1559 Matthias Flacius Illyricus für die sogenannten Magdeburger Zenturien – einer mit der Geburt Christi beginnenden protestantischen Geschichtsschreibung – auf; vgl. Johannes Burkhardt, Die Entstehung der modernen Jahrhundertrechnung. Ursprung und Ausbildung einer historiographischen Technik von Flacius bis Ranke, Göppingen 1971, 15–25; Brendecke, Jahrhundertwenden (s.o. Anm. 52), 73–81; ders., Vom Zählschritt zur Zäsur. Die Entstehung des modernen Jahrhundertbegriffs, in: Comparativ. Leipziger Beiträge zur Universalgeschichte und vergleichenden Gesellschaftsforschung 10/3 (2000), 21–38, sowie Mitterauer (s.o. Anm. 50), 64–67.

61 Vgl. Brendecke, Jahrhundertwenden (s.o. Anm. 52), 97–109.

62 Indizien dafür liefert das Universitätsjubiläum von 1602, dessen Festredner bzw. -prediger, etwa der Universitätstheologe und Wittenberger Superintendent Ägidius Hunnius, das Wirken Luthers überproportional betonten; vgl. Gummelt (s.o. Anm. 57), 229f.

fang durch »Martinum Lutherum in dieser [...] Universitet«[63] genommen, weshalb Wittenberg »geistliches Jerusalem« und »Residenz Gottes«[64] sei.

In diesem Sinne planten sie das Reformationsjubiläum 1617, wie Loofs ausdrücklich betont, als inneruniversitäres Gedenken,[65] das jedoch auch auf andere Universitäten wirken sollte: Um der akademischen Welt die Exklusivität der eigenen Alma Mater zu demonstrieren und ihren daraus resultierenden Führungsanspruch symbolisch zu untermauern, forderte die Wittenberger Theologische Fakultät andere Universitäten zur Nachahmung des Reformationsgedenkens auf.[66]

5. Von Loofs unentdeckt – Funktionszusammenhänge des Reformationsjubiläums 1617

Einen entscheidenden Beitrag zur Popularisierung des Reformationsjubiläums über den universitären Rahmen hinaus leistete der sächsische Kurfürst Johann Georg I.: Mit der Anordnung vom 12. August 1617 hatte er die Säkularfeier zu einer landesweiten Kirchenfeier ausgeweitet.[67] Diesen erstaunlichen Sachverhalt stellte Loofs heraus, wo-

---

63 Theologische Fakultät Wittenberg an Oberkonsistorium, 27.3.1617, HStA, Loc. 1891, Blatt 1. Ganz ähnlich auch in: Theologische Fakultät Wittenberg an Johann Georg I., 24.4.1617, HStA, 7423/2, Blatt 78.

64 Balthasar Meisner, Predigt vom 1.11.1617, in: Christliche Evangelische Lutherische Jubel-Predigten. Auff das Erste hohe Lutherische Jubelfest, so dem Allmechtigen zu Lob und Danck durch den Churfürsten zu Sachsen x. unsern gnedigsten Herrn in allen desselben Chur und Fürstenthumen im Jahr Christi 1617 feyerlich zu halten angeordnet worden. Als nun mehr hundert Jahr durch Gottes Gnaden von dem 31. Oct. Anno 1517 abgelossen, an welchem D. Luther in den Hochlöblichsten Churfürstenthumb Sachsen zum ersten wieder das Papstthumb öffentlich zu disputieren angefangen und wider aller Menschen Gedancken einen herrlichen Sieg nach den andern erlanget. Gehalten durch die Vier Doctores und Professores der Theologischen Facultet in der Universitet Wittenberg, Wittenberg 1618, 261–309 (271. 291). Zur Apostrophierung Wittenbergs als neues Jerusalem im Sinne einer heilsgeschichtlichen Erinnerungslandschaft vgl. Stefan Laube, Das Lutherhaus Wittenberg. Eine Museumsgeschichte (Schriften der Stiftung Luthergedenkstätten in Sachsen-Anhalt 3), Leipzig 2003, 54. Zur Übertragung des biblischen Ursprungsmythos auf das eigene Territorium vgl. Siegfried Müller/Annelore Rieke-Müller, Konfession, Bildverständnis und die Welt der Dinge. Überlegungen zu einem Problemfeld, in: ARG 93 (2002), 368–390 (379f.).

65 Loofs, Jahrhundertfeiern (s.o. Anm. 3), 5: »zunächst als Plan einer *örtlichen* Feier« (Hervorhebung im Original).

66 Vgl. Theologische Fakultät Wittenberg an Oberkonsistorium, 27.3.1617, HStA, Loc. 1891, Blatt 1.

67 Vgl. Loofs, Jahrhundertfeiern (s.o. Anm. 3), 6–9; vgl. Instruction und Ordnung nach welcher in Vnsern von Gottes Gnaden Johanns Georgen Hertzogen zu Sachsen Jülich Cleve und Berg des heiligen Römischen Reichs Ertzmarschallens vnd

bei er minutiös den Entscheidungsprozess rekonstruierte, ohne jedoch die Motive zu hinterfragen.

Die Gründe für die Ausweitung lassen sich allerdings nur dann aus den Archivalien erschließen, wenn man das Reformationsjubiläum nicht wie Loofs völlig isoliert von seinem historischen Kontext untersucht. Für das Verständnis ist es vielmehr notwendig, die Säkularfeier vor dem Hintergrund der für die Vormoderne spezifischen Verzahnung von Religion und Politik nicht nur als religiöses, sondern auch als politisches Instrument zu verstehen.

Tatsächlich lässt sich die Säkularfeier als Antwort auf eine konfessionelle und politische Situation begreifen, die besonders in Kursachsen als Krise empfunden wurde. Seit dem Trienter Konzil konnte die katholische Kirche gegenüber dem Protestantismus, dessen explosionsartige Ausbreitung mit dem Religionsfrieden von 1555 zum Stillstand gekommen war, an Handlungsoffensive gewinnen. Zusätzlich spalteten tiefe theologische Differenzen das evangelische Lager in eine lutherisch-orthodoxe und eine reichsrechtlich nicht anerkannte reformierte Gruppierung.[68] Auch hier geriet das Luthertum ins Hintertreffen. In dieser Gemengelage nahm Kursachsen eine ambivalente

---

Churfuerstens Landgraffens in Dueringen Marggrafens zu Meissen Burgkgrafens zu Magdeburg Grafens zu der Mark vnd Ravensberg Herrens zu Ravenstein Churfuerstenthumb und Landen das instehende Evangelische Jubelfest solle gehalten werden. Erstlich Gedruckt zu Dreßden Anno 1617. Diese Instruktion schrieb nicht nur die zu verlesenden Dankgebete, die in den Predigten auszulegenden Bibeltexte (z.B. Ps 76; Dan 11, 36; Ps 87; Apk 14, 6.7) und die zu singenden Lieder vor, sondern verfügte auch den zwingenden Besuch aller Gottesdienste und untersagte die Alltagsarbeit, Wirtshausbesuche und Tanzveranstaltungen. Für die theologische Vorbereitung der Pastoren sorgten Musterpredigten des sächsischen Oberhofpredigers; vgl. Matthias Hoë von Hoënegg, Parasceve ad sollenitatem Jubilaeam Evangelicam. Das ist Christliche und aus Gottes Wort genomme Anleitung, wie das Instehende Evangelische Jubelfest recht und nützlich solle begangen, Insonderheit aber das vor Hundert Jahren von dem allerhöchsten durch Herrn D. Martin Luthern seligen angefangene und hernach glucklich vollbrachte Reformationwerck heilsamlich betrachtet werden. Dem allmechtigen, trewen, Barmhertzigen Gott zu schuldigem Lob, Ehr und Preiß Vielen frommen Evangelischen Christen in diesen und anderen Ländern zu nützlichem unterricht gestellet und in Druck verfestigt, Leipzig 1617. Auf die große Bedeutung der normierten Riten für die Herstellung und Generierung von Gruppenkohärenz verweist bereits Wolfgang Reinhard, der die Anwendung solcher Zeremonien und Riten als eine der Methoden beschreibt, mit denen die Konfessionskirchen ihre innere Organisation festigten; vgl. Wolfgang Reinhard, Zwang zur Konfessionalisierung? Prolegomena zu einer Theorie des konfessionellen Zeitalters, in: Zeitschrift für historische Forschung 10 (1983), 257–277.

68 Ausführlich der Tagungsband: Heinz Schilling (Hg.), Die reformierte Konfessionalisierung in Deutschland. Das Problem der »zweiten Reformation«. Wissenschaftliches Symposion des Vereins für Reformationsgeschichte 1985 (SVRG 195), Gütersloh 1986.

Stellung ein. Einerseits war es Hochburg der lutherischen Orthodoxie, andererseits versuchte es, seine Interessen im Schulterschluss an das katholische Kaiserhaus durchzusetzen.[69] In der Folge verlor es die führende Stellung im evangelischen Lager, wohingegen die reformierte Kurpfalz als Führungsmacht der protestantischen Union, einem Bündnis, dem Kursachsen fern geblieben war, an Einfluss gewann.

In dieser Situation diente das Reformationsjubiläum dem Kurfürsten als ein integratives staatliches Herrschaftsinstrument. Indem Johann Georg I. das Jubelfest anordnete, konnte er sich erstens, ohne seine an Habsburg ausgerichtete Politik preisgeben zu müssen, prestigeträchtig zum wichtigsten Schutzfürsten des Luthertums stilisieren.[70] Dies wurde sogar außerhalb des Reiches wahrgenommen, wie eine bereits 1618 in London gedruckte Übersetzung der kursächsischen Jubiläumsanordnungen belegt.[71] Indem der Landesherr seine Jubiläumsanordnung an die evangelischen Reichsstände zur Nachahmung verschickte, zielte er zweitens auf eine Stärkung des kursächsischen Einflusses auf Reichsebene. Dies musste infolge der Konkurrenzsituation zur Kurpfalz, die am 11. April 1617 in einer Versammlung der protestantischen Union ebenfalls eine Initiative für ein Reformationsjubiläum vorgelegt hatte – von Loofs nicht erwähnt! – zusätzliche Bedeutung gewinnen. Drittens diente die Rückbindung der Reformationserinnerung an den Kurfürsten, die sich in seiner Erwähnung in den Gebeten ebenso zeigte wie in der vom Oberhofprediger betriebenen Stilisierung der Lutheraner als gute Untertanen einer legitimen Obrigkeit,[72] der Stabilisierung der inneren sozialen Ordnung.[73]

Demgegenüber nutzten Oberkonsistorium und Oberhofprediger das Reformationsgedenken in erzieherischer und identitätsstiftender Absicht, um der evangelischen Christenheit die »heilsgeschichtliche Bedeutung der durch Luther als Werkzeug von Gott selbst herbeigeführten ›Reformation‹ einzuschärfen«[74] und sie angesichts der von der

---

69   Frank Müller, Kursachsen und der böhmische Aufstand 1618–1622. (Schriftenreihe der Vereinigung zur Erforschung der neueren Geschichte 23), Münster 1997, 21–30.
70   Der Kurfürst habe sich mit der Anordnung einen unsterblichen Namen gemacht, vgl. Hoë von Hoënegg (s.o. Anm. 67), Vorwort.
71   The Duke of Saxonie his Jubilee with a short chronologie. Both shewing the goodnesse of God, in blessing the Gospel of Christ, since Luther first opposed the Popst pardons, London 1618, v.a. im Vorwort.
72   Vgl. Hoë von Hoënegg (s.o. Anm. 67), 11f.
73   Michael Prinz, Sozialdisziplinierung und Konfessionalisierung. Neue Fragestellungen in der Sozialgeschichte der Frühen Neuzeit, in: Westfälische Forschungen. Zeitschrift des Westfälischen Instituts für Regionalgeschichte des Landschaftsverbandes Westfalen-Lippe 42 (1992), 1–25.
74   Thomas Kaufmann, Dreißigjähriger Krieg und Westfälischer Friede. Kirchengeschichtliche Studie zur Konfessionskultur (BHTh 104), Tübingen 1998, 18f.

katholischen Kirche ausgehenden Bedrohung zu neuem Glaubenseifer anzustacheln. Hieran richtete sich selbstredend das Reformationsbild der Jahrhundertfeier aus, das dadurch folgerichtig im Loofs'schen Sinne als »einseitig und ungeschichtlich«[75] erscheinen musste.

Im komplexen theologischen Sinngefüge des Reformationsjubiläums treten mehrere Ebenen hervor. Eine erste ist die der Buße, zu der zum Beispiel das vorgeschriebene Gebet auffordert. Den Grund dafür liefert die lutherisch-orthodoxe Lehrmeinung, welche die zeitgenössische Krisensituation als Anzeichen dafür interpretierte, dass

»Gott umb unserer vielfältigen Sünden willen, [...] abermaln mit allerley harten straffen uns heimbsuchen wollte.«[76]

Deshalb sei die Bevölkerung zur Buße und Bekehrung zu ermahnen, da Gott nur so zur Abwendung der gerechten Strafen bewogen werden könne. Dieser Bußgedanke gewann zusätzliche Relevanz angesichts der theologischen Vorstellung von dem in Kürze erwarteten Weltende.[77]

Ging der Bußgedanke von einer negativ gedeuteten Situation aus, so war dem eine zweite Bedeutungsebene diametral entgegengesetzt, die während der Feier ungleich stärker betont wurde: Ein zentrales Anliegen des Jubiläums war es, in Analogie zu den alttestamentarischen Gedenkfeiern[78] – etwa anlässlich der Auffindung der Bundeslade (2. Sam 6) – »wegen der Reformation dem Allerhöchsten [...] schuldigen lob, Preiß und ehr [zu] sagen.«[79] Der Begriff des Jubelfestes, der in fast allen zeitgenössischen Quellen die Bezeichnung Jubiläum ersetzt, verweist auf die Tätigkeit des freudigen ›Jubilierens‹.[80] Aufgrund der theologischen Lehrmeinung, die in der Geschichte das Ergebnis göttlichen Wirkens sah, dieses aber als ständige Neubestätigung eines zwischen Gott und den Menschen bestehenden Vertragsverhältnisses verstand,[81] erschienen Lob, Gedenken und gegebenenfalls Buße für jegliches Ge-

---

75 Loofs, Jahrhundertfeiern (s.o. Anm. 3), 67. Ungeschichtlich bezieht sich auf die Tatsache, dass die Reformation antikatholisch ausgedeutet wurde, nicht aber darauf, dass diese Ausdeutung abhängig vom historischen Kontext ist.
76 Matthias Hoë von Hoënegg an Johann Georg I., 15.5.1617, HStA, 7423/2, Blatt 79.
77 Hartmut Lehmann, Das 17. Jahrhundert als Endzeit, in: Hans-Christoph Rublack (Hg.), Die lutherische Konfessionalisierung in Deutschland. Wissenschaftliches Symposion des Vereins für Reformationsgeschichte 1988 (SVRG 197), Gütersloh 1992, 545–554 (547f.); sowie Brendecke, Jahrhundertwenden (s.o. Anm. 52), 110–118. In diesem Sinne schränkte auch Hoë von Hoënegg die potentielle Möglichkeit eines 1717 stattfindenden Reformationsjubiläums ein: »wenn da die Welt noch ist«; vgl. Hoë von Hoënegg (s.o. Anm. 67).
78 Vgl. Mitterauer (s.o. Anm. 50), 42–53. 63–67.
79 Johann Georg I. an Oberkonsistorium, 16.5.1617 HStA 7423/2, Blatt 81.
80 Auf den freudigen Charakter verweist Hoë von Hoënegg (s.o. Anm. 67), 54f.
81 Zur Vorstellung dieses Bündnisses als Charakteristikum des Judentums und des Christentums vgl. Mitterauer (s.o. Anm. 50), 24.

schehen notwendig. So war es folgerichtig, wenn das Jubiläum explizit nach dem Vorbild der anlässlich überstandener Gefahrensituationen landesweit angeordneten Lob-, Bet- und Dankfeste begangen wurde.[82]

Im Unterschied zum Charakter dieser Feste besitzt das Reformationsjubiläum jedoch eine erweiterte zeitliche Dimension. Die Erinnerung galt dem von Gott »offenbarten Licht des heiligen Evangelii [...] das er [...] hundert jar«[83] und »wider alles Wieden und toben des höllischen Feindes«[84] bis in die Gegenwart erhalten hat. Damit wurden zwei Dinge im Jubiläum vergegenwärtigt: Erstens das Gründungsereignis des 31. Oktober 1517 und zweitens die sich anschließende Eigengeschichte des Luthertums. Diese fügten die Theologen in eine Traditionslinie ein, die bis in alttestamentarische Zeit zurückreichte und das Luthertum damit in die Heilsgeschichte einband. Daraus ergab sich der Geltungsanspruch des Luthertums, das sich in scharfer Opposition zur katholischen Konfession als der einzig wahre christliche Glaube verstand.[85] Die Reformation stelle nur einen im Alten Testament vorbereiteten, in neutestamentarischer Zeit erreichten, aber in der Papstkirche verloren gegangenen Idealzustand wieder her. Dieser Sachverhalt spiegelt sich auch in der Dauer des Reformationsjubiläums wieder. Indem es die dreitägige Dauer der höchsten kirchlichen Feiertage übernahm, wurde die Reformation den ›Gründungsereignissen‹ des Christentums als gleichrangig hinzugefügt, der 31. Oktober konnte so als ein »heiliger Abend« gelten.[86]

---

82 Zum Lob- und Dankfest vgl. Axel Flügel, »Gott mit uns«. Zur Festkultur im 17. Jahrhundert am Beispiel der Lob- und Dankfeste und Fastnachtsbräuche in Leipzig, in: Katrin Keller (Hg.), Feste und Feiern. Zum Wandel städtischer Festkultur in Leipzig, Leipzig 1994, 49–68 (49–59). Hoë von Hoënegg (s.o. Anm. 67), 1–42. 54–56.
83 Johann Georg I. an Oberkonsistorium, 16.5.1617, HStA, Loc. 7423/2, Blatt 81.
84 Instruction (s.o. Anm. 67).
85 Johannes Burkhardt, Alt und Neu. Ursprung und Überwindung der Asymmetrie in der reformatorischen Erinnerungskultur und Konfessionsgeschichte, in: Peter Burschel/Mark Häberlein/Volker Reinhardt (Hg.), Historische Anstöße. Festschrift für Wolfgang Reinhard zum 65. Geburtstag am 10. April 2002, Berlin 2002, 152–171.
86 Vincentius Schmuck, Drey Jubelfests Predigten. Die Erste bey ankündigung deß Christlichen Evangelischen Jubelfests vber das Evangelium am 19. Sonntag nach Trinitatis. Die andere am ersten Jubelfesttag, den 31. Octobris aus dem zwölfften Capitel Danielis. und die Dritte am andern Jubelfesttage, den 1. Novembris, aus dem 14. Cap. der Offenbarung S. Johannis, Leipzig 1617, 34.

6. Über Loofs hinaus

Offenkundig hatte die Säkularfeier 1617 die in sie gesetzten Erwartungen erfüllt und übertroffen. Nur so lässt sich die rasche Verbreitung des Jubiläumsmechanismus erklären: Noch im 17. Jahrhundert wurden Säkularfeiern anlässlich weiterer Ereignisse der Reformationszeit, etwa der Übergabe der Augsburger Konfession (1530) oder des Augsburger Religionsfrieden (1555) begangen. Zeitgleich begannen verschiedene Berufsgruppen, den Jubiläumsmechanismus zu adaptieren, der zudem die konfessionellen Grenzen übersprang.[87]

Die drei von den lutherischen Kirchen inszenierten Jahrhundertfeiern bildeten den Ausgangspunkt für weitere Jubiläumsketten. Die so entstandene höhere Dichte der Jubiläumsfeierlichkeiten konnte aber im Erleben des Individuums zu einer deutlich höheren Präsenz und Wirksamkeit dieser Festlichkeiten beitragen. Ein Indiz dafür liegt darin, dass sich die Jubiläumsketten im Bewusstsein der Zeitgenossen bald verknüpften: Bereits ein Schreiben des kursächsischen Oberkonsistoriums aus dem Jahr 1655 enthält den Hinweis, dass nun die dritte Säkularfeier anstehe, die Kurfürst Johann Georg I. angeordnet habe.[88] Ähnlich heißt es in einer Festschrift, die meisten Mitglieder der Festgemeinde haben bereits drei Jubiläen erlebt.[89] Zugleich wurden diese Feierzyklen mit der individuellen Biographie verknüpft, etwa indem den einzelnen Jubiläumsjahren Stationen der eigenen Karriere zugeordnet wurden.[90]

---

87 Bereits 1640 vergegenwärtigten die Buchdrucker die Erfindung Gutenbergs (1440) mit einem historischen Jubiläum. Im selben Jahr erinnerten auch die Jesuiten an die 1540 erfolgte Gründung ihres Ordens. Vgl. Hartmut Zwahr, Zur Entstehung eines Gedächtnisses. Die Leipziger Jahrhundertfeiern zum Gedenken an die Erfindung des Buchdrucks mit beweglichen Lettern, in: Katrin Keller (Hg.), Feste und Feiern. Zum Wandel städtischer Festkultur in Leipzig, Leipzig 1994, 117–135; Wolfgang Flügel, Zwischen Tradition und Innovation. Zum Buchdruckerjubiläum von 1640, in: NASG 71 (2000), 125–146.
88 Vgl. Flügel, Konfession und Jubiläum (s.o. Anm. 5), 94.
89 Vgl. pars pro toto Karl Gottlob Dietmann, Das Andenken an die vorigen Zeiten als ein Erweckungsmittel zum herrlichen Danke, getrosten Muthe und freudigem vertrauen auf Gott. Bey Gelegenheit Des, auf den 25. Herbstmonats diesigen 1755ten Jahres fälligen Gedächtnisses Des vor 200 Jahren zu Augsburg feyerlich vollzogenen und hoch bestätigten Religionsfriedens. Nebst einer Jublrede und einer ausführlichen historischen anzeige aller, durch Veranlassung dieser Jubelfeyer herausgekommener Schriften, Leipzig 1755, 23.
90 Vgl. Flügel, Konfession und Jubiläum (s.o. Anm. 5), 99f.; ders./Stefan Dornheim, Die Universität als Jubiläumsmultiplikator in der frühen Neuzeit. Akademiker und die Verbreitung des historischen Jubiläums, in: Jahrbuch für Universitätsgeschichte 9 (2006), 51–70 (64–66).

Mit diesen Tendenzen korreliert die Aufforderung, die ein Festschriftautor bereits zum Lutherjubiläum des Jahres 1883 geäußert hat:

»Es wäre eine lohnende Aufgabe nachzuweisen, wie man das Andenken an den Reformator 1617, 1646, 1683, 1717, 1746, 1783, 1817 und 1846 feierte.«[91]

Doch genau dieser Anregung ist Loofs nicht gefolgt, sondern hat dies späteren Autoren überlassen.[92]

---

91 Christlieb Gotthold Hottinger, Dr. Martin Luther. 10. November 1483. 10. November 1883, Strassburg 1883, 64.
92 Vgl. Maron, Jubiläen (s.o. Anm. 14), 188–208; Stefan Laube, Fest, Religion und Erinnerung. Konfessionelles Gedächtnis in Bayern von 1804 bis 1917 (Schriftenreihe zur Bayerischen Landesgeschichte 118), München 1999; Flügel, Konfession und Jubiläum (s.o. Anm. 5). Kurze Überblicke über die Kette der Konfessionsjubiläen geben weiterhin z.B. Gerd Steinwascher, Reformationsgedenken in Osnabrück. Konfessionelle Toleranz oder Konfrontation?, in: Osnabrücker Mitteilungen. Mitteilungen des Vereins für Geschichte und Landeskunde (Historischer Verein) von Osnabrück 98 (1993), 39–86; Hans-Dieter Schmid, Von der obrigkeitlichen Kirchenfeier zum Fest der Bürger. Reformations- und Lutherfeiern in Hannover 1617–1883, in: ders. (Hg.), Feste und Feiern in Hannover, Bielefeld 1995, 57–84 und Martin Treu, Lutherfeiern in Eisleben im 19. Jahrhundert, in: ders./Rosemarie Knape (Hg.), Preußische Lutherverehrung im Mansfelder Land (Stiftung Luthergedenkstätten in Sachsen-Anhalt/Katalog 8), Leipzig 2002, 33–54. Eine Jubiläumskette außerhalb des konfessionellen Bereichs untersuchte Simone Mergen, Monarchiejubiläen im 19. Jahrhundert. Die Entdeckung des historischen Jubiläums für den monarchischen Kult in Sachsen und Bayern (Schriften zur sächsischen Geschichte und Volkskunde 13), Dresden 2005.

Der Geist der Zeiten und das Evangelium der Reformation

Friedrich Loofs' Beitrag zur protestantischen Erinnerungskultur

Christian Muth

Wenn im Jahr 2008 anlässlich seines 150. Geburtstages der Hallesche Theologe Friedrich Loofs geehrt wird, kann und muss nicht zuletzt vor dem Hintergrund der an der feiernden Universität in Vorbereitung auf das Jubiläumsjahr 2017 bestehenden Erforschung protestantischer Erinnerungskultur[1] auch auf dessen doppelten Anteil zu einer solchen verwiesen werden: Wie Wolfgang Flügel in seinem Aufsatz in diesem Band aufzeigt, antizipierte der Dogmenhistoriker, der »wie zur Erholung und Erfrischung [...] auch auf die evangelische neuere Zeit den Blick« richtete,[2] mit seiner Arbeit über »Die Jahrhundertfeier der Reformation an den Universitäten Wittenberg und Halle 1617, 1717 und 1817« zum einen die erst in der Folgezeit aufkommende Forschungsarbeit zu Genese, Entwicklung und Arrangement historischer Reformationsjubiläen.[3] Zum anderen war er selbst an der Ausgestaltung solcher Jubiläen und anderer der Reformationserinnerung gewidmeten Veranstaltungen beteiligt.

---

1 Neben der ›Reformationsgeschichtlichen Sozietät‹ beherbergt die Martin-Luther-Universität Halle-Wittenberg das vom Land Sachsen-Anhalt unterstützte Projekt ›Spurenlese – Die Wirkungen der Reformation‹ und das von der Deutschen Forschungsgemeinschaft (DFG) geförderte Projekt ›Der Geist der Zeiten in den reformatorischen Jubelfeiern‹. In diesem werden Universitätsreden, die seit 1617 aus Anlass von Reformationsjubiläen unterschiedlicher Provenienz gehalten wurden, bezüglich der sich in ihrer Reformationsrezeption und -applikation ausdrückenden zeitspezifisch-kulturellen Prägefaktoren und Sinnzusammenhänge analysiert.
2 Ferdinand Kattenbusch, Zu Friedrich Loofs' Gedächtnis, in: ThStKr 100 (1927/1928), 355–361 (356).
3 Friedrich Loofs, Die Jahrhundertfeier der Reformation an den Universitäten Wittenberg und Halle 1617, 1717 und 1817, in: ZVKGS 14 (1917), 1–68.

Waren beide Tätigkeitsfelder des so vielfältig engagierten Theologen miteinander eng verbunden, sollen sie in dieser Verbindung auch hier dargestellt werden: Es wird zunächst kurz (1) auf die ebenfalls als Beitrag zur Reformationserinnerung verstehbare »Jahrhundertfeier« eingegangen und die ihr eignende Fragestellung im Zusammenhang mit einer von ihm stammenden Rede zu dem Jubiläum von 1917 erörtert. Daraufhin wird (2) erhoben, inwiefern Loofs seinen mit der Analyse des ›Zeitgeistes‹ verbundenen Ansprüchen an Reformationserinnerung gerecht wurde. So werden verschiedene, nicht bloß auf die universitär-kirchengeschichtliche Ausbildung oder den fachinternen Diskurs beschränkte Reden, die in einem umfassenderen Sinne die Dimension der Memoria erkennen lassen, präsentiert.[4] In einem letzten Abschnitt wird (3) schließlich die »Historisierung des Historikers« intensiviert, wobei in Anlehnung an die von ihm geleistete Analysearbeit, nach dem Verhältnis seiner eigenen Reformationserinnerung zu dem sich an der Wende vom 19. zum 20. Jahrhundert geltend machenden ›Zeitgeist‹ gefragt wird.

1. Der ›Geist der Zeiten‹ in den Jahrhundertfeiern der Reformation

1.1. Loofs Blick in die Vergangenheit: 1617, 1717 und 1817

Dass Friedrich Loofs im Zusammenhang mit dem Reformationsjubiläum 1917 auf bereits vergangene Reformationsfeiern zurückschaut, ist an sich nicht sonderlich innovativ. Bereits seit dem 18. Jahrhundert gehört der Rekurs auf die Eigengeschichte zum Mechanismus historischer Jubiläen. Durch ihn sollen Institutionalität indiziert und eine mit vorangegangenen Zeiten vergleichende Bewertung der Gegenwart ermöglicht werden.[5] So weiß der Kirchenhistoriker auch um die Tradition, in welcher seine »Jahrhundertfeier« steht und verweist darauf, dass schon 1717 und 1817 Joachim Lange, David Heinrich Zorn, Valentin

---

4   Zur Bedeutung der u.a. von Maurice Halbwachs und Jan Assmann aufgeworfenen Frage nach dem kollektiven, konnektiven und kommunikativen Gedächtnis für die Kirchen- und Religionsgeschichte vgl. Frank-Michael Kuhlemann, Erinnerung und Erinnerungskultur im deutschen Protestantismus, in: ZKG 119 (2008), 30–44.

5   Vgl. Winfried Müller, Das historische Jubiläum. Zur Geschichtlichkeit einer Zeitkonstruktion, in: ders. (Hg.), Das historische Jubiläum. Genese, Ordnungsleistung und Inszenierungsgeschichte eines institutionellen Mechanismus, Stuttgart 2004, 1–75 (7); sowie: Wolfgang Flügel, Zeitkonstrukte im Reformationsjubiläum, in: Winfried Müller (Hg.), Das historische Jubiläum. Genese, Ordnungsleistung und Inszenierungsgeschichte eines institutionellen Mechanismus, Stuttgart 2004, 77–99 (93).

Carl Veillodter und Gottlieb Jakob Planck anlässlich bevorstehender oder gerade begangener Reformationsjubiläen nicht nur einen Konnex zwischen der eigenen Gegenwart und dem zu erinnernden Grundgeschehen der Reformation, sondern auch zu den ebenfalls schon in der Vergangenheit liegenden Aktualisierungen desselben herstellten. Darüber hinaus ist Loofs auch anlässlich des Reformationsgedächtnisses von 1917 nicht der einzige, der vorangegangene Reformationsjubiläen thematisiert. Neben seinem und dem von ihm erwähnten Aufsatz von Horst Stephan[6] erscheinen in diesem Rahmen noch weitere, bezüglich der von ihnen analysierten Materialfülle und auch in ihrer Analysequalität freilich stark divergierende Publikationen, die ebenfalls »das Reformationsjubelfest in vergangenen Jahrhunderten«[7] erörtern. Versuchen einige der hier in Betracht kommenden Autoren den gesamten deutschen Sprachraum zu überblicken und beschränken sich andere eher auf Regionalia,[8] so ist Loofs »Jahrhundertfeier« der zweiten Gruppe zuzurechnen: Er gibt viel von dem noch in seinen Ausarbeitungen auffindbaren Material auf und beschränkt sich »auf unsere Provinz, und auch da nur unter abermaliger Beschränkung auf unsere Universitätsstädte« – nämlich Halle und Wittenberg.[9] Diese Beschränkung aber erlaubt ihm die konsequente Umsetzung des bei anderen nur oberflächlich verwendeten Ansatzes, welche seiner »Jahrhundertfeier« dann eben doch sowohl Originalität als auch eine bis heute für die Erforschung protestantischer Erinnerungskultur bestehende Aktualität verleiht: Loofs begnügt sich nicht mit einem bloß registrierenden Bericht dessen, wer wann auf wessen Veranlassung an welchem Ort und in welchem Rahmen etwas geplant, angeordnet, gepredigt, geredet, musiziert oder auf sonstige Weise zu den jeweiligen Feiern beigetragen hat, sondern fragt, auf einen in der deutschen Gelehrten-

---

6   Horst Stephan, Das evangelische Jubelfest in der Vergangenheit, in: DE 8 (1917), 2–12.
7   So Georg Arndt, Das Reformationsjubelfest in vergangenen Jahrhunderten. Gedenkblätter aus der evangelischen Kirche Deutschlands, Berlin 1917.
8   Zu der ersten Gruppe gehört neben den schon genannten Aufsätzen von Stephan und Arndt z.B. Wilhelm Petrus Angerstein, Die Reformationsjubeljahre 1617, 1717 und 1817. Eine Studie für das Reformationsjubeljahr 1917, Lodz 1917; zu der zweiten Gruppe dann Friderich Rode, Hamburg und die früheren Reformationsjubiläen 1617, 1717, 1817, Hamburg 1917; Walter Wendlandt, Die Reformationsjubelfeiern in Berlin und Brandenburg, in: JBBKG 15 (1917), 66–109; Heinrich Danneil, Die Magdeburger Reformations-Jubelfeiern 1617, 1717, 1817 und 1917, in: GBSLM 53/54 (1918/1919), 77–104.
9   Vgl. Loofs, Jahrhundertfeier (s.o. Anm. 3), 3. – In den »Materialien zu dem Aufsatz ›Die Jahrhundertfeiern der Reformation an den Universitäten Wittenberg und Halle 1617, 1717 und 1817‹«, welcher sich in seinem Nachlass findet (Universitäts- und Landesbibliothek Sachsen-Anhalt, Sondersammlungen, Signatur: Yi 19 II 7), trug Loofs über die dann beschriebenen Feierlichkeiten in Wittenberg und Halle hinaus auch Materialien und Sekundärliteratur zu denen an verschiedenen anderen Orten zusammen.

welt seiner Zeit gebräuchlichen Terminus zurückgreifend,[10] danach wie der »Geist der Zeiten sich in den Jubelfeiern spiegelt.«[11] So werden einerseits die sich in Planung, Organisation und Durchführung verdeutlichenden gesellschaftlichen Wirkzusammenhänge erörtert, zum anderen aber auch die jeweiligen Beiträge vor dem Hintergrund der theologie- und geistesgeschichtlichen Entwicklungen analysiert. Zu diesem Zweck kommt Loofs immer wieder auf vier Analysekategorien zurück: Er untersucht die vier Jubiläumsfeiern – 1617 in Halle, 1717 in Wittenberg und Halle, 1817 in Halle – zum einen immer wieder daraufhin, inwiefern sie die Zentralgedanken Luthers verdeutlichen, zum zweiten fragt er jeweils nach der Darstellung Melanchthons, drittens nach dem Selbstverständnis der Feiernden und viertens nach der Darstellung des Verhältnisses zu anderen Glaubensgemeinschaften. Auf diese Weise kann er einerseits deutlich machen, inwiefern sie als Ausdruck ihrer Zeit zu gelten haben und worin sich andererseits Prolongation von Zurückliegendem oder Antizipation von Späterem zeigten: Er erklärt, inwiefern

> »das Reformationsjubiläum von 1617 in Wittenberg wie im ganzen evangelischen Deutschland im Zeichen der Orthodoxie gefeiert wurde, die Säkularfeier von 1717 in Halle und mehrfach auch sonst den Geist des Pietismus

---

10 Der wohl ursprünglich aus dem Französischen ›esprit du siècle‹ abgeleitete ›Zeitgeist‹ wurde durch die »Kritischen Wälder« und »Humanitätsbriefe« Herders in die deutsche Gelehrtensprache als die »herrschenden Meinungen, Sitten und Gewohnheiten« eines Zeitalters eingeführt. Vgl. z.B. Johann Gottfried Herder, Sämtliche Werke, Bd. XVII, Hildesheim (1877) ³1994, 95–97. – Hegel hat ihn als ein zu einer bestimmten Zeit sowohl im politischen als auch allen anderen Bereichen eines Volkes wirkendes Prinzip aufgefasst, aus dem man ebenso wenig ausbrechen könne wie aus der eigenen Haut. Vgl. z.B. Georg Wilhelm Friedrich Hegel, Vorlesungen. Ausgewählte Nachschriften und Manuskripte, Bd. VI/1, hg. v. Pierre Garniron/Walter Jaeschke, Hamburg 1994, 236–238. – Zur Zeit Loofs' brachte Dilthey den ›Zeitgeist‹ in den Zusammenhang mit dem ›Lebenshorizont‹, unter welchem er die Begrenzung versteht, »in welcher die Menschen einer Zeit in bezug auf ihr Denken, Fühlen und Wollen leben. Es besteht in ihr ein Verhältnis von Leben, Lebensbezügen, Lebenserfahrung und Gedankenbildung, welches die einzelnen in einem bestimmten Kreis von Modifikationen der Auffassung, Wertbildung und Zwecksetzung festhält und bindet.« Vgl. Wilhelm Dilthey, Gesammelte Schriften, Bd. VII. Der Aufbau der Geschichtlichen Welt in den Wissenschaften, Leipzig (1927) ⁸1992, 177–188. – Eine Aktualisierung des Begriffs findet sich bei Hans-Joachim Schoeps, Was ist und was will die Geistesgeschichte? Über Theorie und Praxis der Zeitgeistforschung, Göttingen/Berlin/Frankfurt (1959) ²1970. – Zur Kritik vgl. z.B. die Zusammenfassung der Diskussionen des Bayreuther Historischen Kolloqiums zum Thema: Marco Hedler, Tempus fugit. Die Historie – Sklavin oder Herrin des »Zeitgeistes«? Kontroversen und Diskussion, in: Hermann Joseph Hiery (Hg.), Der Zeitgeist und die Historie, Dettelbach 2001, 199–211.

11 Loofs, Jahrhundertfeier (s.o. Anm. 3), 3.

verriet [und] die Feier von 1817 in Halle und im weitesten Umfange auch andernorts in Deutschland unter dem Einfluss des Rationalismus [stand]«[12]

und verweist dabei auch auf Anzeichen von Abweichungen und Übergängen, die er bei der Analyse des Jubiläums von 1717 gleich in zweifacher Weise findet: Ließen sich bei den Feiern im ansonsten pietistisch geprägten Halle – zum Beispiel in der Programmschrift ›Dica Jubileorum‹ von Johann Peter Ludewig[13] – bereits Vorboten der später sich ausbreitenden Aufklärung erkennen,

»die für den orthodoxen Konfessionalismus gar kein Verständnis mehr hatte, ja von einer überaus einfachen ›natürlichen‹ Religion träumte, zu der Christus zurückzuführen haben sollte,«[14]

könnten bezüglich der Wittenberger Feierlichkeiten, die in formaler Hinsicht durchaus eine Kopie der vorangegangenen darstellten, noch Verbindungen zu früheren Darstellungsformen geltend gemacht werden: Zwar haben sie bereits jenseits »der abschreckenden Höhe, welche der Doktrinarismus, der Formalismus und der polemische Eifer der Orthodoxie [...] erreichten«[15], gestanden, doch täusche die Tatsache, dass im Unterschied zu 1617 sowohl die Zentralgedanken Luthers wie auch – wenngleich in verkürzender Weise – die Person Melanchthons gewürdigt wurden und auch die Polemik gegenüber Andersgläubigen deutlich zurückgetreten sei, nicht darüber hinweg, dass hier noch immer pietistisches Gedankengut dezidiert abgelehnt wurde.

1.2. Die Gegenwart von 1917

Analysiert Loofs in seiner »Jahrhundertfeier« vor allem, inwiefern die Beiträge der Reformationserinnerung in den Jahren 1617, 1717 und 1817 durch den in ihrem jeweiligen historischen Kontext wirkenden ›Zeitgeist‹ geprägt waren, so macht er im Ausblick diesen Zusammenhang auch für die Reformationserinnerung in seiner Gegenwart geltend, worin zugleich auch ein Urteil über die vorangegangenen Jubiläen impliziert ist: Zwar sei der ›Geist der Zeit‹, wie sich in »dem vielfach bunt auseinander und gegeneinander strebenden Geschmacke« zeige, »nicht einheitlich, wie der von 1617 und 1817 und – trotz des orthodox-pietistischen Gegensatzes – auch der von 1717 es war«[16]. Dennoch lasse

---

12 Loofs, Jahrhundertfeier (s.o. Anm. 3), 66f.
13 Johann Peter Ludewig, Dica Iubilaeorum, quam bonis Mentibus, Civibus Praesertim Fridericianae, ad Cavendas in Secundo Iubilaeo Evangelico [...], Halle 1717.
14 Loofs, Jahrhundertfeier (s.o. Anm. 3), 47.
15 Loofs, Jahrhundertfeier (s.o. Anm. 3), 37.
16 Loofs, Jahrhundertfeier (s.o. Anm. 3), 68.

sich zumindest feststellen, dass »geschichtlicher Sinn und geschichtliches Verständnis«[17] zu ihm gehören. Aus diesem Grund müsse auch »rechtes geschichtliches Verständnis der Reformation über der Feier des kommenden Jubiläums walten«[18] und einseitige, ungeschichtliche Beurteilung, welche das erinnerte Geschehen in jedem der vergangenen drei Jahrhunderte fand, vermieden werden. Wurde die Reformation in den früheren Zeiten als »Revision des Dogmas im Sinne orthodoxen Eiferns für die reine Lehre«[19], als »Glaubens- und Sittenerneuerung im Sinne des Pietismus«[20], oder als »Fahnenträger der Aufklärung«[21] dargestellt, so müsse nun dem »Bedürfnis« der Zeit nach ihren »positiven Grundgedanken« entsprochen werden.

Etwas ausführlicher wird Loofs in einem weiteren Beitrag zum Jubiläum 1917, einer am Abend des 31. Oktobers in der Wittenberger Stadtkirche gehaltenen Rede.[22] Auch hier blickt er, sich nun jedoch ganz auf Wittenberg beschränkend, auf die Reformationserinnerung vorangegangener Jahrhunderte zurück und zeigt ihre Unzulänglichkeiten auf; doch tut er dies vor allem vor dem Hintergrund der Entfaltung des nun wieder hervorzuhebenden *eigentlichen* Erbes der Reformation – die Bestimmung des persönlichen Christentums als Glaubensleben, von welcher Luther in seinem persönlichen Leben und mit seinem reformatorischen Wirken selbst ein Beispiel gegeben habe: Der Glaube sei bei ihm nicht mehr eine Zustimmung zu den einzelnen Lehren der Kirche gewesen, die

> »nicht Quelle und Inhalt und Aufgabe eines neuen Lebens [sein kann und auch] neben dem Leben [steht, sondern] nichts anderes als der Glaube an Gottes Gnade in Jesu Christo, [...] das feste Vertrauen auf den in Christus offenbaren Gott [und] die tragende und treibende Kraft des Lebens«[23],

so dass Glauben und Glaubensleben nun ein und dasselbe waren. Dieses Erbe sei von der bis fast zum Ende der Universität vorherrschenden, die »Reinheit der Lehre« betonenden Orthodoxie ebenso wenig angetreten worden wie von der in ihren letzten Jahren an der Aufklärung orientierten und vorrangig an sittlichem Tun und moralischem Handeln interessierten Theologie. Und auch die übrigen Wittenberger hätten bisher ähnlich wie die Bewohner anderer lutherischer Städte – von einigen Ausnahmen abgesehen – wenig Verständnis für »das

---

17 Ebd. – Vgl. außerdem Loofs, Jahrhundertfeier (s.o. Anm. 3), 2.
18 Loofs, Jahrhundertfeier (s.o. Anm. 3), 68.
19 Loofs, Jahrhundertfeier (s.o. Anm. 3), 53.
20 Ebd.
21 Loofs, Jahrhundertfeier (s.o. Anm. 3), 60.
22 Eine Nachschrift dieser Rede findet sich bei Georg Doden, Der Gemeindeabend in der Stadtkirche, in: Die Reformationsfeier zu Wittenberg 1917, Wittenberg 1918, 113–128.
23 Doden (s.o. Anm. 22), 115f.

Beste, das Größte an Luther« gezeigt.[24] Den Grund dafür sieht Loofs auch darin, dass es

>»in früheren Jahrhunderten [...] mit der Reife, mit der Bildung, mit dem Verständnisvermögen in deutschen Bürgerkreisen [...] nicht weither gewesen [sei].«[25]

Demgegenüber sei man nun weiter gekommen:

»Das ist gewiß, daß keine der früheren Jahrhundertfeiern der Reformation so viel Bildung in den weitesten Kreisen vorfand, wie jetzt die 400jährige.«[26]

Insofern seien auch die Voraussetzungen für ein wirkliches Verständnis des Glaubenslebens Luthers in der Gegenwart günstiger denn je, wobei selbst die besondere Situation des Krieges, der Umstand, dass die Feiern des Jahres 1917 nicht so prächtig und glänzend wie unter anderen Umständen ausfallen können, als eine positiv zu wertende Möglichkeit verstanden wird:

»Unsere Feier an diesem Tage gilt einer geistigen Bewegung, gilt der Wiedererschließung der Wahrheit für das innerste und tiefste Gebiet des menschlichen Lebens. Da kann die Feier gesegneter sein in der Stille, als sie in rauschender Pracht gewesen wäre.«[27]

2. Anderweitige Reformationserinnerung

Will man Friedrich Loofs eigene Beiträge zur Reformationserinnerung nach dem sich in ihnen ausdrückenden ›Zeitgeist‹ befragen, muss man sich nicht mit den soeben genannten begnügen. In seinem Œuvre lässt sich noch einiges an diesbezüglich relevantem Material finden. So ist einerseits an seine akademischen Reden anlässlich der Melanchthon- und Calvinjubiläen 1897[28] und 1909[29] zu erinnern, zum anderen kommen aber auch die nicht dem ›Zwang der runden Zahl‹ sondern vielmehr auch anderen Anlässen geschuldete Reden, Vorträge und Predigten für die hier zu verhandelnde Fragestellung in den Blick: Friedrich Loofs erörterte 1889 die Frage »Was machte Luther zum

---

24 Doden (s.o. Anm. 22), 114.
25 Doden (s.o. Anm. 22), 120.
26 Ebd.
27 Doden (s.o. Anm. 22), 120f.
28 Friedrich Loofs, Melanchthon als Humanist und Reformator. Festrede zum Melanchthon-Jubiläum, gehalten in der Aula der Universität Halle-Wittenberg am 16. Februar 1897, in: ThStKr 70 (1897), 641–667.
29 Friedrich Loofs, Zum Gedächtnis Calvins. Rede in der Aula der Universität Halle-Wittenberg, in: ThStKr 83 (1910), 110–137.

Manne des Volkes«[30] und wiederholte diesen Vortrag zwei Jahre später; er sprach am 7. Oktober 1898 vor der Versammlung der »Freunde der Christlichen Welt« über »Das Evangelium der Reformation und die Gegenwart«[31] und anlässlich der Übernahme des halleschen Rektorats 1907 thematisierte er »Luthers Stellung zum Mittelalter und zur Neuzeit«[32]. Auch müssen hier noch zumindest drei im Druck vorliegende Predigtvorträge angeführt werden:[33] Zum einen der 1898 vor dem Verein für Reformationsgeschichte gehaltene,[34] dann der vor der Gemeinde der Leipziger Mathäikirche am 31. Oktober 1901 über die »Römisch-katholische und evangelische Lehre von der Kirche«[35] und schließlich die Predigt im halleschen Universitätsgottesdienst am Sonntag nach dem Jahrestag der Ablassthesen im Jahr 1906.[36]

2.1. Zentralgedanken der Reformation

Der 1917 von Loofs so betonte Gedanke von dem Leben aus dem Glauben an die Gnade Gottes ist in fast allen seinen eben genannten Reden deutlich erkennbar[37] und stellt als »Evangelium, wie Dr. Luther es unserm Volke bekannt und lieb gemacht«, als »Evangelium der Reformation«, als »evangelische Wahrheit« oder – vor allem in seinen wissen-

---

30   Friedrich Loofs, Was machte Luther zum Manne des Volkes, und was soll und kann ihm noch heute die Herzen des Volkes gewinnen? Vortrag am 9. November 1889 in Dessau und am 10. November 1891 in Magdeburg gehalten, Dessau 1892.
31   Friedrich Loofs, Das Evangelium der Reformation und die Gegenwart, in: ThStKr 80 (1908), 203–244. – Zur Bedeutung dieser Rede für die weitere Entwicklung des Verhältnisses zwischen Loofs und der ›Christlichen Welt‹ vgl. Johannes Rathje, Die Welt des freien Protestantismus. Ein Beitrag zur deutsch-evangelischen Geistesgeschichte dargestellt an Leben und Werk von Martin Rade, Stuttgart 1952, 118–123.
32   Friedrich Loofs, Luthers Stellung zum Mittelalter und zur Neuzeit. Rede gehalten beim Antritt des Rektorats der Vereinigten Friedrichs-Universität Halle-Wittenberg am 12. Juli 1907, Halle 1907.
33   Dass im Nachlass von Friedrich Loofs auch eine handschriftliche Predigtkonzeption für das Reformationsfest 1883 vorliegt, wurde dem Verfasser leider zu spät bekannt. Sie konnte daher hier nicht mit ausgewertet werden. (Vgl. Universitäts- und Landesbibliothek Sachsen-Anhalt, Sondersammlungen, Signatur: Yi 19 XI 2)
34   Friedrich Loofs, Predigt bei der fünften Haupt-Versammlung des Vereins für Reformationsgeschichte in der Barfüßer-Kirche zu Erfurt am 13. April 1898 gehalten, Halle 1898.
35   Friedrich Loofs, Römisch-katholische und evangelische Lehre von der Kirche. Predigtvortrag, in: FEB 191 (16. Reihe, Heft 11), Leipzig 1901.
36   Friedrich Loofs, Predigt über Röm 3,23–31. Gehalten am 4. November 1906, in: ders., Akademische Predigten (Die Predigt der Kirche. Bibliothek der christlichen Predigtliteratur, Abt. 7. Prediger der Gegenwart. Bd. IV Akademische Predigten), Dresden 1908, 57–69.
37   Eine Ausnahme bildet Loofs, Calvin (s.o. Anm. 29). Vgl. dazu 2.3.

schaftlichen Publikationen greift er auch auf den Terminus technicus zurück – »reformatorische Rechtfertigungslehre« klar das Zentrum seiner Reformationsdeutung im Ganzen dar.[38]

»[Weil] die göttliche Botschaft an uns Menschen, daß wir gerecht werden allein durch den Glauben an Jesum Christum, den Sünderheiland, in dem der ewige Gott selbst in einem menschlichen Personleben der Welt sich geoffenbart hat und durch dessen Sterben und Auferstehen er uns erlöst hat von Sünde und Tod«[39]

die wesentliche Entdeckung Luthers darstelle, in der sich sein neues Verständnis des Christentums zusammenfassen lässt, haben alle anderen Aspekte hinter ihr zurückzutreten.

Wie dieser Primat des reformatorischen Rechtfertigungsgedankens nach Loofs zu denken ist, wird in der ersten hier zu betrachtenden Reformationserinnerungsrede des jungen Kirchengeschichtsprofessors, welche er am 9. November 1889 in Dessau und am 10. November 1891 in Magdeburg vortrug, eindrücklich expliziert: Noch »bewegt von der großartigen Feier […], mit der im Jahre 1883 im Evangelischen Deutschland das Lutherjubiläum begangen wurde«, stellt Loofs die Frage, was Luther zum Manne des Volkes gemacht habe und findet hierauf zunächst mehrere Antworten: Zum ersten verweist er auf das Zusammentreffen von Luthers Reformationswerk und den seit dem 13. Jahrhundert in Deutschland nicht aufhörenden, weit verbreiteten Klagen über die politischen Verhältnisse – vor allem über die römische »Vergewaltigung und Erpressung« über »Anmaßung und Aussaugung«[40]:

---

38 Dass die Rechtfertigungslehre sein gesamtes theologisch-wissenschaftliches Wirken begleitete, sei hier nur kurz bemerkt: In seiner Selbstdarstellung kommt Loofs erstmals im Zusammenhang mit seinen Studiensemestern in Tübingen und Göttingen darauf zu sprechen. Vgl. Friedrich Loofs, Selbstdarstellung (RWGS 2), Leipzig 1926, 119–160 (127–130. 151f.). Als eine der ersten wissenschaftlichen Abhandlungen zum Thema ist wohl zu nennen: Friedrich Loofs, Die Bedeutung der Rechtfertigungslehre der Apologie für die Symbolik der lutherischen Kirchen, in: ThStKr 57 (1884), 613–688. Davon, dass er auch noch in seinen letzten Lebensjahren auf diesem Gebiet tätig war, zeugt die ursprünglich als Teil des zweiten Bandes seiner Symbolik abgefasste Studie: Friedrich Loofs, Die Rechtfertigung nach dem Lutherschen Gedanken in den Bekenntnisschriften des Konkordienbuches, in: ThStKr 94 (1922), 307–382. – Es ist in dem hier interessierenden Zusammenhang außerdem hinzuweisen auf die ebenfalls anlässlich des Reformationsjubiläums 1917 erschienene Arbeit Friedrich Loofs, Der articulus stantis et cadentis ecclesiae. Programm der theologischen Fakultät der Universität Halle-Wittenberg zum 31. Oktober 1917, Gotha 1917. – Zur aktuellen historischen und systematisch-theologischen Bewertungen derselben vgl. Theodor Mahlmann, Zur Geschichte der Formel ›Articulus stantis et cadentis ecclesiae‹, in: LuThK 17 (1993), 187–194 sowie Gunther Wenz, Die Rechtfertigungslehre als articulus stantis et cadentis ecclesiae, in: ders., Grundfragen ökumenischer Theologie Bd. I, Göttingen 1999, 75–89.
39 Loofs, Evangelium (s.o. Anm. 31), 212.
40 Loofs, Manne des Volkes (s.o. Anm. 30), 9f.

> »Daß Luthers Auftreten wenigstens seit der Zeit, da er energisch gegen Rom, gegen Hierarchie und Mönchtum vorging, in den weitesten Kreisen des deutschen Volkes [...] den lebhaftesten Beifall fand, erklärt sich zunächst daraus, daß in Deutschland seit langer Zeit eine gewaltige Masse von Unzufriedenheit gegenüber Rom und der Hierarchie angesammelt war.«[41]

Zum zweiten macht er Luthers »deutsches Denken, deutsches Fühlen«[42], welche weiter fassen als bloß mansfelder und kursächsichen »Cantönligeist«, für dessen Popularität verantwortlich. Luther sei ein »deutscher Patriot« gewesen, dem

> »all die römischen Anmaßungen gegenüber den Kaisern des Mittelalters, all die Lügen von der Papstmacht, die über dem Kaiser stehe, das Kaisertum erst nach Deutschland gebracht habe usw.«[43]

ein Ärgernis waren und er habe mit seiner »Beredsamkeit [...] den Schlaf deutscher Gutmütigkeit« geweckt, so dass die deutsche Reformation »nicht nur eine in dem allgemeinen Unwillen über Vergewaltigung und Beraubung begründete Erhebung gegen römische Herrschsucht und Ausbeutung gewesen [ist]: sie war auch eine That des deutschen Volkes, das wälscher Tyrannei satt war.« Drittens führt Loofs dann ins Feld, dass Luther nicht nur deutsch schrieb, sondern seine Sprache auch gewaltig, ungekünstelt, mitunter grob und zu Herzen gehend und damit auch allgemein verständlich gewesen sei. Und viertens zeigt er, inwiefern Luther als »ein ganzer Mann, ein Held«[44] anzusehen sei: Er war ihm zufolge »unverzagt und ohne Grauen überall, wohin Gott ihn schickte – an den Sterbelagern der Pestkranken in Wittenberg, zu Worms vor Kaiser und Reich, zu Wittenberg den ›Schwarmgeistern‹ gegenüber«[45]; auch sei er ein Mann gewesen, »dem Wahrhaftigkeit zur andern Natur geworden ist« bei dem man eine »Lauterkeit nicht nur des Redens, sondern des gesamten Seins«[46] finden konnte: »Der Mann – das mußte man fühlen – war eins mit seiner Sache.«[47]

Doch alle vier angeführten Argumente kann Loofs noch nicht als letztgültige Erklärung für Luthers Popularität gelten lassen. Erst Luthers aus dem Bibelwort »Der Gerechte wird seines Glaubens leben« (Röm 1,17; Hab 2,4) entfaltete neue Erkenntnis dessen, was rechtes und vollkommenes Christentum sei, erkläre sie nämlich am vollkommensten.

---

41 Loofs, Manne des Volkes (s.o. Anm. 30), 5.
42 Loofs, Manne des Volkes (s.o. Anm. 30), 14.
43 Loofs, Manne des Volkes (s.o. Anm. 30), 15.
44 Loofs, Manne des Volkes (s.o. Anm. 30), 20.
45 Ebd.
46 Loofs, Manne des Volkes (s.o. Anm. 30), 21.
47 Loofs, Manne des Volkes (s.o. Anm. 30), 22.

Sie habe dem Volk »Trost in allen Anfechtungen, Fröhlichkeit zur Arbeit, ein dankbares Herz in der Freude, Mut in allen Leiden, Zuversicht im Sterben« gegeben.[48]

Loofs rekonstruiert in der Anredeform:

> »Das ist die eine große Hauptsache, daß du glaubest, glaubest an den Gott, der dir um Christi willen deine Sünde umsonst vergiebt, glaubest, d.h. vertraust auf den Heiland, der dir nehmen will all deine Sündenschuld und all deine Gewissensqualen. […] Solcher Glaube, er ist der Kern des Christentums; darauf kommt alles an. Die Bitte: Gott rechtfertige mich, mache du mich gerecht, wohlgefällig vor dir, sie ist, wie Luther sagt, dasselbe wie die: Schenk du mir den Glauben.«[49]

Hat Loofs mit dieser Anrede bereits den Bogen von der Zeit Luthers in die Gegenwart geschlagen, so kann er den ganzen bisherigen Gedankengang auch auf seine Zeit anwenden: Noch immer werde Luther von vielen vornehmlich deshalb gerühmt,

> »weil er unser Volk befreit hat von römischer Tyrannei und wälscher Aussaugung. Sie schätzen den Freiheitshelden, den deutschen Patrioten, dessen Worte noch heute wie Schwerter sind für alle Päpstlichen und für alle diejenigen neben uns, die das Land, da ihr Vater wohnt, mehr als daheim jenseits der Berge suchen, die Deutschlands Südgrenze bilden. Und gewiß auch deshalb kann und soll Luthers Name unter uns Evangelischen noch heute hochgehalten werden. Rom ist noch heute eine Weltmacht, eine Gefahr für unsers deutschen Volkes Glück und Frieden. Und Luther ist noch heute der beste Führer im Kampfe gegen Rom.«[50]

Andere hingegen

> »schätzen den deutschen Patrioten und Meister der Rede, dessen gewaltiges Wort den Deutschen ihre Schriftsprache gegeben, den Schriftsteller, von dem selbst der Altmeister Goethe soviel gelernt hat. Nun, auch das Blatt aus Luthers Ruhmeskranz soll ihm nicht genommen werden.«[51]

Jedoch rechtfertigen weder Luthers Eifern gegen Rom, noch sein deutscher Patriotismus, noch sein Verdienst um die deutsche Sprache und Literatur, dass man ihn in einer Weise wie der im Jahr 1883 feiere. Erst die Persönlichkeit, und hier vor allem der Glaube, welcher sie zu dem machte, was sie war, könne dies leisten. Wenn dies in all der Lutherverehrung vergessen werde, lasse man das »Beste und Notwendigste« weg. Genau dagegen aber wehrt sich Loofs, wenn er an anderer Stelle sagt:

---

48 Loofs, Manne des Volkes (s.o. Anm. 30), 28.
49 Loofs, Manne des Volkes (s.o. Anm. 30), 25f. – Als Belegstelle führt Loofs hier WA IV, 520, 21, an. Luther kommentiert Vers 17 aus Ps 119: »Vivifica me, i.e. credifica me, quia iustus ex fide vivit: fides enim vita nostra est.«
50 Loofs, Manne des Volkes (s.o. Anm. 30), 29.
51 Loofs, Manne des Volkes (s.o. Anm. 30), 30.

> »Auf die Dauer geht's nicht an: den Luther schätzen, und das Evangelium nicht achten, das ihm alles war. Drum hoffen wir: Martin Luther, seine Persönlichkeit und sein Wort, sie werden auch heute noch ihr Werk thun, unser Volk gewinnen für das, was unsers Volkes größter Schatz ist, für den Schatz, den der Mansfelder Bergmannssohn neu wieder ans Licht gefördert hat – für das Evangelium der Reformation, für das evangelische Christentum.«[52]

In mehreren Beiträgen seiner Reformationserinnerung begegnet Loofs nicht nur der von römisch-katholischer Seite geäußerten, sondern auch der sich dezidiert protestantisch verstehenden Beanstandung der von ihm verfochtenen Betonung der Zentralstellung des »Evangeliums der Reformation«. Am deutlichsten werden die verschiedenen Positionen jedoch in der von ihm anlässlich seiner 1907 erfolgten Rektoratsübernahme nachgezeichneten Diskussion um die – seiner Ansicht nach vermeintliche – Überschätzung der religiösen Gedanken Luthers.[53]

Im ersten Teil dieser Rede setzt er sich mit der Reformationsdeutung nach Wilhelm Dilthey[54] auseinander und stellt heraus, dass diesem zufolge die Reformation nur im Zusammenhang mit der gesamten Entwicklung des Abendlandes verstanden werden und darüber hinaus weder im Schriftprinzip noch in der Rechtfertigungslehre, die beide schon mittelalterlich seien, der Kern der reformatorischen Religiosität gefunden werden könne.[55] Luther erscheine bei Dilthey dann vornehmlich als einer, der

> »die Motive der Opposition in sich gesammelt [und] eine außerordentliche Fähigkeit besessen habe, die Bedürfnisse der Zeit nachzufühlen und ihre lebendigen Gedanken zu vereinigen.«[56]

Dieser Einschätzung kann Loofs nur zum Teil zustimmen: Die Dogmengeschichte zeige tatsächlich, dass die These von der höchsten Autorität der heiligen Schrift schon im Mittelalter mehrfach energisch geltend gemacht wurde. Andererseits aber lasse sich anhand der »glückliche[n] Funde des letzten Menschenalters« und die damit möglich gewordene Rekonstruktion der Entwicklung Luthers seit 1509 belegen, dass sein Rechtfertigungsverständnis, »der Ausgang und Kern« seines ganzen Denkens, bereits vor dem Eintritt in den reformatorischen Kampf – in der Klosterzelle, an welche »die Wellen der allge-

---

52 Loofs, Manne des Volkes (s.o. Anm. 30), 33.
53 Loofs, Luthers Stellung (s.o. Anm. 32) – Vgl. außerdem: Loofs, Evangelium (s.o. Anm. 31); und: Loofs, Predigt (s.o. Anm. 34).
54 Vgl. etwa Wilhelm Dilthey, Aufgabe und Analyse des Menschen im 15. und 16. Jahrhundert, in: ders., Gesammelte Schriften. Bd. II. Weltanschauung und Analyse des Menschen seit Renaissance und Reformation, Stuttgart (1914) [11]1991, 1–89 sowie: ebd., Das natürliche System der Geisteswissenschaften im 17. Jahrhundert, 90–245.
55 Vgl. Loofs, Luthers Stellung (s.o. Anm. 32), 8.
56 Loofs, Luthers Stellung (s.o. Anm. 32), 9.

meinen Geistesentwicklung« nur sehr schwach schlugen – bestanden habe. Daher unterscheide es sich auch von dem, was Dilthey bei Bernhard von Clairvaux, Tauler und der sogenannten Deutschen Theologie gefunden zu haben meint. Diese haben die Formel, dass der Mensch vor Gott allein durch Glauben gerecht werde dahingehend verstanden,

> »daß Gott von dem Menschen, der zur Taufe komme und in der Taufe die Vergebung aller voraufgegangenen Sünden erlange, nichts weiter fordere als den Glauben, d.h. die Annahme der kirchlichen Lehre.«[57]

Bei Luther lasse sich hingegen eine andere, neue Deutung finden, welche die jahrhundertelangen moralistischen, mystischen und metaphysischen Verkehrungen aufhebt:

> »Darum handelt sich's bei ihm, worauf der längst Getaufte die Zuversicht gründen könne, daß er vor Gott zu bestehen vermöge. Nicht auf irgendwelches Tun, sondern lediglich auf die in gläubigem Vertrauen ergriffene Gnade Gottes.«[58]

Damit aber sei der »archimedische Punkt gefunden, von dem aus die Papstkirche aus den Angeln gehoben werden konnte« und von dem aus die Reformation erklärbar werde: Nur weil Ablass, Superiorität des Papstes, römische Sakramentenlehre, Kirchenhierarchie, Zölibat, Mönchtum und alle sogenannten Extrawerke sowie viele andere einzelne Überlieferungen in Lehre, Kultus und Sitte dieser seiner neuen Erkenntnis widersprachen, habe sich Luther gegen sie wenden und diesbezüglich den humanistischen und reichsständischen Reformwünschen, mit denen er ab 1518 in Berührung kam, anschließen können. Erst diese Verbindung zwischen den religiösen Grundgedanken Luthers und den längst schon anderweitig vorhandenen Reformwünschen habe also deren Durchsetzung und den »Umschwung der Zeiten« ermöglicht.[59]

---

57 Loofs, Luthers Stellung (s.o. Anm. 32), 11.
58 Loofs, Luthers Stellung (s.o. Anm. 32), 12.
59 Dass nur eine religiöse Bewegung über die herrschenden Zustände hinausführen konnte, hatte Loofs auch schon herausgestellt in Loofs, Predigt (s.o. Anm. 34), 6: »Es gab auch in der Zeit, da Luther zum Manne heranwuchs, aufgeklärte Leute, die von den Heiligen, von Wallfahrten und Ablässen nichts hielten, ja z.T. der evangelischen Geschichte selbst mit vornehmen Zweifeln gegenüber standen und im Herzen die alten Heiden für ebenso verehrungswürdig hielten wie die besten der Kirchenväter. Diese Aufgeklärten sind später, als die Reformation im Gange war, zu einem Teile auf Luthers Seite getreten. Sie selbst aber hätten die Reformation nicht bringen können: sie ließen das Volk ruhig bei seinem Aberglauben; denn sie meinten, das Volk müsse Religion haben; aber sie selbst hatten keine bessere Religion, die sie an die Stelle des Aberglaubens hätten setzen können. Anders Luther. Nicht mit dem Niederreißen des Alten hat seine Reformation begonnen; sie hat angefangen, wie gesundes Leben stets einsetzt: der Keim des Neuen ist gewachsen in der alten Schale, bis er erstarkt war und die alte Schale sprengte. Luther lebte,

Im zweiten Teil seiner Rektoratsrede antwortet Loofs dann auf Ernst Troeltschs Relativierung der Bedeutung der Reformation für die Neuzeit.[60] Meinte dieser, dass sich nur die altprotestantische Kultur aus Luthers Lebenswerk ableiten lasse, die ihrerseits jedoch nur die Nachblüte der mittelalterlichen Kultur in wenig modifizierter Form darstelle und dass erst die Zerschlagung des Altprotestantismus durch Spiritualismus und Renaissancebildung seit dem endenden 17. Jahrhundert der eigentliche Anfang der modernen Welt darstelle,[61] so stimmt Loofs auch hier wieder einigem zu und weist anderes entschieden zurück: Es ist für ihn unbestritten, dass der Protestantismus des endenden 16. und des 17. Jahrhunderts in vielem eine mittelalterliche Färbung hatte und dass etwa seit dem endenden 17. Jahrhundert, wenigstens für die Kultur- und Kirchengeschichte, eine neue Periode, nämlich die Aufklärung beginne. Dies bedeute jedoch noch nicht, dass erst in dieser neuen Epoche der Anfang der neueren Geschichte liege. Zum einen müsse nämlich zwischen Luthers mit der mittelalterlichen Zwangskultur brechendes, da

»zwischen nicht erzwingbaren religiösen und wahrhaft sittlichen Pflichten einerseits und den erzwingbaren rechtlichen Forderungen andrerseits«[62]

strikt trennendes Obrigkeitsverständnis und dessen Abhandenkommen im orthodoxen Altprotestantismus unterschieden werden; zum zweiten sei darauf hinzuweisen, dass in formaler Hinsicht die Verschiedenheit der zwei Jahrhunderte vor und nach 1700 nicht so groß ist,

»wie der aufgeklärte Leser der Tröltschschen Ausführungen meinen wird, wenn ihn bei der Erinnerung an die ›kirchliche Zwangskultur‹ das Gruseln überkommt.«[63]

Denn wenn sie sich auch von jener früherer Zeiten unterscheide, so bestehe doch auch gegenwärtig noch »eine christlich gefärbte Autoritätskultur«.

In Bezug auf die Bildung will Loofs den Unterschied zwischen den Zeiten ebenfalls nicht so groß verstanden wissen, wie Troeltsch

---

eines Widerspruchs zur alten Kirche sich nicht bewußt ›seines Glaubens‹.« Als er aber durch Tetzels Ablasspredigt und Ecks Streitschriften und Streitreden diesen Glauben angegriffen sah, »da hat er nicht geschwankt, wem er folgen müsse: der neu erkannten Wahrheit, oder den Beschützern des alten Irrtums.«

60 Hier hat Loofs vor allem den am 29. April 1906 vor der »IX. Versammlung deutscher Historiker« in Stuttgart gehaltenen Vortrag Troeltschs über »die Bedeutung des Protestantismus für die moderne Welt« im Blick. Ein Abdruck findet sich u.a. in: HZ 97 (1906), 1–66; vgl. außerdem Troeltschs Arbeiten zum Thema in: ders., Ernst Troeltsch. Kritische Gesamtausgabe, Bd. IIX. Schriften zur Bedeutung des Protestantismus für die moderne Welt (1906–1913), Berlin/New York 2001.

61 Vgl. Loofs, Luthers Stellung (s.o. Anm. 32), 14.

62 Loofs, Luthers Stellung (s.o. Anm. 32), 19.

63 Ebd.

ihn aufgrund seiner eigenen Deutung der modernen Welt annimmt.⁶⁴ Loofs hält daran fest, dass die Zeit, zu der Luther Troeltsch zufolge im Gegensatz stehen soll »so wenig vor 200 Jahren eingesetzt [hat], daß sie noch nicht einmal jetzt wirklich geboren ist.«⁶⁵ Zwar sei die gegenwärtige Auffassung über die Möglichkeiten der Wissenschaften denen des 16. und 17. Jahrhunderts different, doch bedeute dies nicht die Notwendigkeit der Auflösung des Glaubens der Reformatoren.⁶⁶ Wer meint,

> »daß dem Glauben der Gedanke einer nicht rein evolutionistisch zu verrechnenden Offenbarung und einer nicht rein immanenten Erlösung durch die Naturwissenschaft unmöglich gemacht sei und sei es auch die Majorität in Universitätskreisen – stelle noch längst nicht die moderne Welt, geschweige denn eine Inkarnation dessen, was die moderne Welt seit 200 Jahren gedacht hat, dar.«⁶⁷

Noch sei die »Entscheidungsschlacht zwischen der Diesseitsreligion pantheistischer Immanenzvorstellungen und den Traditionen eines lebendigen Theismus nicht geschlagen.«⁶⁸

---

64 Loofs, Luthers Stellung (s.o. Anm. 32), 20–24 widerlegt im Einzelnen vier bei Troeltsch gefundene Argumente: Troeltsch ist demzufolge der Meinung, dass Luther im Mittelalter stecken geblieben sei, weil er erstens »nicht auf Jesus, sondern auf Paulus zurückgegangen ist« (ebd., 20), zweitens »die mittelalterliche Askese doch nicht völlig überwunden« hatte (ebd., 21), drittens nach wie vor der Erbsündenlehre zuneigte (ebd., 22) und viertens noch dem Supranaturalismus anhing (ebd., 23).
65 Loofs, Luthers Stellung (s.o. Anm. 32), 24.
66 Vgl. hierzu auch die Ausführungen in: Loofs, Evangelium (s.o. Anm. 31), 217–244. Loofs zeigt auf, dass Luthers Verständnis des Evangeliums mit einer Reihe von Vorstellungen verknüpft sei, die zu Luthers Zeiten sehr erklärlich waren, aber der Gegenwart ferner liegen und von nicht wenigen modernen Menschen bestritten werden. Unter diesen seien auch solche, deren Zusammenhang mit dem Evangelium selbst ein innerlicher ist und die daher nicht von dem Evangelium zu trennen sind: die »Bezogenheit aller Menschen auf Gott«, die »grundlegliche Betonung der Sündenvergebung«, »die Begründung der Sündenvergebung auf Christi Tod« und schließlich die der Person Christi gegenüber hervortretende »supranaturalistische Geschichtsbetrachtung«. – Vgl. auch die Auseinandersetzung mit den »Ausstellungen an dem Evangelium der Reformation« in: Loofs, Akademische Predigt (s.o. Anm. 36), 60: »Da heißt es, das stete Gerede von Sünde und Gnade, es schädige die rechte Sittlichkeit; da sagt man zweitens, das Evangelium von der Erlösung durch Christus, es nähre falsche Vorstellungen von dem Gott der Liebe, da lautet ein dritter Einwand, der stete Ausblick auf das einstige Bestehen in Gottes Gericht, er lenke die Augen davon ab, daß rechtes Christentum hier in dieser Welt uns tapfer und widerstandsfähig machen solle gegen Anfechtungen, Leiden, Not und Tod; und viertens endlich macht man geltend, die Botschaft von Christus als dem Erlöser, sie richte einseitig auf sein Sterben den Blick, lasse das Wertvollere, sein Leben und all das, was es uns lehre, nicht zu seinem Rechte kommen.«
67 Loofs, Luthers Stellung (s.o. Anm. 32), 23f.
68 Loofs, Luthers Stellung (s.o. Anm. 32), 24.

Abschließend untermauert Loofs seine Kritik an Troeltschs Relativierung der Bedeutung Luthers für die Neuzeit damit, dass er aufzeigt, inwiefern Luther auch auf die Entwicklung seit circa 1700 entscheidenden Einfluss ausgeübt habe. So betont er, dass Luthers religiöse Zentralgedanken eine ganze Reihe von Konsequenzen einschlössen,

>»die dem Reformator selbst zwar aufgegangen sind, aber von ihm nicht zu Ende verfolgt wurden, weil damals der Gegensatz fehlte, dem gegenüber die kritische Kraft dieser religiösen Gedanken hätte zur Auswirkung kommen können.«[69]

Diese Gedanken, zu welchem vor allem die lutherische Ablehnung eines bloßen Historien- und Dogmenglaubens, die Anfänge der Kanon- und Textkritik sowie die Betonung der Selbständigkeit und Selbstgewissheit des Glaubens und seiner ethischen Anschauungen gehören, seien demnach »auf die nachorthodoxe Entwicklung des Protestantismus viel direkter von Einfluß gewesen, als Tröltsch das gelten läßt.«[70] So haben sich Spener, Zinzendorf, die Neologie und Semler mit Recht auf Luther berufen können und auch den protestantischen Rationalisten, die sich als die wahren Erben Luthers ansahen, könne trotz mancher diesbezüglich ungeschichtlichen Selbsttäuschung eine Verbindung zu Luther nicht abgesprochen werden: Ohne ihn und ohne Paul Gerhardt, der Luthers praktische Gedanken ins Volk hinein gesungen habe, wäre ihre spezifische Art der Frömmigkeit gar nicht möglich gewesen.

>»Und was Luther der Theologie des 19. Jahrhunderts in vielen ihrer mannigfachen Richtungen gewesen ist, läßt sich nicht leicht überschätzen. Der einflußreichste deutsche Dogmatiker nach Schleiermacher, Albrecht Ritschl, kann nur dann gewürdigt werden, wenn man sein Verhältnis zu Luther mit in Rechnung zieht.«[71]

Darüber hinaus lassen sich Loofs zufolge auch bei diversen Nichttheologen, wie Christian Thomasius, Lessing, Kant, Ernst Moritz Arndt und Freiherr von Stein Einflüsse des Reformators bemerken und haben die wissenschaftlichen Erkenntnisse, die seit Kopernikus und Newton, seit Winckelmann, Niebuhr, Ranke, Darwin und anderen mit vielen traditionellen Anschauungen aufgeräumt haben, eine Voraussetzung in seinem Verständnis des Christentums. Zwar habe dieses, wie überhaupt »religiöse Ideen niemals ein direkt wirkender Faktor der Weltkultur sein können und sein wollen«[72], auch hier keinen *direkten* Einfluss ausgeübt, aber seine Wirkungen seien doch »freilassend und ermutigend« gewesen.[73]

---

69 Ebd.
70 Ebd.
71 Loofs, Luthers Stellung (s.o. Anm. 32), 25.
72 Loofs, Luthers Stellung (s.o. Anm. 32), 26.
73 Vgl. ebd.

2.2. Melanchthon, Humanist und Reformator

Wie gesehen, kann Loofs neben dem »Evangelium der Reformation« auch die Bedeutung der Reformation für andere, nicht religiöse Lebensbereiche würdigen. Er zeigt für die Wertschätzung Luthers als Helden, Patrioten und Meister der Sprache durchaus Verständnis und betont sogar den freilassenden und ermutigenden Einfluss seiner Einsichten auf die neueren Entwicklungen innerhalb der Weltkultur. Jedoch legt er immer Wert darauf, dass solche Deutungen dem »Wichtigsten und Besten« der Reformation, nämlich Luthers Glaubensleben, nachzuordnen seien. In ein ähnliches Verhältnis setzt er auch die Erinnerung an den eng mit Luthers Wirken verbundenen Melanchthon, dessen Gedächtnis er für die Jahrhundertfeiern so vehement einfordert: Er kommt in der anlässlich seines 400. Geburtstages gehaltenen Rede vor allem darum in den Blick, weil er in seinem verdienstvollen Wirken einen wichtigen Beitrag zur Bewahrung und Verbreitung der mit Luthers neuem Verständnis vom Christentum initiierten Reformation geleistet habe: Den Hintergrund der sich auf den Gebieten der Kirchen- und Bildungsgeschichte erkennbaren, durch Renaissance und Humanismus akut werdenden, »Krisis der mittelalterlichen Geschichte« ausleuchtend, geht Loofs zunächst auf die humanistischen Anregungen in Deutschland ein, stellt Melanchthon dann in eine Reihe mit Agricola, Reuchlin, Erasmus und Hutten und macht auch anhand des kurz referierten Lebenslaufes deutlich, dass Melanchthon als Humanist nach Wittenberg berufen wurde.[74] Erst hier sei er von »Luthers Genialität gewaltig gefaßt« und zum Reformator geworden, der neben seinen philosophischen nun auch theologische Vorlesungen hielt und mit seinen »loci theologici« 1521 den ersten Entwurf einer evangelischen Dogmatik schuf, welche mit jugendlicher Kraft Luthers Gedanken geltend machte. Daher sei Melanchthon für eine Weile

> »als Theologe nichts anderes als ein meisterhafter Interpret Lutherscher Gedanken gewesen, – ganz eins mit ihm auch in dem wegwerfenden Urteil über das Können des natürlichen Menschen, eins auch mit ihm in der deterministischen Prädestinationslehre.«[75]

Näherte er sich zwar bald danach wieder seinen alten Idealen an, so habe er diese nun jedoch ganz in den Dienst der reformatorischen Einsicht gestellt:

---

74 Vgl. Loofs, Melanchthon (s.o. Anm. 28), 651.
75 Loofs, Melanchthon (s.o. Anm. 28), 653.

> »Zu dem Humanismus, dem er bis 1518 huldigte, ist Melanchthon nie wieder zurückgekehrt. Ein Höheres war ihm aufgegangen und ist von ihm seitdem stets als das Höhere anerkannt worden. Deutlicher noch als alle Worte Melanchthons, redet hier sein Leben. Es wird wenige Menschen des 16. Jahrhunderts geben, die dem Evangelium der Reformation so viele Opfer gebracht haben als Melanchthon. Es sind ihrer nicht wenige, die ihr Leben mit einem Male hingegeben haben für ihre reformatorische Gesinnung. Melanchthon hat dem Evangelium der Reformation in empfindlicherer Weise sein Leben geopfert.«[76]

Denn er habe sich lebenslang, entgegen aller Neigungen und Ideale in die große Geschichte seiner bewegten Zeit verflechten lassen, so dass er, der Humanist, zugleich auch als Reformator neben Luther wirkte und als Reformator Humanist blieb – was letztlich seine herausragende geschichtliche Bedeutung ausmache.[77] Denn in dieser Eigenart habe er großen Anteil daran gehabt, dass

> »die Reformation die gewaltige Bewegung geworden, die sie war [und] das Drängen einer neuen Zeit, die geboren werden wollte, die reformatorischen Gedanken aufnahm.«[78]

Als Vermittler zwischen Luther und Hutten stelle er das Bindeglied zwischen der reformatorischen Bewegung und den nationalen antirömischen Traditionen dar und habe sich in seiner Person und durch seine Tätigkeit das Bündnis zwischen der Reformation und der Bildung der Zeit besiegelt, was einerseits den Siegeszug der Reformation durch Deutschland und andererseits die vom evangelischen Christentum geforderte Modifikation der Ideale der Renaissance und des Humanismus ermöglicht habe.[79] Daher sei auch sein synthetisierendes Wirken

---

76 Loofs, Melanchthon (s.o. Anm. 28), 656.
77 Vgl. Loofs, Melanchthon (s.o. Anm. 28), 657.
78 Loofs, Melanchthon (s.o. Anm. 28), 659.
79 Eine Luthers Einsichten mit den Bedingungen seiner Zeit synthetisierende Funktion wird Melanchthon auch zugeschrieben in dem Aufsatz: Friedrich Loofs, Philipp Melanchthon, in: DE 9 (1918), 97–111 (110): Zwar habe Melanchthons Lehre den Reichtum der Lutherischen Gedanken nicht ausgemünzt, doch hätten ohne seine schulmäßige Ausprägung derselben die evangelischen Kirchen jener Zeit nicht bestehen können. »Denn Luthers Gedanken waren so, wie Luther sie in seinen Predigten, seinen nur exegetischen Vorlesungen und seinen Gelegenheitsschriften entwickelt hatte, als Grundlage der Lehrüberlieferung nicht brauchbar. So tief ihre Grundrichtung in seinem Glauben verankert war, im einzelnen hatten sie doch mannigfach zufälligen und nach verschiedenen Seiten weisenden, daher zu Widersprüchen führenden Anregungen der Tradition, der Exegese und der Umwelt nachgegeben; und systematischen Zusammenhang hatten sie nur in Anlehnung an die alte Lehrtradition. Melanchthon hat deshalb dem Luthertum seiner Zeit einen großen Dienst getan, indem er eine lutherische Lehrtradition schuf und zugleich den theologischen Lehrbetrieb dem gesamten akademischen Unterricht jener Zeit organisch einfügte.«

nicht bloß als Schwäche zu betrachten. Mag sich in ihm zwar zeigen, dass Melanchthon nicht an den Genius Luthers heranreiche, so verdeutliche sie doch sein organisatorisches Talent.

2.3. Calvin und die Einheit des Protestantismus

Ähnlich wie schon 1897 den Melanchthon stellt Loofs in seiner – nicht zuletzt auch tiefe Einblicke in sein Selbstverständnis gewährenden – Rede zu dem von der halleschen theologischen Fakultät veranstalteten Calvingedächtnis 1909 den Genfer Reformator und sein über seinen Tod hinausreichendes Wirken ganz in den Dienst der Verbreitung und Bewahrung der Reformation, ohne dabei jedoch – anders als in allen anderen seinen hier bedachten Reden – deren Ursprünge in Luthers Wiederentdeckung der Rechtfertigung allein aus Glauben an die Gnade Gottes oder auch ihre Parallelen in der reformierten Reformationsgeschichte zu erörtern.

Die Darstellung geschieht in zwei Argumentationsschritten: Zum einen stellt Loofs die Beziehungen zwischen dem Franzosen Calvin und Luther, Melanchthon sowie den deutschen reformatorischen Interessen heraus, wobei er ihn dabei sogar Luthers Nachfolgern entgegen stellen kann: Der sowohl von Melanchthon als auch von Luther geschätzte Franzose habe sich »wie einer der Deutschen«[80] an der deutschen Reformationsgeschichte beteiligt und selbst in den nach 1552 aufbrechenden Auseinandersetzung zwischen ihm und einigen Epigonen Luthers »mit Melanchthon und vielen anderen Deutschen« einig gewusst, wobei er stets geneigt gewesen sei, »auch andersdenkenden evangelischen Theologen über die Differenzen hinweg die Bruderhand zu geben«[81], wenn sie von ihrer Hartnäckigkeit lassen. Doch während er sich auf diese Weise als ein »Freund des evangelischen Consensus« erwiesen habe, haben diese den Frieden gestört und den Römischen die Freude gemacht, von evangelischer Zwietracht zu hören.[82]

Zum zweiten hebt Loofs hervor, dass ein auf sich und die Betonung des »solo verbo« gestelltes Luthertum den Bann päpstlicher Gewissensknechtung nicht zu brechen und auch der Gefahr einer Erneuerung der römischen Ketten nicht zu widerstehen vermocht hätte:

»Die Lutheraner allein hätten die Union von 1608 nicht zustande gebracht; wären nur sie dagewesen, so wäre der große Krieg des 17. Jahr-

---

80 Loofs, Calvin (s.o. Anm. 29), 124.
81 Loofs, Calvin (s.o. Anm. 29), 131.
82 Vgl. Loofs, Calvin (s.o. Anm. 29), 126.

hunderts zu früherem und für den Gesamtprotestantismus ungünstigerem Ende gekommen.«[83]

Darüber hinaus lasse sich nicht nur für Deutschland des 17. Jahrhunderts feststellen, dass der Protestantismus erst durch den Calvinismus zu einer politischen Macht geworden sei:

»Der Calvinismus hat die lutherischen Anfänge der Reformation in Polen, Ungarn und Siebenbürgen erhalten, weil er neben sie trat; er hat in Frankreich und in den Niederlanden den Protestantismus lebensfähig und widerstandsfähig gemacht, weil er die Wittenberger Einflüsse verdrängte; er hat Schottland der alten Kirche entrissen; er ist seit Eduard das weitertreibende Element in der englischen Reformationsgeschichte gewesen; er hat in England auch Männer erzogen, die weder unter Elisabeth noch unter den Stuarts der Konformität einer katholisierenden Staatskirche sich beugten; er hat in Neu-England die Anfänge amerikanischer evangelischer Kultur ins Leben gerufen. Die schottischen Kämpfe, die Hugenottenkriege, der Befreiungskampf der Niederlande und die – freilich auch durch anderweitige religiöse Einflüsse mitbedingte – englische Revolution: das alles wäre ohne den Calvinismus so nicht möglich gewesen. Und was wäre trotz Gustav Adolf und der lutherischen Nordreiche aus dem Gesamtprotestantismus geworden – ohne die evangelischen Niederlande und ohne Großbritannien?!«[84]

Diese Wirkmächtigkeit will Loofs nicht nur durch Verhältnisse bedingt wissen, »neben denen die konfessionellen als zufällige erscheinen könnten«, sondern leitet sie von der »Eigenart des Calvinismus« ab,[85] zu welcher er vor allem vier Dinge zählt: zum einen den stärker als im Luthertum ausgeprägten Gemeindegedanken; zum zweiten den Gedanken, dass es Christenpflicht sei, Gottes Ehre in der Welt durchzusetzen; drittens die theologisch beschränkte, doch für die Defensivkraft des calvinischen Protestantismus letztlich zuträglich gewesene, mangelnde Unterscheidung von »christlicher Sittlichkeit und erzwingbarer sogenannter sittlicher Ordnung«[86] und viertens die gegenüber dem Luthertum offenere Haltung gegenüber den realen, wirtschaftlichen Verhältnissen, die »der werbenden Kraft und der Macht des Kapitals gerechter geworden ist.«[87]

---

83 Loofs, Calvin (s.o. Anm. 29), 133.
84 Loofs, Calvin (s.o. Anm. 29), 134.
85 Ebd.
86 Loofs, Calvin (s.o. Anm. 29), 135.
87 Ebd.

2.4. Bewertung des Katholizismus

Dem so in den Blick genommenen Gesamtprotestantismus steht bei Loofs wie schon mehrfach anklang, die römisch-katholische Kirche gegenüber. Von ihr und dem ihr eignenden Traditions- und Kirchenglauben hatte sich Luther gelöst und gegen sie mussten das »Evangelium der Reformation« und der sich auf dieses berufende Protestantismus in der Folgezeit verteidigt werden. Doch beschränkt sich Loofs in seiner Reformationserinnerung nicht nur auf die Darstellung ihrer geschichtlichen Bedeutung. Zumindest zwei Predigtvorträge explizieren eine offensive Kritik auch an der zeitgenössischen römisch-katholischen Kirchen- und Glaubenspraxis.

So schlägt Loofs in seiner 1898 vor dem Verein für Reformationsgeschichte gehaltenen Predigt über die Bedeutung des Verses Habakuk 2,4 »Der Gerechte lebt seines Glaubens« für Luther und die Gegenwart mit einer eingehenden Schilderung der Scala Santa in Rom und der mit ihr verbundenen Ablasspraxis einen direkten Bogen zwischen der Zeit Luthers und seiner eigenen Gegenwart:

> »Ein ›frommer Gebrauch‹ des Treppenrutschens, ›reiche Gnade‹ einer ›heiligen Stiege‹, eine ›allerheiligste Kapelle‹ mit apostolischen Meßgewändern! das ist bezeichnend für römische Christentumsverzerrung und war es schon im 16. Jahrhundert.«[88]

Und so nimmt er in Kauf, auch seine katholischen Zeitgenossen zu treffen, wenn er dem Glaubensverständnis Luthers das »unfruchtbar Ding, das kein Herz umwandeln kann« entgegensetzt und in Gegenwartstempus erklärt: »Den Römischen ist Glauben das Fürwahrhalten der kirchlichen Lehre.«[89]

Von einer anderen Seite nähert sich Loofs der Römisch-Katholischen Kirche in seinem am 31. Oktober 1901 in der Leipziger Matthäikirche gehaltenen Predigtvortrag und kommt doch, ursprünglich von Apostelgeschichte 28,11–16 ausgehend, zu einer ähnlich negativen Wertung: So weist er zunächst aus diesem Bibeltext nach, dass die römisch-katholische Darstellung der Bischöfe als Statthalter der Apostel und des Papstes als Nachfolger Petri unbiblische »Märchen« seien und kommt daraufhin auf die römisch-katholische und die evangelische Lehre von der Kirche zu sprechen. Dabei legt er zunächst, auch auf Beispiele aus zeitgenössischen Verlautbarungen, Publikationen, Institutionen und Praktiken zurückgreifend,[90] dar, dass ›Kirche‹

---

88 Loofs, Predigt (s.o. Anm. 34), 2.
89 Loofs, Predigt (s.o. Anm. 34), 4.
90 Vgl. Loofs Eingehen auf die Verlautbarungen des ersten Vatikanischen Konzils und der römisch-katholischen Katechismen: Loofs, Predigt (s.o. Anm. 34), 4. – Au-

dem römisch-katholischen Christen »der ganze Apparat«, mit dem er zu tun hat, zu sein habe und dieser, weil von Christus begründet, mit Unfehlbarkeit und der dreifachen Aufgabe von Lehramt, Priesteramt und Regierung der Gläubigen ausgerüstet, auch das Fundament seines Glaubens darstellen solle. Dem setzt er dann, bevor er auf das evangelische Verständnis von Kirche als der einen, nicht durch Menschen abgrenzbaren sondern lediglich geglaubten Gemeinde der wahren Jünger des Herrn zu sprechen kommt, den evangelischen Protest entgegen: Dieser richte sich zum einen gegen die Annahme,

> »daß Christus solch eine großmächtige und doch so weltförmige Erziehungsanstalt, wie die römische Kirche es ist, mit Papst, Bischöfen und Priestern, mit Meßopfern, Bildern und Heiligen eingesetzt habe«[91],

da von alledem bei den frühen Christen nichts zu erkennen sei. Zum zweiten richte sich der Protest dagegen, »daß die Kirche, so wie Rom sie sich denkt, ja die Kirche überhaupt, das Fundament des Glaubens sei,«[92] denn »Glaube ist im evangelischen Sinne das feste Vertrauen auf Gottes Gnade in Christo, das sich an Gottes Gnadenbotschaft selbst und an dem Eindruck der Person Jesu entzündet.«[93] Zum dritten richte er sich »dagegen, daß auch erwachsene Christen so unmündig bleiben sollten, dürften und müßten«[94], weil rechter Glaube sich erst dann vollende, wenn der Mensch selbst weiß, was ihn hält. Doch all dieser Protest ist für Loofs letztlich auch hier nicht entscheidend:

> »Daß wir protestieren gegen die römischen Irrtümer, ist freilich nicht das Wichtigste. Hätte Luther vor 484 Jahren bloß gegen den Ablaß ›protestiert‹, so würde der 31. Oktober 1517 kein so bedeutsamer Tag geworden sein. [...] Entscheidend war, daß Luther die evangelische Wahrheit dem Ablaß entgegensetzte. Nicht das Protestieren wird die Irrtümer überwinden, sondern der Sieg der evangelischen Wahrheit.«[95]

ßerdem nennt Loofs die Lehraufsicht über die Lehrer und Professoren sowie die Messpflicht, den Beicht- und Schulzwang, sowie Bücherverbote, und weist auf Stimmungsmache durch neue Heilige, Ablässe, Missionen, Vereine und in verschiedenen Printmedien hin, vgl. Loofs, Predigt (s.o. Anm. 34), 11f.
91 Loofs, Predigt (s.o. Anm. 34), 13.
92 Loofs, Predigt (s.o. Anm. 34), 14.
93 Loofs, Predigt (s.o. Anm. 34), 15.
94 Ebd.
95 Loofs, Predigt (s.o. Anm. 34), 12f. – Ähnliches findet sich auch in: Loofs, Predigt (s.o. Anm. 34), 9: »Der evangelischen Christen, die protestieren gegen römischen Aberglauben, giebt es viele; aber nicht dieses Protestieren ist die Kraft des evangelischen Christentums. Die Kraft des evangelischen Christentums ist das Evangelium von Christo und der Glaube, der auf Gottes Treue traut.«

3. Friedrich Loofs und der ›Geist‹ seiner Zeit

Es dürfte klar geworden sein, inwiefern Loofs Beiträge zur Reformationserinnerung vor 1917, wenn man sie in ihrer Gesamtheit als Ausdruck seiner Reformationsdeutung in dieser Zeit gelten lässt, trotz einiger Akzentverschiebungen im Wesentlichen als antizipierende Erfüllung des von ihm im Jahr des 400. Reformationsjubiläums formulierten Desiderat verstanden werden können. Zwar lassen sich in ihnen auch Elemente wiederfinden, die im Detail der »Jahrhundertfeier« entgegenstehen – so die durchaus vorhandene Polemik gegenüber Anhängern der römisch-katholischen Kirche – oder doch zumindest für eine solche Darstellung nicht zwingend notwendig gewesen wären – wie zum Beispiel die Wirkungen des Humanismus und des Calvinismus – doch zeigt der Vergleich der mehrfach vorgenommenen Bestimmung des Zentrums der Reformation und der Erinnerung an sie, dass er von der Hervorhebung der »positiven Grundgedanken der Reformation« insgesamt nicht abgewichen ist. Luthers Einsicht und Vertrauen in die Rechtfertigung des Sünders allein durch den Glauben an die Gnade Gottes ist und bleibt für ihn das grundlegende Ereignis, hinter dem alle anderen Aspekte zurückzutreten haben. Nur sie erklären seine Popularität hinlänglich; sie sind noch in der Gegenwart der eigentlich legitimierende Grund sowohl für die Erinnerung an sein und anderer Reformatoren Wirken als auch für die Abgrenzung von katholischer Lehre und Frömmigkeitspraxis; sie müssen gegenüber Anfragen der modernen Geschichts- und Naturwissenschaft behauptet und gegenüber anderweitiger Entwicklungen in der neueren Theologie- und Kirchengeschichte aber auch der vorangegangenen Jahrhunderte herausgestellt werden.

Die Beobachtung zur Kontinuität der Reformationsrezeption und -applikation erlaubt, sie in ihrer Gesamtheit auch in den Kontext der zeitgenössischen Diskussionslage um die Bedeutung der Reformation, die nicht zuletzt anlässlich der »Jubiläumsfiliationen«[96] 1883,[97]

---

96 Vgl. Johannes Burkhardt, Reformations- und Lutherfeiern. Die Verbürgerlichung der reformatorischen Jubiläumskultur, in: Dieter Düding (Hg.), Öffentliche Festkultur. Politische Feste in Deutschland von der Aufklärung bis zum Ersten Weltkrieg, Reinbek b. Hamburg 1988, 212–236 (212).

97 Dieses Jubiläum gehört wohl zu den meist untersuchten. Die bisher umfangreichste Studie bietet: Hans Düfel, Das Lutherjubiläum 1883. Ein Beitrag zum Luther- und Reformationsverständnis des 19. Jahrhunderts, seiner geistesgeschichtlichen, theologischen und politischen Voraussetzungen, unter besonderer Berücksichtigung des Nationalismus, in: ZKG 95 (1984), 1–94; darüber hinaus sind zu nennen: Rudolf Mohr, Die Lutherfeiern des Jahres 1883, in: MEKGR 34 (1985), 57–111; sowie Hartmut Lehmann, Das Lutherjubiläum 1883, in: ders. (Hg.), Protestantische Weltsich-

1897[98] und 1909[99] sowie zur Jahrhundertfeier 1917[100] auch in der Öffentlichkeit deutlich zu vernehmen war, zu stellen. Bevor hier jedoch das Panorama unterschiedlicher Lutherdeutungen aufgespannt wird, soll gefragt werden, mit welchem ›Zeitgeist‹ sie verbunden sind, inwiefern sich auch in ihrer Zeit spezifische kulturelle Prägefaktoren feststellen lassen.

3.1. Historismus und Bürgertum als wesentliche Elemente der Epochensignatur

Friedrich Loofs kann seine eigene Zeit mehrfach als »wirr« bezeichnen. Und tatsächlich bedarf es umfangreicherer Arbeiten, um sie umfassend zu charakterisieren.[101] Reichsgründung und Bismarckzeit, Kul-

---

ten. Transformationen seit dem 17. Jahrhundert, Göttingen 1998, 105–129. Die beiden Geburtstagsjubiläen Martin Luthers 1883 und 1983 vergleichen Peter Cornehl/Wolfgang Grünberg, Protestantismus – eine deutsche Religion? Die Lutherfeiern 1883 und 1983, in: Harald Schmid/Justyna Krzymianowska (Hg.), Politische Erinnerung und kollektive Identität, Würzburg 2007, 67–99.

98 Eine erste Analyse der Reden aus dem Jubiläumsjahr 1897 bietet: Hartmut Lehmann, Das Melanchthon-Jubiläum 1897, in: Johannes Schilling (Hg.), Melanchthons bleibende Bedeutung. Ringvorlesung der Theologischen Fakultät der Christian-Albrechts-Universität zum Melanchthon-Jahr 1997, Kiel 1998, 134–149.

99 Zu diesem bisher nur wenig beachteten Jubiläum des Geburtsjahres Calvins vgl. Hans-Georg Ulrichs, »Der erste Anbruch einer Neuschätzung des reformierten Bekenntnisses und Kirchenwesens«. Das Calvin-Jubiläum 1909 und die Reformierten in Deutschland, in: Harm Klueting/Jan Rohls (Hg.), Reformierte Retrospektiven, Wuppertal 2001 (Emder Beiträge zum reformierten Protestantismus 4), 231–265. Eine Liste der an deutschen Fakultäten gehaltenen Reden wird geboten in ebd., Anm. 104.

100 Das Jubiläum im »Epochenjahr« 1917 ist wieder besser untersucht als die beiden zuvor genannten. Zur Standardliteratur gehören hier: Gottfried Maron, Luther 1917. Beobachtungen zur Literatur des 400. Reformationsjubiläums, in: ZKG 93 (1982), 177–221; Martin Greschat, Reformationsjubiläumsjahr 1917. Exempel einer fragwürdigen Symbiose von Politik und Theologie, in: WPKG 61 (1972), 419–429; Christian Albrecht, Gewalt und Gewalterfahrung im Spiegel der Luther-Rezeption des Reformationsjubiläums 1917, in: Christoph Bultmann (Hg.), Religion – Gewalt – Gewaltlosigkeit. Probleme – Positionen – Perspektiven, Münster 2004, 35–48. In einen weiteren Rahmen werden das erste und das letzte der hier genannten Jubiläen gestellt von: Gottfried Maron, 1883–1917–1933–1983. Jubiläen eines Jahrhunderts, in: Gerhard Müller/Gottfried Seebaß (Hg.), Die ganze Christenheit auf Erden. Martin Luther und seine ökumenische Bedeutung. Zum 65. Geburtstag des Verfassers, Göttingen 1993, 188–208.

101 Vgl. etwa Thomas Nipperdey, Deutsche Geschichte 1866–1918, 2 Bände, München (1983) ⁶1993/⁶1994; Vgl. auch Gordon A. Craig, Deutsche Geschichte 1866–1945. Vom Norddeutschen Bund bis zum Ende des Dritten Reiches, München 1999; und Hans-Ulrich Wehler, Deutsche Gesellschaftsgeschichte, Bd. III. Von der »Deutschen Doppelrevolution« bis zum Beginn des Ersten Weltkrieges. 1849–1914, München 1995.

turkampf und Entkirchlichung, Industrialisierung, Gründerzeit und Klassengesellschaft, Imperialismus, Kriegsbegeisterung und ›Kohlrübenwinter‹ sind nur einige der Stichworte, die es hier aufzuschlüsseln gälte, um Hintergrund und Wandel des ›Zeitgeistes‹ erkennbar zu machen und so zum Beispiel das »Epochenjahr 1917«[102] nicht ganz unvermittelt neben dem letzten Jahren der Regierungszeit Bismarcks stehen zu lassen.

Dennoch lassen sich zwei längerfristige Entwicklungen erkennen, die trotz allen Wandels und auch der mitunter schon deutlich werdenden Opposition gegen sie gewissermaßen den geistesgeschichtlichen Hintergrund für Loofs Reformationserinnerung darstellen. Den ersten benannte dieser bereits selbst, als er den »geschichtlichen Sinn« reflektierte, welcher auch mit dem Abstand von fast 100 Jahren allgemein als Signatur der infrage kommenden Epoche anerkannt wird: Reichen die Anfänge des historischen Denkens bis in die Spätaufklärung der zweiten Hälfte des 18. Jahrhundert zurück, so wurde der Geschichte im 19. Jahrhundert die zentrale Bedeutung für die Welterfassung und zur Lösung von gegenwärtigen Problemen zugesprochen.[103] Alle Bereiche der menschlichen Kultur wurden im »Jahrhundert des Historismus« ›historisch‹ betrachtet. Dies führte einerseits zur Institutionalisierung von »Geschichte« im akademischen Betrieb, andererseits zu einer Konzentration auf dieselbe auch in anderen sich mit dem Menschen und seiner Welt auseinandersetzenden Wissenschaften und zu einer öffentlichen Wertschätzung, die ihren Höhepunkt wohl zur Zeit der Reichsgründung hatte. Dementsprechend wurden auch der Protestantismus und die evangelische Theologie von dem Geschichtsbewusstsein und der in der Geschichtswissenschaft ausgebildeten »disziplinären Matrix«[104] beeinflusst, obgleich sich, vor allem in den letzten Jahren des

---

102 Vgl. Günter Brakelmann, Der deutsche Protestantismus im Epochenjahr 1917, Witten 1974.
103 Vgl. Friedrich Jaeger/Jörn Rüsen, Geschichte des Historismus. Eine Einführung, München 1992. Einen diachronen Ansatz in der Darstellung der Geschichte der Historiographie bieten Erhard Wiersing, Geschichte des historischen Denkens. Zugleich eine Einführung in die Theorie der Geschichte, Paderborn 2007; sowie im Thema etwas beschränkender: Georg Gerson-Iggers, Deutsche Geschichtswissenschaft, Wien 1997. Eher an den verschiedenen Protagonisten dieser Zeit ausgerichtet ist der Band: Notker Hammerstein/Rüdiger vom Bruch, Deutsche Geschichtswissenschaft um 1900, Stuttgart 1988. Zu dem Verlust des Vertrauens in Geschichte nach 1918 vgl. Kurt Nowak, Die »antihistorische Revolution«. Symptome und Folgen der Krise historischer Weltorientierung nach dem Ersten Weltkrieg in Deutschland, in: Horst Renz/Friedrich Wilhelm Graf (Hg.), Umstrittene Moderne. Die Zukunft der Neuzeit im Urteil der Epoche Ernst Troeltschs (Troeltsch-Studien Band 4), Gütersloh 1987, 133–171.
104 Vgl. Jaeger/Rüsen (s.o. Anm. 103), 39–53.

19. Jahrhunderts bereits Auseinandersetzungen mit den universalen Ansprüchen anderer Wissenschaften, wie Psychologie und Soziologie, zeigten.[105] So stehen auch die Ausbildungen von verschiedenen, sich mit der Geschichte befassenden Institutionen, wie dem Verein für Reformationsgeschichte, oder die (Neu-) Edition der Quellen der Reformationsforschung, wie sie vor allem mit der Erlanger Lutherausgabe (seit 1826), dem Corpus Reformatorum (seit 1834) sowie der Weimarer Lutherausgabe (seit 1883) vorgenommen wurden, in Analogie zu den Vorgängen in der Profangeschichte, wie zum Beispiel der Gründung diverser regionaler historischer Vereine und der Edition der mittelalterlichen Quellensammlung »Monumenta«.[106]

Die damit verbundene Popularisierung des geschichtlichen Fragens rückt freilich noch einen weiteren Aspekt für die Beantwortung der hier ausstehenden Frage in den Blick: Das Zeitalter des Historismus ist auch das Zeitalter der Verbürgerlichung sämtlicher Kulturbereiche, die sich letztlich auch in den verschiedenen Formen der Reformationserinnerung niederschlug. Neben das Interesse für das ›Werk‹ der Reformatoren, trat nun stärker als bisher solches an ihrer jeweiligen Persönlichkeit, so dass auch ihrer Lebensgeschichte, vor allem aber der Luthers, auf verschiedenste Weise gedacht wurde. Darüber hinaus fanden sie immer stärker Eingang in den bürgerlichen Haushalt[107] und auf öffentliche Plätze.[108]

---

105 Zur Lage der Wissenschaften in der hier interessierenden Zeit im Allgemeinen vgl. Nipperdey, Bd. I (s.o. Anm. 101), 602–691.
106 Vgl. Georg Kunz, Verortete Geschichte. Regionales Geschichtsbewußtsein in den deutschen historischen Vereinen des 19. Jahrhunderts (KSGW 138), Göttingen 2000.
107 Vgl. die verschiedenen Beiträge in: Hardy Eidam/Gerhard Seib (Hg.), »Er fühlt der Zeiten ungeheuren Bruch und fest umklammert er sein Bibelbuch [...]«. Zum Lutherkult im 19. Jahrhundert, Berlin 1996.
108 Zu den Denkmalen vgl. Otto Kammer, Reformationsdenkmäler des 19. und 20. Jahrhunderts. Eine Bestandsaufnahme, Leipzig 2004; Christiane Theiselmann, Das Wormser Lutherdenkmal Ernst Rietschels (1856–1868) im Rahmen der Lutherrezeption des 19. Jahrhunderts (EHS. Reihe 28 Kunstgeschichte 135), Frankfurt a.M. 1992; sowie: Christian Tümpel, Zur Geschichte der Lutherdenkmäler, in: Bernd Moeller (Hg.), Luther in der Neuzeit. Wissenschaftliches Symposion des Vereins für Reformationsgeschichte (SVRG 192), Gütersloh 1983, 227–247. Denkmale ganz besonderer Art stellen auch die im 19. Jahrhundert museal stark umgestalteten Wohn- und Wirkstätten Luthers, Melanchthons und weiterer Reformatoren dar. Vgl. etwa Stefan Laube, Das Lutherhaus Wittenberg. Eine Museumsgeschichte, mit einem Exkurs zur Sammlungsgeschichte von Uta Kornmeier (Schriften der Stiftung Luthergedenkstätten in Sachsen-Anhalt 3), Leipzig 2003; Anne-Marie Neser, Luthers Wohnhaus in Wittenberg. Denkmalpolitik im Spiegel der Quellen (Stiftung Luthergedenkstätten in Sachsen-Anhalt, Katalog 10), Leipzig 2005; Martin Steffens, Die Lutherstube auf der Wartburg. Von der Gefängniszelle zum Geschichtsmuseum, in: Stefan Laube/Karl-Heinz Fix (Hg.), Lutherinszenierung und

Die Modifikation der Reformationserinnerung zeigte sich auch in der Ausgestaltung der Jubiläumsfeierlichkeiten, deren Kulminationspunkt die Feier des Geburtstages Luthers im Jahr 1883 darstellte:[109] Zwar waren sie ihrem Charakter nach noch immer kirchlich geprägt, doch verschob sich ihre repräsentative Funktion zugunsten der bürgerlichen Selbstinszenierung. Auch traten jetzt in noch stärkerer Weise als in vormaligen Zeiten die multimedialen Inszenierungen jenseits der Kirchenmauern hervor: Stadtschmuck, Illuminationen, Musik- und Theaterstücke sowie die Errichtung von Denkmalen unterschieden sich in Quantität und Qualität erheblich von allem Vorangegangenem.

3.2. Panorama öffentlicher Reformationsdeutungen 1883–1917

Ein weiteres, die hier interessierende Epoche von den vorangegangenen unterscheidendes Charakteristikum ist die Stärke der gesellschaftlichen Fragmentierung in verschiedene Milieus und Parteiungen, die sich auch im Protestantismus und seinen verschiedenen Theologien zeigt, wobei sich die Frontlinien primär an den gegenläufigen Deutungen der eigenen Gegenwart und der Frage, ob und inwiefern den eigenen Grundlagen eine normative Verbindlichkeit zugemessen werden kann beziehungsweise wie die gegenwärtigen Ereignisse und kulturellen Entwicklungen durch diese legitimiert werden können, ihnen kritisch begegnet werden sollte oder sie ganz abzulehnen seien, konkretisierten. So waren auch die verschiedenen Deutungen der meist als eine solche Grundlage verstandenen Reformation stark divergent.[110] Es lassen sich jedoch verschiedene Idealtypen mit besonderer Wirkkraft aufzeigen.[111]

Reformationserinnerung (Schriften der Stiftung Luthergedenkstätten in Sachsen-Anhalt 2), Leipzig 2002, 317–342; ders., Die Gestaltung und Musealisierung der Eisleber Lutherhäuser im 19. Jahrhundert, in: Rosemarie Knape/Martin Treu (Hg.), Preußische Lutherverehrung im Mansfelder Land (Stiftung Luthergedenkstätten, Katalog 8), Leipzig 2002, 55–93; Jürgen Krüger, Das Melanchthonhaus in Bretten im Vergleich der Reformationsgedächtnisstätten des 19. Jahrhunderts, in: Günter Frank/Sebastian Lalla (Hg.), Fragmenta Melanchthoniana, Bd. II. Gedenken und Rezeption – 100 Jahre Melanchthonhaus, Ubstadt-Weiher 2003, 79–96.

109 Vgl. Burkhardt (s.o. Anm. 96).
110 Einen jeweils unterschiedlich akzentuierten Überblick über verschiedene Reformationsdeutungen, nicht nur für die hier interessierende Zeit, bieten u.a. Horst Stephan, Luther in den Wandlungen seiner Kirche, Gießen 1907; Otto Wolff, Die Haupttypen der neueren Lutherdeutung (TSSTh 7), Stuttgart 1938; und Heinrich Bornkamm, Luther im Spiegel der deutschen Geistesgeschichte. Mit ausgewählten Texten von Lessing bis zur Gegenwart, Göttingen (1955) ²1970.
111 Die dargebotene Darstellung orientiert sich grundsätzlich an der von Cornehl/Grünberg (s.o. Anm. 97), 76–86 anhand des Jubiläumsjahres 1883 vorgenommene

Der in den Jubiläen 1817[112] und 1830[113] vorherrschende Typus der Reformationserinnerung, welcher die Besinnung auf die Inhalte der Reformation beiseite schob und statt dessen die formale, als intellektuellen Befreiungsakt interpretierte, Tat feierte,[114] wurde während des 19. Jahrhunderts durch den noch lange vom Pathos der Befreiungskriege genährten nationalliberalen Typus überholt, welcher 1883 am glänzendsten von der in ihrer Wirkung noch weit über den ersten Weltkrieg, bedeutsamen Rede des Berliner Historikers Heinrich von Treitschke zum Ausdruck gebracht wurde.[115] In dieser erscheint der »Germane« Luther, der auch als »Führer der Nation«[116] und deutscher Freiheitskämpfer stilisiert wird, in einem scharfen Gegensatz zu allem Westeuropäischen, vor allem »wälschen« und »romanischen«. Seinem Werk werden außerdem Wirkungen auf ganz unterschiedliche Kulturbereiche zugeschrieben, von denen dann auch die Katholischen profitiert hätten: Da die Reformation einen »Widerspruch zwischen dem Denken und dem Wollen, zwischen dem religiösen und dem sittlichen

---

Unterscheidung zwischen einem national-protestantischen, einem kulturliberalen, einem konfessionell-konservativen und einem radikal-aufklärerischen bzw. marxistisch-sozialistischen Typ.
112 Vgl. Lutz Winckler, Martin Luther als Bürger und Patriot. Das Reformationsjubiläum von 1817 und der politische Protestantismus des Wartburgfestes, Lübeck/Hamburg 1969; Rainer Fuhrmann, Das Reformationsjubiläum 1817. Martin Luther und die Reformation im Urteil der protestantischen Festpredigt des Jahres 1817, Tübingen 1973; sowie: Karl-Heinz Klingenburg, Lutherbild und Nationaldenkmal im Umfeld des Jahres 1817, in: Günter Vogler (Hg.), Martin Luther. Leben – Werk – Wirkung, Berlin 1983, 481–503.
113 Vgl. Alfred Galley, Die Jahrhundertfeiern der Augsburgischen Konfession 1630, 1730 und 1830. Ein Gedenkblatt zur 400-jährigen Augustana-Feier von 1930, Leipzig 1930; sowie Horst Jesse, Die Jubiläumsfeiern des Augsburgischen Bekenntnisses 1830, 1930 und 1980, in: ders. (Hg.), Das Augsburger Bekenntnis in drei Jahrhunderten 1530 – 1630 – 1730, Weißenhorn 1980, 96–101; vgl. außerdem die Analyse der Reden und Predigten von Hegel, Nitzsch und Schleiermacher bei: Joachim Mehlhausen, Zur Wirkungsgeschichte der Confessio Augustana im 19. Jahrhundert, in: ders., Vestigia Verbi. Aufsätze zur Geschichte der evangelischen Theologie (AKG 72), Berlin 1999, 95–122.
114 Vgl. Burkhardt (s.o. Anm. 96), 224.
115 Vgl. Heinrich von Treitschke, Luther und die deutsche Nation, in: ders., Historische und Politische Aufsätze, Bd. IV. Biographische und Historische Abhandlungen vornehmlich aus der neueren deutschen Geschichte, Leipzig 1897, 377–396. Zur nationalliberalen und -protestantischen Reformationsdeutung vgl. Greschat (s.o. Anm. 100); bezüglich der über 1917 hinausreichenden Rezeption der Hauptgedanken der Rede Treitschkes vgl. Hartmut Lehmann, »Er ist wir selber: Der ewige Deutsche«. Zur langanhaltenden Wirkung der Lutherdeutung von Heinrich von Treitschke, in: ders./Gerd Krumeich (Hg.), »Gott mit uns«. Nation, Religion und Gewalt im 19. und frühen 20. Jahrhundert (VMPIG 162), Göttingen 2000, 91–103.
116 Treitschke (s.o. Anm. 115), 378.

Leben« nicht dulden wollte, sondern gebieterisch forderte, das Erkannte zu bekennen und danach zu handeln, habe sie auch die Wissenschaft stark befördert. Außerdem sei durch sie das Verhältnis zwischen geistlicher und weltlicher Macht neu bestimmt und gelehrt worden,

> »daß der Staat selber eine Ordnung Gottes ist, berechtigt und verpflichtet, seinen eigenen sittlichen Lebenszwecken, unabhängig von der Kirche nachzugehen«[117].

Habe Luther auf diese Weise auch dem »sieche[n] Reich« einen »verjüngenden Trunk« gereicht und die Einheit des deutschen Staates ermöglicht,[118] so seien ihm darüber hinaus auch »das köstliche Band, das uns in den Tagen deutscher Zerrissenheit lange fast allein zusammenhielt, unsere neue Sprache«[119] oder aber auch die gesellschaftliche Aufwertung der Frau zu verdanken.[120]

Dieses national und kulturell überzeichnete Lutherbild war auch im Jahr 1917 noch das beherrschende. Angesichts der Kriegserfahrung wurde der Wittenberger Reformator wiederum in vielen rednerischen wie literarischen Beiträgen mit dem »deutschen Wesen« verschmolzen und so als ein Symbol und Fetisch der nationalen Selbstbehauptung stilisiert.[121]

Ebenfalls in hohem Maße politisch motiviert, jedoch mit einer anderen Ausrichtung, war der im damaligen akademischen Bereich weniger einflussreiche Typus, dessen Grundlagen in den Anfängen der kommunistischen Bewegung der Jahrhundertmitte lagen und der auf seine Weise noch weiter ins 20. Jahrhundert hineinwirkte als der voranstehende.[122] In ihm wurde die Reformation vor allem zu einer gegen die feudale Hierarchie gerichteten ersten Revolution der Bourgeoisie, die nun weiteren politischen Umwälzungen zum Vorbild dienen sollten. Wurden die religiösen Implikationen auch hier meist abgeblendet oder ausdrücklich abgelehnt,[123] so der Reformatoren Verdienste ebenfalls auf anderen Gebieten gesehen. Man wies darauf hin, dass die evangelische Theologie im Anschluss an sie durch die Beschäftigung mit Historie, Philologie und Philosophie wirkmächtige Waffen für

---

117 Treitschke (s.o. Anm. 115), 387.
118 Vgl. Treitschke (s.o. Anm. 115), 388f.
119 Treitschke (s.o. Anm. 115), 389.
120 Vgl. Treitschke (s.o. Anm. 115), 392.
121 Vgl. neben den oben angeführten Analysen auch das zusammengetragene Material in: Hartmann Grisar, Der Deutsche Luther im Weltkrieg und in der Gegenwart, Augsburg 1924, 14–38.
122 Vgl. die Ausführungen bei Hans-Gerhard Koch, Luthers Reformation in kommunistischer Sicht, Stuttgart 1967, 63–93.
123 Vgl. die Ausführungen zu Samuel Kokosky und seiner Flugschrift »Zur Lutherfeier« bei: Düfel (s.o. Anm. 97), 81f.

die Revolution hervorbrachte; darüber hinaus wurde dem trotz seiner noch vorhandenen Neigung zu monarchisch-feudalistischen Kräften und trotz seiner Haltung gegenüber dem besonders herausgehobenen Müntzer mitunter gelobten Luther zugesprochen, der älteste deutsche Nationalökonom gewesen zu sein. Melanchthon erschien zuweilen als derjenige, der aufgrund seiner Verbindung zu anderen Kräften der Reformation ihre bürgerliche Richtung gab und Calvin als Vordenker von Demokratie und Republikanismus.

Dem von Treitschke und anderen geprägten nationalliberalen wie auch dem sozialistisch-kommunistischen Typus der Reformationserinnerung steht, auf eine nicht minder lange Traditionslinie zurückblickend, der vor allem in Bayern, Hannover, Mecklenburg und etwa an der Erlanger Theologischen Fakultät sowie bei einigen Gruppierungen Preußens beheimatete theologisch konservative entgegen, welcher von einer antiliberalen und antiaufklärerischen Grundeinstellung herkommend das konfessionelle und kirchliche Moment stärker betonte. Dieser zeigte seiner an das Neuluthertum[124] anschließenden Ausprägung weniger Verständnis für die Wertschätzung der Union oder auch nur eine Hervorhebung Melanchthons über seine Funktion als »Theilnehmer an dem Werke Luthers.«[125] Dessen Bedeutung wird statt dessen auf sein Wirken innerhalb des Humanismus und als Kirchenreformator reduziert, seine Theologie nicht selten als Ausdruck von »Halbheiten und Schwächen« verstanden, die ihren Grund darin haben, dass er selbst keinen inneren Bezug zu den reformatorischen Lehren hatte. Auf der anderen Seite neigte man hier eher zu einigen nicht nur von liberaler Seite mit der katholischen Theologie und Frömmigkeit in Verbindung gebrachten Anschauungen:[126] Es werden die institutionelle Gestalt der an die Bekenntnisschriften und die reine

---

124 Vgl. Friedrich Wilhelm Kantzenbach, Gestalten und Typen des Neuluthertums. Beiträge zur Erforschung des Neokonfessionalismus im 19. Jahrhundert, Gütersloh 1968. Zur Problematik der Beschreibung eines »konservativen Luthertums« vgl. Friedrich Wilhelm Graf, Konservatives Kulturluthertum. Ein theologiegeschichtlicher Prospekt, in: ZThK 85 (1988), 31–76.

125 Ulrich Köpf, Melanchthon in der Kirchen- und Dogmengeschichtsschreibung des 19. Jahrhunderts, in: Günter Frank/Ulrich Köpf (Hg.), Melanchthon und die Neuzeit (Melanchthon-Schriften der Stadt Bretten 7), Stuttgart/Bad Cannstadt 2003, 141–165 zitiert Seite 161 mehrfach aus: August Friedrich Christian Vilmar, Philipp Melanchthon, in: ders. (Hg.), Luther, Melanchthon, Zwingli, nebst einem Anhang. Das evangelische Kirchenlied, Frankfurt a.M., 1869, 72–92.

126 Die in der Auseinandersetzung mit dem Liberalismus mitunter selbst wahrgenommene Nähe zum Katholizismus drückt sich am deutlichsten dort aus, wo von der römisch-katholischen Kirche als »unserer deutschen Schwesterkirche« gesprochen wird. Vgl. dazu: Düfel (s.o. Anm. 97), 30f.

Lehre zurückgebundenen Kirche betont, sowie die Amtstheologie und die Sakramente hervorgehoben.

Diesem Typus ähnlich, zum Teil mit ihm auch alliiert, war der der neueren, mit den Namen Hermann Cremer und Martin Kähler verbundenen, positiven Theologie. Auch hier wurden Vorbehalte dem rationalen wissenschaftlichen Denken gegenüber geäußert und, bei allem Wissen um die Grenzen des Traditionalismus, die Bedeutung des kirchlichen Glaubens hervorgehoben. Außerdem wurde die unter Zuhilfenahme von Exegese und Dogmatik reformulierte Rechtfertigungslehre betont. So konnte zum Beispiel Cremer in seiner Rede 1883 die Glaubensgewissheit Luthers von ihrem Ausgangspunkt in der Sündenerkenntnis her ableiten. Luther wurde demzufolge »hinabgeführt in jene dunkle Tiefe der Selbst- und Sündenerkenntnis, welche erforderlich war und ist, um diese Gerechtigkeit, die von Gott kommt und die Rechtfertigung aus dem Glauben an sie zu erkennen.«[127]

Knüpfte der von Albrecht Ritschls Lutherdeutung geprägte Typus der Reformationsdeutung[128] einerseits in manchem an den älteren Liberalismus an, so hat die hier ebenfalls zum Ausdruck kommende Betonung der Prädominanz des Religiösen und dabei unter anderem auch des Rechtfertigungsgedankens, welcher jedoch ohne Verweis auf den Topos der Sünde vorgetragen wurde, ebenfalls eine Parallele zu dem zuvor genannten. Von ihr aus konnte man auch gegen eine nationale und kulturelle Überhöhung Luthers vorgehen. So hob Ritschl in seiner Göttinger Rede[129] zu dem von Loofs mehrfach in Erinnerung gerufenen Jubiläum des Geburtstages Martin Luthers vor allem die »eigentliche Thätigkeit« Luthers, »die religiösen Gedanken,

---

127 Hermann Cremer, Reformation und Wissenschaft. Akademische Rede zum vierhundertjährigen Gedächtnis des Geburtstages D. Martin Luthers am 10. November 1883 gehalten, Greifswald 1883, 14.
128 Zu z.B. Ritschls und Harnacks Reformationsdeutungen vgl. etwa Frank Hofmann, Albrecht Ritschls Lutherrezeption (LKGG 19), Gütersloh 1998; Ulrich Barth, Das gebrochene Verhältnis zur Reformation. Beobachtungen zum Protestantismusverständnis Ritschls, in: Michael Berger/Michael Murrmann-Kahl (Hg.), Transformationsprozesse des Protestantismus. Zur Selbstreflexion einer christlichen Konfession an der Jahrtausendwende, Gütersloh 1999, 80–99; sowie Eginhard Peter Meijering, Der ›ganze‹ und der ›wahre‹ Luther. Hintergrund und Bedeutung der Lutherinterpretation Adolf von Harnacks, Amsterdam 1983. – Unterschiede zwischen den einzelnen Deutungen dieses Typus benennt Ulrich Barth, Aufgeklärter Protestantismus und Luther-Deutung, in: Arno Sames (Hg.), 500 Jahre Theologie in Wittenberg und Halle 1502 bis 2002. Beiträge aus der Theologischen Fakultät der Martin-Luther-Universität Halle-Wittenberg zum Universitätsjubiläum 2002 (Leucorea-Studien zur Geschichte der Reformation und der Lutherischen Orthodoxie 6), Leipzig 2003, 181–200.
129 Albrecht Ritschl, Festrede am vierten Seculartage der Geburt Martin Luthers. 10. November 1883, in: Frank Hofmann (Hg.), Kleine Schriften (Theologische Studien-Texte 4), Waltrop 1999, 148–174.

die er in den Dienst der Kirche gestellt hat«[130] und den Verdienst, welchen er erwarb, »indem er den Weg zu der ursprünglichen Welt- und Lebensanschauung des Christentums gewiesen hat«[131] hervor. Und Adolf von Harnack wies im selben Jahr in Gießen darauf hin, dass Luther nur verstanden werden könne, wenn man anerkenne, dass sein Handeln und Wirken aus dem religiösen Leben heraus geboren war.[132] Zwar hätten ihn Freunde und Gegner zum Nationalhelden, zum Politiker, zum Theologen, zum Stifter einer neuen Kirche machen wollen, doch sei er das alles nicht gewesen und habe er allen diesen Versuchen Widerstand geleistet.

»Er hatte Größeres zu tun. Die Frage nach dem Zweck und Ziel des menschlichen Lebens, nach dem Frieden und der Seligkeit des Gewissens – sie war das einzig Treibende in seinem Leben. Alles übrige, was er geleistet hat, es ist ihm zugefallen. Es war nicht direkt beabsichtigt.«[133]

Luthers Sache sei vielmehr der Rückgang auf das Evangelium und auf die Quelle der Religion gewesen. Von hier aus sei ihm einsichtig geworden, dass Glauben nicht mehr das gehorsame Fürwahrhalten kirchlicher Dogmen, kein Meinen und Tun mehr, sondern ausschließlich an Gott und die Person Christi gebunden war. Erst dies habe dann – insofern *indirekt* – die unermesslichen Wirkungen der Reformation auch auf anderen Gebieten ermöglicht:

»Es war nun mit einem Schlage die Religion aus der Verkuppelung mit allem ihr Fremden befreit und zugleich das selbstständige Recht der natürlichen Lebensgebiete [...] anerkannt.«[134]

Dass dieser Typus der Reformationsdeutung bei den Vertretern der Ritschl-Schule auch in den letzten Kriegsjahren (wieder) zu hören war, zeigt sich unter anderem an Martin Rades Opposition gegen den »deutschen Luther«.[135] Bereits 1916 fragte er, ob es richtig gewesen

---

130 Ritschl, Festrede (s.o. Anm. 129), 149.
131 Ritschl, Festrede (s.o. Anm. 129), 150.
132 Adolf von Harnack, Martin Luther in seiner Bedeutung für die Geschichte der Wissenschaft und Bildung. Rede bei der Feier zum vierhundertjährigen Gedächtnis der Geburt Martin Luthers. Gehalten in der Aula der Grossherzoglich-Hessischen Ludwigs-Universität in Giessen am 10. November 1883, in: ders. (Hg.), Reden und Aufsätze, Bd. I, Gießen 1904, 142–169.
133 Harnack, Martin Luther (s.o. Anm. 132), 146.
134 Harnack, Martin Luther (s.o. Anm. 132), 161.
135 Albrecht (s.o. Anm. 100), weist unter Bezugnahme auf Otto Scheel, Martin Rade, Paul Wernle und Ernst Troeltsch nach, dass entgegen manch anderslautender Meinung gerade die Repräsentanten der liberalen Theologie es waren, die schon geraume Zeit vor dem Kriegsende zur Revision der im Protestantismus der Kriegsjahre allgemein gewordenen Kriegseuphorie fanden und eine entscheidende Wendung zum theologischen Luther vornahmen.

sei, »wenn immer nur Luthers Deutschtum für den Kriegsbedarf und für patriotische Jubiläumszwecke auf den Leuchter gestellt wurde«[136] und 1917 stellte er in einer Selbstanzeige fest, dass es doch eigentlich nur als Nebensache zu behandeln sei, was Luther für Kultur und Wissenschaft, für Volk und Staat bedeutet. Hauptsache hingegen sei, was als Religion, Glaube, Christentum, Gotteswort und Heilserkenntnis in Luther lebte.[137]

Dieser Typus legte Wert darauf, Luther nicht zu verabsolutieren. Gegenüber der Forderung nach einer Besinnung auf den »ganzen Luther« wurde durch das spezifische Ineinander von »Prinzipialisierung und Historisierung«[138], neben der Wertschätzung des Reformators auch die Analyse seines Wirkens in seiner geschichtlichen Bedingtheit ermöglicht und zugleich die Würdigung Melanchthons und Calvins neben ihm zugelassen.[139] Diese waren dabei dann aber ebenso wenig unantastbar wie er selbst. So konnte zum Beispiel der als Mitbegründer eines neuen Abschnitts in der Melanchthonforschung geltende Ritschl,[140] der schon aufgrund der Erfahrungen von 1860 sich veranlasst sah, einer Überschätzung Melanchthons um der Wahrheit willen entgegenzutreten, scharfe Kritik an der Anwendung der aristotelischen Metaphysik auf die Theologie üben und sie als »das alte Fahrwasser des scholastischen Apriorismus« bezeichnen,[141] während Harnack, der wie seine Rede von 1897 zeigt, mit Melanchthon weniger Probleme hatte,[142] Calvin 1909 nicht

---

136 Martin Rade, zitiert nach Grisar (s.o. Anm. 121), 40; zu den »protestantische[n] Warnungsstimmen« vgl. auch Düfel (s.o. Anm. 97), 198–207.
137 Vgl. Martin Rade, in: ChW 31 (1917), 392.
138 Zu diesem Begriffspaar vgl. die Ausführungen bei: Bernd Oberdorfer, Zwischen Prinzipialisierung und Historisierung. Zur Bedeutung des Rekurses auf Luther in der protestantischen Theologie des 20. Jahrhunderts, in: Joachim Eibach/Marcus Sandl (Hg.), Protestantische Identität und Erinnerung (Formen der Erinnerung 16), Göttingen 2003, 215–231.
139 Zur Wiederentdeckung Melanchthons vgl. Köpf (s.o. Anm. 125).
140 Ritschls Bedeutung für die Entwicklung der Melanchthonforschung stellen u.a. heraus: Robert Stupperich, Das Melanchthon-Verständnis in der Theologie der letzten hundert Jahre, in: ELKZ 6 (1952), 253–255; sowie: Wilhelm H. Neuser, Der Ansatz der Theologie Philipp Melanchthons (BGLRK 9. Teil 1), Neukirchen 1957, 1–16.
141 Vgl. Albrecht Ritschl, Theologie und Metaphysik. Zur Verständigung und Abwehr, Bonn (1881) ²1887, 63. Ähnliche Bemerkung finden sich auch in Ritschl, Festrede (s.o. Anm. 129), 162; zu Ritschls Melanchthonbild insgesamt vgl. Rolf Schäfer, Albrecht Ritschls Melanchthonbild und seine Folgen, in: Martina Jantz (Hg.), Erinnerung an Melanchthon. Beiträge zum Melanchthonjahr aus Baden (VVKGB 55), Karlsruhe 1998, 75–85.
142 Adolf von Harnack, Rede bei der Feier zum vierhundertjährigen Gedächtnis der Geburt Philipp Melanchthons gehalten in der Aula der Königlichen Friedrich-Wilhelms-Universität in Berlin am 16. Februar 1897, in: ders. (Hg.), Reden und Aufsätze, Bd. I, Gießen 1904, 173–191. Harnack stellt, ähnlich wie Loofs, heraus,

würdigen wollte,¹⁴³ obgleich er an anderen Stellen durchaus die Calvinisten und die Lutheraner als im Protestantismus vereint darzustellen¹⁴⁴ und selbst die Eigenheiten des Calvinismus anzuerkennen bereit war.¹⁴⁵

Besonders weit ging die Aufnahme von Melanchthon und Calvin bei dem auch durch Ritschl, dann aber vor allem durch das religionsgeschichtliche Denken geprägten Ernst Troeltsch. Hatte dieser einerseits neben der Bewunderung der in die moderne Welt weisenden religiösen Genialität Luthers auch Kritik an der Kontinuität seiner Ethik zur mittelalterlichen Ideenwelt geäußert und damit die Ambiguität des Wittenberger Reformators in bisher kaum vernehmbarer Deutlichkeit herausgestellt, so konnte er dieser andererseits auch die Melanchthonschen Ausprägungen von Theologie und Ethik, deren Rückgriff auf die Metaphysik er besonders schätzte, beiordnen und zum dritten die globale Ausstrahlungskraft des als selbständigen reformatorischen Typus verstandenen Calvinismus hervorheben.¹⁴⁶

Ohne die liberale Reformationsdeutung wäre der Ansatz von Karl Holl, welcher sich seit dem Erscheinen seines ›Lutherbuches‹¹⁴⁷ von 1921 als für die theologische Entwicklung in Deutschland besonders bedeutend erweisen sollte, nicht zu denken.¹⁴⁸ So können die weitge-

---

inwiefern Melanchthon trotz des ungeheuren Abstandes zu dem hier als Propheten dargestellten Luther ebenfalls als »Reformator« zu fassen sei: Nachdem der Humanist von der Persönlichkeit und Kraft Luthers bemächtigt wurde und er zunächst »den ganzen bisherigen Inhalt seines Lebens« preisgab, stellte er diesen schließlich in den Dienst seiner theologischen Arbeit und verband so Luther erneuertes Christentum mit dem Humanismus. Auf diese Weise habe er den Protestantismus für die Wissenschaft ebenso gerettet wie die Wissenschaft für den Protestantismus.

143 Vgl. Johannes Wallmann, Karl Holl und seine Schule, in: ZThK.B 4 (1978), 1–33 (24f.); sowie die angegebene Belegstelle: Robert Stupperich (Hg.), Briefe Karl Holls an Adolf Schlatter, in: ZThK 64 (1967), 169–240 (195).
144 Vgl. z.B. Adolf von Harnack, Das Wesen des Christentums, Sechzehn Vorlesungen vor Studierenden aller Fakultäten im Wintersemester 1899/1900 an der Universität Berlin gehalten, hg. v. Claus-Dieter Osthövener, Tübingen 2005, 255.
145 Vgl. etwa Harnack, Wesen des Christentums (s.o. Anm. 144), 160 Anm. 1.
146 Neben den oben genannten Arbeiten Troeltschs (s.o. Anm. 60) vgl. Reinhold Rieger, Ernst Troeltsch und Melanchthon, in: Günter Frank/Ulrich Köpf (Hg.), Melanchthon und die Neuzeit (Melanchthon-Schriften der Stadt Bretten, Bd. VII), Stuttgart/Bad Cannstadt 2003, 167–186.
147 Karl Holl, Gesammelte Aufsätze zur Kirchengeschichte, Bd. I. Luther, Tübingen (1921) ⁷1948.
148 Zur Entwicklung Karl Holls und der von ihm maßgeblich geprägten Theologie vgl. neben Wallmann (s.o. Anm. 143) auch: Heinrich Assel, Der andere Aufbruch. Die Lutherrenaissance – Ursprünge, Aporien und Wege. Karl Holl, Emanuel Hirsch, Rudolf Hermann (1910–1935) (FSÖTh 72), Göttingen 1994; sowie: Martin Ohst, Die Lutherdeutungen Karl Holls und seiner Schüler Emanuel Hirsch und Erich Vogelsang vor dem Hintergrund der Lutherdeutung Albrecht Ritschls, in: Rainer Vinke (Hg.), Lu-

hende Einbeziehung sozialwissenschaftlicher, wirtschaftsgeschichtlicher und kulturgeschichtlicher Fragestellungen aber auch die sich deutlich machende ökumenische Weite noch als Ausdruck der Wurzeln verstanden werden,[149] von welchen er sich etwa ab 1915 auch aufgrund politischer Meinungsverschiedenheiten immer stärker distanzierte. Er ging sogar über manche liberale Position hinaus, als er in seiner zum Jubiläum 1909 vorgetragenen nachdrücklichen Würdigung Calvins,[150] dessen theologischen Ansatz er in ähnlicher Weise wie später den Luthers darzustellen wusste, den Genfer Reformator für die Rettung der Reformation vor dem »Versanden« pries und ihm eine Beeinflussung der Entwicklung des Kapitalismus, des sozialen Interesses und der Wissenschaften bis in die Gegenwart zuerkannte.

Auch steht Holls Bestreben, Luther theologisch zu interpretieren, wie gesehen, nicht notwendig im Gegensatz zu den Liberalen. Jedoch lassen einige Aspekte dieser den Gottesbegriff und die Rechtfertigungslehre reformulierenden Interpretation noch stärkere Parallelen zu den oben vorgestellten konservativen und positiven Gedankengängen, wie zum Beispiel denen Cremers wiederfinden: Wie dieser 1883 stellte auch Holl den reformatorischen Durchbruch in einen engen Zusammenhang mit einer ethischen Krise Luthers, aus welcher dann die Radikalität der Frage nach dem gnädigen Gott erwuchs.[151] Dies wird auch in seiner Rede von 1917 deutlich:[152] Holl hält fest, dass der »Gewissenswecker«[153] Luther, dem

> »jedes Zurückbleiben hinter dem Höchsten, [...] nicht nur als menschlich verzeihliche Unvollkommenheit oder gar als verheißungsvolle Vorstufe, sondern als das Gegenteil des Gottgewollten, d.h. als Sünde [galt,]«[154]

der katholischen Frömmigkeit und dem »allgemeinen Lebensgefühl«[155] seiner Zeit, welchen der Zusammenhang zwischen der Gnadenerfahrung und sittlichem Streben ebenso wie die Sicherheit im Gottesbewusstsein fehlte, sich entgegengestellt habe.

---

therforschung im 20. Jahrhundert. Rückblick – Bilanz – Ausblick (VIEG, Abteilung für Abendländische Religionsgeschichte, Beiheft 62), Mainz 2004, 19–50.
149 Vgl. Wallmann (s.o. Anm. 143), 18.
150 Karl Holl, Johannes Calvin, in: Calvinreden aus dem Jubiläumsjahr 1909, Tübingen 1909, 1–63. Zu der aus diesem Anlass gegebenen Beschäftigung Holls mit Calvin und ihrer Bedeutung für die spätere Lutherdeutung vgl. Wallmann (s.o. Anm. 143), 24f.
151 Vgl. Wallmann (s.o. Anm. 143), 13.
152 Karl Holl, Festrede, in: Reformationsfeier der Königlichen Friedrich-Wilhelms-Universität zu Berlin am 31. Oktober 1917, Berlin 1917, 5–33.
153 Holl, Festrede (s.o. Anm. 152), 32.
154 Holl, Festrede (s.o. Anm. 152), 14.
155 Holl, Festrede (s.o. Anm. 152), 32.

> »Der Gedanke, daß er einmal vor Gott müßte persönlich Rechenschaft geben, Rechenschaft auch über das Kleinste seines Lebens, das war ein Bild, das ihm allzeit vor der Seele stand.«[156]

Half ihm keines der von der Kirche angebotenen Heilsmittel aus der damit verbundenen inneren Spannung, so habe sich diese durch »eine zweite entscheidende Wendung« gelöst, in welcher ihm, vermittelt durch Paulus, eine neue Seite an Gott, und die »ursprüngliche Meinung des Christentums« aufgegangen seien: Ist es dem Menschen nicht möglich, Gott etwas wirklich Vollkommenes darzubringen, so schaffe Gott von sich selbst aus die Einigung, indem er vergibt. »Er will den Menschen haben trotz seiner Sünde. Das ist gerade der Sinn des Evangeliums.«[157] Ist dieses aber nur von der Liebe Gottes her zu denken, so sei in ihm auch das rechte Verständnis von wahrer Religion begriffen: Sie gehe nicht vom Bedürfnis oder Wunsch des Menschen aus, sondern von Gott und seinem Willen und knüpfe so an das persönliche Verantwortungsgefühl an. In diesem habe schließlich Luthers Vorgehen gegen die Heiligenverehrung, die katholische Lehre und auch gegen die »wonnigen Rauschzustände« der Mystiker und überhaupt jede Möglichkeit der Selbstbehauptung seine Begründung. Schließlich ließen sich von ihm aus auch die mit dem Gedanken der Nächstenliebe eng verbundene »Anschauung von einem geistlichen Seelenbund, von einer unsichtbaren, als der wahren Gotteskirche«[158], aber auch die Legitimation von Staat, Krieg und Rechts- und Wirtschaftsordnung erklären. Auf diese Weise lässt sich für Holl dann auch Luthers Verhältnis zu den außerhalb der Kirche befindlichen Gebieten klären: Weil ihn eine »heiße Liebe trieb«, habe er »so nebenher« selbständige Gedanken zu »Fragen der Erziehung und Bildung im weitesten Sinne des Wortes, des Rechts, des Handels und Wandels, der Verfassung, der Sprache, der Kunst und Dichtung« zu entwickeln vermocht und dennoch die »Gefahr, die in der Kultursattheit für die Religion liegt, zu keiner Stunde vergessen.«[159] So sei für den Reformator klar gewesen, was nun auch für Holl gilt:

> »Das letzte oder auch nur ein unbedingtes Ziel darf die Kultur für den Christen niemals werden. Das Eine, was not tut, bleibt die Gemeinschaft mit Gott.«[160]

Haben Calvin und Luther Holl zufolge die Alleinwirksamkeit Gottes betont, so zeige sich eben an dieser Stelle eine Verkürzung in Melan-

---

156 Ebd.
157 Holl, Festrede (s.o. Anm. 152), 16.
158 Holl, Festrede (s.o. Anm. 152), 28.
159 Holl, Festrede (s.o. Anm. 152), 32.
160 Ebd.

chthons Denken, welches daher auch die lutherische Rechtfertigungslehre verdorben habe:

> »Er hält diese Lehre wohl aufrecht bei der Schilderung der Entstehung des Glaubens. Aber er vermag nicht ebenso wie Luther das ganze neue Leben als ein zusammenhängendes Gotteswerk, als das Ziel, auf das Gott mit der Rechtfertigung hinstrebt, zu begreifen. Bricht man aber dieses Stück aus, so wird alles bei Luther schief.«[161]

3.3. Fazit: Loofs Verortung zwischen Liberalismus und Konservativismus

Ein Vergleich der von Loofs vorgenommenen Reformationserinnerungen mit dem weiten Spektrum der im Deutschen Kaiserreich öffentlich gewordenen Deutungen der Reformation lässt erkennen, inwiefern der Kirchenhistoriker mehrere Elemente der älteren aufgezeigten Typen aufnahm und durch ihre Kombination einen eigenen Standpunkt formulierte, welcher manche Ähnlichkeit zu dem später sich immer mehr Geltung verschaffenden aufwies.

Loofs hatte zumindest Verständnis für eine nationalprotestantische Lutherdeutung und verneinte die den nationalen Gedanken und den antikatholischen Affekt besonders herausstellende Interpretation, wie sie sich zum Beispiel in der Rede Heinrich von Treitschkes ausdrückte, nicht grundsätzlich. Er kann sogar, auf das Kampflied Ernst Moritz Arndts »Der Gott der Eisen wachsen ließ«[162] ebenso wie auf die national überhöhte und nach biblischen Vorbild gestalte Passion Luthers[163] zurückgreifend, der Würdigung des Reformators als eines gegen Rom und wälscher Tyrannei sich erhebenden deutschen Patrioten zustimmen und die Reformation zugleich als ein Werk der Deutschen verstehen, dem sich dann der Franzose Calvin anschloss. Außerdem kommt er der populären Deutung Luthers als einer patriotischen und heldischen Identifikationsfigur im Krieg entgegen und widerspricht den Soldaten nicht direkt, welche im Jahr 1917 den Vers »das Reich muss uns doch bleiben« aus dem Lied »Ein feste Burg ist unser Gott«

---

161 Karl Holl, Die Rechtfertigungslehre in Luthers Vorlesung über den Römer-Brief mit besonderer Rücksicht auf die Frage der Heilsgewissheit, in: ders., Gesammelte Aufsätze zur Kirchengeschichte, Bd. I. Luther, Tübingen (1921) ⁶1932, 111–154 (128); vgl. dazu auch: Heinz Scheible, Das Melanchthonbild Karl Holls, in: Günter Frank/ Ulrich Köpf (Hg.), Melanchthon und die Neuzeit (Melanchthon-Schriften der Stadt Bretten, Bd. VII), Stuttgart/Bad Cannstadt 2003, 223–238.
162 Vgl. Loofs, Manne des Volkes (s.o. Anm. 30), 20.
163 Vgl. Loofs, Manne des Volkes (s.o. Anm. 30), 23.

auf die Situation des Deutschen Reiches und die Hoffnungen auf einen erfolgreichen Kriegsausgang beziehen. Stattdessen erklärt er am Ende seiner Wittenberger Gemeinderede bezüglich solcher Interpretation:

>»Auch das ist ein Erbe Luthers, dass er ein Beispiel deutscher Vaterlandsliebe deutscher Zähigkeit, deutschen Mutes uns gegeben hat.«[164]

Allerdings ist er trotz dieser Sympathien doch um eine weitergehende Reformationserinnerung bemüht. Darin stimmt er mit der kulturliberalen Richtung innerhalb der protestantischen Theologie, die ihn in seiner theologischen Ausbildung besonders prägte, überein:[165] Luthers und der anderen Reformatoren Werk habe zwar auch auf anderweitige Kulturfelder gewirkt, doch hätten diese Wirkungen ihren Ursprung in den vor allem am Religiösen orientieren Reformbestrebungen. Das »Evangelium der Reformation«,

>»[wonach] in zuversichtlichem Vertrauen auf Gottes Gnade in Christo ein neuer Mensch wird, der von der Schuld erlöst, von der Sünde innerlich geschieden«[166] ist,

sei daher das entscheidende Datum, von dem, sei es direkt oder durch Reaktivierung in späteren Zeiten, weitere, von Luther selbst nicht erahnte Wirkungen ausgingen. Wird in den Ausführungen deutlich, inwiefern Loofs – wie die Ritschl-Schule insgesamt – ihre Reformationsdeutung eben nicht in die Dienste einer Repristination der reinen Lehre stellen will,[167] so zeigt sich andererseits doch, inwiefern er in

---

164 Loofs, Gemeindeabend (s.o. Anm. 22), 122. – Hierhin gehört auch der Verweis zu Loofs Einstellung zum Weltkrieg: Er unterschrieb nicht nur den am 4. September 1914 ergangenen »Aufruf deutscher Kirchenmänner und Professoren: An die Evangelischen Christen im Ausland«, in: Gerhard Besier (Hg.), Die protestantischen Kirchen Europas im Ersten Weltkrieg. Ein Quellen und Arbeitsbuch, Göttingen 1984, 40–45; er sprach im selben Jahr auch von der sittlichen Pflicht des Krieges. Vgl. Friedrich Loofs, Die sittliche Begründung und sittliche Bedeutung des Krieges. Vortrag in der Universitätsaula am 25.9.1914, in: Bruno Doehring (Hg.), Ein feste Burg. Predigten und Reden aus eherner Zeit. Zum Bestehen der Nationalstiftung für die Hinterbliebenen der im Kriege Gefallenen, Berlin 1915, 313.
165 Zur theologischen Entwicklung vgl. Loofs, Selbstdarstellung (s.o. Anm. 38): sowie Martin Rade, Von Ritschl zu Beck. Aus Friedrich Loofs' Studentenzeit 1871ff., in: ThStKr 106 (1934/1935), 469–483; außerdem: ders., Unkonfessionalistisches Luthertum. Erinnerung an die Lutherfreunde in der Ritschlschen Theologie, in: ZThK 18 (1937), 131–151.
166 Loofs, Melanchthon (s.o. Anm. 28), 658.
167 Dagegen, dass »noch heute mehrfach konservative Kreise die Zustimmung zur kirchlichen Lehre oder ›wenigstens zum Apostolikum‹ zu einem Kriterium der Gläubigkeit machen«, wehrt sich Loofs in verschiedenen Schriften auch jenseits seiner Reformationserinnerungsreden. Vgl. u.a. Friedrich Loofs, Die Bedeutung der kirchlichen Dogmen für das evangelische Christentum, in: DE 1 (1910), 78–99. Er macht aber auch immer wieder deutlich, dass er damit nicht einer uneingeschränk-

dieser Gruppe – seiner eigenen und auch der von den Mitstreitern in der »Christlichen Welt« vorgenommenen Einschätzung gemäß[168] – tatsächlich als ein ›konservativer‹ Vertreter derselben zu gelten hat.[169] Dabei ist nicht nur auf sein deutliches Insistieren auf die Notwendigkeit des Supranaturalismus, auf seinen Widerstand gegen die Aufgabe des traditionellen Christusdogmas oder auf die explizite Ablehnung des »Pantheismus« zu verweisen. Auch seine dogmatisch wie kulturell zurückhaltende Darstellung der Wirkungen Melanchthons und Calvins als intellektuelle und politische Durchsetzungsmodi der lutherischen Reformation können hier angeführt werden. Doch am umfassendsten zeigt sich die Spannung zwischen Liberalismus und Konservativismus in seinem Verständnis der nachreformatorischen Geschichte und der Gegenwart. Das von ihm in der »Jahrhundertfeier« mit ›Zeitgeist‹ bezeichnete steht einerseits im Gegensatz zu der als »archimedische[n] Punkt«[170], »Hebel der Reformation« und »des Christentums Kern«[171] verstandenen Einsicht Luthers. Denn aus ihm ist diese nicht zu erklären, es verhindert in der Folgezeit die Wahrnehmung dieses »Beste[n] und Notwendigste[n]« und versieht auch die als »wirre Zeit« verstandene Gegenwart mit einem negativen Vorzeichen:

> »Die Wahrheit war damals in weiten Kreisen ein sicherer Besitz des Menschen, daß dies Leben an der Ewigkeit sein Ziel hat. Wie viele Menschen wissen das heute nicht! Freilich, die Zeit wird kommen, da sie es mit Schrecken einsehen werden, daß dies Leben kein Maskerade-Spiel sein sollte, sondern eine Schule, in die Gott uns stellt.«[172]

Andererseits kann Loofs dem ›Zeitgeist‹ aber auch positive Seiten abgewinnen. So wird immer wieder deutlich, dass er nicht hinter die Errungenschaften der Aufklärung zurück will und vor allem die Gegenwart aufgrund der Durchsetzung des geschichtlichen Sinnes und den mit ihr verbundenen Möglichkeiten für die Wiederentdeckung der »evangelischen Wahrheit« in der Reformationserinnerung zu schätzen

---

ten Lehrfreiheit das Wort reden will. Vgl. ders., Die Grenzen der Lehrfreiheit in der evangelischen Kirche, in: PrKZ 8 (1912), 33–39.
168 Vgl. z.B. den Brief Rades an Harnack, Frankfurt am Main, 21.1.1898, in: Johanna Jantsch (Hg.), Der Briefwechsel zwischen Adolf von Harnack und Martin Rade. Theologie auf dem öffentlichen Markt, Berlin/New York 1996, 394f.; Loofs selbst sagt rückblickend auf seine eigene Bildungsbiographie, er wäre »ohne in verba magistri zu schwören, Ritschlianer geworden. Allerdings ein konservativer«, vgl. Loofs, Selbstdarstellung (s.o. Anm. 38), 12.
169 Zu den verschiedenen Ausprägungen des kirchlichen Liberalismus vgl. Gangolf Hübinger, Kulturprotestantismus und Politik. Zum Verhältnis von Liberalismus und Protestantismus im wilhelminischen Deutschland, Tübingen 1994, 129–142.
170 Loofs, Luthers Stellung (s.o. Anm. 32), 12.
171 Loofs, Melanchthon (s.o. Anm. 28), 658.
172 Loofs, Predigt (s.o. Anm. 34), 7.

weiß. In diesem Ineinander von Fortschritts- und Entwicklungsgedanken, Bußsemantik sowie Hoffnung auf Neuansatz und Rückbesinnung auf das ›Eigentliche‹ aber lässt sich bereits eine Spannung erkennen, die auch die weitere Entwicklung der Reformationsdeutungen entscheidend mitprägen sollte.

Der Ararat kam zu Loofs

Dokumente und Reflexionen

HERMANN GOLTZ

Loofs unterzeichnet die Armenien-Eingabe an den deutschen Reichskanzler (1915)

Die unübersehbare Bedeutung Armeniens und der »Armenischen Frage« in Leben und Werk von einigen bekannten protestantischen Theologen Deutschlands wie Martin Rade, Friedrich Loofs, Willibald Beyschlag, Gustav Warneck, Martin Kähler, Adolf von Harnack, Wilhelm Herrmann, Adolf Deißmann, Johannes Lepsius, Ewald Stier, Gustaf Dalman, Alfred Dedo Müller und anderen ist Jahrzehnte hindurch (auch) von der theologischen Forschung übersehen und übergangen worden.

Die Gründe für dieses permissive Schweigen (das auch, so bei dem evangelischen Theologen, Journalisten und Politiker Friedrich Naumann, in eine öffentliche Rechtfertigung der Armenier-Massaker umschlug) sind primär politischer Natur. Auf der anderen Seite hat der widerständige Einsatz deutscher Theologen für das von der Vernichtung akut bedrohte armenische Volk primär theologisch-ethische Gründe und stellt im 19./20. Jahrhundert, noch vor der Hitlerzeit, eine wichtige Entwicklungsstufe protestantischer politischer Ethik im Widerspruch gegen den rassistischen Völkermord des deutschen Bundesgenossen Türkei an den Armeniern dar. Sich in Deutschland über die riesigen hamidischen Massaker und über den nachfolgenden Völkermord an der armenischen Bevölkerung der osmanischen Türkei öffentlich zu äußern, war (und ist) angesichts des außerordentlich starken ökonomischen und strategischen Interesses von Regierung und Militär Deutschlands an der Türkei politisch inkorrekt.[1] Wie wirksam

---

1 Das zum juridischen Terminus erhobene Wort »Völkermord« kam im Gegensatz zu dem von Raphael Lemkin geprägten Neologismus »Genozid« nicht erst mit der UN-Konvention zur Verhütung und Bestrafung des Völkermords ab 1948 in Umlauf: Bereits 1919 hat Johannes Lepsius in der zweiten Auflage seiner 1916 von der

die generelle Verdrängung des Völkermords an den Armeniern war, zeigt sich besonders an dem gut dokumentierten, zynischen Satz Hitlers aus dessen Geheimrede vom 22. August 1939, in welcher er auf dem Obersalzberg seine Oberkommandierenden unverhüllt zum Völkermord am polnischen Volk aufrief und ›beruhigend‹ hinzufügte: *Wer redet heute noch von der Vernichtung der Armenier?*[2]

Eine lang nachwirkende Grundlage für das deutsche Verschweigen und Verdrängen war – Anfang Oktober 1915 – die Verhängung der Zensur über das Verbrechen des türkischen Bundesgenossen durch die deutsche Reichsregierung. Damit wurde in Deutschland in großem Umfang öffentliche Kritik am Bündnispartner verhindert, welche in der Sicht der obersten politischen und militärischen Entscheidungsträger in Berlin die Erreichung strategischer Kriegsziele Deutschlands in Konkurrenz mit Großbritannien im Orient – so die Eroberung des Landweges über Konstantinopel und Bagdad nach Indien – akut gefährdete.

Um so bemerkenswerter ist, dass am 15. Oktober 1915 deutsche protestantische Theologen zusammen mit anderen Persönlichkeiten kurz nach Verhängung der staatlichen Zensur über das Armenien-Thema eine hochbrisante, umfangreiche und bis in die Details informierte Eingabe an den Kanzler des Deutschen Reichs, Theobald von Bethmann Hollweg, sandten, die implizit auch eine deutliche Anklage

---

deutschen Militärzensur verbotenen Genozid-Dokumentation »Bericht über die Lage des Armenischen Volkes in der Türkei« den Begriff »Völkermord« verwendet (die 2. Auflage des »Berichts« erschien unter dem Obertitel: Johannes Lepsius, Der Todesgang des Armenischen Volkes, Potsdam 1919; der Terminus »Völkermord« erscheint dort im Vorwort auf Seite XXVIII). Die deutsche Wortbildung »Völkermord« dürfte – nach meiner Kenntnis – zuerst in den »Polenliedern« August von Platens (1796–1835) aufgetaucht sein. Die Bezeichnung »Völkermord« ist auch legitim für die hamidischen Armenier-Massaker 1894–1896, welchen etwa 200.000 armenische Männer, Frauen und Kinder zum Opfer fielen (vgl. die Dokumentationen und Berechnungen in Johannes Lepsius, Armenien und Europa. Eine Anklageschrift wider die christlichen Großmächte und ein Aufruf an das christliche Deutschland, Berlin-Westend 1896). Seriöse Berechnungen der Opferzahlen des im 1. Weltkrieg folgenden Völkermords an den osmanischen Armeniern in den Jahren 1915ff., gegen welchen sich die auch von Loofs unterzeichnete Eingabe an den deutschen Reichskanzler richtet, gehen von 1.200.000 bis 1.500.000 Opfern, armenischen Männern, Frauen und Kindern, aus. Dabei sind noch nicht die Opfer des syrischen (aramäischen) und des griechischen Volkes im Osmanischen Reich seit 1915ff. einberechnet.

2 Zitiert aus: Akten zur deutschen auswärtigen Politik 1918-1945. Aus dem Archiv des deutschen Auswärtigen Amtes, hg. v. Walter Bußmann, Serie D. 1937–1945, Band 7. Die letzten Wochen vor Kriegsausbruch. 9. August bis 3. September 1939, Baden-Baden 1956, 171.

gegen die permissive Haltung der deutsche Reichsregierung gegenüber dem osmanisch-türkischen Bundesgenossen war.³

Unter dieser Eingabe »namhafte[r] Vertreter protestantischer Kreise Deutschlands« zur »Armenierfrage« (so kennzeichnete der Reichskanzler selber dieses gewichtige Dokument bei dessen Weitergabe an die Botschaft des Deutschen Reichs in Konstantinopel)⁴ fällt neben der Unterschrift eines Adolf von Harnack und anderer deutscher protestantischer Persönlichkeiten die Signatur des *Geheimen Konsistorialrats Prof. Dr. Loofs* von der Vereinigten Friedrichs-Universität Halle-Wittenberg⁵ ins Auge.

In dieser Eingabe fordert Friedrich Loofs zusammen mit den anderen Signatoren in eindringlicher Weise vom deutschen Reichskanzler
1. dass der bereits laufenden »Deportation« der armenischen Bevölkerung in der osmanischen Türkei ein Riegel vorgeschoben und
2. dass den in die mesopotamische Wüste deportierten und dort dem Tode ausgelieferten Hunderttausenden armenischer Frauen und Kinder wirksame Hilfe geleistet werde, des weiteren
3. dass das mit der osmanischen Türkei verbündete Deutsche Reich internationale Hilfsaktionen für die »notleidenden Deportierten« ermögliche und
4. dass nach dem Kriege den zwangsweise Islamisierten die Rückkehr zum Christentum und den christlichen Hilfswerken in der Türkei wieder ungehinderte Arbeit ermöglicht werde.

Diese umfangreiche ›protestantische Eingabe‹ an den deutschen Reichskanzler ist im Rahmen der allgemeinen politischen Verdrängung bisher sowohl auf dem vielbeackerten Forschungsfeld zum 1. Weltkrieg wie auch auf dem fast ebenso umfangreichen Untersuchungsgebiet zum Genozid an den Armeniern, aber auch in der vielschichtigen und weitverzweigten Forschung zur neueren und neuesten deutschen Kirchengeschichte nicht berücksichtigt worden, obwohl das an Deutlichkeit nichts zu wünschen übriglassende Dokument 1. einen ganz konkreten, detaillierten Einblick in die auch im ersten Weltkrieg kontrovers bleibende politisch-ethische Debatte in Deutschland wie auch 2. in die zeitgenössische Dokumentation des Völkermords an den Armeniern und 3. in das damalige politisch-ethische Widerstandspotential des deutschen Pro-

---

3   Erstmals ediert in: Johannes Lepsius (Hg.), Deutschland und Armenien 1914–1918. Sammlung diplomatischer Aktenstücke, Potsdam 1919, 183–189 (Nr. 197, Anlage 1).
4   Reichskanzler von Bethmann Hollweg, Berlin, 10. November 1915, an den Kaiserlich deutschen Geschäftsträger, Constantin Freiherr von Neurath, Konstantinopel (Lepsius, Deutschland und Armenien [s.o. Anm. 3], 183).
5   Erst 1933 wurde auf Erlass des preußischen Kultusministers Rust und des preußischen Ministerpräsidenten Göring dieser Name, der aus der Vereinigung der Universitäten Wittenberg und Halle von 1817 zu einer Doppeluniversität herrührte, in »Martin-Luther-Universität Halle-Wittenberg« umgewandelt.

testantismus in Gestalt der langen Unterschriftsliste ermöglicht, welche die Theologen erkennen lässt, die damals gegenüber dem Staat den Mut hatten, ihr Visier zu öffnen und die Eingabe an den Reichskanzler mit ihrem Namen zu zeichnen.[6]

Diese facettenreiche Eingabe, wo auch ein Loofs dem Reichskanzler entgegentritt, soll unten als erstes Dokument meines Beitrages der kirchen- und theologiegeschichtlichen Forschung *in extenso* zur Verfügung gestellt werden.

Dies dürfte – abgesehen von der Nichtbeachtung des eigentlich bereits seit 1919 zugänglichen Textes durch die theologische Forschung – aufgrund einer dreifachen Bedeutung der Armenien-Eingabe an den Reichskanzler gerechtfertigt sein:

1. Neben der bisher nicht erkannten Bedeutung für die protestantische Theologie- und Kirchengeschichte des 20. Jahrhunderts stellt sie 2. ein eigenständiges Dokument des deutschen Kampfes gegen den Völkermord an den Armeniern dar und dient 3. zugleich als ein spezifischer Beleg für die bereits im deutschen Kaiserreich – und nicht erst in der Weimarer Republik – deutlich entwickelten, kritischen Grundlagen einer künftigen deutschen Demokratie, an welcher auch der angeblich so ›kaisertreue‹ deutsche Protestantismus eine erkennbare Aktie hat.

Denn ohne eine (wenigstens partiell) obrigkeits*kritische* Haltung »namhafter Vertreter protestantischer Kreise Deutschlands« nicht nur *vor*, sondern hier auch *während* des 1. Weltkrieges, wäre die Entstehung

---

6 Eine ganze Reihe der Signatoren ist in knapper, vorläufiger Weise identifiziert worden bei Hermann Goltz/Axel Meißner, Deutschland, Armenien und die Türkei 1895–1925. Dokumente und Zeitschriften aus dem Dr. Johannes-Lepsius-Archiv an der Martin-Luther-Universität Halle-Wittenberg, Teil 3. Thematisches Lexikon zu Personen, Institutionen, Orten, Ereignissen, München 2004, 145f. (dort auch die Verweise auf die Kurzartikel im selben Thematischen Lexikon zu den 49 bzw. 50 Signatoren). Nicht nur die hier aufscheinenden Namen der Signatoren sind wichtig als Information über die politisch-ethische Position der entsprechenden Personen in der »Armenierfrage«, sondern ebenso die auffälligerweise *fehlenden* Namen von bestimmten protestantischen Persönlichkeiten, so vor allem der von Friedrich Naumann, der nur ein Jahr zuvor (1914) noch den Aufruf zur Gründung der Deutsch-Armenischen Gesellschaft unterzeichnet hatte (s.u. 3: Loofs – Mitbegründer der Deutsch-Armenischen Gesellschaft [1914]), nun (1915) sich aber wieder – offensichtlich auch aus nationalen politischen Gesichtspunkten – auf seine alte Position von 1898 zurückzog, als er Kaiser Wilhelm II. auf dessen zweiten Orientreise begleitet und gegen christlich-ethische Skrupel die riesigen türkischen Massaker an den Armeniern von 1894–1896 politisch gerechtfertigt hatte (vgl. dazu Friedrich Naumann, Asia. Athen, Konstantinopel, Baalbek, Damaskus, Nazaret, Jerusalem, Kairo, Neapel, Berlin-Schöneberg 1899 und die sich anschließenden Auseinandersetzungen).

eines solchen Dokuments nicht denkbar gewesen.[7] Oft wird angesichts des Schweigens der deutschen Reichsregierung zu dem vom türkischen Bundesgenossen begangenen Völkermord an den Armeniern nur an die oppositionelle »Kleine Anfrage« Karl Liebknechts im Januar 1916 an die deutsche Reichsregierung erinnert. Dabei ist jedoch darauf hinzuweisen, dass diese »Kleine Anfrage« des unabhängigen Sozialdemokraten Karl Liebknecht, worauf dieser in seiner entsprechenden Rede im Berliner Reichstag selber zu sprechen kommt, auf den von dem protestantischen Theologen Dr. Johannes Lepsius 1915 in der Türkei und aus weiteren internationalen Quellen gesammelten Tatsachen beruht.

Nach der protestantischen Eingabe an den Reichskanzler vom 15. Oktober 1915 folgte am 29. Oktober 1915 auch eine entsprechende Eingabe seitens des Missionsausschusses des Zentralkomitees für die Generalversammlungen der Katholiken Deutschlands vom 29. Oktober 1915, welche allerdings nicht von einer solchen Pleïade von Persönlichkeiten wie das entsprechende protestantische Dokument unterzeichnet war, jedoch neben dem Namen des Juristen Dr. Carl Bachem auch die so gewichtige wie die des bedeutenden Zentrumspolitikers Matthias Erzberger (ermordet 1921) und des Begründers und ersten Präsidenten des Caritas-Verbandes, Lorenz Werthmann (1858–1921), aufweist.[8]

Das halbe Hundert an Unterschriften unter der protestantischen Eingabe an den Reichskanzler, darunter die Signatur von Friedrich Loofs, stellt ein kleines »Who is Who« des evangelischen Deutschland dar und ist, wie oben bereits bemerkt, für die konkrete historische Einsicht ebenso wichtig wie der Text der Eingabe selber. Deshalb dürfen gerade diese Unterschriften in der Textwiedergabe nicht wegfallen. Sogar der dem deutsch-preußischen Kaiserhause nahestehende und politisch

---

7 Zum Beleg dieser für den Gang der deutschen politischen Geschichte im 19./20. Jahrhundert wesentlichen Tatsache vgl. die magistrale Untersuchung von Margaret Lavinia Anderson, Lehrjahre der Demokratie. Wahlen und politische Kultur im Deutschen Kaiserreich (Originaltitel: Practicing Democracy. Elections and Political Culture in Imperial Germany [2000]), Stuttgart 2009. Die Untersuchung von Anderson bietet auch eine breite Grundlage zur Erforschung der Reste deutscher demokratisch-parlamentarischer Grundströmungen während des 1. Weltkriegs, die auch in dieser Zeit nicht – wie so gern plakativ mit dem Stichwort vom ›Burgfrieden‹ behauptet – versiegt waren. Die protestantische Armenien-Eingabe an den deutschen Reichskanzler ist ein beeindruckendes Beispiel für den vom deutschen martialischen Ungeist nicht abgewürgten deutschen demokratischen Geist.

8 Vgl. den Text unten in Anm. 18. Es war auch Erzberger gewesen, der Papst Benedikt XV. angeregt hatte, in einem persönlichen Handschreiben an den osmanischen Sultan die Beendigung der Armenierverfolgung zu fordern. Papst Johannes Paul II. hat 2001 in seinem Gebet am Genozid-Denkmal in Jerewan daran erinnert (vgl. Hermann Goltz, Gebet von Papst Johannes Paul II. am Genozidmahnmal in Jerewan, in: Armenisch-deutsche Korrespondenz Heft 3 [2001], 29).

sehr vorsichtig taktierende Prof. D. v. Harnack, Wirkl. Geh. Rat, Berlin-Grunewald, hatte sich verpflichtet gefühlt, seine schwerwiegende Unterschrift unter dieses Dokument zu setzen.

Reichskanzler Theobald von Bethmann Hollweg fühlte sich durch diese und andere Unterschriften offensichtlich gedrängt, die Eingabe nicht einfach unter den Tisch fallen zu lassen (obwohl seine Antwort an die Absender sehr ausweichend und politisch-sophistisch klingt),[9] sondern sie auch an den damaligen Geschäftsträger der Kaiserlich-deutschen Botschaft in Konstantinopel, Constantin von Neurath,[10] weiterzuleiten, der seinerseits den Text sehr sorgfältig bearbeitete (beziehungsweise bearbeiten ließ), um ihn für eine diplomatische Demarche bei der Hohen Pforte zu verwenden, die dann aber offenbar nicht zustandekam.[11]

Jedoch ist aber auch spürbar, dass die heftigen Proteste des bei der Hohen Pforte auf Neurath folgenden deutschen Botschafters Paul Graf Wolff Metternich, von dieser eindringlichen und kenntnisreichen Eingabe der Vertreter des protestantischen Deutschland mitgenährt wurden.[12] Allerdings führte der Protest, welcher der Berliner Reichsleitung sowohl aus Deutschland wie auch aus den eigenen diplomatischen Reihen entgegenschlug, zu einer harten Reaktion des Reichskanzlers, die sich in dessen folgender Notiz am 17. Dezember 1915 niederschlug (wel-

---

9 »Die Kaiserliche Regierung wird, wie bisher, so auch in Zukunft es stets als eine ihrer vornehmsten Pflichten ansehen, ihren Einfluß dahin geltend zu machen, daß christliche Völker nicht ihres Glaubens wegen verfolgt werden. Die deutschen Christen können darauf vertrauen, daß ich von diesem Grundsatz geleitet, alles, was in meiner Macht steht, tun werde, um den mir von Ihnen vorgetragenen Sorgen und Wünschen Rechnung zu tragen. [...]« (zuerst abgedruckt bei Johannes Lepsius, Bericht über die Lage des Armenischen Volkes in der Türkei, Potsdam 1916, VI; später auch in Lepsius, Deutschland und Armenien [s.o. Anm. 3], 191 [Nr. 198]).

10 Constantin Freiherr von Neurath (1873–1956), 1914 Botschaftsrat der Deutschen Botschaft Konstantinopel, 25.10.1915–15.11.1915 Geschäftsträger der Deutschen Botschaft Konstantinopel, 1917 Kabinettchef des Königs von Württemberg, 1919 Gesandter in Kopenhagen, 1922 Botschafter in Rom, 1930 Botschafter in London, ab Juni 1932–1938 deutscher Außenminister, 1939–1943 ›Reichsprotektor‹ in Böhmen und Mähren, 1946 in Nürnberg zu 15 Jahren Haft verurteilt, 1954 entlassen.

11 Vgl. die Erstpublikation des Anschreibens des Reichskanzlers an Freiherrn von Neurath, Geschäftsträger der Deutschen Botschaft Konstantinopel, vom 10. November 1915, samt der protestantischen und der römisch-katholischen Eingabe in Lepsius, Deutschland und Armenien (s.o. Anm. 3), 183–189 (Nr. 197) sowie die Wiedergabe der Konstantinopler diplomatischen Bearbeitung durch Neurath bei Wolfgang und Sigrid Gust in der Armenocide-Internet-Dokumentenedition: ›http://www.armenocide.de/armenocide/armgende.nsf/b26076585565a702c1 2568f0 006244bb/5484de3c0ad51975c12568f30059b23f?OpenDocument‹.

12 Vgl. z.B. das Schreiben Metternich, Konstantinopel, an den deutschen Reichskanzler vom 7. Dezember 1915, in: Lepsius, Deutschland und Armenien (s.o. Anm. 3), 201f. (Nr. 209).

che auch als eine interne Reaktion auf die von Friedrich Loofs mitunterzeichnete Eingabe vom 15. Oktober 1915 angesehen werden darf):

> »Die vorgeschlagene öffentlich Koramierung eines Bundesgenossen [sc. des Osmanisch-Türkischen Reichs] während laufenden Krieges wäre eine Maßregel, wie sie in der Geschichte noch nicht dagewesen ist. Unser einziges Ziel ist, die Türkei bis zum Ende des Krieges an unserer Seite zu halten, *gleichgültig ob darüber Armenier zu Grunde gehen oder nicht*.«[13] [Kursivierung durch Hermann Goltz].

Die von Friedrich Loofs mitunterzeichnete Eingabe an den deutschen Reichskanzler hat folgenden Wortlaut:

> »An den Kanzler des Deutschen Reiches
> Herrn Dr. von Bethmann Hollweg, Exzellenz, Berlin W.
>
> Berlin, den 15. Oktober 1915.
>
> Euer Exzellenz!
>
> Die Unterzeichneten fühlen sich in ihrem Gewissen gedrängt, der Unruhe Ausdruck zu geben, in die sie und wachsende Kreise deutscher Christen durch das jammervolle Geschick des armenischen Volkes in der Türkei versetzt sind, dem nach glaubhaften Nachrichten die Ausrottung droht, wenn den unmenschlichen Maßregeln, denen es unterworfen ist, nicht schleunigst Einhalt geboten wird.
>
> Diese Nachrichten zeichnen uns folgendes Bild:
>
> Nachdem bereits seit Ausbruch des russisch-türkischen Krieges Hunderte von armenischen Dörfern durch Kurden und irreguläre Milizen in den östlichen Wilajets geplündert und Tausende von wehrlosen Armeniern ermordet worden, ist seit Ende Mai die Deportation der gesamten armenischen Bevölkerung aus allen anatolischen Wilajets und Cilizien in die arabischen Steppen südlich der Bagdadbahn angeordnet worden. Diese Maßregel ist mit unmenschlicher Härte in den vergangenen Monaten durchgeführt worden.
>
> Während die wehrhaften Männer des armenischen Volkes zur Armee eingezogen und unbewaffnet auf den Etappenstraßen des Innern als Lastträger und Chausseearbeiter verwendet wurden, hat man die des männlichen Schutzes beraubten Frauen, Kinder, Kranke und Greise aus ihren Wohnsitzen ausgetrieben, ihrer Habe beraubt und ohne Ausrüstung und Proviant, barfüßig, hungernd, verschmachtend und fortgesetzten Mißhandlungen und Schändungen ausgesetzt, in Haufen von Hunderten und Tausenden gleich Viehherden durch rohe Saptiehs mehr als hundert Mei-

---

13   Politisches Archiv des Auswärtigen Amtes Berlin, DE/PA-AA/R14089, 1915-A-36184, Pressedatum: 15.12.1915 p.m.; Diese Notiz ist abgedruckt bei Wolfgang Gust (Hg.), Der Völkermord an den Armeniern 1915/16. Dokumente aus dem Politischen Archiv des deutschen Auswärtigen Amtes, Springe 2005, 395.

len weit in die Verbannung treiben lassen. Die Maßregel wurde dadurch eingeleitet, daß in der Hauptstadt und in den Zentren des Innern die Führer des Volkes, Intellektuelle, Notable und kirchliche Würdenträger, über Nacht ins Gefängnis geworfen und ohne Verhör und Gerichtsverfahren erschossen oder deportiert wurden. Zum Arbeitsdienst einberufene Militärpflichtige sind auf den Straßen überfallen und erschossen worden. Von den deportierten Frauen, Kindern und Greisen sollen weniger als die Hälfte an ihren Bestimmungsorten angekommen sein. Mädchen und junge Frauen wurden in türkische Harems und kurdische Dörfer verschleppt, wo ihnen keine andere Wahl bleibt, als den Islam anzunehmen. Ebenso sind zahllose Kinder ihren christlichen Eltern abgenommen worden und werden nun als Moslems auferzogen. Von der Deportation verschont wurden nur viele Hunderte von christlichen Familien, die sich entschlossen, den Islam anzunehmen. Die Maßregel der Verschickung hatte in Wahrheit den Charakter eines Massakers von allergrößtem Maßstabe. Durch Schlächtereien an bestimmten Stellen des Weges, durch Verhungern und Verschmachten sind die Deportierten, wie es scheint, auf die Hälfte ihrer Zahl vermindert worden.

Es ist naturgemäß vor der Hand nicht möglich, genaue Angaben über die Zahl der Deportierten und Massakrierten zu machen. Nach der Statistik des armenischen Patriarchates waren die von der Deportation betroffenen Wilajets von 1 200 000 Armeniern bewohnt. Will man auch annehmen, daß ein Teil der Bevölkerung in die Berge flüchten konnte und entlegene Bezirke verschont blieben, so bleibt doch etwa eine Million armenischer Christen, die von den Deportationen und Schlächtereien betroffen wurden, und zwar ohne Unterschied der Konfession, Gregorianer[14], römische Katholiken und Protestanten.[15] Ob die Hälfte oder wieviel immer davon

---

14 Mit »Gregorianer« sind die Angehörigen der (so die eigentliche Selbstbezeichnung) Armenischen Apostolischen [Heiligen] Kirche gemeint, also der seit Beginn des 4. Jahrhunderts existierenden ältesten christlichen Volks- bzw. Staatskirche (zum Vergleich: als offizielle und einzige Religion im Staate wurde das Christentum im Römischen Reich erst deutlich später, im Jahre 380, unter Theodosios dem Großen eingeführt). Die Fremdbezeichnung »Gregorianer«, die dann aber zum Teil auch von den Armeniern selbst gebraucht wurde und wird, bezieht sich auf den Täufer des armenischen Volkes, den Heiligen Gregor den Erleuchter (armenisch: *Surb Grigor Lusaworítsch*). Nach meiner Kenntnis wurde die Bezeichnung »Gregorianische Kirche« vor allem seitens der russischen Regierung in den staatlichen Statuten (*polozhenija*) von 1836 für die nach dem russisch-persischen Kriegen ins Russische Reich integrierte armenische Kirche benutzt, um diese, die allgemein von den chalzedonensischen Kirchen des Westens und des Ostens als ›monophysitisch‹ verketzert wurde, nicht als »apostolisch« (und damit rechtgläubig/orthodox) bezeichnen zu müssen. In armenischer Sprache lautet diese Fremdbezeichnung aber nicht »gregorianisch«, sondern *lusawortschakán*, Adjektiv von *Lusaworitsch* (»Erleuchter«), also »[die Kirche] des Erleuchters« (wörtlich: die »Erleuchterische [Kirche]«).
15 Die wesentlich kleineren, aber auch heute bedeutenden Gruppen der römisch-katholischen und der protestantischen Armenier sind vor allem im 18. und 19. Jahr-

umgebracht wurde, ob die Zahl der zum Islam konvertierten Familien nach Tausenden oder Zehntausenden rechnet, kann zurzeit niemand angeben. Darüber aber kann kein Zweifel sein, daß der Schlag, der das arbeitsamste und strebsamste christliche Volk des Orients betroffen hat, in wirtschaftlicher, kultureller und politischer Beziehung die verhängnisvollsten Folgen für die Zukunft der Türkei haben und schon bei den Friedensverhandlungen die Interessen und die Ehre der mit der Türkei verbündeten Mächte aufs empfindlichste berühren wird.[16]

Der Handel und das Handwerk im Innern, die fast ausschließlich in den Händen der Armenier lagen, sind vernichtet worden. Die in Vorbereitung befindliche Deportation der armenischen Handels- und Handwerkerbevölkerung von Konstantinopel (ca. 180 000), Smyrna (28 000), Adana und einigen anderen, an der Peripherie der armenischen Gebiete liegenden Städte, die bisher verschont waren, würde die wirtschaftliche Entwicklung der Türkei verhängnisvoll treffen, an der Deutschland in höchstem Maße interessiert ist. Nach dem Urteil von Kennern des Landes ist nicht darauf zu rechnen, daß selbst in Jahrzehnten das türkische und jüdische Element in der Lage wären, für den Ausfall des armenischen einzutreten. Mögen zu diesen Fragen Autoritäten des wirtschaftlichen Lebens sich äußern.

Was aber die Unterzeichneten in erster Linie beunruhigt und sie veranlaßt, sich vertrauensvoll an Euer Exzellenz zu wenden, ist nicht die Sorge um die Zukunft deutscher Wirtschafts- und Kulturarbeit, die durch die Ausschreitungen des türkischen Nationalismus und islamischen Fanatismus ernstlich in Frage gestellt wird, was unser Gewissen beunruhigt, ist die Verantwortung, die dem deutschen Volke als einem christlichen aus dem Bundesverhältnis mit der Türkei für die zur Sprache gebrachten Vorgänge erwächst.

---

hundert entstanden, so durch die römischen Unionsbemühungen wie auch durch die protestantischen anglo-amerikanischen Missionen. Andererseits bedeutete der Übertritt von der eigenen Mutterkirche zur römisch-katholischen oder protestantischen Kirche auch einen gewissen (wenn auch letztlich in den Massakern und im Völkermord brüchigen) Schutz vor Verfolgungen seitens des herrschenden Islam bzw. der osmanischen Staatsmacht, da die diplomatischen Vertretungen der europäischen Großmächte im Osmanischen Reich als Schutzmächte für die verschiedenen christlichen Denominationen fungierten, so Russland für die orthodoxen und orientalischen Christen, Frankreich für die römisch-katholischen und Großbritannien für die protestantischen.

16 Diese im Text sehr zurückhaltend ausgedrückte Warnung an die deutsche Regierung hatte ihre Bedeutung nicht nur für die Friedensverhandlungen nach dem Kriege, sondern bereits während des Krieges: Zur Kriegspropaganda der Entente gehörte als fester Bestandteil die heftige Kritik nicht nur an der osmanischen Türkei, sondern vor allem auch an Deutschland wegen der Vernichtung der armenischen Bevölkerung. Dabei handelte es sich nicht um ›reine‹ Propaganda, wie heute die noch offizielle türkische Geschichtsschreibung glauben machen will, sondern um eine auf Tatsachen beruhende Propaganda, welche auch einer der Faktoren für den Eintritt der USA in den Krieg 1917 war.

Nicht nur die Ententepresse, auch die öffentliche Meinung in den neutralen Ländern sieht Deutschland als mitverantwortlich für die inneren Vorgänge in der Türkei an. Gewiß wird hierbei der Einfluß der deutschen Diplomatie auf die Pforte überschätzt. Aber bestehen bleibt der Eindruck, daß Deutschland nach Ausschaltung der Ententemächte die einzige Macht am Bosporus war, die für die Verhinderung von Christenschlächtereien in Frage kam. Die Maßregeln, welche das armenische Volk mit dem Untergang bedrohen, werden von der Hohen Pforte mit revolutionären Umtrieben in der armenischen Bevölkerung und strategischen Maßnahmen in den Grenzbezirken begründet. Mögen irgendwo Armenier von diesem Vorwurf zu Recht getroffen werden – nach den uns vorliegenden Informationen liegen für ein vaterlandsfeindliches Verhalten der maßgebenden armenischen politischen und kirchlichen Organisationen keine Beweisgründe vor –, er rechtfertigt nicht die getroffenen unerhörten Maßregeln. Wir enthalten uns des Urteils über die Ziele, die die türkische Regierung mit ihnen letztlich verfolgt. In der Ausführung aber haben sie jedenfalls dem islamischen Fanatismus und dem Christenhaß den schlimmsten Anreiz gegeben, der auch für die übrigen, nicht muslimischen Volkselemente der Türkei gefahrdrohend bleibt. Es kursieren Worte wie dies: ›Das Land soll rein muslimisch sein und nichts anderes.‹ Dem entspricht, daß auch Missionsinstitute ausgeräumt worden sind. Es gewinnt den Anschein, als solle jede Art von christlichem Liebeswerk und jeder ausländische Kultureinfluß im Innern ausgetilgt werden.

Diese Vorgänge sind für die übrige Christenheit schlechthin unerträglich und müssen auch der Türkei in ihrem berechtigten Streben, ihre inneren Verhältnisse gegen Eingriffe von außen sicherzustellen, kaum überwindliche Schwierigkeiten bereiten. Die Erregung im neutralen und feindlichen Auslande hierüber ist im Wachsen und muß zu leidenschaftlichem Ausbruch kommen, sobald die Tatsachen in vollem Umfange bekannt werden. Wird sich nicht diese Entrüstung mit ganzer Schärfe gegen Deutschland wenden, dem allein die Welt zutraut, daß es durch sein Verhältnis zur Türkei diese furchtbaren Dinge verhüten und etwa notwendige Maßnahmen auf das strategisch Gebotene einschränken konnte? Wie man Deutschland für den Eintritt der Türkei in den Krieg und für die Erklärung des ›heiligen Krieges‹ verantwortlich gemacht hat, so wird man ihm die ganze Schuld an der Vernichtung eines christlichen Volkes beimessen. Die Wirkung wird, wie wir fürchten, noch tiefer gehen, als bei der Agitation wegen der angeblichen belgischen Greuel.

Während aber bisher alle Anschuldigungen des Auslandes an dem einmütigen guten Gewissen unseres Volkes wirkungslos abprallten, werden diese Nachrichten, deren Bekanntwerden niemand verhindern kann, auf die deutschen Christen die unheilvollste Wirkung haben. Schon bei der Erklärung des heiligen Krieges regten sich in manchen Kreisen Gewissensbedenken; wir vermochten sie durch den Hinweis zu beschwichtigen, daß dieser heilige Krieg nicht gegen die Christen als solche, sondern in Gemeinschaft mit christlichen Völkern gegen die Feinde der Türkei geführt werde. Niemand aber vermag die lähmende Wirkung auf die Freudigkeit der deutschen Christen zu verhindern, wenn sie es mit ansehen müssen, wie von ihren Bundesgenossen ein ganzes Christenvolk vernichtet wird. In dem guten Gewissen, mit dem wir alle Gott um den Sieg für unsere Waffen anrufen, wurzelt die Widerstandskraft unseres Volkes. Diese Einmütigkeit und Freudigkeit droht erschüttert zu werden, wenn bekannt wird, daß von unseren andersgläubigen Bundesgenossen Hunderttausende unserer Glaubensgenossen grundlos und sinnlos zu Tode gehetzt werden, ohne daß unsererseits das Mögliche zu ihrer Rettung geschah.

Es ist uns bekannt, daß seitens der Deutschen Regierung wiederholt Schritte getan sind, um, auch im eigenen Interesse der Türkei, der Vernichtung der Armenier zu steuern.

Die Tatsachen zeigen leider, daß diese Schritte das Verhängnis nicht haben aufhalten können. Die türkische Regierung hat, soweit wir unterrichtet sind, bisher nicht das Erforderliche getan, um die Deportierten vor dem Hungertode zu bewahren, ja sogar Versuche, den notleidenden Frauen und Kindern Hilfe zu bringen, abgelehnt. Es ist zu befürchten, daß auch die noch überlebenden Deportierten, in der Hauptsache Frauen und Kinder, dem Untergange geweiht werden.

Das können wir, das kann unser christliches Volk nicht schweigend mit ansehen. Die türkische Regierung, die selbst planvoll das islamische Gemeingefühl aller Länder für ihre nationalen Ziele wachruft und verwertet, darf ihren christlichen Bundesgenossen nicht zumuten, daß sie ihr christliches Gemeingefühl zum Stillschweigen verurteilen. Sie muß es erkennen, in welchem Grade sie für die Zukunft ihren eigenen Weg erschwert, wenn sie unter ihrer Verantwortung eine ungeheure Tat geschehen läßt, die die gesamte Christenheit als einen Schlag in ihr Angesicht empfinden muß. Es muß verhütet werden, daß die Ehre des deutschen Namens auch nur mit dem Schein der Mitschuld an den gekennzeichneten Schandtaten befleckt wird. Der Gedanke ist unerträglich, daß, während wir Deutsche gefangenen Muhammedanern Moscheen bauen, Hunderte von christlichen Kirchen zerstört oder in Moscheen verwandelt werden. Es bedrückt unser Gewissen, daß, während die deutsche Presse den Edelmut und die Toleranz unserer muhammedanischen Bundesgenossen preist, von Muhammedanern unschuldiges Christenblut in Strömen vergossen wird und Zehntausende von Christen zwangsweise zum Islam konvertiert werden.

Wir verkennen nicht die Pflichten, die uns deutschen Christen aus dem Bundesverhältnis unseres Reiches mit der Türkei erwachsen. Wir teilen aufrichtig den Wunsch, daß ihr aus ihrem heldenmütigen Kampf an unserer Seite die verdienten Früchte zufallen, und wir wünschen durchaus nicht, ihr in irgend einer Weise unnötige Schwierigkeiten zu machen. Aber wir können auch die Pflichten gegen unsere Glaubensgenossen nicht verleugnen. Wir handelten sonst gegen Ehre und Gewissen, und es fiele ein Schatten auf den Sieg unseres Volkes.

Wir bitten daher Euer Exzellenz, der Hohen Pforte die Unerträglichkeit der geschaffenen Lage und die äußerste Dringlichkeit von Abhilfemaßregeln mit allem Nachdruck vorzustellen, und dabei vornehmlich drei Ziele ins Auge zu fassen, die auf keine Weise dem Wohle der Türkei oder der Erreichung unserer Kriegsziele widerstreiten, dagegen aufs engste mit den Forderungen der Menschlichkeit und mit dem wirtschaftlichen Interesse verknüpft sind:

1. daß der Deportation der bisher verschonten armenischen Bevölkerung von Konstantinopel, Smyrna, Aleppo und anderen, noch nicht betroffenen Städten und Distrikten ein Riegel vorgeschoben wird,

2. daß nicht nur angebliche und scheinbare, sondern wirkliche und wirksame Maßregeln getroffen werden, um die Hunderttausende von deportierten Frauen und Kindern in den mesopotamischen Steppen am Leben zu erhalten und weitere Grausamkeiten an den noch übrigen Armeniern zu verhindern,

3. daß Christen anderer Länder es ermöglicht werde, vielleicht unter der Mitwirkung deutscher und neutraler Vertrauensleute, den notleidenden Deportierten Hilfsdienste zu erweisen und Unterstützungen zukommen zu lassen.

Beim Friedensschluß bitten wir darauf Bedacht zu nehmen, daß den jetzt zwangsweise islamisierten Christen die Rückkehr zum Christentum ermöglicht und für eine künftige friedliche und loyale Weiterentwicklung der christlichen Minderheiten in der Türkei und für die ungehinderte Fortführung der christlichen Liebes- und Kulturarbeit im Orient die nötige Bürgschaft gegeben werde.

Wir bitten Euer Exzellenz in Ehrerbietung, uns möglichst bald in die Lage zu versetzen, daß wir der Beunruhigung unter den deutschen Christen entgegentreten und die Anklagen des Auslandes wirksam entkräften können.

Euer Exzellenz ganz gehorsamste

Dr. Karl Axenfeld, Direktor der Berliner Missionsgesellschaft. Berlin.

Professor D. Baumgarten, Kiel.

Professor Dr. Johannes Burchard, Professor der Rechtswissenschaften an der Königlichen Akademie zu Posen.

Superintendent D. A. Cordes, Leipzig.

D. Adolf Deißmann, ord. Professor der Theologie an der Universität Berlin, Vorstandsmitglied der deutschen Orientmission.

Oberhofprediger D. Dibelius-Dresden, Vizepräsident des Evangelisch-lutherischen Landeskonsistoriums.

Konsistorialrat Pfarrer D. Erich Foerster, Frankfurt a. M.

Th. Haarbeck, Pfarrer, I. Vorsitzender des deutschen Verbandes für Gemeinschaftspflege und Evangelisation, Barmen.

Direktor D. G. Haccius, Hermannsburg i. Hannover.

A. Haccius, Geh. Justizrat, Hannover.

Haendler, Propst und Generalsuperintendent, Berlin.

Professor D. v. Harnack, Wirkl. Geh. Rat., Berlin-Grunewald.

Professor D. G. Haußleiter, Halle a. d. S.

Held, Missionsinspektor der Sudan-Pionier-Mission, Wiesbaden.

P. O. Hennig, Missionsdirektor der Brüdergemeine, Herrnhut.

Professor Dr. W. Herrmann, Marburg.

D. Hesekiel, Generalsuperintendent, Wernigerode.

Dr. Hornemann, Landgerichtsrat, Berlin.

Generalsuperintendent D. Kaftan, Kiel.

Pastor D. Dr. Kind, Präsident des Allg. Ev. Prot. Missionsvereins, Berlin.

D. W. L. Kölbing in Herrnhut, Vors. der Verwaltung des Aussätzigenasyls der Evangelischen Brüdergemeine in Jerusalem.

Dr. Johannes Lepsius, Potsdam.

Geh. Konsistorialrat Prof. Dr. Loofs, Halle.

Professor D. Mahling, Berlin-Charlottenburg.

D. Philipps, Berlin-Charlottenburg.

Stadtpfarrer Pfisterer, Weinsberg-Württemberg.

[Professor D. Martin Rade, Marburg].[17]

Professor D. Julius Richter, Berlin-Steglitz.

Pastor Röbbelen, Hermannsburg i. H., Vorsitzender des Vereins für lutherische Mission in Persien.

Roedenbeck, Superintendent der Diözese Potsdam I, Direktor der deutschen Orientmission, Klein-Glienicke bei Potsdam.

Lic. Dr. Paul Rohrbach, Berlin.

Pastor Johs. Spiecker, Direktor der Rheinischen Missionsgesellschaft, Barmen.

Missionsinspektor Lic. Schlunk, Hamburg.

Schlicht, Superintendent, früher Pfarrer der deutschen evangelischen Gemeinde in Jerusalem, Rudow b. Berlin.

---

17 Nach der Unterschrift von Pfisterer müsste alphabetisch eigentlich die Unterschrift von Martin Rade folgen, deren Fehlen nur versehentlich zustandegekommen war. Vgl. Axel Meißner, Martin Rades »Christliche Welt« und Armenien. Bausteine für eine internationale politische Ethik des Protestantismus, Diss. Halle-Wittenberg 2001, 277 und ebd., Anm. 1050. Die Arbeit erscheint in den Studien zur Orientalischen Kirchengeschichte Bd. XXII.

A. W. Schreiber, Missionsdirektor, Berlin-Steglitz.

D. Dr. Hans von Schubert, Geh. Kirchenrat, ord. Professor der Theologie, zurzeit Dekan der theologischen Fakultät zu Heidelberg.

Professor D. Dr. R. Seeberg, Berlin.

Direktor D. F. A. Spiecker in Berlin-Grunewald.

Pfarrer Ewald Stier, Alten bei Dessau für die ›Deutsche Armenische Gesellschaft‹ und den Verein ›Notwendiges Liebeswerk‹.

F. Schuchardt, Deutscher Hilfsbund für christliches Liebeswerk im Orient, E. V., Frankfurt a. M.

Martin Urban, Missionsinspektor, Vorsitzender der Mission für Süd-Ost-Europa, E. V., Hausdorf Kr. Neurode.

Professor Dr. Weckesser, Karlsruhe.

Geh. Kirchenrat H. H. Wendt, Professor der Theologie in Jena.

A. Winkler, Pfarrer, Berlin, Mitglied des Kuratoriums der Deutschen Orientmission.

Adolf Zeller, Pastor, Zehlendorf, früher Marasch, Wilajet Aleppo.

Gerhard von Zezschwitz, Pfarrer und Senior in Burgbernheim, Bayern.

Professor D. Dr. Dalman aus Jerusalem.

Gustav Gerock, Stadtpfarrer in Stuttgart.

Johannes Lohmann, Pastor am Diakonissenhaus Friedenshort in Miechowitz.

Lic. R. Mumm, Mitglied des Reichstags, Berlin N.W. 87.«[18]

---

18 Zwei Wochen später, am 29. Oktober 1915, folgte auch eine Eingabe von zentraler römisch-katholischer Seite in Deutschland an den deutschen Reichskanzler von Bethmann Hollweg, deren Text im folgenden zur besseren Kenntnis der politischen Widerstandes auch des deutschen Katholizismus in der »armenischen Frage« angeführt wird (Erstpublikation in Lepsius, Deutschland und Armenien [s.o. Anm. 3], 189f. [Nr. 197, Anlage 2]):
»Der Missionsausschuß des Zentralkomitees für die Generalversammlungen der Katholiken Deutschlands, versammelt zu Berlin am 29. Oktober 1915, hält es für seine unabweisbare Pflicht, seine Stimme zu erheben, damit den überaus harten Maßregeln, welche zurzeit von seiten der türkischen Regierung gegen die Armenier zur Anwendung gebracht werden, sofort ein Ende gemacht werde. Was immer auch den Armeniern zur Last fällt, so verlangt doch das Gebot der Menschlichkeit, welchem auch die türkische Regierung ihr Ohr nicht versagen darf, daß der drohenden Ausrottung des ganzen armenischen Volkes gesteuert werde.
Die Versammlung hat das Vertrauen zu der Leitung des Deutschen Reiches, daß sie auch bisher schon zur Linderung des Loses der Armenier alles getan hat, was in ihren Kräften stand. Sie bittet aber angesichts der fortdauernden Schrecknisse in Armenien, daß sie unausgesetzt auf diplomatischem Wege, durch Einwirkung auf die Regierung der uns verbündeten Türkei, alles zur Linderung des Loses der Armenier aufbiete, was ohne Gefährdung des militärischen Bündnisverhältnisses geschehen kann.

Briefe aus Armenien an Loofs (1896–1903)

Der Text der von Friedrich Loofs persönlich mitgetragenen Armenien-Eingabe an den deutschen Reichskanzler ist in weiten Passagen von dem unangepassten protestantischen Theologen Dr. Johannes Lepsius (1858–1926) entworfen worden, der als Helfer und Anwalt des armenischen Volkes in die Geschichte eingegangen ist und mit welchem Friedrich Loofs im Jahre 1915 schon seit etwa 20 Jahren in persönlicher Verbindung stand.[19]

> Die türkische Regierung wird begreifen müssen, daß die christliche Bevölkerung Deutschlands trotz ihrer politischen Bundesfreudigkeit zur Türkei in Aufregung geraten muß, wenn ihre Glaubensgenossen in der Türkei so schwer bedrückt werden. Dies um so mehr, als alle deutschen Katholiken, wie es sich aus den Besprechungen des Missionsausschusses als springender Punkt ergab, auf dem Standpunkt stehen, von allen christlichen Völkern der Türkei volle Loyalität gegenüber dem türkischen Staate zu verlangen, sie auch ihrerseits bereit sind, in dieser Richtung auf die orientalischen Christen einzuwirken und bei ihnen das Verständnis für staatsbürgerliche Gesinnung zu wecken.
>
> Übrigens erfordert es das richtig verstandene Interesse der Türkei selbst, daß diese sich nicht so wertvoller Mitarbeiter beraubt, wie die Armenier bisher es auf dem Gebiete der Staatsverwaltung und des wirtschaftlichen Fortschrittes für sie gewesen sind.
>
> Vor allem aber bitten wir den Herrn Reichskanzler darauf ein wachsames Auge zu halten, daß unter keinen Umständen auch in anderen Teilen des türkischen Reiches ähnliche Ereignisse gegenüber der christlichen Bevölkerung Platz greifen.
>
> Die im unterzeichneten Missionsausschuß vertretenen deutschen Katholiken hegen volles Vertrauen zur Leitung des Deutschen Reiches und zur befreundeten Regierung der Türkei, daß durch Beseitigung der erwähnten Mißstände unser Bündnis mit der Türkei auch weiterhin beim christlichen Volke Deutschlands freudige Stimmung und Teilnahme finden kann.
>
> Im Namen aller im Missionsausschuß vertretenen Organisationen der deutschen Katholiken zeichnen:
>
> Prälat Dr. Werthmann, Vorsitzender
Justizrat Dr. jur. Carl Bachem
M. Erzberger M.d.R.«

19 Zur Person von Johannes Lepsius vgl. Hermann Goltz, Zwischen Deutschland und Armenien. Zum 125. Geburtstag des evangelischen Theologen Dr. Johannes Lepsius (15.12.1858–3.2.1926), in: ThLZ 108 (1983), Sp. 865–886; ders., Pfarrer D. Dr. Johannes Lepsius – Helfer und Anwalt des armenischen Volkes, in: Hermann Goltz (Hg.), Akten des Internationalen Johannes-Lepsius-Symposiums, Halle 1987, 19–52; ders., Dr. Johannes Lepsius – eine Skizze, in: Hermann Goltz (Hg.), Deutschland, Armenien und die Türkei. Dokumente und Zeitschriften aus dem Johannes-Lepsius-Archiv an der Martin-Luther-Universität Halle-Wittenberg. Teil 1. Katalog, München 1998, IX–XVI; ders., Dr. Johannes Lepsius (1858–1926). Zu Leben und Werk des Potsdamer Anwalts der Armenier, in: Förderverein Lepsius-Haus Potsdam e.V. (Hg.), Dr. Johannes Lepsius (1858–1926). Der Potsdamer Helfer und Anwalt des armenischen Volkes, Potsdam (2000) ²2002, 16–37; ebenso den von der Kulturstiftung des Bun-

Es ist daher kein Zufall, dass unter der Eingabe an den deutschen Reichskanzler sowohl der Name von Johannes Lepsius wie auch der von Friedrich Loofs auftaucht. In den langen Jahren ihrer persönlichen Verbindung haben beide zusammen armenische Studenten unterstützt und betreut, die seit den 90er Jahren des 19. Jahrhunderts in größerer Zahl aus dem russisch beherrschten Teil Armeniens, aber auch aus den armenischen Gebieten des Osmanischen Reichs an deutsche Universitäten, dabei häufig nach Halle an der Saale kamen. Das armenische Volk, das seit Jahrtausenden bis zum Genozid 1915 rund um den Ararat lebte, dort als erstes Volk in der Menschheitsgeschichte das Christentum als offizielle Religion annahm und heute östlich des Noah-Berges und in weltweiter Zerstreuung überlebt hat, war nach Halle gekommen und hatte so den Ararat in das wissenschaftliche Blickfeld Loofs gebracht.

Als dieser Zustrom von armenischen Studenten weiter zunahm, der seinen Grund sowohl in dem außerordentlich guten Ruf deutscher Universitäten wie auch in politischen Hoffnungen auf eine engere armenisch-deutsche Verbindung hatte, gründeten im Jahre 1898 die Theologen Friedrich Loofs, Martin Rade, Paul Rohrbach, Ewald Stier und andere Freunde der angesehenen Zeitschrift »Die Christliche Welt« einen Fonds zur Unterstützung armenischer Theologiestudenten an Universitäten im deutschsprachigen Raum.

Im Jahre 1908, dem Jahr der konstitutionellen Revolution in der Türkei, an welcher neben den türkischen Akteuren Griechen und Armenier stark beteiligt waren, wurde dieser mehr inoffizielle Fonds unter der Bezeichnung als »Das Notwendige Liebeswerk« zu einem offiziellen Verein umgebildet, der dann 1920 in der 1914 von Johannes Lepsius initiierten Deutsch-Armenischen Gesellschaft aufging.[20] So

---

des geförderten Dokumentarfilm »Asche und Phoenix« zu Leben und Werk von Johannes Lepsius, der 2008 in Deutschland, in der Türkei, in Syrien und Armenien von Merlyn Solakhan und Manfred Blank (Fachberatung und Mitwirkung Hermann Goltz) gedreht und in ersten Aufführungen 2009/2010 in Potsdam, Halle an der Saale, Foggia und Bari (Italien), Hamburg, Görlitz, Berlin, Jerewan (Armenien), Damaskus, Kairo, Boston u.a. gezeigt wurde. In Syrien wurden weitere Aufführungen amtlich untersagt, – eine politische Konzession an Ankara. Im Zusammenhang mit diesem Filmprojekt publizierte die Kulturstiftung des Bundes den Artikel von Hermann Goltz, Praktische Kritik der Unmenschlichkeit, in: Das Magazin der Kulturstiftung des Bundes 13 (2009), 30f., auch ›http://www.kulturstiftung-des-bundes. de/cms/de/stiftung/magazin/magazin13/praktische_kritik_der_unmenschlichkeit/‹. Die langjährige Verbindung zwischen Johannes Lepsius und Friedrich Loofs ist durch verschiedene Spuren im Johannes-Lepsius-Archiv belegt; Vgl. Goltz/Meißner, Thematisches Lexikon (s.o. Anm. 6), 326 – hier lässt sich anhand der Korrespondenzen die Verbindung von 1897 bis 1926 belegen.

20 Zum »Notwendigen Liebeswerk« vgl. Goltz/Meißner, Thematisches Lexikon (s.o. Anm. 6), 384, und Meißner, Christliche Welt (s.o. Anm. 17), 419–531.

ist es nicht verwunderlich, dass Friedrich Loofs auch den Aufruf zur Gründung der Deutsch-Armenischen Gesellschaft persönlich und öffentlich unterstützte (hierzu Abschnitt 3).

An der hallischen Theologischen Fakultät waren es vor allem Friedrich Loofs und Martin Kähler, welche sich persönlich um die armenischen Studenten kümmerten.[21] Dem langen deutschen Verdrängen und Vergessen seit dem 1. Weltkrieg sind im selben zeitlichen Kontext aber auch die mutigen öffentlichen Stellungnahmen der hallischen Theologieprofessoren Willibald Beyschlag (1823–1900) und Gustav Warneck (1834–1910) gegen die riesigen ›hamidischen‹ Massaker an den Armeniern 1894–1896 zu entreißen.[22]

Wie schon im Juni 1900 an der politisch-ethischen Auseinandersetzung der protestantischen Antipoden Johannes Lepsius und Friedrich Naumann auf dem Evangelisch-Sozialen Kongress in Karlsruhe zu bemerken war, dass sich in der Armenierfrage ein christlicher ›Internationalismus‹ gegen einen deutsch-nationalen ›Patriotismus‹ herauszubilden begann, hatte dann 1908 in Halle der evangelische Theologe Martin Kähler, der eine Ausnahme an der ansonsten vermittlungstheologisch-nationalliberalen Fakultät darstellte, die Vision von der Überwindung des gegenwärtigen »heidnischen«, nationalistischen »Patriotismus«: Kähler erwähnt in einem Brief einen armenischen Archimandriten,[23] der neben einem Japaner und einem Chinesen an die Theologische Fakultät in Halle gekommen war. Und angesichts dieser Studenten aus Japan, China und Armenien schreibt der konservativ-kritische Außenseiter Kähler mit Blick in eine noch sehr ferne Zukunft:

---

21 Bei Martin Kähler (1835–1912), der in seinen jungen Jahren noch Famulus von Friedrich August Tholuck (1799–1877) gewesen war, setzt sich in der Betreuung der armenischen Studenten auch das Interesse Tholucks an den Verbindungen zur armenischen Geisteswelt fort, das sich u.a. in dem Besuch Tholucks bei der armenischen Mechitharisten-Congregation auf der Kloster-Insel San Lazzaro (vor Venedig) manifestiert.

22 Vgl. unter den jeweiligen Lemmata bei Goltz/Meißner, Thematisches Lexikon (s.o. Anm. 6) und bei Arno Sames, Stellungnahmen von Vertretern der hallischen Theologischen Fakultät zum Schicksal der armenischen Christen im Osmanischen Reich, in: Hermann Goltz (Hg.), Akten des Internationalen Johannes-Lepsius-Symposiums, Halle 1987, 164–173.

23 So die griechische Bezeichnung des höheren armenischen monastischen Ranges eines *Vardapet*. Ein *Vardapet* oder *Dzajragujn Vardapet* (»Ober-Vardapet«) ist ein theologisch besonders qualifizierter Mönchspriester, dem liturgisch besonders auch das Predigtamt auferlegt ist. Oft fungieren die Ober-Vardapeten auch an bischöflicher Stelle.

»Der sachliche Sieg des Internationalismus über den heidnisch gespannten und gefaßten Patriotismus läßt des Königs erobernde Tritte spüren.«[24]

Dies ist nun in der Tat ein weiter Blick aus den Augen des Loofs-Kollegen Martin Kähler im Halle des frühen 20. Jahrhunderts in eine auch im 21. Jahrhundert noch nicht angebrochene Zukunft. Auch auf die Vision Martin Kählers von 1908, dem Jahr der konstitutionellen Revolution in der Türkei, welche den christlichen Völkern im Osmanischen Reich nur kurzzeitig mehr Rechte brachte, kann die Erkenntnis von Karl Valentin (1882–1948) angewendet werden, dass die Zukunft heute auch nicht mehr das ist, was sie einmal war.

Das Karl-Valentin-Wort lässt aber zumindest in eine ›verheißungsvolle Vergangenheit‹ blicken, zumal Vergangenheit »gar nichts Gestriges [ist], sondern ein besonderer Aggregatzustand der Gegenwart«.[25] Die ›vergangene‹ Art und Weise kritischer Reaktionen auf Zumutungen seitens der Politik demonstriert ja auch eine heute angemessene »Art mit Autoritäten umzugehen: Was soll daran von gestern sein?«[26] Diese Frage von 2009 lässt auch die kritischen Reaktionen der hallischen Theologen Friedrich Loofs, Gustav Warneck oder Martin Kählers auf die »Zumutungen seitens der Politik«, denen sie damals ausgesetzt waren, als etwas Nicht-Gestriges, sondern Teil unserer Zeit erkennen.

Bereits vor der Institutionalisierung der Förderung armenischer Studenten hat sich, wie oben bereits erwähnt, Friedrich Loofs mit seinen Freunden persönlich für die armenischen Studenten in Deutschland eingesetzt. Einer der bis heute bemerkenswertesten unter diesen ist der nachmals in Deutschland und ebenso international hoch angesehene theologische Hochschullehrer und Bischof Karapet Ter-Mkrttschjan (1866–1915), der von 1889–1893 an verschiedenen Theologischen Fakultäten in Deutschland studierte, zu den Paulikianern promovierte (zu welchem Forschungsthema ihn Loofs angeregt hatte) und in der internationalen Wissenschaft unter anderem durch seine Entdeckung, Edition und Übersetzung der armenisch erhaltenen *Epideixis* des heiligen Irenäus von Lyon berühmt geworden ist.[27]

---

24 Vgl. Sames (s.o. Anm. 22), 170f.; ebenso: Martin Kähler, Theologe und Christ. Erinnerungen und Bekenntnisse von Martin Kähler, hg. v. Anna Kähler, Berlin 1926, 351, und Wolfgang Wiefel, Die neutestamentliche Arbeit an der Universität Halle-Wittenberg von 1817 bis 1888, Halle 1975, 21.
25 Christian Eger, Choral zum Familientreffen, in: Mitteldeutsche Zeitung (7.11.2009), 27.
26 Eger (s.o. Anm. 25).
27 Zu diesem exzeptionellen armenischen Theologen vgl. Sabine Stephan, Karapet Episkopos Ter-Mkrttschjan (1866–1915). Materialien zu einem Kapitel armenisch-deutscher wissenschaftlicher Zusammenarbeit, in: Wissenschaftliche Beiträge der Martin Luther-Universität Halle-Wittenberg 37 (1983). Die im folgenden wiederge-

Im hallischen Nachlass von Friedrich Loofs befinden sich fünf Briefe dieses bedeutenden armenischen Theologen. Diese sind ein unikales Zeugnis sowohl für die deutsch-armenischen Wissenschaftsbeziehungen wie auch für die nicht abreißenden Kontakte von Friedrich Loofs zu seinen armenischen Studenten und seinen nicht ermattenden Einsatz sowohl für diese wie auch für die Verbesserung der Lage des armenischen Volkes, das auch zu Loofs' Zeiten im Transkaukasus und Kleinasien, auf der Schnittstelle von Mächten und Religionen, um sein geistiges und materielles Überleben kämpfte.

Auch diese Briefe sollen hier als zweiter Dokumentenblock der Forschung auf dem Felde der neueren Kirchen- und Theologiegeschichte direkt zugänglich gemacht werden, zumal sie auch seltene Einblicke in (prä-)ökumenische Kontakte zwischen deutschem Protestantismus und armenischer Kirche gewähren und auch exemplarisch die wissenschaftliche Fruchtbarkeit von Stipendien für begabte Studenten noch vor einem geregelten ökumenischen Stipendienwesen und vor dem Beginn der internationalen Studentenaustauschprogramme zeigen.

Diese frühen persönlichen Initiativen für ausländische Studierende an deutschen Universitäten können daher als Vorläufer des heutigen umfangreichen internationalen Austauschs von Studierenden gelten.

Brief 1 von Karapet Ter-Mkrttschjan an Friedrich Loofs vom 17.10.1896 (ULB Halle, Nachlass Loofs, Yi 19 IX 2721)[28]

»Hochverehrter Herr Professor!

Ob Sie eine Nachricht von mir vermißt haben? Mir ist jedenfalls schmerzlich, daß ich so lange keine Gelegenheit benutzte, um meiner treuen und dankbaren Anhänglichkeit zu meinem geliebten und hochgeschätzten Lehrer brieflich Ausdruck zu geben. Doch hoffe ich, Sie gedenken immer freundlich Ihres Schülers im fernen Osten, wie unter anderem auch ihr Artikel über die ›Abessinische Kirche‹, den wir übrigens für unsere Zeitschrift

---

gebenen Briefe von Karapet Ter-Mkrttschjan an Friedrich Loofs sind von mir im Anhang zu der zitierten Arbeit von Sabine Stephan erstmals ediert worden. Da die Monographie zu Karapet Ter-Mkrttschjan samt den dort edierten Briefen an Loofs vergriffen und international schwer zugänglich ist, außerdem diese Briefe in eine spezielle Publikation zu Loofs hineingehören, mache ich diese hier in leicht verbesserter Form einem weiteren Kreise zugänglich.

28 Eigenarten der Orthographie, Interpunktion und Syntax der Briefe wurden beibehalten, da auftretende Unregelmäßigkeiten den Sinn nicht entstellen. Die wenigen Ergänzungen sind durch Verwendung vertikaler Typen und Klammern gekennzeichnet.

›Ararat‹ übersetzt haben, beweist![29] Von meinem Schicksal und von meiner Thätigkeit werden Sie wahrscheinlich von Freund Howsephian[30] manches gehört haben, darum möchte ich nicht alles von vorn anfangen. Was das Schicksal meiner armen Landsleute betrifft, davon ließe sich ja vieles reden und es würde wohl Ihnen nicht uninteressant sein, aber ich denke, Sie bekommen auch sonst zu viel über die unerquickliche Angelegenheit zu hören, und bei den gegenwärtigen erbärmlichen Zuständen, wo die ganze Welt nach Hilfe und Erbarmen schreit, diejenigen aber, die helfen können, sich aus ihrer vornehmen Fassung nicht bringen lassen, geht auch unsereiner nicht von Herzen, umsonst in der tiefen Wunde zu wühlen.[31]

Was mir heute besonders zum Anlaß wird, mit diesem Schreiben Sie zu belästigen, ist die Sache von meinen 2 Freunden, die neulich dorthin gekommen sind, um zu studieren. Beide sind Mönche, Archimandriten und Zöglinge unserer Akademie, nach Deutschland geschickt, um zu Lehrern für die Akademie sich auszubilden. Einer von ihnen, Archimandrit Husik wird schon in Halle sein und ist vielleicht auch Ihnen vorgestellt worden; mit Beginn des Semesters soll er dort seine Studien anfangen und will sich

---

29 Die Zeitschrift »Ararat« war von 1868 bis 1919 das offizielle Organ des Zentrums der Armenischen Apostolischen Kirche in Edschmiatzin (bei Jerewan), die besonders in der Zeit, als der Loofs-Schüler Karapet ihr Redakteur war, eine große Nähe zur deutschen evangelischen Theologie und Kirche zeigte (vgl. Loretta Chr. Ter-Mkrttschjan, Über die Tätigkeit protestantischer Gemeinden zu Ende des 19. Jahrhunderts im Spiegel der Zeitschrift »Ararat«, in: Hermann Goltz (Hg.), Akten des Internationalen Johannes-Lepsius-Symposiums, Halle 1987, 315–332 [in russischer Sprache]). In der Zeit der sowjetischen Religionsverfolgungen wurde die Fortführung der Zeitschrift von den Behörden verhindert. Erst ab 1944, als Stalin die Unterstützung aller Kräfte bei der Verteidigung des Landes gegen Hitler-Deutschland brauchte, durfte als Nachfolgerin des »Ararat« die Zeitschrift »Edschmiatzin« erscheinen, die bis heute, auch in postsowjetischer Zeit, das offizielle Organ des Zentrums der Armenischen Apostolischen Kirche ist.
30 Karekin Owsepian (auch: Garegin Howsepian[z]), promovierte in Deutschland zum Thema des Monotheletismus, späterhin einer der namhaftesten armenischen Theologen, Historiker und Kunstwissenschaftler des 20. Jahrhunderts, gestorben 1955 im Libanon als Katholikos der armenisch-kilikischen Kirche im Exil in Antelias (Libanon).
31 Karapet hat hier das Schicksal der Armenier in den riesigen hamidischen Massakern im Blick, die auch zu Tausenden über die türkisch-russische Grenze in den russisch beherrschten Teil Armeniens geflohen waren. Zu den hamidischen Massakern vgl. die aufrüttelnde Dokumentation von Johannes Lepsius, die in französischer, englischer und (partieller) russischer Übersetzung international weit wirkte: Lepsius, Armenien und Europa (s.o. Anm. 1). Zu den hamidischen Massakern in der neueren geschichtswissenschaftlichen Literatur, die allerdings oft, wie auch der folgende Titel, die wirkungsvolle Dokumentation von Johannes Lepsius ignoriert: Jelle Verheij, Die armenischen Massaker von 1894–1896. Anatomie und Hintergründe einer Krise, in: Hans-Lukas Kieser (Hg.), Die armenische Frage und die Schweiz (1896–1926), Zürich 1999, 69–129.

mehr den N. T. lichen Fächern widmen.³² Der andere, Archimandrit Esnik hält sich noch in einem pommerischen Dorf bei einem Pastor auf und kann erst Mitte November in eine Universität sich begeben, aber in welche und zu welchen Studien, zu philologischen mehr od. zu theologischen darüber schwankt er noch. Das Unangenehmste bei der Sache ist, daß sie beide bald ohne Unterstützung bleiben und genötigt sein können, nach der Heimat zurückzukehren.

Sie waren nämlich auf Rechnung eines Vermächtnisses geschickt, das ein reicher armen. Kaufmann vor einigen Monaten zu diesem Zweck in Aussicht gestellt hatte: die betreffenden Gelder hat er aber nachher einer Wohlthät.-Gesellschaft eingehändigt die die Prozenten nicht zu diesem Zweck ausgeben will, weil sie es gegen die Stimmung ihrer Statuten findet. Unser Kloster aber ist gegenwärtig fast außer Stande die genannten Archimandriten materiell zu unterstützen, denn es ernährt tagtäglich über tausend Menschen, meist mittel- und obdachlose Flüchtlinge aus dem türk. Gebiet und die Akademie, die auf seine Kosten gehalten wird, ist in diesem Jahr genötigt gewesen (weil draussen die Gemeindeschulen immer noch geschlossen bleiben und viele junge Leute aus dem türk. Gebiet kommen und lernen wollen) – über 200 Pensionäre aufzunehmen, während sie in vergangenem Jahre 130 bloß hatte. So komme ich mit der Bitte, ob es nicht möglich sei, den von Ihnen selbst geäußerten Wunsch zu verwirklichen, und in deutschen Universitäten einige frei Stellen für studierende Armenier zu schaffen. Wenn Sie zum Beispiel so gut sein wollten für den Archimandriten Husik eine freie Pension in Halle ausfindig zu machen, so würden wir schon die paar hundert Rubel für die übrigen Unkosten zusammenbringen. Dasselbe gilt auch für Archim. Esnik, dort in Halle od. in einer anderen Universitätsstadt eine Unterstützung zu finden. Ich kann beide Ihnen bestens empfehlen, das sind prächtige Burschen, die Ihnen, glaube ich gefallen werden, und die Sie in jede Familie getrost hinein führen können. Mag das armen. Volk auch ein ›Takelzeug‹ für die deutschen Großkaufleute sein, es hat noch, Gott sei Dank, in seinem erbärmlichen Zustand Kinder, die jedem Volk Ehre bringen könnten, und meine Freunde sind unter solche zu zählen.³³ Ich muß aber jetzt zum Kolleg eilen. Entschuldigen Sie mich bitte für heute. Wenn es Ihnen interessiert mein Freund wird schon von mir und unseren Verhältnissen erzählen können. Lassen Sie nocheinmal Ihren gütigen

---

32   Es handelt sich um Husik Sohrabian, der in Armenien, Deutschland und Russland studierte, dann Professor in Edschmiatzin und von 1912 bis 1942 Bischof der armenischen Kirche in Rumänien war.
33   Die Beschimpfung »Takelzeug« stammt aus einem die Armenier schlechtmachenden geflügelten Wort aus der Türkei, das von antiarmenischen Deutschen in Konstantinopel aufgegriffen und nach Deutschland verbreitet wurde (wahrscheinlich stammt die Negativ-Bezeichnung der Armenier als »Takelzeug« ursprünglich aus einem griechischen Wortspiel, da dort das Takelzeug *armena* heißt, was fast gleich mit der aus dem Persischen ins Griechische und in weitere Sprachen übernommenen Volksbezeichnung *armeni*, die »Armenier«, klingt).

Beistand für ihn bitten und mit herzlichsten Grüßen an Sie sowohl an Frau Professor und meine verehrten Herren Professoren verbleiben

Ihr ergebenster

Archimandrit Karapet

5./17. Oktob. 1896
Etschmiatzin«

Brief 2 von Karapet Ter-Mkrttschjan an Friedrich Loofs, 20.12.1896 (n. St. 1.1.1897) (ULB Halle, Nachlass Loofs, Yi 19 IX 2721a)

»Hochverehrter Herr Professor!

Mit verbindlichem Dank für all' die Freundlichkeit, die Sie meinen Landsleuten erwiesen haben und noch erweisen, erlauben Sie, in kurzen Worten, des wie es scheint, nunmehr allmählich reifenden Unternehmens bedenkliche Seiten hervorzukehren.[34] Als ich Ihnen den Brief mit der Bitte um Unterstützung schrieb, da hatte ich nicht im Sinne, daß eine öffentliche Frage daraus sich entwickeln könnte. Ich dachte nur an Eventualitäten, und wenn solche sich nicht einstellten, mir lag es fern, Ihnen zuzumuten, daß Sie weitere Sorgen auf sich nähmen. Darum war ich nicht wenig erschrocken, als ich die Anmerkung in der Christlichen Welt, vollends Ihren schönen Brief, an dem ich sonst viel Freude hatte – zu lesen bekam. Sie haben ja selbst richtig bemerkt, welche Gefahren mit der ganzen Unternehmung verbunden sind. Uns mangeln eigentlich nicht die Geldmittel, sondern die richtigen Organe sie aufzubieten und zu verwenden. Man giebt uns, auch in hoher Stelle mehr noch als man Sinn dafür hätte, die Sache direkt zu befördern. Solange nun der jetzige Rektor bei der Zeitung der Akademie bleibt, und ich bei ihm, werden wir natürlich alles tun, damit unsere Freunde dort ihre Studien ruhig fortsetzen.[35] Die Verhältnisse können sehr leicht sich ändern, gleich in diesem Jahre, und dann kann es vorkommen, daß man sie zurückruft auch im Falle, wenn

---

34 Karapet bezieht sich hier auf den reifenden Plan des deutschen Hilfsfonds für armenische Studenten, des Vorgängers des »Notwendigen Liebeswerkes«, also auf einen ganz frühen Vorläufer des heutigen ökumenischen Stipendienreferats des Diakonischen Werkes und der Evangelischen Kirche in Deutschland.

35 Der Vorgänger im Rektorenamt vor Karapet Ter-Mkrttschjan und Redaktionsmitglied des »Ararat« war in dieser Zeit Karapet Kostanjan, Orientalist und Armenologe, später Professor am renommierten armenischen Lazarev-Institut für orientalische Sprachen in Moskau, einer ›Kaderschmiede‹ der Diplomatie bis in die jüngste Zeit, vergleichbar dem einstmals renommierten Seminar für Orientalische Sprachen der Berliner Universität.

sie materiell sichergestellt sind. Dem würde aber viel Vorschub leisten, und überhaupt die Unternehmung in vieler Augen in ein zweifelhaftes Licht bringen, wenn man hier hört, daß sie in Deutschland öffentlich behandelt wird und daß man durch die Presse Gelder für armenische Mönche sammelt. Wir haben sehr großes Interesse daran, im Stillen wirken zu können und so wenig wie möglich von uns reden zu lassen. Sie wissen von welcher Seite uns die größte Gefahr droht, und wenn sie einmal ausbricht, dann ist alles verloren. Schön nur, wenn wir bis dahin soviel Kräfte sammeln können, daß das Feuer nicht mehr auslöscht. Ich werde vielleicht nächstens auch an Herrn D. Rade zu schreiben im Stande sein,[36] lassen Sie aber vorläufig ihn dringend bitten, nach Kräften dafür zu wirken, daß alles im Stillen geschehe, was geschehen soll, und kein Lärm von alledem entstehe, daß besonders unsere Namen nie im Druck erscheinen. Besser auf die ganze Unterstützung zu verzichten, als der Unternehmung dadurch irgendwie zu schaden.

Heute feiern Sie das Neujahr; mit herzlichsten Segenswünschen zu ihm, mit ehrerbietigsten Grüßen und bestem Dank auch an Ihre Frau Gemahlin

verbleibe ich stets Ihr

Archim. Karapet

20. Dezem. (1. Jan.) 1896

Etschmiatzin«

Brief 3 von Karapet Ter-Mkrttschjan an Friedrich Loofs (Fragment), 24.7.1897 (ULB Halle, Nachlass Loofs, Yi 19 IX 2722)

»Brocken von Paulus von Samosata und die Antiochener u. s. w. Von Irenäus enthält sie nichts weiter.[37] Die Übersetzung suchte ich Wort für Wort zu machen, ungeachtet des Styls, damit Sie besser einsehen können, wie der Grundinhalt gelautet haben muß. Die Worte in Klammern habe ich natürlich zur Erklärung hinzugefügt. Sie werden mir verzeihen, wenn einiges unklar und unrichtig ausgedrückt ist; Sie wissen, wie schwer so etwas zu übersetzen ist, und ohne irgendwelches Hilfsmittel, auf der Reise, in Eile. Solche Sachen zum Druck zu übersetzen wird meinen dortigen Landsleuten freilich zu früh sein; aber altarmenisch verstehen sie,

---

36 Prof. D. Martin Rade (1857–1940); zu dessen jahrzehntelanger, intensiver Armenienarbeit im Zusammenhang mit der Zeitschrift »Die Christliche Welt« vgl. die Untersuchung von Meißner, Christliche Welt (s.o. Anm. 17).

37 Im nicht vorhandenen Eingangsteil des Briefes berichtet Karapet offenbar über die Entdeckung der armenisch erhaltenen Schrift des Alexandriners Timotheus Älurus gegen das Konzil von Chalkedon.

besonders Esnik, gut genug um im nötigen Fall Ihnen zu helfen, wenn Sie sich über etwas unterrichten wollen, z. B. wenn Sie den Inhalt der letzten Fragmente und was ich über das Timotheus Werk geschrieben habe zu wissen wünschen; darum schreibe ich nicht ausführlich darüber.[38] Das pekuniäre Verhältnis dieser beiden Archimandriten ist immer noch unsicher und ich fürchte sehr, daß Ihr Studium auf dem halben Wege stehen bleibt, aber belästigen möchte ich Sie und andere mit meinen Bitten nicht mehr. Geld hätten wir eigentlich leicht schaffen können, aber es liegt einmal alles so – Ich hoffte, daß es mir gelingen würde, in diesem Sommer eine Reise nach Europ. Ländern zu unternehmen und unter anderem auch dafür zu arbeiten, daß einige freie Stellen für studierende Armenier geschafft werden, aber es ist anders gekommen und wir müssen noch auf einen günstigeren Fall warten. Ich bin Ihnen auch schon für alles, was Sie für meine Landsleute getan haben, von Herzen dankbar. – Wenn Sie mir etwas schreiben wollen, bitte bis auf einen Monat hierher poste resta., dann aber nach Etschmiatzin adressieren. – Mit besten Grüßen, auch an Ihre Fr. Gemahlin, in treuer Anhänglichkeit und Ehrerbietung

Ihr Archim. Karapet

24. Juli 1897

Moskau«

Brief 4 von Karapet Ter-Mkrttschjan an Friedrich Loofs, 3.5.1902 (ULB Halle, Nachlass Loofs, Yi 19 IX 2723)

»Hochverehrter Herr Professor!

Verzeihen Sie bitte, daß ich Ihre P.karte nicht rechtzeitig beantwortete, zumal Sie die Güte hatten, mir Ihre Symbolik zu versprechen.[39] Ich habe seit Jahren mit Spannung auf die Erscheinung des mich so interessierenden Buches gewartet und es ist nun eigentlich sonderbar, daß ich mich nicht eilte, Sie mit seiner Erscheinung (ich habe das aus einer Annonce des Verlages, daß dies inzwischen schon stattgefunden hat) zu gratulieren und mich zu bedanken, auch Ihnen Bescheid zu sagen, auf welchem Wege ich es sicher bekommen könnte. Ich glaube, es käme auch auf direktem Wege unbeanstandet von der Zensur durch, denn auf ein theologisches Buch achtet man nicht viel bei uns, aber um größerer Sicherheit wegen könnten Sie [es] an Oberpfarrer Grigor Chorasandjian in Odessa oder an Oberpfarrer Giut Aghanian in Tiflis adressieren. Die werden es leichter

---

38 Gemeint sind hier und im folgenden die beiden in dieser Zeit auch in Loofs' Seminar sitzenden armenischen Studenten.
39 Friedrich Loofs, Symbolik oder christliche Konfessionskunde Bd. I, Tübingen/Leipzig 1902.

aus der Gefangenschaft befreien. Kommt es auf einem Wege nicht, dann werde ich [es] auf anderem bestellen. Ich bin sehr neugierig, es zu sehen u. werde, wenn Sie erlauben meine Bemerkungen über unsere und [die] Nachbarkirchen Ihnen mitteilen.

Ich habe einst Ihnen die Ausgabe des Äluros versprochen, kam aber nachher in solche Lage, daß ich für längere Zeit die begonnene Arbeit unterbrechen mußte. Es bleibt mir übrig, das Rektoratsamt niederzulegen, um wieder mit solchen Arbeiten mich befassen zu können; das wird vielleicht schon am Ende dieses Schuljahres geschehen.[40] Im übrigen gehe ich seit Jahren mit dem Gedanken einer Übersetzung der Evangelien und der Heil. Schrift überhaupt ins Neuarmenische um und präsentierte schon das Matthäusevangelium seiner Heil. unserem Patriarchen zu seinem 82.en Geburtstage, hoffentlich werde ich es bald drucken lassen u. die Übersetzung fortsetzen können.

Nochmals Ihnen für Ihr gütiges Gedenken herzlich dankend und Sie und Ihre werten Angehörigen verehrungsvoll grüßend verbleibe ich

Ihr Archim. Karapet

20. April/3. Mai 1902

Etschmiatzin«

Brief 5 von Karapet Ter-Mkrttschjan an Friedrich Loofs, 18.7.1903 (ULB Halle, Nachlass Loofs, Yi 19 IX 2723a)

»Hochverehrter Herr Professor!

Wie schuldvoll fühle ich mich vor Ihnen! Über ein ganzes Jahr ist es vergangen, seitdem ich Ihre freundlichst mir zugesandte Symbolik erhalten habe, und ich kann mich nicht gut erinnern, ob ich wenigstens ein Dankeswort Ihnen schrieb. Die Übersetzung des Abschnittes über die armenische Kirche ließ ich bereits im Juli/August-Heft 1902 unserer Zeitschrift ›Ararat‹ drucken und im Sept./Okt. Heft schrieb ich eine ausführliche Auseinandersetzung und Erklärung über einige in ihm behandelte wichtige Fragen.

Dann habe ich im vergangenen Schuljahr Symbolik an der Akademie vorgetragen und Ihr wertvolles Buch meinen Vorlesungen als Handbuch zugrundegelegt, [ich] hatte immer die Absicht meine Meinung über Ihre Behandlung der Armen. Kirche in Form einer Rezension oder einfach

---

40 Die Timotheos-Äluros-Ausgabe von Karapet Ter-Mkrttschjan erschien 1908 parallel in Edschmiatzin und in Leipzig: Timot'eos Kowz – Timotheos der Bucklige. Des Erzbischofs von Alexandrien Timotheos' Entgegnung auf die Beschlüsse des Konzils von Chalkedon.

brieflich zuzuschicken, suchte einige frei Stunden, um ausführlich und sachlich schreiben zu können, kam aber nicht dazu. Nun sind wir schon in der Mitte der Sommerferien und im Begriff zu verreisen, sehe ich, daß wenn ich jetzt in irgendeiner Weise meiner Pflicht nicht nachkomme, so bleibe ich wohl für immer unter dieser Schuld. Aber ich bin gepreßt und bitte zu erlauben, daß ich mich kurz fasse. Für alle die guten Belehrungen, die ich aus Ihrem Buch geschöpft habe, nehmen Sie nachträglich meinen herzlichsten Dank entgegen und verzeihen Sie gütigst mein Versäumnis. Ich werde die erwähnten Hefte des Journals Ihnen zusenden lassen; vielleicht interessiert es Sie durch Thoptschian[41] oder einen anderen Armenier manches aus meiner Abhandlung übertragen zu lassen und über ihren Inhalt sich einen Begriff zu machen.

Ich hatte vor allem die Antiquität des armen. Christentums verteidigt auf dem Grund, daß Armenien im ersten Jahrhundert in sehr engen Beziehungen mit Palästina gewesen ist und es war unumgänglich, daß schon in den ersten Jahrzehnten Prediger des Christentums dorthin kämen. Die Erwähnung des Merujan[42] beweist nicht nur, daß im 3. Jh. dort Christen waren, sondern daß ein geordnetes Christ. seit langer Zeit bestand. Paulus ist nicht der einzige Apostel Christi, es sind gewiß solche gewesen, die nach Orient gingen, von denen aber keine Schriftdenkmäler geblieben sind. – Dann behaupte ich gegen Gelzer[43], daß Walarschapat[44] der erste Sitz des Patriarchen gewesen ist, daß man auf der unsicheren Geschichte der Erhaltung der Weihe in Cäsaräa keine

---

41 Armenischer Student in Halle an der Saale. Ewald Stier teilt zu ihm mit: »Dr. Hagob Thopdschjan, der erste türkisch-armenische Theologe aus Cilicien, Zögling der Etschmiatziner Akademie, studierte 1893–1903 in Halle, nach Beendigung seines Studiums Lehrer in Armasch und Konstantinopel, später Beamter; nach Ausweisung der Armenier nahm er seinen Wohnsitz in Paris.« (Ewald Stier, Armenische Theologen in Deutschland, in: Der Orient 7 [1925], 116f.). In Armasch bei Konstantinopel befand sich bis in die Zeit des Völkermords, welchen Stier mit »Ausweisung der Armenier« umschreibt, eine international geschätzte armenische höhere Bildungsanstalt.
42 Zu dem bereits in der Mitte des 3. Jahrhunderts in Armenien wirkenden Bischof Merudsan (armenisch: *Merujan, Merushan*) vgl. die Notiz in Eus., h.e. 7.6,2.
43 Heinrich Gelzer (1847–1906), klassischer Philologe, Historiker, Byzantinist, Armenologe, Jugendfreund von Johannes Lepsius, Professor in Jena, wo er späterhin bedeutende Armenier als Studenten um sich versammelte, unter ihnen z.B. Manuk Abeghian, Sprach- und Literaturwissenschaftler, Reformer der ostarmenischen Orthographie.
44 Ältere und auch heute nach der erneuten (postsowjetischen) Unabhängigkeit der Republik Armenien wieder eingeführte Ortsbezeichnung für Edschmiatzin, den Sitz des Katholikos aller Armenier westlich von Jerewan. Die Ortsbezeichnung Edschmiatzin ist eigentlich das Patrozinium der armenischen Hauptkirche in der Stadt Walarschapat. *Edsch miatzin* bedeutet – gemäß der den ersten armenischen Kirchenbau begründenden Vision des Heiligen Gregor des Erleuchters: »herabgestiegen ist [edsch] der Eingeborene [miatzin]«. Walarschapat ist wiederum der Name der »[König] Walarschs Stadt«.

Unterordnungstheorien bauen kann u. s. w.[45] Ich habe dies alles nicht aus dem patriotischen Gefühl geschrieben, sondern weil es, so viel ich Geschichte verstehen kann, meine volle Überzeugung ist. Gelzer hat in seiner Beweisführung zu viel Glauben den rhetorischen lokalpatriotischen Ausgüßen des Faustus[46] geschenkt und offenliegende Thatsachen unbeachtet gelassen. Ich kann aber jetzt nicht mit wenigen Worten meine Gedanken auseinandersetzen; dort ist es in ziemlich ausführlicher Weise geschehen. Was aber Sie vielleicht mehr interessieren würde und dort zu kurz gekommen ist, sind die Resultate, die auf Grund einiger neuer Quellen und Forschungen für die Armenische Kirchengeschichte gewonnen sind. Es steht jetzt fest, daß die Synode unter Babken nicht im J. 491 in Walarschapat, sondern im J. 506 in Dwin gehalten worden ist und gegen die Nestorianer gerichtet war, daß nicht diese, sondern die 2te Synode in Dwin im J. 554 unter dem Patriarchen Nerses II eine entscheidende Bedeutung für die Wendung der Kirchen- u. Dogmengeschichte Armeniens gehabt hat; dort ist zum ersten Mal [das] Chalzedonense feierlich verdammt worden und die Beziehungen mit der Reichskirche ein jähes Ende bereitet [sic!]. Babkens sowohl als dieses Nerses II. dogm. Briefe sind jetzt in einer sehr wertvollen Sammlung im Druck erschienen, aber schon vor Jahren von mir besprochen und klargestellt worden. In einem Zirkularbrief des Nerses sind auch zum ersten Mal die Paulicianer genannt – also schon Mitte des 6ten Jahrh.s, und sehr wichtige Mitteilungen über ihre religiösen Bräuche und Beziehungen zu den Nestorianern gegeben. Ich wollte schon vor einigen Jahren einen Artikel darüber schreiben und die Übersetzung des Briefes Ihnen schicken, kam aber nicht dazu. Auch weiter ist der Gang der Geschichte ganz anders gewesen, als man sich gewöhnlich vorstellt. Am Ende des VII. Jahrhunderts ist eine rege litterarische Wirksamkeit bei uns gewesen, die auch im folgenden sich fortsetzte und sie hat viele Übersetzungen aus dem Griechischen zu Tage gebracht.

Im 9-10 Jahrh. sind die Klöster aufgekommen, mit einer reichen Klosterlitteratur, die jahrhundertelang nicht aufhörte gepflegt zu werden. In Cilizien sind die Armenier mit den Lateinern u. mit den Franken zusammengekommen, in folgender Zeit [haben sie sich] die mittelalterliche Scholastik angeeignet und im 14, 15 Jahrh. siegreich gegen die katholischen Prediger in eigener Heimat gekämpft. Im 17ten Jahrh. kam ein Umschwung in Etschmiadsin selbst zustande. Eine Reihe hervorragender Patriarchen haben Bedeutendes für das Aufkommen der kirchlichen Cultur und des kirchl. Sinnes im Volk geleistet, und aus dem Schoos dieser

---

45 Karapet wendet sich hier gegen die verbreitete Ansicht, dass durch die Ausbildung und Weihe Gregors des Erleuchters im kappadokischen Caesarea die armenische Kirche zunächst der Metropolie von Caesarea untergeordnet war.
46 Faustus von Byzanz (5. Jahrhundert) gehört in das »Goldene Zeitalter« der armenischen Literatur. Er ist u.a. der Verfasser einer Geschichte Armeniens im 4. Jahrhundert.

Bewegung ist Mechithar[47] selbst geboren. Aber es wird zu lang diesem allen nachzugehen. Erlauben Sie daß ich mich kurz fasse, denn nach 2 Stunden reise ich ab für eine 2-monatliche Reise nach Rußland. Ich wollte noch erwähnen, daß die 3 ökumenischen Conzile schon im 6ten Jahrh. als solche gegolten haben, freilich schwer vor Babken. Dann für die russische Kirchen haben Sie bemerkt, daß die Klostergeistlichkeit gebildeter wäre als die Weltgeistlichen, während das Umgekehrte der Fall ist. Jetzt trägt man in den großen Städten selten das Pfarramt einem auf, der keine akademische Bildung hätte und auch die übrigen sollen eine Seminarbildung haben. Aber von den Mönchen sind nur diejenigen akademisch gebildet, die in den Schulen als Inspektöre, Rektöre angestellt sind oder zu Bischöfen wurden. Das gros der Klostergeistlichkeit ist vollständig ohne Bildung. Unter den Hunderten und Tausenden sind nur wenige, die in den Seminaren oder niedrigen Schulen gewesen sind, oder früher eine Laienbildung genossen haben.

Was mich betrifft, kann ich leider viel weniger mit wissenschaftlichen Aufgaben mich befassen, als erwünscht wäre. Ich habe den Auftrag mit Vergleichung der Handschrift den Text für eine neue Ausgabe der Bibel zu bereiten, suche die Kirchengeschichte Armeniens quellenmäßig zu bearbeiten, wollte wieder den Timothäus Äluros in die Hand nehmen, es sind aber so viel störende Umstände da, daß keines planmäßig geschieht. Es ist noch nicht entschieden, ob ich im nächsten Schuljahr hier bleiben oder ein neues Amt nehmen werde.[48] Entschuldigen Sie meine Eile.

Mit vielen Grüßen in Ehrerbietung

Ihr Archim. Karapet

5.18. Juli 1903,

Etschm[iatzin].«

---

47 Mechithar von Sebaste, 1703 Gründer der später nach ihm benannten armenischen gelehrten Mönchsbruderschaft. Das Mutterkloster der mit Rom unierten Mechitharisten-Congregation befindet sich seit 1717 auf der Insel San Lazzaro vor Venedig, das andere Tochterkloster in Wien.

48 Karapet wurde 1903 Vikarbischof von Jerewan. Nach einer ganzen Reihe weiterer Ämter wurde er Bischof von Schemacha und Baku. 1915 starb er nach einer Operation und erhielt an der armenischen Kathedrale in Baku ein Grab, das bis zu den Armenier-Pogromen in Aserbaidshan Anfang der 90-er Jahre des 20. Jahrhunderts vorhanden war (Photo bei Stephan [s.o. Anm. 27], neben Seite 68). Jetzt, nach den Pogromen, sind Grab und Gebeine von Karapet nach Informationen, die ich von armenischer Seite erhalten habe, nicht mehr vorhanden.

Loofs – Mitbegründer der Deutsch-Armenischen Gesellschaft (1914)

An den internationalen diplomatischen Bemühungen in den Jahren 1912–1914 für die »Armenischen Reformen«, das heißt der Schaffung von halbautonomen Strukturen in den östlichen, armenischen Vilayets innerhalb des Osmanischen Reichs, nahm auch Johannes Lepsius teil. Es waren vor allem Diplomaten des Deutschen und des Russischen Reichs, die in dieser Phase, kurz vor der Katastrophe des 1. Weltkriegs, im jeweils eigenen Interesse, ihren Einfluss im Osmanischen Reich zu verstärken, noch zusammenarbeiteten. Das bisherige ›enfant terrible‹ des Berliner Auswärtigen Amtes in der armenischen Frage, Johannes Lepsius, konnte hierbei auf internationalem Parkett als Vertrauensmann der Armenier zwischen der deutschen, osmanisch-armenischen und russischen Seite erfolgreich vermitteln. In diesem Kontext wurde 1914 – mit Unterstützung des Auswärtigen Amtes Berlin – auf Anregung von Johannes Lepsius die bis heute existierende »Deutsch-Armenische Gesellschaft« geschaffen.[49] Die mit Deutschland verbundenen Armenier, so besonders Karapet Ter-Mkrttschjan, begrüßten diese Gründung ausdrücklich und unterstützten sie.

Die Gründung der Deutsch-Armenischen Gesellschaft ist aber nicht nur aus den deutschen politisch-diplomatischen Zielen der Jahre 1912–1914 zu erklären. Vielmehr münden in diese Gründung auch die Bemühungen von Martin Rade, Friedrich Loofs, Johannes Lepsius, Ewald Stier und vieler anderer, die sich bereits seit den 90er Jahren des 19. Jahrhunderts um engere wissenschaftlich-kulturelle Beziehungen zu Armenien und zur Armenischen Apostolischen Kirche gemüht und im Rahmen des Studentenfonds beziehungsweise des dann 1898 gegründeten »Notwendigen Liebeswerkes« armenische Studenten in Deutschland unterstützt hatten.

Zu diesen Pionieren der frühen deutsch-armenischen Beziehungen gehörte – wie an dem bisherigen zu erkennen – auch ein Friedrich Loofs. So ist es nur folgerichtig, dass er 1914 unter den Gründungsmitgliedern der Deutsch-Armenischen Gesellschaft erscheint, in welcher später dann auch das von ihm aktiv unterstützte »Notwendige Liebeswerk« aufgeht.

Unter dem Aufruf von 1914 zur Bergründung der Gesellschaft, der viele Züge der bisherigen deutschen Bemühungen um das geis-

---

49 Vgl. ausführlich zu diesem ganzen Komplex Hermann Goltz, Die ›Armenischen Reformen‹ im Osmanischen Reich. Johannes Lepsius und die Gründung der Deutsch-Armenischen Gesellschaft, in: Deutsch-Armenische Gesellschaft (Hg.), 75 Jahre Deutsch-Armenische Gesellschaft. Festschrift, Frankfurt a.M. 1989, 4–76.

tige Armenien wiedererkennen lässt, steht – wie wenig später auch unter der Eingabe an den Reichskanzler unter völlig veränderten Vorzeichen – die persönliche Unterschrift von Friedrich Loofs. Auch hier sind Aufrufstext und die Pleïade der unterzeichnenden Personen ein einheitliches Ganzes und gewähren einen tiefen Einblick in das deutsche Armenien-Netzwerk.

Deshalb sei auch dieser Aufruf hier *in toto* für die Forschung auf dem Felde der neueren und neuesten politischen und theologischen Geschichte wiedergegeben, welcher nicht zuletzt die aktuelle Richtung der Loofsschen Bemühungen um Armenien sowie das entsprechende weite Netzwerk erkennen läßt, in welchem er sich dabei bewegte.

Aufruf zur Begründung der »Deutsch-Armenischen Gesellschaft«

»Die politische Umgestaltung des Orients hat die Augen der europäischen Welt wieder auf Armenien gelenkt. Die Großmächte sind gegenwärtig damit beschäftigt, mit der Hohen Pforte den bereits beschlossenen Reformplan für die von Armenien bewohnten Provinzen Ostanatoliens auszuarbeiten, um die Gefahren zu beschwören, die bei Fortdauer der bisherigen Zustände von dort der Ruhe des Orients und dem Weltfrieden zu drohen. Es ist sichere Aussicht vorhanden, daß diesmal im Unterschiede von allen früheren Behandlungen der armenischen Frage ein befriedigendes Ergebnis erzielt wird. Es steht zu hoffen, daß die schlimmsten Übelstände beseitigt und dem armenischen Volke die Möglichkeit, sich kulturell und wirtschaftlich zu entfalten, in reicherem Maße als bisher gegeben wird.

Hieran hat Deutschland, dessen diplomatische Vertretung den Reformplan wesentlich gefördert hat, ein unmittelbares Interesse. Durch seine großen wirtschaftlichen Unternehmungen in Kleinasien, die teils in überwiegend von Armeniern bewohnten Gebieten gelegen sind, teils in unmittelbar an solche Gebiete heranführen, wird es auf die Pflege engerer Beziehungen zu den Armeniern hingewiesen, die ja in allen diesen Gebieten die Träger des wirtschaftlichen und des kulturellen Lebens sind.

Dazu besteht bereits seit Jahrzehnten zwischen Deutschland und Armenien ein Austausch kultureller Art. Nach den Metzeleien von 1894–96 sind eine Anzahl deutscher Schulen, Waisenhäuser und Hospitäler in Armenien begründet worden, die dort deutsche Kultur verbreiten. Auf armenischer Seite wird schon längst das Studium deutscher Sprache, Literatur und Wissenschaft mit größtem Eifer betrieben. Mehrere hunderte von armenischen Studenten sind auf deutsche Hochschulen gekommen und haben Verbindungen mit Lehrern und Schülern unserer wissenschaftlichen Institute angeknüpft. Auch für die Erschließung der reichen Schätze des eigenen Volkstums haben sie hier Anregungen und Förderung empfangen, da die Erforschung der Sprache, Geschichte und Literatur Armeniens unter tätiger Mithilfe der deutschen Wissenschaft geschieht. Alle diese Bestrebungen stehen aber ohne innere Verbindung zueinander. Weitverbreitete Vorurteile hindern die engere Gestaltung der Deutsch-Armenischen Beziehungen. Es gilt, unter den beiden Völkern eine bessere Kenntnis der beiderseitigen Kultur anzubahnen und zu erhalten. Zu diesem Zwecke rufen wir alle Kreise auf, die aus wirtschaftlichem oder politischem, wissenschaftlichem oder allgemein kulturellem, humanem oder religiösem Interesse eine Pflege der Deutsch-Armenischen Beziehungen wünschen, sich mit uns in einer

›*Deutsch-Armenischen Gesellschaft*‹

zu vereinigen.

Als Ziele einer solchen Gesellschaft kämen in Betracht:

1. Die Verbreitung einer gerechten, unvoreingenommenen Beurteilung des armenischen Volkes in Deutschland und des deutschen Volkes unter den Armeniern.

2. Die Vermittlung einer eingehenden Kenntnis der Leistungen des armenischen Volkes für die Gesamtkultur und der Bestrebungen des deutschen Volkes für die Förderung der armenischen Kultur.

3. Die Pflege persönlicher Beziehungen zwischen Deutschen und Armeniern, besonders denen, die in Deutschland studieren.

Als Mittel zur Erreichung dieser Ziele sind folgende Arbeiten in Aussicht genommen:

1. Die Versorgung der deutschen Presse mit wahrheitsgetreuen Berichten über die Lage in Armenien.

2. Die Herausgabe einer Monatsschrift in beiden Sprachen, die über die armenische Kultur unterrichten und der deutschen Kultur den Weg nach Armenien bahnen soll.

3. Die Übersetzung wertvoller armenischer Werke in das Deutsche und deutscher Werke in das Armenische.

4. Die Begründung einer wissenschaftlichen armenischen Bibliothek in Deutschland zum Studium der armenischen Sprache, Kultur und Geschichte.

5. Die Förderung des Unterrichts in der deutschen Sprache in den armenischen Schulen.

6. Die Begründung einer Auskunftsstelle für die armenischen Studenten in Deutschland und ihre Einführung in deutsche Familien.

Das vorbereitende Komitee.[50]

Dr. Lepsius, Potsdam.

Professor Dr. Marquardt, Berlin.[51]

Professor D. Rade, Marburg.

Lic. Dr. Rohrbach, Friedenau-Berlin.

Pfarrer Stier, Alten bei Dessau.[52]

Rechtsanwalt Dr. jur. Darbinian, Charlottenburg.

Dr. rer. polit. James Greenfield, Berlin.[53]

Arzt Dr. med. Hairanian, Berlin.[54]

---

50 Zu einer Vielzahl der Signatoren vgl. die Kurzartikel bei Goltz/Meißner, Thematisches Lexikon (s.o. Anm. 6). Hier werden – aus Platzgründen – nur wenige, ausgewählte Hinweise bei weniger bekannten Zusammenhängen gegeben.

51 Joseph Marquardt, später auch Josef Marquart bzw. Markwart (1864–1930), Orientalist und Armenologe, Verfasser von: Die Entstehung und Wiederherstellung der armenischen Nation, Berlin-Schöneberg 1919. Zu ihm vgl. Johannes Irmscher, Joseph Markwart. Leben – Werk – Wirkung, in: Hermann Goltz (Hg.), Akten des Internationalen Johannes-Lepsius-Symposiums, Halle 1987, 126–132.

52 Ewald Stier (1864–1946), Pfarrer und Kirchenrat der Evangelischen Landeskirche Anhalts, Ehrendoktor der Theologischen Fakultät Halle-Wittenberg, war führend tätig im »Notwendigen Liebeswerk« (der deutschen Stipendienorganisation für armenische Theologiestudenten), in der Vereinigung der Freunde der »Christlichen Welt« und in der Deutsch-Armenischen Gesellschaft. Im 1. Weltkrieg wurde er durch seine Arbeit für die Unterstützung der verfolgten Armenier zu einem Störenfried für den turkophilen Propagandisten Ernst Jäckh. Noch in der Nazi-Zeit agierte der liberale evangelische Theologe Stier ähnlich unangepasst.

53 James Greenfield (1870–1939), armenischer Wissenschaftler und Diplomat aus protestantischer persisch-armenisch-deutsch-jüdischer Großgrundbesitzerfamilie in Tabriz (Nordiran), begleitete als sprachenkundiger Tübinger Student der Nationalökonomie Johannes Lepsius 1896 auf dessen Erkundungsreise in die Türkei, war nach dem 1. Weltkrieg der diplomatische Vertreter der ersten unabhängigen Republik Armenien in Berlin und in der Zeit der sowjetischen Republik Armenien Leiter der nicht-sowjetischen »Armenischen Vertrauensstelle« in Berlin; stellvertretender Vorsitzender der Deutsch-Armenischen Gesellschaft, 1925 Mitbegründer der Deutsch-Armenischen Akademie; kehrte in der Hitler-Zeit in seine Heimat zurück und starb in Tabriz.

54 Der Berliner armenische Arzt Dr. Hairanian (auch Heiranian) hatte, nach Unterzeichnung des obigen Aufrufs, zu Beginn des Krieges seine Eltern im Vilayet Sivas besucht, sich als Arzt dem Militär zur Verfügung gestellt, wurde von den türkischen Behörden verhaftet und ist ›verschwunden‹, das heißt mit Sicherheit im Gefängnis ermordet worden (vgl. Lepsius, Der Todesgang [s.o. Anm. 1], XVIIIf.).

Dr. med. M. Muradian.

Arzt Dr. med. Schahbasian, Berlin.

Den vorstehenden Aufruf unterstützen:

P. N. Akinian, Mechitarist, Wien.[55]

Generalleutn. z. D. v. Alten, Freiburg i./Br.

Dr. Andreas, Professor a. d. Universität Göttingen.[56]

Generalleutn. z. D. Auler, Berlin.

P. Awetaranian, Philippopel.[57]

Balan, Konsistorialpräsident, Polen.

Bassermann, M. d. R., Mannheim.

D. Baumgarten, Professor a. d. Universität Kiel.

Dr. Waldemar Belck, Frankfurt a. M.

Dr. Bierling, Professor a. d. Universität Greifswald.

Geheimrat D. Budde, Professor a. d. Universität Marburg.

Dr. F. Buhl, Professor a. d. Universität Kopenhagen.

Dr. H. Christ-Socin, Basel-Riehen.

D. Dr. Curtius, Präsident d. Direktoriums d. Kirche A. K. Straßburg.

Dr. Ludwig Darmstädter, Professor, Berlin.

Richard Dehmel, Blankenese.

---

55 Nerses Akinian (1883–1963), einer der bedeutenden Gelehrten der Wiener katholisch-armenischen Mechit[h]aristen-Congregation, neben dem Mutterkloster auf San Lazzaro bei Venedig das andere Zentrum des nach der benediktinischen Regel lebenden armenischen Gelehrten- und Schulordens. Die zweisprachige Zeitschrift der Deutsch-Armenischen Gesellschaft, »Mesrop«, wurde in der Typographie dieser gelehrten Mönchsbruderschaft in Wien gedruckt.

56 Friedrich Carl Andreas (1846–1930), Professor der orientalischen Philologie in Göttingen, arbeitete als Autor auch für die Zeitschriften der Deutschen Orient-Mission von Johannes Lepsius, heute zumeist mehr bekannt als einsamer Ehemann der Nietzsche-, Rilke- und Freud-Adeptin Lou Andreas-Salomé.

57 Johannes Awetaranian (1861–1919), enger türkischer Freund und Mitarbeiter von Johannes Lepsius; vgl. zu ihm Atanas Damianov, Die Arbeit der »Deutschen Orient-Mission« unter den türkischen Muslimen in Bulgarien nach den Quellen im Johannes-Lepsius-Archiv, Münster 2003, ebenso Gabriel Goltz, Eine christlich-islamische Kontroverse um Religion, Nation und Zivilisation. Die osmanisch-türkischen Periodika der Deutschen Orient-Mission und die Zeitung Balkan in Plovdiv 1908 – 1911, Münster 2002. Die bis heute nicht wissenschaftlich ausgewertete Autobiographie des bedeutenden türkisch-islamisch-christlichen Philologen und Theologen Johannes Awetaranian (= Muhammed Schükri) ist von Richard Schäfer, dem Sekretär des Lepsius-Hilfswerkes in Buchform herausgegeben worden: Johannes Awetaranian, Geschichte eines Mohammedaners, der Christ wurde. Die Geschichte des Johannes Awetaranian von ihm selbst erzählt, Potsdam (1905) ²1930. 2003 erschien diese Autobiographie in englischer Übersetzung von John Bechard in London.

Geheimrat Dr. Delbrück, Professor a. d. Universität Berlin.

Oberhofprediger D. Dryander, Berlin.

Oberlehrer Ehrentraut, Dresden.

Professor Eickhoff, Hamm i. W.

Geheimrat D. Eucken, Professor a. d. Universität Jena.

Dr. Robert Faber, Verleger d. Magdeburger Zeitung, Magdeburg.

Dr. Fleischer, Professor a. d. Universität Berlin.[58]

D. Erich Foerster, Pfarrer, Frankfurt a. M.

Geheimrat Dr. Wilhelm Foerster, Professor a. d. Universität Berlin.[59]

Dr. Goetz, Professor a. d. Universität Straßburg.

Dr. jur. phil. et theol. Gregory, Professor a. d. Universität Leipzig.

Hauptmann v. Grone, Neustrelitz.

Dr. jur. et phil. Hugo Grothe, Leipzig.

Geheimrat Dr. ing. Cornelius Gurlitt, Dresden.

Dr. theol. et phil. Guthe, Professor a. d. Universität Leipzig.

Generalsuperintendent Haendler, Berlin.

Dr. Hartmann, Professor a. Orientalischen Seminar, Berlin.

Dr. Anton Herrmann, Professor, Budapest.

Dr. Holl, Professor a. d. Universität Berlin.

Dr. Hommel, Professor a. d. Universität München.

Dr. Ernst Jäckh, Berlin.[60]

Dr. theol. et phil. Alfred Jeremias, Pfarrer und Dozent a. d. Universität Leipzig.

Generalleutn. z. D. Imhof Pascha, Berlin.

Geh. Oberkonsistorialrat D. Julius Kaftan, Professor a. d. Universität Berlin.

---

58 Einer der akademischen Lehrer des großen armenischen Komponisten und Musikwissenschaftlers Komitas (Soghomon Soghomonyan) in Berlin, der bei den Massenverhaftungen der armenischen Intellektuellen mit ins Innere der Türkei deportiert werden sollte, aber aus der Gruppe der *moribundi* herausgeholt wurde und dann als krankes psychisches Opfer des Völkermords 1935 in Paris gestorben ist. In Paris steht unübersehbar an der Place Canada ein großes Denkmal für Komitas und die 1,5 Millionen Opfer des Völkermords an den Armeniern. In Deutschland erinnert bis heute nichts an eine diese ohne Zweifel wichtigste Phase des deutsch-armenischen Zusammenwirkens auf dem Felde der Musikwissenschaft in Berlin.

59 Der berühmte Astronom und Gründer der URANIA. Die Famile Foerster, neben dem Vater Wilhelm auch die Söhne Friedrich Wilhelm und Karl Foerster, war durch vielfältige Fäden in Berlin und Potsdam mit der Familie Lepsius verbunden (vgl. Goltz/Meißner, Thematisches Lexikon [s.o. Anm. 6], 163f.).

60 Extrem turkophiler Journalist und einflussreicher Amateurdiplomat, Gegenspieler von Johannes Lepsius (vgl. Goltz/Meißner, Thematisches Lexikon [s.o. Anm. 6] 246f.), quasi das »U-Boot« in der Deutsch-Armenischen Gesellschaft.

Professor Gg. Kampffmeyer, Dozent am Seminar f. Orientalische Sprachen, Berlin.

Dr. José Karst, Professor d. Armeno-Kaukasischen Philologie a. d. Universität Straßburg.

Geheimrat D. Kattenbusch, Professor a. d. Universität Halle.

Geh. Kirchenrat D. Kittel, Professor a. d. Universität Leipzig.

Hugo v. Kupfer, Chefredakteur d. Berliner Lokalanzeigers, Berlin.

D. Lahusen, Generalsuperintendent von Berlin.

K. R. Langewiesche, Verlagsbuchhändler, Königstein/Taun.

D. Edvard Lehmann, Professor a. d. Universität Lund (Schweden).

Dr. jur. et phil. C. F. Lehmann-Haupt, Professor a. d. Universität Liverpool.

Professor Dr. Frhr. v. Lichtenberg, Herausgeber des ›Memnon‹, Zeitschrift für die Kunst- und Kulturgeschichte des alten Orients, Gotha.

Professor Dr. Max Liebermann, Berlin.

Generalleutn. z. D. v. Liebert, Berlin-Wilmersdorf.

Dr. Lindner, Oberpfarrer in Quedlinburg.

Dr. F. v. Liszt, M. d. R., Professor a. d. Universität Berlin.

Geheimrat D. Loofs, Professor a. d. Universität Halle.

Thomas Mann, München.[61]

Professor Ludwig Manzel, Präsident d. Königl. Akademie d. Künste, Charlottenburg.

Geheimrat Dr. Eduard Meyer, Professor a. d. Universität Berlin.

Geh. Justizrat Dr. Felix Meyer, Kammergerichtsrat, Berlin.

Geh. Konsistorialrat D. Mirbt, Professor a. d. Universität Göttingen.

Lic. Moldaenke, Oberlehrer, Berlin.Lichterfelde.

---

61 Der Aufruf zur Begründung der »Deutsch-Armenischen Gersellschaft« erschien 1914 sowohl in der von Johannes Lepsius herausgegebenen Zeitschrift »Der Orient« wie auch in der von Martin Rade herausgegeben »Christlichen Welt«. Der Abdruck in der »Christlichen Welt« geschah etwas später, so dass hier auch die Unterschrift von Thomas Mann (München) zu finden ist, die in dem Abdruck des Aufrufs im »Orient« (hg. v. J. Lepsius) noch fehlt. Wenn ich richtig sehe, hat sich die weitverzweigte Thomas-Mann-Forschung noch nicht dem Armenien-Engagement von Thomas Mann gewidmet. Es zeugt von einer gewissen Kontinuität dieses besonderen Engagements, dass die unterstützende Unterschrift von Thomas Mann nicht nur unter dem Aufruf zur Begründung der Deutsch-Armenischen Gesellschaft 1914 steht, sondern noch acht Jahre später, nach dem 1. Weltkrieg, auch unter dem Aufruf an die Friedenskonferenz von Lausanne zu finden ist, der auf die Rettung der politischen Existenz des armenischen Volkes nach der Katastrophe des Genozids abzielt (s.u. 4.: Loofs setzt sich mit der Deutsch-Armenischen Gesellschaft für eine »Nationale Heimstätte« des von den Großmächten betrogenen armenischen Volkes ein [1922]).

Professor Dr. F. W. K. Müller, Direktor am Königl. Museum f. Völkerkunde, Berlin.

Konsul Mühlberg, Dresden.

Lic. Mumm, Reichstagsabgeordneter, Berlin.

D. Friedrich Naumann, Reichstagsabgeordneter, Berlin- Schöneberg.[62]

Dr. Hermann Oncken, Professor a. d. Universität Heidelberg.

Dr. theol. et phil. Rud. Otto, Professor a. d. Universität Göttingen.

Dr. Pachnicke, Mitglied d. Reichstags u. d. preuß. Abgeordnetenhause, Berlin.

D. W. Frhr. V. Pechmann, Direktor d. Bayr. Handelsbank, München.[63]

V. Pustau, Kapitän z. See a. D., Berlin.

Dr. Wilhelm Rein, Professor a. d. Universität Jena.

Heinrich Rippler, Herausgeber der ›Täglichen Rundschau‹, Berlin.

Superintendent Roedenbeck, Klein-Glienicke b. Potsdam.

Adolf Rost, i. Fa. J. C. Hinrich´sche Buchhandlung, Leipzig.

Rudolf Rotheit, Redakteur der ›Vossischen Zeitung‹, Berlin.

Gustav Ruprecht, i. Fa. Vandenhoeck & Ruprecht´sche Verlagsbuchhandlung, Göttingen.

Richard Schmidt, Königl. Preuß. Professor u. Musikdirektor, Berlin.

Dr. theol. et phil. Karl Schmidt, Professor a. d. Universität Berlin.

Professor Dr. Schubring, Berlin-Schöneberg.

Dr. Graf Schwerin-Löwitz, Präsident d. Preuß. Abgeordnetenhauses, Berlin.

Geheimrat D. Seeberg, Professor a. d. Universität Berlin.

Dr. Simmel, Professor a. d. Universität Straßburg.

Dr. Martin Spahn, Professor a. d. Universität Straßburg.

D. Spiecker, Direktor d. Siemens u. Halske Aktien-Ges., Berlin.

Hofrat Dr. Wolf Strzygowski, Professor a. d. Universität Wien.[64]

---

62 Es ist wenig verwunderlich, dass die Unterschrift von Friedrich Naumann unter dem mit dem Berliner Auswärtigen Amt abgestimmten Aufruf zur Begründung der Deutsch-Armenischen Gesellschaft steht, während sie unter der kritischen Eingabe an den Reichskanzler von 1914 und auch unter dem Aufruf von 1922 an die Friedenskonferenz von Lausanne fehlt.

63 Dass der bayerisch-lutherische Banker von Pechmann, der seine Kirche in der Nazi-Zeit aus Protest wegen des Stillschweigens gegenüber der Judenverfolgung verließ, bereits 1896 Johannes Lepsius in seinem Kampf für die verfolgten Armenier unterstützte, ist bisher noch nicht ins deutsche (kirchen-)geschichtliche Bewusstsein gekommen. Vgl. Goltz/Meißner, Thematisches Lexikon (s.o. Anm. 6), 403.

64 Namhafter Kunstwissenschaftler (1862–1941), der seinerzeit in Europa anregend für die Erforschung der armenischen Architekturgeschichte gewirkt hatte, wenn er auch späterhin auf kunstwissenschaftlich-rassetheoretische Abwege geriet. Vgl. Goltz/Meißner, Thematisches Lexikon (s.o. Anm. 6), 477.

Eduard Stucken, Berlin.
Hermann Sudermann, Berlin-Grunewald.
D. Eberhard Vischer, Professor a. d. Universität Basel.
Konsul Ernst Vohsen, Berlin.
Professor Dr. Weckesser, Karlsruhe.
Dr. Albrecht Wirth, Privatdozent a. d. Universität München.
Hans v. Zobeltitz, Charlottenburg.«[65]

Loofs setzt sich mit der Deutsch-Armenischen Gesellschaft für eine »Nationale Heimstätte« des von den Großmächten betrogenen armenischen Volkes ein (1922)

Mit dem Vertrag der »Friedenskonferenz von Lausanne« 1923 wurde das armenische Volk zum wiederholten Male von der internationalen Politik – seit dem Berliner Kongress 1878 – um die versprochene bessere Existenzmöglichkeit betrogen. Der größere armenische Staat auf dem traditionellen armenischen Siedlungsgebiet, der noch als Ergebnis der Pariser Friedensverhandlungen im Vertrag von Sèvres 1920 und von dem US-Präsidenten Woodrow Wilson dem Rest des armenischen Volkes versprochen worden war, wird nun endgültig zur Makulatur der Weltgeschichte.

Die Entente-Westmächte treten nun – bis heute – das Erbe des kaiserlichen Deutschland in der Türkei an, indem sie diese in ihrem neuen national(istisch)en Gewande zum strategischen Partner des Westens auf Kosten der nichttürkischen Völker der ›neuen‹ Türkei macht.[66]

Die Délégation Nationale Arménienne hatte bei der Friedenskonferenz 1923 in Lausanne – wie schon beim Berliner Kongress 1878 – keinen offiziellen Status, um über das Schicksal des eigenen Volkes mitentscheiden zu können.

Das national-türkische Ankara und das bolschewistische Moskau hatten bereits 1921 mit den Verträgen von Kars und Moskau neue Grenzen auf Kosten des armenischen Volkes und über die Köpfe des armenischen Volkes hinweg geschaffen. So blieb jetzt nur noch der bescheidene Wunsch der überlebenden Armenier, dass ihnen an ihren eigenen Or-

---

65 Aus: Der Christliche Orient (1914), 101–104; auch in der ChW (1914).
66 Der Begriff des »betrogenen Volkes« stammt von Johannes Lepsius und Fridtjof Nansen, welch letzterer als erster Hochkommissar für das Flüchtlingswesen beim Genfer Völkerbund seinem berühmten Armenien-Buch in der deutschen Version den Titel gab: Betrogenes Volk. Eine Studienreise durch Georgien und Armenien als Oberkommissar des Völkerbundes, Leipzig 1928.

ten, wo der Völkermord stattgefunden hatte, zumindest ein »Foyer national«, eine nichtstaatliche »armenische Heimstätte« geschaffen würde.

Aber auch dieser letzte Wunsch der Armenier wurde von den Westmächten im Zusammenspiel mit der national-türkischen Regierung bei der Lausanner Friedenskonferenz nicht erfüllt. So wurde der letzte Anlauf zu »Armenischen Reformen«, der vor dem Krieg noch ein Ziel in den konzertierten deutsch-russischen Bemühungen erreicht hatte, das aber durch den Krieg nicht realisiert wurde, bis auf den heutigen Tag *ad acta* gelegt.

Die Deutsch-Armenische Gesellschaft, deren Gründungsmitglied Friedrich Loofs war, hat im Widerstand gegen diese drohende Gefahr bereits am Vorabend der Friedenskonferenz nach Lausanne einen dringenden Aufruf gesandt, den Armeniern wenigstens eine solche Heimstätte zu schaffen. Der Aufruf, wie unten zu sehen ist, wurde wieder von einer großen Zahl bedeutender Persönlichkeiten gestützt, welche aber von den Politikern wieder nicht beachtet wurden.

Dennoch ist es nützlich, sich dieses Potential an Widerstand gegen die fortgesetzten Zumutungen seitens der ›großen‹ Politik, bewusst zu machen, weswegen auch hier zusammen mit dem integralen Dokument der Deutsch-Armenischen Gesellschaft die Namen der großen Gruppe der Signatoren widergegeben wird.

Auch wenn Friedrich Loofs hier nicht eigens bei den Unterschriften erscheint, hat er diesen Aufruf als Mitglied der Deutsch-Armenischen Gesellschaft mitgetragen (die Deutsch-Armenische Gesellschaft erscheint als kollektive Initiatorin des Aufrufs zwischen den individuellen Unterschriften, bei welchen es sich um die Namen derer handelt, die nicht der Deutsch-Armenischen Gesellschaft angehörten.

Aufruf an die Friedenskonferenz zu Lausanne!

»Die von dem armenischen Volke seit so vielen Jahren der Unterdrückung und des Krieges erduldeten Leiden übertreffen heute an Stärke und Furchtbarkeit alles, was sich die menschliche Phantasie nur ausmalen kann.

Täglich dringt an unser Ohr der Widerhall der Schmerzenslaute, der moralischen Qualen und des namenlosen Elends aus all jenen Gebieten, wo sich Hunderttausende von armenischen Deportierten und Flüchtlingen angesammelt haben, sowie aus allen Ländern Europas und Amerikas, wo Zehntausende von Verbannten heimat- und mittellos umherirren. In alle Himmelsrichtungen zerstreut, hoffen sie dennoch auf ihre Wiedervereinigung. In ihrer Verzweiflung greifen sie nach allen hilfreichen Händen und können nicht verstehen, weshalb man sie vergessen hat.

Sie vermögen nicht mehr die Last ihrer Leiden und auch wir nicht mehr die Last unseres Schweigens zu ertragen. Die Stimme des Gewissens und des Herzens ist erwacht. Von elementarer Rechtsempfindung und christlicher Nächstenliebe gedrängt, erheben wir unsere Stimme bei der Friedenskonferenz, der die verantwortungsvolle Aufgabe obliegt, im Orient Frieden zu stiften. In dem feierlichen Augenblick, wo die Existenz einer ganzen Nation auf dem Spiele steht, darf diese Stimme um keinen Preis von der Selbstsucht materieller politischer Interessen erstickt werden. Wir sind vielmehr überzeugt, daß diese Interessen, so begründet sie auch sein mögen, nur in dem Maße zu ihrem Rechte kommen können, als der Mahnruf für Recht und Menschlichkeit nicht ungehört verhallt.

Was wir für die Armenier fordern, ist eine unabhängige ›Nationale Heimstätte‹, auf welche dieses uralte christliche Volk heute mehr denn je einen unbestreitbaren Anspruch besitzt. Denn diese ›Nationale Heimstätte‹, von der Londoner Konferenz im März 1921 und von der Pariser Konferenz am 26. März 1922 in Vorschlag gebracht, wurde zu wiederholten Malen vom Rate und ebenso von den zwei letzten Versammlungen des Völkerbundes in Genf, besonders von der am 22. September 1922, im Sinne des 22. Artikels seines Statuts zum Beschluß erhoben.

Von den weit größeren Erwartungen des Friedens von Sèvres bleibt nunmehr die ›Nationale Heimstätte‹ als einzige und letzte Hoffnung übrig für die Befreiung von 5 600 000 Armeniern, welche überall im nahen Orient, in den Balkanländern, in Syrien, Ägypten, Zypern, Griechenland usf. obdach- und heimatlos ihr Dasein fristen. Unumgänglich notwendig ist diese ›Nationale Heimstätte‹ auch für die Hunderttausende von armenischen Waisenkindern, von denen bis 150 000 unter der Kontrolle und Verantwortung von amerikanischen und europäischen Hilfskomitees provisorisch untergebracht wurden, um nach dem Friedensschluß ihre Pflege und Erziehung in ihrer neuen Heimat zu empfangen.

Die ›Nationale Heimstätte‹ ist die einzige Lösung des armenischen Problems. Sie allein kann die politische und ökonomische Lage des Orients klären und die erregten Gemüter beruhigen; sie allein kann die türkischen und armenischen Interessen dauernd miteinander versöhnen und eine Arbeitsgemeinschaft zwischen diesen beiden durch die Jahrhunderte nebeneinander lebenden und aufeinander angewiesenen Nationen herbeiführen. Auch in Zukunft bedarf es des freien und willigen Zusammenwirkens von Armeniern und Türken, um den Wiederaufbau des Trümmerfeldes von Anatolien zu ermöglichen.

Im Mitgefühl mit den Leiden nicht nur der christlichen sondern auch der muhammedanischen Bevölkerung des Orients erwarten wir, daß fortan jeder Art von Unterdrückung, Verfolgung und Erpressung, von welcher Seite sie auch immer kommen möge, ein Ende gemacht werde, und vereinen unsere Stimme mit denen der Armenierfreunde aller Nationen zu der Forderung, daß dem armenischen Volke zu seinem Rechte verholfen werde. Wir vermögen den Gedanken nicht zu ertragen, daß das armenische Volk das einzige ist, das nach dem Opfer von Millionen seiner Volksgenossen noch immer seines Rechts auf Freiheit beraubt sein soll.

So fordern wir im Rahmen der Gerechtigkeit und Menschlichkeit und im Interesse eines dauernden Friedens im Orient, daß durch Errichtung einer unabhängigen ›Nationalen Heimstätte‹ für die Armenier das ihnen gegebene Versprechen eingelöst werde.

Von diesem heiligen Wunsche beseelt, wenden wir uns vertrauensvoll an die Friedenskonferenz.

F. C. Andreas, Professor an der Universität Göttingen.

Emil Arnold, Prokurist, Göttingen.

Ewald Banse, Herausgeber der ›Neuen Geographie‹, Braunschweig.

Fr. Barth, Direktor, Stuttgart.

Professor Baumgarten, Kiel.

Eduard Bernstein, Mitglied des Reichstages, Berlin-Schönenberg.

Dr. Beyerle, Universitätsprofessor, Mitglied des Reichstags, Berlin.

Rudolf Breitscheid, Redakteur, Mitglied des Reichstags, Berlin.

Dr. Karl Budde, Professor und Geheimer Konsistorialrat, Marburg.

Ch. Correvon, Pfarrer, Frankfurt a.

M. Dauer, Generaldirektor des Bayerischen Eisenbahnerverbandes, Mitglied des Reichstags, Berlin.

Dr. Deermann, Studienrat, Mitglied des Reichstags, Berlin.

Dr. Dehlinger, Ministerialrat, Stuttgart.

Professor D. Adolf Deißmann, Geheimrat, Berlin.

Professor Dr. Hans Delbrück, Geheimrat, Berlin.

Die Deutsch-Armenische Gesellschaft, Berlin.

Döring, Pfarrer, Herausgeber der kirchlichen Rundschau für die evangel. Gemeinden Rheinlands und Westfalens, Rheydt.

Schulrat Eberhardt, Studiendirektor in Greiz.

J. Ehlers, Superintendent, Hermannsburg.

Professor Dr. Eickhoff, Geheimrat, Hamm.

W. Elsässer, Generalsekretär Stuttgart.

Emminger, zweiter Staatsanwalt, Mitglied des Reichstags, Augsburg.

D. Dr. Paul Feine, Universitätsprofessor, Geheimer Konsistorialrat, Halle.

P. Fleisch, Konventual-Studiendirektor, Kloster Loccum.

Paul Fleischmann, Pfarrer der Gethsemanegemeinde, Berlin.

H. Fliedner, Pfarrer, Oberlyzeal- und Seminarvorsteher, Kaiserswerth.

Carl Förster, Bornim.

Heinrich Frank, Kaufmann, Stuttgart.

D. Fries, Präses der Rheinischen Missionsgesellschaft, Barmen.

Pfarrer Gauger, Herausgeber von ›Licht und Leben‹, Elberfeld.

Gerauer, Landwirt, Mitglied des Reichstags, Berlin.

Dr. v. Gordon, Geheimer Justizrat, Berlin.

Dr. ing. Gg. Gothein, Reichstagsminister a. D., Mitglied des Reichstags, Berlin.

Dr. Adolf Grabowsky, Herausgeber des ›Neuen Deutschland‹ und der ›Zeitschrift für Politik‹, Berlin.

Graf Bernstorff, Botschafter a. D., Mitglied des Reichstags, Berlin.

Maximilian Harden, Herausgeber der ›Zukunft‹, Berlin.

Professor D. Adolf v. Harnack, Wirklicher Geheimer Rat, Exzellenz, Berlin.

Adolf Hedinger, Kaufmann, Stuttgart.

Wilhelm Heile, Mitglied des Reichstags, Schriftleiter der ›Hilfe‹, Zehlendorf.

Herbert, Landwirt, Mitglied des Reichstags, Berlin.

Berthold Hirsch, Großkaufmann, Köln-Mühlheim.

A. Hoefs, Redakteur, Kassel.

D. Hoffmann, Kirchenrat, Esslingen.

Dr. Fritz Hommel, Geheimer Hofrat, Universitätsprofessor, München.

D. Samuel Jäger, Dozent, Bethel.

D. Dr. Alfred Jeremias, Pfarrer und Professor der Theologie, Leipzig.

D. Dr. Johannes Jeremias, Pfarrer, Limbach.

Professor Dr. G. Kampffmeyer, Dozent am Seminar für orientalische Sprachen, Berlin.

Professor Georg Kärger, Geheimer Baurat, Berlin.

U. Karle, Gymnasiumsdirektor, Karlsruhe.

D. Ferdinand Kattenbusch, Professor der Theologie, Halle.

Krummacher, Pfarrer, Potsdam.

D. Lahusen, Geistl. Vizepräsident des evangel. Oberkonsistoriums a. D., Charlottenburg.

Karl Robert Langewiesche, Verlagsbuchhändler, Königstein i. T.

Dr. C. F. Lehmann-Haupt, Professor an der Universität Innsbruck.

Leicht, Domkapitular, Mitglied des Reichstags, Berlin.

D. Dr. Johannes Lepsius, Potsdam.

Joh. Levsen, Generalsekretär, Berlin.

Dr. h. c. Max Liebermann, Präsident der staatlichen Akademie der Künste, Berlin.

Ludwig, Stadtpfarrer, Stuttgart.

Lukas, Landwirt, Mitglied des Reichstags, Berlin.

D. W. Lüttgert, Professor an der Universität Halle.

Thomas Mann, München.

Ludwig Manzel, Charlottenburg.

Dr. Jos. Markwart, Professor an der Universität Berlin.

D. Dr. Matthes, Superintendent und Oberpfarrer, Kolberg.

R. Meißner, Dr. med., Berlin.

Dr. Heinr. Meyer-Benfey, Wandsbeck.

D. Julius Müller, Professor, Pastor i. R., Gütersloh.

F. Morstatt, Hamburg.

Georg Morstatt, Dentist, Oelde.

U. Most, Frankfurt a. M.

Professor Dr. F. W. K. Müller, Zehlendorf, Direktor am Museum für Völkerkunde, Berlin.

D. h. c. Reinhard Mumm, Mitglied des Reichstags Berlin.

Superintendent lic. Neuberg, Meißen.

Dr. Martin Niepage, Studienrat, Rostock.

D. Dr. Rudolf Otto, Universitätsprofessor, Marburg.

Petry, Pfarrer, Herausgeber des Ev. Hausfreundes, Wiesdorf.

D. Phillipps, Pastor, Vorsitzender und Leiter des Vereins für Berliner Stadtmission, Berlin. Stiftsprälat von Planck, Stuttgart.

Lic. F. U. Pommerien, Pastor, Landringhausen.

Ponschab, Gutsbesitzer, Mitglied des Reichstags, Berlin.

von Pustau, Kapitän z. See a. D., Berlin.

Dr. Wilhelm Rein, Professor an der Universität Jena.

U. Reuß, Frankfurt a. M.

G. Reymann, Schriftleiter des Evangel. Kirchenblattes für Schlesien, Mitglied der Verfassunggeb. Kirchenversammlung Preußens, Koiskau.

Richter, Hofprediger und Oberpfarrer, Charlottenburg.

K. Röbbelen, Vorsitzender des Vereins für Luther. Mission in Persien.

Dr. Paul Rohrbach, Berlin-Grunewald.

von Römer, Konsistorialdirektor, Stuttgart.

Professor Dr. K. Roth, Berlin.

Gustav Ruprecht, Verlagsbuchhändler, Göttingen.

Dr. Wilhelm Ruprecht, Verlagsbuchhändler, Göttingen.

Professor Dr. Ed. Sachau, Geheimrat, Berlin.

Richard Schäfer, Generalsekretär, Potsdam.

C. Schirmer, Arbeitersekretär, Mitglied des Reichstags, Berlin.

D. theol. L. Schmitthenner, Prälat der evangel. Landeskirche Badens, Karlsruhe.

Th. Schneider, Studienrat a. D., Wiesbaden.

D. C. Schneller, Köln.

D. U. W. Schreiber, Berlin-Steglitz.

Schwarzer, Verbandssekretär, Mitglied des Reichstags, Berlin.

Willy Seeger, Kaufmann, Kyritz.

Paul LeSeur, Pastor, Herausgeber des ›Hochweg‹, Berlin.

D. F. Siegmund Schultze, Berlin.

H. W. Ernst Sommer, Oberlehrer, Uchtenhagen.

D. Spiecker, Präsident der Berliner Ev. Missionsgesellschaft, Berlin-Dahlem.

E. Stier, Pfarrer, Kirchenrat, Schackstedt.

D. Stolte, Generalsuperintendent, Magdeburg.

Immanuel Störz, Buchhändler, Esslingen.

E. Thomas, Frankfurt a. M. D.

Dr. Uibel, Oberkirchenratspräsident, Karlsruhe.

Karl Walcker, Verlagsbuchhändler, Stuttgart.

Dr. A. Weckesser, Professor, Karlsruhe.

Thora Wedel-Jarlsberg, Siemensstadt-Berlin.

Armin T. Wegner, Schriftsteller, Neu-Globsow.

E. Wehnert, Frankfurt a. M.

Weiß, Stadtrat und Stadtschulrat, Mitglied des Reichstags, Berlin.

Franz Weixler, Verbandssekretär, Mitglied des Reichstags, München.

Dr. Johannes Werthauer, Justizrat, Rechtsanwalt und Notar, Berlin.

Pfarrer Lic. Dr. Otto Willareth, Reichhartshausen.

C. de Witt, Frankfurt a. M.

Pastor Ziegler, Suhl.

Dr. Christian, Potsdam.

Ferruccio Busoni, Berlin.

Leonid Kreutzer, Berlin.

Franz Schrecker, Berlin.

Otto Bade, Schriftsteller, Emden.

S. Bauer, D., Unitätsdirektor, Herrnhut.

Heinrich Behm, D. Dr., Landesbischof, Schwerin.

Dr. phil. et theol. Karl Beth, Hofrat und Universitätsprofessor, Wien.

Dr. jur. et phil. Marianne Beth, Wien.

Beyer, Superintendent, Hannover.

Julius Böhmer, D. Dr., Pfarrer und Herausgeber der theolog. und kirchl. Monatsschrift ›Die Studierstube‹.

Dr. th. et phil. Jos. Bohatec, Professor a. d Universität Wien.

Dr. Büsching, Anstaltsarzt, Carlshof.

Direktion der Evangelischen Bruderunität in Deutschland, Herrnhut.

Ebel, Superintendent, Königsberg.

Raimund Eberhard, Landgerichtsrat, 1. Vorsitzender der deutschen Friedensgesellschaft, Ortsgruppe Schwerin.

Martin Eger, Oberpfarrer, Chemnitz.

Ellenberg, Pfarrer, Herausgeber des Sonntagsboten aus Kurhessen, Großenritte.

Franz Karl Endres, Zussenhausen.

Rudolf Eucken, Professor Dr., Jena.

Dr. Georg Feige, Breslau.

Hellmuth von Gerlach, Mitglied des Internationalen Friedensbureaus und der Carnegiestiftung, Berlin.

Gmelin, Dekan, Owen.

B. Goesch, Oberkirchenrat, Schwerin.

Hermann Guthe, D. Dr., Universitätsprofessor, Leipzig.

Hannemann, Oberjustizsekretär, Schwerin.

Hartwig, D., Abt zu Loccum, Hannover.

Dr. Freiherr von Heintze, Oberkonsistorialrat, Kiel.

Dr. Ingwersen, Seminardirektor, Rendsburg.

Internationaler Anwalt-Verband, Wien.

Kelm, Oberlehrer, Prorektor am stattlichen Gymnasium, Rendsburg.

Ketzler, Hofprediger und Pfarrer, Dresden.

H. Kochendörfer, Stuttgart.

O. Kockelke, Superintendent und Präses der Westfälischen Provinzallynode, Schwelm. Wilhelm v. Köster, Schwerin.

Freiherr v. Kreß, Generalmajor, München.

Emil Kulow, Porträtmaler, Berlin.

Georg Leidig, Stuttgart.

E. Lerchner, Pfarrer, Chemnitz.

Dr. Lorenz, Referendar, Schwerin.

B. Meyer, Jugendpastor, Schwerin.

Mockert, Pfarrer, Waldbröl.

Erich Mohr, Studienassessor, Berlin-Weißensee.

Wilhelm Müller, Stuttgart.

G. F. Nagel, Redakteur, Hamburg.

N. Niehüser, Oelde.

Paul Nilli, Posthalter, Owen.

Dietrich v. Oertzen, D. Doberan.

Ernst Paraquin, Oberleutnant a. D., zuletzt Generalstabschef der türkischen Heeresgruppe Ost im Kaukasus, München.

Pfennigsdorf, Professor D. an der Universität Bonn.

Georg Reinicke, Kirchner, Chemnitz.

Lisa Reyer, Burg.

Julius Richter, Universitätsprofessor Dr., Berlin.

Walter Rüdiger, Pfarrer, Chemnitz.

Saul, Pfarrer D. Rektor, Gallneukirchen (Deutsch-Österreich).

Siebenhaar, Kirchenrat D., Leipzig.

Sieden, Oberkirchenrat, Schwerin.

Schlunk, Lic. Theol. Missionsinspektor, Hamburg.

Karl Schmalz, Dr. theol., Schwerin.

W. S. Schmerl, Pfarrer, Herausgeber des Evangelischen Sonntagsblattes aus Bayern, Gollhofen.

Christof Schubart, ehem. Divisionsgeistlicher bei der deutschen Abteilung der 6. Osmanischen Armee, Costebrau.

Dr. Ella Schult, Schwerin.

Fritz Stück, Architekt, Niederzwehren-Cassel.

Ullerich, Oberjustizsekretär, Schwerin.

Rosina Vollmer, Landwirtsgattin, Owen.

Julius Vorster, Geheimer Kommerzienrat, Köln.

Gottlieb Wagner, Stuttgart.

Joh. Walker, Stadtpfarrer, Stuttgart.

Dr. Ernst Franz Weisl, Hof- und Gerichtsadvokat, Präsident des Internationalen Anwalt Verbandes, Wien.

Wrege, Seminaroberlehrer, Rendsburg.

Kl. Wurth, Kirchenrat, Bretten.

Elisabeth Bauder, Stuttgart.

Elisabeth Baun, Stuttgart.

Leonore Berg, Stuttgart.

C. J. Bock, Schriftsteller und Kaufmann, Stuttgart.

Bornhäuser, Professor D., Marburg.

Hedwig Bubeck, Stuttgart.

Emil Budig, Stuttgart.

Bultmann, Professor D., Marburg.

Christliches Verlagshaus, Stuttgart.

Carl Claus, Stuttgart.

Dettmering, D., Generalsuperintendent der lutherischen Kirchengemeinschaft, Cassel. Droysen, Greifswald.

Curt Ehrentraut, Professor Dr., Dresden.

Frau Elisabeth Ehrentraut, Dresden.

Johanna Elisabeth Ehrentraut, Dresden.

Hermann Erbs, Greifswald.

Evangelischer Presseverband für Deutschland, Berlin.

Gertrud Freher, Stuttgart.

Lina Freier, Stuttgart.

Luise Gering, Stuttgart.

E. Geiger, Fabrikant, Göppingen.

Otto Gerner, Notar, Oberrotweil.

Dr. Grens, Greifswald.

Else Hahn, Stuttgart.

Harleß, Dekan, Pegnitz.

Hartnack, Greifswald.

Johannes Haußleiter, Professor D. Dr., Greifswald.

Auguste Haid, Stuttgart.

Arsl. Heidemann, Greifswald.

Johann Heinzmann, Stuttgart.

Herrmann, Greifswald.

Helene Hieber, Stuttgart.

Hinderer, Direktor, Pfarrer, Berlin-Steglitz.

Otto Hoffmann, evangel. Pfarrer, Hindenburg.

G. Hölscher, Professor Dr., Marburg.

A. Hundsdörffer, Archidiakonus, Königsberg.

Julius Trunk, Greifswald.

Jülicher, Professor Dr., Marburg.

Lydia Kammerer, Stuttgart.

August Kegreitz, Stuttgart.

Kleikamp, Greifswald.

H. Kochendörfer, Stuttgart.

Reinhold Kücklich, Verlagsbuchhändler, Stuttgart.
Georg Leidig, Stuttgart.
Lüdtke, Greifswald.
Joseph Meyer, Justizassistent, Oberrotweil.
Dr. Meyer, Arzt, Oberrotweil.
Marie Meyer, Stuttgart.
Erich Mohr, Studienassessor, Berlin-Weißensee.
Wilh. Müller, Stuttgart.
Münch, Pfarrer, Frankfurt a. d. O.
W. Pfengradt, Greifswald.
Pfeiffer, Superintendent, Greifswald.
Rade, Professor D., Herausgeber der ›Christlichen Welt‹, Marburg.
Randt, Greifswald.
Martha Reinwald, Stuttgart.
Frau S. Siemshen, Greifswald.
Frau Margarethe Schäfer, Potsdam.
Ruth Schäfer, Laborantin, Potsdam.
Heinr. Schniewind, Geh. Kommerzienrat, Elberfeld.
Emma Schwarz, Stuttgart.
Sperling, Greifswald.
J. Stange, Greifswald.
Paul Steinberg, Greifswald.
Marianne Stober, Stuttgart.
H. Stocker, Landwirt, Oberrotweil.
Margarete Stroh, Stuttgart.
Pfarrer Paul Stürner, Fladt.
Frau Oberlehrer Luise Stürner, Stuttgart.
Gretel Thomä, Stuttgart.
Gerda von Uneck, Stuttgart.
Professor Dr. Volp, Freiberg.
Gottlieb Wagner, Stuttgart.
Hedwig Walker, Stuttgart.
Joh. Walker, Stadtpfarrer, Stuttgart.
Kurt Weermeister, Greifswald.
Elisabeth Weise, Stuttgart.

Martha Weller, Stuttgart.

Wendschuch, Studienrat D., Dresden.

Werner, Studienrat, Friedberg.

D. Wilken, Weltjugendliga, Verband Deutschland, Berlin-Greifswald.«[67]

Es fällt auf, dass mit dem Aufruf an die Friedenskonferenz zu Lausanne Loofs in eine vielschichtige Gesellschaft hineingerät, die weit über das theologisch-kirchliche hinausgeht und damit als eine weiter zu untersuchende Konglomeration erscheint.

Imperium und Ethnos – eine in die Zukunft offene Reflexion

Zum Beschluss dieser beeindruckenden, aber auch bedrückenden Dokumente drei Reflexionen, wie – in nicht vordergründiger Weise – auf die Frage zu antworten sein könnte, was denn deutsche protestantische Theologen vom Schlage eines Friedrich Loofs, aber auch, was armenische Theologen vom Schlage eines Karapet Ter-Mkrttschjan bewegt haben könnte, aufeinanderzuzugehen und – trotz der großen äußeren und inneren Entfernung – miteinander zu arbeiten.

Was bewegte den Ararat, zu Loofs zu kommen, und was bewegte den hallischen Theologie-Professor, sich nicht nur wissenschaftlich, sondern auch gesellschaftlich und politisch zum Berge zu bewegen?

Eine erste, etwas überraschende Antwort hat der große Sprachwissenschaftler und Armenologe Josef Markwart in seiner Schrift »Die Entstehung und Wiederherstellung der armenischen Nation« (Berlin-Schöneberg 1920) zu geben versucht: Er meinte, dass es eine strukturelle Verwandtschaft zwischen Protestantismus und armenischem Christentum gäbe: Das armenische Christentum habe sich im Widerstand gegen Ostrom (Byzanz) bewährt, während ein Jahrtausend später der Protestantismus in der Gestalt des Luthertums an der Front gegen Westrom erfolgreich seinen Mann gestanden hätte.

Auch wenn diese »unähnliche Ähnlichkeit« zwischen armenischem und lutherischem Christentum in Gestalt eines gemeinsamen antirömischen Widerstands nicht jedem gleich einleuchten sollte, so führt diese Denkfigur doch zu einer zweiten möglichen Analogie:

Beide theologisch-geistige Welten des Christentums, sowohl die ältere der Armenier wie auch die um 1000 Jahre jüngere des Protestantismus, zeigen in ihren besten Vertretern ein kritisches Verhältnis gegenüber den Gedankenwelten von imperialen Kirchengebilden, einerseits gegenüber der »Römischen orthodoxen Kirche«, wie diese auch heute noch in Istan-

---

[67] Aus: Der Christliche Orient (1922), 93–98.

bul genannt wird (in Anknüpfung an das Selbstverständnis der Glieder der orthodoxen Reichskirche, »Rhomaioi« zu sein),[68] und andererseits gegenüber der Römischen katholischen Kirche des Abendlandes (beziehungsweise – in deren Selbstverständnis – des Universums).

Die Kritik an imperialen Theologien beziehungsweise christlichen Reichsideologien durch eine ›kleine‹, ›ethnische‹ Kirche wie die der Armenischen Apostolischen Kirche lässt ein Bild entstehen, auf welchem jene als Analogie zu einem ›geschlossenen Imperium‹, diese aber als ›offenes Ethnos‹ erscheint.[69]

Und an dieser Stelle gelangen wir – drittens – zu der möglicherweise aus diesem Verhältnis entspringenden verwandten wissenschaftlichen Methode:

Die ›kleine‹, ›ethnische‹ Kirche der Armenier hatte und hat das ihr Eigene gegenüber den imperialen Synthesen, das ihr und dem ganzen Christentum Originäre eben gegen jene imperialen Synthesen zu verteidigen, um nicht einfach zu einer römischen »Teilkirche« zu degenerieren. Dazu bedurfte und bedarf sie gegenüber dem großen äußeren und inneren Apparat der Reichskirche einer scharfen Denk- und Verteidigungsmethode, welche der historisch-kritischen Methode des viel späteren Protestantismus in Ansätzen ähnelt.

Aus dieser historisch-geistigen Analogie entspringt möglicherweise im Innersten die geistige Verwandtschaft, wie sie zum Beispiel zwischen dem Armenier Karapet Ter-Mkrttschjan und dem Deutschen Friedrich Loofs bestand. Diese innere geistige Verwandtschaft hat offenbar dazu geführt, dass in Gestalt einer ganzen Reihe von begabten armenischen Studenten »der Ararat zu Loofs kam« – und dass Loofs bis in seine letzte Lebensphase hinein immer wieder vom Ararat angezogen wurde und zu ihm ging, sowohl im Theologischen wie auch im Politischen, wenn er für Armenien gegen den Reichskanzler zusammen mit anderen stritt, wenn er sich der konstruktiven Kritik seines ehemaligen armenischen Studenten Karapet aussetzte, wenn er die »Armenischen Reformen« im Osmanischen Reich im Sinne einer stärkeren Autonomie des armenischen Volkes als Gründungsmitglied der Deutsch-Armenischen Gesellschaft zu fördern versuchte oder auch, wenige Jahre vor seinem eigenen Ende, zusammen mit der Deutsch-Armenischen Gesellschaft einen verzweifelten Schritt tat, die ›große Politik‹ auf der Lausanner Konferenz zu beeinflussen, damit die

---

68 *Rum ortodoks kilise.*
69 Vgl. auch die Gedankengänge bei Hermann Goltz, Offenes Ethnos versus geschlossenes Imperium. Der armenische kulturale Archetyp, in: Ashot Voskanian (Hg.), Armenia on the Way to Europe, Jerewan 2005, 37–46 (armenische Version). 288–298 (deutsche Version).

weltweit zerstreuten Glieder des armenischen Volkes wenigstens eine Heimstätte in ihrer angestammten Heimat erhalten.

Die Bemühungen, das Los des armenischen Volkes zu verbessern, an welchen sich Friedrich Loofs persönlich durch mehr als drei Jahrzehnte beteiligte, sind damals gescheitert, aber im armenischen Volk nicht vergessen und nicht aufgegeben. Heute öffnen sich in dem grenzüberschreitenden Prozess der Europäisierung für diese Hoffnungen wieder neue Perspektiven. Und daher ist es heute besonders angebracht, an diese, in der evangelischen Theologie weithin vergessenen Bemühungen zu erinnern.

Friedrich Loofs und das Notwendige Liebeswerk

HACIK RAFI GAZER

1. Einleitung

Der armenische Katholikos Georg IV. Mecagorc Kerestecean Bolseci (1866–1882) war in der zweiten Hälfte des 19. Jahrhunderts Initiator einer Reihe wichtiger Reformen innerhalb der armenischen Kirche. Neben der Gründung und Herausgabe einer kirchlich Theologischen Zeitschrift *Ararat* 1868–1918, der Modernisierung der kirchlichen Druckerei und der armenischen Kirchenmusik war die bedeutendste Maßnahme die Gründung einer zentralen akademischen Ausbildungsstätte für armenische Theologen in Etschmiatzin in Ostarmenien. Am 25. Mai 1869 war die Grundsteinlegung der Akademie. Das größte Problem der neugegründeten Akademie war das Fehlen eines theologisch ausgebildeten Lehrkörpers. Der erste qualifizierte Theologe an der neuen Akademie war Malakia Ormanean.[1] Als osmanischer Staatsangehöriger durfte er an der Akademie nur ein Jahr unterrichten. Seine Lehrtätigkeit im Studienjahr 1887–1888 war allerdings außerordentlich wirksam. Aus seinem Schülerkreis meldeten sich die ersten Kandidaten, die im Anschluss an ihr Studium zum Priester geweiht werden wollten beziehungsweise waren sie bereit für weitere Studien ins Ausland zu gehen. Ormanean hatte die armenische Kirchenleitung auf zwei wichtige Aufgabenbereiche aufmerksam gemacht, nämlich die Ausbildung der künftigen theologischen Lehrkräfte und die Ausarbeitung des Lehrmaterials. Ziel war also die theologische Ausbildung armenischer Theologen zu fördern, das heißt wissenschaftlich gebildeten Nachwuchs für die geistliche Akademie in Etschmiatzin auszubilden.

Im Kaukasus fehlte im 19. Jahrhundert eine Universität, die auch eine theologische Fakultät besaß. Zum Studium gingen die Armenier,

---

1   Malakia Ormanean, geboren 1841 in Konstantinopel, gestorben 1918 in Chalkedon. Ormanean stammte aus einer unierten Familie und hatte in Rom studiert. Er trat nach dem 1. Vaticanum im Jahre 1879 in die Armenische Apostolische Kirche über.

aber auch Georgier nach Russland. Von Armenien bestanden bereits seit den 1830er Jahren akademische Kontakte zum Baltikum, nämlich nach Dorpat. Nach der Russifizierung der Dorpater Universität kamen die Armenier in den 1890er Jahren zunehmend an die deutschen Universitäten und studierten in Berlin, Halle, Leipzig, Jena, Heidelberg, Marburg und Breslau.[2]

Im Jahre 1889 kam einer der ersten Schüler Oramaneans Karapet Ter-Mkrttschjan nach Deutschland. Ihm folgten weitere Theologen, unter anderem Garegin Howsepean und Erwand Ter-Minasean.[3] Somit setzte im ausgehenden 19. Jahrhundert ein akademischer Austausch zwischen den deutschen und den armenischen Theologen ein, der über 30 Jahre lang anhielt. Namhafte protestantische Theologen wie Adolf von Harnack, Martin Rade und Friedrich Loofs waren an diesem Austausch tatkräftig beteiligt.

2. Die Arbeit des Notwendigen Liebeswerkes in den Jahren von 1898 bis 1907

Im folgenden soll die Unterstützung der armenischen Theologiestudenten an den deutschen Universitäten geschildert werden. Sie geschah im Rahmen eines eigenen Stipendiatenwerkes. Es handelt sich um ein Stipendiatenwerk mit Namen »Notwendiges Liebeswerk«, dessen Hauptinitiator Ewald Stier gewesen ist.[4] Doch wurde Stier neben Martin Rade,

---

2   Hacik Rafi Gazer, Deutsch-armenische Beziehungen und der Leipziger »Armenisch-akademische Verein«, in: Hartmut Rüdiger Peter (Hg.), Schnorrer, Verschwörer, Bombernwerfer? Studenten aus dem Russischen Reich an den deutschen Hochschulen vor dem 1. Weltkrieg, Frankfurt a.M. 2001, 169–186.

3   Zur Ersten Generation gehört Karapet Ter-Mkrttschjan 1866–1915, Studium der Theologie in Etschmiatzin 1880–1888, Studium der Theologie in Deutschland 1889–1892 in Leipzig, Halle, Berlin und Marburg. Promotion in Leipzig 1893, Licenziat in Marburg 1894, Lehre und Forschung in Etschmiatzin (Akademie/Zeitschrift) 1894–1899. Garegin Howsepean 1867–1952, Studium der Theologie in Etschmiatzin 1882–1890, Studium der Theologie 1892–1897 in Leipzig, 1894–1895 in Halle und Berlin. Promotion 1897 in Leipzig. Ab 1900 Lehre und Forschung in Etschmiatzin. Erwand Ter-Minasean 1879–1974, Studium der Theologie 1897–1900 in Etschmiatzin, Studium der Theologie 1900–1904 in Leipzig, Berlin und Gießen. Promotion zum Licenziat in Gießen 1904.

4   Neben den Armeniern sei an dieser Stelle Pfarrer Ewald Stier genannt. Ewald Stier wurde am 5. Juli 1864 in Kolberg geboren und starb am 9. Juni 1946 in Dessau. Er arbeitete 1890 in Berlin ein Jahr lang als Domhilfsprediger. Danach wurde er Kreispfarrvikar in Dessau und ab 1892 war er als Hilfspfarrer an der Marienkirche in Dessau tätig. Ab 1902 übernahm er das Pfarramt in Alten bei Dessau. Nach einer Pause 1916–1917 arbeitete Stier in den Jahren 1917 bis 1925 in Schackstedt und bis 1933 in Jeßnitz weiterhin als Pfarrer. Stier gehörte in den Jahren 1917 bis 1920

Dora Rade, Heinrich Gelzer, Paul Rohrbach, zwei Leipziger Professoren, dem Alttestamentler Hermann Guthe und dem Neutestamentler Caspar Rene Gregory, vor allem in Halle von Friedrich Loofs unterstützt. Friedrich Loofs war der Hauptansprechpartner und unterstützte das Notwendige Liebeswerk tatkräftig.[5]

Über die Arbeit des »Notwendigen Liebeswerkes« wurde von Ewald Stier in den Jahren von 1897 bis 1904 zunächst in der Zeitschrift »Die Christliche Welt«, dann bis 1908 in den vertraulichen Mitgliederblättern der »Freunde der Christlichen Welt« und »An die Freunde«, berichtet. Erst seit Oktober 1908 hatte das »Notwendige Liebeswerk« ein gleichnamiges vertrauliches Mitteilungsblatt: »Das Notwendige Liebeswerk, vertrauliche, d.i. nicht für die Oeffentlichkeit bestimmte Mitteilungen, Nr. 1, Marburg i. H., den 31. Oktober 1908« 1904 findet sich in Nummer 2 des Blattes »An die Freunde« die erste Notiz über das »Notwendige Liebeswerk« in Form eines Spendenaufrufes, verfasst von Pfarrer Ewald Stier.[6]

Stier hatte seine ersten Verbindungen zu den Armeniern durch die Deutsche Orient-Mission von Johannes Lepsius geknüpft, in der er von Anfang an mitarbeitete. Auf diesem Wege kam Stier im Jahre 1902 zum Notwendigen Liebeswerk.[7] Das »Notwendige Liebeswerk« litt unter chronischem Geldmangel, brauchte es doch monatlich 200 Mark für die Finanzierung der armenischen Studenten, ihren Aufenthalt, ihre Heimreise und die Druckkosten ihrer Doktorarbeiten. Die Defizite des »Notwendigen Liebeswerkes« wurden mehrfach durch die Kasse der »Freunde« ausgeglichen.[8]

3. Die ersten Stipendiaten des Notwendigen Liebeswerkes

Das Notwendige Liebeswerk unterstützte in den Jahren von 1898 bis 1907 insgesamt drei armenische Studenten. Als erster kam Hagob Thopdschjan 1898 nach Deutschland. Er studierte von 1898 bis 1903/1904 Theologie und Philosophie in Halle und in Marburg. Unter

---

und 1931 bis zu seinem Ruhestand 1933 dem Landeskirchenrat der Evangelischen Kirche Anhalts an. Er war 1914 Gründungsmitglied der Deutsch-Armenischen Gesellschaft (DAG). Seit 1919 arbeitete er als Schriftführer und seit 1944 als Stellvertretender Vorsitzender der DAG.

5   Sabine Stephan, Karapet Episkopos Ter-Mkrttschjan (1866–1915). Materialien zu einem Kapitel armenisch-deutscher wissenschaftlicher Zusammenarbeit, in: Wissenschaftliche Beiträge der Martin Luther-Universität Halle-Wittenberg 37 (1983).
6   Ewald Stier, Spendenaufruf, in: An die Freunde 2 (1904), Spalte 16.
7   Ewald Stier, Das notwendige Liebeswerk, in: An die Freunde 21 (1907), 197–203.
8   Ewald Stier, Das notwendige Liebeswerk, in: An die Freunde 3 (1904), 17f.

anderem hatte er bei den Professoren Kähler, Beyschlag, Kautzsch und Loofs studiert und promovierte in Halle über: »Die inneren Zustände von Armenien unter Ašot I.«[9]

Thopdschjan hatte zwar als Schüler Karapet Ter-Mkrttschjans in Etschmiatzin studiert, stammte aber aus dem kilikischen Armenien. Nach seinem Studium in Deutschland ergaben sich offensichtlich Meinungsverschiedenheiten zwischen ihm und Ter-Mkrttschjan, vor allem in Fragen des Zölibats[10].

Thopdschjan ging deshalb im Anschluss an sein Studium nicht, wie zu erwarten gewesen wäre, nach Etschmiatzin, sondern nach Konstantinopel und war in den Jahren 1904 bis 1905 als Sprachlehrer an der 1889 in Nikomedia gegründeten geistlichen Akademie Armas tätig. Nach 1905 arbeitete er als Redakteur der Zeitschrift *Masis* in Konstantinopel.

1900 war neben Thopdschjan als zweiter Armenier Artasches Abeghian zum Studium der Theologie nach Deutschland gesandt worden, gleichfalls unterstützt vom Notwendigen Liebeswerk. Er begann sein Theologiestudium in Marburg. Zum Sommersemester 1902 ging er für ein Semester nach Leipzig und vom Wintersemester 1902/1903 an studierte er zwei weitere Semester in Berlin. Er hörte unter anderem bei den Professoren Gunkel, Herrmann, Jülicher, Kaftan, Kittel, Harnack, Weiß und Rade. Im Dezember 1904 promovierte er in Marburg an der philosophischen Fakultät über:»Vorfragen zur Entstehungsgeschichte der Altarmenischen Bibelübersetzungen«.[11]

Um seine Englischkenntnisse zu verbessern, wurde Abeghian im Juli 1904 vom Notwendigen Liebeswerk nach London gesandt und kehrte im selben Jahr nach Armenien zurück. Wie Thopdschjan arbeitete auch Abeghian nach seiner Rückkehr nicht in Etschmiatzin. Er wurde Lehrer am armenischen Nersesean-Seminar in Tiflis. Die Zustände in Armenien machten ihm nach seiner Rückkehr offensichtlich zu schaffen. Sie waren zum einen durch die Wirren der Revolution von 1905, zum anderen durch die Auseinandersetzungen zwischen Armeniern und Aserbeidschanern bestimmt. Ter-Mkrttschjan war seit 1903 als Bischofsverweser in Erevan tätig und lehrte zu dieser Zeit nur ein halbes Jahr, von November 1905 bis Mai 1906, an der Georgean Akademie. Wegen Ter-Mkrttschjans Abwesenheit hatte Abeghian nach seiner Rückkehr in Etschmiatzin keinen Rückhalt mehr. Dies äußerte er in

---

9   Hagop Thopdschjan, Die inneren Zustände von Armenien unter Ašot I. (ausgenommen die Geschichte der armenischen Naxararowt`iwns und der armenischen Kirche), Halle 1905; vgl. Stier, Liebeswerk, 1907 (s.o. Anm. 7), 200f.
10 Stier, Liebeswerk, 1907 (s.o. Anm. 7), 200f.
11 Artasches Abeghian, Vorfragen zur Entstehungsgeschichte der Altarmenischen Bibelübersetzungen, Marburg 1906.

einem Brief im Juli 1906 an Rade. Er ließ erkennen, dass die Not in Armenien inzwischen nicht geringer geworden war. Rade veröffentlichte den Brief Abeghians in dem Blatt an die Freunde:

»Ich habe unsere Heimat besucht, Alles an Ort und Stelle studiert. Ich konnte absolut nicht wiedererkennen all die Orte und Leute, die ich vor Jahren verlassen hatte, – alles hat sich von Grund aus verändert. Der armenisch-tatarische Krieg hat das Land verödet, das Volk ist in höchster, in letzter Not. Wie soll es mit all dem enden? Niemand kann es sagen. Solange die Zustände im ganzen Rußland sich nicht gebessert haben, können wir auch nicht auf das gute Ende hoffen. Unser armenisches Leben auch ist ein ganz anderes geworden. Die russische Revolution hat den größten Einfluß auf unsere Nation gehabt. Die Lebensanschauungen, die Verhältnisse zwischen Kirche und Nation, Alles ist anders geworden. Die Religion steht in Verachtung, das religiöse Leben befindet sich im traurigsten Zustand. Nicht daß allein die orthodox-armenische Kirchenanschauung so verachtet ist, auch von einer zu reformierenden Kirche will niemand etwas hören. Der Materialismus und Sozialismus haben den größten Einfluß auf unsere gebildete Jugend. Von der Schule sogar will man die Religion ausjagen. So ist der Zustand bei uns einfach hoffnungslos. Stellen Sie sich vor: Dr. Karapet, Ter-Minassiantz und die anderen Freunde haben abgedankt, die Akademie verlassen! In solchem Zustande bin auch ich. Ich werde auch abdanken. Was werde ich machen? das weiß ich nicht; möglich, daß ich in unserer oder in anderer Schule Anderes unterrichten werde. Später werde ich Ihnen wieder schreiben. Solange bei uns Revolutionszeit ist, können wir keine religiöse Tätigkeit haben. Gewiß wenn mit diesem Zustande ein Ende gemacht wird, – wird auch die Religion wieder blühen.«[12]

Abeghian blieb in Tiflis und arbeitete bis 1920 am Nersesean Seminar als Lehrer. In den Jahren 1919–1920 war er sogar Rektor dieses Seminars. Nach 1922 kam er nach Berlin, arbeitete als Schriftsteller und verfasste in deutscher Sprache mehrere Werke über Armenien. So übte auch Abeghian, anders als ursprünglich geplant, seine eigentliche Aufgabe als theologischer Lehrer an der Georgean Akademie nicht aus. Die Arbeit des Notwendigen Liebeswerkes lief trotz der entmutigenden Ergebnisse weiter. 1904 war der dritte armenische Student, Missak Khostikian, nach Deutschland gekommen. Er studierte in den Jahren von 1904–1908 Theologie und Philosophie. Bis zum Beginn des Wintersemesters 1905 blieb er in Marburg, vom Wintersemester 1905 bis einschließlich des Wintersemesters 1906 studierte Khostikian insgesamt drei Semester in Straßburg. Er schloß 1907 sein Studium in Bern mit dem Doktorexamen ab. Seine Dissertation

---

12 Artasches Abeghian, Aus Armenien, in: An die Freunde 17 (1906), 141.

behandelte das Thema: »David, der Philosoph«[13] Da dieses Thema Kenntnisse über die armenische Philosophie und Sprache voraussetzte, hatte Khostikian große Schwierigkeiten einen kompetenten Betreuer zu finden. Darin lag auch der Grund für seinen häufigen Wechsel der Studienorte.

Stier und Rade wurde nach dem Brief Abeghians an Rade vom Juli 1906 deutlich, dass die Rücktrittsgedanken bei Abeghian nicht durch politische Gründe allein bedingt waren, sondern auch durch die innere Not der armenischen Kirche. Thopdschjan wie auch Abeghian sahen sich nicht in der Lage, in Etschmiatzin zu dozieren. Die Träger des Notwendigen Liebeswerkes machten sich auch aus diesem Grunde Gedanken, wie sie dem dritten Armenier Khostikian den Übergang in seine Kirche erleichtern konnten.

Stier schrieb in einem Brief vom 5. November 1906 an Rade:

> »Das notwendige Liebeswerk hat nur dann Zweck, wenn die von uns ausgebildeten Leute in ihrer Heimatkirche einen Rückhalt finden: insofern liegt jetzt wohl alles daran, wie sich Karapet stellt. Mir ist aber dabei der Gedanke gekommen, daß wir noch mehr tun könnten, um unseren jungen Freunden den Übergang zu erleichtern. Wir müßten sie doch wohl bei uns eine Art Vikariat durchmachen lassen – natürlich unter der Voraussetzung, daß die Arbeit dort fortgesetzt wird – damit solche schiefen Urteile wie das von Khostikian, die protestantische Kirche bestehe nur durch den Halt des Pietismus, vermieden werden. Sie sind eben beide einseitig akademisch vorgebildet und haben jedenfalls kein Gemeindeleben liberaler Schattierung kennen gelernt. Die große Schwierigkeit dabei ist ja, daß sie als Vikare sich nicht betätigen könnten und rein rezeptiv verhalten müßten. Aber sollte es nicht doch auf sie Eindruck machen, wenn sie vielleicht in Osnabrück oder Frankfurt, besser doch wohl in einer nicht zu großen Stadt, sähen, welche Kräfte ein freier Protestantismus entbindet? Wie er sich auch alten Formen anpassen kann, ohne an der Wahrhaftigkeit Einbuße zu erleiden?«[14]

An einer solchen Art von Vikariat war im Februar 1907 dann Missak Khostikian auch selber interessiert. Dies geht ebenfalls aus einem Brief Stiers an Rade hervor.

> »Kostikian schrieb kürzlich, daß er nach bestandenem Doktorexamen einige Zeit zu einem Pfarrer gehen sollte. Ich finde den Gedanken sehr gut und glaube, daß das für die innere Stellung unserer Armenier, wie sie uns die Briefe von Abeghian und Kostikian enthüllten, notwendig ist.«[15]

---

13 Missak Khostikian, David der Philosoph, Bern 1907.
14 Nachlass Rade Nr. 839, Brief von Stier an Rade vom 5.11.1906.
15 Nachlass (s.o. Anm. 14) Brief von Stier an Rade vom 13.2.1907.

Stier gab diesbezüglich eine Anzeige auf, die im Blatt »An die Freunde« im Februar 1907 erschien.[16] Mit der Anzeige wurde eine Gemeinde beziehungsweise ein Pastor gesucht, der bereit war, Khostikian aufzunehmen.

> »Unser Armenier, den wir noch haben, steht vor dem Abschluß seines Studiums. Wir meinen, es wäre gut, wenn er noch einige Wochen oder Monate in die Arbeit eines deutschen evangelischen Pastors Einblick bekäme. Freunde, die ihm zu solchem Zweck ihr Haus öffnen und sich ihm dann auch persönlich widmen würden, wollen sich melden. Er ist ein Mensch, den man gern haben muß.«[17]

Die Verwirklichung dieses Vikariats verzögerte sich wegen der Korrekturarbeiten, die Khostikian an seiner Doktorarbeit in Bern vornehmen musste.[18]

Nach dem Abschluss seines Studiums in Bern kam Khostikian nach Deutschland zurück und absolvierte das vorgesehene »Vikariat«, wenn auch nur für eine kurze Zeit. Bei den Pastoren Eger in Chemnitz, Walter Classen und Clemens Schultz in Hamburg lernte Khostikian das Leben in einem »modernen Gemeindebetrieb, Volksheim- und Jugendvereinsarbeit kennen«.[19]

Schließlich trat er im August 1907 seine Heimreise an.[20] In Etschmiatzin bekam er trotz gewisser Unsicherheiten doch eine Lehrerstelle und konnte an der Georgean Akademie arbeiten. Er gab eine Reihe heraus unter dem Namen »Religiöse, Historische, Philosophische Bibliothek«, in die religionsgeschichtliche Volksbücher aufgenommen wurden, unter anderem Rades »Religion und Moral«[21], das Ter-Mkrttschjan selbst ins Armenische übersetzt hatte.[22]

So war Missak Khostikian unter den Stipendiaten der erste, der als Lehrer an der Georgean Akademie in Etschmiatzin arbeiten konnte. Die von seiten Ter-Mkrttschjans und des Notwendigen Liebeswerkes angestrebten Ziele gingen damit 1907 ein Stück weit in Erfüllung. Es ist sicherlich nicht auf das kurze Vikariat zurückzuführen, dass es Khostikian im Unterschied zu seinen zwei Vorgängern gelang, an der Akademie zu arbeiten. Sein Übergang nach Etschmiatzin war vor allem dadurch leichter, dass 1907 an der Georgean Akademie noch einige an den Reformen der armenischen Kirche interessierte Personen

---

16 Stier, Liebeswerk, 1907 (s.o. Anm. 7), 188.
17 Ebd.
18 Nachlass (s.o. Anm. 14) Brief von Stier an Rade vom 5.3.1907.
19 Stier, Liebeswerk, 1907 (s.o. Anm. 7), 199.
20 Nachlass (s.o. Anm. 14) Brief von Stier an Rade vom 10.8.1910.
21 Martin Rade, Religion und Moral. Streitsätze für Theologen, Gießen 1898.
22 Missak Khostikian, Was ist Religion und was ist Moral? (Originaltitel: Inc e krone ev inc e Baroyakanutiune), Etschmiatzin 1913.

wie Garegin Howsepean und Erwand Ter-Minasean arbeiteten. Beide hatten zu Khostikian ein gutes Verhältnis.

4. Die Arbeit des Notwendigen Liebeswerkes in den Jahren von 1908 bis 1920

Schon im Herbst 1905 plante Martin Rade mit Stier zusammen eine Reise nach Armenien, um »Klarheit über das Bedürfnis und die Aussichten des Werkes zu schaffen«.[23] Wegen der politischen Lage in Armenien musste diese Reise verschoben werden. Nach der Rückkehr Khostikians im Sommer 1907 wurden zunächst keine weiteren Studenten aufgenommen. Dazu schieb Stier:

>»[Es] ist für uns ein Abschnitt in der Arbeit des notwendigen Liebeswerkes gegeben, der von selbst zu Rückschau und Ausschau auffordert.«[24]

Als Folge ergab sich für die Verantwortlichen des Notwendigen Liebeswerkes eine tiefgreifende Unsicherheit, mit wem sie in Armenien weiterhin kooperieren sollten. Aus diesem Grunde hielt Stier 1907 eine Reise nach Armenien für unbedingt erforderlich. Er äußerte sich im September 1907 darüber folgendermaßen:

>»[Es] kommt aber darauf an, welche Richtung die meiste Aussicht auf Erfolg hat, wie die anderen studierten Theologen in Armenien selbst sich stellen, wie die Stimmung im Volke ist. Das müssen wir wissen, um beurteilen zu können, ob wir uns weiterhin mit Karapet identifizieren sollen, oder an wen wir uns sonst zu halten haben. Aus diesen Gründen ist ein direktes Benehmen mit den armenischen Theologen an Ort und Stelle für uns unerläßlich. Es muß Jemand von den Vertretern des notwendigen Liebeswerks nach dem Kaukasus, insbesondere nach Etschmiatzin, reisen und die Streitfragen mit den dortigen maßgebenden Personen besprechen. Der Plan zur Reise besteht schon seit zwei Jahren: damals wollte Rade selbst hinfahren und mich mitnehmen. Wegen der aufgeregten Zeiten riet uns damals Karapet ab. Seitdem hat Rade die Reise aufgegeben und sie mir überlassen. Nun ist in diesem Jahre Rohrbach aus Südwestafrika zurückgekehrt, der ja das notwendige Liebeswerk vornehmlich begründet hat und der beste Kenner Armeniens ist, der überhaupt vorhanden ist.«[25]

Die Reise wurde von Stier schließlich allein unternommen. Er besuchte im April und Mai 1908 in Armenien und in Georgien armenische Theologen, die in Deutschland studiert hatten.[26] Nach der Reise im

---
23 Halbjahresbericht, in: An die Freunde 12 (1905), 100.
24 Stier, Liebeswerk, 1907 (s.o. Anm. 7), 198.
25 Stier, Liebeswerk, 1907 (s.o. Anm. 7), 201.
26 Ewald Stier, Unser notwendiges Liebeswerk, in: An die Freunde 24 (1908), 236–238.

Frühjahr 1908 stand für Stier eindeutig fest, dass die Arbeit des Notwendigen Liebeswerks fortgesetzt werden müsse. Das Notwendige Liebeswerk dürfe seine Arbeit aber nicht nur als die einer Geldgeberinstitution verstehen, die nach Deutschland entsandten armenischen Studenten eine wissenschaftliche Ausbildung verschaffte. Stier wiederholte seine Forderung, darüber hinaus den Stipendiaten in den Ferien oder nach der Beendigung ihrer Studien auch eine praktische Ausbildung zu ermöglichen.

>Sie sollten unser kirchliches Leben, soziale Arbeit, christliche Liebestätigkeit kennen lernen. Daran fehlt es der armenischen Kirche, und danach sehnen sich die Besten unter den Armeniern mit Recht am meisten.«[27]

Die Studenten sollten auch in deutschen Familien verkehren und dabei sowohl »den Segen christlicher Häuslichkeit erfahren«[28] als auch ihre Deutschkenntnisse verbessern. Es müsse weiterhin die Verbindung nach Armenien durch Reisen aufrecht erhalten werden, damit die Armenier

>den Eindruck behalten, daß sie in ihren nach vielen Richtungen hin so schweren Kämpfen nicht verlassen sind, daß sie unterstützt und getragen werden von einem Kreise, der nichts von ihnen will, sie nicht zu seiner Form des Christentums hinüberziehen will, der ihnen nur dienen will mit dem, was ihm verliehen ist.«[29]

Zur Erfüllung dieser Aufgaben bedürfe es, so Ewald Stier, eines eigenständigen Vereins.

>Unsere Organisation [gemeint sind die Freunde der Christlichen Welt] kann nicht wie bisher das notwendige Liebeswerk als Anhängsel betreiben. Das Werk muß auch selbständig werden.«[30]

So wurde bei einem weiteren Eisenacher Treffen der »Freunde der Christlichen Welt« am Nachmittag des 7. Oktober 1908 auf einer Wiese des Wartburgberges in einer konstituierenden ersten Sitzung beschlossen, die Arbeit des Notwendigen Liebeswerkes durch die Gründung eines eigenständigen Vereins unter dem Namen »Notwendiges Liebeswerk« fortzusetzen. Der neugegründete Verein wurde als »Tochter der Freunde der Christlichen Welt«[31] verstanden. Es blieb also eine enge Verbindung zu den »Freunden der Christlichen Welt« erhalten. Die organisatorischen Veränderungen waren notwendig geworden, weil zum einen einige Personen beabsichtigten, das Werk zu unterstützen, die nicht dem Kreis der »Freunde der Christlichen Welt« angehörten, zum anderen erforderte die Arbeit der Unterstützung und der Betreu-

---

27 Stier, Liebeswerk, 1908 (s.o. Anm. 26), 237.
28 Ebd.
29 Stier, Liebeswerk, 1908 (s.o. Anm. 26), 238.
30 Ebd.
31 Ewald Stier, Ein neuer Verein, in: Das Notwendige Liebeswerk 1 (1908), 1.

ung der armenischen Studenten eine eigene Organisation. Der Verein veröffentlichte ab dem 31. Oktober auch ein eigenes Mitteilungsblatt mit demselben Namen: »Das Notwendige Liebeswerk«.[32]

Diese Blätter wurden von Ewald Stier, der in Alten bei Dessau lebte, herausgegeben. Sie waren zunächst nicht öffentlich, das heißt nur für einen engen Kreis Eingeweihter bestimmt. Die ersten beiden Nummern erschienen in Marburg, die weiteren bis einschließlich der 13. in Alten bei Dessau. Seit der 5. Nummer vom 27. September 1910 wurde ihr Titel in »Deutsch-Armenische Blätter« umgeändert. Mit dieser Nummer verlor die Zeitschrift ihren vertraulichen Charakter und war nun auch für die Öffentlichkeit bestimmt.

Der Verein hatte als einziges Ziel: die »Förderung der Reformbewegung in der armenischen Kirche, insbesondere die Beratung und Unterstützung armenischer Studenten in Deutschland«,[33] um den Nachwuchs für die Reformbewegung in der armenischen Kirche zu fördern. Dem Vorstand des Vereins Notwendiges Liebeswerk gehörten neben Rade und Rohrbach zwei Leipziger Professoren, der Alttestamentler Hermann Guthe und der Neutestamentler Caspar Rene Gregory an. Den Vorsitz des Vereins hatte Stier inne. Auch in dieser Phase unterstützte Friedrich Loofs die Arbeit des Notwendigen Liebeswerks.[34]

Die Arbeit des Werkes wurde in den Jahren nach 1908 fortgesetzt und das Arbeitsfeld erweitert. Eine Kooperation mit dem armenischen Patriarchat in Konstantinopel wurde angestrebt, denn die weitaus größere Gruppe der Armenier lebte im türkischen Armenien, das dem armenischen Patriarchat von Konstantinopel unterstellt war. Wenn in der armenischen Kirche Reformen angestrebt wurden, dann mussten alle Teile dieser Kirche berücksichtigt werden. Die Träger des Notwendigen Liebeswerks planten daher, auch Studenten aus dem Patriarchat von Konstantinopel zu unterstützen. Politische Veränderungen, die 1908 im Osmanischen Reich erfolgten, machten es überhaupt erst möglich, armenische Studenten, die Staatsangehörige des Osmanischen Reiches waren, in Deutschland zu fördern. Im August 1909 machte Stier eine Reise nach Konstantinopel und besuchte Patriarch Elise Durean, der sich sehr entgegenkommend zeigte.[35]

Nach der Gründung des Vereins im Oktober 1908 wurden zwei weitere armenische Studenten unterstützt, zuerst Galust Ter-Grigore-

---

32   Das Notwendige Liebeswerk. Vertrauliche d.i. nicht für die Oeffentlichkeit bestimmte Mitteilungen 1 (1908).
33   Satzungen (s.o. Anm. 31), 3.
34   Stephan (s.o. Anm. 5), 21.
35   Ewald Stier, Jahresbericht, in: Das notwendige Liebeswerk 3 (1909), 26.

an Iskenterean aus Wan. Er studierte Theologie und Philosopie in Marburg, Halle und Leipzig in den Jahren 1908 bis 1914.

Im Frühjahr 1914 promovierte er in Leipzig an der Philosophischen Fakultät über das Thema »Die Kreuzfahrer und ihre Beziehungen zu den armenischen Nachbarfürsten bis zum Untergange der Grafschaft Edessa«.[36]

Galust Ter-Grigorean Iskenterean berichtete in dem Mitteilungs-Blatt des Notwendigen Liebeswerks über die Reformbewegung in der armenischen Kirche, die in den Jahren von 1908 bis 1910 sowohl in Etschmiatzin als auch in Konstantinopel sehr lebendig war. Für die spätere Tätigkeit des Wirkens Galust Ter-Grigorean Iskentereans ist das vorhandene Quellenmaterial wenig ergiebig. Als einzige Quelle stehen hier die Deutsch-Armenischen Blätter zur Verfügung. Ihr Erscheinen wurde nach der 13. Nummer eingestellt. An der Universitätsbibliothek in Marburg sind nur die Nummern 1–10 vorhanden, die Nummer 10 erschien am 20. September 1912. Die Nummern 11–13 fehlen. Dagegen sind zwei Sonderausgaben dieser Blätter vom 10. Mai und 14. Dezember 1915 zugänglich. Die beiden letztgenannten Sonderausgaben erschienen wieder unter dem Namen »Das notwendige Liebeswerk« und waren wie in den Anfangszeiten vertraulich und nicht öffentlich.

Es steht fest, dass auch er nach seinem Studium nicht in Etschmiatzin arbeitete, sondern in Baku als Lehrer tätig war. Tigran Meschtudjian war der letzte durch das Notwendige Liebeswerk unterstützte Student. Nach erfolgreichem Studium der Theologie und Philosophie in Halle von 1915 bis 1919 promovierte er über die »Geschichte Armeniens vor der Herrschaft der Arsakiden in Armenien«[37] und verlobte sich noch im selben Jahr mit einer Deutschen. Er starb bereits am 7. März 1920.

Am 30. September 1920 wurde auch der Verein das Notwendige Liebeswerk aufgelöst. Karapet Ter-Mkrttschjan war Ende des Jahres 1915 gestorben, Erwand Ter-Minasean war nicht mehr in Etschmiatzin tätig. Nur Garegin Howsepean war während des ersten Weltkrieges noch in Etschmiatzin und hatte seit 1914 das Rektorat an der Georgean Akademie inne. Es kam hinzu, dass bereits im April 1917, noch am Vorabend der Oktoberrevolution, die Georgean Akademie in Etschmiatzin geschlossen wurde.

---

36 Galust Ter-Grigorian Iskenderian, Die Kreuzfahrer und ihre Beziehungen zu den armenischen Nachbarfürsten bis zum Untergange der Graftschaft Edessa. Nach armenischen Quellen, Weida 1915.
37 Tigran Meschtudjian, Geschichte Armeniens vor der Herrschaft der Arsakiden in Armenien, Halle 1919.

Von der Akademie, vor allem aus dem Schülerkreis der drei genannten armenischen Theologen und Geistlichen, stammten die Stipendiaten des Notwendigen Liebeswerks.

Damit fand 1920 eine 23jährige Zusammenarbeit zwischen Deutschland und Armenien ihr Ende.

5. Ausblick

Zum Schluss bleibt die Frage zu beantworten, was das eigentliche Interesse und Motiv der deutschen Seite war, so dass es zwischen liberalprotestantischen und reformwilligen armenischen Kreisen zu einer Zusammenarbeit kam. Schon damals wurde gerade von Armeniern die Frage aufgeworfen, ob sich hinter der Arbeit des Notwendigen Liebeswerks in Wirklichkeit nicht doch der Versuch verberge, in die armenische Kirche Formen insbesondere des deutschen Protestantismus einzuführen und damit auch den Einfluss der deutschen Kultur im Orient zu stärken. Völlig unberechtigt waren diese Befürchtungen nicht. Seit der ersten Hälfte des 19. Jahrhunderts hatten amerikanische Missionare nach ihrer gescheiterten Islammission zunächst die Absicht verfolgt, die gesamte armenische Kirche zu reformieren. Infolge ihrer Arbeit kam es aber zu Spaltungen in der armenischen Kirche, und es entstanden im Laufe des 19. Jahrhunderts armenisch-evangelische Gemeinden. Diese Mission wurde von der offiziellen Kirchenleitung schärfstens verurteilt, obwohl die Missionare unter den Armeniern durchaus notwendige und gute karitative Arbeit leisteten.

Was von den deutschen Theologen mit der Arbeit des Notwendigen Liebeswerks bezweckt und erreicht wurde, kann freilich nicht mit der amerikanischen Mission und ihrer Arbeit verglichen werden. Deren Missionare waren nicht von den armenisch apostolischen Kirchenleitungen, sei es von einem Katholikos, sei es von einem Patriarchen, eingeladen. Dagegen wurden sowohl die vom Notwendigen Liebeswerk eingeladenen Studenten als auch alle anderen armenischen Studenten, die in Deutschland studierten, mit Wissen und Genehmigung ihrer Kirchenleitung eigens zum Studium der Theologie nach Deutschland entsandt. Wie unproblematisch die Zusammenarbeit mit den deutschen Theologen empfunden wurde, zeigt sich daran, dass sich wohlwollende Bereitschaft in der armenischen Kirchenleitung nicht auf einzelne Personen beschränkte. Alle Katholikoi, deren Amtszeit in die Phase der Zusammenarbeit mit dem Notwendigen Liebeswerk fällt, waren bereit, Studenten nach Deutschland zu schicken.

In Deutschland bestanden im ausgehenden 19. Jahrhundert unterschiedliche theologische Strömungen und Bewegungen. Die Vermittlungstheologie, die lutherisch-konfessionelle Theologie, aber auch die Gemeinschaftsbewegung seien hier exemplarisch genannt. Die theologische Strömung, mit der die Armenier hauptsächlich zu tun bekamen, war die von Albrecht Ritschl bestimmte liberale Theologie und damit eine theologische Richtung, der jegliche Missionsansprüche an sich fernlagen. Die erfolgreiche Behandlung von patristischen und kirchenhistorischen, aber auch bibelwissenschaftlichen Themen seitens der armenischen Studenten zeigt auch, dass sie als Angehörige einer anderen christlichen Tradition durchaus in der Lage waren, protestantische Theologie zu studieren, ohne deswegen Protestanten zu werden.

Dazu hat sicherlich die Eigenart der Lehrer beigetragen, bei denen sie in Berlin, Leipzig, Halle und in Marburg studiert haben. Gerade die liberalen Theologen waren frei von jeglichen missionarischen Absichten, nicht nur gegenüber den Armeniern. Ihr wissenschaftliches Interesse an den Armeniern ergab sich aus ihren historischen Studien, vor allem aus dem allgemeinen Interesse der liberalen Theologie an der Patristik und damit an gemeinsamen Quellenstudien mit den Armeniern.

Die Arbeit des Notwendigen Liebeswerks, das eigens zur Förderung der Reformbewegung in der armenischen Kirche gegründet worden war, bestätigt diesen Befund. Hier wurde keine missionarische Arbeit betrieben, es wurden keine Proselyten gewonnen. Nie wurden vom Notwendigen Liebeswerk selbst Reformen für die armenische Kirche vorgeschlagen, obwohl im Bereich der Liturgie oder des Klerus Reformvorschläge denkbar gewesen wären. Die Reformen in der armenischen Kirche sollten ausschließlich aus deren eigenen Reihen kommen. Durch die Arbeit des Vereins sollte ein Beitrag zur Stärkung der wissenschaftlichen Theologie in Armenien geleistet werden und nicht mehr. Noch 1925 hatte Johannes Lepsius vorgehabt, in Potsdam eine Armenisch-Deutsche Akademie zu gründen, sie kam aber nach seinem Tode in Meran 1926 nicht mehr zustande. Dieses wichtige Vorhaben von Lepsius wäre sicherlich die beste Form für die Fortsetzung der vom Notwendigen Liebeswerk angestrebten Arbeit gewesen.[38] Mit dem Wiederaufbau des Lepsius-Hauses und der Gründung der Deutsch-Armenische Akademie in Potsdam wurde diese Arbeit im 21. Jahrhundert wieder aufgenommen. Die Kirche in Armenien hat seit 1995 ihre eigene Theologische Fakultät. Dort besteht nach wie vor ein großer Bedarf an ausgebildeten Theologen.

---

38 Hermann Goltz, Zwischen Deutschland und Armenien – Johannes Lepsius (1858–1926), in: ThLZ 108 (1983), 880f.

Friedrich Loofs als Prediger

Jörg Ulrich

Neben seinen wissenschaftlichen Arbeiten und den Lehrbüchern zur Kirchen- und Dogmengeschichte sind von Friedrich Loofs auffällig viele Predigten erhalten.[1] Eine große Zahl dieser Predigten liegt in Predigtsammlungen oder Einzeldrucken vor.[2] Viele ungedruckte Predigten befinden sich noch im Nachlass in der Universitätsbibliothek Halle und harren dort der Edition. Loofs selbst hat das Predigen ganz bewusst als Teil seines akademischen Wirkens angesehen, was sowohl durch die von ihm – offenbar auf vielfältigen Wunsch aus dem Kreise seiner Hörer – veranlassten Veröffentlichungen seiner Predigten deutlich wird als auch aus seiner »Selbstdarstellung« hervorgeht, die er nur ein Jahr vor seinem Tode für die »Religionswissenschaft der Gegenwart in Selbstdarstellungen« verfasst hat.[3] Der folgende Beitrag hat, von dieser Selbstdarstellung ausgehend, eine Würdigung des Predigers Friedrich Loofs zum Ziel und will das Profil seiner Predigten ermitteln.

1. Friedrich Loofs als Prediger im Spiegel seiner Selbstdarstellung von 1926

Friedrich Loofs wurde 1858 als Pastorensohn in Hildesheim geboren. Durch den Vater Friedrich Georg Loofs (1825–1893) erfuhr er eine offenbar sehr bewusst wahrgenommene Prägung im Sinne lutherischer Kirchlich-

---

[1] Darauf verweist Friedemann Steck, Art. »Loofs, Friedrich«, in: RGG⁴ 5, Tübingen 2002, 514f. (515); ebenso Friedrich Loofs, Patristica. Ausgewählte Aufsätze zur Alten Kirche (AKG 71), hg. v. Hanns Christof Brennecke/Jörg Ulrich, Berlin/New York 1999, VII–XII (X) und Stephan Bitter, Art. »Loofs, Friedrich«, in: TRE 21, Berlin/New York 1991, 464–466 (464).
[2] Eine Liste der gedruckten Predigten findet sich bei Friedrich Loofs, Selbstdarstellung (RWGS 2), Leipzig 1926, 1–42 (wiederabgedruckt in: Loofs, Patristica [s.o. Anm. 1], 393–431. Aus der Ausgabe AKG 71 wird im Folgenden zitiert. Die genannte Liste findet sich ebd., 408).
[3] Loofs, Selbstdarstellung (s.o. Anm. 2).

keit, die in der Hannoverschen Kirche der zweiten Hälfte des 19. Jahrhunderts Einflüsse der Erweckungsbewegung und des neulutherischen Konfessionalismus vereinigte. Die Predigten des Vaters bescheinigt Loofs in der Rückschau durchaus kritisch, dass ihnen »Volkstümlichkeit und Vielseitigkeit des Gesichtspunktes abging«,[4] würdigt aber positiv ihre inhaltliche Konzentration auf die »melanchthonisch-lutherische Lehre vom Glauben«.[5] Trotz mancher Differenzen hat das gemeinsame Interesse an der Gemeinde und am Predigen stets eine bleibend tiefe Verbindung zwischen dem Vater und dem schon bald von Harnack und Ritschl geprägten Sohn gewährleistet. Nicht ohne Stolz vermerkt Friedrich Loofs, dass er seine erste Predigt am zweiten Ostertage des Jahres 1878 in Burgwedel, der damaligen Superintendenturgemeinde seines Vaters, auf dessen gern gegebene Genehmigung hin gehalten habe;[6] fortan hat der ab 1880 dezidiert die akademische Laufbahn einschlagende Friedrich Loofs in den Universitätsferien offenbar hin und wieder in Jeinsen, der seit 1878 neuen Superintendenturgemeinde seines Vaters, gepredigt.[7] Seinen ersten Halleschen Predigtband von 1892 hat er seinem Vater gewidmet.

Im Rückblick auf seine Studentenzeiten hebt Loofs ausdrücklich seine Begeisterung für die Predigten Friedrich Ahlfelds in Leipzig[8] und, im Tübinger Sommersemester 1878, seine Hochachtung für die urwüchsig-ernste pietistische Schriftauslegung eines Bauern während der sonntäglichen Michaelianerstunde in Lustnau hervor.[9] Nach den beiden theologischen Examina (Hannover 1880 und 1883) und der Habilitation für Kirchen- und Dogmengeschichte (1882) erhält er eine Dozentur in Leipzig, bei der ihm offenbar die ihm seit Dezember 1886 übertragene Aufgabe als Hilfsprediger an der Universitätskirche wichtig gewesen ist; denn als er 1887 zunächst als Extraordinarius nach Halle geht, tut es ihm leid, um dieses Rufes willen auf die Leipziger Predigttätigkeit verzichten zu müssen.[10] Indes wird auch in Halle, wo er 1888 als Nachfolger Justus Jacobis zum Ordinarius für Kirchengeschichte berufen wird, »Ähnliches von Berlin aus […] in die Wege geleitet«, so dass Loofs zunächst in Vertretung des Universitätspredigers Willibald Beyschlag gemeinsam mit Hermann Hering, später gemeinsam mit dessen Nachfolgern, im akademischen Gottesdienst der Universität Halle regelmä-

---

4   Loofs, Selbstdarstellung (s.o. Anm. 2), 395.
5   Ebd.
6   Loofs, Selbstdarstellung (s.o. Anm. 2), 400.
7   Loofs, Selbstdarstellung (s.o. Anm. 2), 395.
8   Loofs, Selbstdarstellung (s.o. Anm. 2), 397. Zu Friedrich Ahlfeld siehe Friedrich Wilhelm Bautz, Art. »Ahlfeld, Friedrich«, in: BBKL 1, Herzberg 1990, 66f.
9   Loofs, Selbstdarstellung (s.o. Anm. 2), 401.
10 Loofs, Selbstdarstellung (s.o. Anm. 2), 407.

ßig gepredigt hat.[11] Diesen Predigtauftrag, der faktisch auf einen etwa 14tägigen Predigtrhythmus während der Semesterzeit hinauslief, hat er bis zu seinem Ruhestand wahrgenommen. Hinzu kamen »verhältnismäßig sehr selten« weitere sonntägliche Predigten und einige Kasualpredigten im Familien-, Kollegen- und Freundeskreis in Vertretung des jeweils zuständigen Pfarrers.[12] Das Predigen hat Loofs eine »liebe Ergänzung meiner Lehrtätigkeit«[13] genannt. Befreundeten Gelehrten wie Adolf von Harnack hat er Predigten zugeschickt und Stellungnahmen dazu erhalten.[14] Über das eigene Predigen hinaus hat er sich als Mitglied des Konsistoriums der Kirchenprovinz viel auch mit fremden Predigten beschäftigt: Bei der Bearbeitung der Berichte der Superintendenten über ihre Kirchenvisitationen sieht er sich »insbesondere die Predigtkritiken in ihnen«[15] an. So kommt es nicht von ungefähr, dass Loofs ab dem Jahre 1912 nach dem Tode seines Kollegen Paul Drews »über geraume Zeit« das homiletische Proseminar an der Fakultät in Halle übernommen und hier mit den Kollegiaten bis in die zwanziger Jahre hinein sowohl Prediger der Neuzeit seit Schleiermacher studiert als auch die homiletische Bearbeitung ausgewählter biblischer Texte eingeübt hat.[16]

Die Ausführungen in der »Religionswissenschaft der Gegenwart in Selbstdarstellungen« machen eindrucksvoll deutlich, dass das Predigen und die Beschäftigung mit Predigten für den Kirchen- und Dogmengeschichtler Friedrich Loofs einen im Vergleich mit eigentlich allen anderen Kirchenhistorikern seiner Zeit ungewöhnlich hohen Stellenwert eingenommen haben. Diesem Befund steht die Tatsache gegenüber, dass er sich in der Selbstdarstellung inhaltlich-sachlich zu seinen Predigten kaum äußert; neben den wiederholten Bekundungen seines vitalen Interesses am Predigen finden sich nur einige wenige Notizen zum Lokalkolorit des Halleschen akademischen Gottesdienstes zwischen 1889 und 1919, zum Predigen nach memoriertem Konzept, zur pastoralen Aufgabe von Trauerreden und zum eher zurückhaltenden Ton seiner Predigten in der Kriegszeit.[17] In einer für die »Religionsgeschichte der Gegenwart« verfassten Selbstdarstellung kann dies nicht verwundern; umso besser trifft es sich, dass aus anderen erhaltenen Texten und aus den reichhaltig überlieferten Predigten selbst das Profil des Predigers Friedrich Loofs gut zum Vorschein kommt.

---

11 Loofs, Selbstdarstellung (s.o. Anm. 2), 408.
12 Loofs, Selbstdarstellung (s.o. Anm. 2), 408f. Anm. 11 u. 12.
13 Loofs, Selbstdarstellung (s.o. Anm. 2), 408.
14 Siehe hierzu den Aufsatz von Claus-Dieter Osthövener in diesem Band, besonders Seite 85f.
15 Loofs, Selbstdarstellung (s.o. Anm. 2), 410.
16 Loofs, Selbstdarstellung (s.o. Anm. 2), 412.
17 Loofs, Selbstdarstellung (s.o. Anm. 2), 408 Anm. 11 u. 12; ebd., 416 Anm. 24.

Ehe wir uns den Predigten selbst zuwenden, soll ein Blick auf den im Jahre 1908 entstandenen kurzen Text »Über die Aufgabe der Predigt in der Gegenwart« die grundsätzlichen Auffassungen von Loofs über das Predigen erheben, die zugleich auch als theoretische Zwischenbilanz seiner eigenen Predigterfahrung als »seit bald 20 Jahren mit regelmäßigen ›akademischen‹ Predigten betrauter Theologe«[18] gelesen werden können.

2. Friedrich Loofs' Vorrede über die Aufgabe der Predigt in der Gegenwart

Seinem im Jahre 1908 erschienen Band »Akademische Predigten« hat Loofs auf Wunsch des Herausgebers eine Vorrede mit dem Titel »Über die Aufgabe der Predigt in der Gegenwart« vorangestellt, in der er über seine Auffassung des Predigens auf wenigen Seiten knapp und konzentriert Rechenschaft ablegt.[19] Loofs will hier seine Ausführungen ausdrücklich nicht als Beitrag zur Praktischen Theologie verstanden wissen – die »Unzünftigkeit« seiner Einlassung setze seiner fachlichen Urteilsfähigkeit zwar unter Umständen gewisse Grenzen, sei aber möglicherweise auch ein Vorteil angesichts bisweilen mangelhafter Orientierung der Praktischen Theologie an den realen Verhältnissen.[20]

Die realen Verhältnisse seiner Gegenwart sieht Loofs – wie so viele Prediger vor ihm und nach ihm – zunächst durch einen Verfall gegenüber den vermeintlich besseren Verhältnissen der ferneren und näheren Vergangenheit gekennzeichnet.[21] Wie immer es um die historische

---

18 Loofs, Akademische Predigten (s.u. Anm. 19), VII.
19 Friedrich Loofs, Akademische Predigten. Die Predigt der Kirche. Abteilung 7. Prediger der Gegenwart, Bd. IV, Dresden/Leipzig (1908). Der Band enthält 12 Predigten aus den Jahren 1902–1907. Die Vorrede findet sich auf den Seiten VII–XXIII.
20 Loofs, Akademische Predigten (s.o. Anm. 19), IX: »Ich wenigstens habe den Eindruck, als komme die ›praktische Theologie‹ durch ihre systematischen Konstruktionen über die Bedeutung der sonntäglichen ›Gemeindefeier‹ und über die Stellung der Predigt in ihr sowie durch ihre Theorien über Textausschöpfung, Textgemäßheit und kunstgerechten Aufbau der Predigt in die Gefahr, die realen Verhältnisse, mit denen die Predigt heutzutage rechnen muß, nicht so scharf ins Auge zu fassen, als wünschenswert ist.«
21 Loofs, Akademische Predigten (s.o. Anm. 19), X: »Ja, einst, als die Welt noch eng war und das Leben trotz aller Rauhheiten primitiverer Kulturverhältnisse in ruhigeren und beschränkteren Bahnen dahinfloß; einst, als Bibel und Gesangbuch die einzige Lektüre vieler Christen bildeten, als keine Zeitungen das Bildungsbedürfnis des Volkes befriedigten, eine National-Literatur für die Gebildeten noch nicht existierte; einst, als alle Welt den sonntäglichen Kirchengang für Pflicht hielt, und ›Gottes Wort‹ in weitesten Kreisen eine formal sichere Autorität besaß; – da konnte

Angemessenheit seiner Äußerungen zu den angeblich günstigeren früheren Zeiten bestellt sein mag, für seine Gegenwart konstatiert Loofs jedenfalls eine mangelnde Bereitschaft zum Kirchgang in »zahllosen Arbeiter-, Bürger-, Kaufmanns- und Beamtenfamilien«[22], die er auf eine generelle Interesselosigkeit zurückführt, welche wiederum von der von Loofs durchaus konzedierten Langeweile herrühre,[23] die in vielen Gottesdienstes lähmende Wirkung tue. Da viele namentlich protestantisch geprägte Menschen aber der patriarchalischen Frömmigkeit, den Gottesdienst einfach über sich ergehen zu lassen wie »der Katholik seine Messe«[24] über sich ergehen lässt, nicht mehr fähig sind, bleiben sie dem Gottesdienst konsequenterweise fern. Mögliche Abhilfe sieht Loofs nur darin, in den Predigten die tatsächlichen Probleme der Menschen anzusprechen anstatt über die Köpfe hinweg zu predigen:

>»Aber wirklich profitieren kann nur der, der Antwort findet auf die Fragen, die ihn bewegen, nicht an Begriffen sich stößt, die für ihn leer sind, und nicht alle Verbindungslinien vermißt zwischen dem, was er hört, und der Begriffswelt, in der er lebt.«[25]

Daraus ergibt sich als Intention der Predigt programmatisch formuliert:

>»Die moderne Predigt müßte, wenn sie ihre Aufgabe erfüllen soll, den lebendigen Gemeindegliedern feiern helfen, die Gewohnheitskirchgänger aufrütteln, den Suchenden entgegenkommen, die zufällig Anwesenden fesseln, die Abwesenden heranziehen.«[26]

Es geht ihm, durchaus in Übereinstimmung mit liberalen Predigtauffassungen, um die lebendige Bezeugung des Glaubens.

Um die so definierte Aufgabe der Predigt erfüllen zu können, scheint für Loofs »von dem Prediger vornehmlich dreierlei gefordert

---

der Prediger auf die Kanzel steigen, wie der Volksschullehrer auf sein Katheder: er fand seine Leute; auf seine Lehren warteten sie, soweit sie nicht träumend oder schlafend ihrer Sonntagpflicht genügten; ihr Interessenkreis fiel nicht heraus aus dem, was der Pastor übersah; – er hatte seinem Berufe genügt, wenn er sein Pensum angemessen erledigt hatte.«

22 Loofs, Akademische Predigten (s.o. Anm. 19), X.
23 Loofs, Akademische Predigten (s.o. Anm. 19), XI: »Man meint Besseres zu tun zu haben, als ›sich in der Kirche zu langweilen!‹ – Kann man dieses Urteil nur schelten? – Ich meine, daß unsere Gottesdienste nur zu oft Tausenden von ›Christen‹ langweilig sein müssen. Von der Liturgie will ich hier schweigen; – wer sich ernstlich fragt, ob sie andern als sehr Geförderten mehr geben könne als gelegentlich einen verdaulichen Brocken, der muß meines Erachtens die Frage verneinen.«
24 Loofs, Akademische Predigten (s.o. Anm. 19), XI. Es fällt auf, dass in der Vorrede über die Aufgabe der Predigt polemische Einlassungen von Loofs gegen den römischen Katholizismus eine erkennbar größere Rolle spielen als in anderen seiner Texte: Loofs, Akademische Predigten (s.o. Anm. 19), IX. XI. XIIIf.
25 Loofs, Akademische Predigten (s.o. Anm. 19), XI.
26 Loofs, Akademische Predigten (s.o. Anm. 19), XII.

werden zu müssen«[27], nämlich erstens die möglichst genaue Kenntnis seines Publikums, zweitens die Absicht, seiner Gemeinde etwas geben und bringen zu wollen und drittens ein gewisser Nachdruck beim Bemühen um dieses Ziel bei gleichzeitigem Verzicht auf Künsteleien. Zu allen drei Aspekten gibt Loofs nähere Ausführungen und nennt zum Teil auch Negativbeispiele, so dass seine »Vorrede« unter der Hand zu einer kleinen Benimmfibel für Prediger wird. Der Prediger muss seine Gemeinde kennen, das heißt er muss den religiösen Horizont der verschiedenen sozialen Schichten kennen, er muss mit großer sachlicher Unkenntnis und begrifflich-sprachlicher Unbeholfenheit bei seinen Hörern rechnen, er muss alle Themen scheuen, für die den Hörern die Anknüpfungsmöglichkeiten fehlen, er muss Fachterminologie und frommen Jargon vermeiden.[28] Und über den religiösen Horizont der Hörer hinaus soll der Prediger sich mit dem geistigen Leben und der Bildung seiner Zuhörer befassen:

> »Wer Arbeitern dienen will, muß die sozialdemokratische Bildungs-Literatur kennen. [...] Und wer der höheren Bildung zeigen will, daß ihr ohne das Evangelium etwas fehlt, muß, was wahre Bildung ist, selber wissen und verstehen.«[29]

Erforderlich sei ein »ernstliches Sich-hineinarbeiten in die Interessen- und Gedanken-Sphäre der Gemeindeglieder«[30], weshalb es schon im Theologiestudium (auch) darauf ankomme, dass die jungen Studenten ihre Zeit und die Welt kennen lernen. Loofs schreibt:

> »Die Welt ist bunt heutzutage, und wer nie einen Eindruck davon bekommen hat, wird dieser unserer Welt nie dienen können!«[31]

Unter dem zweiten Aspekt, dass der Prediger seiner Gemeinde etwas geben und bringen wollen solle, relativiert Loofs die homiletische Forderung nach Textgemäßheit der Predigt. So berechtigt diese sei, berge sie doch das Problem, dass der Prediger eng in den Vorstellungskreisen der Bibel verhaftet und seiner Zeit und ihren Vorstellungen entsprechend fern bleibe. Die höchste Forderung an eine Predigt sei aber die, dass

---

27 Loofs, Akademische Predigten (s.o. Anm. 19), XIV.
28 Loofs, Akademische Predigten (s.o. Anm. 19), XIVf.
29 Loofs, Akademische Predigten (s.o. Anm. 19), XVI. Hanns Christof Brennecke hat in seinem Beitrag zu diesem Band mit Recht darauf aufmerksam gemacht, dass diese Passage in Loofs' Vorrede inhaltlich doch sehr an Augustins »De doctrina christiana« erinnert, ohne dass Augustin von Loofs eigens genannt würde. Siehe hierzu in diesem Band Seite 16.
30 Loofs, Akademische Predigten (s.o. Anm. 19), XVII.
31 Ebd.

»die Gemeinde, die moderne Gemeinde, Antwort finde auf ihre Fragen, Trost in ihren Nöten, Anleitung und Ermutigung für die praktischen Aufgaben, die ihr obliegen.«[32]

Dies der Gemeinde zu geben, muss das oberste Ziel des Predigers sein. Loofs hält ein entschlossenes Plädoyer für die Gemeindenähe der Predigt als oberstem homiletischen Kriterium, was mit der ersten Forderung, man müsse seine Gemeinde kennen, auf's engste korrespondiert. Hiergegen treten andere, noch so berechtigte Kriterien zurück. Loofs unterstreicht:

»Wenn man diesem Ziele durch eine ganz textgemäße Predigt dienen kann, ist's doppelt gut. Aber die Virtuosität in dieser Kunst ist nicht die Hauptsache; man predigt nicht für die homiletische Kritik, sondern für seine Zuhörer.«[33]

Unter dem dritten Aspekt, nämlich dem nachhaltigen Bemühen um das Erreichen des Predigtziels bei gleichzeitigem Verzicht auf Künsteleien, gibt Loofs eine Anzahl handwerklicher Hinweise für das Erstellen einer Predigt. Die Predigt soll ein klares Thema und einen roten Faden haben, sie soll klar aufgebaut sein, sie soll eine (wirklich zur Sache hinführende) Einleitung haben.[34] Für die Frage nach dem Halten der Predigt tritt er in differenzierter Weise für das wörtliche Ausarbeiten und Memorieren ein.[35] Bei den Ausführungen fällt auf, wie sehr Loofs daran gelegen ist, dass »homiletische Schönheitsregeln«, so sinnvoll sie sein mögen, nie um ihrer selbst willen befolgt werden, sondern immer an der Sache, am Ziel der Predigt gemessen und entsprechend dosiert eingesetzt werden; offensichtlich scheint hier ein Problem vorzuliegen, dass er bei Predigten seiner Studenten im homiletischen Seminar oder auch bei Visitationspredigten wahrnahm, weshalb er sich veranlasst sieht, hier eine deutliche Warnung auszusprechen.[36] An der Sache und am Ziel der Predigt gemessen sein müssen auch alle Gaben, Fertigkeiten und Kenntnisse, die der Prediger einsetzt:

»Wer gute Beispiele und Gleichnisse geben kann, wer illustrierende Geschichte kennt, wer über einen Schatz von guten Gesangbuchversen, Sprüchen und Zitaten verfügt, wer reiche Literaturkenntnis besitzt, wer phantasievoll schildern oder schwierige Gedanken leicht und sicher verständlich machen kann, wer im Lapidarstil zu reden vermag: alle die sollen ihr Können in den Dienst der Sache stellen. Und wer nichts von alledem hat, soll

---

32 Loofs, Akademische Predigten (s.o. Anm. 19), XX.
33 Ebd.
34 Loofs, Akademische Predigten (s.o. Anm. 19), XXf.
35 Loofs, Akademische Predigten (s.o. Anm. 19), XXII: »Das aber ist mir zweifellos, daß viele Prediger deshalb arm und langweilig werden, weil sie vom Aufschreiben sich dispensiert haben, ohne reich genug zu sein zum freien Reden.«
36 Loofs, Akademische Predigten (s.o. Anm. 19), XXI: »Die homiletischen Regeln sollen und wollen der sachgemäßen Behandlung des Stoffes dienen; von ihr losgelöst, wirken sie gespenstisch.«

sich bemühen, seiner Armut abzuhelfen. Aber dieses wie jenes nur um der Sache willen! Die praktische Aufgabe der Predigt muß das Alleinbestimmende sein. Sie muß aller individuellen Virtuosität Maß und Ziel setzen. Ohne dies wird alle rhetorische Kunst, alles Geschichtenerzählen, aller Bilderschmuck, alles Zitieren usw. zu Künstelei. Und alle Künstelei schadet der Wirksamkeit der Predigt heute mehr als je.«[37]
Hinsichtlich der Ausführung der Predigt liest sich dies wie ein Plädoyer für die Nüchternheit beim Predigen,[38] den Verzicht auf das In-den-Mittelpunkt-Stellen der Person des Predigers und als Absage an alle Formen der Eitelkeit, von der Loofs abschließend feststellt, dass sie den Prediger stets bedrohe und nur dann gebannt werden könne, wenn der Prediger sich stets mit Lukas 17,10 klar macht, dass er nichts weiter als seinen Dienst, seine Pflicht und Schuldigkeit getan hat.[39]

Loofs' Vorrede über die Aufgabe der Predigt in der Gegenwart aus dem Jahre 1908 mag im folgenden als Wahrnehmungsraster für die Analyse seines Predigtstils dienen und an das erhaltene Material die Frage stellen, ob und wie diese Grundsätze zum Thema Predigt sich in seinen eigenen Predigten niedergeschlagen haben.

3. Die akademischen Predigten

Friedrich Loofs hat den akademischen Gottesdienst in Halle an die vierzig Jahre lang versehen. Die gedruckten Predigten umfassen einen Zeitraum von 1883 (noch aus der Leipziger Zeit) bis 1919.[40] Die akademischen Gottesdienste fanden in der Regel während des Semesters 14tägig im Hallenschen Dom statt.[41] Die Gemeinde setzte sich aus Studenten der Theologie und aller anderen Fakultäten, aus theologischen Fakultätskollegen und nichttheologischen Dozenten »leider nur in verschwindend kleiner Zahl«[42], aus gebildeten Hallensern und aus Interessierten zusammen. Loofs hat im Gottesdienst meist selbst gepredigt. Die offenbar in sehr schnellem Tempo gesprochenen Predigten haben

---

37 Loofs, Akademische Predigten (s.o. Anm. 19), XXI.
38 Ebd.: »Je natürlicher, desto besser! Je sachlicher, desto wirksamer!«
39 Loofs, Akademische Predigten (s.o. Anm. 19), XXIII.
40 Die zwei weiteren großen Predigtbände werden im Folgenden unter Angabe des Erscheinungsjahres zitiert: Friedrich Loofs, Predigten, Halle 1892; Friedrich Loofs, Predigten, Halle 1901.
41 Loofs, Selbstdarstellung (s.o. Anm. 2), 408 und ders., Predigten, 1892 (s.o. Anm. 40), 214 sowie ders., Predigten, 1901 (s.o. Anm. 40), V.
42 Loofs, Selbstdarstellung (s.o. Anm. 2), 408f. Anm. 12.

eine von ihm als angemessen erachtete Länge von vierzig Minuten nicht überschritten.[43]

Loofs hat den akademischen Gottesdienst als eine vom parochialen Gemeindegottesdienst an zwei wichtigen Punkten unterschiedene Versammlung verstanden. Diese Unterschiede sieht er im höheren durchschnittlichen Bildungsstand der Universitäts-Gottesdienstbesucher[44] und darin, dass die Universitätsgemeinde keine Gemeinde im geläufigen Sinne sei, weil es in ihr keine Kasualpraxis, keine Bibelkreise und kein eigentliches Gemeindeleben gebe.[45] Von diesen Unterschieden abgesehen ist Loofs aber grundsätzlich der Meinung, der akademische Gottesdienst habe

> »keine andre Aufgabe als die sonntägliche Feier jeder evangelischen Gemeinde. Gottes Wort soll verkündigt werden, dass es die Herzen zu Christo ziehe und fest bei ihm halte.«[46]

Oder, wie er in einer Predigt vom 28. Juni 1891 formuliert:

> »Es gibt kein Extra-Evangelium für die sogenannten Gebildeten, ein anderes für das autoritätsbedürftige Volk. Es gibt nur ein Evangelium: Das alte schlichte Evangelium, von dem der Herr sagt: Ich preise dich, Vater und Herr des Himmels und der Erde, daß Du solches den Weisen und Klugen verborgen hast und hast es den Unmündigen geoffenbart (Luc 10,21).«[47]

---

43   Loofs, Predigten, 1892 (s.o. Anm. 40), VI: »Endlich bemerke ich, um nicht als Anwalt langer Predigten zu erscheinen, dass bei meinem sehr schnellen Sprechen keine der folgenden Predigten mehr als 35–40 Minuten, die Mehrzahl weniger Zeit beansprucht hat.« Für die Predigten vor 1892 haben wir also für die Frage nach der Predigtlänge einen klaren Beleg. Für die Predigten nach 1892 kann man immerhin hochrechnen, dass Loofs diese Länge in etwa beibehalten hat, wenn man sieht, dass der Seitenumfang der gedruckten Predigten sich nicht nennenswert ändert.

44   Loofs, Akademische Predigten (s.o. Anm. 19), XII: »Zunächst wollte ich mit dem obigen rechtfertigen, daß ich in den ›akademischen‹ Predigten mir bewusst die Aufgabe stelle, gebildeten Zuhörern zu dienen. Das ist zwar eine Beschränkung und Erleichterung der Predigtaufgabe. Aber sie ist dem akademischen Prediger erlaubt und, wenn meine Beurteilung unserer gegenwärtigen Verhältnisse richtig ist, für ihn vielleicht pflichtmäßig.« Man beachte auch seine Aussagen im Vorwort der Predigtreihe Friedrich Loofs, Der Ewigkeitsglaube. In fünf akademischen Predigten behandelt, Halle 1920, V: »Weil ich infolgedessen regelmäßig mit Studenten über Theorie der Predigt und dergleichen zu sprechen habe, so liegt mir daran, ausdrücklich zu betonen, daß Predigten, wie diese, Muster für Gemeindepredigten schlechterdings nicht abzugeben vermögen. Akademische Predigten dürfen ›Problempredigten‹ sein. Die gewöhnlichen Gemeindepredigten fordern viel größere Sachlichkeit.«

45   Loofs, Selbstdarstellung (s.o. Anm. 2), 408f. Anm. 12.

46   Loofs, Predigten, 1892 (s.o. Anm. 40), 186.

47   Loofs, Predigten, 1892 (s.o. Anm. 40), 233.

3.1. »Problempredigten«: Die Predigt im akademischen Gottesdienst als lehrhafte Erörterung

Allen gedruckten akademischen Predigten von Loofs ist es gemeinsam, dass sie in Inhalt und Form als Abhandlungen theologischer Fragen oder Themen erscheinen. Formal zeigt sich dies an einem durchweg sehr klaren, verschiedene Abschnitte zunächst ankündigenden und dann ausführenden Aufbau, der alle Predigten prägt.[48] Inhaltlich sind die Predigten Ausführungen zu theologischen Themen, die sich vom Predigttext und Proprium des jeweiligen Sonntags oder vom Kasus (zum Beispiel Semestereröffnung, Universitätsjubiläum) her nahe legen, in anderen Fällen auch anlässlich der Probleme der jeweiligen Zeit[49] oder aufgrund ausdrücklicher Wünsche aus dem Hörerkreis[50] gewählt worden sind. In den Predigten herrscht deutlich ein dogmatisch-reflektierender, erörternder Ton vor. Loofs hat in seiner Selbstdarstellung rückblickend vermerkt, obwohl er kein Systematiker sei, habe er um seiner Predigten willen »ziemlich viel dogmatische Literatur gelesen«.[51]

Schon die Überschriften, die in den Inhaltsverzeichnissen der gedruckten Predigtbände den Predigten vorangestellt sind, zeigen das Interesse an der lehrhaften Behandlung theologischer Sachverhalte: Sind Titel wie »Siehe, dein König kommt!«[52] oder »Als die Freien!«[53] noch unmittelbar den vorgeschriebenen Perikopentexten geschuldet, zeigt sich bei anderen Titeln deutlich die Tendenz zur systematischen Behandlung eines Themas: An Quinquagesimae 1891 predigt Loofs in Halle über Lukas 23,27–34 und überschreibt die Predigt thematisch mit »Die Liebe unseres Heilandes«[54]. Am vierten Sonntag nach Trinitatis 1889 predigt er über Matthäus 7,15–23 und überschreibt thetisch: »Gute Werke sind Früchte des Glaubens«[55]. Oder er gestaltet die Überschrift einer Predigt als Frage: »Was fordert der Herr von denen, die sein Gebot der Nächstenliebe erfüllen wollen?«, »Wann stehe ich recht zu Jesu?« oder »Was lehrt uns der Herr vom ewigen Leben?« lauten Titel zu Predigten aus dem ersten Band von 1892.[56] Die Gestaltung der Titel im Sinne theologischer Problemstel-

---

48 Siehe hierzu unter 3.3.
49 So die Predigten über den Ewigkeitsglauben im Nachkriegsjahr 1919, siehe Loofs, Ewigkeitsglaube (s.o. Anm. 44).
50 Loofs, Predigten, 1892 (s.o. Anm. 40), 222.
51 Loofs, Selbstdarstellung (s.o. Anm. 2), 425.
52 Über Mt 21,1–9. Loofs, Predigten, 1892 (s.o. Anm. 40), VII. Die Predigt selbst ebd., 1–13.
53 Über 1 Petr 2,11–20. Loofs, Predigten, 1892 (s.o. Anm. 40), VII. Die Predigt selbst ebd., 160–171.
54 Loofs, Predigten, 1892 (s.o. Anm. 40), VII. Die Predigt selbst ebd., 113–124.
55 Loofs, Predigten, 1892 (s.o. Anm. 40), VII. Die Predigt selbst ebd., 199–212.
56 Über Lk 10,25–42, Mt 10,37 und Mt 22,31f.

lungen, dogmatischer Thesen oder Fragen hält sich im Predigtband von 1901[57] und auch in den akademischen Predigten von 1908[58] ausnahmslos durch. Dabei ist wichtig zu sehen, dass es sich bei der Vergabe von Überschriften für die Predigten keinesfalls um ein Zugeständnis an Erfordernisse redaktioneller Art handelt. Alle Titel komen bei Loofs nämlich nicht nur als Überschriften über den gedruckten Predigten vor, sondern finden sich *innerhalb* der Predigten, und zwar jeweils an der Stelle, wo er, seinem streng standardisierten Aufbau folgend, nach der Lesung des Textes und einer längeren Hinführung zum Problem seinen Hörern die Grundidee und den Aufbau der Predigt vorstellt.[59] Zur Illustration dieses Verfahrens sei an dieser Stelle nur ein einziges Beispiel gewählt: Am 11.11.1906 predigt Loofs über Römer 3,23–26 und formuliert am Ende seiner Überleitung vom Text zum Thema folgendermaßen:

> »Wer hat nun Recht: die Reformatoren, oder ihre modernen Tadler? Die Reformatoren sind im Recht: Der Glaube an Gottes sündenvergebende Gnade in Jesu Christo schließt rechte Gotteserkenntnis ein. Das wollen wir im Anschluß an unsern Text zu verstehen versuchen. Ein Dreifaches gilt's dabei ins Auge zu fassen: Wer an Gottes sündenvergebende Gnade glaubt, der hat Gottes zuvorkommende Liebe erfahren, der ist sich der Heiligkeit Gottes bewußt, ohne vor ihr zu erschrecken, der weiß sich geborgen in Gottes Treue, die ihn angenommen hat.«[60]

Die Themen, die Loofs in seinen Predigten behandelt, berühren das gesamte Spektrum evangelischer Theologie. Besonders prominent hervortretende Themen sind immer wieder die Rechtfertigung nach reformatorischem Verständnis einschließlich der Frage nach den Früchten des

---

57 Loofs, Predigten, 1901 (s.o. Anm. 40). Zu Mk 4,25 (2. Sonntag nach Epiphanias 1899) als Thema formuliert: »Das Gesetz des Werdens und Vergehens im Reiche Gottes« (ebd., VII; die Predigt selbst ebd., 48–58). Zu Apg 19,1–7 (1. Sonntag nach Trinitatis 1897) als These formuliert: »Wer Christi Geist nicht hat, der ist nicht sein« (ebd., VIII; die Predigt selbst ebd., 173–182). Zu Mt 24,15–28 (25. Sonntag nach Trinitatis 1894) als Frage formuliert: »Was soll uns die Botschaft von der Wiederkunft Christi?« (ebd., VIII; die Predigt selbst ebd., 295–306).
58 Loofs, Akademische Predigten (s.o. Anm. 19). Zu Mt 6,1–6. 16–18 (gehalten am 24.1.1904) als Thema formuliert: »Die rechte Stellung zu den äußeren Formen der Frömmigkeit« (ebd., V; die Predigt selbst ebd., 45–57). Zu Röm 3,23–31 (gehalten am 4.11.1906) als These formuliert: »Die reformatorische Predigt von Sünde und Gnade ist der rechten Sittlichkeit nur förderlich« (ebd., V; die Predigt selbst ebd., 57–69). Zu Lk 10,21–24 (gehalten am 2.6.1907) als Frage formuliert: »Was lernen wir aus Jesu Worten über die christlichen Glaubenslehren?« (ebd., V; die Predigt selbst ebd., 23–34).
59 Für die in den drei vorherigen Anmerkungen genannten Predigten siehe Loofs, Predigten, 1892 (s.o. Anm. 40), 104. 224. 266; Loofs, Predigten, 1901 (s.o. Anm. 40), 50. 175. 297; Loofs, Akademische Predigten (s.o. Anm. 19), 48. 60. 26.
60 Loofs, Akademische Predigten (s.o. Anm. 19), 71. Im Original sind die These fett und die drei Aspekte ihrer Entfaltung gesperrt gedruckt. – Siehe zum Aufbau der Loofs'schen Predigten näherhin die Ausführungen unter 3.3.

Glaubens, der Themenbereich Ewigkeit – Unsterblichkeit – Auferstehung, die Fragen nach der Gewissheit des Glaubens und nach der Stellung der christlichen Gemeinde zur sie umgebenden Welt einschließlich der christlichen Nächstenliebe und Sittlichkeit.[61] Eine große Rolle spielen die Predigten im jahreszeitlichen Umfeld der großen christlichen Feste, die häufig das Ziel verfolgen, Aspekte der Bedeutung des jeweiligen Festes für die Gemeinde zu erörtern.[62]

Die Tendenz, dass Loofs' Predigten »Problempredigten« im Sinne gemeindenaher systematisch-theologischer Erörterungen sind, zeigt sich auch, wenn man die zahlreichen Fälle beachtet, in denen ein Thema über einige aufeinander folgende Universitätsgottesdienste hinweg weitergeführt wird. Mit den separat herausgegebenen kleinen Predigtsammlun-

---

61 Zum Thema Rechtfertigung: »Die reformatorische Predigt von Sünde und Gnade ist der rechten Sittlichkeit nur förderlich« und »Der Glaube an Gottes sündenvergebende Gnade schließt rechte Gotteserkenntnis ein« (fortlaufende Auslegung von Röm 3,23–31) und »Gott hat den, der von keiner Sünde wußte, für uns zur Sünde gemacht, auf daß wir würden in ihm die Gerechtigkeit, die vor Gott gilt« (Loofs, Akademische Predigten [s.o. Anm. 19], 57–80. 126–139). Zum Thema Ewigkeit/Unsterblichkeit: »Was lehrt uns der Herr vom ewigen Leben?« (Loofs, Predigten, 1892 [s.o. Anm. 40], 264–277); »Ostern der Anfang des neuen Lebens« (Loofs, Predigten, 1901 [s.o. Anm. 40], 112–120) und die Predigtenreihe über den Ewigkeitsglauben aus dem Jahre 1919. Zum Thema Glaubensgewissheit: »Der Weg zur Glaubensgewißheit« (Loofs, Predigten, 1892 [s.o. Anm. 40], 186–199); »Ein Trostpsalm für den angefochtenen Glauben« (Loofs, Predigten, 1901 [s.o. Anm. 40], 192–202); Gemeinde und Welt: »Wie sollen wir als Christen stellen zu dieser Welt und ihren Gütern?« (Loofs, Predigten, 1892 [s.o. Anm. 40], 63–77); »Was fordert der Herr von denen, die sein Gebot der Nächstenliebe erfüllen wollen?« (ebd., 102–113); »Gute Werke sind Früchte des Glaubens« (ebd., 199–212); »Die Grundregel christlicher Sittlichkeit« (Loofs, Predigten, 1901 [s.o. Anm. 40], 222–232); »Jesu letztes Ziel ist, daß wir gute Menschen werden« (Loofs, Akademische Predigten [s.o. Anm. 19], 12–23).

62 Loofs, Predigten, 1892 (s.o. Anm. 40): Zum Advent: »Siehe, Dein König kommt!« (ebd., 1–13) und »Wie sollen wie dem Herrn den Weg bereiten?« (ebd., 13–26); zu Weihnachten: »Wie sollen wir die Weihnachtsbotschaft aufnehmen?« (ebd., 26–39); zu Epiphanias: »Die Liebe des Gesetzes Erfüllung« (ebd., 89–102); zu Ostern: »Vom rechten Osterglauben« (ebd., 147–160); zum Totensonntag: »Was lehrt uns der Herr vom ewigen Leben?« (ebd., 264–277). Loofs, Predigten, 1901 (s.o. Anm. 40): Zum Advent: »Wie wird uns die alte Adventsmahnung neu?« (ebd., 7–16) und »Vergangenheit, Gegenwart und Zukunft im Lichte der Adventsbotschaft« (ebd., 17–27); zu Weihnachten: »Wann verstehen wir die Weihnachtsgeschichte recht?« (ebd., 38–47); zu Ostern: »Ostern der Anfang des neuen Lebens« (ebd., 112–120); am Totensonntag: »Der Gang zum Grabe des Herrn am Ostermorgen« (ebd., 121–132) und »Wie sollen wir unserer Entschlafenen gedenken?« (ebd., 306–316). Loofs, Akademische Predigten (s.o. Anm. 19): Zum Advent: »Der nur hat in Jesus den Erlöser, der auch sein Fordern und sein Leben neben seinem Sterben versteht« (ebd., 93–105; im ersten Universitätsgottesdienst nach Ostern: »Weshalb ist rechtes Christentum ein neues Leben?« (ebd., 105–115); zum Totensonntag: »Vexilla regis prodeunt!« (ebd., 81–93).

gen über das Apostolische Glaubensbekenntnis aus dem Jahre 1895,[63] über den Vorsehungsglauben von 1906,[64] über Selbsterlösung, Pantheismus und Lebensfreude von 1911,[65] über den Glauben an den lebendigen Gott und die Lebensrätsel von 1915[66] sowie über den Ewigkeitsglauben aus dem Jahre 1919[67] haben sich diese kleinen thematischen Reihen sogar in der Form der Publikation niedergeschlagen. Aber auch in den großen Predigtbänden finden sich immer wieder Beispiele dafür, dass Loofs ein bestimmtes theologisches Thema über einige aufeinander folgende Gottesdienste hinweg bearbeitet hat,[68] teils in fortlaufender Auslegung eines biblischen Abschnitts, teils unter Verwendung unterschiedlicher biblischer Texte, mit denen er verschiedene Aspekte des Themas fortlaufend entfaltet. Häufig geht er in den Predigten auf das beim letzten Gottesdienst Gesagte ein und greift es wieder auf, um dann den Gedankengang von dort aus fortzusetzen.[69] In dieses Konzept der thematisch-lehrhaft erörternden Predigt gehört auch die systematische Entfaltung theologischer Begriffe in aktualisierender Form, die sich bei Loofs immer wieder findet. Hier ist neben dem, was oben zu den thematischen Reihen bereits gesagt wurde, beispielsweise auf die Entfaltung klassischer theologischer

---

63 Friedrich Loofs, Das Apostolikum. Drei Predigten, Halle 1895.
64 Friedrich Loofs, Vom Vorsehungsglauben. Drei Predigten, Halle 1906.
65 Friedrich Loofs, Über Selbsterlösung, Pantheismus und Lebensfreude. Drei Predigten am 30. April, am 14. und 28. Mai im akademischen Gottesdienst, Halle 1911. Die Predigten sind eine kritische Auseinandersetzung mit dem Kölner Prediger Carl Wilhelm Jatho, der hier nicht namentlich genannt wird, aber dessen Wirkungen bis nach Halle und darüber hinaus reichten und als »schwere Krisis über unsere Landeskirche« und als »Bewegung, die vom Rhein her jetzt unsere Landeskirche durchzittert« (ebd., 3. 15) bezeichnet werden. Loofs war seit 1910 königlich ernanntes Mitglied des durch das sogenannte Irrlehregesetz eingerichteten Spruchkollegiums und als solches mit dem Fall Jatho befasst. Seiner Selbstdarstellung zufolge hat er in diesem Gremium gegen die Absetzung Jathos gekämpft, weil »der sittlich höchst ehrenwerte, sechzigjährige Mann, solange er im Amte blieb, noch bauend zu wirken imstande war« (Loofs, Selbstdarstellung [s.o. Anm. 2], 429). Zu Ostern 1911 war Loofs eigens nach Köln gefahren, um Jatho predigen zu hören (ebd.). Vierzehn Tage später beginnt er in drei vierzehntägig aufeinander folgenden Universitätspredigten die kritische Auseinandersetzung mit dessen Theologie. Loofs' Einsatz gegen die Amtsenthebung Jathos blieb freilich erfolglos. Zum Fall Jatho siehe Manfred Jacobs, Art. »Jatho, Carl Wilhelm«, in: TRE 16, Berlin/New York 1987, 545–548 und Dietrich Keller, Carl Jatho. Prediger der Liebe und der Lebensfreude, in: MEKGR 28 (1979), 217–238.
66 Friedrich Loofs, Der Glaube an den lebendigen Gott und die Lebensrätsel. Zwei Predigten, Halle 1915.
67 Loofs, Ewigkeitsglaube (s.o. Anm. 44).
68 Loofs, Akademische Predigten (s.o. Anm. 19), 57–80. 105–139.
69 Loofs, Predigten, 1892 (s.o. Anm. 40), 13. 63. 77. 103. 113. 126. 199; Loofs, Predigten, 1901 (s.o. Anm. 40), 79. 182. 213. 297; Loofs, Akademische Predigten (s.o. Anm. 19), 45. 70. 115.

Begriffe »Sünde«[70], »Versöhnung«[71], »Glaube«[72], »Gnade«[73], »Lebensmut«[74] oder »Demut«[75] in den Predigten zu verweisen. Beim Thema »Demut«, das er in einer Predigt am 24. April 1898 in der Stephanuskirche entfaltet, weist Loofs eigens darauf hin, dass er zur Vorbereitung der Predigt eine kleine Abhandlung über die Demut gelesen habe, die ihn sehr beschäftigt habe[76] – gemeint ist Wilhelm Herrmanns Artikel »Demut« aus der Realenzyklopädie.[77] In einer Predigt am 28. Juni 1891 im Dom zu Halle handelt er die klassischen Gottesbeweise aus der theologischen Tradition wie auch die klassischen Argumente für den Unsterblichkeitsglauben für die Gemeinde ab.[78] In den Zusammenhang der Explikation dogmatischer Begriffe in Loofs' Predigten gehört auch die kleine Reihe über den Vorsehungsglauben aus dem Jahre 1906.

Zum lehrhaft-erörternden Predigtstil von Friedrich Loofs passt es schließlich gut, dass sich in seinen Predigten hin und wieder Auseinandersetzungen mit anderen theologischen oder philosophischen Lehren finden, zum Beispiel aus Perspektive der lutherischen Rechtfertigungslehre mit dem römischen Katholizismus[79] oder aus Perspektive der christlichen Auferstehungslehre mit dem platonischen Modell der Unsterblichkeit der Seele.[80] Diese Auseinandersetzungen fallen durch Sachlichkeit auf und gleiten nie ins bloß Polemische ab. Auch die aktuelle Auseinandersetzung mit dem Kölner Prediger Jatho aus dem Jahre 1910, die Loofs mit der unerfreulichen Aufgabe einer Stellungnahme in einem Irrlehreverfahren belastete,[81] hat er von der Halleschen Univer-

---

70 Loofs, Akademische Predigten (s.o. Anm. 19), 22.
71 Loofs, Akademische Predigten (s.o. Anm. 19), 118. 124.
72 Loofs, Predigten, 1892 (s.o. Anm. 40), 46. 197. 208.
73 Loofs, Predigten, 1892 (s.o. Anm. 40), 208.
74 Loofs, Predigten, 1901 (s.o. Anm. 40), 142.
75 Loofs, Predigten, 1901 (s.o. Anm. 40), 132.
76 Ebd.
77 Zu Loofs' Mitwirken an der Realenzyklopädie siehe den Aufsatz von Uta Heil in diesem Band.
78 Loofs, Predigten, 1892 (s.o. Anm. 40), 237f.
79 Loofs, Akademische Predigten (s.o. Anm. 19), 65: »Was wir bisher besprochen haben, dem wird auch jeder fromme Katholik zustimmen. Das aber haben die Römischen schon im 16. Jahrhundert nicht verstanden und verstehen sie noch heute nicht, daß Luther allein in der Sündenvergebung den Erweis der Gnade Gottes sah, allein aus dem Glauben an diese Gnade Gottes die Rechtfertigung herleitete. Das schädige den Ernst der Sittlichkeit, so sagt man auf römischer Seite.«
80 Loofs, Ewigkeitsglaube (s.o. Anm. 44), 47: »Eine Unsterblichkeit der Seele allein, wie griechische Philosophen sie annahmen, kann doch niemand für glaublich halten, der von dem engen Zusammenhange von Leib und Seele etwas weiß und einen starken Eindruck davon hat, daß das, was wir Menschen der Seele nach, d.h. in geistlicher Hinsicht, sind, erst in diesem Leibesleben sich ausgestaltet.«
81 S.o. hierzu Anm. 65.

sitätsanzel aus mit großer Umsicht geführt und die problematischen Ansichten von Jatho zu Pantheismus, Selbsterlösung und Lebensfreude theologisch behutsam zu widerlegen versucht.

3.2. Die Predigt als Zuspruch und Mahnung für die Gemeinde

Wer die Ausführungen zum erörternden Stil der Loofs'schen Predigten zur Kenntnis genommen hat, könnte nun der Meinung sein, die Predigten unterschieden sich nur wenig von den sonstigen Erzeugnissen des akademischen Betriebes und seien Vorlesungen, Abhandlungen oder Traktaten zu einschlägigen Themen allzu vergleichbar. Der lehrhafte Zug der Predigten darf aber nicht darüber hinwegtäuschen, dass es das Hauptanliegen des Predigers Friedrich Loofs ist, die Relevanz des Gesagten für die Lebenswirklichkeit der versammelten Gemeindeglieder zu erhellen – ganz wie er es in den homiletischen Grundsatzüberlegungen in seiner Vorrede von 1908 ausgeführt hatte.[82] Zuspruch wie Paränese bleiben nie abstrakt, sondern gelten den Hörern in ihrer konkreten Gegenwart. Hierfür lassen sich zwei Aspekte namhaft machen: einerseits die konsequente Interpretation der sich aus den biblischen Texten ergebenden Themen als Angelegenheiten, die die Gemeinde unmittelbar angehen und andererseits die Orientierung an den Fragen und Problemen, die die versammelten Gemeindeglieder mutmaßlich beschäftigen.

3.2.1. Das »pro nobis« in der Loofs'schen Verkündigung

Der erste Aspekt kommt durch die konsequente hermeneutische Orientierung am »pro nobis« der biblischen Texte im Allgemeinen und des Christusereignisses im Speziellen zur Geltung. Die Texte sprechen für Loofs in die Gegenwart der Gemeinde hinein, sie gelten den gegenwärtigen Hörern. Formulierungen wie »Uns ist es gesagt«[83], das »ruft der Apostel uns zu«[84] oder »auch uns gilt«[85] finden sich in den Predigten ungemein häufig. In der Marktkirche sagt er am 28. April 1889 im Anschluss an Luther zu 1. Korinther 15,54–58 sehr schön: »Das ist rechter Osterglaube: darauf vertrauen, dass Christi Sieg auch unser Sieg ist.«[86] Dieses in guter reformatorischer Tradition wurzelnde Interesse am »pro nobis« hält sich von den frühen bis zu den späten

---

82 Siehe hierzu oben unter Abschnitt 2 (vor allem die Zitate in Anm. 25 u. 26).
83 Loofs, Predigten, 1901 (s.o. Anm. 40), 164.
84 Loofs, Predigten, 1901 (s.o. Anm. 40), 280.
85 Loofs, Predigten, 1901 (s.o. Anm. 40), 287.
86 Loofs, Akademische Predigten (s.o. Anm. 19), 153.

Predigten durch: »Es ist aber auch heute noch eine Wahrheit für uns«[87], stellt Loofs bei einer frühen Predigt am 6. Juli 1890 im Dom zu Halle über Lukas 2,34 fest, und in einer zwölf Jahre später gehaltenen Predigt formuliert er: »Und das ist's, was das Evangelium uns allen noch heute anbietet«[88], ganz ähnlich, wie es in einer der spätesten gedruckten Predigten heißt:

> »Das ist der dritte Schritt, den unser Text uns tun lässt und mit dem er uns zum Ziele führt: zu der Erkenntnis, daß der Glaube an Jesus, den ›Sohn Gottes‹, uns zum Fundament unseres Ewigkeitsglaubens wird.«[89]

Das »pro nobis« durchzieht die Predigten von Loofs wie ein cantus firmus. Es gibt nicht eine seiner zunächst als theologische Abhandlungen aufgebauten Predigten, in denen dieser entscheidende Aspekt fehlen würde. Oft ist die Frage »Was sagt uns das?« schon bestimmender Teil der thematischen Überschriften, von denen oben die Rede war. »Wie sollen wir die Weihnachtsbotschaft aufnehmen?«[90], fragt Loofs zu Weihnachten 1889 in Halle, »Wie sollen wir dem Herrn den Weg bereiten?«[91] fragt er sich und die hallesche akademische Gemeinde im Advent 1891. Anhand von Johannes 6,66–68 behandelt er gut fünf Jahre später die Frage »Was kann und soll uns letztlich bei Jesus halten?«[92] abermals zehn Jahre später fragt er zu Lukas 10,21–24: »Was lernen wir aus Jesu Worten über die christlichen Glaubenslehren?«[93] Die Beispiele wären beliebig zu vermehren, was hier aber unterbleiben kann. Die Bedeutung der biblischen Texte und der ihnen zufolge behandelten theologischen Themen für die gegenwärtigen Christen ist ein zentrales Anliegen des Predigers Loofs. Das ist für niemanden, der sich über die Aufgabe von Predigt je Rechenschaft abgelegt hat, besonders erstaunlich. Aber es verdient gerade dann unterstrichen zu werden, wenn man sich zuvor den lehrhaften, bisweilen sehr theoretisch anmutenden Stil der Loofs'schen Predigten klar gemacht hat.

Häufig kann man beobachten, dass Loofs die Frage nach der Gegenwartsrelevanz der Texte in einem zweiten oder dritten Schritt noch einmal eigens aufwirft, nachdem er zuvor die Thematik in grundsätzlicherer Form behandelt hat. Man würde den Duktus der Predigten aber reduziert wiedergeben, wenn man ihn auf ein schlichtes Konzept der Erörterung und anschließenden Anwendung verkürzen würde. Es zeigt

---

87 Loofs, Predigten, 1892 (s.o. Anm. 40), 218.
88 Loofs, Akademische Predigten (s.o. Anm. 19), 123.
89 Loofs, Ewigkeitsglaube (s.o. Anm. 44), 62.
90 Loofs, Predigten, 1892 (s.o. Anm. 40), 26–38.
91 Loofs, Predigten, 1892 (s.o. Anm. 40), 13–26.
92 Loofs, Predigten, 1901 (s.o. Anm. 40), 69–78: vom 10.1.1897.
93 Loofs, Akademische Predigten (s.o. Anm. 19), 23–34: vom 2.6.1907.

sich in der Struktur der Predigten vielmehr, dass die Frage »Was nützt uns das?« in Loofs' Predigten immer und von Anfang an mitläuft und dann am Ende noch einmal besonders konzentriert angegangen wird.

3.2.2. Die Gemeindenähe der Loofs'schen Verkündigung

Der zweite Aspekt, der die Predigten von Friedrich Loofs prägt, ist der der Ausrichtung an den Fragen und Problemen, die die versammelten Gemeindeglieder mutmaßlich beschäftigen. Entscheidende Voraussetzung hierfür war natürlich die außerordentliche gute Vernetzung an der Universität, in der Stadt und Region sowie in der Kirche der Kirchenprovinz, die sich für Loofs aus fast vierzig Jahren vielfältiger Tätigkeit und Präsenz in Halle automatisch ergab.

Die Nähe zu dem, was die Gemeinde mutmaßlich beschäftigt, zeigt sich schon an der Auswahl der Themen, die zwar bisweilen durch Perikopenordnung oder das Kirchenjahr vorgegeben sind oder sich zumindest nahe legen, die aber ebenso häufig gezielt von Loofs ausgewählt sind, weil er Grund zu der Annahme hat, dass sie in der Gemeinde zurzeit gerade »dran sind«. Hierfür sei nur beispielsweise auf die Predigten während der Jatho-Krise und auf die Predigten über den Ewigkeitsglauben in der Nachkriegszeit verwiesen, aber auch auf die Tatsache, dass Loofs in den Predigten mitunter Themen behandelt, die von einzelnen Gemeindegliedern ausdrücklich gewünscht worden waren.[94]

Im Übrigen zeigen die Predigten durchweg ein gutes Gespür für das, was die im Universitätsgottesdienst versammelten Menschen gerade bewegt. Häufig finden sich in ihnen Aussagen zu tagesaktuellen Fragen, Anspielungen auf universitäres Sozialkolorit und auch Schilderungen der politischen und religiösen Gegenwartssituation. In der Universitätspredigt vom 12. Januar 1890 geht Loofs ausführlich auf das Begräbnis der wenige Tage zuvor verstorbenen Kaiserin Augusta Marie Luise ein.[95] In derselben Predigt spielt er auf den Tod der weithin bekannten Professorenkollegen Karl von Hase in Jena und

---

94 Zu den Jatho-Predigten s.o. Anm. 65. Zu den Predigten über den Ewigkeitsglauben s.o. Anm. 44. Zu den auf ausdrücklichen Wunsch einzelner Gottesdienstbesucher gehaltenen Predigten oder Predigtreihen siehe das unter Anm. 95 genannte Beispiel.

95 Loofs, Predigten, 1892 (s.o. Anm. 40), 52: »Deutschland trauert um seine erste Kaiserin. Gestern um diese Zeit hat man die edle Tote beigesetzt an der Seite ihres vorangegangenen und unvergeßlichen Gemahls. Fürsten sind Menschen vom Weib geboren/Und kehren zurück zu ihrem Staub! Wohl schmückt ein ganzes Land dankbar und trauernd ihre Gräber; sie werden nicht vergessen werden auf Erden wie andere Sterbliche: doch um so gewaltiger tritt uns in dem Gedanken an das Sterben auch der Höchsten auf Erden der Gegensatz von Zeit und Ewigkeit vor die Seele. Alle Pracht der Erde sie folgt nur bis zu Sarg und Grab: dann steht der Mensch vor seinem Gott!«

Ignaz von Döllinger in München an.[96] Ein halbes Jahr später geht er in einer Predigt über Matthäus 10,37 in einer sehr persönlichen gehaltenen, berührenden Passage auf den Unfalltod eines offenbar ungewöhnlich engagierten Studenten, Arthur Selle aus Liegnitz, ein.[97] Am Totensonntag des Jahres 1900 gedenkt er ausführlich des nur wenige Stunden zuvor verstorbenen Halleschen Kollegen Willibald Beyschlag, dessen leidensvolles Ende in hohem Alter von der Universitätsöffentlichkeit offenbar sehr genau wahrgenommen worden war.[98] Aktuelle Unglücksfälle und Katastrophen, die Gegenstand der Nachrichten und daher in aller Munde sind, werden von Loofs in

---

96 Loofs, Predigten, 1892 (s.o. Anm. 40), 54.
97 Loofs, Predigten, 1892 (s.o. Anm. 40), 222f.: »Dies Wort, meine Lieben, habe ich schon vor etwa fünf Wochen aus ganz besondern Gründen als Text für die heutige Predigt mir ausgesucht. Und ich kann von diesen besondern Gründen nicht schweigen, denn sie hängen mit dem zusammen, was uns alle hier im akademischen Gottesdienst heute bewegt. Wir trauern um einen der fleißigsten und begabtesten unserer Studenten, der noch vor vierzehn Tagen hier unter uns saß, inzwischen aber ein Opfer jugendlichen Übermuts geworden ist. Dieser Verstorbene hat mich veranlaßt, vor vierzehn Tagen für die damalige und für die heutige Predigt die Frage ›Wie dünkt euch um Christo?‹ In den Mittelpunkt unserer Betrachtung zu stellen; an ihn habe ich vor vierzehn Tagen ganz besonders gedacht; ihm ganz besonders wollte ich auch mit der heutigen Predigt dienen. Denn der Verstorbene gehörte noch zu denen, die suchen. Wohl wußte er es, daß in keinem andern Heil ist, und kein andrer Name den Menschen gegeben ist, darinnen sie sollen selig werden, denn der Name Jesu Christi. Aber dies Bekenntnis seines Herzens war seinem Verstande noch eine rätselvolle, zweifelanregende Wahrheit. Gegen Ende des vorigen Jahres bestimmte ich ihn, in den Weihnachtsferien zum ersten Male zu predigen: er sollte Freudigkeit gewinnen, indem er verkündigte, was ihm als beseligende Wahrheit schon fest geworden war. Diese Predigt zeigte er mir vor etwa sechs Wochen. ›Ist jemand in Christo, so ist er eine neue Kreatur‹, das war ihr Text. In langem abendlichen Gespräch haben wir danach miteinander geredet von dem, was ihm fest stand und von dem, was ihm noch fehlte. Und lange hat uns das Wort des Herrn beschäftigt, das ich vorhin verlas: ›Wer Vater und Mutter mehr liebt als mich, der ist mein nicht wert‹. Damals nahm ich mir vor, über dies Wort heute zu predigen. Nun, da das Heute gekommen ist, können meine Gedanken sich nicht mehr an den wenden, der zunächst sie angeregt hat.«
98 Loofs, Predigten, 1901 (s.o. Anm. 40), 122: »Wir haben im Kreise der Universität in den letzten acht Tagen mit herzlicher Teilnahme das leidensvolle Sterben des ehrwürdigen Greises verfolgt, der der älteste in unserer Fakultät war. Heute früh ist er nach hartem Todeskampfe abgerufen. Weit über unsere Lebensstunde hinaus wird unsere Universität dankbar ihres Jubiläumsrektors gedenken, und so lange sie ihre Geschichte kennt, wird Willibald Beyschlag's Namen zu ihren geachtetsten Namen zählen. Das wird in der Universität der Rektor am Jahresschlusse aussprechen. Doch auch unser akademischer Gottesdienst hat besondere Veranlassung, des eben Entschlafenen zu gedenken. Vor zwei und drei Jahrzehnten hat er von dieser Kanzel vielen die ›Pfade zu Christo‹ zeigen können, und viele, die längst heimgegangen sind, danken ihm das. In vierzehn Tagen soll, will's Gott, hier besonders seiner gedacht werden.«

den Predigten aufgenommen, so eine Dynamit-Explosion in Zappendorf im Frühling 1906.[99] Aber nicht nur auf die neuesten Nachrichten stützt sich die Loofs'sche Orientierung an der Gemeindewirklichkeit: Im Jahre 1887 schildert er in seiner letzten Leipziger Universitätspredigt eindrucksvoll, wie am Konfirmationssonntag der Kasus der Konfirmation die Stimmung in der Stadt festlich prägt.[100] Mitunter geht er auf Bücher ein, die in der Gemeinde offenbar viel gelesen wurden.[101] Auch zur politischen Tagesaktualität äußert er sich hin und wieder, wenn er zum Beispiel im Reichstag getätigte Aussagen kurz kommentiert;[102] allerdings sind derlei politische Stellungnahmen bei Loofs relativ selten und beschränken sich auf gelegentliche Polemik gegen die von ihm wenig geschätzten Sozialdemokraten[103] oder gegen den Sozialismus in der Nachkriegszeit.[104]

Besonders anschaulich sind die Predigten bei den klassischen universitären Kasus wie bei der Semestereröffnung oder, wie im Jahre 1891, beim Universitätsgeburtstag am 12. Juli. Unter den gedruckten Predigten finden sich relativ viele Semestereröffnungspredigten.[105] In der Predigt zur Eröffnung des Wintersemesters 1894/1895 nimmt er unter der Überschrift »Vorwärts!« die für den Semesteranfang so typische Aufbruchsstimmung auf und beginnt die Predigt mit den Worten:

»Der Beginn eines neuen Semesters bezeichnet für die Bürger unserer Hochschule einen neuen Anfang. Glücklich der, dem die Möglichkeit eines solchen neuen Anfangs sich bietet! Wie mancher, den die Erde schon länger trägt, gäbe etwas drum, wenn auch er noch einmal so ganz von neuem anfangen könnte – mit neuer Arbeit in neuen Verhältnissen! Gebunden an den Ort, da man seine Mängel kennt, in Arbeiten und Aufgaben verflochten, die einst nicht richtig angefangen wurden, auf Menschen angewiesen, mit denen er's verdorben hat, ist mancher außer stande, so völlig einen neuen Anfang zu machen (...). Glücklich drum

---

99 Loofs, Vorsehungsglauben (s.o. Anm. 64), 14.
100 Loofs, Predigten, 1892 (s.o. Anm. 40), 124f.
101 Loofs, Predigten, 1892 (s.o. Anm. 40), 91.
102 Loofs, Akademische Predigten (s.o. Anm. 19), 116.
103 Loofs, Predigten, 1892 (s.o. Anm. 40), 236: »Die Sozialdemokraten der Gegenwart führen gar oft die Wissenschaft im Munde: auf der Wissenschaft ruht ihr System, die Wissenschaft hat die Thorheit all der Vorurteile erwiesen, von denen sie sich frei gemacht haben! – ein paar Tropfen aus dem Becher irdischen Wissens, die sehr trüb ihnen zugeflossen sind, die haben sie trunken gemacht.«
104 Loofs, Ewigkeitsglaube (s.o. Anm. 44), 34f.
105 Loofs, Predigten, 1892 (s.o. Anm. 40), 160–171; Loofs, Predigten, 1901 (s.o. Anm. 40), 142–152. 263–274. 274–285; Loofs, Vorsehungsglauben (s.o. Anm. 64), 3–13; Loofs, Akademische Predigten (s.o. Anm. 19), 57–69. 105–115; Friedrich Loofs, Weisheit in böser Zeit. Predigt im akademischen Gottesdienst am 13. Oktober 1918, Halle (1918), 3–11.

der, dem in des Lebens wechselvollen Jugendjahren ein neuer Anfang so leicht gemacht ist!«[106]

Insbesondere auf die neu in Halle befindlichen Erstsemester geht Loofs in den Semestereröffnungspredigten gezielt ein. Zum Beginn des Sommersemesters 1901 predigt er:

> »Wir stehen am Anfang eines neuen Semesters; und wenn auch für viele unter uns dieser neue Anfang wenig oder nichts bedeutet, es ziemt uns doch, hier derer zu gedenken, denen der Beginn des Semesters den ersten Anfang oder einen neuen Abschnitt der goldensten Jugendzeit bedeutet.«[107]

Elf Jahre zuvor hatte es zur Eröffnung des Sommersemesters 1890 anschaulich geheißen:

> »Das neue Semester bringt neue Aufgaben, neue Freuden, neue Freunde, und wenn gar auch die Universität gewechselt wird, gänzlich neue Verhältnisse. Kaum je hat ein andrer Mensch solche Freiheit, die Vergangenheit durchzustreichen und ein neues Blatt in seiner Lebensgeschichte zu beginnen, als der Student beim Semesteranfang.«[108]

Ein etwas mahnender Unterton bestimmt die Gedanken zur Semestereröffnung im Sommer 1906:

> »Aus dem stillen Frieden des Elternhauses tritt der Knabe hinaus in das bewegtere, aber doch noch eng umfriedigte Leben der Schule. Ist sie absolviert, steht der Jüngling der Welt gegenüber, – der Welt mit ihren tausendfachen Anregungen und Versuchungen. Hier wird er in Anspruch genommen, dort wird Zeitvertreib ihm angeboten; bald nimmt die Arbeit, bald das Vergnügen, und nur zu oft letzteres allein die Gedanken gefangen. Man kann auch bei uns sich an die Welt verlieren.«[109]

Die Schilderungen der Stimmungslagen in der Phase des Semesterbeginns sind lebendig und sprechen die Gemeinde unmittelbar an. Zum Kasus des Universitätsjubiläums stellt Loofs die 200jährige Geschichte der Alma mater hallensis in kurzen, sehr prägnanten Strichen der akademischen Gemeinde vor Augen und problematisiert dabei zugleich die Frage nach der Rolle der kirchlich gebundenen Theologie an einer den Traditionen der Aufklärung verpflichteten Universität.[110] Aber nicht nur bei der Thematisierung klassischer universitärer Anlässe fallen der hohe Anschaulichkeitsgrad und die Gemeindenähe der Loofs'schen Predigten auf. In der oben schon genannten Semestereröffnungspredigt des Sommersemesters 1906 geht er auf die zurückliegenden Ferien ein. Ausgehend von den Erfahrungen einer eigenen Reise schildert er, was

---

106 Loofs, Predigten, 1901 (s.o. Anm. 40), 274f.
107 Loofs, Predigten, 1901 (s.o. Anm. 40), 142.
108 Loofs, Predigten, 1892 (s.o. Anm. 40), 161.
109 Loofs, Vorsehungsglauben (s.o. Anm. 64), 4.
110 Loofs, Predigten, 1892 (s.o. Anm. 40), 242f.

viele seiner Hörer in den zurückliegenden Wochen so oder ähnlich erlebt haben. Am Ende der meisterhaften Schilderung, an der den heutigen Leser auch die Details der zeitgenössischen Verkehrsverhältnisse erfreuen dürften, schlägt Loofs den Bogen zu Halle und zur Universität. Der aufschlussreiche Passus sei am Ende dieses Abschnitts ausführlich zitiert, da er zugleich zum Aspekt der handwerklichen Merkmale der Predigten von Friedrich Loofs überleitet. Loofs predigt:

»Ein Wort dieses Textes [gemeint: 1. Thessalonicher 4,10–12 und 5,16–24] ist mir auf einer Reise in den Ferien, die hinter uns liegen, oft durch die Gedanken gegangen; so oft, daß ich mich entschloß, darüber heute zu predigen. ›Ringet danach, daß ihr stille seid!‹ ruft der Apostel den Thessalonichern zu. – Eine Reise, die in vielbesuchte Städte führt, erinnert an dies Wort durch den Kontrast. Schon das Treiben auf den Bahnhöfen und in den Eisenbahnzügen – wie laut ist es, wie hastend! Wenn im alltäglichen Leben längst die Nachtruhe begonnen hat, rasen die Züge noch immer weiter durch die stillen Fluren, einen Tag wie den andern. Wo ist da Stille? Und wie viel Hunderte von Menschen sieht man mit uninteressiertem Auge einsteigen und aussteigen! Nicht einmal ihre Reiseziele und Absichten ahnt man; noch weniger sieht man, ob sie irgend etwas wissen von einem verborgenen inneren Leben. Und kommt man in eine große, fremde Stadt, so machen die gleichen Eindrücke in verstärktem Maße sich geltend. In den Gasthäusern, in den Läden, in den Museen ist man hineingestellt in ein Kommen und Gehen; selbst in den katholischen Kirchen wogt in den Festtagen der Strom der Menschen ein und aus, Kirchgänger und Fremde, Andächtige und Neugierige bunt durcheinander! Und auf den Straßen ist man, ohne einem bekannten Gesichte zu begegnen, hineingeworfen in eine Flut des bewegtesten, lautesten Lebens: Geschäftsleute, Arbeiter, Straßenlungerer, Fremde und Spaziergänger schieben sich nebeneinander her; Lastwagen, Straßenbahnen, Droschken, Karren und Automobile suchen aneinander vorbeizukommen; wirrer Lärm füllt die Luft; Zeitungsverkäufer und Händler aller Art bemühen sich, dennoch gehört zu werden. – Sind diese Tausende alle, auch die heruntergekommenen Menschen, die man sieht, auch die vielen, die in Vergnügungssucht, Putzlust oder in den Geschäften Lebens aufzugehen scheinen, Menschen mit einer Seele, die für die Ewigkeit geschaffen ist? Kennen sie etwas von einem Sehnen, das über diese Welt hinausgeht? Wissen sie etwas vom ›Stille-Sein‹ vor Gott? – Hunderte, Tausende verlieren sich in der Welt, lassen sich schieben und drängen in Arbeit und Genuß, bis sie ins Grab geschoben werden. Dann erst wird's still. – Ist das Leben nur draußen so wirr und so laut? Freilich gibt's Städte, die lauter, bewegter, verwirrender sind als unser Halle. Aber in großstädtischem Leben stehen wir auch hier, und das studentische Treiben ist auch bei uns bunt genug.«[111]

---

111 Loofs, Vorsehungsglauben (s.o. Anm. 64), 3f.

3.3. »Handwerkliche« Merkmale der Loofs'schen Predigten

Von der strengen Gliederung, die die Predigten von Friedrich Loofs prägt, ist oben unter 3.1. schon die Rede gewesen. Die Konsequenz in Aufbau und Argumentationsfolge ist in der Tat dasjenige Merkmal, das jedem Leser sofort auffällt, wenn er zu den gedruckten Predigten greift. Besonders beeindruckend ist, dass Loofs in den über dreißig Jahren, die zwischen den ersten (1883/1887)[112] und den letzten (1919)[113] gedruckten Predigten liegen, nicht ein einziges Mal von seinem Verfahren abgewichen ist. Loofs führt seine Leser vom Text oder vom Kasus her zu der zu verhandelnden Thematik hin, die er dann in mehreren, meist drei Schritten entfaltet. Der Prediger Friedrich Loofs gibt seinen Predigten stets eine sehr klare Gliederung und teilt diese den Hörern auch am Ende der Einleitung ausdrücklich mit. Damit wird für die Hörer transparent, welchen Weg Loofs mit ihnen in der Predigt beschreiten und über welche Stationen er sie führen will. Dieses Verfahren, dass wohl nicht nur im ersten Moment ziemlich statisch anmutet, hat den Vorzug, dass jeder Hörer, der zwischendurch einmal aus dem Gedankengang ausgestiegen ist, relativ leicht wieder in die Predigt hineinfinden kann. Auch ist davon auszugehen, dass sich in der Gemeinde sehr bald eine große Vertrautheit mit dem über Jahrzehnte invariabel beibehaltenen Stil eingestellt hat – wer zu Loofs in den Gottesdienst ging, wusste, was ihn in der Predigt erwartete. Die immer wieder ausgeführte formale Gliederung in die Schritte Textverlesung, Hinführung, Explikation des Themas und schließlich Behandlung des Themas nach dem Schema »erstens, zweitens, drittens« verleiht, gerade weil sich in über dreißig Jahren keinerlei Abweichungen finden, Loofs' Predigtwerk eine imponierende äußerliche Geschlossenheit.[114]

---

112 Die beiden Leipziger Predigten in Loofs, Predigten, 1892 (s.o. Anm. 40), 39–50 (aus dem Jahre 1883) und 124–136 (aus dem Jahre 1887).

113 Loofs, Ewigkeitsglaube (s.o. Anm. 44).

114 Es seien zur Illustration des Verfahrens noch einige wenige Beispiele aus unterschiedlichen Jahrzehnten genannt: Am 11.1.1891 predigt Loofs über Röm 13,8–10 (Loofs, Predigten, 1892 [s.o. Anm. 40], 89–102). Nach Verlesung des Textes und eine an der Bedeutung der Epiphaniaszeit orientierten Hinführung sagt er: »Deshalb ist unser Text ein rechter Epiphaniastext, weil er die Herrlichkeit der Liebe uns ins Herz hineinpredigen will. Die Sonne der Liebe, die in Christo erschienen ist, sie soll hineinscheinen in alle kalten und lauen und mürrischen Herzen. Von der christlichen Liebe spricht unser Text, das sieht jeder gleich. Und auch nach einem Thema brauchen wir nicht lange zu suchen; der Apostel selbst faßt all seine Worte am Schluß zusammen in den Spruch: So ist nun die Liebe des Gesetzes Erfüllung. Um dies Wort wollen wir unsere Gedanken sammeln: Die Liebe des Gesetzes Erfüllung. Das schließt ein Dreifaches ein: sie setzt das Gesetz voraus, sie macht das Gesetz überflüssig, sie überdauert alles, was Gesetz heißt. Dem wollen wir nachdenken; Gott, der Herr, aber segne an uns allen, was wir hören und reden.« (Loofs,

Anders als die strenge, invariabel beibehaltene Grundgliederung heben die weiteren »handwerklichen« Merkmale seiner Predigten Loofs nicht erkennbar vom Gros der zeitgenössischen und auch heutigen Prediger ab, sollen aber im folgenden dennoch genannt sein. Auffällig ist, dass er sich trotz des hohen inhaltlichen Niveaus seiner Ausführungen um eine einfache, nachvollziehbare Sprache bemüht, was sich unter anderem daran zeigt, dass er Fremdwörter tunlichst vermeidet.[115] In diesen Zusammenhang gehört auch, dass er die in der Predigt entfalteten Gedanken auf einige wenige reduziert und nicht den Anspruch verfolgt, das Thema erschöpfend zu behandeln oder den Text vollständig auszulegen.[116] Ein weiterer wichtiger Aspekt sind die in den Predigten immer wieder auftauchenden Referenzen zum Proprium des Sonntags und zu den liturgischen Referenztexten, was den inneren Zusammenhang der gottesdienstlichen Feier fördert. Regelmäßig werden Verbindungen zwischen Predigttext und Epistellesung oder anderen im Gottesdienst gelesenen Texten gezogen.[117] Bisweilen greift Loofs zur Illustrierung seiner Aussagen zu anschaulichen Reminiszenzen aus der Kirchenhistorie, besonders aus der Re-

---

Predigten, 1892 [s.o. Anm. 40], 92). Danach entfaltet Loofs seine Gedanken unter den angekündigten drei Aspekten. – Am 28.4.1901 predigt Loofs über Jes 40,26–31 (Loofs, Predigten, 1901 [s.o. Anm. 40], 142–152). Nach Verlesung des Textes führt er über den Kasus Semestereröffnung hin zum Thema Lebensmut. Sodann sagt er: »Vom rechten Lebensmut redet dies Wort für uns. Ein Vierfaches wollen wir ihm gegenüber bedenken: Wieweit natürlicher Lebensmut gut ist, und wo eine Schwäche liegt; wo der rechte Lebensmut wurzelt, und wie er sich bewähren soll.« (Loofs, Predigten, 1901 [s.o. Anm. 40], 143). Danach entfaltet Loofs seine Gedanken in den angekündigten vier Schritten. – Am 14.5.1911 predigt Loofs über Apg 17,22–31 (Loofs, Selbsterlösung [s.o. Anm. 65], 13–24). Nach einer Hinführung zum Thema Gott-Finden in Auseinandersetzung mit der durch den Prediger Jatho ausgelösten Bewegung sagt Loofs: »Wir fragen daher einfacher: Was lehrt uns Paulus in unserem Texte von dem Gott-Finden? Auf ein vierfaches laßt mich, antwortend, hinweisen: 1. Paulus erkennt Richtiges an in den Gottesgedanken der Bildung, 2. aber er sagt doch, daß Gott für diese Bildung ein unbekannter Gott geblieben sei. 3. Die rechte Gotteserkenntnis ist ihm die in Jesu Christo erschlossene; 4. und auch uns fordert er auf, dementsprechend Gott zu suchen und zu finden.« (Loofs, Selbsterlösung [s.o. Anm. 65], 15). Alsdann entfaltet er die vier avisierten Punkte. – Am 12.10.1919 predigt Loofs über 2. Kor 4,16–18 (Loofs, Ewigkeitsglaube [s.o. Anm. 44], 5–16). Nach einem Plädoyer dafür, dass Zeitpredigten in der Nachkriegszeit Ewigkeitspredigten sein müssten, sagt er: »Von der Bedeutung des Ewigkeitsglaubens wollen wir aufgrund dieses Textes handeln. Wir bedenken dabei ein Zwiefaches: wie reich durch den Ewigkeitsglauben die Christen vor uns gewesen sind, und wie arm wir ohne ihn sind oder sein würden.« (Loofs, Ewigkeitsglaube [s.o. Anm. 44], 16). Danach führt er die genannten beiden Punkte eingehend aus.
115 Loofs, Selbsterlösung (s.o. Anm. 65), 15.
116 Loofs, Predigten, 1892 (s.o. Anm. 40), 271f.
117 Loofs, Predigten, 1892 (s.o. Anm. 40), 15. 113. 161 und öfter.

formationszeit. Naheliegenderweise haben dabei die Vergleiche mit der Zeit Luthers und des »Aufbruchs der Reformation« besonderes Gewicht,[118] auch im Sinne einer Unterstreichung oder Legitimation des Gesagten. Eine geringere Rolle spielen historische Vergleiche mit dem 2. Jahrhundert,[119] mit der Zeit und Theologie Augustins[120] und mit dem Mittelalter.[121] Andere geschichtliche Vergleiche, die etwas allgemeiner nach dem Schema »Damals – Heute« vorgebracht werden,[122] dienen in der Regel dazu, den Problemen der gegenwärtigen Zeit besonderes Gewicht zu verleihen, ohne dass man sagen kann, dass Loofs sich eines allzu schlichten Dekadenzmodells bediene, welchem zufolge frühere Zeiten ohnehin besser stets gewesen seien als die Gegenwart. Es fällt bei den historischen Reminiszenzen auf, dass der Kirchengeschichtler Loofs sich in seinen Predigten nicht um die Details der Geschichte oder der Dogmengeschichte bemüht, sondern nur an den großen Linien interessiert ist und sich auf eine Aussage konzentriert, die er durch das geschichtliche Beispiel gewinnt oder unterstreicht.

Eine damals wie heute nahe liegende Methode, die Predigt durch Erfahrungen und Stimmen aus Gegenwart und Vergangenheit zu bereichern, sind Zitate und Beispiele. In Loofs' Predigten finden sich immer wieder Zitate prominenter, aber auch weniger bekannterer Herkunft. Die größte Rolle spielen Gesangbuchzitate, wobei die Lieder Paul Gerhardts besonders häufig zitiert werden.[123] Auch aus

---

118 Loofs, Predigten, 1892 (s.o. Anm. 40), 109. 244; Loofs, Predigten, 1901 (s.o. Anm. 40), 249; Loofs, Akademische Predigten (s.o. Anm. 19), 58f. 84.
119 Loofs, Predigten, 1892 (s.o. Anm. 40), 75; Loofs, Predigten, 1901 (s.o. Anm. 40), 268.
120 Loofs, Predigten, 1892 (s.o. Anm. 40), 69. 80.
121 Loofs, Predigten, 1892 (s.o. Anm. 40), 24. 64f. 83; Loofs, Akademische Predigten (s.o. Anm. 19), 116.
122 Loofs, Predigten, 1892 (s.o. Anm. 40), 171f.; Loofs, Predigten, 1901 (s.o. Anm. 40), 17; Loofs, Akademische Predigten (s.o. Anm. 19), 46. 116. Ich zitiere das erste der genannten Beispiele: »Und wie ist's nun heute? Findet dies Rogate, das hindurchklingt durch die ganze Geschichte des Christentums bis hin auf unsere Gegenwart, – findet es heute noch sein Echo? Gewiss es leben auch in der Gegenwart hin und her in der weiten Christenheit noch viele, die recht beten können. Gott, der Herr, der ins Verborgene sieht, kennt sie. Es sind ihrer schwerlich weniger als in früheren Zeiten der Kirche. Doch noch zweifelloser ist es, daß in unserer Zeit die Zahl der Christen, die überhaupt nicht mehr beten, größer ist denn je. Früher war die Sitte, zu beten, eine zwingende Macht im Volke, und wenn auch ein äußerlich Beten an sich keinen Wert hat, es mochte doch eine Übung sein. Jetzt ist das anders; und nicht nur da, wo man von dem Christentum überhaupt nichts mehr wissen will, sondern auch bei denen, die im Lauf des Jahres die Kirchen besuchen.« – Vgl. auch das in Anm. 21 genannte Beispiel.
123 Loofs, Predigten, 1892 (s.o. Anm. 40), 11. 45. 141. 145. 182. 192; Loofs, Predigten, 1892 (s.o. Anm. 40), 72. 77. 99. 106–109. 177. 239. 309. 313; Loofs, Akademische Predigten (s.o. Anm. 19), 86. 138.

zahlreichen anderen Liedern des Gesangbuchs werden Verse oder ganze Strophen zitiert,[124] häufig unter Bezugnahme darauf, dass das Lied im Gottesdienst bereits gesungen worden ist oder als Schluss der Predigt und Überleitung zum Predigtlied. Loofs zitiert ausgesprochen gerne Aussagen Martin Luthers,[125] andere Klassiker der Theologie wie Tertullian, Augustin, Melanchthon oder Zinzendorf sind nur vereinzelt vertreten.[126] Zur Unterstreichung dogmatisch gewichtigerer Aussagen bedient sich Loofs hin und wieder der Autorität der lutherischen Bekenntnisschriften, aus denen er in den Predigten Auszüge wiedergibt.[127] Aus den Klassikern der deutschen Literatur und Philosophie wird nur sporadisch zitiert; die Auswahl beschränkt sich hier auf weniges aus Lessing, Goethe und Kant.[128] Mitunter kann man aus der Verwendung der Zitate ableiten, in welcher Zeit Loofs welche literarischen Texte gelesen hat, so finden sich in den Jahren 1900 und 1901 bei ihm gehäuft Zitate aus einem Gedichtband des Freiherrn Carl von Fircks.[129] Bisweilen bemüht Loofs auch geflügelte Worte und Redensarten aus dem Volksmund, mit denen er teils seine Gedanken illustriert,[130] mit denen er sich teils aber auch differenziert

---

124 Hierfür nur einige wenige Beispiele: Loofs, Predigten, 1901 (s.o. Anm. 40), 191: Nun danket alle Gott; Loofs, Predigten, 1892 (s.o. Anm. 40), 198: Mir ist Erbarmung widerfahren; Loofs, Predigten, 1892 (s.o. Anm. 40), 135: So nimm denn meine Hände; Loofs, Predigten, 1892 (s.o. Anm. 40), 56 und Loofs, Predigten, 1901 (s.o. Anm. 40), 58: Das Jahr geht still zuende; Loofs, Predigten, 1892 (s.o. Anm. 40), 122: Ich bete an die Macht der Liebe; Loofs, Predigten, 1892 (s.o. Anm. 40), 124: Liebe, die du mich zum Bilde; Loofs, Predigten, 1892 (s.o. Anm. 40), 125. 230: Lass uns dein sein und bleiben; Loofs, Predigten, 1892 (s.o. Anm. 40), 28. 239 und Loofs, Predigten, 1901 (s.o. Anm. 40), 162. 207: Der Mond ist aufgegangen.

125 Loofs, Predigten, 1892 (s.o. Anm. 40), 33. 154. 176f. 180. 183. 211. 227. 245; Loofs, Predigten, 1901 (s.o. Anm. 40), 73. 96. 193. 201. 224. 226. 249; Loofs, Akademische Predigten (s.o. Anm. 19), 61.

126 Loofs, Predigten, 1892 (s.o. Anm. 40), 174. 242: Tertullian; Loofs, Predigten, 1892 (s.o. Anm. 40), 69. 80: Augustin; Loofs, Predigten, 1892 (s.o. Anm. 40), 211: Melanchthon; Loofs, Predigten, 1892 (s.o. Anm. 40), 227: Zinzendorf; Loofs, Predigten, 1901 (s.o. Anm. 40), 210: Arndt.

127 Loofs, Predigten, 1892 (s.o. Anm. 40), 123f. 197. 200; Loofs, Akademische Predigten (s.o. Anm. 19), 71.

128 Loofs, Predigten, 1892 (s.o. Anm. 40), 62: Goethe; Loofs, Predigten, 1901 (s.o. Anm. 40), 227: Kant; Loofs, Akademische Predigten (s.o. Anm. 19), 5: Lessing.

129 Der Gedichtband des Freiherrn Carl von Fircks war 1864 in Leipzig erschienen und im Jahre 1901 vergriffen (vgl. Loofs, Akademische Predigten [s.o. Anm. 19], 143 Anm. 1). Loofs muss den Band in seiner Bibliothek gehabt und im Jahre 1900 intensiv gelesen haben. Die Predigtzitate: Loofs, Predigten, 1901 (s.o. Anm. 40), 143. 146 (aus dem Jahr 1901); 201. 266 (aus dem Jahr 1900).

130 Loofs, Predigten, 1901 (s.o. Anm. 40), 66: Time is money; Loofs, Predigten, 1901 (s.o. Anm. 40), 223: Was du nicht willst, das dir geschicht, das thu' auch einem andern nicht.

auseinandersetzt.¹³¹ An einigen Stellen setzt er durchaus humorvoll Geschichten und Anekdoten ein, die in den Argumentationsgang passen und seine Ausführungen veranschaulichen; man kann sich gut vorstellen, dass diese Geschichten durchaus amüsant und emotional bewegend auf die hörende Gemeinde gewirkt haben.¹³² Auch Begebenheiten aus dem eigenen Erleben hat Loofs mitunter der Gemeinde mitgeteilt,¹³³ was den Predigten eine persönliche Note verleiht. Sieht man die Loofs'schen Predigten insgesamt unter dem Aspekt der in ihnen verwendeten Zitate durch, fällt vor allem auf, dass er sie wohl dosiert einsetzt und gern bei einem einmal gewählten Zitat verweilt. Eine Akkumulation von Zitaten, die das einzelne Zitat eher entwertet als unterstreicht, findet sich bei Loofs nicht.¹³⁴ In den frühen Predigten finden sich statistisch gesehen mehr Zitate als in den späteren, die Häufigkeit der Zitate nimmt bei Loofs mit zunehmender Predigterfahrung also eher ab als zu.

4. Die Predigten in der Kriegszeit

Loofs' akademische Predigten in der Zeit des ersten Weltkrieges verdienen im Zusammenhang dieser Studie besondere Beachtung. Zum einen gilt dies, weil Loofs selbst die Frage nach seinen Predigten in der Kriegs-

---

131 Loofs, Akademische Predigten (s.o. Anm. 19), 41: »›Not lehrt beten‹ sagt ein Sprichwort. Daß Glück danken lehrt, hat die Sprichwörterweisheit noch nicht festgestellt.«
132 Loofs, Predigten, 1892 (s.o. Anm. 40), 16: Chlodwig-Anekdote; Loofs, Predigten, 1892 (s.o. Anm. 40), 146: Petrus-Legende; Loofs, Predigten, 1892 (s.o. Anm. 40), 176: Luther-Anekdote; Loofs, Predigten, 1892 (s.o. Anm. 40), 192: Olevian-Anekdote; Loofs, Predigten, 1901 (s.o. Anm. 40), 183: Paleario-Anekdote; Loofs, Akademische Predigten (s.o. Anm. 19), 38: Buddhistische Legende.
133 Loofs, Predigten, 1892 (s.o. Anm. 40), 34. 275.
134 Es sei hier nochmals verwiesen auf das von Loofs in seiner Vorrede zum Band der Akademischen Predigten Ausgeführte (Loofs, Akademische Predigten [s.o. Anm. 19], XXI): »Wer gute Beispiele und Gleichnisse geben kann, wer illustrierende Geschichte kennt, wer über einen Schatz von guten Gesangbuchversen, Sprüchen und Zitaten verfügt, wer reiche Literaturkenntnis besitzt, wer phantasievoll schildern oder schwierige Gedanken leicht und sicher verständlich machen kann, wer im Lapidarstil zu reden vermag: alle die sollen ihr Können in den Dienst der Sache stellen. Und wer nichts von alledem hat, soll sich bemühen, seiner Armut abzuhelfen. Aber dieses wie jenes nur um der Sache willen! Die praktische Aufgabe der Predigt muß das Alleinbestimmende sein. Sie muß aller individuellen Virtuosität Maß und Ziel setzen. Ohne dies wird alle rhetorische Kunst, alles Geschichtenerzählen, aller Bilderschmuck, alles Zitieren usw. zu Künstelei. Und alle Künstelei schadet der Wirksamkeit der Predigt heute mehr als je.«

zeit in seiner Selbstdarstellung kurz thematisiert,[135] zum anderen, weil die Zeit von 1914–1918 in der Geschichte der evangelischen Predigt in Deutschland im 20. Jahrhundert in unrühmlicher Weise herausragt, wie schon ein oberflächlicher Blick in die mittlerweile über vier Jahrzehnte alte, aber immer noch eindrucksvolle Dissertation von Wilhelm Pressel zeigt.[136] Chauvinistische, nationalistische, auch kriegsverherrlichende Töne waren in vielen der Predigten der Kriegszeit bestimmend. Vor diesem Hintergrund legt sich die Frage nahe, wie Loofs' Predigten in dieser Zeit einzuordnen sind. Vier seiner aus den Jahren 1914–1918 erhaltenen und gedruckten Predigten sollen gesichtet werden, wobei sich ein chronologisches Vorgehen empfiehlt.

Am Sonntag Estomihi des Jahres 1915 predigt Loofs im akademischen Gottesdienst über den offensichtlich selbst gewählten Vers 1. Petrus 1,22: »Macht keusch Eure Seelen im Gehorsam der Wahrheit!« Das allgegenwärtige Thema des Krieges hat schon die vorangegangenen Predigten im Universitätsgottesdienst bestimmt und soll auch diesmal wieder aufgenommen werden.[137] Loofs hatte zunächst erwogen, die Predigt unter den Vers Römer 1,18 zu stellen: »Gottes Zorn vom Himmel wird offenbart über alles gottlose Wesen und Ungerechtigkeit der Menschen, die die Wahrheit in Ungerechtigkeit aufhalten.« Dieser Vers interessiert ihn im Zusammenhang des Krieges, weil er offenbar häufig missbräuchlich als Beleg für eine Bestrafung Englands durch Gott in Anspruch genommen wurde. Loofs weist diese Deutung des Verses unter Verweis auf Paulus selbst (Römer 12,19) scharf ab:

> »Der Gruß, auf den ich hinwies [gemeint: Gott strafe England!], verdient anstatt der fast liturgisch klingenden Antwort, die man mit ihm verbunden hat, nach ernst christlichem Urteil keine andere Erwiderung als diese: ›Du sollst den Namen des Herrn deines Gottes nicht missbrauchen‹. Des Apostels ernstes Wort ›Gottes Zorn vom Himmel wird offenbart über alles gottlose Wesen und Ungerechtigkeit der Menschen, die die Wahrheit in Ungerechtigkeit aufhalten‹ steht hoch über jenem haßgeborenen Spiel mit Gottes Strafe. Es zielt nicht ab auf Feinde des Apostels. Es gilt schlechtweg. Es gilt auch uns.«[138]

---

135 Loofs, Selbstdarstellung (s.o. Anm. 2), 416 Anm. 24: »Meine Predigten in der Kriegszeit haben ›alttestamentliche‹ und chauvinistische Töne stets gemieden […]. Pazifist bin ich freilich weder gewesen, noch geworden.« – Vgl. hierzu Rudolf Stöwesand, Bekenntnis zu Friedrich Loofs, in: ZdZ 12 (1958), 208–214.
136 Wilhelm Pressel, Die Kriegspredigt 1914–1918 in der evangelischen Kirche Deutschlands (APTh 5), Göttingen 1967.
137 Friedrich Loofs, Die Macht der Lüge und die Majestät der Wahrheit, in: MPTh 11 (1915), 295–302 (295): »Es ist deshalb kein Unrecht, wenn wir auch heute noch einmal die Richtung unsrer Gedanken durch den Krieg uns bestimmen lassen.«
138 Loofs, Lüge (s.o. Anm. 137), 296.

Zwar bejaht Loofs ausdrücklich die patriotische Gesinnung, dass man den Sieg Deutschlands und die Niederlage Englands im Krieg herbeiwünschen möge.[139] Aber zugleich erteilt er allen Versuchen, den gewünschten Kriegsausgang mit dem strafenden Willen Gottes gegen den Kriegsgegner zu identifizieren, eine Absage. Mit dieser theologischen Richtigstellung zu Römer 1,18 beendet er die Auslegung dieses Verses. Das Wort hat seiner Ansicht nach keinen verheißenden, tröstenden oder mahnenden Charakter – genau dies aber ist für Loofs das Kriterium dafür, dass ein Wort der Schrift zum *Gottes*wort werden kann.[140] Hier zeigt sich abermals das nachdrückliche Interesse am »pro nobis«, das wir schon bei der Analyse der akademischen Predigten vor dem Krieg beobachten konnten. Um dieses Kriteriums willen wählt Loofs den Vers 1. Petrus 1,22 als Predigttext, aus dem er im Folgenden zunächst mahnende und sodann verheißende Aspekte entfaltet. Die Predigt ist – auch dieses Verfahren ist aus den akademischen Predigten vor dem Krieg geläufig – in drei Abschnitte gegliedert, deren Überschriften Loofs seinen Hörern zum Eingang seiner Auslegung nennt: Er will seiner Gemeinde zunächst die verheerende Macht der Lüge, dann die göttliche Majestät der Wahrheit und schließlich die heiligende Kraft des Gehorsams gegen die Wahrheit vor Augen halten.

Als nahe liegendes Beispiel für die Lüge nennt Loofs die unwahrhaftige und unglaubwürdige Propaganda aller beteiligten Kriegsparteien, die er kenntnisreich illustriert. Die Macht, die die Lüge entfaltet, besteht in der völligen Zerstörung jeglicher Gemeinschaft zwischen den Völkern und in der Verunmöglichung gegenseitigen Verstehens.[141] Es ist durchaus beeindruckend, wie viel kritisches Potenzial Loofs der allgegenwärtigen Kriegspolemik entgegensetzt, die er als die »große Mobilmachung der Lüge«[142] anprangert, als ein »Verbrechen gegen die Majestät, gegen die göttliche Majestät der Wahrheit.«[143] Am Beispiel der unbedingten Wahrheitssuche in der Wissenschaft, einem im Universitätsgottesdienst durchaus nahe liegenden Exempel,

---

139 Loofs, Lüge (s.o. Anm. 137), 295f.: »Gewiß, wir dürfen wünschen daß England in diesem Kriege unterliegt.« Zu den patriotischen und auch kriegslegitimierenden Aussagen von Loofs zwischen 1914 und 1918 siehe unter Anm. 188 und den Aufsatz von Christian Muth in diesem Band, besonders Seite 182, Anm. 164.
140 Loofs, Lüge (s.o. Anm. 137), 296: »Und doch ist uns kein Wort des Schrift ein Gotteswort, solange wir nicht eine Verheißung oder einen Trost oder eine Mahnung des heiligen Gottes an uns ihm entnehmen.«
141 Loofs, Lüge (s.o. Anm. 137), 297f.: »Daß der Handel mit den feindlichen Ländern ruht, mit vielen der neutralen Länder sehr erschwert ist, das ist freilich für die Einnahmen und die Ernährung unsres Volkes sehr störend; viel furchtbarer aber ist, daß ein Sichverstehen ausgeschlossen ist.«
142 Loofs, Lüge (s.o. Anm. 137), 298.
143 Ebd.

demonstriert Loofs den majestätischen und damit göttlichen Charakter der Wahrheit. Er buchstabiert dies anhand des Wissens von der Welt, anhand des Wissens um das sittliche Verhalten und anhand des Wissens um die Ereignisse der Geschichte (einschließlich der jüngsten Kriegsereignisse) durch. Zwar mag es sein, dass die Wahrheit stets verborgen, nur unvollständig erkannt und der Entstellung ausgesetzt sei oder gar stets nebeneinander mit der Lüge bestehe, allein eignet der Wahrheit jener Unbedingtheitscharakter, der auf das ihr innewohnende göttliche Majestätszeichen weise:

> »Aller Wahrheit, sowohl in bezug auf das Wissen von dem, was ist, wie in bezug auf das Wissen von dem, was sein soll, wie in bezug auf das, was gewesen ist, – aller Wahrheit eignet göttliche Majestät, die Gehorsam fordert.«[144]

Diesem Gehorsam gegen die Wahrheit aber, und damit kommt Loofs zum angekündigten dritten Abschnitt seiner Ausführungen, eignet eine »heiligende, reinigende, die Seelen heiligende Kraft.«[145] Diesen Verheißungsaspekt entfaltet er am Beispiel verschiedener Lebensphasen des Menschen: Dem Kind wird der Gehorsam gegen die Wahrheit zur bewahrenden und behütenden Kraft wider die Versuchung und das Böse, den Heranwachsenden und Herangewachsenen zum Maßstab einer Vertrauenskultur, die gemeinschaftsfördernde Wirkung hat. Loofs schließt, auf das Kriegsthema und auf den Predigtvers und zurückkommend, paränetisch:

> »Diese Mahnung hat in der Kriegszeit, in der die Lüge sich so mächtig erweist, ihren besonderen Ernst. Wir werden freilich die Großmacht der Lüge nicht aus dem Felde schlagen. Aber unser Volk soll's sich als Ziel setzen, auch in der Hinsicht seinen Schild blank zu halten. Und jedem einzelnen gilt: ›Wenn die Rose selbst sich schmückt, schmückt sie auch den Garten‹.«[146]

Die Predigt vom Sonntag Estomihi des Jahres 1915 entwickelt vom Grundgedanken der Heiligkeit Gottes her eine bemerkenswerte Widerständigkeit gegen jegliche Kriegseuphorie, gegen Hass, Propaganda und Chauvinismus. Missbräuchlicher Inanspruchnahme biblischer Überlieferung und christlicher Tradition für solche Zwecke wird explizit entgegengetreten. Als eigentliche Ziele der Predigt werden die argumentative Belehrung über das aus dem Predigttext gewonnene Thema Lüge/Wahrheit und der Zuspruch einer den Predigthörern aktuell geltenden göttlichen Tröstung beziehungsweise Verheißung und Ermahnung erkennbar. Auch in der Anfangszeit des Krieges mit ihrer Allgegenwart von Feindseligkeit und Polemik ändert sich also der sachlich-akademisch abhandelnde Stil der Loofs'schen Predigten nicht

---

144 Loofs, Lüge (s.o. Anm. 137), 300.
145 Ebd.
146 Loofs, Lüge (s.o. Anm. 137), 302.

– er erweist sich hier sogar als besonders resistent gegenüber Kriegsbegeisterung und nationaler Selbstherrlichkeit. Freilich ist festzuhalten, dass Loofs keineswegs grundsätzlich gegen den Krieg predigt. Das eigentlich Verheerende und Zerstörerische sieht er in der Lüge, die im Krieg besonders großen Einfluss gewinnt. Der Krieg selbst wird von ihm hingegen eher ambivalent bewertet. Am Ende der Predigt heißt es sogar ausdrücklich:

> »Der Krieg kann Gutes schaffen, hat Gutes geschaffen, auch bei uns. Aber er kann auch verrohen, nicht nur die einzelnen, auch ganze Völker, namentlich in der sittlichen Beurteilung der Lüge. Darum soll es uns besonders tief ins Gewissen dringen als eine Mahnung für all unser Tun und Reden und Schreiben in dieser ernsten Zeit: ›Macht keusch euere Seelen im Gehorsam der Wahrheit!‹ Amen.«[147]

Im Januar des folgenden Jahres predigt Loofs in Leipzig aus Anlass des 100jährigen Bestehens des Evangelischen Missionsvereins, der die Arbeit der Basler Missionsgesellschaft förderte, über Jesaja 6,1–11.[148] Diese Predigt ist weitgehend von den Ereignissen des Krieges bestimmt – Loofs weist darauf hin, dass das Jubiläum normalerweise ganz selbstverständlich unter internationaler Beteiligung stattgefunden hätte, was nun durch die Kriegshandlungen unmöglich geworden ist.[149] Darüber hinaus habe der Krieg

> »vernichtend und störend […] eingewirkt auf alle Arbeitsgebiete der Basler Missionsgesellschaft. Und auch die andern deutschen Missionsgesellschaften, haben, wenngleich zumeist nicht in demselben Maße, unter dem Weltkrieg gelitten.«[150]

Loofs entscheidet sich vor diesem Hintergrund, den »rechten Missionstext« Jesaja 6,1–11 mit Hilfe vierer Bitten des Vater Unser auszulegen, der ersten, fünften, zweiten und dritten.

Schon eine oberflächliche Durchsicht durch die Predigt zeigt, dass Loofs' Beurteilung des Krieges gegenüber dem Jahr 1915 um einiges negativer geworden ist. Der Krieg ist nun ein »furchtbarer Weltkrieg«,[151] er steht in schneidendstem Gegensatz zu den Festklängen des gerade begangenen Weihnachtsfestes,[152] er wird in Teilen der öffentlichen Meinung als »Bankerott der Christenheit« angesehen und schadet auch dadurch natürlich der Mission, der Krieg hat furchtbares Leid mit sich

---

147 Ebd.
148 Friedrich Loofs, Missionsfestpredigt über Jesaja 6,1–11, in: MPTh 12 (1916), 224–232.
149 Loofs, Missionsfestpredigt (s.o. Anm. 148), 224f.: »Noch vor zwei Jahren konnte man denken, dies 100jährige Jubiläum des Basler Mission werde zu einer internationalen Feier Anlaß geben. Zumal auf Englands Teilnahme durfte man damals rechen.«
150 Loofs, Missionsfestpredigt (s.o. Anm. 148), 225.
151 Ebd.
152 Ebd.

gebracht, seine tiefste Wurzel sind die Jagd nach Macht und Geld, Neid, Misstrauen und Rachegefühle, so dass Loofs summiert:

> »Seinem [gemeint: Gottes] Willen ist das ebenso schnurstracks entgegen wie alle Sünde.«[153]

Gleichwohl ändert auch das Desaster des Krieges nichts daran, dass die Heiligkeit des Namens Gottes bestehen bleibt,[154] ja Loofs kann sogar davon sprechen, dass in gewisser Weise auch der Krieg die welterhabene Majestät des ewigen Gottes offenbare oder sie doch wenigstens nicht verhüllen könne.[155] Zu einer grundsätzlichen Ablehnung des Krieges etwa im Sinne einer pazifistischen Haltung dringt Loofs auch hier nicht vor. Er plädiert klar für den Patriotismus, auch und gerade im Kriege. Die Vaterlandsliebe verbiete Gott nicht, ja er gebiete gar die Treue gegen Kaiser und Reich.[156] Aber wie schon in der Universitätspredigt ein Jahr zuvor wehrt Loofs alle Versuche, Gott als Partei für die eine oder andere Kriegsseite missbräuchlich in Anspruch zu nehmen,[157] als Angriff auf die Heiligkeit und die Allmacht Gottes ab und fasst zusammen:

> »Der allmächtige Gott steht nicht als Partei mit im Kampfe; er ist der Herr aller Völker, der König aller Könige, der höchste Regent in der großen weiten Welt, deren Größe wir nicht auszudenken vermögen.«[158]

Und kurz darauf formuliert er:

> »Er, der die Welt allmächtig hält, hat nicht mit einem Volke ein besonderes Bündnis geschlossen. Gotteskinder, in vielem irrende Gotteskinder, auch im Urteil über uns irrende Gotteskinder, gibt's auch bei unsern Feinden.«[159]

Aus diesem Grunde muss in der Auslegung des Jesajawortes nach der ersten Bitte des Vater Unser nun zunächst von der fünften Bitte die Rede sein. Loofs konzentriert sich hier aber nicht allein auf das im Krieg begangene Unrecht, sondern geht, dem Anlass seiner Predigt entsprechend, auf diejenige Schuld ein, die Christen in der Durchführung der Mission

---

153 Loofs, Missionsfestpredigt (s.o. Anm. 148), 226.
154 Ebd.: »Heilig ist Gott der Herr; heilig bleibt sein Name trotz aller Kriegsgreuel.«
155 Loofs, Missionsfestpredigt (s.o. Anm. 148), 227: »Wo in der Ewigkeit wurzelnder Opfermut die Krieger trägt, wo Ewigkeitstrost um die Tausende von Sterbenden webt, wo Trauernde dennoch sich aufrichten, – da offenbart auch der Krieg des ewigen Gottes welterhabene Majestät; verhüllen kann er sie nicht. Sein Name bleibt heilig.«
156 Loofs, Missionsfestpredigt (s.o. Anm. 148), 227.
157 Loofs, Missionsfestpredigt (s.o. Anm. 148), 226: »Umgekehrt hat England die Miene angenommen, als habe es göttlichen Auftrag, Deutschland zu züchtigen. Und bei uns hat man auch ›Gott strafe England!‹ Für einen auch Christen ziemenden Gruß gehalten.« – »Gott, der Herr, bleibt wie er ist, auch wenn sein Name gemißbraucht wird, um der Herrschsucht Englands ein frommes Mäntelchen umzuhängen oder deutschen Englandhaß zum Ausdruck zu bringen.«
158 Ebd.
159 Loofs, Missionsfestpredigt (s.o. Anm. 148), 227.

auf sich geladen haben. Das Ansehen des Christentums ist namentlich in den Missionsgebieten durch den Krieg erheblich gesunken,[160] und darüber hinaus ist es ganz offensichtlich durch Missionare vor Ort zu erheblichen Vergehen gekommen, die die Sache der christlichen Mission diskreditieren.[161] Trotz dieser gewaltigen Probleme ist im Sinne der zweiten Bitte des Vater Unser am Gedanken der Mission grundsätzlich festzuhalten, wenn auch, und hier kommt Loofs zur Auslegung der dritten Bitte, die Mission in der Haltung der Geduld und nüchternen Zuverlässigkeit zu geschehen hat. Loofs setzt sich hier dezidiert ab von den »Welteroberungspläne[n]«[162], die in Teilen der christlichen Mission durch das im Jahre 1900 erschiene Buch des Amerikaners John R. Mott »The Evangelization of the World in this Generation« (deutsche Übersetzung 1901)[163] ausgelöst worden war. Der Krieg, so Loofs, hat immerhin »diese ungeduldigen Erwartungen ins Unrecht gesetzt!«[164] Für seine Predigthörer zieht er die Konsequenz, dass in der Unscheinbarkeit der Ausbreitung des Reiches Gottes ein stärkerer Trost liegen möge als in allen schönen Zukunftsbildern, die menschliche Ermutigungsrede erträumen könne.[165] Loofs geht zum Abschluss auf ein Beispiel aus Kamerun ein und schließt seine Predigt wie folgt:

> »Aus Kamerun sind bescheidene Anfänge heidenchristliche Selbsttätigkeit bekannt geworden. Ähnliches hört man auch aus anderen Missionsgebieten. Es mag an diesen Aushilfsversuchen manches mangelhaft sein. Aber es sind doch Lebenszeichen, unscheinbare, jedoch vielleicht verheißungsvolle Anfänge selbständigen Lebens. Und besser als die Hurrastimmung der Welteroberungspläne von 1900, paßt die Unscheinbarkeit dieser neuen Anfänge zu der Art, wie Gottes Reich wächst.«[166]

---

160 Loofs, Missionsfestpredigt (s.o. Anm. 148), 228: »So gar bald werden die Heiden draußen es nicht vergessen, daß die Völker, die ihnen die Friedensbotschaft des Evangeliums bringen wollten, in mörderischem Kampfe sich vor ihren Augen bekämpft haben.«

161 Ebd.: »Und wer wüßte nicht, wie oft – vom Kriege abgesehen – die Arbeit unsrer Missionare draußen gehindert und gestört ist durch andre europäische, auch deutsche, sogenannte Christen, ihre Geldsucht, ihre Sinnlichkeit, ihren Stolz und ihre Grausamkeit! Da gilt's vollends, daß wir alle mit verantwortlich sind. Der Stand des Christentums in unserm Volke ist von dem Tun und Unterlassen, dem Reden und Schweigen jedes einzelnen nicht unabhängig. Und schließlich: Wo ist ein Missionar, der nicht wüßte, daß auch sein eigner alter Mensch seine Arbeit gehindert und gestört hat?«

162 Loofs, Missionsfestpredigt (s.o. Anm. 148), 232.

163 John Raleigh Mott, Die Evangelisation der Welt in dieser Generation (Originaltitel: The Evangelization of the World in this Generation [1900]), Berlin 1901. Auf diese deutsche Übersetzung bezieht sich Loofs, Missionsfestpredigt (s.o. Anm. 148), 230.

164 Loofs, Missionsfestpredigt (s.o. Anm. 148), 230.

165 Loofs, Missionsfestpredigt (s.o. Anm. 148), 232.

166 Ebd.

Vom Ostersonntag des Jahres 1916 ist eine Predigt erhalten, die Friedrich Loofs in der Stephanuskirche gehalten hat.[167] In ihr entfaltet er in seinem typischen erörternden Stil das Thema der Auferstehung beziehungsweise des Ewigkeitsglaubens. Von der besonderen Situation des Krieges ist diese Osterpredigt »nur« insofern geprägt, als Loofs darauf verweist, dass aufgrund der Kämpfe der zurückliegenden über zwanzig Monate eine einmalig hohe Zahl an Todesfällen zu beklagen sei.[168] Nähere Stellungnahmen oder Bewertungen des Krieges finden sich hier aber nicht.

Interessanter für unseren Zusammenhang ist daher die letzte der hier zu behandelnden Predigten, die im akademischen Gottesdienst zur Eröffnung des Wintersemesters 1918/1919 am 13. Oktober 1918 gehalten wurde.[169] In ihr bemüht sich Loofs um eine theologische Verarbeitung der sich seit kurzem für alle deutlich sichtbar abzeichnenden militärischen Niederlage Deutschlands und der danach zu erwartenden, äußerst ungünstigen Friedensbedingungen.[170] Der Kasus des Semesterbeginns tritt demgegenüber völlig in den Hintergrund.[171]

Aufgrund der Besonderheit der Situation hält Loofs die Wahl eines freien Textes dem Grunde nach für berechtigt, findet aber, dass der Text Epheser 5,15–17, der der Reihe der vorgeschriebenen Sonntags-Evangelien und Episteln entspricht, auf die aktuelle Lage bestens passe. Er entnimmt diesen Versen eine doppelte Mahnung, die er sich und seinen Hörern ans Herz gelegt wissen will: »Kaufet die Zeit aus!« Und:

---

167 Friedrich Loofs, Osterglaube ist Ewigkeitsgewißheit, Halle 1916.
168 Loofs, Osterglaube (s.o. Anm. 167), 2f.: »Ein Bild dieser unserer gegenwärtigen Lage ist die Osterfeier, die, wie alljährlich am Ostermorgen, so auch heute früh auf unserm Neumarktfriedhof gehalten worden ist. Da schallt die Osterbotschaft hinaus über die Gräber. So soll's, bildlich geredet, auch im Hauptgottesdienst des ersten Ostertages immer gehalten werden. Aber heute, nach fast 21 Kriegsmonaten, muß es doch im besonderen so sein. Denn noch nie, solange wir zu denken wissen, auch Ostern 1871 nicht, sind am Osterfeste so viele Trauernde in unserm Volke gewesen.«
169 Friedrich Loofs, Weisheit in böser Zeit, Halle 1918.
170 Loofs, Weisheit (s.o. Anm. 169), 4: »Das Ende des Krieges scheint nahe zu sein. Aber trotz aller Furchtbarkeit des Krieges, trotz allen Bangens für die eignen Angehörigen draußen ist man versucht zu sagen: das Ende des Krieges droht nahe zu sein. Denn das Ende, das sich als möglich zeigt, ist anders, als wir es gedacht hatten. Wir sind gezwungen, ernsthaft mit der Möglichkeit eines ungünstigen Kriegs-Ausgangs für unser Volk zu rechnen.«
171 Loofs, Weisheit (s.o. Anm. 169), 3: »Es ist der erste akademische Gottesdienst im neuen Semester. Unter gewöhnlichen Verhältnissen dürfte die Predigt das nicht unbeachtet lassen. Denn, so klein auch die Zahl unserer Studenten geworden ist, – der Semesteranfang bleibt doch etwas Wichtiges im akademischen Leben. Er bedeutet für alle, die hier studieren, nicht wenig, und für nicht wenige unter ihnen viel. Dennoch schieben heute gewaltigere Ereignisse den Semesteranfang ganz beiseit.«

»Versteht, was Gottes Wille ist!«[172] Diese beiden Aspekte will Loofs nacheinander entfalten.

Zunächst macht er deutlich, dass die Mahnung »Kaufet die Zeit aus!« gerade mit ihrer zunächst ungewöhnlich erscheinenden paulinischen Begründung: »Denn es ist böse Zeit« tatsächlich der Gegenwart der Gemeinde gilt. Loofs formuliert:

> »Das gilt jetzt uns! Es ist böse Zeit. Das fühlen wir alle; das braucht nicht ausgemalt zu werden.«[173]

Was aber kann es in solcher böser Zeit bedeuten, die Zeit auszukaufen? Loofs wehrt mit der Mahnung aus dem Epheserbrief zunächst die möglichen Haltungen der Gleichmütigkeit, Niedergeschlagenheit, aber auch der Sorge, Neugier und Furcht ab und expliziert dann, dass das Zugreifen und das Handeln die Gebote der Stunde sei – freilich innerhalb der einem jeden gezogenen Grenzen.[174] Dieses Zugreifen und Handeln kann ganz verschiedene Formen annehmen. Loofs nennt das Handeln durch Worte als Beispiel:

> »Es ist Christenpflicht, dem einzelnen Trauernden und Verzagten Mut zuzusprechen, im Einzelleben der Lüge und Verleumdung entgegenzutreten, gespreizte Unwissenheit in ihre Schranken zu weisen und, soweit die Wahrheit es zuläßt, alles zum Besten zu kehren, Eintracht und Vertrauen zu fördern.«[175]

Dies wendet er auch ganz konkret auf den Fall der sich abzeichnenden militärischen Katastrophe an:

> »Aber es ist recht und gut, da den Mund aufzutun, wo Zwietracht gesät, Mutlosigkeit genährt, Mißtrauen geweckt wird, wo die Tapferkeit und der gute Wille unserer Truppen verkannt, unseres Volkes Kraft unterschätzt, unser Kaiser verunehrt wird.«[176]

Loofs setzt also gleichsam eine christliche Pflicht zur individuellen und kollektiven Seelsorge an, die möglicher Demoralisierung durch die Niederlage entgegenwirken soll. Neben dieser Pflicht zum Auskaufen der Zeit durch das ermutigende Wort nennt Loofs auch konkrete Hilfen wie zum Beispiel das Zeichnen der Kriegsanleihe als Möglichkeit christlichen Handelns in der Stunde der Katastrophe[177] wenngleich er nicht hierin, sondern im seelsorgerlich-tröstenden Zuspruch die Hauptsache erblickt.

---

172 Loofs, Weisheit (s.o. Anm. 169), 4.
173 Loofs, Weisheit (s.o. Anm. 169), 6.
174 Loofs, Weisheit (s.o. Anm. 169), 7.
175 Ebd.
176 Ebd.
177 Loofs, Weisheit (s.o. Anm. 169), 9: »Und können wir alle nicht auch handeln im eigentlichen Sinne des Wortes? Es ist der Kanzel nicht unwürdig, wenn ich in diesem Zusammenhange, wie im Vorbeigehen, an das Zeichen der Kriegsanleihe erinnere.

Der zweite große Teil der Predigt fragt gemäß dem Bibelabschnitt aus dem Epheserbrief danach, was Gottes Wille in der gegenwärtigen Situation sei. Ganz analog zu dem, was er zwei und drei Jahre vorher gegen die missbräuchliche Identifizierung des deutschen Kriegsgeschicks mit dem Willen Gottes gesagt hatte, wehrt Loofs auch jetzt, wo die Niederlage sich abzeichnet, noch einmal jeder Vereinnahmung der Heiligkeit und Allmacht Gottes durch (noch so legitime) patriotische Interessen. Stattdessen macht er die Verborgenheit des Willens Gottes sowohl in jedem individuellen Leben als auch in Bezug auf das Volksschicksal stark.[178] Dabei unterlässt er es nicht, gegen die nun ganz offensichtlich gescheiterte theologische Gegenmeinung zu polemisieren:

> »Nicht wenige haben das [gemeint: den verborgenen Rat Gottes ergründen] zu können gemeint in der ersten Zeit des Krieges, als unsere Heere wie im Sturme siegreich durch Belgien drangen bis in die Nähe von Paris. Da hat man bisweilen so geredet, als wisse man, es sei Gottes Wille, daß Englands Weltherrschaft nun in deutsche Hände komme; ja man hat schon auf die Missionsaufgaben hingewiesen, die Gott, der Herr, uns damit zuschöbe. Wie sind die Kartenhäuser zusammengebrochen!«[179]

Wo aber liegt der Trost für die hörende Gemeinde, wenn klar ist, dass der Wille Gottes in Bezug auf das Schicksal des deutschen Volkes verborgen ist und wenn deutlich geworden ist, dass in Bezug auf den Kriegsausgang »Gottes Gedanken andere gewesen sind, als unsere Gedanken«[180]? Er besteht schlicht darin, dass Gottes Wille immer der gute und gnädige Wille des Vaters im Himmel bleibt – und als solchen darf die Gemeinde ihn verstehen und sich in ihm getröstet wissen:

> »Sein Wille bleibt immer der gute und gnädige Wille des Vaters im Himmel. Das soll uns zuversichtlich machen. Denn was da kommt, entspricht dem Willen des Allmächtigen. Sonst würde er es hindern. Solches Verstehen des Willens Gottes brauchen wir in unserer gegenwärtigen Lage.«[181]

›Freunde in der Not gehen zehne auf ein Lot‹, sagt das Sprichwort. Christen sollen im Einzel-Verkehr zu diesen seltenen Vögeln gehören. Sollte es dem Vaterlande gegenüber anders sein?«

178 Loofs, Weisheit (s.o. Anm. 169), 9: »Selbst das ist ein flaches Rechnen mit angeblichem Verstehen des noch verborgenen Willens Gottes, wenn nicht selten so geredet ist, als schlösse unsere Glaubenszuversicht die Gewißheit ein, daß Gott, der Herr uns den Sieg geben würde. Der Glaube hat es mit unsichtbaren Gütern zu tun. Wie Gott, der Herr, hier in der Zeit führt, das ist nun nicht nur in bezug auf unser Einzelleben verborgen. Mit unseres Volkes Schicksal steht es ebenso. Wir dürfen patriotische Wünsche und Hoffnungen haben. Ja, als gute Deutsche sollen wir sie haben. Kein tapferes Volk gibt seine Zukunft auf. Aber mit dem Glauben und mit dem Verstehen des Willens Gottes hat das nichts zu tun.«
179 Loofs, Weisheit (s.o. Anm. 169), 8.
180 Loofs, Weisheit (s.o. Anm. 169), 10.
181 Loofs, Weisheit (s.o. Anm. 169), 9.

Aber auch, ja vielleicht gerade in dieser Situation betont Loofs aus theologischen Gründen die Berechtigung des Patriotismus. Es ist bezeichnend für seine differenzierte Haltung, dass es ausgerechnet die Predigt aus der Zeit des sich abzeichnenden negativen Kriegsausgangs im Herbst 1918 ist, in der er dezidiert gegen den Pazifismus polemisiert.[182]

Neben dem Verstehen des Willens Gottes im Schicksal des deutschen Volkes geht Loofs in einer kürzeren Schlusspassage noch auf den Willen Gottes im sittlichen Leben des einzelnen ein; diesen Willen zu verstehen sieht er als zentrale Aufgabe jedes christlichen Individuums, einerseits im Blick auf die eigene Entwicklung, andererseits in der Funktion eines sittlichen Vorbilds für andere.[183] Das Ziel seiner Semestereröffnungspredigt gibt er am Ende selbst noch einmal an: er will – der Hoffnungslosigkeit der gegenwärtigen allgemeinen Situation zum christlichen Trotz – der Niedergeschlagenheit wehren und die Gemeinde zum Bestehen des vor ihr liegenden Weges ermutigen. Loofs schließt:

> »Gleichwohl gilt's allen, die versucht werden zur Niedergeschlagenheit: Stehe auf, und gehe den Weg, der vor dir liegt! Wird er dunkel, so wollen wir des Psalmworts uns erinnern: ›Und ob ich schon wanderte im finsteren Tal, so fürchte ich kein Unglück. Denn du bist bei mir. Dein Stecken und Stab trösten mich.‹ Amen.«[184]

Aus dem Nachkriegsjahr 1919 liegt eine Predigtreihe von insgesamt fünf akademischen Predigten von Loofs vor, die er zum Thema »Ewigkeitsglaube« gehalten hat.[185] Ist die Wahl dieses Themas auch explizit der Nachkriegssituation mit ihrem überproportional hohen Anteil an trauernden Gemeindegliedern geschuldet, können diese Predigten hier dennoch außer Betracht bleiben, weil sie keine eigentlichen Stellungnahmen oder Bewertungen zum Krieg oder zum Kriegsgeschehen mehr enthalten.

Fragt man abschließend, inwiefern sich Loofs' rückblickende Selbsteinschätzung des Jahres 1926, er habe in den Predigten in der Kriegs-

---

182 Ebd.: »Der ›Pazifismus‹, d.i. die Friedensbewegung, die Frieden um jeden Preis will, versteht den Willen Gottes nicht recht. ›Nichtswürdig ist die Nation, die nicht alles setzt an ihre Ehre‹ – dem widerspricht christliches Denken nicht. Kommt's zum letzten Kampf, da es für Deutschland um Freiheit oder Knechtschaft sich handeln würde, so würde dass Ernst Moritz Arndt's Wort gelten: ›Der Gott, der Eisen wachsen ließ, der wollte keine Knechte. Drum gab er Eisen, Schwert und Spieß, dem Mann in seine Rechte, daß er bestünde bis aufs Blut, bis an den Tod die Fehde.‹ Doch ob es dazu kommt, das verhüllt noch der Schleier, den Gott über die Zukunft ausgebreitet hat. Da gilt's warten und nicht in Gottes verborgenen Rat eindringen wollen.«
183 Loofs, Weisheit (s.o. Anm. 169), 11.
184 Ebd.
185 Loofs, Ewigkeitsglaube (s.o. Anm. 44).

zeit 1914–1918 »alttestamentliche‹ und chauvinistische Töne stets gemieden«[186] an den Texten verifizieren lässt, könnte man antworten: In der Tat zeigt sich Loofs in der Kriegszeit als ein Prediger, der bei all seiner konservativ patriotischen Grundüberzeugung jeder Vereinnahmung des Christentums für die Ziele der jeweiligen Kriegsgegner, auch für die Ziele Deutschlands, wehrt, der, ohne Pazifist oder auch nur grundsätzlicher Gegner des Krieges zu sein, die Schrecken des Krieges benennt, jeder Kriegseuphorie abhold ist[187] und sich auch in schwerer, unübersichtlicher Zeit ein klares Urteil bewahrt. Diese in den Predigten ablesbare Position ist sachlich weitgehend kongruent mit Äußerungen über den Krieg, die Loofs an anderen Stellen gemacht hat.[188] Die Absicht der Predigten ist das Trösten und Ermahnen der versammelten Gemeinde und das Explizieren der Botschaft, dass Gottes Verheißung der Gemeinde auch in den schrecklichen Zeiten des Krieges gilt. Das größte Plus der Predigten ist sicher in der Abwehr jeder Instrumentalisierung der christlichen Religion für Kriegszwecke zu sehen. Theologisch tritt an erster Stelle der Glaube an die Heiligkeit, Majestät und Allmacht Gottes hervor, der eine gewisse Ideologieresistenz zu gewährleisten scheint.

---

186 Loofs, Selbstdarstellung (s.o. Anm. 2), 416 Anm. 24.
187 Dies gilt im Übrigen schon für die frühe, am 2.9.1888 (14. Sonntag nach Trinitatis) in der Dorfkirche zu Jeinsen gehaltene Predigt über Mt 20,20–28, siehe Loofs, Predigten, 1892 (s.o. Anm. 40), 253–264: Der 2.9.1888 war der 18. Jahrestag des deutschen Sieges über Frankreich in der Schlacht bei Sedan, der »festlich begangen« (ebd., 253) wurde. Loofs erliegt nicht einer sich möglicherweise an einem solchen Tag nahe legenden Siegeseuphorie, sondern hält eine nachdenkliche Predigt über das Kreuz als Abzeichen des Reiches Christi.
188 Zu nennen ist hier der Text Friedrich Loofs, Erinnerungen und – Fragen, in: IMW 9 (1915), 63–72: Loofs bezeichnet den Krieg als »ein Furchtbares, das den Idealen, die den gesitteten Völkern gemeinsam sind, im Grunde widerspricht, ein Furchtbares, das unter christlichen Völkern eigentlich eine Unmöglichkeit sein sollte« (ebd., 68). Der Krieg sei die »*ultima ratio regum,* das letzte Argument, wenn alles Verhandeln versagt, das letzte Mittel, Neid, Verleumdung und Vergewaltigung niederzuhalten« (ebd., 69; Kursivdruck im Original). Die Anwendung dieses letzten Mittels sei »nur da sittlich berechtigt, wo nur so dem Recht gegenüber dem Unrecht, der Gesittung gegenüber der Unkultur zum Siege verholfen werden kann« (ebd.). Unter dieser Voraussetzung kann Loofs auch von der sittlichen Pflicht des Krieges sprechen (siehe hierzu den Aufsatz von Christian Muth in diesem Band auf Seite 182, Anm. 164) und dem Krieg sogar positive Aspekte abgewinnen: »Er hat in unserem Volke wertvolle Kräfte, die schlummerten, ja z.T. bedenklich unwirksam geworden waren in den Jahrzehnten steigenden Wohlstandes und ungehinderten Lebensgenusses, in ungeahnter Weise zum Leben erweckt« (ebd., 68). Loofs' grundsätzlich patriotische Position impliziert, dass sich kritische Töne hinsichtlich der Schuldfrage sich nicht finden. Er schreibt: »Wir sind reinen Gewissens davon überzeugt, zum Schutze unseres Vaterlandes, zum Schutze unserer Kultur gegen französische Revanchegelüste, russische Barbarei und englischen Konkurrenzneid die Waffen ergriffen zu haben« (ebd., 69).

Der explizite und implizite Rekurs auf den ersten Artikel ist jedenfalls der theologische Aspekt, der sich in den Predigten am häufigsten findet. Als wichtiger äußerer Grund für Loofs' differenzierte Haltung in den vielfältigen Verflechtungen in der Kriegszeit ist sicher seine für die Zeit durchaus hohe internationale Vernetzung namhaft zu machen, die sich aus seinem Interesse an der Mission sowie seinen wissenschaftlichen Kontakten ins Ausland und seiner dementsprechend weitläufigen Korrespondenz ergab. In diesem Zusammenhang sind die Freundschaft und die Auseinandersetzung über die Kriegsthematik mit dem Oxforder Professor William Sanday wichtig.[189]

5. Die Kasualansprachen

Die Kasualpredigt hat Loofs als eine deutlich von der akademischen Gemeindepredigt unterschiedene Aufgabe wahrgenommen. Die Obliegenheit einer Kasualpredigt hat ihn relativ selten betroffen, weil es, wie er in seiner »Selbstdarstellung« schreibt, im Halleschen Universitätsgottesdienst keine akademische Gemeinde im eigentlichen Sinne gab.[190] Getraut und getauft hat er vornehmlich im eigenen Familienkreis.[191] Das Gros seiner Kasualpredigten besteht in den Leichenreden, die er für manche seiner Kollegen gehalten hat.[192] Diese Trauerreden bezeichnet Loofs als »nicht leicht«, weil er sie als pastorale Aufgabe ernst nimmt und sie nicht auf bloße Gedächtnisreden reduziert wissen will.[193] Wie Loofs seine Trauerreden angelegt hat, soll anhand vierer

---

189 Loofs, Selbstdarstellung (s.o. Anm. 2), 416f. Die Auseinandersetzung ist literarisch greifbar in den Texten: William Sanday, The Meaning of the War for Germany and Great Britain. An Attempt at Synthesis, Oxford 1915; Friedrich Loofs, William Sanday über den Krieg, in: DE 6 (1915), 246–266. 289–314. Loofs' Antwort auf Sanday's Buch ist dem Grunde nach eine ausführliche, von verletzter Gelehrteneitelkeit nicht ganz freie und zum Teil etwas langatmig geratene Rezension des Buches seines befreundeten Oxforder Kollegen. In der Sache entspricht Loofs' Position dem, was er in der Internationalen Monatsschrift (vgl. Loofs, Erinnerungen [s.o. Anm. 196]) niedergelegt hatte.
190 Loofs, Selbstdarstellung (s.o. Anm. 2), 408f. Anm. 12: »Kasualien hatten wir akademischen Prediger daher nicht.«
191 Ebd.: »Getraut habe ich unter diesen Umständen (in Vertretung des zuständigen Pfarrers) außer dreien meiner Kinder nur wenige Paare, und in der Zahl meiner Täuflinge bilden 5 meiner Großkinder die große Mehrheit.«
192 Ebd. zählt er auf: Wilhelm Dittenberner (1907), Hermann Ebbinghaus und Max Ihm (1909). Erich Haupt, Julius Kühn und Emil Kautzsch (1910), Fritz v. Bramann (1913), Erich Harnack und Hermann Schmidt-Rimpler (1915), Walter Gebhardt und Hermann Fitting (1918), Edgar Loening (1919), Carl Robert (1922).
193 Ebd.: »Bloße Gedächtnisreden sind mir nie als eine pastorale Aufgabe erschienen.«

gedruckter Predigten deutlich gemacht werden, denen für seinen eigenen Vater (1893), für Paul Drews (1912), für Edgar Loening (1919) und für Carl Robert (1922).[194]

Formal fällt zunächst auf, dass Loofs auch in den Trauerpredigten eine strenge Gliederung anwendet, wie sie in seinen akademischen Predigten zu beobachten ist. Sieht man einmal von der Predigt für Paul Drews ab, die in dieser Hinsicht ein wenig aus dem Rahmen fällt, weil sie im Wesentlichen durch die Aneinanderreihung von biblischen Stellen getragen ist, sind auch die Trauerpredigten in klare Sinnabschnitte unterteilt. Unbeschadet einiger von Fall zu Fall variierender Unterabschnitte lassen sich dem Grunde nach zwei große Blöcke unterscheiden, nämlich die persönliche Würdigung des Verstorbenen einerseits und der Trost für die Hinterbliebenen andererseits.

Bei der Würdigung des Verstorbenen spielt es für Loofs eine erkennbar große Rolle, die Angemessenheit des für die Predigten gewählten Bibelwortes für die verstorbene Person zu unterstreichen. Am Sarge von Edgar Loenig weist er darauf hin, dass der 90. Psalm zwar »mit diesem oder jenem Verse der kirchlichen Ordnung bei fast jeder Trauerfeier verwertet« werde, dass er aber an »diesem Sarge […] in besonderem Maße seine Stelle«[195] habe. Loening selbst habe den Psalm 90 in besonderer Weise geschätzt und ihn gar »am Tage seines 50jährigen Dr.-Jubiläums […] den Seinen vorgelesen.«[196] Bei der Trauerfeier für Carl Robert in der Kapelle des Gertraudenfriedhofs findet Loofs die Aussage von Psalm 91,16a in dem langen, gesättigten Leben des Verstorbenen bestätigt.[197] Für den eigenen Vater predigt er über das Bibelwort, das dieser selbst ihm für die Grabrede ausdrücklich aufgetragen hatte (1. Timotheus 1,15), und illustriert anhand von Begebenheiten aus dessen Leben die Aussage, das Jesus Christus, der Sünderheiland, »dem Entschlafenen seines Lebens Preis gewesen« sei.[198] Bei

---

194 Dem Andenken seines Vaters: Loofs, Predigten, 1901 (s.o. Anm. 40), 1–6; Friedrich Loofs, Am Sarge von Paul Drews, in: MPTh 9, Berlin 1913, 43–47; ders., Am Sarge von Edgar Loening, in: Hallesche Universitätszeitung 1919, 148–156; ders., Feier in der Kapelle des Gertraudenfriedhofs zu Halle, in: Carl Robert zum Gedächtnis, hg. v. Georg Karo, Halle 1922, 3–16. – Zu Paul Drews s. Friedrich Wilhelm Bautz, Art. »Drews, Paul«, in: BBKL 1, Herzberg 1990, 1382 und Christian Grethlein, Art. »Drews, Paul«, in: RGG[4] 2, Tübingen 1999, 988f.; zu Edgar Loening s. Perter Landau, Art. Loening, Edgar, in: RGG[4] 5, Tübingen 2002, 482f.; zu Carl Robert s. den in dieser Anm. genannten Sammelband sowie Manfred Oppermann, Carl Robert, in: Historische Kommission bei der Bayrischen Akademie der Wissenschaften (Hg.), NDB 21, München 2003, 678f.
195 Loofs, Loening (s.o. Anm. 194), 148.
196 Ebd.
197 Loofs, Gertraudenfriedhof (s.o. Anm. 194), 6.
198 Loofs, Predigten, 1901 (s.o. Anm. 40), 2f.

Paul Drews predigt er über dessen Lieblingswort aus der Messliturgie, Sursum corda, und verbindet dies mit einem hierzu passenden biblischen Vers, nämlich Psalm 121,1f.[199] Von den biblischen Worten ausgehend würdigt Loofs dann zunächst die Lebensleistung des Verstorbenen. Für Edgar Loening verweist er auf die langjährigen Verdienste für die Universität bis hin zur Benennung als Vertreter im preußischen Herrenhaus,[200] für Carl Robert ausführlich auf dessen hervorragende Leistungen für Universität und Akademie,[201] für den eigenen Vater auf die jahrzehntelange Tätigkeit im Gemeindepfarramt.[202] Neben die Würdigung der beruflichen, in der Regel akademischen Leistungen tritt die Darstellung der Persönlichkeit. Hier rekurriert Loofs gern auf persönliche Begegnungen, auf Gespräche oder auch auf gemeinsamen Reisen Erlebtes[203] oder er schildert eine repräsentative Szene aus dem Leben, die ihm von der Familie erzählt worden oder der versammelten Trauergemeinde geläufig ist, wodurch die hohe Anschaulichkeit seiner Ausführungen resultiert. Stets geht Loofs auf die besonderen Umstände der letzten Lebensphase und des Sterbens selbst und auch auf die in dem einen oder anderen Gespräch zu Tage getretene Einstellung des Verstorbenen zum Tod ein.[204] In den Predigten zeigt sich eine große persönliche Nähe, die auf zum Teil jahrzehntelanger Bekanntschaft oder Freundschaft mit den Verstorbenen und deren Familien basiert.[205] Auffällig ist, dass der Prediger Loofs durchaus auch etwaige problematische Wesenszüge der Verstorbenen in seelsorgerlich-behutsamer Weise thematisiert. So wird die manchmal wohl etwas zaghaft-depressive Persönlichkeitsdisposition des eigenen Vaters ebenso beim

---

199 Loofs, Drews (s.o. Anm. 194), 43.
200 Loofs, Loening (s.o. Anm. 194), 149.
201 Loofs, Gertraudenfriedhof (s.o. Anm. 194), 4f. 7.
202 Loofs, Predigten, 1901 (s.o. Anm. 40), 3f.
203 Besonders eindrucksvoll in der Predigt für Carl Robert (Loofs, Gertraudenfriedhof [s.o. Anm. 194], 14f.): »Als wir vor 31 Jahren mit dem entschlafenen und seiner Gattin einmal einen Weg in die römische Campagna machten, die Gräberstraße der via Appia entlang, und dann zurück uns wandten der Stadt zu, kam das Gespräch darauf, was es sei, das immer wieder nach Rom zurücklocke. Unser verstorbener Kollege meinte, ihn ziehe es immer wieder hin zu dem Bilde, das wir vor Augen hatten. Da grüßte eine große Vergangenheit, selbst mitten durch die Felder zog vom Gebirge her der alte Aquädukt; und drüber wölbte sich in südlicher Klarheit der Himmel, den die Strahlen der untergehenden Sonne vergoldeten. – Was ist's, das da das Menschenherz lockt? – Vielleicht zuhöchst dies: der gleiche Himmel, wie einst, über all den Ruinen, und das halbe oder mehr unbewusste, ahnende Sehnen nach einer Ewigkeit, in der die Zeit nicht mehr trennt, und in der alles Große und Gute Bestand hat.«
204 Loofs, Predigten, 1901 (s.o. Anm. 40), 4; Loofs, Gertraudenfriedhof (s.o. Anm. 194), 6; Loofs, Drews (s.o. Anm. 194), 44; Loofs, Loening (s.o. Anm. 194), 154.
205 Bei Carl Roberts über 30 Jahre; ebenso lang bei Edgar Loening.

Namen genannt[206] wie das offenbar cholerisch-aufbrausende Wesen eines Carl Robert.[207] Das »De mortuis nihil nisi bene« hat Loofs nur in der so modifizierten Weise angewendet. Hier scheint eine Konsequenz auf aus dem, was er über die Leichenrede als pastorale Aufgabe ausgeführt hat.

Wie aber hat Loofs seinen eigenen Anspruch einzulösen versucht, seine Trauerpredigten eben nicht auf bloße Gedächtnisreden zu reduzieren? Womit hat er die Hinterbliebenen zu trösten und der versammelten Gemeinde Hoffnung über den Tod hinaus nahe zu bringen versucht? Auch hier schlägt Loofs' gliedernd-kategorisierender Predigtstil sich nieder, und zwar insofern, als er mit unterschiedlichen Trostaussagen und -zusprüchen differenziert umgeht. Die tröstlich gemeinte Aussage, dass der Tod unter bestimmten Umständen auch eine Erlösung sein könne, wird von ihm explizit abgewiesen. Am Sarge seines Vaters sagt er:

»Wohl ist's recht, wir haben in den letzten acht bis vierzehn Tagen nichts anderes mehr für meinen Vater erbitten können, als daß ihn Gott erlöse aus diesem Leben voller Schwachheit. Allein, das bloße Ende aller Ängste und Nichtigkeiten dieser Erde – es ist ein schlechter Trost.«[208]

Um solchen Trost als schlechten zu qualifizieren, macht Loofs die Radikalität des Todes zunächst stark. Der Tod »bleibt ein König der Schrecken für das natürliche Menschenherz«[209], im Tod ist »keine Spur von Leben, da ist nur Gegensatz zum Leben«[210], im Tod ist »Leere«[211], für die Angehörigen ist er nicht weniger als der »Zusammenbruch eures bisherigen Lebens.«[212] Angesichts dieser Radikalität des Todes ist der Hinweis auf den Tod als Erlösung, etwa aus einer schweren, unabwendbaren Krankheit, als Trost unzureichend. Und auch die Betonung der Beliebtheit des Verstorbenen bei Familie, Freunden und Kollegen oder die Rekurs auf die Erfülltheit

---

206 Loofs, Predigten, 1901 (s.o. Anm. 40), 2: »Demut ist etwas anderes als Bescheidenheit oder gar Verzagtheit. Wohl hat mein Vater auch Verzagtheit gekannt. Wie oft haben wir ihm zureden müssen, wenn er seinen Gaben zu wenig vertraute! Aber das waren Stunden der Versuchung.«
207 Loofs, Gertraudenfriedhof (s.o. Anm. 194), 10–12: Loofs bezeichnet Robert als »Gesellschafter, dem man stets gern, wenn auch nicht immer ohne geheime Furcht vor Erregtheiten, zuhörte«, räumt ein, dass Freunde »gelegentlich von dem leidenschaftlichen Feuer, das in ihm brannte, verletzt wurden«, und spricht vom »leicht erzürnten Herzen« des Verstorbenen. In der Familie aber kenne man »den Kern seines Wesens, die innerlich harmonische, freundliche und gütige Tiefe, an deren Oberfläche nur gelegentlich die Wellen schäumten.«
208 Loofs, Predigten, 1901 (s.o. Anm. 40), 4.
209 Ebd.
210 Loofs, Predigten, 1901 (s.o. Anm. 40), 4f.
211 Loofs, Drews (s.o. Anm. 194), 45.
212 Loofs, Loening (s.o. Anm. 194), 151.

seines gelebten Lebens können allenfalls ein schwacher Trost sein. Die Anteilnahme der Trauernden erfüllen die Angehörigen mit Dankbarkeit, aber auch das kann nicht wirklich trösten gegenüber der Tatsache, dass der Tod allem Leben und aller Gemeinschaft ein Ende setzt:

> »Wir sehen in dem allen die Liebe und Teilnahme und sind dankbar dafür. Aber, meine Lieben, was die Kränze verdecken, bleibt doch ein Sarg, und drinnen im Sarge ist die Verwesung. Da hilft nicht die freundliche Teilnahme allein, da helfen nicht schöne Worte vom Erlöstsein von der Erde Leiden. So billig lässt sich der Tod nicht abfinden.«[213]

Und schließlich besteht auch kein wirklicher Trost in der Bewahrung des Andenkens des Verstorbenen durch die Hinterbliebenen, da solches Andenken ja nur kurzfristig sein kann und bald schwindet: »Aber wie lange wird unser Gedenken dauern?« fragt Loofs bei der Trauerfeier für Carl Robert und antwortet: »Nach 30 oder 40 Jahren wird keiner mehr hier sein, der Carl Roberts Kollege und Freund gewesen ist!«[214] um kurz darauf hinzuzufügen:

> »Aber auch das treueste Herz hört auf zu schlagen; auch Kinder und Kindeskinder haben ihre Zeit; und das Gedächtnis der Ahnen verblaßt.«[215]

Solchen entweder als schlechter Trost diskreditieren oder als schwacher Trost differenziert bewerteten Aussagen stellt Loofs nun die christlichen Vorstellungen entgegen, in denen er den wahren Trost auch angesichts des Todes erblickt. Dieser Grundgedanke zieht sich in allen seinen Trauerpredigten durch, wenn man auch sagen muss, dass die Emphase, mit der er vorgetragen wird, sich mit der Zeit etwas vermindert: Nannte Loofs im Jahre 1892 am Sarge seines Vaters den christlichen Trost noch den »*einen* festen Punkt«, den »einzige[n] dauerhafte[n] Trost«[216], so gibt er in späterer Zeit etwas behutsameren Formulierungen den Vorzug.[217] Worin besteht aber nun für Loofs genau jene christliche Trostbotschaft? Sie besteht in zwei Aspekten: Erstens darin, dass Gott auch im Todesgeschehen der Handelnde ist und bleibt. Es ist niemand anders als Gott selbst, der »die Menschen abberuft«[218]; am Sarge des an einem Unglücksfall verstorbenen Edgar Loening heißt es:

> »Wenn kein Sperling vom Dache fällt ohne den Vater im Himmel, – wie viel mehr steht auch das Straucheln und Ausgleiten und Fallen der Menschen-

---

213 Loofs, Predigten, 1901 (s.o. Anm. 40), 4.
214 Loofs, Gertraudenfriedhof (s.o. Anm. 194), 11.
215 Loofs, Gertraudenfriedhof (s.o. Anm. 194), 12.
216 Loofs, Predigten, 1901 (s.o. Anm. 40), 5. Hervorhebung im Original.
217 Z.B. Loofs, Loening (s.o. Anm. 194), 151: »Hier ist eine Antwort!«
218 Loofs, Predigten, 1901 (s.o. Anm. 40), 5.

kinder unter seinem Willen? Laßt drum eure Gedanken nicht an dem ›Zufall‹ haften. Gott ist's, der die Menschen lässet sterben – gleichviel wie.«[219]
Neben diese theologische Aussage, dass Gott auch in der Todesstunde im Regimente sitzt, tritt die zweite, nämlich die der christlichen Ewigkeitshoffnung, die Loofs in zahlreichen Bildern zu illustrieren sucht. Der Tod wird in diesem Zusammenhang als »Rückkehr ins Vaterhaus« und in die »Heimat« gedeutet,[220] der Verstorbene als von Christus »ewig gehalten« bezeichnet: »Wer Christus kennen gelernt hat, der weiß es: wen Er hält, den wird Er ewig halten.«[221] In der Ansprache für Carl Robert heißt es: »Dem ewigen Gott aber stehen wir allezeit, ja vor aller Zeit und über alle Zeit, lebendig vor Augen.«[222] Loofs weiß natürlich und thematisiert es auch, dass all diese Aussagen, zu denen man leicht noch weitere hinzugesellen könnte, bildlicher Art sind:

»Freilich sind's Bilder: ›Heimat‹ und ›Vaterhaus‹ und ›Satt-werden‹. Und viele andere Aussagen der Heiligen Schrift von der Ewigkeit sind gleichfalls bildlich.«[223]

In der Person Christi nämlich verbleibe das Ewige nicht im Reich der Bilder und Ideen, sondern sei mitten unter uns getreten. Wenn es also im Johannesevangelium von Christus heiße: »Niemand wird die Seinen aus seiner Hand reißen« (Joh 10,28), dann sei dies nur der Form nach bildlich: »Inhaltlich trifft's den Kern der Sache.«[224]

Wie versucht Loofs seine christlichen Ewigkeitsaussagen gegenüber der Gemeinde zu plausibilisieren? Es fallen vier Aspekte ins Auge: Erstens das Vertrauen auf die Evidenz und die Überzeugungskraft der in den Predigten viel zitierten biblischen Texte, zweitens die Unterstreichung jener biblischen Texte durch einschlägige Gesangbuchverse, unter anderem durch die Lieder Paul Gerhardts, drittens die Berufung auf den Glaubenskonsens der Christen beziehungsweise der Gemeinde,[225]

---

219 Loofs, Loening (s.o. Anm. 194), 155.
220 So in Loofs, Loening (s.o. Anm. 194), 155. In Loofs, Drews (s.o. Anm. 194), 45 findet sich die Formulierung: »Gott, der der rechte Vater ist über alles, was da Kinder heißt im Himmel und auf Erden, er hat ein ewiges Vaterhaus bereitet für seine Kinder; und wir wissen, daß wir in deren Zahl uns einrechnen dürfen; denn Jesus Christus hat uns erlöst, daß wir in seinem Reiche ihm dienen in ewiger Gerechtigkeit, Unschuld und Seligkeit.«
221 Loofs, Predigten, 1901 (s.o. Anm. 40), 5. Ganz analog in Loofs, Loening (s.o. Anm. 194), 156: »Wen Gott hält – und Christus und Gott sehen wir zusammen – den wird er ewig halten.«
222 Loofs, Gertraudenfriedhof (s.o. Anm. 194), 12.
223 Loofs, Loening (s.o. Anm. 194), 155f.
224 Loofs, Loening (s.o. Anm. 194), 156.
225 Loofs, Predigten, 1901 (s.o. Anm. 40), 5: »Dies ist der einzige dauerhafte Trost an diesem Sarge, wie an allen Christensärgen.« Loofs, Drews (s.o. Anm. 194), 47: »Und

sowie auf den Glauben des Verstorbenen selbst[226] und viertens die Indienstnahme von Gewissheitsformeln und -formulierungen.[227]

Inhaltlich finden sich viele Parallelen zur Predigt über Osterglaube und Ewigkeitsgewissheit, die Loofs am 23. April 1916 in der Stephanuskirche zu Halle gehalten hat und zu anderen seiner akademischen Predigten über den Ewigkeitsglauben,[228] nur dass in den Kasualpredigten, wie nicht anders zu erwarten, der konkrete Fall beziehungsweise die Person des Verstorbenen im Mittelpunkt steht, auf die die Ewigkeitsbotschaft konkret bezogen wird. Von daher kann man die eingangs dieses Abschnitts zitierte Äußerung von Friedrich Loofs über den Charakter seiner Trauerreden als angemessen beurteilen: Es geht in der Tat nicht um »bloße Gedächtnisreden«, sondern um eine »pastorale Aufgabe«, nämlich um die Thematisierung der Ewigkeits- oder Auferstehungshoffnung im Zusammenhang des Todes einer bestimmten, Loofs als Verwandtem oder Kollegen nahe stehenden Person. Jeder, der sich einer solchen Aufgabe je gestellt hat, wird Loofs' Einschätzung teilen, dass Trauerreden »nicht leicht« sind. An der Art, wie Loofs sie gehalten hat, vermögen die hohe Sensibilität in der Wahrnehmung der Persönlichkeit des Verstorbenen sowie der konsequente Verzicht auf falschen Trost und religiösen Kitsch zu überzeugen.

---

wir sind gewiß: Gott, der Herr, hat auch seinen Eingang schon behütet, den Eingang in Seine große Ewigkeit.«

226 Loofs, Loening (s.o. Anm. 194), 156: »Vor ihm [gemeint: dem Herrn] hat auch der Entschlafene sich gebeugt.« Zur Predigt am Sarge seines Vaters siehe die dort am Schluss berichtete Episode. Über Carl Robert: »Aus seiner [gemeint: Gottes] Kraft hat der Entschlafene all sein Können hergeleitet; an ihn hat er gedacht, als er nach seinem 70. Geburtstage schrieb, er wolle […] weiter wandeln, bis der Meister rufe; auf seine Kraft, die tragen helfe, hat er gehofft […]« (Loofs, Gertraudenfriedhof [s.o. Anm. 194], 14). Über Paul Drews: »Und die letzten Monate haben seine Geduld und seinen Glauben auf eine harte Probe gestellt. Schon vor 5 Monaten, vor der Operation, hatte er sich durchgerungen zu dem Gedanken, den das Kirchenlied ausspricht: ›Nun so will ich dieses Leben, wenn es meinem Gott beliebt, auch ganz willig von mir geben; bin darüber nicht betrübt.‹« (Loofs, Drews [s.o. Anm. 194], 45).

227 So vor allem in der frühen Predigt am Sarge seines Vaters, in der sich häufig das Adverb »gewiß« oder die Wendung »gewißlich wahr« finden. Vgl. Loofs, Drews (s.o. Anm. 194), 45 (Zitat in Anm. 223).

228 Die Predigt Loofs, Osterglaube (s.o. Anm. 167) ist bereits im Abschnitt über die Predigten in der Kriegszeit behandelt. Eine kleine Sammlung weiterer Predigten über das Thema Auferstehung findet sich in Loofs, Ewigkeitsglaube (s.o. Anm. 44). Diese Predigten gehören alle in das Nachkriegsjahr 1919.

6. Schluss

Die Ergebnisse der vorstehenden Analysen müssen hier nicht noch einmal zusammengefasst werden. Am Ende unserer Betrachtungen ist aber noch zu fragen: Hat Friedrich Loofs in den über dreißig Jahren Praxis, wie sie in den gedruckten Predigten dokumentiert ist, seinen Predigtstil signifikant verändert? Wer auch nur stichprobenartig Predigten aus dem ersten Predigtband mit Predigten der späteren Bände oder auch mit den letzten gedruckten Predigten aus der Sammlung »Der Ewigkeitsglaube« vergleicht, dem wird eher die beeindruckende Kontinuität in Loofs' Werk auffallen als dass er bedeutsamer Veränderungen gewahr würde. Die inhaltliche Orientierung an oft durch den Predigttext und/oder durch den Kasus vorgegebenen theologischen Problemen, der durch klare und stets präsent gehaltene Gliederung geprägte Abhandlungsstil, das zu einer akademischen Gemeinde gut passende hohe Reflexionsniveau und das jederzeit erkennbare Ringen darum, die Erträge der Überlegungen in der Wirklichkeit der hörenden Gemeinde aufzufinden, sind zentrale Merkmale, die sich bei Loofs von den ersten Predigten der Jahre 1887 und 1888 bis hin zu den letzten gedruckten Predigten aus dem Nachkriegsjahr 1919 durchziehen.

Loofs selbst hat sich zu möglichen Entwicklungen in seiner Predigttätigkeit nur selten geäußert: In der Vorrede zu seinem 1901 erschienen zweiten großen Predigtband verweist er selbstkritisch darauf, dass die 1892 im ersten Band herausgegebenen Predigten »noch sehr jugendlich«[229] gewesen seien. Will man diese Aussage näher interpretieren, wird man auf die Vorrede zu den akademischen Predigten aus dem Jahre 1908 verweisen müssen. Hier schreibt Loofs, die Aufgabe der akademischen Predigten sei leichter,

> »so lange man nicht unternimmt, den tiefsten Gedanken der evangelischen Heilsverkündigung Ausdruck zu geben, sondern in Vorstellungskreisen sich hält, die den ersten Stadien religiösen Suchens zugänglicher sind. Von den Predigten dieser letzteren Art sind vielleicht in meinen früheren Veröffentlichungen einzelne zu finden.«[230]

Für den neuen Band habe er daher Predigten ausgesucht, »die jenem ersteren, schwereren Ziele nahe zu kommen sich bemühen.«[231] In dem Band finden sich Predigten insbesondere zur rechten Stellung zu den ethischen und dogmatischen Stoffen der christlichen Verkündigung, zu den Grundforderungen wahrhaft christlichen Lebens, zur Rechtfertigungs- und zur Versöhnungslehre. Nimmt man diese wenigen

---

229 Loofs, Predigten, 1901 (s.o. Anm. 40), V.
230 Loofs, Akademische Predigten (s.o. Anm. 19), VII.
231 Ebd.

Selbstäußerungen ernst, so wäre Loofs' Entwicklung im Predigen vornehmlich so zu beschreiben, dass er bei der gemeindeorientierten Präsentation dogmatischer Probleme erst in späterer Zeit zur intensiveren Behandlung auch der schwierigeren und schwierigsten Fragen vordringt.[232] Aber diesem Unterschied, den man als zunehmende Tiefe in der Auslotung auch komplexer theologischer Probleme für die hörende Gemeinde deuten könnte, stehen die hohe inhaltliche und »handwerkliche« Kontinuität in den Predigten, die gleich bleibend hohe Gemeindenähe und die über die Jahre und Jahrzehnte unveränderte Grundüberzeugung von Ziel und Aufgabe der Predigt entgegen, die Loofs' Predigen prägen.

So steht am Schluss dieser Studie das Bild eines Predigers, der ein auf jahrzehntelanger Predigttätigkeit basierendes, imponierendes Gesamtwerk vorgelegt hat und dem man es gerne abnimmt, wenn er in seiner Selbstdarstellung resümierend schreibt: »Die Predigten waren mir auch eine liebe Ergänzung meiner Lehrtätigkeit.«[233]

---

232 In dem frühesten Predigtband findet sich eine Predigt über Mt 22,31f., die Loofs am Totensonntag 1891 zum Thema der Unsterblichkeit der Seele gehalten hat. Für die Drucklegung hat er in einer Fußnote weiterführende Gedanken zu diesem Thema niedergelegt, die er in der Predigt selbst beiseite gelassen hatte, weil sie ihm als zu schwer erschienen waren (Loofs, Predigten, 1892 [s.o. Anm. 40], 271f.). Ob Loofs diese Gedanken dreißig Jahre später in die Predigt eingebaut hätte? Ein Blick in die späten, 1919 entstandenen Predigten über den Ewigkeitsglauben zeigt, dass dies zumindest zum Teil der Fall ist: Den Gedanken des »geistlichen Leibes« nach 1 Kor 15,44, den er 1891 noch wegließ, entfaltet er nun in der Predigt (Loofs, Ewigkeitsglaube [s.o. Anm. 44], 47f.).

233 Loofs, Selbstdarstellung (s.o. Anm. 2), 393–431 (408).

Soziale Sorge von Mensch zu Mensch

Friedrich Loofs und die Armenpflege in Halle in wilhelminischer Zeit

Matthias Bartels
†

1. Halles Wachstum im Zeitalter der Industrialisierung (zum gesellschaftlichen Rahmen)

1.1. Das Deutsche Reich 1871 bis 1918 – eine Illustration

Wachstum und Fortschritt von immensen Ausmaßen prägten Deutschland in der Zeit von 1871 bis zum ersten Weltkrieg. Gleichermaßen bestand aber auch ein spannungsreicher Zustand zwischen den Anforderungen der Modernität und einem vordemokratischen Ständesystems in Politik und Gesellschaft – ein »Januskopf«, den umfassend darzustellen hier nicht der Ort sein kann. Unerlässlich scheint aber eine Skizze von beidem, von den Leistungen im Deutschen Reich, dem Selbstbewusstsein des sie hervorbringenden Bürgertums (als ein typischer Vertreter könnte Friedrich Loofs gelten) wie auch von den latent bis manifest brodelnden Konflikten, die, ob noch oder nicht mehr unter der Decke, kaum befriedigend gelöst wurden. Beide Aspekte bildeten die Folie der Zeit, formten die Bedingungen, unter denen Halle sich rasant entwickelte und seinen sozialen Problemen zu begegnen hatte. Bevor wir Halle genauer in den Blick nehmen, sollen unerlässlich scheinende Worte und Zahlen illustrieren, was in dieser Zeit Deutschland ausmachte.

1.1.1. Wachstum und Fortschritt

Zwischen 1870 und 1913 stieg die landwirtschaftliche Wertschöpfung von 5,738 Milliarde auf 11,270 Milliarde Mark. Doch trotz der Verdopplung ihrer Leistung sank der Anteil der Landwirtschaft an der gesamtwirtschaftlichen Wertschöpfung im selben Zeitraum von 40,5% auf

23,3%,[1] denn noch stärker nahm die Industrieproduktion zu: Von 1891 bis 1912 bei Braunkohle von 20,5 auf 80,9 Millionen, bei Steinkohle von 73,7 auf 174,9 Millionen und bei Roheisen von 4,6 auf 17,9 Millionen Tonnen. Die Bahn steigerte den Transport zwischen 1890 und 1913 von 11,3 auf 41,4 Milliarde Personen-, und im Güterverkehr von 22,5 auf 67,7 Milliarde Tonnenkilometer. Der Gesamtumsatz der Reichsbank ging zwischen 1891 bis 1912 von 110 Milliarde auf 414 Milliarde Mark, die Einzahlungen bei den Sparkassen (nur Preußen) beliefen sich 1892 auf 3,552 Milliarde und 1911 auf 11,837 Milliarde Mark, und die veranlagten Vermögen in Preußen betrugen 1895 63,857 und 1911/1913 104,057 Milliarde Mark. Entsprechend stellten sich die Leistungen im internationalen Vergleich dar. Der Vizekanzler Clemens Delbrück erklärte am 20. Januar 1914 im Reichstag:

> »Ein Vergleich mit Frankreich, Großbritannien und den Vereinigten Staaten von Nordamerika zeigt, daß Deutschland in seinem Gesamthandel noch im Jahre 1891 mit Frankreich und den Vereinigten Staaten von Nordamerika auf einer Stufe gestanden hat, britischerseits um rund 75 Prozent übertroffen wurde. Heute hat Deutschland die beiden zuerst genannten Länder weit überflügelt und ist dem britischen Gesamthandel nahegerückt. [...] Der britische Gesamthandel übertrifft hiernach den französischen um 92 Prozent, den amerikanischen und 44 Prozent und den deutschen nur noch um 16 Prozent.«[2]

Betrug die Nettoinlandsproduktion (gemessen an Preisen von 1913) im Jahr 1867 noch 15,1 Milliarde Mark, so waren es 1913 schon 52,4 Milliarde – bei vergleichsweise geringen Staatslasten: Der Anteil der öffentlichen Haushalte am Volkseinkommen betrug 1913 19%, nach Abzug von Transferleistungen 15,3%, das heißt kaum ein Drittel der heutigen Verhältnisse. Entsprechend stiegen auch die Pro-Kopf-Einkommen durchschnittlich von 380 Mark 1867 auf 780 Mark 1911/1913. Und die Bevölkerung wuchs rasch von 41 Millionen im Jahr 1870 auf 67 Millionen im Jahr 1913.[3]

Nicht weniger imposant war die wissenschaftliche und technische Reputation Deutschlands in der ganzen Welt. Mehr als 30% der Nobelpreisträger für Physik, Chemie und Medizin kamen von 1901–1920 aus Deutschland, die in der Welt anerkannte deutsche Ingenieurskunst (»made in Germany«) war Teil des deutschen Selbstbewusstseins, man

---

1 Gerd Hohorst, Materialien zur Statistik des Kaiserreiche 1870–1914. Sozialgeschichtliches Arbeitsbuch, Bd. II, München 1978, 88, zu den folgenden Zahlen vgl. ebd.
2 Verhandlungen des Reichstags, 13. Legislatur-Periode, I. Session, Stenographische Berichte von der 195. Sitzung am 20. Januar 1914, Bd. 292, Berlin 1914, 663ff.
3 Zu den Zahlen vgl. Hohorst (s.o. Anm. 1), und Thomas Nipperdey, Die deutsche Geschichte von 1866 bis 1918, Bd. I. Arbeitswelt und Bürgergeist, München (1983) ⁶1998, 268–289.

strebte ganz unverhohlen nach Weltgeltung, fühlte sich – und das war Allgemeingut – in der Lage, den »Platz an der Sonne« einzunehmen, England an der Weltspitze abzulösen.

1.1.2. Im Spannungszustand – fortdauernd ungelöste Konflikte
Patriarchat – Emanzipation, Liberalismus – Sozialismus, Katholizismus – Protestantismus, Parlamentarismus – Monarchie, Nationalismus – Internationalismus, Militarismus – Pazifismus, Kapital – Arbeit. Wiewohl sich die wilhelminische Epoche im Bewusstsein nach 1918 bald als »gute alte Zeit«, als »Friedensjahre« mit »Weltgeltung« darstellte, lassen sich anhand solcher Gegensatzpaare die nicht geringen Konflikte erahnen. Ein Teil dieser Konflikte war zeitbedingt, dem viktorianischen England nicht minder fremd, doch den Unterschied zeigt gerade der Blick des Engländers Bertrand Russell im Jahre 1896 auf ihre deutschen Umstände:

»*Wenn* die Sozialdemokraten ihre kompromißlose Haltung aufgeben können, ohne ihre Stärke einzubüßen; *wenn* andere Parteien, diese Veränderungen wahrnehmend, einen versöhnlicheren Ton anschlagen; und *wenn* ein Kaiser oder Kanzler auftauchen sollte, der weniger kompromisslos feindlich gegen jeden Fortschritt an Zivilisation oder Freiheit eingestellt ist als Bismarck oder Wilhelm II. – wenn alle diese glücklichen Umstände eintreten sollten, dann mag Deutschland sich auf friedlichem Wege, wie England, zu einer freien und zivilisierten Demokratie entwickeln. Wenn aber nicht, wenn die Regierung und die anderen Parteien ihre derzeitige bigotte Verfolgung fortsetzen, dann scheint es keine Macht zu geben, die das Anwachsen der Sozialdemokratie stoppen oder ihre kompromisslose Opposition mildern könnte. [...] Für alle jene aber, die die derzeit gespannte Feindschaft zwischen Reich und Arm in Deutschland auf friedlichem Wege vermindert sehen möchten, kann es nur eine einzige Hoffnung geben: daß die herrschenden Klassen zu guter Letzt ein gewisses Maß an politischer Einsicht, an Mut und Großherzigkeit zeigen werden. Sie haben in der Vergangenheit nichts davon gezeigt, und sie zeigen im Augenblick wenig davon: aber Furcht mag sie einsichtig machen, oder Männer mit einem neuen Geist mögen heranwachsen. Einstellung der Verfolgung, vollständige und uneingeschränkte Demokratie, absolute Koalitions-, Rede- und Pressefreiheit – sie allein können Deutschland retten, und wir hoffen ganz inständig, daß die deutschen Herrscher sie gewähren werden, ehe es zu spät ist. Tun sie es nicht, so sind Krieg und eine Auslöschung des nationalen Lebens das unvermeidliche Schicksal des deutschen Kaiserreiches.«[4]

---

4 Bertrand Russell, Die deutsche Sozialdemokratie (Originaltitel: German social democracy [1896]), Berlin/Bonn 1978, 178f.

Wenn der wache Zeitgenossen Russell das deutsche Dilemma richtig sah, sagt er uns auch, recht verstanden, was Deutschland dringend brauchte: einen das Gros der Gesellschaft einbeziehenden Konsens zur ausgewogenen Strukturierung und Verteilung der politischen Gewalt – das heißt: politische Reife oder, in anderen Worten, Demokratie. Friedrich Loofs sah das sehr anders und repräsentierte damit die Sicht weiter Teile einer maßgeblichen, einflussreichen Schicht, wenn er am 15. November 1918 in der Halleschen Zeitung schreibt:

>»die jetzigen Machthaber wollen für Sicherheit und Ordnung sorgen, und es wäre Unrecht, an der Redlichkeit ihres Wollens zu zweifeln. [...] Die Zustände der Gegenwart gefallen uns freilich nicht; wir sind keine Demokraten, sondern konservativ gesinnte Anhänger monarchischer Staatsordnung. Doch können wir leugnen, daß der Wind, ja der Sturm, jetzt anders weht? Und im Ernst wird kein Verständiger denken, es sei in absehbarer Zeit möglich, das zu ändern. Der Unverstand, der anders zu denken sich versucht fühlen könnte, wäre auch schweres Unrecht; Blut ist im Kriege genug geflossen. Torheit aber ist's, mit dem Gedanken zu spielen. Wir müssen nüchtern auf den Boden der Wirklichkeit uns stellen, alles unnütze Klagen und Wünschen und Reden unterlassen und in unserm alten Kreise und unserm Teile alles tun, was wir dazu tun können, daß die Maschine unseres staatlichen, gemeinschaftlichen Lebens nicht still stehe.«[5]

Deutschland war, was die ausgewogene Partizipation an der politischen Macht betraf, weit zurückgeblieben, ein Entwicklungsland. Fragil und recht problematisch wirkt Bismarcks Konstruktion, die wir hier nur grob skizzieren möchten:

- das Reich, ein Fürstenbund, der der treibenden Kraft, dem liberalen Bürgertum, das demokratische Instrument Reichstag einräumte und es zugleich domestizierte;
- der Reichstag mit Legislativ- und Budgetrecht, doch eher vermögend zu hindern als zu gestalten;
- der Kaiser im »persönlichen Regiment«, der die de jure verantwortliche Regierung, ernannte beziehungsweise absetzte;
- die Regierung, allein dem Kaiser, nicht aber dem Reichstag verantwortlich;
- der gesellschaftlich, militärisch und politisch privilegierte Adel (kaiserlicher Hofstaat, Dreiklassenwahlrecht in Preußen, Herrenhäuser als zweite Kammern, Bundesrat aus Fürstenvertretern);

---

5 Friedrich Loofs, Furchtlos, in: Hallesche Zeitung vom 15. November 1918. Was ihn dabei allerdings wohltuend von anderen unterscheidet, ist die erfreulich auf Legitimität bedachte Haltung trotz seiner Ferne zur entstehenden Ordnung, der Appell an seine eigenen Kreise, der uns freilich in etwa ahnen lässt, wie dort gedacht und geredet wurde.

- das (Groß-) Bürgertum, aus Furcht vor dem »vierten Stand« seine zentrale Aufgabe, die Etablierung einer zeitgemäßen parlamentarischen Regierungsform, verpassend und darauf fixiert, seine wirtschaftliche Prosperität mit gesellschaftlich-politischen Privilegien zu ergänzen;
- der merkwürdige Schwebezustand zwischen der Sphäre des Demokratischen (Reichstag, Landtage und so weiter) und der des Halbfeudalen (Alleinregiment);
- die Mehrheit der Deutschen, die in dieses halbfeudal-ständische System nicht recht integriert, an ihm nur gemindert beteiligt war, die, eigentlich in Opposition, doch oft servil hinnahm, das heißt sich im Zustand problematischer Mündigkeit befand.

Walter Rathenau, ein nahe an den Eliten befindlicher, genauer Beobachter dieser Zeit, schrieb 1912 in einem Brief zur innen- und außenpolitischen Situation:

»Noch immer ist unsere Regierung erheblich machtvoller als das Parlament. Sie wird dem Reich den höchsten Dienst erweisen, wenn sie sich zwei geschichtlichen Faktoren nicht verschließt: dem Tauwetter, das seit einigen Jahren vom äußersten Osten bis zum fernsten Westen das politische Klima der alten Welt mildert, und der Tatsache, daß sechzig Prozent der Deutschen in die Opposition gedrängt sind. Zwei Pflichten sind zu erfüllen: die Beseitigung der verfassungswidrigen Wahlkreisgeometrie im Reiche und die Änderung des unwürdigen Wahlrechts in Preußen. Aufgaben dieser Bedeutung ist die heutige Majoritätsgruppe schwerlich gewachsen, weder an innerer Homogenität noch an politischer Befähigung.«[6]

Wenn wir den Fokus auf Halle richten, wird uns diese Atmosphäre aus Wachstumseuphorie und erstarrten Fronten beziehungsweise Haltungen immer wieder begegnen, sei es auch nur als Hintergrundrauschen. Besonders zwei Themen, fast zusammenfallend, werden uns auf ihre Weise immer wieder berühren: 1. die ausgegrenzten, »in die Opposition gedrängten 60%« (Rathenau) und 2. die »kompromisslose Feindschaft zwischen Arm und Reich« (Russell). Unter diesen Vorzeichen, in dieser Konstellation, stellt sich die Frage, wie denn soziales Handeln

---

6   Walther Rathenau, Brief vom 27.1.1912 an Ernst Friedegg, in: Briefe, Bd. I, Dresden 1926, 90; Christian Graf von Krockow, Kaiser Wilhelm II und seine Zeit. Biografie einer Epoche, Berlin (1999) ²2002, 104ff., spricht bezeichnenderweise von drei Gruppen, nach Emanzipation strebenden Frauen und Arbeiter und – die Juden, die »zusammengenommen keine Minderheit, sondern eine deutliche Mehrheit darstellten« und einer bürgerlichen Ausgrenzung unterlagen: »Der Sachverhalt besagt, daß die kaiserlich wilhelminische Gesellschaft eben nicht die ganze Nation als selbstverständliche Einheit umfaßte, sondern daß viele Menschen im Abseits standen oder ins Abseits gedrängt wurden.« (ebd., 104).

und Armenpflege in Halle und für Friedrich Loofs Gestalt gewannen – und wie das bei den Betroffenen »ankam«. Doch zunächst zu Halle:

1.2. Halles Wachstum – eine Darstellung im Vergleich

Wir sprachen bereits vom immensen Wachstum in Deutschland. Noch beeindruckender war das Wachstum der Städte, denn in ihnen vollzog sich die industrielle Entwicklung, die den Motor der Expansion bildete und Menschen anzog. Für Halle haben Meyer/Stöwesand 1907 folgende Entwicklung der Betriebs- und Beschäftigtenzahlen erhoben und bemerken dazu:

»1875	6.006	Betriebe mit	14.759	Personen
1882	7.383	Betriebe mit	20.543	Personen
1895	9.042	Betriebe mit	31.376	Personen, und
1907	10.523	Betriebe mit	51.143	Personen […]

Demnach ist die Zahl der Betriebe seit der ersten Zählung bis zur zweiten um 23%, bis zur dritten um 51% und bis zur vierten Zählung um 75% angewachsen. Dagegen hat sich die Personenzahl seit dem gleichen Anfangstermine bis zur zweiten Zählung um 39%, bis zur dritten um 113% und bis zur vierten um 247% vermehrt, während die Steigerung der Einwohnerzahl 40%, 120% und 235% betrug.«[7]

Mit der Entwicklung, die während der zweiten Hälfte des 19. Jahrhunderts zunehmend schleuniger wurde, veränderte Halle nicht nur seine Größe, sondern auch sein Gesicht. Um die Wandlung grob zu beschreiben, soll die strukturelle Gewichtung Halles um 1800 der von 1900 gegenübergestellt werden, wobei Halle 1800, eine (1.) Universitätsstadt mit (2.) altehrwürdiger Salzsiederei und (3.) Tuch- beziehungsweise Stärkeindustrie, sich 1900 in das Halle einer 1. Gewerbe- und Indust-

---

7   Otto Meyer/Stöwesand, Die Betriebszählung in Halle a. S. nach den Ergebnissen der Berufs- und Betriebszählung vom 12. Juni 1907, in: Statistisches Amt der Stadt Halle a. S. (Hg.), Beiträge zur Statistik der Stadt Halle, Halle 1910, 22f. Die Feststellung lässt auf eine Konzentration zu immer größeren Betriebsformen schließen, was die Autoren mit folgender Aufstellung für den gleichen Zeitraum, vgl. ebd., 25, veranschaulichen:

		1875	*1882*	*1895*	*1907*
Betriebe	Industrie	3.960	4.456	4.925	5.252
	Handel	1.989	2.843	4.037	5.703
Beschäftigte	Industrie	11.609	14.934	22.056	34.914
	Handel	3.068	5.452	9.021	15.366

riestadt, 2. Handelsstadt und 3. Zentrale geistiger Bildung gewandelt hat[8] – in genau dieser Reihenfolge. Die Entwicklung von Gewerbe und Industrie speiste sich dabei hauptsächlich aus den drei Komponenten Zucker-, Braunkohle- und Maschinenbauindustrie, nahezu ausschließlich finanziert von ortsansässigen Banken (Lehmann, Steckner und der Hallesche Bankverein).[9] Die stetige Expansion dieser Zweige konnte nur gelingen, weil Halle gleichzeitig zu einem wichtigen Verkehrsknotenpunkt wurde.[10]

Lebten 1855 in der Stadt 36.420 Einwohner, so waren es 1890 bereits 101.401, 1905 (mit Eingemeindung) 169.916 und 1913 dann 190.357.[11] Pupke hat, auf drei Perioden verteilt, für die Zeit von 1816 bis 1900 die Einwohnerentwicklung Halles in Zuwachsprozenten ausgedrückt, wobei die 1. Periode (1816–1843) 1,6%, die 2. Periode (1843–1871) 2,0% und die

---

8   Vgl. z.B. Karl Grabenstedt, Woher bezieht die Stadt Halle a. S. ihre wichtigsten Lebensmittel? Eine statistisch-volkswirtschaftliche Studie, in: Sammlung nationalökonomischer und statistischer Abhandlungen des staatswissenschaftlichen Seminars zu Halle a. d. S. 43 (1904), 7; sowie Erich Neuss, Die Entwickelung des halleschen Wirtschaftslebens vom Ausgang des 18. Jahrhunderts bis zum Weltkrieg, in: Beiträge zur mitteldeutschen Wirtschaftsgeschichte und Wirtschaftskunde 2 (1924), 130ff. und 205, wo dargestellt ist, dass 1895 in der halleschen Großindustrie 56.180 Personen = fast 50%, im Handel 27.899 Personen = ¼ und in Erziehung, Bildung Unterricht 5.757 Personen = 5 % der gesamten Bevölkerung beschäftigt waren.
9   Vgl. hierzu Neuss (s.o. Anm. 8), 130: »Zwar ist die wirtschaftliche Entwicklung in ihren Hauptlinien vorgezeichnet (Zuckerrübenbau und -Verarbeitung, Braunkohlebergbau mit Annexindustrien, Maschinenindustrie), aber nun beginnt man im stärksten Maße, dieses wirtschaftliche Gerippe mit Muskeln und Sehnen zu umkleiden.« Das genuine Gewächs von und in Halle ist die Maschinenbauindustrie: von 1864–1872 wurden allein 13 Maschinenfabriken gegründet (ebd., 144), und 14 Fabriken von 1874–1894 (ebd., 187). Zu den Banken (ebd., 194ff.).
10 Hier nur am Beispiel der Eröffnung von Bahnlinien illustriert: Leipzig – Halle – Magdeburg: 1840; Halle – Thüringen: 1846; Halle – Berlin: 1859; Halle – Kassel (mit Zweigstrecke von Sangerhausen nach Artern – Erfurt): 1865; in anderer Richtung nach Torgau – Cottbus 1872.
11 Vgl. Walther Pupke, Bevölkerung der Stadt Halle a. S. und ihre Entwicklung, in: Statistisches Amt der Stadt Halle a. S. (Hg.), Beiträge zur Statistik der Stadt Halle, Halle 1908, 7. Zum Bevölkerungswachstum von Halle, das uns im Folgenden näher interessieren soll, im Vergleich einige Städten in absoluten Zahlen nach Hohorst (s.o. Anm. 1), 45:

	1875	1890	1910
Berlin	966.859	1.587.794	2.071.257
Dortmund	57.742	89.663	214.226
Dresden	197.295	276.522	548.308
Leipzig	127.307	235.025	589.850
Magdeburg	87.925	202.234	279.629

3. Periode (1871–1900) 3.8% (mit Eingemeindung) ergab und auf ein auch im Vergleich zu anderen Städten dokumentierbar schleuniges Wachstum für Halle in dieser Zeit hindeutet:

»Ein Vergleich mit den Zuwachsprozenten einiger anderer Großstädte gibt für die beiden letzten Perioden folgende Reihenfolge:

1843/1871		1871/1900	
Dortmund	6,5	Dortmund	4,1
Hannover	5,1	Düsseldorf	3,9
Düsseldorf	3,7	*Halle*	3,8
Barmen	2,9	Stettin	3,8
Elberfeld	2,6	Köln	3,7
Breslau	2,5	Hannover	2,9
Krefeld	2,4	Elberfeld	2,8
Magdeburg	2,1	Breslau	2,5
Stettin	2,1	Magdeburg	2,4
Halle	2,0	Barmen	2,3
Aachen	1,7	Erfurt	2,3
Köln	1,5	Krefeld	2,2
Erfurt	1,4	Aachen	2,1

Erwägt man, daß die große Nähe zweier Städte wie Magdeburg und Leipzig eher hemmend als fördernd auf die Entwicklung Halles wirken mußte – um so mehr, als Leipzig in der letzten Periode 1871/1900 das enorm hohe Zuwachsprozent von 5,1 erreicht hat – so wird die Kraft und Energie, mit der unsere Stadt sich ihre Stelle als Großstadt errungen hat, um so mehr bemerkt werden.«[12]

Die gleiche Tendenz galt auch im Verhältnis Halles und Magdeburgs zur Provinz Sachsen und zueinander.[13]

---

12 Pupke (s.o. Anm. 11), 8f.
13 Pupke (s.o. Anm. 11), 9, stellt folgende Vergleichszahlen auf:
»Von 1000 Einwohner der Provinz Sachsen fielen auf %-Verteilung am Bevölkerungsanteil beider Städte

	Halle	Magdeburg	Halle	Magdeburg
1871	25,0	54,4	31,5%	68,5%
1890	37,6	74,9	33,4%	66,6%
1905	57,0	80,8	41,4%	58,6%

und bemerkt:»Es ist also der Anteil von Halle stetig gewachsen, während derjenige Magdeburgs zurückgegangen ist.«

Eine Untersuchung des ersten möglichen Wachstumsfaktors, des natürlichen Wachstums (Geburtenüberschuss), führte zu folgendem Ergebnis:

»Drei Erscheinungen, rasches Sinken der Geburtshäufigkeit, rasches Sinken der Sterblichkeit und nur geringes Abnehmen, teilweise sogar Zunahme der Heiratsfrequenz, sind für die Bevölkerungsvorgänge der Großstädte überhaupt charakteristisch; Halle nimmt in bezug auf alle drei Erscheinungen unter den übrigen Großstädten eine mittlere Stellung ein, so daß der Verlauf der natürlichen Bevölkerungsvorgänge als normal zu bezeichnen ist.«[14]

Daneben muss ein relevanter Zuwachs aus Wanderungsbewegungen für Halle in dieser Zeit angenommen werden, die durch das Gesetz über die Freizügigkeit vom 1. November 1867[15] ebenso befördert wurden wie durch die größere Flexibilität im Verkehr. Im Zeitraum 1861 bis 1900 (Zuwachs von 42.978 auf 132.806 Einwohner) kommt auf den Geburtenüberschuss von 35.268 ein Überschuss von 54.562 aus Zuwanderung, was noch nichts über die absolute Zuwanderung aussagt[16]. Wird der betreffende Zeitraum in 4 Perioden eingeteilt und der absolute Zuwachs ins Verhältnis zu Geburtenüberschuss und Zuwanderung gesetzt, so ergibt sich ein Anteil der Zuwanderung am Totalzuwachs für 1861–1871 von 80,94%, für 1871–1880 von 60,00%, für 1880–1890 von 64,08% und für 1890–1900 von 51,97%.[17] Der Trend wurde, mit etwas sinkender Dynamik, auch in den folgenden Jahren beibehalten, wo der durchschnittliche Jahresüberschuss (in absoluten Zahlen) für die Periode von 1896–1900 mit 3.963, von 1901–1905 mit 2.078 und von 1906–1910 mit 1.525 Personen angegeben ist.[18] Für dieselbe Zeit gilt, dass dieser mehr als die Hälfte des Bevölkerungswachstums ausmachende Zustrom in der Hauptsache einer Bewegung aus dem ländlichen Raum in die wachsenden Städte, für Halle besonders aus der Provinz Sachsen, entstammte:

---

14 Pupke (s.o. Anm. 11), 10; der Geburtenüberschuss für Halle resultiert also zum Teil aus einer Verminderung der Sterblichkeit, vgl. ebd.
15 Vgl. Gesetz über die Freizügigkeit vom 1. Nov.1867 (BGBl.), das (§ 1) jedem Bundesangehörigen innerhalb des Bundesgebietes 1. Niederlassungsfreiheit (wenn er für seinen Unterhalt aufkommen kann) 2. die Freiheit des Grunderwerbs und 3. Gewerbefreiheit zugestand. Dagegen schränkten §§ 4 und 5 die Möglichkeiten der Gemeinden zur Verhinderung eines ungebetenen Zuzugs ein, vgl. unter Kapitel 2.1.
16 Vgl. Pupke (s.o. Anm. 11), 10: eine um 1000 wachsende Bevölkerung kann durch 1000 Zu- oder durch 4000 Weg- und 5000 Zuzüge wachsen.
17 Vgl. Pupke (s.o. Anm. 11), 11: mit absoluten Zahlen und etwas anderer Systematik dargestellt.
18 Vgl. Hellmuth Wolff, Statistische Jahresübersicht für Halle a. S. 1913, in: Statistisches Amt der Stadt Halle a. S. (Hg.), Beiträge zur Statistik der Stadt Halle, Halle 1914, 26, Tabelle 53.

> »Der Anteil der nicht am Ort Geborenen ist also sehr beträchtlich, er beträgt durchgehend über die Hälfte der Bevölkerung, ein Zeichen für die außerordentlich starke Zuwanderung. [...] Diese Erscheinung des Zusammenströmens der Bevölkerung in Bevölkerungszentren – die sog. Agglomerationstendenz –, die sich allenthalben in der 2. Hälfte des 19. Jahrhunderts gezeigt hat, ist die äußere Ursache für das Entstehen der Großstädte. Die innere Ursache, der eigentliche Faktor, liegt auf wirtschaftlichem Gebiet und findet seine Erklärung erst in der modernen kapitalistischen Wirtschaftsordnung.«[19]

Die Städte, die in dieser Zeit der Hochkonjunktur nach 1870 die Menschen sogartig anzogen, und Halle macht da keine Ausnahme, waren kaum darauf vorbereitet.

Weiterhin lässt sich aus dieser Konstellation leicht erkennen, um was für einen Zuzug es sich in der Hauptsache gehandelt haben muss: Um einen proletarischen, um ein Andrängen von – vorwiegend noch jungen – Menschen, die sich aus vielen ihrer bisherigen Bindungen gelöst hatten, lösen mussten, um in die Städte zu ziehen, eine Arbeit zu finden und ohne Aufsicht (»zügellos« – eines der beliebten bürgerlichen Schlagwörter der Zeit) ihr Leben zu führen. Werner Sombart hat in seinem Versuch, den psychisch-sozialen Status des Proletariats verständlich zu machen (der Proletarier ist wurzellos, bindungslos, hat keine [Beziehung zur] Natur mehr, keine Heimat, keine »Wohnung«, keine Familie – keinen Gott), geschrieben:

> »Zerstört durch den eisernen Fuß des Kapitalismus sind alle jene Gemeinschaften, die den Menschen der früheren Zeit, vor allem den Durchschnittmenschen der großen Masse, zwar banden, aber auch hielten, stützten, wirtschaftlich und moralisch.«[20]

Dieser Umstand lohnt festgehalten zu werden, weil in ihm Gründe für die mentale Konstellation liegen, die uns hier und da noch beschäftigen soll.

1.3. Furcht vor den Entwurzelten – Annäherung an ein Stimmungsbild

Fortschritt, Wachstum, Beschleunigung, Zusammenballung in Städten bis dahin nicht gekannter Größe – das bringt über die eben zitierte proletarische Entwurzelung hinaus Gefühle der Unübersichtlichkeit, Entfremdung und nicht zuletzt den Anblick der Zurückgeblieben mit sich. Der Zeitgenosse Reiner Maria Rilke sagt:

---

19 Vgl. Wolff (s.o. Anm. 18), 12: 1871 sind 50,9%, 1885 sind 54,3%, 1890 sind 58,6% und 1900 sind 55,6% der Bevölkerung nicht in Halle geboren. Vgl. zum Zuzug aus der Provinz Sachsen auch ebd., 27, Tabelle 54.

20 Werner Sombart, Das Proletariat. Bilder und Studien, Frankfurt a.M. 1906, 13f.

»Die Städte aber wollen nur das Ihre / und reißen alles mit in ihren Lauf.
Wie hohles Holz zerbrechen sie die Tiere / und brauchen viele Völker brennend auf.
Und ihre Menschen dienen in Kulturen / und fallen tief aus Gleichgewicht und Maß,
und nennen Fortschritt ihre Schneckenspuren / und fahren rascher, wo sie langsam fuhren,
und fühlen sich und funkeln wie die Huren / und lärmen lauter mit Metall und Glas.«[21]

Diese Zeilen fangen eine verbreitete, nicht ganz unverständliche Stimmung gegenüber großstädtischen Entfremdungen ein, die trotz der allgegenwärtigen Fortschrittseuphorie, trotz der Wachstumsbegeisterung einer Unterströmung gleich zu wirken scheint – nicht nur, und das ist interessant, auf konservativer Seite. Friedrich Engels schreibt 1880 zur Wohnungsfrage:

»Die bürgerliche Lösung der Wohnungsfrage ist also eingestandenermaßen gescheitert – gescheitert an dem *Gegensatz von Stadt und Land*. Und hier sind wir an dem Kernpunkt der Frage angelangt. Die Wohnungsfrage ist erst dann zu lösen, wenn die Gesellschaft weit genug umgewälzt ist, um die Aufhebung des von der jetzigen kapitalistischen Gesellschaft auf die Spitze getriebenen Gegensatzes von Stadt und Land in Angriff zu nehmen. Die kapitalistische Gesellschaft, weit entfernt, diesen Gegensatz aufheben zu können, muß ihn im Gegenteil täglich mehr verschärfen.«[22]

Ein ähnliches Unbehagen scheint in weiten Kreisen der Hallenser Bürgerschaft, trotz des positiv registrierten Fortschritts der Stadt, im Umgang mit der sozialen Frage mitzuwirken, wenn der Gründungsaufruf für den Verein gegen Armennot und Bettelei (Mitinitiator Friedrich Loofs) beginnt:

»Unsere Stadt ist in den letzten Jahrzehnten so gewachsen, daß sie jetzt in die Reihe der deutschen Großstädte eingetreten ist. Mit den Vortheilen dieser Entwicklung haben auch die socialen Schäden großstädtischen Lebens,

---

21 Vgl. Rainer Maria Rilke, Das Stunden-Buch. Enthaltend die drei Bücher. Vom mönchischen Leben, Von der Pilgerschaft, Von der Armuth und vom Tode, Leipzig 1905.
22 Karl Marx/Friedrich Engels, in: Werke, hg. v. Institut für Marxismus – Leninismus beim ZK der SED, Bd. XVII, Berlin 1962, 243. Die Aufhebung des Unterschiedes von Stadt und Land (durchaus metropolenkritisch) ist eine Standardfigur im ideologischen Repertoire des Sozialismus geblieben. So schreibt Jürgen Kuczynski, Die Geschichte des Alltags des deutschen Volkes. Bd. V 1871–1918, Köln 1993, 189: »Nein, nein! Mit vollem Recht sind die Klassiker des Marxismus-Leninismus wie auch ihnen folgend Bebel für die Abschaffung der Großstädte – schon um den Gegensatz zwischen Stadt und Land abzuschaffen, teils auch um der Abschaffung der Wohnungsnot willen (die alle Länder, ganz gleich was ihre Gesellschaftsordnung, gerade in den Großstädten befällt), teils auch aus allgemeinen Wirtschaftsgründen wie aus Gründen der Verbreitung der Kultur.«

von denen die sittlichen Uebelstände nicht zum geringen Theile bedingt werden, sich alljährlich gemehrt.«[23]

Doch nicht nur die Furcht vor Sittenlosigkeit, Zügellosigkeit, Prunk-, Putz-, Trunksucht und anderen sittlichen Schäden (wir kommen darauf zurück) motivierten diese Haltung, sondern auch die reale finanzielle Sorge, dass mit dem wachstumsbedingten Zuzug ein Einzug in die kommunalen Systeme der sozialen Sicherung (Armenpflege), zu der die Gemeinden verpflichtet waren, in solchen Dimensionen einhergeht, dass diese diesem Druck nicht mehr standhalten könnten. So heißt es im Fortgang desselben Gründungsaufrufs:

> »Die Bettelei ist in unserer Stadt weit ärger als in vielen anderen gleich großen Städten. Und das durch sie hervorgerufene blinde Geben ermöglicht es zahlreichen Zuzüglern, ihr Leben durch freiwillige Gaben hier so lange zu fristen, bis sie den Unterstützungswohnsitz erworben haben und dann dauernd der Stadt zur Last fallen und vielfach anderen zum Ärgerniß gereichen.«[24]

Zwar war – aus purer Notwendigkeit geboren – eine als vorbildlich empfundene Sozialgesetzgebung geschaffen, die für viele Risikofälle Bitten um Almosen durch Rechtsansprüche auf Versorgung erübrigte, und das bis dahin bestehende System der alleinigen kommunalen und kirchlich – freien Daseinsfürsorge entlastete:

> »Mit durchschnittlich 53,06% der Gesamtunterstützungen kommt diese Gruppe in Betracht. Also über die Hälfte derselben ist nicht infolge persönlicher Unwürdigkeit in den Stand der Armut herabgedrückt worden. In fast einem Drittel der Fälle ist *Krankheit* als Ursache der Unterstützungsbedürftigkeit beteiligt, die *Altersschwäche* dagegen mit fast einem Viertel der Gesamtfälle. Gegenüber den früheren Jahren zeigt sich nach beiden Richtungen ein Fortschritt. Während die Ziffern in den Jahren 1881 noch 34,49% + 26,72% = 61,21% betragen, sind sie 1905 bereits auf 25,11% + 20,54% = 45,65% herabgesunken, die Differenz beträgt also 9,38% + 6,18% = 15,56%, ein sicheres Zeichen für die guten Wirkungen der Kranken-, Unfall-, Alten- und Invalidenversicherungen.«[25]

---

23 Gründungsaufruf, Saale-Zeitung vom 30.4.1892.
24 Ebd.
25 Johannes Reichelt, Die Entwicklung und Statistik des Halleschen Armenwesens, in: Statistisches Amt der Stadt Halle a. S. (Hg.), Beiträge zur Statistik der Stadt Halle, Halle 1910, 100. Dies bezieht sich auf die Gruppe, die durch Unfall, Krankheit oder Alter in die Armenunterstützung fällt. Die wichtigsten Gesetze: 15.6.1883: Krankenversicherung (RGBl. 73) und 28.1.1885: Novelle (RGBl. 5); 6.7.1884: Unfallversicherung (RGBl. 69) und 28.5.1885: Novelle zur Ausdehnung der Unfall- und Krankenversicherung (RGBl. 159); 1889: Invaliditäts- und Alterssicherung (RGBl. 97). Vgl. auch die Mitteilung in den Amtlichen Nachrichten der halleschen Armen- und Waisenverwaltung, 26 vom Juni 1914, wonach das Statistische Amt anhand seines Zahlenmaterials die Einwirkungen der sozialen Versicherung auf die Ar-

Doch blieben genug, die durch die Netze fielen, vor allem Frauen, die oft nur einen Mann weit von der Armut entfernt waren, und für die eine Antwort gefunden werden musste. Hören wir dazu Friedrich Loofs:

»Die Großstädte aber, die Ausdehnung der Fabrikarbeit, die Erleichterung des Verkehrs und die moderne Beweglichkeit des Handels haben für das Armenwesen völlig neue Verhältnisse geschaffen. Ungleich leichter als früher kann infolge einer Arbeitsstockung ein Arbeiter verarmen, ungleich schwerer drückt die Armuth bei unseren städtischen Preisen, und die alten Anschauungen von der Unterstützungspflicht einer jeden Stadt gegen ihre ›ansässigen‹ Armen veralteten gegenüber der wachsenden Beweglichkeit der Bevölkerung. Von zwei Seiten her ist die durch die moderne Entwicklung der Arbeit und des Verkehrs überaus erschwerte städtische Armenpflege bei uns auf die Bahn geschoben worden, in der sie sich jetzt bewegt: durch die Gesetzgebung und durch das Beispiel Elberfelds.«[26]

Beides wollen wir nun genauer in Augenschein nehmen.

2. Die Armenpflege als kommunale Aufgabe (zum rechtlichen Rahmen)

2.1. Freizügigkeit – Motive zum Gesetz über den Unterstützungswohnsitz

Wir verstehen die Motivation zum Gesetz über den Unterstützungswohnsitz erst richtig, wenn wir es als Teil eines umfassenderen Gesetzgebungsprogramms im Sinne einer Reform begreifen, deren Ziel in kurzen Worten mit Rechtsgleichheit, Mobilität und Freizügigkeit umschrieben werden kann:

»Aber die Heimat in dieser Gestalt hört auf, ein Bedürfnis zu sein, ja sie kann unter Umständen zur lästigen Fessel werden, sobald der seiner Aufgaben sich bewußt gewordene Staat dazu übergeht, seinen Bürgern den vollen Rechtsschutz zu gewähren. Mit der Einführung der Freizügigkeit macht sich das entgegengesetzte Bedürfnis geltend, nämlich das, das Indi-

---

menlasten von 1887 bis 1911 untersucht hat. Dort heißt es: »Bei den wegen Altersschwäche der Armenpflege anheimgefallenen Personen zeigt sich nun ganz auffällig, daß sich die Jahresziffern in dem Maße vergrößert hat, wie man es nach der mehr als verdoppelten Bevölkerungszahl erwarten müßte. 1887 waren es 377 wegen Altersschwäche laufend unterstützte Personen, 1911 dagegen 406. Auf 1000 Einwohner berechnet ergaben sich für 1887 4,31, für 1911 2,19 Fälle. Dieses Sinken ist ganz allmählich aber andauernd vor sich gegangen, so daß wohl mit Recht hierin ein Einfuß der Altersversicherung gesehen wird.«

26 Friedrich Loofs, Die Armenpflege in unseren Großstädten, Halle 1894, 8.

viduum so viel als möglich von den örtlichen Schranken zu befreien, ihm den lediglich durch seine freie Wahl bedingten Wechsel der örtlichen Sphäre seiner Lebenstätigkeit tunlichst zu erweitern.«[27]

Aus dem Blickwinkel des »seiner Aufgaben sich bewusst gewordenen Staates« gesehen, war das Gesetzgebungswerk des Norddeutschen Bundes die schrittweise Herstellung eines rechtlichen Rahmens zur wirtschaftlichen und sozialen Einheit Deutschlands, eine

> »notwendige Folge unwiderstehlicher Ursachen; gleichwie von selbst schliesst in der Kette dieser Gesetzgebungsakte sich Glied an Glied, bis das Gefüge vollendet und der Gedanke deutscher Einheit auch in wirtschaftspolitischer Beziehung allseitig verwirklicht ist.«[28]

Neben diesem politischen Antrieb existierte aber auch ein wirtschaftlicher, denn Industrialisierung, wie sie sich im Deutschland des 19. Jahrhunderts vollzog, braucht große territoriale Einheiten zum Funktionieren der Marktökonomie, braucht zur industriellen Produktion Mobilität und Flexibilität der Arbeitskräfte – das alte, einschränkende Heimatprinzip wurde kontraproduktiv. So mussten die Einschränkungen in der Gewerbeausübung, der Eheschließung, des Aufenthaltes und – der Armenversorgung beseitigt beziehungsweise neu geregelt werden. Emil Münsterberg benennt das entstandene Paket:

> »Der Gesetze, welche zusammen den ersten und wichtigsten Teil der deutschen Armen- und Wirtschaftsgesetzgebung bildeten, waren acht:
> 1. Gesetz über das Passwesen vom 12. Oktober 1867.
> 2. Gesetz über die Freizügigkeit vom 1. November 1867.
> 3. Gesetz über die Aufhebung der polizeilichen Beschränkungen zur Eheschließung vom 4. Mai 1868.
> 4. Gewerbe-Ordnung vom 12. Juni 1869.
> 5. Gesetz betreffs der Gleichberechtigung der Konfessionen in bürgerlicher und staatsbürgerlicher Beziehung vom 3. Juli 1869.
> 6. Gesetz wegen Beseitigung der Doppelbesteuerung vom 13. Mai 1870.
> 7. Gesetz über den Erwerb und Verlust der Bundes- und Staatsangehörigkeit vom 1. Juni 1870.
> 8. Gesetz über den Unterstützungswohnsitz vom 6. Juni 1870.

---

27 Motive zum Entwurf eines Gesetzes über den Unterstützungswohnsitz vom 19. Februar 1869, Bundesrath, Sezession von 1869, Drucksachen Nr. 13, 18; nicht viel anders Bismarck: »Die alte Kommunalarmenpflege paßt nicht zur Freizügigkeit: der Staat ist Heimat geworden.« Zitiert nach: Christoph Sachße/Florian Tennstedt/Elmar Roeder, Armengesetzgebung und Freizügigkeit. Bd. I/7, in: Hansjoachim Henning/Florian Tennstedt (Hg.), Quellensammlung zur Geschichte der deutschen Sozialpolitik, 1. Abteilung. Von der Reichsgründungszeit bis zur Kaiserlichen Sozialbotschaft (1867–1881), Darmstadt 2000, XIX.
28 Vgl. Emil Münsterberg, Die deutsche Armengesetzgebung und das Material zu ihrer Reform, Leipzig 1887, 136.

Keine derselben stand außer dem Zusammenhang mit den Fragen der Armengesetzgebung; aber grundlegend regelten dieselben nur die zu 2 und 8 genannten, die Gesetze über *Freizügigkeit* und *Unterstützungswohnsitz*.«[29]

Preußen, das durch die Gesetzgebung von 1842/1855 auf seinem Gebiet das Heimatprinzip schon weitgehend aufgeweicht und Freizügigkeit hergestellt hatte, kam für den Bund eine Vorreiterrolle zu, und die Gesetze lehnten sich an seine Muster an.

Das Gesetz über Freizügigkeit von 1867 schränkte vor allem die Möglichkeiten der Gemeinden zur Verhinderung von ungebetenem Zuzug, wie es das in nicht-altpreußischen Gebieten noch verbreiteten Heimatrecht erlaubte, stark ein:

»§ 4
(1) Die Gemeinde ist zur Abweisung eines neu Anziehenden nur dann befugt, wenn sie nachweisen kann, daß derselbe nicht hinreichende Kräfte besitzt, um sich und seinen nicht arbeitsfähigen Angehörigen den nothdürftigen Lebensunterhalt zu verschaffen, und wenn er solchen weder aus eigenem Vermögen bestreiten kann, noch von einem dazu verpflichteten Verwandten erhält. Den Landesgesetzen bleibt vorbehalten, diese Befugniß der Gemeinden zu beschränken.
(2) Die Besorgniß vor künftiger Verarmung berechtigt den Gemeindevorstand nicht zur Zurückweisung.
§ 5
Offenbart sich nach dem Anzuge die Nothwendigkeit einer öffentlichen Unterstützung, bevor der neu Anziehende an dem Aufenthaltsorte einen Unterstützungswohnsitz (Heimathsrecht) erworben hat, und weist die Gemeinde nach, daß die Unterstützung aus anderen Gründen, als wegen einer nur vorübergehenden Arbeitsunfähigkeit nothwendig geworden ist, so kann die Fortsetzung des Aufenthalts versagt werden.«[30]

Alle innerhalb des Modernisierungsprogramms durch den Norddeutschen Bund eingeführten Gesetze, unter denen das Gesetzt über die Freizügigkeit nur einen (wenn auch wesentlichen) Teil darstellte,

---

29 Münsterberg, Armengesetzgebung (s.o. Anm. 28), 138. Vgl. auch zur Gesetzgebungsinitiative Sachße/Tennstedt/Roerder (s.o. Anm. 27), XXXIV: »Die Modernisierungspolitik des Norddeutschen Bundes war vor allem Gesetzgebung. Neben der gesetzlichen Einführung der Freizügigkeit, der Abschaffung der polizeilichen Ehehindernisse und der Einführung einer Staatsbürgerschaft, die zusammen die Grundlagen eines allgemeinen Bürgerstatus schufen, führte die bemerkenswerte legislative Aktivität des Bundes auch zu einem ganzen Bündel von Wirtschaftsgesetzen: der Gewerbeordnung, dem Handelsgesetzbuch, dem Aktiengesetz und dem Genossenschaftsgesetz.«
30 Gesetz über die Freizügigkeit vom 1. November 1867 (BGBl. 55). Zuvor regelte bereits die Verfassung des Norddeutschen Bundes vom 26. Juli 1667 (BGBl. 1), dass für alle Bundesangehörigen im gesamten Bundesgebiet ein »gemeinsames Indigenat« besteht, das heißt jeder Bundesbürger in jedem Einzelstaat als Inländer (rechtsgleich) zu behandeln ist.

waren Bausteine zur Konstruktion des Staates als Rechtsgebilde über dem Bürger, dem er sich als Staatsbürger verpflichtet fühlen konnte und der ihn aus der Beschränkung vielfältiger lokaler, partikularer Größen löste.

Nach der Herstellung der Freizügigkeit fehlte aber noch eine bundesweite Regelung der öffentlichen Armenpflege als Komplementär zum Programm der Realisierung individueller Freizügigkeit und Mobilität im Norddeutschen Bund:

> »Wenn aber der Bürgerstatus als Summe der Rechte und Pflichten der Individuen immer mehr an den Zentralstaat gekoppelt wird, dann wird auch – gleichsam als Kehrseite – seine materielle Absicherung ›nach unten‹, die öffentliche Armenpflege, zur Staatsaufgabe. Wenn die gesetzlich gewährleistete Freizügigkeit nicht durch die Regelung der öffentlichen Versorgung der Bedürftigen unterlaufen werden soll, dann muß auch die Armenpflege aus der Bornierung durch lokale Schranken und Traditionen gelöst werden.«[31]

Diese als gesellschaftliche Unterseite der allgemeinen Freizügigkeit unverzichtbare Vereinheitlichung der Armenpflege, der wir uns nun zuwenden, barg auch Konfliktpotenzial.

2.2. Das Reichsgesetz über den Unterstützungswohnsitz

Der politisch und wirtschaftlich erzwungene Wandel ging nicht konfliktfrei vonstatten, und Nachbeben der Interessenlagen bestehender lokaler Gebietskörperschaften werden wir auf den folgenden Seiten noch begegnen:

> »Der bisherigen Autonomie der Gemeinden in bezug auf Zulassung fremden Zuzugs und Beschränkung ihrer Angehörigen stellte man im allgemeinen staatlichen und wirtschaftlichen Interesse den Grundsatz der freien Selbstbestimmung des Individuums gegenüber, in welchem das Recht der unbeschränkten Niederlassung, der Verehelichungsfreiheit, der Gewerbefreiheit inbegriffen war. Die Rechte, welche die Gemeindegenossen bis dahin als Mitglieder der Gemeinde hatten in Anspruch nehmen dürfen, sollten ihnen nunmehr als Mitglieder des Staates, zu welchem die Gemeinde gehörte, zustehen. [...] Es handelte sich also um nichts Geringeres, als der Autonomie der Gemeinden in bezug auf ihren wichtigsten Inhalt den Staatswillen entgegenzusetzen, der Gemeindeangehörigkeit die Staatsangehörigkeit überzuordnen. [...] [Die meisten Transformationen in der Autonomie mochten hinnehmbar sein.] Aber ein Recht gab es, das einer Verflüchtigung in die neue wirtschaftliche Freiheit nicht fähig, mit irdischer Schwere zunächst am Boden der Gemeindegenossenschaft

---

31 Sachße/Tennstedt/Roeder (s.o. Anm. 27), XXXf.

hängen blieb, jenes Recht des Heimatgenossen auf Unterstützung [...] die Pflicht zur Unterstützung, die Armenlast.«[32]

Mit dem »Reichsgesetz über den Unterstützungswohnsitz« vom 6.6.1870 (zunächst noch für den Norddeutschen Bund, ab 1.7.1871 für das Reich gültig)[33] in Verbindung mit dem Preußischen Ausführungsgesetz vom 8.3.1871[34] wurde die Armenpflege den Gemeinden als kommunale Aufgabe übertragen, beziehungsweise in Fällen, wo durch über zweijährige Abwesenheit vom Unterstützungswohnsitz dieser unterstützungsbedürftigen Personen ohne Erwerb eines neuen verlustig gegangen war, dem Landarmenverband.

»Zur vorläufigen Unterstützung eines Hilfsbedürftigen ist derjenige Ortsarmenverband verpflichtet, in dessen Bezirk sich der Unterstützungsbedürftige bei Eintritt der Unterstützungsbedürftigkeit befindet, und zwar unter Vorbehalt des Anspruchs auf Erstattung der Kosten, bzw. auf Übernahme des Hilfsbedürftigen gegen den hierzu verpflichteten Armenverband. Die durch die Unterstützung eines Hilfsbedürftigen erwachsenen Kosten sind, wenn der Unterstützte einen Unterstützungswohnsitz hat, von dem Ortsarmenverband des letzteren zu erstatten. Ist ein Unterstützungswohnsitz nicht vorhanden, so liegt die Erstattung der aufgewendeten Kosten demjenigen Landesarmenverband ob, in dessen Bereich sich der Unterstützte beim Eintritt der Hilfsbedürftigkeit befand.«[35]

Die so eingerichtete Gesetzeslage hatte den zweifelsfreien Vorteil, dass bei vorliegendem Hilfebedarf in jedem Falle unabhängig von

---

32 Münsterberg, Armengesetzgebung (s.o. Anm. 28), 94ff.; über die Schärfe dieses Gegensatzes sagt er (ebd., 95): »Die Extreme, zwischen denen die Gesetzgebung sich hierbei bewegen konnte, sind gegeben, wenn man die Staatsidee und die Idee wirtschaftlicher Freiheit auf der einen Seite, die Abschliessung der Gemeinden auf der anderen Seite bis an die Grenzen des Möglichen verfolgt: vollkommene Freiheit des Aufenthalts, der Niederlassung, der Verehelichung des Gewerbebetriebes innerhalb des gesamten Staates hier, absolutes Einspruchsrecht der Gemeinden gegen eben dieselben vier Freiheiten dort, sobald sie von einem anderen als einem Gemeindeangehörigen beansprucht werden.«
33 Vgl. Gesetz über den Unterstützungswohnsitz vom 8. Juni 1870 (BGBl. 360); Vorläufer existierten in Preußen bereits mit dem »Gesetz über die Verpflichtung zur Armenpflege« vom 13.12.1842 und dem ergänzenden »Armenpolizeilichen Bestimmungen« vom 21.5.1855. Novelliert wurde das UWG am 12.3.1894 und am 30.5.1908.
34 Siehe »Gesetz, betreffend die Ausführung des Bundesgesetzes über den Unterstützungswohnsitz« vom 8. März 1871; in § 74 dieses Gesetzes wurden die preußischen Vorläufer aufgehoben.
35 Reichelt (s.o. Anm. 25), 18, zu § 28 Unterstützungswohnsitzgesetz. Es wurden somit zwei Instanzen gebildet, die als unterstützungspflichtiger Kostenträger in Frage kommen konnten: Der jeweilige Ortsarmenverband (sofern vorhanden) bzw. der Landarmenverband, der räumlich identisch war mit den Provinzen; die Frist zum Erwerb eines Unterstützungswohnsitzes wurde mit der Novelle vom 30.5.1908 (in Kraft getreten am 1.4.1909) auf ein Jahr verkürzt.

der im Nachgang zu klärenden Frage der zuständigen Kostenträgerschaft sogleich Hilfe (nach den damaligen Maßstäben) gewährt werden konnte.[36]

2.3. Die herausgeforderten kommunalen Handlungsstrategien

Es lagen für Kommunen wie Halle bei einer solchen Konstellation zumindest zwei Strategien in ihrem Interesse:

2.3.1. Zügige Hilfe und Abschottung gegen Infiltration von auswärtigen Bedürftigen

Im kommunalen Interesse lag die zügige Ausreichung von öffentlichen Unterstützungen bei rechtmäßigem Bedarf an Hilfeempfänger (auch wenn sie ihren Unterstützungswohnsitz nicht in Halle hatten) bei gleichzeitiger Drosselung solcher Sozialtransfers, etwa aus Privatwohltätigkeit oder Bettelei, die zu einer Unterspülung kommunaler Interessen führen konnte, indem sich nicht ortsansässige Hilfsbedürftige auf diesem Wege (nach damaligem Sprachgebrauch) »den Unterstützungswohnsitz erschleichen« – dazu zwei offizielle Texte der Armenverwaltung Halle:

>»*Namentlich muß* durch Einwirkung auf die betreffende Stelle [sc. Vereine der privaten Wohltätigkeit] und Gewährung einer öffentlichen Unterstützung *verhütet werden, daß hier noch nicht unterstützungswohnsitzberechtigte Personen* (Frist 1 Jahr) *sich durch private Unterstützung so lange durchhelfen, bis sie ortsangehörig sind und dann der Stadt dauernd zur Last fallen.*«[37]

>»Die Abschiebung der Hilfsbedürftigen vom Lande in die Stadt spielt schon jetzt eine große Rolle. Im Dorfe, wo jeder Einwohner bekannt ist, werden der Hilfsbedürftigkeit Verdächtige über zwei Jahre lang nicht geduldet. Sie erhalten keine Wohnung oder vor Ablauf der zwei Jahre die Kündigung. In der Stadt entziehen sich solche Elemente der Beobachtung und leben auf Kosten der Privatwohltätigkeit, bis sie den Unterstützungswohnsitz erworben haben. Diese Lasten und Gefahren werden erheblich gesteigert durch die Herabsetzung der Frist auf ein Jahr.«[38]

---

36 Loofs, Armenpflege (s.o. Anm. 26), 9 weiß diesen Vorzug ausdrücklich zu würdigen: »Allein den Vortheil haben diese Gesetze doch gebracht, daß in jedem Fall ein Armenverband, sei es der Ortarmenverband, sei es ein Landesarmenverband, vorhanden ist, dem die Unterstützungspflicht obliegt.«
37 § 58 der Geschäftsanweisung für die Bezirksorgane der Armenpflege vom 20.3.1913.
38 Saale-Zeitung vom 26.1.1908, eine Stellungnahme der Armenverwaltung Halle kurz vor der Novellierung des Gesetzes zum Unterstützungswohnsitz, das eine Verkürzung der Frist zum Erwerb des Wohnsitzes um ein Jahr vorsah.

Loofs, der die Sicht aus kommunal-fiskalischer Interessenlage weitgehend teilt[39], erweitert diese Argumentation (sicher in Übereinstimmung mit kommunalen Stellen) um einen sozio-demographischen Aspekt:

>»Es kommt aber noch ein Drittes in Betracht. Die Stadt hat den berechtigten Wunsch, Mittellose, die nicht hierher gehören, nicht hier ansässig werden zu lassen. Wäre nur das Interesse des Stadtsäckels dabei in Frage, so könnte man um der Armen willen die Stadt wünschen lassen, was sie wünschen mag; die Kostenfrage mag Nebensache sein. Allein es handelt sich um mehr; es handelt sich auch um sittliche Interessen. Denn daß diejenigen, die mittellos den Unterstützungswohnsitz sich hier erschleichen wollen, keinen wünschenswerten Zuwachs unserer Bevölkerung bilden, ist klar. Ein ›Erschleichen‹ aber ist's, wenn jemand durch Betteln sich hier durchschlägt, bis die zwei Jahre herum sind, die ihm hier den Unterstützungswohnsitz schaffen. Die Stadt giebt gern gerade solchen Mittellosen. Denn sie giebt's aus der Tasche eines anderen Ortsarmenverbandes, und während der Unterstützung ruht die Möglichkeit der Erwerbung eines neuen Unterstützungswohnsitzes. Wer kann es wissen, ob er bei seinem blinden Geben nicht geradezu dem berechtigten Streben der städtischen Armenpflege entgegenwirkt?«[40]

Ein wesentliches Motiv zur Gründung des »Vereins gegen Armennot und Bettelei« kam aus dieser Intention. Einen Eindruck von der wenigstens ambivalenten kommunalen Betrachtung des Zuzugs überhaupt verschafft uns die Abhandlung der städtischen Statistik zur Frage, ob dieser denn einen (fiskalischen) Gewinn für die Stadt darstelle:

>»Wie es sich schon bei der Betrachtung der Zahl der zugewanderten Personen unter dem Gesichtspunkte, ob diese steuerpflichtig waren oder nicht [steuerpflichtig bei Zuzug 21,19%, bei Gesamtbevölkerung Halle 26,54% – ebenda, 23f.], gezeigt hat, daß der weitaus größere Teil der Zugezogenen in ihren Steuerleistungen keinen relativen Gewinn für die Stadt bedeutet, so ergibt obige Gegenüberstellung, daß beim Zuzuge in Hinblick auf das Steuerbedürfnis der Stadtgemeinde die Verteilung auf einzelne Steuerklassen viel ungünstiger ist als in der ansässigen Bevölkerung. [...] Daß eine so starke Zuwanderung von in ihren Steuerleistungen minderwertigen Personen für die Stadt eine schwere Last bedeutet, bedarf nur weniger Worte der Erörterung. Gerade sie sind es, die sehr leicht Anspruch auf Armenunterstützung erheben; sie sind oft der ausschlaggebende Anlaß

---

39 Loofs, Armenpflege (s.o. Anm. 26), 8: »Doch ruht die Möglichkeit der Erwerbung eines neuen Unterstützungswohnsitzes während der Zeit, da jemand öffentliche Armenunterstützung genießt. Ein Armer z.B., der hier in Halle wohnt, aber an einem anderen Orte seinen Unterstützungswohnsitz hat, wird hier auf Kosten des Ortsarmenverbandes unterstützt, dem er angehört, ohne während dieser Zeit hier im Sinne des Unterstützungswohnsitzes ansässig werden zu können.«

40 Loofs, Armenpflege (s.o. Anm. 26), 15; Loofs argumentiert hier freilich etwas verwickelt, indem er schließlich doch wieder auf die Kostenfrage, die nur ›Nebensache sein mag‹, zurückkommt.

zur Errichtung von Zweigen der sozialen Fürsorge wie Arbeitsnachweise, Rechtsauskunfteien, Arbeitsunterstützungen und anderem mehr.«[41]

Das kommunale Hauptaugenmerk lag freilich auf dem unerwünschten Zuzug potentiell Hilfsbedürftiger.

2.3.2. Koordination von öffentlicher Armenpflege und Privatwohltätigkeit

Von daher und im Interesse einer verbesserten Abstimmung der Wohltätigkeit zur Vermeidung von Mehrfachunterstützungen musste der Kommune daran gelegen sein, die private und öffentliche Armenpflege informell und koordinatorisch besser miteinander zu verknüpfen. Dies geschah durch die Einrichtung einer »Auskunftsstelle der hiesigen Wohlthätigkeitsanstalten« im Jahre 1892[42], deren Errichtung mit der Gründung des »Vereins gegen Armennot und Bettelei« in auffallender Weise zeitlich zusammenfällt. Loofs schreibt dazu:

»Unsere Vereine alle haben daher die Nothwendigkeit eines Zusammenschlusses mit der Armenverwaltung erkannt, diese aber ist durch Errichtung ihrer ›Auskunftsstelle‹ dem Suchen solchen Zusammenschlusses in dankenswerthester Weise entgegengekommen: nach dem letzten ›Bericht über den Stand und die Verwaltung der Gemeindeangelegenheiten der Stadt Halle für 1893/94‹ sind von der städtischen Auskunftsstelle dem Verein gegen Armennoth und Bettelei 762, dem Neumarkt-Frauenverein 27, der Diakonie der Domgemeinde 27, dem Verein für Volkswohl (IV. Abth.) 19, dem Verein für kirchliche Armenpflege in Glaucha 10, dem

---

41 Kurt Senger, Die Gemeindeeinkommensteuerleistung von Zuzug und Fortzug in Halle a.S., in: Statistisches Amt der Stadt Halle a. S. (Hg.), Beiträge zur Statistik der Stadt Halle, Halle 1912, 27. Er vergleicht ebd., 26 die zugewanderten steuerpflichtigen Personen, nach drei Steuerklassen eingeteilt, mit der Bevölkerung von Halle für das Jahr 1908:

»Einkommen	Halle		Zugewanderte	
	Personen	in %	Personen	in %
bis 900 Mk.	9.273	19,85	3.511	47,71
900–3.000 Mk.	31.971	68,42	3.626	49,27
über 3.000 Mk.	5.480	11,73	222	3,02«

42 Die Verbindung der öffentlichen und der privaten Armenpflege, Saale-Zeitung vom 9.5.1892: Unter Punkt 2 (Zweck und Aufgabe der Auskunftsstelle) werden u.a. genannt: a) Einschränkung des gewerbsmäßigen Bettelns, b) Verhütung mehrfacher Unterstützungen, c) Verhütung von Zuwendungen an unwürdige, nicht berechtigte Personen, d) Verhütung der Unterstützung von Personen, die dadurch den Unterstützungswohnsitz erlangen könnten. Die Errichtung einer solchen Auskunftsstelle war in Halle seit 1884 angestrebt und hatte in anderen großen Städten ihre Parallelen.

Frauenverein für Armen- und Krankenpflege 25, dem katholischen Unterstützungsverein 41 Auskünfte ertheilt worden.«[43]

Friedrich Loofs unterstützt also den strukturellen Primat der kommunalen Armenpflege, die »die gesunde Grundlage unserer städtischen Armenpflege« ist, wenn auch scheinbar, entgegen seiner eben zitierten Aussage, nicht alle Vereine die Notwendigkeit eines solchen Zusammenschlusses eingesehen haben,[44] wie er selbst auch feststellt.

Im Jahre 1906 ist dann der »Armen- und Wohltätigkeitsverband der Stadt Halle« gegründet worden, in dem Vertreter der städtischen Armenverwaltung und Vertreter relevanter, mit privater Wohltätigkeit befasster Vereine vertreten waren und in dem Loofs aktiv mitwirkte[45].

2.4. Das kommunale Ehrenamt

Zur Erfüllung der ihnen als kommunale Aufgabe übertragenen Verpflichtung zur Armenpflege hatten die Gemeinden sowohl die finanziellen Voraussetzungen zu schaffen[46] als auch Armenpfleger im Ehrenamt heranzuziehen, die das Amt nicht aus Gefälligkeit versahen, sondern

---

43 Loofs, Armenpflege (s.o. Anm. 26), 12. Zu den Relationen siehe die Amtlichen Nachrichten der Halleschen Armen- und Waisen-Verwaltung der Jahre 1908–1914.
44 Die Auseinandersetzung mit den (autonomen) Befindlichkeiten auf Seiten der Privatwohltätigkeit scheint aus Sicht der Kommune länger angehalten zu haben, wenn circa 15 Jahre später (1910) Reichelt (s.o. Anm. 25), 115, hinsichtlich der Leistungserfassung privater Wohltätigkeit feststellt: »Der Betrag der Ausgaben seitens der Privatwohltätigkeit würde sich aber vielleicht noch um mehr als das Doppelte erhöhen, wenn die übrigen noch fehlenden Vereine sich ebenfalls mit der Auskunftsstelle in Verbindung setzen würden. Leider geschieht dies nicht, da man meistens fürchtet, durch die Verbindung mit der Armenverwaltung in der freien Liebestätigkeit beschränkt zu werden. Aber gerade nur durch das Zusammenarbeiten der Vereine mit der Armenverwaltung ist ein Mißbrauch der Unterstützungen unmöglich.«
45 Amtliche Nachrichten der Halleschen Armen- und Waisen-Verwaltung, Halle 1917; zur Mitwirkung von Loofs vgl. Protokoll vom 23.11.1909, ebd., Nr. 1 vom Januar 1910, 5, Top 3 (u.a. Einführung der Meldung [sc. an die Auskunftsstelle] auf Einzelkarten): »Herr Prof. Loofs bekennt sich als grundsätzlicher Gegner der geplanten Neuerungen, für die ein Bedürfnis nicht vorliege und deren Kosten keinesfalls im Verhältnis stehen würden zu dem zu erwartenden Nutzen. Für den Verein gegen Armennot und Bettelei könne jedenfalls nur die bisherige Praxis der monatlichen Meldung in Frage kommen.« – Der Verband wurde auch Träger der ›Auskunftsstelle‹ (s.o.).
46 Dies geschah u.a. aus den Erträgen von Stiftungen, Legaten, zu diesem Zweck errichteten kommunalen Steuern (z.B. auf Tanzvergnügen), dem Überschuss des Halleschen Wochenblattes (so lange dies noch existierte) und durch kommunale Zuschüsse aus dem Haushalt.

gesetzlich dazu verpflichtet waren. Die dazu im § 4 des Preußischen Ausführungsgesetzes enthaltene Gesetzesvorschrift lautet:

> »Jedes zur Theilnahme an den Gemeindewahlen berechtigte Gemeindeglied ist verpflichtet, eine unbesoldete Stelle in der Gemeinde-Armenverwaltung zu übernehmen und drei Jahre oder die sonst in den Gemeinde-Verfassungs-Gesetzen vorgeschriebene längere Zeit fortzuführen. Von dieser Verpflichtung befreien nur folgende Gründe:
> 1. anhaltende Krankheit;
> 2. Geschäfte, die eine häufige oder lange dauernde Abwesenheit mit sich bringen;
> 3. ein Alter von 60 oder mehr Jahren;
> 4. die Verwaltung eines anderen öffentlichen Amtes;
> 5. sonstige besondere, eine gültige Entschuldigung begründende Verhältnisse, über deren Vorhandensein, sofern die Gemeinde-Verfassungsgesetze nicht etwas Anderes bestimmen, von der Gemeinde-Vertretung zu beschließen ist.
>
> Wer eine unbesoldete Stelle die gesetzlich vorgeschriebene Zeit hindurch wahrgenommen hat, der ist während der nächstfolgenden gleich langen Zeit von der Wahrnehmung einer solchen Stelle befreit.«[47]

Die Armen- und Waisenordnung der Stadt Halle bestimmte:

> »Die Bezirksvorsteher und Armenpfleger werden auf Vorschlag der Armen-Direktion von der Stadtverordneten- Versammlung auf 6 Jahre gewählt. [...] Alle diese Aemter sind städtische Ehrenämter, zu deren Aufnahme jedes Gemeindeglied verpflichtet ist. Die Ablehnung der Wahl und Niederlegung des Amtes kann nur aus den in § 74 der Städte-Ordnung bzw. § 4 des Gesetzes vom 8. März 1871 angeführten Gründen erfolgen.«[48]

Der Kreis der solchermaßen beanspruchten Bürger war, wie wir weiter unten noch sehen werden,[49] allerdings begrenz auf eine bestimmtes Spektrum, das sich zugleich als tragende Säule des Gemeinwesens empfand.

---

47 § 4 Preußisches Ausführungsgesetz vom 8.3.1871.
48 § 10 Armen- und Waisenordnung der Stadt Halle vom 17.5.1912; ähnlich auch § 9 der Fassung vom 15.11.1884. § 74 der Städte-Ordnung ist mit den Ablehnungsgründen § 4 des Preußischen identisch. Die rechtliche Möglichkeit der ehrenamtlichen Inanspruchnahme von Bürgern durch das Gemeinwesen hat sich – aus dieser Tradition heraus – bis heute erhalten: Vgl. Gemeindeordnung für das Land Sachsen-Anhalt in der Neufassung vom Juni 1997: § 28 (Ehrenamtliche Tätigkeit) und § 29 (Ablehnungsgründe), wobei zu bemerken ist, dass von dieser Möglichkeit in der hier behandelten Zeit offensichtlich erheblich umfangreicher und rigoroser Gebrauch gemacht wurde.
49 Unter Kapitel 3.4.

3. Zur Struktur der Armenpflege in Halle

3.1. Skizze zur strukturellen Entwicklung der Halleschen Armenpflege bis 1860

Am 16. Oktober 1706 trat für Halle eine geregelte Armenverwaltung nach dem Muster der von August Herrmann Francke für seine Gemeinde Glaucha entworfenen Almosenordnung ins Leben mit der von der Regierung und dem Konsistorium erlassenen und landesherrlich bestätigten »Allgemeinen Armenordnung für die Stadt Halle«:

»Dieselbe ordnete die Einrichtung einer allgemeinen Armenkasse für die Stadt Halle, die Amtsstädte Glaucha und Neumarkt und sämtliche Vorstädte an und stellte die Verwaltung, welche einem Kassierer, einem Sekretär sechs Armenvoigten und vier Kollektoren anvertraut wurde, unter ein Almosenkollegium, welches unter dem Vorsitz eines Königl. Krieg- und Domänenrates als Dirigenten, aus je einem Mitglied des Konsistoriums, der Universität, des Magistrats, aus einem Oberbornmeister, dem Hofprediger der deutsch-reformierten Domgemeinde, den 3 Pastoren zu U.L. Frauen, St. Ulrich und St. Moritz, aus dem Hospitalprediger, dem Diakonus zu Glaucha und dem Pastor auf dem Neumarkt gebildet ward.«[50]

Die Einnahmen speisten sich aus monatlich abzuhaltenden Hauskollekten, Dispensions-, Konzessions- und Ordinationsgebühren, einem fixen königlichen und städtischen Beitrag, bei Festlichkeiten und in öffentlichen Lokalen gesammelten Spenden und Polizeistrafgeldern. Der beabsichtigte Zweck, die Beseitigung des Bettelns, wurde aber nicht recht erreicht. Die Revisionsbemühung der Stadt im Jahre 1785 und das Königliche Almosen-Reglement von 1792 änderten nicht viel an der grundsätzlichen Struktur und die Tätigkeit des Almosenkollegiums reichte gegen Ende des Jahrhunderts nicht mehr aus, um die zunehmende Menge der zu versorgenden Armen zu bewältigen.

»Auf Veranlassung des nachmaligen Kanzlers Niemeyer trat daher am 28. August 1799 eine ›Gesellschaft freiwilliger Armenfreunde‹ zusammen, welche die Stadt in 25 Reviere einteilte, für jedes Revier nach Bedarf 5–9 Armenväter (im ganzen 134) und einen Referenten ernannte, Kommissionen einsetzte zur Erhaltung und Vermehrung der Fonds der Almosenkollegia, zur Prüfung der von den Armenvätern eingehenden Nachrichten und Anträge und zur Verhütung gänzlichen Verarmens fleißiger Bürger. Um möglichst weite Kreise für diese Gesellschaft zu interessieren, gründete Niemeyer mit dem Prediger Magnitz das ›Hallesche Patriotische Wochenblatt‹, dessen Reinertrag außerdem dazu verwandt wurde, der Not einer großen Zahl sogen. verschämter Armen abzuhelfen.«[51]

---
50 Reichelt (s.o. Anm. 25), 20f.
51 Reichelt (s.o. Anm. 25), 23.

Diese Initiative erhöhte zwar die Einnahmen der Almosenkasse von 5.515 Taler im Jahre 1785 auf 15.059 Taler bereits in Jahre 1800, doch geriet die gesamte Konstruktion in Folge des preußischen Zusammenbruchs im Jahre 1806 ins Wanken.[52]

1817 schritt man zu einer gründlichen Revision der städtischen Armenpflege:

>»Danach wurde bestimmt, daß mit dem 1. Januar 1818 an Stelle des bisherigen Armenkollegiums eine Armendirektion zur Besorgung sämtlicher Armensachen der Stadt, mit welcher 1817 die früheren Beistädte Glaucha und Neumarkt vereinigt worden waren, treten und derselben im allgemeinen das Almosen- und Armenreglement von 1792 zur Richtschnur dienen sollte. Der Direktion wurden in den einzelnen Stadtbezirken die bürgerlichen Bezirksvorsteher als Organe beigegeben und die einzelnen Bezirke, zusammen 2.174 Häuser umfassend, wiederum in 88 Quartiere geteilt, in welchen die spezielle Aufsicht und die Vorarbeiten für die Beschlüsse der Direktion besonderen Armenvätern übertragen wurden.
>
>Die Armendirektion wurde gebildet aus: dem vorsitzenden Magistratsmitgliede als Dirigenten, einem Deputierten der Universität, sämtlichen Predigern der Stadt, und dem Hospitalprediger, dem die exekutive Polizei besorgenden Magistratsmitgliede, den 24 Bezirksvorstehern, dem Vorsteher des Hospitals St. Cyriaci, den bürgerlichen Vorstehern der städtischen Arbeits-, Speise- und Versorgungsanstalten, den Kassenkuratoren und dem Stadtphysikus.«[53]

Die neue Einrichtung zeigt die Wirkungen der Stein-Hardenbergschen Reformen, das heißt kommunale Selbstverwaltung: Die Armendirektion entschied alle Generalia und beschloss über die zu gewährenden Unterstützungen, ihr waren als besoldete Beamte der Armenkassenrendant, zugleich als Magazinverwalter, der Sekretär, der Werkmeister bei der Arbeitsanstalt, die bei den Speiseanstalten anzustellenden Personen, die »Kollekteurs«, die Kassenboten und sechs Armenvoigte zugeordnet.[54]

Bei dieser Konstruktion blieb es im Grunde bis 1860, wenn die Verhältnisse auch 1854 den Erfordernissen der Städteordnung von 1853 angepasst wurden.

---

52 Vgl. Hugo Allendorf, Das Finanzwesen der Stadt Halle a. S. im 19. Jahrhundert. Ein Beitrag zur Gemeinde-Finanz-Statistik und -Politik (Sammlung nationalökonomischer und statistischer Abhandlungen des staatswissenschaftlichen Seminars zu Halle a. d. S. 44), Jena 1904, 60.
53 Reichelt (a.o. Anm. 25), 24.
54 Vgl. ebd.

3.2. Das Elberfelder System (Armen-Direktion und Armen-Bezirks-Kommissionen)

Mit dem Magistratsbeschluss vom 13.3.1860 führte Halle durch die Errichtung von zunächst 13 Armenkommissionen, die für bestimmte Stadtbezirke zuständig waren, bereits das Prinzip des Elberfelder Systems ein:

»Die Verwaltung des Armenwesens unserer Stadt ruht zur Zeit in der Hand einer Armen-Direction, welche unter dem Vorsitze eines Mitgliedes des Magistrats aus 30 Armenbezirks-Vorstehern zusammengesetzt ist. Jedem dieser Armenbezirks-Vorsteher ist ein bestimmter Theil der Stadt überwiesen, dessen Armen sich mit ihren Anträgen an ihn zu wenden haben. Er untersucht die Anträge und berichtet den Befund der Armen-Direction, welche darüber, ob und welche Unterstützung dem Armen zu gewähren sei, durch Stimmmehrheit entscheidet.

Diese Einrichtung hat den Uebelstand, daß die Mühwaltung der Herren Armenbezirks-Vorsteher meistentheils sehr bedeutend ist, weil die denselben überwiesenen Bezirke zu groß sind. Eine Vermehrung der Armenbezirke erscheint aber unthunlich, weil dadurch das Collegium der Armendirection, schon jetzt sehr groß, noch zahlreicher werden würde, und in Folge dessen die Sitzungen der Armendirection entweder vermehrt werden müssten oder übermäßig lange dauern würden. Beides glauben wir den Herren Armen-Vorstehern nicht zumuthen zu dürfen.

Es ist deshalb von den städtischen Behörden beschlossen worden, statt der einen Armendirection 13 Armen-commissionen zu errichten. Jeder derselben soll die Armenpflege in einem bestimmten Bezirke der Stadt in derselben Art übertragen werden, in welcher solche bisher von der Armendirection besorgt wurde.«[55]

Dieses System, insbesondere in seiner Fassung der »Armen- und Waisenordnung der Stadt Halle« vom 15.11.1884 und ihrer Neufassung vom 17.5.1912 prägte die öffentliche Armenpflege der Stadt Halle,[56] wobei sich die Zahl der Armenbezirke nach und nach auf 17 (1884), 23 (1891), 27 (1900), 29 (1904) bis schließlich auf 34 (1913) erhöhte. Entsprechend vermehrte sich auch die Zahl der ehrenamtlich tätigen Ar-

---

55 Beilage zur Nr. 67 Hallesches Tageblatt vom 18.3.1860, ganzer Text mit aufgeführten 13 Bezirken in Loofs, Armenpflege (s.o. Anm. 26) (wie auch Willi Cuno/Ludwig von Dehn-Rotfelser, Grundsätze über Art und Höhe der Unterstützungen, Leipzig 1894), setzten den Termin erst 1884 an, aber die wesentlichen Strukturelemente: Bezirke, deren Kommissionen unmittelbar Unterstützungen bewilligen, sind 1860 bereits vorhanden.

56 Mit dem Datum des 22.5.1885 (Instructionen zur Armen- und Waisenordnung von 1884) setzt auch Cuno/Dehn-Rotfelser (s.o. Anm. 55), 29; die vollgültige Adaption des Elberfelder Systems in Halle an. Auf diese beiden Fassungen wird im Folgenden besonders Bezug genommen, da sie auch zeitlich die Folie bilden, auf deren Hintergrund sich Friedrich Loofs' Tätigkeit in der Armenpflege der Stadt Halle bewegt.

menpfleger. Spricht Loofs zum Beispiel 1894 davon, dass »23 Armenkommissionen mit zum Zeitpunkt 265 Armenpflegern« tätig sind,[57] so standen Ende 1918 in 34 Bezirken 356 Bürger und 57 Kriegshelfer als Bezirksvorsteher beziehungsweise Armenpfleger und Helferinnen im Dienst der Stadt.[58]

Dem Elberfelder System zufolge wurde die öffentliche Armenpflege durch zwei Organe wahrgenommen: 1. die Armendirektion, die, als eine »unter Oberaufsicht des Magistrats stehende Deputation«[59] definiert, alle Etatfragen beriet, die Unterstützungsgrundsätze beschloss, die Kassenanweisungen veranlasste, die gesamte Kommunikation nach außen führte sowie für nicht ortsansässige Hilfebedürftige verantwortlich war, und 2. die Armen-Bezirks-Kommission, die im Rahmen der bestehenden Unterstützungsgrundsätze eigenverantwortlich über Unterstützungen in ihrem Bezirk entschied.[60]

Der Armen-Direktion stand das Recht zu, die Beschlüsse zu beanstanden und abschließende Entscheidungen zu treffen. Durch die spezifische Struktur des organisatorischen Gebildes[61] für Halle war der

---

57 Loofs, Armenpflege (s.o. Anm. 26), 10.
58 Verwaltungsberichte Stadt Halle/S. 1918, 251ff.; vgl. Tabelle: Übersicht Halle Einwohnerzahl, Unterstützungsfälle, Armenpfleger- und Bezirke sowie Berufsgruppen im Ehrenamt.
59 Vgl.: § 1 Armen- und Waisenordnung 1884 und 1912; Die Zusammensetzung in der Fassung von 1884: »Die Armen-Direction besteht aus:
   1. Zwei Mitgliedern des Magistrats, von denen eines Vorsitzender und das andere sein Stellvertreter ist;
   2. zwei Mitgliedern der Stadtverordneten-Versammlung;
   3. den Vorsitzenden der Armenbezirks-Commissionen, bzw. den Stellvertretern;
   4. dem Rector bzw. den Rectoren der Volksschulen;
   5. einem Geistlichen;
   6. dem Vertreter des Frauen-Vereins für Waisenpflege;
   7. einem Arzt.«
   Mit leichten Änderungen (insbesondere zwei Frauen ab 1908) auch in der Fassung von 1912.
60 Z.B. § 16 Armen- und Waisenordnung 1912. Die Sitzungsprotokolle der Armen-Bezirks-Sitzungen sollten unverzüglich nach der Sitzung der Armen-Direktion überstellt werden, die sie (auf die Einhaltung der Grundsätze) prüfte und die entsprechenden Anweisungen der Unterstützungsgelder an die Armenvorsteher tätigte.
61 In Anlehnung an Ute Redder, Die Entwicklung von der Armenhilfe zur Fürsorge in dem Zeitraum von 1871 bis 1933. Eine Analyse unter Aufgaben-, Ausgaben- und Finanzierungsaspekten am Beispiel der Länder Preußen und Bayern, Bochum 1993, 26. Zum Dirigieren des Magistrats vgl. § 59, Absatz 2 Städteordnung: »Zu diesen Deputationen und Kommissionen, welche übrigens in allen Beziehungen dem Magistrate untergeordnet sind, werden die Stadtverordneten und stimmfähigen Bürger von der Stadtverordneten-Versammlung gewählt, die Magistrats-Mitglieder dagegen von dem Bürgermeister ernannt, welcher auch unter den letzteren den Vorsitzenden zu bezeichnen hat.«

eigentliche Charakter des Elberfelder Systems zu erreichen, der sich in den Worten von Friedrich Loofs wie folgt ausnimmt:

> »Dreierlei namentlich ist für dies in der deutschen Armenpflege berühmt gewordene ›Elberfelder System‹ charakteristisch: 1. die Armenpfleger sind unbedingt verpflichtet, *persönlich* die Verhältnisse der ihnen zugewiesenen Armen zu untersuchen und fortdauernd zu kontrollieren; 2. die Unterstützungen werden direkt durch die Armenpfleger, bezw. durch die einzelnen Bezirksverbände, nicht nur durch die Centralinstanz, die Armendirektion, bewilligt; 3. jedem Armenpfleger wird ein Pflegequartier so abgegrenzt, daß höchstens vier Armen-Familien seiner Pflege überwiesen sind.«[62]

Aber es ging dabei nicht nur um Struktur. Den dahinter liegenden Sinn, das Wesen des Elberfelder Systems beschreibt Emil Münsterberg wie folgt:

> »Das Elberfelder System beruht auf den Grundlagen der *Individualisierung* und der *Dezentralisation*, Worte, für die uns leider deutsche Ausdrücke nicht zur Verfügung stehen. Vielleicht kommt dem Sinn beider Worte am nächsten das Wort: ›*Hilfe von Mensch zu Mensch*‹. Wie immer sich Armenpflege gestalten mag, ob sie in großen oder kleinen Verhältnissen geübt werde, ob mit geringen, ob mit beträchtlichen Mitteln, wesentlich ist ihr, daß der Helfende dem Bedürftigen ganz nahe tritt, seine Verhältnisse bis ins einzelne durchdringt und diesen Verhältnissen seine Hilfe anpasst. [...] Aber dieses Urteil wird nicht durch schriftlichen Bericht, durch Erzählung von dritter Seite gewonnen; es kann nur geschöpft werden aus unmittelbarer Erfahrung der Umstände, in denen der Bedürftige lebt, durch Erkundigungen, die seine häuslichen Verhältnisse, seinen Leumund betreffen, durch Feststellungen, die die Größe seiner Familie, die Beschaffenheit seiner Wohnung usw. ermitteln, und vor allem muß der, der helfen will, den Bedürftigen Auge in Auge sehen, er muß den unmittelbaren persönlichen Eindruck des Bedürftigen und seiner Familie gewonnen haben und die Erkundigungen an anderen Stellen durch die *unmittelbaren persönlichen* Eindruck ergänzen, um ein Gesamtbild aus allen diesen Eindrücken sich schaffen zu können. Und wenn dieses Bild gewonnen, wenn ein Urteil gebildet ist, ob und wie dem Bedürftigen zu helfen ist, welche besonderen Mittel anzuwenden sind, dann hat der Helfer die Hilfe wiederum in unmittelbarer Beziehung zu dem, welchem ge-

---

62 Loofs, Armenpflege (s.o. Anm. 26), 9; Reichelt, (s.o. Anm. 25), 25; beschreibt es mit anderen Worten: »1. die unbedingte Verpflichtung der zu unmittelbarer Fürsorge berufenen Armenvorsteher zur persönlichen Untersuchung und fortgesetzten Kontrolle der Verhältnisse der Armen, sowie zur persönlichen Verabreichung der Almosen, unter Ausschluss der Vermittlung durch Beamte irgendeiner Art; 2. die unmittelbare Bewilligung des Almosens durch die Armenvorsteher selbst, ohne direkte Einwirkung eines zur Kontrolle und zur Feststellung der allgemeinen Grundsätze berufenen Verwaltungskollegiums; 3. die Beschränkung der Geschäftskreise der Armenvorsteher auf die Sorge für eine möglichst kleine Zahl von Familien und Einzelstehenden.«

holfen werden soll, zu gewähren. Dann soll er dem Bedürftigen mit den richtigen Mitteln beratend und helfend, als ein Freund und Pfleger, ihm zur Seite stehen. Dies ist, was wir ›Hilfe von Mensch zu Mensch‹ nennen, nicht etwa *eine* der Arten, wie man in der Armenpflege dem Bedürftigen helfen kann, sondern *die einzige Art*.«[63]

Das Elberfelder System hat damit einen bedeutungsvollen Schritt getan: es hat die der Armenverwaltung zugeordneten Hilfsorgane zu *selbständigen Organen* der Armenpflege gemacht, denen auch die *Entscheidung* der Armenpflegefälle zu übertragen ist und nicht nur die Prüfung. Sie wurden so die eigentlichen Träger der Armenpflege, die unmittelbaren Verwalter der zu Armenzwecken bestimmten Mittel.[64]

Die Armenpfleger wurden auf Vorschlag der Armendirektion von der Stadtverordnetenversammlung gewählt,[65] schriftlich mit einigem Nachdruck über das auf sie entfallende Amt in Kenntnis gesetzt,[66] in einer Sitzung der Bezirkskommission durch den Vorsitzenden »in ihr Amt eingeführt und auf getreue Führung ihres Amtes durch Handschlag an Eides statt verpflichtet.«[67]

Bemerkenswert ist, in welchem Umfang ein Gemeinwesen wie die Stadt Halle die öffentliche Aufgabe der Armenpflege auf diese Weise durch ehrenamtliches bürgerschaftliches Engagement abdeckte, wenn man damit die Anzahl der städtischen Bediensteten in diesem Bereich nur annähernd in Relation bringt. Den 314 ehrenamtlichen Bezirksvorstehern und Armenpflegern im Jahre 1906 stehen circa 10 besoldete Bedienstete gegenüber.[68]

---

63 Emil Münsterberg, Das Elberfelder System. Festbericht aus Anlaß des fünfzigjährigen Bestehens der Elberfelder Armenordnung, Leipzig 1903, 5f. Hervorhebungen im Original.
64 Vgl. Münsterberg, Elberfelder System (s.o. Anm. 63), 23.
65 Z.B. Saale-Zeitung vom 29.4.1892, Bekanntmachung Tagesordnung der Stadtverordneten-Versammlung am 2.5.1892; dort in geschlossener Sitzung: »20. Wahl eines Vorsitzenden und eines Armenvorstehers für den 1. Bezirk; 21. Wahl eines Armenvorstehers für den 7. Bezirk; 22. Wahl eines Armenvorstehers für den 17. Bezirk«.
66 Anschreiben vom 10.1.1889 an den Klempnermeister Franz Behrendt, darin: »Indem ich voraussetze, daß Sie gesetzliche Ablehnungsgründe nicht geltend zu machen haben, bedarf es Ihrerseits einer Mittheilung über die Annahme des Amtes nicht.« Da Friedrich Loofs 1890 in dieses Amt gewählt wurde, dürfte das an ihn ergangene Anschreiben nicht viel anders abgefasst worden sein.
67 § 10 Armen- und Waisenordnung 1912.
68 Adressbuch der Stadt Halle 1906, Teil IV, 16, Aufbau Stadtverwaltung; die Abgrenzung ist nicht ganz eindeutig zu treffen, da es einerseits eine Mitbefassung anderer Bediensteter bei dieser Aufgabe gab, z.B. ab 1900 für je 3-4 Bezirke zuständige Waisenpflegerinnen und ab 1909 einen Ermittlungsbeamten, andererseits Angestellte der Armenverwaltung mit mehr als nur der offenen Armenpflege befasst waren.

3.3. Umfang und Kompetenz der Bezirkskommissionen

Wenngleich es den Grundsätzen des Elberfelder Systems und seiner Umsetzung in den Armen- und Waisenordnungen für Halle entsprechend so angelegt war, dass die Armenpflegebezirke wie auch die einzelnen Pflegschaften aus Gründen der Überschaubarkeit, unmittelbaren Kenntnis und persönlichen Verantwortung eine bestimmte Größe (höchstens 15 Kommissionsmitglieder; höchstens 10, in der Regel jedoch nicht über 5 Fälle/Armenvorsteher)[69] nicht überschritten, war der abverlangte zeitliche Aufwand nicht unerheblich. Schon die Kommissionssitzungen fanden 14tägig statt.[70] Aus heutiger Sicht verdient nicht nur Respekt, in welchem Maße durch bürgerschaftliches Engagement im Ehrenamt die öffentliche Aufgabe der Armenpflege (etwa Sozialhilfe vor Hartz IV, aufsuchende Sozialarbeit und Aktivitäten zur Arbeitsvermittlung) erfüllt wurde, sondern auch mit welchen Kompetenzen die ehrenamtlichen Organe ausgestattet waren:

»Die *offene Armenpflege* (außerhalb der Anstalten) wird nach Maßgabe dieser Geschäftsanweisung und der Anweisungen der Armen-Direktion von den Armen-Bezirks-Kommissionen im *allgemeinen selbständig das heißt unter eigener Verantwortlichkeit* ausgeübt. Alle ihre Beschlüsse unterliegen jedoch der Nachprüfung durch die Armen-Direktion, deren Entscheidungen für sämtliche Organe der öffentlichen Armenpflege bindend sind.«[71]

Regelmäßig ist das freie Ermessen betont, mit dem nach Prüfung der Verhältnisse die Armenpfleger beziehungsweise Bezirkskommissionen ent-

---

69 § 9 Absatz 3 der Armen- und Waisenordnung 1912; sowie § 4 Absatz 3 der Geschäftsanweisung von 1913, dort heißt es ausdrücklich: »Im Interesse der unbedingt notwendigen *persönlichen* Fürsorge für jeden Unterstützten, welche namentlich *Hausbesuche* bei diesen erfordert, soll eine *Pflegschaft dauernd nicht mehr als 10, in der Regel aber nur 5 unterstützte Parteien haben.*« Hervorhebungen Matthias Bartels. Gemeint sind mit den 5 unterstützten Parteien, Fälle laufender Unterstützung. Daneben hatten sich Armenpfleger mit Fällen außerordentlicher Unterstützung, die sich über längere Zeiträume hinziehen konnten, zu beschäftigen. Der Verwaltungsbericht der Stadt Halle von 1910, 225 gibt z.B. folgendes Verhältnis an: »Auf jeden Armenpfleger entfielen im Durchschnitt 5,61 Fälle laufender Unterstützung, 5,10 Fälle laufender Unterstützung, ein den Anforderungen des Elberfelder Systems noch entsprechendes Ergebnis.« (Verwaltungsbericht der Stadt Halle von 1908, 221: 5,97 Fälle außerordentlicher Unterstützung, 5,50 Fälle außerordentlicher Unterstützung.
70 Vgl. § 11 Armen- und Waisenordnung 1912; in der Geschäftsanweisung von 1913, ist in § 25 Absatz 3 Satz 2 geregelt: »Im Falle dringender Behinderung hat er davon dem Bezirksvorsteher *vorher* Mitteilung zu machen und einen anderen Armenpfleger seines Bezirkes unter Aushändigung der betr. Schriftstücke um Übernahme der Berichterstattung zu ersuchen.« Hervorhebungen Matthias Bartels.
71 § 3 Geschäftsanweisung 1913; fast gleich lautend § 14 Absatz 1 Armen- und Waisenordnung des Jahres 1912.

scheiden sollen, während Beanstandungen durch die Armendirektion in der Regel nur bei Verletzung von Unterstützungsgrundsätzen erfolgte.[72]

Die Armen- und Waisenordnung traut den Armenpflegern zudem einen erheblichen Ermessensspielraum zu, was dringliche Fälle betrifft:

»Gewinnt der Bezirksvorsteher oder Armenpfleger usw. die Überzeugung, daß ein *dringender* (keinen Aufschub bis zur nächsten Kommissionssitzung vertragender) Fall für den Eintritt der Armenpflege gegeben ist, so hat er nach Maßgabe der Geschäftsanweisung (§ 15) *sofort die notdürftigste Hilfe selbst zu gewähren oder bei der Armen-Direktion zu beantragen. Unter der Ausübung und Verfolgung des Beanstandungsrechtes (§§ 4 und 12) darf niemals die unbedingt gebotene Hilfe leiden.*«[73]

Allerdings war die Gewährung einer Unterstützung durch Kommissionsbeschlüsse auf Grund des eingereichten Unterstützungsantrags durch den zuständigen Armenpfleger die Regel.[74]

3.4. Vertretene Gesellschaftsschichten

Betrachten wir die Gesellschaftsgruppen, die als Armenpfleger zunächst gar nicht und dann erst allmählich in Betracht kamen, so sind zunächst die Frauen zu nennen. Erst die Armen- und Waisenordnung von 1912 nennt Frauen ausdrücklich, Helferinnen und Armenpflegerinnen/Waisenpflegerinnen, die von den Kommissionen zu ihren Fällen hinzugezogen werden konnten und sollten, aber immer noch mit deutlich unterhalb den Armenpflegern angeordneten Kompetenzen, wenn zum Beispiel in § 69 der Geschäftsanweisung von 1913 (Zuständigkeit des Armenpflegers bei Mitwirkung von Frauen) »eine sofortige Unterstützung in dringenden Fällen« nur der Armenpfleger gewähren darf.[75] Über Motive und die Mentalität, warum sich vor allem Armen-

---

72 Vgl. z.B. StAH Armenverwaltung Kapitel A 3 Nr. 245: Protokolle der 21. Bezirkskommission 1912, durchschriftlich abgeheftet der Vorgang mit dem Aktenzeichen 3 d 1477/12: »21. Bei alleinstehenden Personen darf ohne Genehmigung der Armen-Direktion der Unterstützungssatz von monatlich 12 Mk. nicht überschritten werden. (§ 3 der Instructionen für die Bezirksvorsteher und Armenpfleger). An diesem Grundsatz ist in letzter Zeit stets festgehalten worden. 17. April 1912, Die Armen-Direktion, Tepelmann.« Der Rücklauf: »An die Armen-Direktion mit der erg. Mitteilung zurück, daß für die Unterstützung der Frau Reichart demnächst Direktions-Beschl. beantragt wird. Halle, 20. April 1912, 18te Bezirks-Kommission, Heine« – Aktenvermerk: »1. Der Direktionsbeschluß ist herbeigeführt worden. 2. Zu den Akten. 10.5.1912, Te.[pelmann]«
73 § 14 Armen- und Waisenordnung 1912. Hervorhebungen Matthias Bartels.
74 Vgl. § 67 Geschäftsanweisung 1913.
75 § 69 Geschäftsanweisung.

pfleger vor Ort einer Einbeziehung von Frauen widersetzten, informiert uns Emil Münsterberg:

»Der Begründer des E.[lberfelder] S.[ystems] hat an die Zuziehung von Frauen in die öffentliche Armenpflege sicher nicht gedacht; aber nicht deshalb hat er sie vergessen, weil er ihre Tätigkeit geringer schätzte als die der Männer, sondern weil es sich bei der entschiedenen Betonung der mit der neuen Ordnung einzuführenden Armenpflege als einer bürgerlichen Armenpflege um eine öffentliche Tätigkeit als Vertreter der Gemeinde und Verwalter von Gemeindevermögen handelte, an denen Frauen teilzunehmen nicht befugt waren. [...]

Übereinstimmend wird aus fast allen Armenverwaltungen berichtet, daß die männlichen Pflegeorgane mit Mißtrauen, ja mit Widerwillen der Einführung von Frauen in die Armenpflege gegenübergestanden hätten und zum Teil noch stehen. Dieser Widerwille hat seine Ursache zum größeren Teil in ganz anderen Erwägungen, als in denen armenpflegerischer Art. Die Befürchtung, daß die Frau mit dem Schritt in die öffentliche Armenpflege den ersten Schritt in die Gemeindeverwaltung mache, daß die Mitwirkung der Frau die gewohnte Freiheit der Männer in ihren Versammlungen und Besprechungen beeinträchtigen werde und endlich jene bekannte Abneigung gegen alles Neue sind in erster Linie maßgebend gewesen.«[76]

Es war denn auch in Halle eher die Verwaltung, die langsam versuchte, Frauen über ihr Engagement in Vereinen und in der besoldeten Waisenpflege in die Armenpflege zu integrieren:

»Daß unsere Armenverwaltung die Frauenhilfe wohl zu schätzen weiß, hat sie durch die im Jahre 1900 erfolgte Anstellung von besoldeten Waisenpflegerinnen, die auch als Armenpflegerinnen von den Kommissionen verwendet werden können, sowie durch die Berufung von zwei Frauen zu Mitgliedern der Armendirektion im Jahre 1908 bewiesen. Immerhin ist die von Herrn v. Frankenberg erwähnte Abneigung gegen die Mitarbeit ›der Adjutantinnen des Bezirksvorstehers‹ leider auch hier noch bei einigen Kommissionen beobachtet worden. Angesichts der durchweg *besten Erfahrungen*, welche man hier wie in anderen Armenverwaltungen mit der Frauenhilfe gemacht hat, [...] ist aber zu hoffen, daß die Hilfe der Waisenpflegerinnen in Zukunft immer mehr seitens der Kommissionen in Anspruch genommen werden wird.«[77]

Erst 1912, mit der neuen Armenordnung konnte Frauen, noch immer in helfender Rolle, der Weg in die Bezirkskommissionen geöffnet werden; ein Aufruf der Armenverwaltung in der Saale-Zeitung vom 16. Oktober 1912 drückt es so aus:

---

76 Münsterberg, Elberfelder System (s.o. Anm. 63), 31f.
77 Amtliche Nachrichten der halleschen Armen- und Waisenverordnung, Dezember 1909, 111. Hervorhebungen Matthias Bartels.

»Helferinnen herbei! Gemäß § 9 der neuen Armen-Ordnung vom 17. Mai 1912 können jeder Armenkommission auf Antrag eine oder mehrere volljährige weibliche Personen als Helferinnen beigeordnet werden. Diese haben die Armenpfleger und den Bezirksvorsteher zu unterstützen. Auch kann ihnen der Bezirksvorsteher einzelne Pflegefälle (selbstverständlich nur geeignete) *zur selbständigen Wahrnehmung* im Umfange der Obliegenheiten eines Armenpflegers übertragen. Mit Zustimmung der Mehrheit der Kommission können die Helferinnen zu den Sitzungen der Kommission mit beratender Stimme zugezogen werden. In den ihnen zur selbständigen Wahrnehmung übertragenen Angelegenheiten müssen sie zu den Sitzungen eingeladen werden und sind in *ihren Sachen stimmberechtigt.* [...] Die neue Regelung bietet also Frauen und reiferen Mädchen mit sozialem Interesse ein reiches und dankbares Feld der Betätigung. Damen, welche bereits in der privaten Armenpflege und sonstiger sozialer Arbeit erfahren sind, sind der Armenverwaltung besonders willkommen.«[78]

Ab 1913/1914 sind 36 Helferinnen zur Verfügung der Kommissionen bestellt worden, erst 1918 ist aber für den 34. Bezirk eine Frau (Winkler, Ehefrau) vollwertig unter den Armenpflegern erwähnt. Noch 1922 sieht die Verteilung so aus, dass in 14 Bezirken gar keine Frauen ausgewiesen sind, in nur 3 Bezirken Frauen ein eigenes Pflegequartier vertreten und in 19 Bezirken Frauen mit dem Vermerk »zur Verfügung der Kommission« an Stelle eines eigenen Pflegequartiers erwähnt werden. So ist zum Beispiel im 21. Bezirk, dem Loofs angehörte, wie in allen Verzeichnissen, hinter den in alphabetischer Reihenfolge aufgelisteten Armenpflegern dann Lotze, Gemeindeschwester, »zur Verfügung der Kommission«, vermerkt.[79]

Die Nichtbeteiligung von Arbeitern und einfachen Handwerkern (Gesellen) in der Armenpflege von Halle fällt nicht weniger auf und legt den Eindruck nahe, dass offensichtlich bürgerlich in Klassen (Ständen) gedacht wurde, dass vom »vierte Stand« eher potentielle Objekte der Armenpflege denn mögliche Mitarbeiter in ihren Organen erwartet wurden. Auch hier war es, zeitlich fast parallel zur Frage der Frauenbeteiligung, wieder die Verwaltung, die sich bemühte, die Haltung der Bezirkskommissionen zu öffnen, wie zwei Mitteilungen der Amtlichen Nachrichten der städtischen Armenpflege von 1909 und 1914 uns veranschaulichen:

»Nachdem ferner mehrere großstädtische Armenverwaltungen mit der Bestellung von *Arbeitern zu Armenpflegern* gute Erfahrungen gemacht haben, kann ein gleiches Vorgehen der Bezirkskommissionen nur empfohlen werden. Vor kurzem hat [unter anderem] die Armendirektion Breslau dazu aufgefordert, Arbeiter in die Armenverwaltung einzugliedern. [...] Diese

---
78 Saale-Zeitung vom 16. Oktober 1912. Hervorhebungen Matthias Bartels.
79 Armenbezirks-Verzeichnis Armenverwaltung, Halle 1922.

Praxis entspricht nicht nur dem Gebot der Gerechtigkeit, sondern auch der Zweckmäßigkeit, *da die Arbeiter durchweg sich als strenge, aber gerechte, weil sachkundige Beurteiler* der Unterstützungsgesuche ihrer Berufsgenossen erwiesen haben.«[80]

»In der März-Nummer der ›Amtlichen Nachrichten‹ nimmt die Direktion der *Kölner Armenpflege* Anlaß zu erklären, daß die Erfahrungen mit Arbeitnehmern als Armenpfleger durchaus günstige sind und daß sie in dieser Beziehung den gleichen Feststellungen der Kieler Armenverwaltung, die unter 422 Armenpflegern 36 gewerbliche Arbeiter zählt, beistimmt.«[81]

Die signifikante Mehrheit der im Ehrenamt beanspruchten Bürger kam aus Bevölkerungsschichten mit der Berufsbezeichnung Kaufmann oder Handwerksmeister.[82] Offensichtlich ist im Jahr 1890/1991 mit der Neueinteilung in 23 Armenbezirke versucht worden, für das soziale Engagement im Gemeinwesen eine breitere Streuung beim bürgerlichen Spektrum zu erreichen:

»Betrachten wir die Bezirksvorsteher und Armenpfleger nach ihrem Berufe, so ergibt sich, daß die Beteiligung der Gelehrten, Ärzte, Beamten und Lehrer an der Armenpflege von 1880–1890 eine sehr schwache war (2,7–4,7%). Durch die Neueinteilung der Stadtgebiete in 23 Bezirke im Jahr 1890/91 ist jedoch erreicht worden, daß gerade die begüterten und gelehrten Gesellschaftskreise, die bisher nur in sehr geringer Anzahl unter den Armenpflegern vertreten waren, sich in größerem Umfange an der Armenfürsorge beteiligten, was im Interesse des Ausgleichs der sozialen Gegensätze mit ganz besonderer Freude zu begrüßen ist. Der Durchschnitt für die Jahre 1890/1891 bis 1905/1906 beträgt 17,3%.«[83]

---

80 Amtliche Nachrichten (s.o. Anm. 77), 111. Hervorhebungen Matthias Bartels.
81 Amtliche Nachrichten der halleschen Armen- und Waisenverordnung Juni 1914, 26. Doch nennt erst der Verwaltungsbericht der Stadt Halle von 1918, 251ff. je einen Arbeiter und einen Handwerker für Halle in der Anführung der Bezirksvorsteher und Armenpfleger nach Berufsgruppen. Hervorhebungen Matthias Bartels.
82 Handbuch zur städtischen Armen-Verwaltung der Stadt Halle 1897/1898, 1907/1908, 1916.
83 Reichelt (s.o. Anm. 25), 28. Hervorgehoben sei, dass sich auch ein bemerkenswerter Anteil an Lehrern unter den Armenpflegern befand. Darin decken sich die Befunde von Halle mit denen, die Münsterberg, Elberfelder System (s.o. Anm. 63), 25 für andere Städte wiedergibt:

	»Hamburg	Breslau	Leipzig	Frankfurt a.M.
Einwohnerzahl	705 738	422 738	455 089	288 489
Armenpfleger überhaupt	1 561	1 442	975	631
Davon:				
Geistliche/ Lehrer	128	194	149	78
Ärzte/Apotheker	20	47	39	14
Gastwirte	3	86	6	4

Trotz des Fehlens unmittelbarer Zeugnisse zum Eintritt Friedrich Loofs in diese Aufgabe fallen die Ereignisse zeitlich in auffallender Weise zusammen.

Es ist schließlich aber noch eine Betrachtung zum Thema Gesellschaftsschichten angezeigt; wenn Friedrich Loofs bemerkt: »Wir sollen ein Interesse nehmen an dieser kommunalen Angelegenheit, und nicht nur aus kommunalem Interesse, sondern aus Liebe zu den Armen«[84], so meint er neben der Angewiesenheit der Kommune auf das tätige Interesse ihrer Bürger die Tatsache, dass sich mit der Hinwendung gerade ihrer besser situierten Kreise zu denen, die in Not sind, auch ihre eigene Sichtweise ändert:

> »Wer damit einmal anfängt, sich zu erkundigen in dem Hause der Armen, bei dem Armenpfleger oder bei Vereinen, die die Armen kennen, der wird gar bald viel lernen. Er wird viel Enttäuschungen erleben, aber auch deutlich sehen, wie Armut schmeckt.«[85]

Emil Münsterberg spitzt den Gedanken zu, indem er in dieser Zuwendung das ungemein kostbare »Nebenprodukt« des Elberfelder Systems sieht, dass sich gesellschaftliche Formationen noch unmittelbar wahrnehmen (über ein beiläufiges Interesse »via Medien« hinaus) und so die Gesellschaft noch »Gesellschaft« bleibt:

> »Wie anders [im Gegensatz zu besoldeten Beamten – d. Verf.] eine Schar von Bürgern, die von der Not ihrer Mitmenschen ergriffen, sich dem Liebeswerk widmen, über das hinaus, was sie amtlich leisten sollen, menschliches Interesse dem Bedürftigen entgegenbringen, sich auch über das Maß der öffentlichen Mittel hinaus seiner annehmen, ihn zum Gegenstand besonderer Fürsorge in der eigenen Familie machen, ihre Frauen und Töchter anregen, auf ihre Weise mitzuhelfen. Dem Bürger, der mitten im Leben steht, der die Verhältnisse seines Bezirkes persönlich genau kennt, eröffnet sich auch schon dadurch die Möglichkeit lebensvoller und nützlicher Tätigkeit. Daraus ergibt sich aber ein weiterer, in seiner Bedeutung nicht zu messender Nutzen für die Gesamtheit durch unmittelbare Beziehung einer so großen Zahl von Helfern zu den Notständen der ärmsten Klassen. Das Elend lernen sie aus unmittelbarer Anschauung kennen; [...] So tragen sie den Notschrei der Armen, der so

	Hamburg	Breslau	Leipzig	Frankfurt a.M.
Beamte (priv./städtisch)	114	104	79	22
Kaufleute (incl. Handel)	213	236	312	248
Handwerker/Industrielle	632	575	327	247
Hausbesitzer/Rentiers	60	134	47	43«

Er bemerkt dazu ebd.: »In erster Linie stehen durchweg die Handel- und Gewerbetreibenden; neben ihnen nehmen die Lehrer eine bedeutende Stelle ein.«

84 Loofs, Armenpflege (s.o. Anm. 26), 14.
85 Loofs, Armenpflege (s.o. Anm. 26), 16.

selten nach außen dringt, in die Öffentlichkeit, wiederholen ihn vor den Ohren der Machthaber und werden so zu den wirksamsten Förderern der Sozialpolitik.«[86]

Ohne Zweifel erblicken wir hier – idealiter – ein starkes Moment dieses Systems, und wir dürfen vermuten, dass nicht wenige in ihm Tätige es so gemeint haben, dass es durchaus dem Selbstverständnis von Friedrich Loofs entsprach. Mit Blick auf den Umfang ehrenamtlicher Beteiligung, soviel wir bereits erfahren haben und soviel wir noch sehen werden, legt sich die Vermutung nahe, dass die damaligen Einrichtungen von Halle in dieser Hinsicht der unmittelbaren Beziehung zu den Notständen durchaus eine strukturelle Hilfe waren.

4. Friedrich Loofs als Armenpfleger

4.1. Profil der Aufgabe

Wir hatten oben bei der Erläuterung des Elberfelder Systems bereits davon gesprochen, dass mit ihm die der Armenverwaltung zugeordneten Hilfsorgane zu *selbständigen Organen* der Armenpflege wurden, denen auch die *Entscheidung* der Armenpflegefälle (und nicht nur ihre Prüfung) zufiel, dass sie damit die eigentlichen Träger der Armenpflege wurden, die unmittelbaren Verwalter der zu Armenzwecken bestimmten Mittel. Mit Nachdruck wurde das große Gewicht der Rolle eines Armenpflegers in den Ordnungen von Halle klargestellt:

>»Die Aemter der Bezirksvorsteher, Armenpfleger, Helferinnen und Armenpflegerinnen gehören zu den *wichtigsten* bürgerlichen Ehrenämtern. Sie erfordern nicht nur Menschenkenntnis und Lebenserfahrung, insbesondere soziales Verständnis für die Lebensbedingungen und Bedürfnisse der minderbemittelten Volksschichten, sondern vor allem *tätige Nächstenliebe* einerseits, *Gerechtigkeitssinn* und *Verantwortungsgefühl* andererseits. Mit wohlwollendem Herzen und Freundlichkeit ist die Bitte des Armen zu hören, mit Ernst ein unberechtigter Anspruch abzuweisen, mit Sorgfalt das richtige Maß der Unterstützung zu ermitteln. Ist wirkliche Not festgestellt, so muß ihr *schnell und ausreichend* nicht nur durch Geld und Naturalien, sondern auch durch Rat, durch Vermittlung von Arbeit oder Hilfe der Privatwohltätigkeit abgeholfen werden, *damit die Armenpflege so bald als möglich entbehrlich wird. Das Ziel aller Armenpflege muß stets sein, sich selbst überflüssig zu machen und, wenn möglich, dem Armen zur Wiedererlangung seiner wirtschaftlichen Selbstständigkeit zu verhelfen.* [...] Von dem *Pflichtbewußtsein* der ehrenamtlichen Organe sind in erster Linie das Wohl und Wehe des einzelnen Armen, der erzieherische

---

86 Münsterberg, Elberfelder System (s.o. Anm. 63), 30.

und soziale Wert der Armenpflege, die finanzielle Belastung der Bürger und das Ansehen der Armen-Verwaltung nach außen abhängig (siehe auch § 14 der Armen-Ordnung).«[87]

Nötigt der von dieser allgemeinen Bestimmung angedeutete Verantwortungsrahmen der Armenpfleger im Ehrenamt schon einigen Respekt ab, so beeindruckt ferner der Umstand, »wenn durchschnittlich fast die Hälfte der bereits Gewählten nach Ablauf der sechsjährigen Amtstätigkeit freiwillig das Amt von neuem übernehmen«[88], mithin eine das gesetzliche Maß überschreitende Bereitschaft in Halle anzutreffen war, sich dieser Aufgabe zu stellen.

Doch zur Aufgabe im Konkreten: Wie bereits erwähnt, waren die Armenpfleger verpflichtet, an den 14tägigen Kommissionssitzungen teilzunehmen und sich in Vorbereitung mit den Unterstützungsgesuchen der in ihrer Pflegschaft anfallenden Fälle intensiv persönlich vertraut zu machen, und zwar:

»Der Armenpfleger soll jeden neuen Unterstützungsfall *auf das sorgfältigste* nach Maßgabe der unten folgenden Bestimmungen prüfen und sich durch *häufige persönliche Hausbesuche* (mindestens vierteljährlich einmal) von dem Zustande des Armen und etwa eingetretenen Aenderungen im Familienstande oder in den Einkommensverhältnissen fortgesetzt überzeugen. Der Armenpfleger hat sich bei seinen Hausbesuchen davon zu überzeugen, ob die Unterstützung zweckmäßig verwendet wird und die bewilligten Kleidungsstücke oder sonstige Gebrauchsgegenstände noch vorhanden sind und entsprechend benutzt werden.

Unordnung, Unreinlichkeit und Unsitte, die er wahrnimmt, soll er rügen und nötigenfalls zur Anzeige bringen, zu ehrbarem Lebenswandel und geordneter Wirtschaftsführung, Eltern zur guten Erziehung ihrer Kinder und zur Sorge für regelmäßigen Schulbesuch, Kinder zur Ehrfurcht gegen die Eltern und zur Erfüllung ihrer gesetzlichen Unterhaltungspflicht ermahnen.«[89]

---

87 § 5 Geschäftsanweisung 1913; vgl. auch § 6 der Instructionen von 1885, die auch von diesen Ämtern als wichtigste bürgerliche Ehrenämter reden, »deren würdige Führung ein großes Maaß thätiger Nächstenliebe und einen ernsten Sinn für Gerechtigkeit erfordern; die Liebe, um mit wohlwollendem Herzen und Freundlichkeit die Bitte der Armen zu hören; den Ernst, um den unberechtigten Anspruch abzuweisen; um durch sorgfältige Prüfung das Maaß der notwendigen Unterstützung zu finden; und um zu verhindern, daß durch das gewährte Almosen Müssiggang und Sittenlosigkeit unterstützt und gefördert werden.«
88 Reichelt (s.o. Anm. 25), 28.
89 § 16 Absatz 2 und 3 der Geschäftsanweisung von 1913; vgl. § 14 Absatz 1 Armen- und Waisenordnung 1912: »Die Aufgabe der Bezirksvorsteher, Armenpfleger, Armenpflegerinnen und Helferinnen ist es, durch die fortgesetzte persönliche Beziehung sich Kenntnis von den Verhältnissen der ihrer Obhut anvertrauten Armen zu verschaffen, ihre Sittlichkeit, Arbeitsamkeit und Wirtschaftlichkeit zu wecken,

Wir sehen aus dieser Aufgabenbeschreibung, die auf den Intentionen der individualisierenden Hilfe »von Mensch zu Mensch« fußt, dass die Funktion des Armenpflegers in heutigen Begriffen etwa eine Mixtur aus Sachbearbeiter im Sozialamt (beziehungsweise jetzt, seit Hartz IV auch Bundesagentur), sowohl für die Bedarfsfeststellung wie auch für die Bewilligung, und eines aufsuchenden Sozialarbeiters mit Anweisungen zu den entsprechenden erzieherischen Interventionen, darstellte.[90]

Klingen einige Instruktionen zur Intervention in heutigen Ohren schon recht bedenklich, so sind die genauen Anweisungen über die Art und den Umfang der durch den Armenpfleger zu prüfenden Umstände mit modernen Vorstellungen von Daten- und Persönlichkeitsschutz kaum in Deckung zu bringen, geben aber einen lebhaften Eindruck vom Umfang der ehrenamtlichen Aufgabe:

»Ist die Verpflichtung öffentlicher Armenhülfe festgestellt, so hat der Armenpfleger die Art und den Umfang, sowie die Dauer der nothwendigen Unterstützungen zu ermitteln. Er hat festzustellen:
1. bei wem derselbe in Arbeit steht;
2. wieviel er verdient;
3. wieviel die Ehefrau, die Kinder und sonstige Angehörige der Familie verdienen;
4. ob ein Familienglied außerdem irgendwelche Einnahmen hat;
5. ob dritte Personen zur Unterstützung der Familie gesetzlich verpflichtet sind.

Die Ermittlung dieser Thatsachen hat er nicht bloß durch Nachfrage bei den Hauswirthen vorzunehmen, welche die Bewilligung von Unterstützungen

---

ihnen mit gutem Rat beizustehen und auf diese Weise dahin zu wirken, dass die Armen-Unterstützung entbehrlich wird. Sie müssen bei ihren Entschließungen sparsam aber mit Menschlichkeit vorgehen.« Ähnlich § 16 der Instructionen von 1885, wobei der Hausbesuch mindestens alle 6 Wochen vorgeschrieben wird.

90 Gerhard Uhlhorn, Die christliche Liebestätigkeit, Bd. III, Stuttgart (1895) ²1959, 798f., beschreibt die so gefasste deutsche Armenpflege im Unterschied zur englischen (wo der Staat eine enge Grundversorgung regelt und ein Mehr der freien Liebestätigkeit subsidiär überlässt) und französischen (wo der Staat die Armenfürsorge grundsätzlich der privaten Wohltätigkeit überlässt und nur dort subsidiär eintritt, wo diese das Nötige zu leisten nicht in der Lage ist) wie folgt: »In Deutschland ist weder das eine noch das andere Prinzip folgerichtig zur Durchführung gekommen. Allerdings ist die Armenpflege nicht nur in einzelnen Zweigen wie in Frankreich, sondern in ihrem ganzen Umfange staatlich geregelt und den Lokal- und Landarmenverbänden zur Pflicht gemacht. Aber die Thätigkeit dieser Armenverbände ist nicht so eng abgegrenzt wie in England. Sie umfaßt auch die vorbeugende Armenpflege, sucht zu individualisieren und erzieherisch auf die Armen zu wirken. Sie erstrebt also viel mehr, als die englische, und umfasst vieles von dem mit, was in England der freien Liebestätigkeit überlassen ist. Ihr Ziel ist höher gesteckt. Sie will [...] nicht eine bloß polizeiliche sein, sondern eine vom Geiste christlicher Liebe durchdrungene wirkliche Fürsorge für die Armen.«

an ihre Miether zu befürworten häufig Veranlassung haben werden, sondern auch durch Nachfrage bei den Hausgenossen, Nachbarn, Arbeitgebern, früheren Hauswirthen, überhaupt auf alle ihm geeignet erscheinende Weise.«[91]

Die Armenpfleger waren verpflichtet, zunächst einen Abhörbogen auszufüllen, der turnusmäßig fortzuschreiben war,[92] sowie das für jeden regelmäßige Unterstützung empfangenden Hilfeempfänger existierende Personalbuch, das »zu jeder Zeit (namentlich dem etwaigen Amtsnachfolger) ein vollständiges und genaues Bild der Person und der wirtschaftlichen Lage des Unterstützten und seiner Angehörigen gibt«, zu führen.[93] Der ermittelte Hilfebedarf floss durch den zuständigen Armenpfleger auf Formblatt in einen Geld-Unterstützungs-Antrag,[94] der, von ihm in der nächsten Kommissionssitzung zur Entscheidung eingebracht, erst bei positivem Beschluss (außer in dringenden Fällen – siehe oben) in eine Unterstützung mündete.

Die gemäß den Kommissionsbeschlüssen[95] auszuzahlenden Gelder (und Naturalien-Anweisungen) hatte der Armenpfleger sodann bis zur direkten Überreichung an die Hilfebedürftigen gesondert von seinem eigenen Vermögen aufzubewahren und über die Verwendung Buch zu führen.[96] Zur Aushändigung der Unterstützung sagt die Geschäftsanweisung:

»Die zu den bewilligten Unterstützungen erforderlichen Geldbeträge werden den Armenpflegern durch die Stadthauptkasse in der Regel am 12. und 26. jeden Monats, oder, wenn diese Termine auf einen Sonn- oder Festtag fallen, am vorhergehenden Werktage zugestellt. […] Der Armenpfleger

---

91 § 20 Instructionen von 1885; noch umfangreicher § 63 (Prüfung durch den Armenpfleger) der Geschäftsanweisung von 1913.
92 § 24 Instructionen von 1885, letzter Satz: »Die Abhörbogen sind von zwei zu zwei Jahren zu erneuern.«
93 Vgl. § 68 Geschäftsanweisung von 1913.
94 Vgl. Geld-Unterstützungs-Antrag vom 5.12.1890/Ferdinand Berger und vom 23.2.1912/Otto Leberecht.
95 Kommissionen waren bei Anwesenheit von mindestens vier Armenpflegern sowie dem Bezirksvorsitzenden bzw. Stellvertreter beschlussfähig. Beschlüsse wurden mit einfacher Mehrheit gefasst, bei Stimmgleichheit entschied die Stimme des Vorsitzenden. Die Abweisung von Hilfegesuchen lag nicht in der Kompetenz des einzelnen Armenpflegers, sondern konnte ausschließlich nur durch einen Beschluss der Kommission erfolgen, vgl. § 65 Geschäftsanweisung von 1913. Über die Kommissionssitzungen wurde Protokoll nach einem Formblatt geführt mit der gleich bleibenden Tagesordnung: a) Regelmäßige Unterstützungen; b) Schleunige, außerhalb der Sitzung bewilligte Unterstützungen; c) In der Sitzung bewilligte außerordentliche Unterstützungen; d) Zugang zu regelmäßigen Unterstützungen; vgl. Anm. 47; auch regelmäßige Unterstützungen wurden nur von einer ordentlichen Kommissionssitzung zur nächsten (14tägig) gewährt, vgl. § 94 Absatz 2 der Geschäftsordnung von 1913.
96 Vgl. § 17 der Geschäftsanweisung von 1913.

hat die ihm zugestellten Unterstützungsgelder spätestens am nächsten Werktage an die Empfangsberechtigten auszuzahlen. Zur Empfangnahme der Unterstützungen hat sich der Arme auf Verlangen des Pflegers zu der ihm bekannten Stunde *in dessen Wohnung* einzufinden. Ist er aus triftigen Gründen am Erscheinen behindert und auch nicht in der Lage, sich durch einen *erwachsenen* zuverlässigen Angehörigen vertreten zu lassen, so ist der Pfleger verpflichtet, die Unterstützung in der Wohnung des Armen auszuzahlen. Die Auszahlung an *unbekannte Personen*, die sich nicht gehörig als zur Empfangnahme des Geldes legitimieren können, sowie die Auszahlung an *schulpflichtige Kinder*, und in öffentlichen, jedermann zugänglichen Räumen, insbesondere in Gastwirtschaften, ist verboten und macht haftpflichtig.«[97]

Durch den Umstand, dass auch laufende Unterstützungen jeweils nur für 14 Tage bewilligt wurden und in gleichen Abständen unmittelbar persönlich vom Armenpfleger an den Unterstützten zu verabreichen waren,[98] war der fortlaufende persönliche Kontakt weitgehend institutionalisiert.

4.2. Illustration zum damaligen Hilfebedarf

Im Preußischen Ausführungsgesetz vom 8. März 1871 heißt es zum Umfang der Unterstützungspflicht in § 1:

»Jedem hülfsbedürftigen Deutschen (§ 69) ist von dem zu seiner Unterstützung verpflichteten Armenverbande Obdach, der unentbehrliche Lebensunterhalt, die erforderliche Pflege in Krankheitsfällen und im Falle seines Ablebens ein angemessenes Begräbniß zu gewähren.

Die Unterstützung kann geeigneten Falles, solange dieselbe in Anspruch genommen wird, mittelst Unterbringung in einem Armen- oder Krankenhause, sowie mittelst Anweisung der den Kräften des Hülfsbedürftigen entsprechenden Arbeiten außerhalb oder innerhalb eines solchen Hauses gewährt werden.

Gebühren für die einem Unterstützungsbedürftigen geleisteten geistlichen Amtshandlungen sind die Armenverbände zu entrichten nicht verpflichtet.«[99]

---

97 § 34 der Geschäftsanweisung von 1913. Hervorhebungen Matthias Bartels.
98 Vgl. § 14 Absatz 2 der Instructionen von 1885: »Alle Gaben werden in der Regel nur von einer Sitzung bis zur anderen gewährt.«
99 Preußisches Ausführungsgesetz § 1; vgl. § 37 der Geschäftsanweisungen von 1913: »Dem Unterstützungssuchenden wie dem Unterstützten steht die Befugnis zu, wegen Verweigerung, Entziehung, Herabsetzung oder sonstiger Veränderung der Unterstützung sowie aus sonstigen Gründen Beschwerde über die Bezirks-Kommission oder deren Organe bei der Armen-Direktion zu führen.«

Während die erforderlichen Pflegetarife zur Erstattung der Armenverbände untereinander für Preußen durch den Minister des Inneren (nach Anhörung der Provinzialvertretungen) festgesetzt wurden,[100] hatten die Kommunen die Festsetzung der Höhe des zum unabdingbaren Lebensunterhalt Notwendigen selbst zu regeln. Ein Weg der nach dem Elberfelder System vorgehenden Gemeinden, wie in Halle, bestand darin, so genannte Tarife zu bilden, die die Höhe der Unterstützungen nach oben begrenzten. Innerhalb dieser Sätze hatte der Armenpfleger beziehungsweise die Kommission den Bedarf festzustellen, wobei »Art und Höhe der Unterstützung unter Würdigung der Lage des einzelnen Falles« und unter Berücksichtigung von Prüfungs-Grundsätze, vor allem aber nach einer konkreten Ermittlung des Bedarfs und des Einkommens der Hilfsbedürftigen, »nach freiem Ermessen« zu bestimmen waren.[101] Zu den Höchst- und Ausschlusssätzen (90%) bei der Bedarfsermittlung stellte die Armen- und Waisenordnung von 1912 fest:

»§ 75 Es ist festzustellen, was gerade *dieser* Hilfsbedürftige unumgänglich braucht, um Wohnung, Nahrung, Kleidung, Hausrat, Heizung und dergl. für sich und die noch nicht selbständigen in seinem Haushalte lebenden Angehörigen zu beschaffen. Der Bedarf wird in jedem Falle verschieden sein.

Nach den bisherigen Erfahrungen soll der wöchentliche Geldbedarf zur Bestreitung der erwähnten Bedürfnisse *in der Regel nicht höher als auf 90%* der nachfolgenden Höchst-(Ausschluß) Sätze berechnet werden:

I. *für einen alleinstehenden Mann*	6,00 M
II. *für eine alleinstehende Frau*	5,00 M
III. *für zwei zusammenlebende*, einen gemeinschaftlichen Haushalt führende *erwachsene Personen*	8,50 M
IV. *für eine Familie*, welche mit dem Familienhaupt denselben Haushalt teilt:	
1. für das Familienhaupt (männlich oder weiblich)	6,00 M
2. für die Ehefrau	2,50 M
3. für Kinder ohne eigenes Einkommen	
a) im Alter von mehr als 14 Jahren	2,50 M
b) im Alter von 10–14 Jahren	2,00 M

---

100 Vgl. § 35 des Preußischen Ausführungsgesetzes; der Tarif wurde durch den Minister des Inneren erstmals am 2. Juli 1876 festgestellt (vgl. Georg August Grotefend, Preußisch-Deutsche Gesetzessammlung 1806–1900, Bd. I–IV).
101 § 74 der Geschäftsanweisung von 1913 (zur Einkommensermittlung vgl. weiter im Text).

c) im Alter von 1–9 Jahren	1,60 M
d) im Alter unter 1 Jahr	1,80 M
4. für sonstige zum Haushalt gehörige erwachsene Personen, *ohne eigenes Einkommen oder mit einem Einkommen von weniger als 2,50 M wöchenlich sowie für solche mit einem Einkommen von weniger als 2,50 M wöchentlich*	2,50 M

Der wöchentliche Geldbedarf für eine aus Mann, Ehefrau, 2 Kinder über 10 Jahre und drei Kinder unter 10 Jahre bestehende Familie ist somit *in der Regel* auf höchstens 90% von 18 M = 16,20 M zu berechnen.«[102]

Neben diesen bezifferten Höchstsätzen zum Bedarf für die Geldunterstützung gab es die Möglichkeit der Naturalunterstützung. § 4 der Instructionen von 1895 sagt aus:

»Die Unterstützung des wegen mangelnden oder nicht hinreichenden Einkommens als hülfsbedürftig anzuerkennenden Armen geschieht entweder in offener Armenpflege (d. i. Pflege des Armen in seiner Wohnung), durch Bewilligung von Geld, Suppe, Bekleidungsgegenstände, ärztliche und wundärztliche Hülfe, Arzeneien und freies Begräbniß; oder in geschlossener Armenpflege durch Aufnahme in eine der städtischen Armen- Anstalten und Krankenhäuser.«[103] Auch bezüglich der möglichen Naturalunter-

---

102 § 75 der Geschäftsanweisung von 1913; Hervorhebungen Matthias Bartels. § 76 der Geschäftsanweisung von 1913 regelt die Fälle, in denen Bewilligungen von 100% des Bedarfs möglich sind (z.B. bei Krankheit oder nur einem Elternteil), und in § 77 heißt es: »Unter Zugrundelegung vorstehender Sätze ist also der *wirkliche* Bedarf, der bald höher, bald niedriger sein wird, in jedem Falle von dem Armenpfleger zu ermitteln, *nicht aber sind diese Sätze einfach als verbindlich anzusehen.*« Die Sätze in § 3 der Instructionen vom 22.3.1885 besagt zum Vergleich: »2 Mark 75 Pfg. für das Familienoberhaupt, 1 Mark 75 Pfg. für die Ehefrau, 1 Mark 50 Pfg. für ein Kind von 15 Jahren und darüber, 1 Mark 30 Pfg. für ein Kind von 10–15 Jahren, 2 Mark 50 Pfg. für zwei Kinder von 5–10 Jahren, 1 Mark 20 Pfg. für ein Kind von weniger als 5 Jahren, demnach auf 11 Mark für eine aus den genannten Personen bestehende Familie. Ferner auf 3 Mark für eine alleinstehende Person, 6 Mark für zwei zusammenlebende, einen gemeinschaftlichen Haushalt führende erwachsene Personen.« Die im Text angeführte 7-köpfige Familienkonstellation galt als sog. ›armenrechtliche Normalfamilie‹.
103 § 4 der Instructionen vom 22.3.1895; § 110 der Geschäftsanweisung von 1913 sagt (zur Bekleidung): »Sämtliche Kleidungsstücke sollen in der Regel auf ein Jahr ausreichen. Zu einem vollständigen Anzug gehören:
1. Für Erwachsene
weibliche: 2 Hemden, 2 Hosen, 1 Unterrock, 1 Kleid, 2 Paar Stümpfe, 1 Paar Schuhe;
männliche: 2 Hemden, 1 Hose, 1 Rock, 1 Weste, 2 Paar Strümpfe, 1 Paar Schuhe.
2. Für Kinder
Mädchen: 1 Leibchen, 1 Kleid, Unterrock, 1 Schürze, 2 Paar Strümpfe, 2 Hemden, 1 Paar Schuhe oder Pantoffel;
Knaben: 1 Jacke, 1 Hose, 2 Hemden, 2 Paar Strümpfe, 1 Paar Schuhe oder Pantoffeln.« Vgl. dazu § 45 der Instructionen von 1885.

stützungen gab es einen Rahmen, wobei gewisse Spielräume bestanden.[104]

Cuno hat für das Jahr 1894 ein Vergleich der Tarife mehrerer Städte zusammengetragen:[105]

»Ort	Elberfeld	Barmen	Halle	Leipzig
Jahr der Armenordnung	2.12.90	10.8.86	22.3.85	8.7.85
Einwohnerzahl	125 899	116 248	100 348	354 899
Ortsüblicher Tagelohn	2,40	2,40	2,20	2,00
wöchentlich				
Familienoberhaupt	3,00	3,00	2,75	3,00
Frau	2,50	2,00	1,75	2,00
Kind von 14 (beziehungsweise 15) Jahren und mehr, arbeitend	3,00	2,00	1,50	1,70
Kind ebenso, nicht arbeitend	2,20	2,00	1,50	1,70
Kind von 10 – 14 (15) Jahren	2,00	1,80	1,30	1,60
Kind von 5–10 Jahren	1,60	1,30	1,25	1,40
Kind von 1–5 Jahren	1,40	1,10	1,20	1,20
Kind unter 1 Jahr	1,00	0,80	1,0	1,10
für eine aus den genannten Personen bestehende Familie	16,70	14,00	12,45	13,70
Einzelstehende Mann	3,50	3,00	3,00	3,60
Frau	3,50	3,00	3,00	3,60
Zwei zusammenlebend			6,00	6,00«

Zieht man, um einen ungefähren Vergleichswert zu erhalten, ›Die Einkommensverhältnisse der Angestellten und Arbeiter in der Stadt Halle‹ von 1907 heran, so lag 6–7 Jahre vor den Geschäftsanweisungen von 1913 der Durchschnittslohn von ungelernten Arbeitern (niedrigste Lohnklasse) über 19,20 M/Woche verglichen mit 16,20 (90% Regelbedarf) für einen 7-köpfigen Armenhaushalt (Mann, Frau, 2 Kinder über 10 und 3 Kinder unter 10 Jahre) im Jahr 1913.[106] Die Armenverwaltung

---

104 Vgl. hierzu z.B. die Instructionen von 1895 § 41 (zum Brennmaterial): »Diese Unterstützung ist nicht als eine regelmäßige, jedem eingezeichneten Armen ohne Weiteres zu gewährende zu betrachten.«
105 Vgl. Cuno/Dehn-Rotfelser (s.o. Anm. 55), 31f. (in Auswahl wiedergegeben).
106 Vgl. Schönemann/Hesse, Die Einkommensverhältnisse der Angestellten und Arbeiter der Stadt Halle, in: Statistisches Amt der Stadt Halle a. S. (Hg.), Beiträge zur

hat sich zu den Maßstäben bei der Aufstellung dieser Höchstsätze wie folgt geäußert:

»Aufgebaut sind die Existenzbedarfssätze übrigens auf dem Wochenbetrage des ortsüblichen Tageslohnes ungelernter Arbeiter (6 x 3,30 = 19,80M), den Ergebnissen der Arbeiter-Wirtschaftsrechnungen aus dem Jahre 1909/10 und Schätzungen der Kommission. Man nimmt an, daß mit dem Wochenlohn von 18 M (das heißt 10% weniger als der ortsübliche Tageslohn für eine Woche beträgt) eine sog. armenrechtliche Normalfamilie von 7 Köpfen in der obigen Zusammensetzung noch den *unbedingt notwendigen* Lebensunterhalt betreiben kann. [...] Anderseits *ist aber ein fundamentaler Grundsatz jeder Armenpflege, daß, schon damit nicht der Ansporn zur Arbeit geschwächt wird, kein Armer besser gestellt wird als ein freier Arbeiter.* [und wenn sonstiges Einkommen vorliegt:...] *Sonst darf Unterstützung stets nur die zum Betrage des Unterschieds zwischen tatsächlichem Einkommen und dem wöchentlichen Existenzminimum (Höchstsätze) bewilligt werden.*«[107]

Mit einer bemerkenswerten Feststellung kommentieren Cuno/von Dehn-Rotfelser in ihrer Untersuchung über die Art und Höhe der Unterstützungen ihre Wiedergabe Regelungen von Halle nach den Instructionen von 1885:

»Im allgemeinen kann folgendes als Regel gelten:
1. Auch bei vollständiger Erwerbsunfähigkeit und Hilfsbedürftigkeit ist bei einer alleinstehenden Person über den Betrag von 10 Mark pro Monat und bei Familien für die erwachsene Person über 8 Mark pro Monat und für jedes Kind über 3 Mark nicht hinauszugehen.
2. Eine Witwe oder ledige Frauensperson mit einem noch nicht erwerbsfähigen Kinde bedarf der Unterstützung nicht, bei einer größeren

---

Statistik der Stadt Halle, Halle 1907, 26: Zu den Wochenlöhnen von Frauen (ebenfalls ungelernt) heißt es dort: »Drei Viertel aller Angaben sind Wochenlohnangaben, auf diese kommt es daher in erster Linie an. Der Durchschnittslohn beträgt 8,754 Mk., entspricht somit einem Tagelohn von 1,459 Mk.« (ebd., 27). Diese müssten, so die Frau denn mitarbeiten konnte (sie musste aber, wenn es irgend ging), zum Familieneinkommen und Vergleich hinzugezogen werden. Dies deckt sich in etwa mit der Feststellung von Nipperdey (s.o. Anm. 3), 357: »Die Armenunterstützung nach 1900 je nach Stadt und Familiengröße zwischen drei und sieben Mark pro Woche, Durchschnittslöhne lagen drei- bis viermal so hoch.«

107 Amtliche Nachrichten der halleschen Armen- und Waisenverwaltung 1912, 50, das heißt für die 7-köpfige Normalfamilie in der Regel nur bis zu 90% (= 64,80 M/Monat) bzw. in Ausnahmen 100% (= 72 M/Monat). Vgl. ebd. mit der Geschäftsanweisung von 1913, § 73 Absatz 2: »Das Einkommen Unterstützter einschl. Armenunterstützung und der ihm anzurechnenden Einkünfte seiner im Haushalte lebenden erwerbsfähigen Angehörigen *darf keinesfalls das durchschnittliche Einkommen eines ungelernten Arbeiters übersteigen*, soll es auch in der Regel nicht erreichen, damit nicht der Selbsterhaltungstrieb gelähmt wird. Anderseits muß die Unterstützung ein *menschenwürdiges Dasein* und eine *durchgreifende Hilfe ermöglichen*.« Hervorhebungen Matthias Bartels.

Zahl erwerbsunfähiger Kinder ist die Beihilfe auf 3 Mark pro Kind und Monat zu bemessen.

3. In Krankheitsfällen, welche die Erwerbsfähigkeit der Familie beeinträchtigen, hat die Unterstützung 1 Mark 50 Pfg. bis 2 Mark pro Woche für den Kranken und 50 Pfg. pro Woche für jedes erwerbsunfähige Familienglied neben der etwa gewährten laufenden Unterstützung zu betragen.

4. Einmalige Beihilfen sollen bei einzelnen Personen 3 Mark, bei Familien 15 Mark nicht übersteigen.‹

Es werden hier also Ausschlußsätze festgesetzt, *die unter dem als zum Unterhalt unabweislich notwendig erkannten Satz, dem Existenzminimum, bleiben.*«[108]

Ein Artikel, der mit den Worten »Wir sind in Halle (Saale)« beginnt, schildert uns die Sicht eines auswärtigen Beobachters auf die Realitäten, die hinter diesem Rahmen stehen konnten – hier ein Auszug:

»Noch im gleichen Hause mit eben keinem kleinen Häufchen Elend mußten wir vier greuliche Stiegen zum kleinen Dachstübchen empor. Nur zwischen den Balken der auch noch durchs Dach abgeschrägten Decke konnten wir aufrecht stehen. Das ganze Nestchen dürfte nicht viel mehr als 12–14 Raummeter Brutto gehalten haben. Hier hockte zusammengesunken ein 80jähriges Mütterchen, die Bewohnerin. [...] Vom Armengeld blieben, nach Abzug der Miete, für den Tag wieder 20 Pfennige. Wunschlos, still starrte sie dem Ende entgegen. [...] In einem anderen Massenquartier wohnten ungefähr 41 Familien, für die 5–6 Aborte nur vorhanden sein sollten. Es schien allerdings so ziemlich auch ein Elitestück des Jammers zu sein. Wir besuchten mehrere Wohnungen darin, z.B. eine 1 ½ Stiege hoch am Hofe gelegen. Sie bestand aus einem sehr dunklen, unbeschreiblich engen und wer weiß wann einmal getünchten Loche, in dem wir uns kaum umzudrehen vermochten. Hierneben ein verzweifelt ähnliches Kämmerchen mit einem Lager. [...] Nach Abzug der Miete blieb für den Tag vom Armengeld gar nur circa 18 Pfennige. Da das, auch wenn ein Hungerkünstler selbst Koch gewesen wäre, für den Magen eines obenein dreimal operierten alten Mütterchens absolut nicht langte, so trieb sie einen Handel mit kleinen Sträußchen.«[109]

---

108 Cuno/Dehn-Rotfelser (s.o. Anm. 55), 37, Hervorhebungen Matthias Bartels.
109 Zum Vergleich die durchschnittlichen Ladenpreise einiger Lebensmittel aus den Statistischen Jahresübersichten, der Jahre 1909/11/13 (in Pfennigen):

	Freibankfleisch, Pfd.			Wurst, Pfd.		
	Rind	Schwein	Schaf	Rot	Leber	Mett
1909	40	60	45	90	100	120
1911	40	52	41	92	100	120
1913	47	62	52	105	114	130

4.3. Friedrich Loofs als Armenpfleger

Friedrich Loofs ist in den »Amtlichen Nachrichten der Hallischen Armen- und Waisenverwaltung« mit dem Datum 12.5.1890 als Beginnzeitpunkt seines Ehrenamtes als Armenpfleger vermerkt.[110] Das Sitzungsprotokoll der XV. Armen-Bezirks-Kommission vom 23.5.1890, der ersten Sitzung, an der Friedrich Loofs als Armenpfleger teilnahm, zeigt ihn für 8 unterstützte Parteien zuständig.[111] Sein erster über die regelmäßigen Fälle hinaus in der Kommission eingereichter Geld-Unterstützungs-Antrag datiert vom 5. Dezember 1890.[112]

Zwei Sammlungen von »Armen-Bezirks-Kommissionsprotokollen« im Stadtarchiv Halle können das Wirken von Friedrich Loofs dokumentieren: 1. Die Protokolle der XV. Kommission vom 9.4.1890 bis zum 21.8.1891, 2. die Protokolle der XXI. Kommission vom 5.1.1912 bis zum 19.3.1913. Von den 31 Sitzungen der XV. Kommission 1890/1891, die in den Zeitraum seines Amtes fallen, hat er an 24 teilgenommen. 30 Protokolle über Sitzungen der XXI. Kommission 1912/1913 sind uns erhalten, von denen Friedrich Loofs an 21 teilnahm. Die Anzahl der von ihm betreuten, regelmäßige Unterstützung beziehenden Parteien schwankt

	Fisch, Pfd.	Kolonialw., Pfd.		Getreide, Pfd.		
	Schell	Zucker	Salz	Weiz.-M.	Ro.-M.	Brot
1909	40	20	10	20	15	30
1911	38	25	10	17	14	26
1913	41	22	11	18	14	26

	Molk-Prod., L/Pfd.		Gemüse, kg		
	Vollm.	Butter	Rotkohl	Möhren	Bohnen
1909	20	140	35	15	50
1911	21	152	29	19	43
1913	22	150	28	10	57

Es sei noch die Angabe der Verwaltungsberichte bemerkt, dass die Realpreise schon darum etwas höher zu veranschlagen seien, weil sich die Einzelhändler bei ihren Angaben gegenüber der Verwaltung mehr als bei ihren Kunden zurückhielten.

110 Vgl. Amtlichen Nachrichten der Hallischen Armen- und Waisenverwaltung, Ehrentafel 1908–1914 und 1917; Verwaltungsbericht der Stadt Halle 1918, 259.
111 StAH Historische Akten Kapitel 7 A 3 Nr. 21, Protokoll vom 23.5.1890 der XV. Armen-Bezirks-Kommission.
112 Vgl. ebd. Geld-Unterstützungs-Antrag von Ferdinand Berger; man beachte die letzten beiden Fragen auf Seite 1: »Ist er ordentlich und fleißig? ›Ordentlich ja, zum Fleißigsein fehlt Gelegenheit.‹ Lüderlich, der Bettelei oder dem Trunke ergeben? ›Nein.‹«

zwischen 8–9 für 1890/1891 und 5–6 (selten 4) für 1912/1913.[113] Ebenso variierte in den Jahren der räumliche Bezirk seiner Pflegschaft, schien aber regelmäßig den Intentionen des Elberfelder Systems im Sinne einer gewissen Quartiernähe zu entsprechen.[114]

Nachdem wir im vorangegangenen Kapitel bereits die Handhabung der Ausschlusssätze in Halle, das heißt der maximalen Höhe der öffentlichen Unterstützungen betrachtet haben, soll ein Blick auf die Höhe der von Loofs beziehungsweise seiner Kommission bewilligten Unterstützungen in einigen von ihm betreuten Fälle ein Gefühl für die stattgehabte Praxis geben:[115]

1890/1891

Name	Familienstandtand/ Kinder	14tägige Unterstützung in M.
Juskuwsky	Witwe, 5 Kinder	6,00
Schaaf	Witwe, 4 Kinder	5,00
Kütscher	Witwe, 6 Kinder	8,00
Herfurt	Witwe, 2 Kinder	3,00

1912/1913

Name	Familienstandtand/ Kinder	14tägige Unterstützung in M.
Weber	Witwe, erwerbsunfähig	3,00
Brandenburger	Verh., beide erwerbsunfähig	5,00
Leberecht	Arb., invalide, 5 Kinder	7,50
Schmidt	Witwe, ohne Beruf	5,00

Friedrich Loofs scheint in enger Abstimmung mit der Armenverwaltung, die Querverbindungen zum Verein gegen Armennot und Bettelei und, wo es aussichtsreich erschien, auch sonstige Kontakte nutzend

---

113 StAH Historische Akten Kapitel 5 A 3 Nr. 21 und Armenverwaltung A 3 Nr. 245. Entgegen seinen eigenen – an Elberfeld orientierten – Angaben von »höchstens vier«, s.o. Kapitel 3.2.
114 Vgl. Handbücher der städtischen Armenpflege der Stadt Halle, 1897: Hermannstr. 20–26; 1898: Hermannstr. 10; 1912: Advokatenweg 34–48, Lafontainstr. 1–12 und 21–35, Reichardtstr., Wettiner Str.
115 StAH Historische Akten Kapitel 7 A 3 Nr. 21 und Armenverwaltung A 3 Nr. 245. Für 1912 ließ sich nur für Leberecht die Kinderzahl ermitteln.

in engagierter Weise für Hilfe gesorgt zu haben.[116] Wie intensiv seine Aktivitäten im konkreten Fall sein konnten, soll der Vorgang Dorl veranschaulichen, für den uns 3 Schreiben an Loofs überliefert sind, 1. ein Brief der Frau Freise, 2. ein Schreiben des Leiters der Armenverwaltung Tepelmann, 3. ein Brief des Bankiers Lehmann (Vorstandsmitglied im Verein gegen Armennot und Bettelei);[117] aus jedem der drei hier ein Auszug:

»Das freudige Schreiben des Herrn Dorl hat mich nun aber doch so bewegt, daß ich nicht unterlassen kann, Ihnen, sehr geehrter Herr Professor, meinen tiefgefühlten Dank für alles, was Sie an dem Mann getan haben, auszusprechen. Ich bin überzeugt, daß ohne Ihr hilfreiches Einschreiten der größte Jammer über diese Familie hereingebrochen wäre; denn die Verzweiflung hatte den höchsten Grad erreicht. Für mich ist die Rettung des armen Mannes eine Glaubensstärkung geworden, da sie mir von neuem deutlich gezeigt hat, wie Gott Gebete erhört. Indem ich Ihnen, sehr geehrter Herr Professor, wünsche, daß Gott Sie segnen und Ihnen Kraft verleihen möge, noch lange zum Wohl Ihrer Mitmenschen tätig zu sein.«[118]

»In Erwiderung Ihres gefl. Schreibens vom gestrigen Tage freue ich mich, daß es mir bereits gelungen ist, die Wiedereinstellung des Herrn Dorl zu erreichen. Ob freilich auf dauernde Beschäftigung für ihn bei der Stadt zu rechnen ist, steht dahin.«[119]

»In höfl. Beantwortung Ihres sehr geehrten Briefes vom 25ten d. Mon. theile ich Ihnen ergebenst mit, daß mein Onkel Bethke für den Herrn Dorl M. 50,- mit der Maßgabe bewilligt hat, daß sein Name nicht genannt wird. Weiter ist mein Onkel der Ansicht, daß mit Hergabe der M. 50,- nur das Allernötigste bestritten werden kann und stellt deshalb weitere M 50,- zur Verfügung, falls Sie es für wünschenswert erachten sollten, daß D. auch diesen Betrag erhalten soll.«[120]

---

116 Vgl. für die sonstigen Kontakte z.B. ULB Halle Nachlass Loofs an Konsistorialpräsident Balan.
117 Das Volksblatt vom 10. Januar 1912 referiert ein Buch des ehemaligen Regierungsrates Rudolf Martin über die Vermögensverhältnisse der reichsten Bürger Deutschlands, u.a. auch in Regionen gegliedert. Im Ranking der Region Halle/Saalkreis befinden sich Mitglieder der Familie Lehman auf folgenden Plätzen (in Klammern die geschätzten Geldvermögen in Millionen): 1. Geh. Kommerzienrat Dr. Heinrich Lehmann (14 bis 15); 2. Geh. Kommerzienrat Ludwig Bethke (8 bis 9); 8. Bankier Ludwig Lehmann (2 bis 3); 10. Bankier Johannes Lehmann (2 bis 3).
118 ULB-NL Yi 19 IX 1059 vom 3.12.1906
119 ULB-NL Yi 19 IX 30412 vom 4.8.1907
120 ULB-NL Yi 19 IX 2275–2278 vom 29.4.1908. Am 7.5.1908 bittet Frau Dorl Friedrich Loofs, ihren »herzlichen Dank für das mir ausgesprochene Mitgefühl und all das Gute entgegenzunehmen, das Ew. Magnificenz an uns getan haben. Ich fühle mich noch zu schwach, um Ew. Magnificenz jetzt schon aufsuchen und persönlich mein und meiner Kinder Dank aussprechen zu können, will es aber gern in nächster Zeit tun«, siehe ULB-NL Yi 19 IX 712.

Offensichtlich hat Friedrich Loofs die den Armenpflegern ans Herz gelegte Pflicht zu direkten Interventionen im Interesse ihrer Klienten ernst genommen und schreckte nicht zurück, deutliche Worte zu finden, wie der Briefentwurf an den Maat Richard Wilhelm erkennen lässt, darin:

> »Heute schreibe ich als Armenpfleger für Wettinerstr. 32. Ich höre, daß Sie nicht regelmäßig Geld schicken und die Ihrigen dadurch in Not bringen. Es wird ein Pfleger bestellt werden, der bis zur Erledigung des Scheidungsprozesses die Rechte Ihrer Kinder Ihnen gegenüber wahrnehmen soll. Da bis zur Erledigung dieser Bestellung noch einige Zeit vergehen wird, teile ich Ihnen mit, daß ich bei Ihren militärischen Vorgesetzen Klage erheben werde, wenn Sie nicht regelmäßig die nötige Unterstützung für Ihre Familie senden.«[121]

Friedrich Loofs wurde von Armenpflegern und Bezirksvorstehern in seiner Eigenschaft als Vorsitzender des Vereins gegen Armennot und Bettelei um flankierende Hilfen in ihren Fällen ersucht, wie zum Beispiel das Schreiben des Bezirksvorstehers des 22. Armenpflegebezirks vom 31.3.1912 an Loofs zeigt:

> »Ich habe mich nun entschlossen, ihm die Hand zu reichen um ihn wieder emporzuheben dadurch, daß ich den Versuch wagen will, ihn von seiner Schuldenlast zu befreien. […] Soll dem Mann aber geholfen werden, so muß ganze Arbeit geleistet werden. Ich will deshalb versuchen, noch weitere Kreise zu interessieren, und so möchte ich Sie feundl. bitten, in dem Verein gegen Armennot gefl. befürworten zu wollen, daß mir von dort eine Beihilfe von vielleicht M 30,- gewährt wird.«[122]

Eine solche Vernetzung der öffentlichen Armenpflege mit der privaten Wohltätigkeit durch persönliche Überschneidungen der Funktionen war von kommunaler Seite aus durchaus gewollt,[123] da sie neben der Gewährung öffentlicher Unterstützung für besondere Spielräume, insbesondere auch bei »verschämten Armen«, sorgte und die Vermittlung von Hilfen durch Stiftungen und private Wohltätigkeit erleichterte. In der Person von Friedrich Loofs wurde dies intensiv betrieben.

Bemerkenswert ist bei Friedrich Loofs nicht nur das Maß seines ehrenamtlichen Engagements in der öffentlichen und privaten Armenpflege der Stadt Halle, sondern auch die zeitliche Ausdehnung dieser Tätigkeit. Er ist vielfach in den »Amtlichen Nachrichten der Halle-

---

121 Vom 18. Oktober 1919, ULB-NL Yi 19 IXa 103.
122 ULB-NL Yi 19 IX 3305, Brief von Wähmer (Bezirks-Vorstand 22. Armenbezirk) an Loofs vom 31.3.1912 zum Fall Eisenbahnschaffner Emil Füchsel.
123 Vgl. in § 58 der Geschäftsanweisung von 1913 (Verhältnis zur Privatwohltätigkeit): »Die Bezirksvorsteher und Armenpfleger wollen überhaupt die Bestrebungen der Privatwohltätigkeit, soweit nicht das Interesse der Armenpflege entgegensteht, in jeder Hinsicht unterstützen durch Beitritt zu den betreffenden Vereinen« sowie § 5 der Geschäftsanweisung von 1913.

schen Armen- und Waisenpflege« auf der Ehrentafel der Bezirksvorsteher und Armenpfleger vermerkt, die ihr Ehrenamt ununterbrochen mehr als 10 Jahre (1917 mehr als 25 Jahre) ausübten,[124] zuletzt auch im Verwaltungsbericht der Stadt Halle von 1918.[125] Dieses Ehrenamt als Armenpfleger im XV. Bezirk und dann im XXI. Bezirk hat Friedrich Loofs von 1890 bis 1926, ab 1900 als stellvertretender Bezirksvorsteher (1925 und 1926 mit der neuen Bezeichnung Stellvertretender Vorsteher des Fürsorgebezirkes), versehen.[126] Das hebt ihn insofern als Vertreter seines Berufsstandes heraus, da sonst kein Universitätsgelehrter im untersuchten Zeitraum zu finden war, der auf einer Ehrentafel für sein ununterbrochenes Ehrenamt in der Armenpflege über einen ähnlich langen Zeitraum erwähnt worden wäre und lässt auch den Ernst erkennen, mit dem diese Aufgabe Friedrich Loofs ergriffen hat.

---

124 Amtlichen Nachrichten der Halleschen Armen- und Waisenpflege, Jahrgang 1908, 1909, 1913, 1914, 1917.
125 Verwaltungsbericht der Stadt Halle 1918, 259.
126 Adressbuch der Stadt Halle 1925, Teil IV, 21; identisch ist der Eintrag im Adressbuch der Stadt Halle 1926.

Autorenverzeichnis

BARTELS, MATTHIAS, Pfarrer der Evangelischen Kirche der Kirchenprovinz Sachsen, Dissertationsprojekt »Friedrich Loofs als Armenpfleger in Halle« (bei Prof. Ulrich in Halle), verstorben im September 2008.

BRENNECKE, HANNS CHRISTOF, Prof. Dr. theol., Lehrstuhl für Ältere Kirchengeschichte am Fachbereich Theologie an der Universität Erlangen, Leiter der dortigen Athanasius-Forschungsstelle, Mitglied der Patristischen Kommission der Union der deutschen Akademien der Wissenschaften, zahlreiche Publikationen zur Kirchen- und Theologiegeschichte der Alten Kirche, des Mittelalters sowie des 19. und 20. Jahrhunderts.

FLÜGEL, WOLFGANG, Dr. phil., Wissenschaftlicher Mitarbeiter am Projekt »Spurenlese – die Wirkungen der Reformation« an der Theologischen Fakultät der Universität Halle-Wittenberg (bei Prof. Sträter in Halle), Publikationen zur Jubiläums- und Gedenkkultur des 17. und 18. Jahrhunderts.

GAZER, HACIK RAFI, Prof. Dr. theol., Lehrstuhl für Geschichte und Theologie des christlichen Ostens am Fachbereich Theologie an der Universität Erlangen, zahlreiche Publikationen zur Geschichte und Gegenwart der Kirchen des christlichen Ostens, besonders zur Armenischen Apostolischen Kirche.

GOLTZ, HERMANN, Prof. Dr. theol., Dr. theol. h.c., Lehrstuhl für Konfessionskunde der Orthodoxen Kirchen an der Theologischen Fakultät in Halle, Leiter des Mesrop-Zentrums für Armenische Studien an der Stiftung Leucorea der Universität Halle-Wittenberg; zahlreiche Publikationen zur Geschichte und Gegenwart der Kirchen des christlichen Ostens und zur Kultur, Kunst und Theologie der orthodoxen Kirchen.

HEIL, UTA, PD Dr. theol., Fachbereich Theologie der Universität Erlangen, Wissenschaftliche Mitarbeiterin an der dortigen Athanasius-Forschungsstelle, Habilitation über Avitus von Vienne und die Kirche der

Burgunder, Publikationen zu Athanasius von Alexandrien, zu Augustin und zum Arianischen Streit.

MÜHLENBERG, EKKEHARD, Prof. Dr. theol., Emeritus an der Theologischen Fakultät der Universität Göttingen, Forschungsschwerpunkt im Bereich der Alten Kirche, Leitung der Göttinger Arbeitsstelle der Patristischen Kommission, zahlreiche Publikationen zur Kirchen- und Theologiegeschichte aller Epochen mit einem Schwerpunkt auf der Auseinandersetzung der frühchristlichen Theologie mit der antiken Philosophie.

MUTH, CHRISTIAN, Wissenschaftlicher Mitarbeiter am Projekt »Geist der Zeiten in Reformatorischen Jubelfeiern« an der Theologischen Fakultät der Universität Halle-Wittenberg (bei Prof. Tanner), Stipendiat am Max-Weber-Kolleg an der Universität Erfurt, Dissertationsprojekt zum Thema konfessionelle Identität (bei Prof. Tanner in Heidelberg).

OSTHÖVENER, CLAUS-DIETER, Prof. Dr. theol., Lehrstuhl für Systematische Theologie am Fachbereich Evangelische Theologie der Universität Wuppertal, zahlreiche Publikationen zur Theologiegeschichte des 19. und 20. Jahrhunderts mit Schwerpunkten in der Schleiermacher- und in der Harnackforschung.

ULRICH, JÖRG, Prof. Dr. theol., Lehrstuhl für Ältere Kirchengeschichte an der Theologischen Fakultät der Universität Halle-Wittenberg, Honorarprofessor an der Aarhus Universitet (Dänemark), zahlreiche Publikationen zur Älteren Kirchengeschichte mit Schwerpunkten in der Apologetikforschung und in der Theologiegeschichte des vierten Jahrhunderts.

Zeitgenossen von Friedrich Loofs

A
Abeghian, Artasches 238–240.
Aghanian, Giut 208.
Ahlfelds, Friedrich 250.
Akinian, Nerses 217.
Althoff, Friedrich 64.
Andreas, Friedrich Carl 217, 224.
Arndt, Georg 127, 147.
Augusta Marie Luise von
 Sachsen-Weimar-Eisenach 265.
Avenarius, Richard 101.
Awetaranian, Johannes 217.

B
Bachem, Carl 189, 199.
Balan, Kurt 217, 341.
Barnikol, Ernst 2, 7f., 17, 64.
Barth, Karl 13, 37.
Bassermann, Ernst 217.
Bassermann, Gustav Heinrich 71.
Baur, Ferdinand Christian 24,
 53f., 61, 95.
Beck, Tobias 3, 6, 182.
Behm, Heinrich 117, 227.
Berger, Ferdinand 332, 339.
Bethke, Ludwig 341.
Bethmann Hollweg,
 Theobald von 186f., 190f., 198.
Beyschlag, Willibald 185,
 201, 238, 250, 266.
Bismarck, Otto von 169, 297f., 308.
Bodelschwingh, Friedrich von 118.
Bonus, Artur 19f.
Bonwetsch, Nathanael 71, 90.
Bornemann, Wilhelm 11, 89, 118f.
Burn, Andrew Ewbank 51.

C
Caspari, Carl Paul 89.
Chorasandjian, Grigor 208.
Classen, Walter 241.
Crum, Walter Ewing 58.

D
Dalman, Gustaf 185, 198.
Darwin, Charles Robert 160.
Deißmann, Adolf 185, 196, 224.
Delbrück, Clemens 218, 224, 296.
Dilthey, Wilhelm 148, 156f.
Doden, Georg 122, 150f.
Doerries, Hermann 9.
Döllinger, Ignaz von 266.
Dorl, (###) 341.
Drews, Paul 11, 251, 287–289, 291f.
Durean, Elise 244.

E
Eger, Hermann 241.
Engelhardt, Gustav Moritz
 Konstantin von 90.
Engels, Friedrich 305.
Erzberger, Matthias 189, 199.
Esnik, Archimandrit 205, 207.

F
Fendt, Leonhard 3.
Ficker, Johannes 3, 9, 12.
Fircks, Carl Freiherr von 273.
Freise, (###) 341.
Füchsel, Emil 342.

G
Gelzer, Heinrich 210f., 237.
Graf Wolff Metternich, Paul 190.

Greenfield, James 216.
Gregory, Caspar Rene 218, 237, 244.
Gunkel, Hermann 71, 238.
Guthe, Hermann 218, 228, 237, 244.

H
Haack, Ernst 58.
Haeckel, Ernst 16f.
Hagenbach, Carl Rudolph 95.
Harnack, Adolf von 2, 6–8, 12–15, 18f., 21–37, 43f., 51, 63–90, 92, 94, 98–100, 102–107, 111, 115f., 118f., 176–178, 183, 185, 187, 190, 197, 225, 236, 238, 250f., 286.
Hase, Karl von 53, 61, 265.
Hauck, Albert 39–42, 52–61, 70, 79, 116.
Hauck, Karl 10.
Heim, Karl 115.
Hering, Hermann 250.
Herrmann, Wilhelm 31, 37, 93, 185, 197, 238, 262.
Holl, Karl 7f., 10, 69, 84, 178–181, 218.
Hort, Fenton John Anthony 89.
Hottinger, Christlieb Gotthold 144.
Howsepean, Garegin 236, 242, 245.
Hundeshagen, Karl Bernhard 75.
Husik, Archimandrit 204f.

J
Jatho, Carl Wilhelm 17f., 84, 261–263, 265, 271.
Jülicher, Adolf 230, 238.

K
Kaftan, Julius 71, 88, 218, 238.
Kähler, Martin 175, 185, 201f., 238.
Kahl, Wilhelm 18.
Kattenbusch, Ferdinand 3, 75f., 78, 87, 93, 145, 219, 225.
Kautzsch, Emil Friedrich 238, 286.
Kerestecean, Georg 235.
Khostikian, Missak 239–242.
Kittel, Gerhard 219, 238.
Konrad, Johanna 2.

Kostanjan, Karapet 206.
Krüger, Gustav 64, 71, 80, 84, 86.
Kunze, Johannes 58.

L
Leberecht, Otto 332.
Lehmann, Heinrich 341.
Lehmann, Johannes 341.
Lepsius, Johannes 185–190, 197–201, 204, 210, 213, 216–221, 225, 237, 247.
Liebknecht, Karl 189.
Lietzmann, Hans 7, 46, 47, 70.
Loening, Edgar 112, 286–292.
Loofs, Friedrich Armin Otto 8, 68f.
Loofs, Friedrich Georg 249f., 287–290, 292.
Loofs, Helen 66, 70.

M
Mann, Thomas 219, 226.
Marquardt, Joseph 216.
Meschtudjian, Tigran 245.
Michelsen, Ernst 119.
Mommsen, Theodor 8, 64.
Mott, John Raleigh 280.
Müller, Alfred Dedo 185.
Müller, Nikolaus 58.
Münsterberg, Emil 308f., 311, 321f., 325, 327–329.

N
Nansen, Fridtjof 221.
Naumann, Friedrich 19, 185, 188, 201, 220.
Neurath, Constantin Freiherr von 187, 190.
Nietzsche, Friedrich Wilhelm 82f., 217.
Nitzsch, Friedrich 25, 93, 172.

O
Oettingen, Alexander Konstantin von 80.
Oettingen, Marie von 103.

Opitz, Hans Georg 46f.
Ormanean, Malakia 235.
Overbeck, Franz Camillo 26, 63, 65, 83, 97.
Owsepian, Karekin 204.

P
Pechmann, Wilhelm Freiherr von 220.
Plitt, Gustav Leopold 55.

R
Rade, Dora 237.
Rade, Martin 3, 6, 11, 18–21, 63–65, 67, 69, 72, 80, 84, 87, 89, 102, 119, 152, 176f., 182f., 185, 197, 200, 207, 213, 216, 219, 231, 236, 238–242, 244.
Ranke, Leopold von 98, 137, 160.
Rathenau, Walter 299.
Rettberg, Friedrich Wilhelm 88.
Reuter, Hermann 11, 89.
Rietschel, Georg 42, 55.
Rilke, Reiner Maria 304f.
Ritschl, Albrecht 3, 6, 25f., 31, 63, 73–75, 84, 87, 101, 106, 109, 160, 175–178, 182, 247, 250.
Robert, Carl 286–292.
Rohrbach, Paul 197, 200, 216, 226, 237, 242, 244.
Russell, Bertrand 297–299.

S
Sanday, William 286.
Schmidt, Carl 58.
Schmidt-Ott, Friedrich 64.
Schultz, Clemens 241.
Schultze, Victor 90.
Seeberg, Reinhold 56f., 71, 198.
Selle, Arthur 266.
Smith, William Benjamin 105, 110, 112f.
Sohrabian, Husik 205.
Stephan, Horst 126f., 147, 171.

Stier, Ewald 185, 198, 200, 210, 213, 216, 227, 236–238, 240–244.
Stöwesand, Rudolf 2, 5, 8f., 17, 275.
Strzygowski, Wolf 220.

T
Tepelmann, Friedrich 324, 341.
Ter-Grigorean Iskenterean, Galust 244f.
Ter-Minasean, Erwand 236, 239, 242, 245.
Ter-Mkrttschjan, Karapet 202–204, 206–209, 213, 232f., 236–238, 241, 245.
Tholuck, Friedrich August 201.
Thopdschjan, Hagob 210, 237f., 240.
Treitschke, Heinrich von 172–174, 181.
Troeltsch, Ernst 75, 84, 158f., 169, 176, 178.

V
Valentin, Karl 202.
Vincenzi, Luigi 89.

W
Wähmer, (###) 342.
Warneck, Gustav 185, 201f.
Weber, Max 75.
Weinel, Heinrich 64.
Weingarten, Hermann 58.
Weiß, Bernhard 238.
Wernle, Paul 64, 176.
Werthmann, Lorenz 189, 199.
Wilhelm II. 1, 4, 8, 188, 297.
Wilhelm, Richard 342.

= Vorname konnte nicht ermittelt werden.